国家出版基金项目
NATIONAL PUBLICATION FOUNDATION

国 家 社 会 科 学 基 金 重 大 招 标 项 目

中国西南少数民族地区濒危文字文献调查研究丛书

赵丽明　主编

普米韩规原始文字文献调查、解读与研究

赵丽明　徐丽丽　胡文明　偏初里
胡镜明　马红升　原上青　编著

（上）

GUANGXI NORMAL UNIVERSITY PRESS
广西师范大学出版社
·桂林·

PUMI HANGUI YUANSHI WENZI WENXIAN DIAOCHA JIEDU YU YANJIU

项目统筹：鲁朝阳　　　　　　助理编辑：杨蕙瑜 白星飞
项目管理：肖爱景 马艳超　　　责任校对：肖承清
责任编辑：肖爱景 徐良妍　　　责任技编：王增元
　　　　　刘　扬　　　　　　书籍设计：徐俊霞 倖萍利

图书在版编目（CIP）数据

普米韩规原始文字文献调查、解读与研究：全 2 册 / 赵丽明等编著. —桂林：广西师范大学出版社，2021.7
（中国西南少数民族地区濒危文字文献调查研究丛书 / 赵丽明主编）
ISBN 978-7-5598-4017-2

Ⅰ. ①普… Ⅱ. ①赵… Ⅲ. ①普米语—文字—研究 Ⅳ. ①H266.2

中国版本图书馆 CIP 数据核字（2021）第 139686 号

广西师范大学出版社出版发行
（广西桂林市五里店路 9 号　邮政编码：541004
网址：http://www.bbtpress.com）
出版人：黄轩庄
全国新华书店经销
广西广大印务有限责任公司印刷
（桂林市临桂区秧塘工业园西城大道北侧广西师范大学出版社集团有限公司创意产业园内　邮政编码：541199）
开本：880 mm × 1 240 mm　1/16
印张：59　　字数：1 381 千字
2021 年 7 月第 1 版　　2021 年 7 月第 1 次印刷
定价：1800. 00 元（全 2 册）

清华大学中国西南地区濒危文化研究中心
宁蒗县普米文化保护协会
丽江普米文化研究会

编委会

总 序

清华大学赵丽明教授和我共同主持了国家社会科学基金2010年度立项的重大招标项目“中国西南地区濒危文字抢救、整理与研究”（批准号10&ZD123）。[1]此项目的子课题由纳西族东巴文民间文书译注、普米族韩规经书译注、羌族释比经书《刷勒日》译注、彝族他留经书译注、壮族八宝歌书译注、水族水书文献译注、尔苏沙巴经书译注、木雅经书译注、纳木依帕孜经书译注、贵琼公麻经书译注等十多个子项目组成。

早在20世纪50年代，中国科学院和中央民族事务委员会组织了七个工作队，对少数民族语言文字进行全国性大规模的普遍调查，当时的主要任务是通过对全国的少数民族语言文字调查研究，在掌握大量第一手资料的基础上，为无文字的民族创制文字，为文字不完备的民族改革或改进其文字。其中第七工作队主要调查研究藏族以及周边的羌、普米（当时称西番）、嘉绒、门巴、珞巴等族群的语言。在此次调查过程中，我们就已经在四川西部和云南西北部发现了这一带宗教活动者手里有一些经书。这些经书是民主改革时期未被没收、焚烧的遗留。在那个时代，人们往往把这些经书当作宗教祭祀者从事迷信活动的“道具”加以歧视，并“不屑一顾”。

“文革”中，这些保存经书的祭祀者们再一次遭受劫难，他们往往被当成“牛鬼蛇神”加以批斗，他们正常的宗教活动往往被当成“迷信”而加以禁止，他们手里残存的经书往往被当成“四旧”加以没收、焚烧，以至于一些祭祀者们不得不将这些经书藏在山洞里、阁楼上，有的甚至深埋在地下。

[1] 孙宏开提出因中国社会科学院创新工程，退出项目。全国哲学社会科学规划办公室2012年11月6日《关于重大项目变更事项的批复》:“经研究，同意孙宏开同志不再担任该项目首席专家，由赵丽明一人主持。”

粉碎“四人帮”以后，通过拨乱反正，各条战线陆续清算了极左路线。过去被当成“四旧”的东西，包括宗教活动时使用的经书在内，也陆陆续续恢复了名誉。人们从山洞里、阁楼上把这些长期不见天日的珍贵文献又请了出来，恢复了正常的祭祀活动，使我们这些民族语言调查研究者们能够一睹为快。

差不多与此同时，结合改革开放以后国家开展的民族识别工作，自1976年至1982年，我们在这一带新发现了九种过去少数民族语言普查时期未发现或者未深入调查的语言（它们是贵琼语、木雅语、尔苏语、扎巴语、却域语、纳木依语、史兴语、尔龚语、拉乌戎语），更深入调查研究了这些语言内部的方言差异。费孝通先生高度评价了这一带新发现的语言和族群，他在《关于我国民族的识别问题》（《中国社会科学》1980年第1期）一文中说：“我们以康定为中心向东和向南大体上划出了一条走廊。把这走廊中一向存在着的语言和历史上的疑难问题，一旦串联起来，有点像下围棋，一子相联，全盘皆活。这条走廊正处在彝藏之间，沉积着许多现在还活着的历史遗留，应当是历史与语言科学的一个宝贵的园地。”费先生根据语言学和民族学调查研究的新成果总结出的“藏彝走廊”理论，成为近十多年地区研究的一个热点，成为境内外人类学、民族学、考古学、历史学、宗教学、语言学研究者们的乐园。

通过少数民族语言调查研究取得的初步成果所提供的线索，我们从这一带操各语种的祭师们手里保存的经书入手，请他们讲解经书的基本内容，然后用国际音标原原本本记录下来，进行对译和意译，以保持该经书原汁原味的面貌。通过初步研究，我们认识到这项研究的意义在于：

语言学方面的价值。我们在这一带发现的经书，大都是祭祀者祖祖辈辈许多代人保存流传下来的。有的说有20多代，有的说有10多代，还有的说他们与诸葛亮打仗的时候就有了。有的像图画，有的已经步入文字门槛，还有不少是用藏文符号记录的当地少数民族语言，其中有的也夹杂着许多图画。在记录和翻译各族群经书过程中，首先我们要了解这种语言和方言的基本特点，记录2000—3000个常用词，在这个基础上整理出这个调查点的语音系统，并大体了解这种语言的基本语法特点，否则无法翻译这种语言经书。这样我们就基本上掌握了这种语言各子系统的结构特点，揭示了这种语言语音、词汇、语法的基本面貌，为语言学提供了一份新鲜的资料。

文字学方面的价值。文字是记录语言的符号，历史上各民族的祭师们为了将自己认识到的各种自然现象和社会现象记录下来，以便从事祭祀活动的时候提示自己，开始用图画来帮助自己的记忆，久而久之，图画逐渐简化，形成了图画文字。本项目涉及的语言文字有彝语支、藏语支和羌语支的语言文字，记录宗教活动的文献有藏文、彝文、纳西东巴文等已知文字，新发现的文种有尔苏沙巴文、彝族铎系文字等比较原始的文字，还有羌族的释比图经等。这些文字有的有悠久的历史，如藏文、彝文、纳西东巴文等，有的是近几年才陆续被解读，性质也比较原始。从文字的性质来看，多样性显而易见：有比较完善的拼音文字，如藏文；有比较系统的表意文字，如原有彝文（或称老彝文）。更多的是比较原始的图画性质的文字，如纳西东巴文和尔苏沙巴文等，还有完全图画性质的长卷羌族释比图经《刷勒日》。从图画到图画文字再到表意文字和拼音文字，我们看到了一条非常丰富多样的文字产生、发展和演变链，它展现了一幅文字从表形到表意再到表音的学术画卷，成为研究文字产生普遍规律的一个明显的例证。此外，从文字学的角度看，什么样的图经算文字，什么样的情况只能够算图画，也就是说图画与文字的界限与区别在哪里，这一带的许多文献也向我们提供了许多研究的实例。

宗教学方面的价值。执行这个项目，开展广泛调查研究过程中，课题组接触到的有藏传佛教和藏族的苯教，更多的是原始多神教和大量的自然崇拜，包括彝族的毕摩、羌族的释比、纳西的东巴、普米的韩规、尔苏的沙巴、纳木依的帕孜、贵琼的公麻等等以及他们保存的大量经书。我们接触到许多祭师们的宗教活动，这些宗教活动许多带着一定的神秘性。拨开某些迷信色彩的东西，我们不难发现大量通过宗教祭祀活动所表现出来的对自然界的敬畏和崇拜，驱鬼祭神的各种活动又展现出一些民间治病的技艺和秘方。几千年来，他们就是依靠这种活动慰藉人们的心灵，医治人们的疾病，抚慰人们的伤痛。在仔细研究他们古老经典的过程中，我们不难发现，许多经典包含了一些模糊的哲理、人生的经验和度人苦难的精神安慰。这些经典反映的仪轨既受藏传佛教尤其是苯波教的影响，也有许多汉族佛教的渗透，尤其受汉族六十甲子思想的深刻影响。

历史学方面的价值。我们从祭师们娓娓道来的送魂经中，从许多包含在经典释读的历史故事中，分析出他们经历过大量族群迁徙、征战以及与自然界灾难的抗争。虽然这些文字中包含着一些荒诞不经的情节，但是，剥去一些离奇古怪的神话后留下的一些耐人寻味的史料，与正史记载的史实相印证，为我们打开了了解这一带族群历史来源的另一扇窗户，尤其从分析这些族群使用语言的分化情况、远近关系的情况、互相接触的情况，我们可掌握大量解开这一带族群历史来源的重要证据。

考古学方面的价值。本项目调查研究的是居住在岷江、大渡河、雅砻江、金沙江、澜沧江、怒江流域各族群所保留的文字及其文献。在这一地区，近几十年发掘了许多遗址，其中包括三星堆遗址、金沙遗址、营盘山遗址……这一地区还是古蜀道的必经之地，也是藏缅各民族迁徙的走廊。目前居住在这一带的族群多数是使用羌语支语言的族群，根据正史记载，他们应该就是周秦以来在这一带定居的古氐羌的后裔，经过了大浪淘沙，保留到现在，他们与早先居住在这一带的人群是什么关系？纵观西南地区的族群，基本上是汉族与藏缅语族两大族系，而藏缅族系是这一带最古老的族系之一，他们曾经通过这条民族走廊向南、向西迁徙，一直到喜马拉雅南麓，形成现在定居在喜马拉雅南麓的200多个藏缅语族各支系。因此对这一带语言文字及其文化的调查研究，为解开许多考古之谜提供了许多新的线索。

文学方面的价值。在记录和解读文字和文献的过程中，我们记录了大量诗歌、故事、寓言、神话、历史传说、唱词……有些神话故事，情节曲折动人，引人入胜，不亚于《西游记》；有的叙事长诗不亚于藏族的《格萨尔》，有描写征战的，有描写爱情的，有弘扬战胜邪恶的，有歌颂真善美的；有的寓言，哲理丰富，令人回味无穷……我们边调查，边感慨，这些文学素材，也许是制作动漫的好思路、好素材。创作这些文学素材的，是根植于民间并经历了千千万万个苦难的劳苦大众，他们仅仅依靠自己最原始的记录方式——图画或类似图画的文字，有的靠口耳相传，一代一代延续至今。今天，发掘这些埋没了多少代的文学作品，是我们这一代学人义不容辞的责任。

民族学、人类学方面的价值。分布在这一带的族群，其中多数是依附于人口数量大的民族的一些小族群。费孝通1980年发表的关于民族识别的那篇重要文章，以及同时期国家民委一系列有关民族识别的文件，没有能够把他们推上中华民族之林的舞台。但是他们的历史、文化是无法也是不应该被埋没的，近几年大量境内外民族学与人类学学者的调查研究，陆续揭开了蒙在他们头上几千年的面纱。他们的建筑、他们的服饰、他们的音乐舞蹈、他们的风俗习惯、他们的节日、他们的喜怒哀乐……一切的一切，受到了学者们的关注。他们也是中华民族灿烂文化的一个“小小的”组成部分，有权利在中华民族多彩文化大家庭这个园地中占有一席之地。

保护非遗方面的价值。语言文字与非物质文化遗产有密切关系，根据联合国教科文组织的看法，语言本身就是非物质文化遗产的重要组成部分。我们所要记录的这些文献承载着这一带族群大量非物质文化遗产的口头作品、表演艺术以及大量记忆遗产。我们把这个课题叫作濒危文字及其文献保护研究，主要出自两个基本事实：第一，我们要调查研究的对象基本上都是新发现的小语种，使用人口不多，而且越来越少，有的已经处在极度濒危状态；第二，几乎所有的宗教文献都是中华人民共和国成立以前就已经存在，经过多次劫难，保留至今，已经实属不易。原文献持有者几乎都已经过世，他们的后代中，能够释读这些文献的祭师已经越来越少，有的文献已经无人能够解读。因此，记录、释读这些经典已经是十分迫切的事情了。否则记录该文献的语言消失了，能够释读这些文献的祭师过世了，这些文献也就成了废纸一堆。

要说的话还有很多，最好由读者来评判吧！

开展此项调查研究的基本队伍主要是清华大学的师生及广西师范大学出版社派出的编辑，也包括地方院校和科研机构的一些学者，尤其是一些本民族的学者。他们从接受记录少数民族语言的专业培训，到深入实地寻访各种文献的持有者，动员他们将文献公之于世，开展解读和记录工作，经历了难以想象的困难，克服了许多意想不到的阻力。能够完成这样一套抢救性记录的丛书，而且从一开始的数种增加到现在的十多卷，个中酸甜苦辣，只有亲身经历过的人才能够切实地感受到。我对这样一支边训练、边工作，在实际工作中不断提高自己专业素质的队伍感到由衷的钦佩，他们完成了一项在中国文化史上具有重要历史意义的工作。我对他们能够完成这样一件重大的文化工程给予高度评价，对他们付出的艰辛表示崇高的敬意！

广西师范大学出版社的领导和编辑们，独具慧眼，对此项调查研究和丛书出版给予了有力的支持。更难得的是亲自组织队伍，深入山区与课题组一道开展调查研究。初稿完成后，编辑们对书稿进行了细致的校核，对书稿质量的提高起到了重要的作用。本套丛书最终能够与读者见面，与他们付出的劳动和财力上的支持是分不开的。他们无愧于出版家（而不是出版商）的称号。在此，向他们表示衷心的感谢!

中国社会科学院荣誉学部委员　孙宏开

序于安贞桥寓所

2013年1月15日

代 序

一 普米族的书写

“一个民族的消亡，最早是从语言开始的！”这句震耳欲聋、极具冲击性的话语，这个学术性极强的判断，出现在十多年前川滇交界处的小县城云南省丽江市宁蒗县的几位普米族老人自编的普米语教材的扉页。

他们有危机感，感到自己的民族语言正处于濒危境地，会讲普米语的普米人越来越少，特别是年轻人、儿童。因此他们急切地想要编教材。

编写这本教材的有几位普米族老人——胡镜明、马红升等，还有从毗邻的四川省凉山州木里县依吉乡请来的普米韩规偏初里。马红升在中央民族大学学习期间，看到其他民族有拉丁文字，就自己尝试用拉丁字母创制普米文字。他钻研了10年。2010年我们第一次见到他时，他正在和偏初里韩规商量如何教小学生普米语，并编写教材。

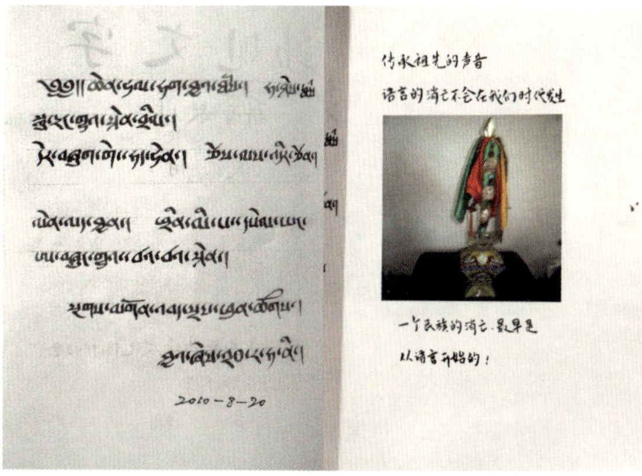

《韩规文字拼音教材（试用）》扉页

偏初里韩规谙熟藏文，他一直用藏文记录普米经典。漂亮的手抄藏文普米经典，与印刷的一样精美。

2010年暑假，我们来到宁蒗。看到在宁蒗普米文化保护协会的主持下，偏初里韩规在培训完三届（每届三年）年轻韩规之后，开始参与普米语教材的编写工作。他们一口气编出了藏文字母韩规文教材《韩规文字拼音教材（试用）》《普米族谚语（试用教材）》，并立即在宁蒗县民族小学开始试用。

我们于2011年1月寒假期间又来到宁蒗，刚好赶上期末双语班总结表彰。2012年他们又编写出《普米语基本词汇》。

韩规文教材

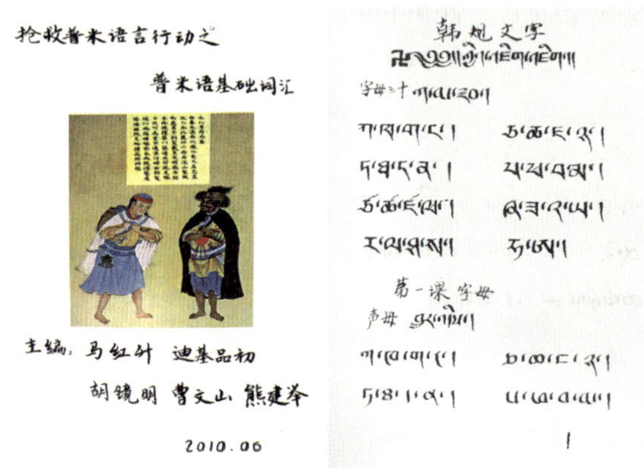

韩规文教材

看到孩子们学习藏文有些吃力，他们在2017年又编写出一套拉丁字母注音的普米语教材《拼音文字普米语课本（试用教材）》。马红升老师和保护协会的和学明老师、香港大学的丁思志教授等人编写了一套普米语拉丁字母拼音化方案，这套教材使用了这一方案。

《拼音文字普米语课本（试用教材）》

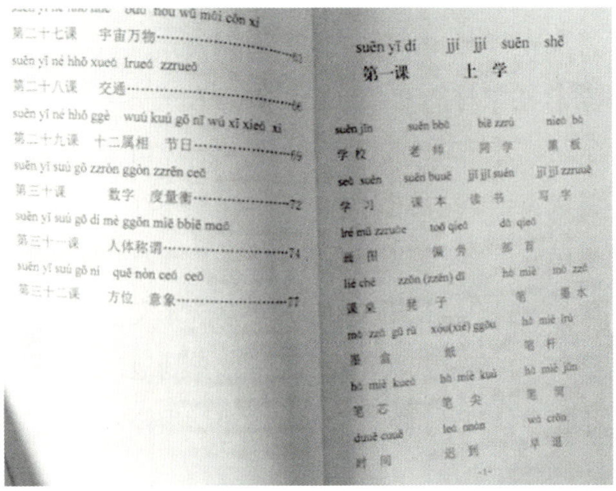

《拼音文字普米语课本（试用教材）》内文

这样一来，普米族就使用过四种文字记录自己的语言：韩规原始图符文字、藏文字母韩规文、拉丁字母普米文，还有兰坪的汉字记音普米文。

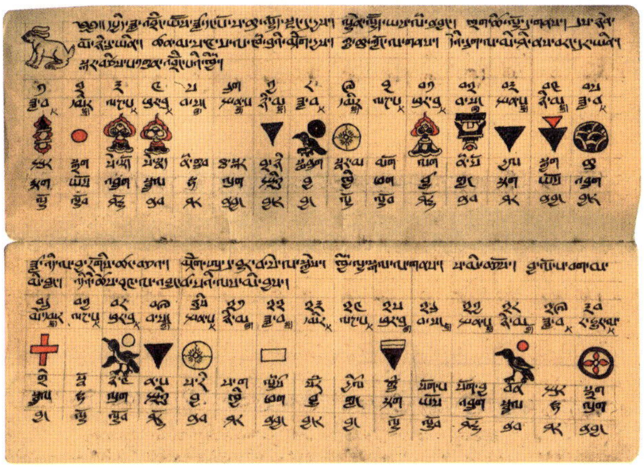

韩规原始图符与藏文混用的普米历书

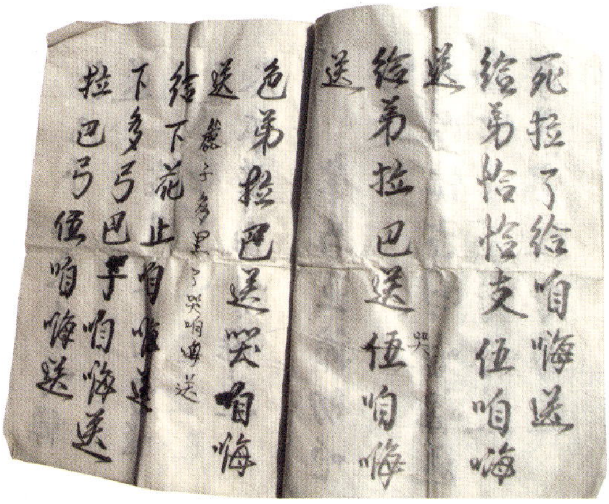

汉字记音的兰坪普米经书

云南宁蒗的普米族老人胡镜明，把本民族文化视做生命。胡镜明老人的家，也是宁蒗县普米文化保护协会所在地，请来的韩规吃住在自己家里。韩规偏初里也把宁蒗的普米文化传承当做自家的事。20多年来，他培养了数届共几十位“研究生”韩规。每届三年，连教了三届，还办了提高班。他抛家舍业，把老家的事情交给老伴和两个儿子。老大边玛很内向，继承了父亲的韩规技艺，画得一手漂亮的普米画，可以和偏初里的其他徒弟给当地老乡做仪式。二儿子央中则办事能力很强，现在是村组长。老伴身体不太好，但是两个儿媳妇非常贤惠、能干又孝顺。

2010年暑假，在宁蒗胡镜明老先生家里，我们见到胡镜明、偏初里和马红升老先生。不仅听到了普米族自醒、自强、自救的感人故事，还亲眼看到他们工作。普米族重视文化，追求进步，这些普米语教材的编写者是不屈不挠守护普米文化、传承普米文化的先行者！

二 寻找“书”的主人

2009年的春天，国家博物馆的宋兆麟先生到清华做讲座，给学生介绍田野调查。宋先生把20世纪80年代以前他们做田野考古收集到的几十本图经交给我们，请我们去找一下属于哪个民族、是否还有人认得。要把这些图经翻译解读出来，否则它们就是一堆五颜六色的画册，成为永远的谜。

不是东巴的、达巴的，可能是哈巴的

2009年暑假，我复印了彩色、黑白两套图经，先到丽江东巴文化研究院，请教赵世红院长、李静生、王世英等专家。他们都摇头，认为不是纳西族的。李静生先生亲自带我到东巴圣地、茶马古道重镇——中甸县白地村永宁乡去寻找这些图经的主人。在泸沽湖祖母屋的火塘边，我访问了老村长次汝尔车，他也摇头，认为不是泸沽湖摩梭人的。

我甚至跑到左所大经堂。那里正举行一年一度的大法会，方圆百十里的各族喇嘛都聚到大经堂，刚好可以问问他们。但他们也摇头，认为不是东巴的，不是达巴的，也不是喇嘛的，应当是哈巴的。我问："哈巴是谁？""是西番。""西番又是什么人？""问问普米族吧。"一位摩梭喇嘛说。原来，普米族在50年代之前属于西番族，后来四川境内的归属藏族，云南的就是普米族。哈巴是对祭司韩规的他称，可是知道的人已经不多了。

老村长次汝尔车很用心，我们走后，他还真的用心帮我们寻找，后来得知他把几本复印件给了普米族学者胡文明老师。

2001年丽江东巴文化研究院赵世红院长和李静生教授去拜访季羡林先生

在左所大经堂询问众喇嘛

泸沽湖落水村老村长次汝尔车和他的母亲、舅舅在祖母屋

我们回到丽江，见到了当时在丽江师专的胡文明老师。他是普米族最早的大学生，已经发表了好多介绍普米族的文章。不久他邀请我参加了省民委在昆明举办的“吾昔节”。我第一次看到川滇数百普米人欢聚过年的盛会。

普米族的“走出去留学”

20多年前，丽江到永宁乘班车要5个小时。班车上都是永宁的老乡。我开始问起来：“你们见过这样的经书吗？”一车人一路讨论，俨然一个小型研讨会。

一位高大英俊的小伙子说，他好像见过，可以带我去找有这种书的人。

于是他带我来到他的家乡——拉伯。在那里我们找到宋兆麟先生说的用了43匹骡子驮走村中经书的那个村寨，见到了那些经书的主人的后人，他们小时见过爷爷带来两个人，把村里的经书用几十匹骡子驮走了，从此村里再没有什么经书了。但是，幸运的是，我们找到一位立志重新寻找经书、恢复普米文化的年轻人郭向峰。失去经书之后，村里有老人走了，需要念“祭羊”经，送老人魂归故里时，有人不舒服，需要有人帮他们赶走病邪、去掉心病时，却没有经书可用。于是郭向峰乘溜索到无量河对岸的四川凉山州木里县的依吉乡，向那里的韩规请教学习。一有空就去学一段日子，这样往来学了几年，出师毕业了。临走时，老师送给他几本经书，他自己又抄来一些，开始重新建立普米族的民俗文化体系，并给老乡帮忙。

这是普米族的“走出去留学”，还有“请进来传授”。

走出去“留学”的郭向峰

郭向峰出师后师傅送他的和自己抄的经书

新营盘牛窝子

宁蒗新营盘牛窝子是有名的普米族聚居地，适逢一位普米族韩规在那里帮人家做丧葬仪式。我们赶到牛窝子时，已经是葬礼的最后一天。只见韩规在屋子里火塘旁边做完仪式后，家人便送逝者到附近的山上。韩规就住在离休多年的老干部胡镜明老人在宁蒗县城的家中。这里人告诉我，宁蒗

20世纪90年代最后一位韩规去世后，就没有人懂做丧葬仪式了，他们要去请纳西族东巴来帮他们主持葬礼。幸亏胡镜明、马红升等老干部商量从四川依吉大山里请来一位普米韩规大师。

三 "书"的故乡在大山

2011年1月项目组同学跃跃欲试，要翻过大山去依吉。可是因为突如其来的大雪，登上班车的脚又撤了回来。

2011年暑假，我们已经和普米韩规偏初里老师相约，去他的老家四川的凉山州木里县依吉乡机素村看看，听说那里有成套的普米古老经书。偏初里老师的老家还不通路、不通电、没有信号、无法联系。要想打电话，需约好哪天几点钟，偏初里老师要走半个小时，到一座山上才能通电话。

一条走进大山的漫长美丽的"新娘路"

2011年7月，我们项目组先乘车到永宁，再乘老乡的农用车，在石头路上颠簸五六个小时到达路的尽头，在一个只有几户人家的叫"古都"的小村子里过了一夜，第二天就是徒步了。

我们徒步50公里，翻山越岭走横断！一路都是盛开的杜鹃花、山茶花，有粉粉的，有白里透红的，漫山遍野，争相开放。有沿着江边悬崖的一条"新娘路"上绚丽开放的鲜花相伴，走下来，美丽不苦！

之后，我们终于来到依吉！这里真是普米文化的富矿！我们在机素一口气工作了10天。

新娘路

普米族

我们与被走访的普米族家庭

整理经书

偏初里老师带我们到几个韩规家庭去走访。他又四处联系他的徒弟，把老经书拿来，让我们拍照。一扎经书就拍了一个多星期。

我们住在韩规家新盖的经堂。两个男孩子住在楼下，我住在楼上。每天早晚，偏初里老师都要到经堂烧香、添加净水、念经祈福。

后来，我们联系组织了爱心公益游学团。他们访贫问苦，资助贫困学生，与当地建立了深厚感情。

凉山州木里县依吉乡麦洛村机素村小组是偏初里韩规的家，楼上是经堂

四 涅槃与重生：执着多元的书写表达

普米族有许多与其他民族相似的地方，经过社会变迁，许多传统文化都面临断代、消亡的命运。要想找到原生态的文化，只能靠走马帮。这是宋兆麟先生一开始就告诫我的。只有到封闭的大山里才能找到原生文明、早期文化。

宁蒗的普米族文化由于人的离世，不是断代，是断流。庆幸的是普米有大山，普米文化可以到大山里找，使已经消失的文化重构重生。宁蒗普米文化保护协会，就是“走出去，请进来”的行动者。

重生的力量主要在于内因，即内动力。普米族胡镜明、马红升这样的有文化有觉悟的老干部，他们上过学读过书，受过汉文化教育。没有经费也要做，也要往断流的文化中注入活水，也要培养人、整理重塑经典。有人，有书，文化就没断！

偏初里、胡镜明和他们培养的韩规接班人

韩规偏初里整理书写的百卷口诵经书

韩规偏初里更是忘我工作，拼命地写书，拼命地教人，甚至把已经失传的口诵经再写成文本。我们看到抄写的整整齐齐的经书，不仅有抄自老经书的新本子，还有整整100卷的口诵经。

观测天地、人生经典——历书

普米早期原始的“书”多种多样，图文并茂。

当然，最能体现普米族早期智慧和对世界认知的就是他们的历书《夏多吉吉》。这是一本与普米人生命生活息息相关的经典。清华项目组的徐可可，一下子就被这美丽的图经迷住了。

特别是徐丽丽博士，为了科学记录解读普米原始文献，她记录了5000多个词语，整理出普米语音系统，为科学翻译解读普米原始文献打好基础。解读原始文献，整理好语音系统尤为关键。如何翻译解读濒危文献？原则上谁的经书谁念，记谁的音。除了原始图符字的记音，还有藏文记音，而且有的是藏文记普米语，有的是古藏文古藏语记普米语。徐丽丽博士两次到丽江，一做就是几个月。在偏初里韩规的积极配合下，不但对5000多个词语进行了调查，科学整理出普米音系，还严谨地逐字逐词逐句翻译解读了普米历书等原始图经和藏文部分。

徐可可、刘晶一下就被普米美丽的图经迷住了

徐丽丽博士和偏初里韩规在工作

原始图画、文字与藏文字母的互用、借用

我们项目的初衷是“濒危文字的抢救、整理与研究”，主要关注民族自创文字表达。藏文并不濒危，本不在我们关注之内。但是藏文的魅力，一直影响着川、青、甘。我们看到许多非藏族或支系使用藏文字母，记录本族群的语言。

我们项目组做过的纳木依帕孜、尔苏寺迦悟、摩梭达巴、纳西东巴等子课题文本，都是用原始图符文字、原始图像写成的。普米文献除了使用图像图符，还使用大量藏文，或者混合使用图符与藏文，不懂藏文可以看图知义。普米韩规历书是用图符加藏文写成的。这恰恰说明，当原始图画文字不够用，或表达有困难时，就要借用身边熟悉的方便的文字来记录书写本民族的文本。

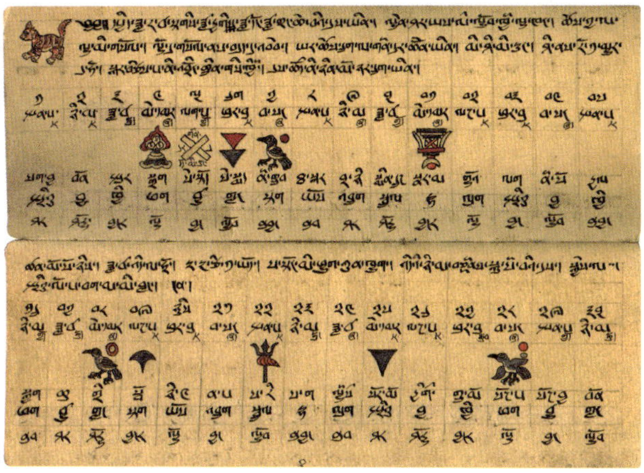

普米历书《夏多吉吉》原始图符和藏文混用

再如《左拉》，它在西南地区许多民族或支系中使用，例如甘洛尔苏、石棉木雅、木里纳木依、纳西东巴、普米等都可见到。多用于占卜婚配等。属于图画，不是文字。但也是某些信息的象征和代表，具有符号的功能，常常配有藏文说明解释。

《左拉》卦图的核心内容是五行、首尾（阴阳）、生肖相配合，产生六十卦象。最上方的一列藏文是对本页属相和五行的概括，两列中间的图画代表五行。每一列的小图和藏文，是对该列特定属相和五行的人的命运、运势、福气、寿命进行的判断。

每列中的每一幅图画下面都附有一行藏文，藏文是对图画进行补充和说明。有的原来就是藏文名称。偏初里韩规在解读过程中，用普米语叙述图画，用藏语释读藏文，二者相互映照，完美地表现了韩规图经中将图画和藏文配合使用的记录手法。例如下图：

图符	全图大意
	木鼠之人，他的格增（蓝色的龙神）是龙王神依玖，炯颠（大概代表一种神助的运势）是龙王神鲁切。木牛之人，他的格增是雷神日玖莫布，福气是宝物奈吉博追，罗咱是日玖莫布，一种生着翅膀的蛇。他们和五行属水的人结合是最好的。

五色线语言——灵牌

普米古文献图文并茂地展现了早期文化、早期文明。不仅运用了图形符号，还完好地保存了“五色线语言”。

灵牌，就是将五彩线缠绕在树枝或木棒制成的十字架上，而用于祭祀活动的用具。有大有小，一般大概五六十厘米高，也有一米或十几米高的。有时不只一个而是一组，普米语称灵牌为nõ^{35}khɛ^{55}，主要用于“祭羊”仪式（普米族最盛大的为亡灵超度的祭祀活动）。

灵牌主要用黄、绿、红、黑、白五种颜色的毛线绕成，从外到内依次为黄、绿、红、黑、白。其中黄色代表人体的温度、热量，绿色代表人的气息，红色代表人的血液，黑色代表人的皮肤，白色代表人的骨头。所用的线是当地普米族用羊毛搓出来的，现在也有直接去商店买的。五彩线的染色使用天然原料，其中的黄色是用从黄连的根中提取的黄色素着色；绿色是用蚕豆的叶子或是当地的一种树叶的汁来染的，也有用当地的一种绿石头磨成粉冲水后染的；红色用从红参的根中提取的红色素着色；黑色是把烧松脂的黑烟收集起来，然后把烟灰和酒拌在一起着色，这样还可以防止褪色。缠绕成的灵牌呈菱形或三角形，共有十五种组合方式。灵牌中间呈菱形，用于粘贴死者的头像，所以要尽量做得大一些，这也是称之为“灵牌”的原因。

解释灵牌有专门的经书，我们暂时称其为“灵牌图解”。《灵牌图解》是经书tʂue^{35}je^{55}中的一册，我们手上只有其复印件，长29.8厘米，宽16厘米，黄纸黑字，藏文书写，共7页。经书涉及灵牌的制作方法、内涵等内容。tʂue^{35}je^{55}属于安魂送葬类的经书，在进行大超度时使用，总共有47册。

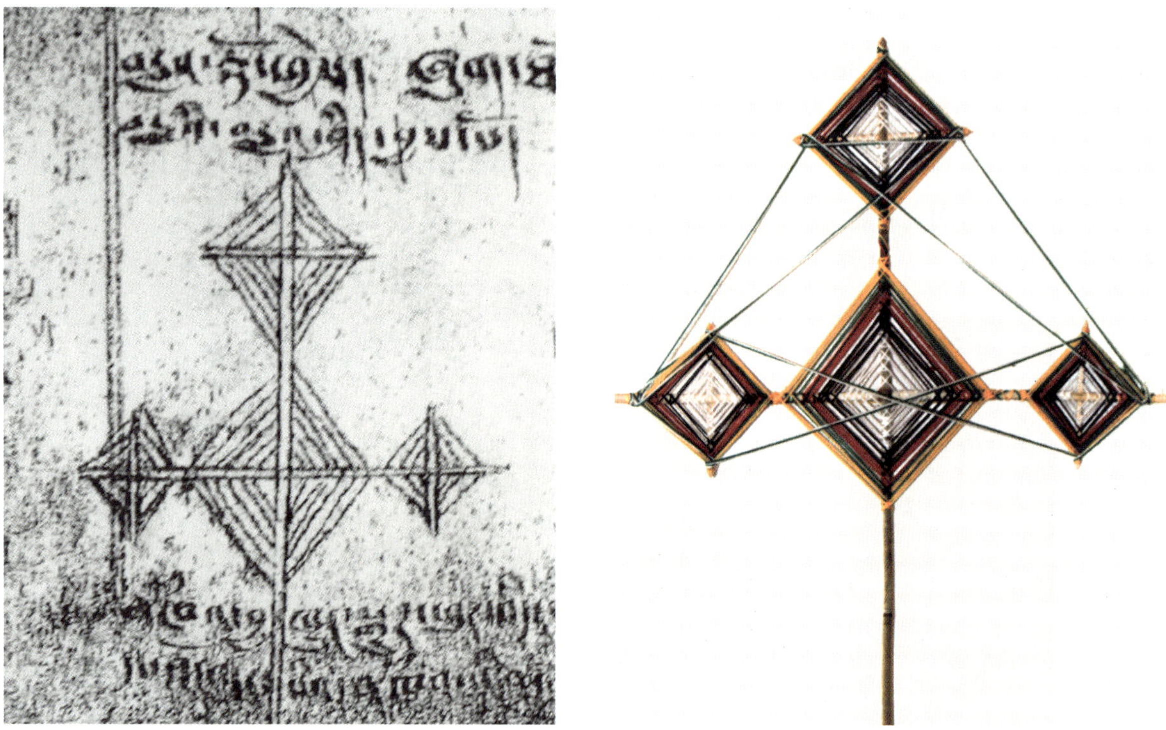

代表勇士的灵牌。左为经书上的图，右为偏初里韩规制作的实物

灵牌的组合方式不同，其内涵也不一样，如武士、韩规、学问高深的人、喇嘛、格西、医生、手艺人、多子多福的人、神人、圣人、有钱人、无子女的人等等。

魂归故里的神路图《塔朗》——卷轴画

送魂神路图《塔朗》，又称“神路图”。至今，在滇、川、藏交界区域的普米族的葬礼中还保存有这样一个习俗：当死者告别阳世，经过一系列的程序，如洗尸、涂抹酥油、穿寿衣、杀牺牲、韩规诵经等等之后，有一道很重要的仪式不能忽略，就是给死者的灵魂指引一条从地狱、人间到天堂的路径。这条路径通常由一幅绘在自制细麻布上的卷轴画指引完成。此种长幅卷轴画，韩规称之为“塔朗”，“塔”意为“解脱”，“朗”意为“道路”，故也可称“解脱之道图”。韩规们平时不轻易打开此图，仅在丧葬和超度亡灵仪式上铺开，并立于图旁咏诵《塔朗图经》，将亡灵从图的底部逐层向上超度，仪式结束后就收藏起来。

在偏初里老师家里的经堂前，展示了大儿子边玛绘制的普米神路图

结题后又受到邀请做口诵经

当我们的国家社科基金重大项目“中国西南地区濒危文字抢救、整理与研究”项目结题，完成本书普米原始文字文献的翻译整理之后，宁蒗普米文化保护协会一再邀请清华继续帮助他们整理口诵经。清华校团委组织了一个普米支队，于2017年7月来到宁蒗开始新的工作。支队同学仅仅用十几天，完成了3万字的《普米族口述历史保护与传承项目可行性研究报告书》、《口诵经》第一部的整理、《普米韩规画》一册的第一部分的整理等3项工作，还当场签了合作协议。

清华与宁蒗普米文化保护协会合作签字仪式

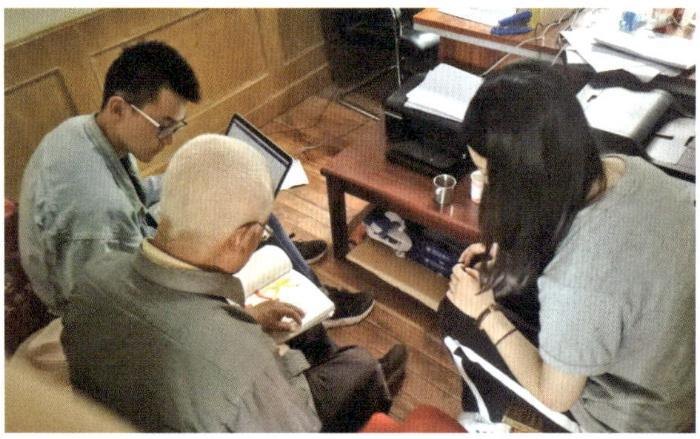

清华刘礼剑、马一文和马红升老人整理韩规画册

清华武欣楠、邢成博撰写口述历书论证报告

清华赵芃和韩规偏初里翻译整理口诵经“喀尔沙”

清华支队长黄凯莉在录入国际音标

五 共同的文化底色

普米文化还保存了藏区原始宗教苯教的文化底色。2012年5月，由于学生学业紧张，五一小长假时间较短，我们便请了普米族的偏初里韩规、胡镜明老先生，纳木依朱小华帕孜，油米和争伍的纳西东巴，以及松潘的才旦老师，同时来清华，与各支队分别工作。工作期间，老师们也互相交流，发现都是信仰丁巴什罗（传承神、护法神，又称东巴什罗），原来有相同的苯教文化底色。

2012年5月4日，在清华文科楼召开了“中国西南濒危文化研究中心成立暨西南濒危文献与苯教的关系”座谈会。参加者有国家博物馆的宋兆麟研究员、中国藏学中心的安才旦研究员、阿坝师专的才旦教授、北京大学考古文博学院的杭侃教授、普米韩规偏初里、纳木依的朱小华，以及项目组负责木雅、纳木依、东巴、达巴等子课题的同学。座谈会的主题是探讨西南濒危文字文献与苯教的关系，展示苯教元素在西南濒危文字文献中的体现。大家展示了各自文化中的苯教元素，如信仰主神都是丁巴什罗、大神鸟等；原始信仰的万物有灵、自然崇拜，山神、水龙神等；依存文本形态有历书、神路图、经书、印棒、木牌画、五福冠等；习俗形态有火葬、多种婚姻家庭结构，以及一些有特点的节庆。涉及族群有纳西、普米、羌等。

在2011年召开的学术会议上，清华大学图书馆高煊书记代表清华大学接受胡镜明、偏初里赠送的普米最神圣的半部《祭羊经》（另半部后来被中国民族图书馆馆长吴贵飙征得）

结语

普米族文化的书写经历了图符、藏文、汉字、拉丁字母以及图画（普米画）、实物（印棒、灵牌）等种种尝试。他们把能想的都想了，能用的都用了。不断调整，不断尝试，不断追求文明，不断创新地进行自我表达。

从2009年到2021年，我和普米相依相伴，共同走过来整整12年！到今天，也可以给国家博物馆的宋兆麟先生提交一份答卷了！您要我寻找的图经主人，就在43驮经书、文物的老家，就是普米族！

在我们几十年来的濒危文字调查、研究中，在国家社科基金重大项目的诸多子课题涉及的民族中，普米族是追求民族觉醒、自强自救的罕见的民族。

他们的坚守、执着，他们的不离不弃、百折不挠、砥砺前行令我震撼不已，由衷敬佩！

我们走进普米，就是走进了大山，走进了历史。认识了普米，就知道什么是寻根的情结，什么是家园的守望，什么是自醒、自救、自强、自信！

赵丽明

2021年7月 于清华园

目　录

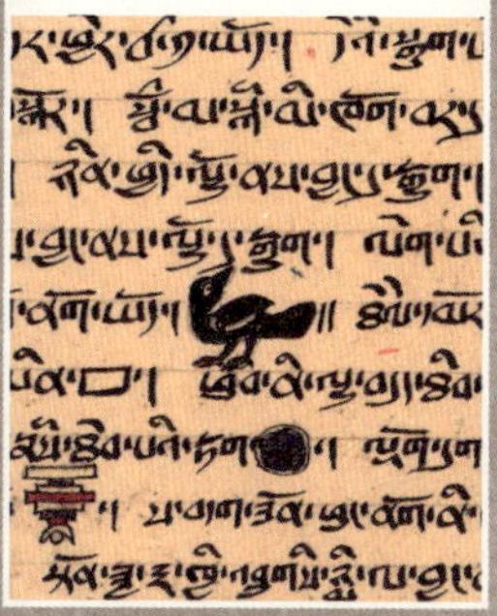

前言

这本《普米韩规原始文字文献调查、解读与研究》是我们承担2010年度国家社会科学基金重大项目“中国西南地区濒危文字抢救、整理与研究”的子课题之一的成果。2010年开始，经十余次的往返调查、翻译解读、考证修订，2013年已成初稿。经过多年努力，终成本书。

一 撰写背景：抢救普米原始文字文献

在中国西南边陲横断山脉的一个角落，在重重高山浩浩大江所环抱的边邑——滇川藏接壤的土地上，世世代代生活着一个自称“普米”的山地民族。

普米族主要分布在云南、四川和西藏三省区毗邻的澜沧江、金沙江及支流无量河与雅砻江流域。普米族在中国各民族中是一个人口较少的民族。据全国第六次（2010年）人口普查的统计，普米族人口共42861人，其中在云南省有42043人。

这个人口不多的山地民族在历史的发展进程中创造了极富特色的物质文明和精神文明。古老的韩规教及其文化构成了普米族精神文化史中最为重要的部分，至今可以看到大量用古藏文书写的韩规经书写本。根据使用的目的和场合的不同，可以相应地分为祀神、祈福、禳灾、丧葬、占卜、杂类（如教程、谱牒）等几种类型，其中记载了有关人类起源、民族迁徙、部落战争、社会生活的大量神话传说和民间故事。

韩规文献长期散落于民间，直至20世纪末，中国国家博物馆研究员宋兆麟等学者才开始关注并收集。进入21世纪，国家对少数民族文献整理愈加重视，陆续有科研机构和高校立项专门收集整理。如2006年，由云南民族大学李国文教授领衔的国家社会科学基金项目——“云南少数民族古籍文献调查与研究”，将“丽江普米族韩规古籍调查与研究”列为子课题，由胡文明主持，他还撰写了《普米韩规古籍调研报告》《韩规文古籍整理与研究综述》等文章。2010年底国家社科基金项目“中国西南地区濒危文字抢救、整理与研究”子课题之一主要关注普米韩规文献中的原始文献和原始文字。

2009年至2014年，“中国西南地区濒危文字抢救、整理与研究”项目组先后8次赴云南省丽江市宁蒗彝族自治县、四川省凉山彝族自治州木里藏族自治县依吉乡等地对普米语言系统和濒危文献进行实地抢救性调查、整理，并两次请普米文化传承人到清华大学进行翻译、核实。在调查整理了普米语言系统的基础上，对普米濒危原始文献进行了全面解读、整理，包括普米历书、灵牌、木牌画、印棒、《左拉》图等，尽量用规范的四行对照方式进行逐篇、逐图、逐字、逐句的翻译、解读。并对沉淀在大山里的大量普米藏文经书也进行了普查和著录。

2011年3月底，在国家社科基金项目首席专家赵丽明教授安排下，徐丽丽博士承担了系统调查普米语和原始文献解读的工作，认识了一群致力于保护民族语言和文化的人，他们就是普米族的胡镜明老先生、马红升老先生、胡文明先生和普米文化传承人偏初里先生。偏初里是普米祭司大韩规。在此之前，我们从没有接触过甚至没有听说过这个民族，但是在后来的工作中我们被这个民族强烈的文化自觉意识所打动。他们曾经呐喊：“一个民族的消亡，最早是从语言开始的！”胡镜明、马红升老先生已是八十多岁高龄，在此前的十年间，他们和偏初里韩规一直在收集散落民间的经书，招收弟子，培养年轻韩规。此外，他们还自编教材，在当地小学开设普米语课程，希望通过各种途径来保护和传承他们的民族语言和文化。这种毅力、这种精神实在令人感动。

本调查的成稿，花费了我们近八年的时间。2011年3月底，徐丽丽来到丽江，在几位先生的帮助和合作下开始记录普米语，并且翻译普米历书《夏多吉吉》。在将近一个月的时间里，我们同吃同住，日夜赶工，初步完成了普米语音系统整理和历书翻译的工作。2012年4月底到5月底，为了修改和完善已调查的资料，胡镜明老先生和偏初里韩规不辞辛苦从云南来到北京，配合我们补充调查。此次调查，我们校对了之前调查的音系和翻译的历书，同时做了部分经文目录的翻译和口述史的访谈。

在本书的撰写过程中，我们感受良多。感受最深的就是一个民族的文化真是博大精深，我们所做的东西只不过是冰山一角。由于聚居地偏远、人口少，普米族受到的关注并不是很多，但是这个民族自身已经意识到民族文化保护和传承的重要意义。因此，我们希望通过我们的整理和研究，使更多的人关注这个民族，关注这个民族的语言和文化，一起致力于普米语言和文化的研究。

二 文献综述

（一）关于普米语的研究

普米语研究是藏缅语研究中起步较晚的。直至1954年，罗常培、傅懋勣在《国内少数民族语言文字的概况》[1]中才正式在藏缅语分类表中列入普米语。

《普米语简志》[2]以云南省兰坪县河西区箐花公社的普米语为代表，对普米语的语音、词汇和语法特点进行了介绍。书后的词汇附录载有以云南省兰坪县河西区箐花公社为代表的南部方言词汇及以四川省木里县第一区桃巴公社为代表的北部方言词汇共1016个。

关于普米语的研究，目前最全面的当属陆绍尊的《普米语方言研究》[3]，该书由民族出版社于2001年出版，是“中国少数民族语言方言研究丛书”之一。该书记录和介绍了普米语南北两大方言，列举了七个方言点的音系，并从语音、词汇和语法上对这些点进行了比较，是研究普米语不可或缺的资料。

《藏缅语语音和词汇》编写组的《藏缅语语音和词汇》[4]一书也收录了普米语南北方言各一个点的音系以及部分词汇，该书材料较为精简，将普米语放在藏缅语的大背景下跟其他藏缅语进行比较。

[1] 罗常培、傅懋勣：《国内少数民族语言文字的概况》，《中国语文》1954年第3期。
[2] 陆绍尊：《普米语简志》，民族出版社，1983。
[3] 陆绍尊：《普米语方言研究》，民族出版社，2001。
[4]《藏缅语语音和词汇》编写组：《藏缅语语音和词汇》，中国社会科学出版社，1991。

另外，近几十年国内还有几篇关于普米语的论文。陆绍尊在《普米语概况》[1]一文中首次对普米语的语音、词汇和语法特点进行介绍。1994年，陆绍尊在《普米语》[2]一文中首次较详细、较全面地介绍了普米语的使用情况。戴庆厦、陈卫东在《论普米族的语言观念》[3]一文中通过对普米族语言观念的调查，发现普米族热爱本民族语言，广泛使用本民族语言；主动学习其他民族语言，愿意兼用其他语言；接受转用其他民族语言；对待文字的态度不同于对待语言的态度；不要求创造本民族文字。这些构成了普米族较开放的语言观念。陈卫东的《论普米族语言功能的发展及其文化教育对策》[4]一文对普米族的双语现象和语言转用问题做了一些分析。丁思志（Picus Sizhi Ding）在《牛窝子普米语概况》[5]一文中简要介绍了云南省宁蒗县牛窝子普米语的语音、形态和句法特点。此外，他对普米语的现状以及濒危状况做了一些讨论，如*Challenges in Language Modernization in China:The case of Prinmi*[6]。丁思志的《牛窝子普米语的音高—重音系统》[7]《日语和普米语声调系统之类型学研究——对音高—重音语言之定义》[8]《普米语方言声调系统研究中用感知测试：以说话人为中心的语言描写方法》[9]，王燕、万家林在《从信息传播看普米族语言社会功能的变化》[10]一文中着重讨论了丽江市永胜县普米族村寨中普米语的使用现状和存在的问题。蒋颖的《普米语个体量词及其类型学分析》[11]《论普米语动词后缀的分析化趋势》[12]《普米语施受标记系统的关联性》[13]《普米语自主助词及其语法化》[14]，张倩儒的《普米语合成双音词的构词方式》[15]，傅爱兰的《普米语复辅音初探》[16]《普米语动词的“体”》[17]《普米语动

[1] 陆绍尊：《普米语概况》，《民族语文》1980 年第 4 期。

[2] 中国社会科学院民族研究所、国家民族事务委员会文化宣传司主编《中国少数民族语言使用情况》，中国藏学出版社，1994，第 813—817 页。

[3] 戴庆厦、陈卫东：《论普米族的语言观念》，《云南民族学院学报（哲学社会科学版）》1993 年第 4 期。

[4] 陈卫东：《论普米族语言功能的发展及其文化教育对策》，《中央民族大学学报》1996 年第 3 期。

[5] Picus Sizhi Ding, “Prinmi: A Sketch of Niuwozi,” *The Sino-Tibetan Languages*, London ; New York:Routledge, 2003, 588—601.

[6] Picus Sizhi Ding, “Challenges in Language Modernization in China:The case of Prinmi,” *Working Together for Endangered Languages:Research Challenges and Social Impacts*（ Proceedings of FEL XI）, Foundation for Endangered Languages, 2007, 120—126.

[7] Picus Sizhi Ding, “The pitch-accent system of Niuwozi Prinmi,” *Linguistics of the Tibeto-Burman Area* 24.2（2001）: 57—83.

[8] Picus Sizhi Ding, “A typological study of tonal systems of Japanese and Prinmi: Towards a definition of pitch-accent languages,” *Journal of Universal Language*（2006）: 1—35.

[9] Picus Sizhi Ding, “The Use of Perception Tests in Studying the Tonal System of Prinmi Dialects: A Speaker-centered Approach to Descriptive Linguistics,” *Language Documentation & Conservation* 1（2）: 154—181.

[10] 王燕、万家林：《从信息传播看普米族语言社会功能的变化》，《西南边疆民族研究》2007 年第 5 期，第 110—122 页。

[11] 蒋颖：《普米语个体量词及其类型学分析》，《民族语文》2008 年第 5 期。

[12] 蒋颖：《论普米语动词后缀的分析化趋势》，《中央民族大学学报（哲学社会科学版）》2009 年第 5 期。

[13] 蒋颖：《普米语施受标记系统的关联性》，《中央民族大学学报》2010 年第 4 期。

[14] 蒋颖：《普米语自主助词及其语法化》，《中央民族大学学报（哲学社会科学版）》2012 年第 3 期。

[15] 张倩儒：《普米语合成双音词的构词方式》，《传奇·传记文学选刊（理论研究）》2011 年第 6 期。

[16] 傅爱兰：《普米语复辅音初探》，载《中国民族语言论丛》，中央民族大学出版社，1996，第 35—50 页。

[17] 傅爱兰：《普米语动词的“体”》，《民族教育研究》1999 年增刊。

词的重叠》[1]，和向东的《普米语动词的命令式》[2]，等等。

近一二十年来，国外学者开始关注普米语。如美国学者马提索夫（James A. Matisoff）教授亲自到昆明调查和记录普米语。他于1997年发表的《普米语大阳话音系及与羌语支初步比较》（*Dàyáng Pumi phonology and adumbrations of comparative Qiangic*）[3]一文中介绍了兰坪县大阳村普米语的语音特点，并对普米语在羌语支中的地位作了讨论。

从以上文献综述来看，人们对普米语的记录开始较早，近年有学者开始对普米语进行深入研究。

（二）关于韩规教的研究

自20世纪80年代以来，陆续有学者发表过一些关于韩规教及其文化的调研报告和学术论文，如云南省社会科学院宗教研究所原所长杨学政研究员自1983年以来，先后发表了《普米族的韩规教》[4]《藏族、纳西族、普米族的藏传佛教》[5]《苯教对普米族韩规教的影响》[6]《宁蒗普米族宗教调查》[7]等；严汝娴、陈久金在《普米族》[8]一书中专门论述了丁巴教（韩规教）与巴丁剌木女神。1987年秋末，就读于美国斯坦福大学人类学专业的施传刚先生第一次来到永宁地区。他在21年后出版的《永宁摩梭》一书中指出，永宁地区有三种宗教，即摩梭人的达巴教、藏族的喇嘛教和普米族的哈巴教。“哈巴教是邻近的普米族的原始宗教，它基本上是一种萨满教，主要特点是信仰世间万物皆有灵魂，有的灵魂善良，有的邪恶。人们所有的好运都是神或善灵所赐，厄运是因鬼或恶灵作祟。所有这些灵魂都只对萨满有响应。萨满被普米族称为‘韩规’，被摩梭人称为‘哈巴’”[9]。此外，挪威奥斯陆大学中国项目研究员、人类学博士科恩·威伦斯（Koen Wellens）近十年里通过定期访问和数次长期的田野调查，观察到韩规仪式的稳步复苏和振兴。他以普米族的韩规仪式和实践作为民族志的重点，发表了《中国西南地区的宗教、社区与人类学的真实性》[10]一文。近年来，还有些以普米族文化为对象的研究生论文。上述的这些只是一些初步的、基础性的研究成果，但对韩规文化研究来说，它们也是具有开拓性的，它们为后续开展韩规文化的理论研究和实证分析奠定了基础。

但是，对于普米原始文字文献的挖掘、调查、整理还十分薄弱，甚至是空白。这些文字文献更

[1] 傅爱兰：《普米语动词的重叠》，《民族语文》2000年第3期。

[2] 和向东：《普米语动词的命令式》，《民族教育研究》1999年增刊。

[3] James A. Matisoff, “Dàyáng Pumi phonology and adumbrations of comparative Qiangic,” *Mon-Khmer Studies*（1997）.

[4] 杨学政：《普米族的韩规教》，《世界宗教研究》1983年第2期。

[5] 杨学政：《藏族、纳西族、普米族的藏传佛教》，云南人民出版社，1994。

[6] 杨学政：《苯教对普米族韩规教的影响》，载《普米研究文集》，云南民族出版社，2001。

[7] 杨学政：《宁蒗普米族宗教调查》，载《中国少数民族社会历史调查资料丛刊》修订编辑委员会编《云南少数民族社会历史调查资料汇编（五）》，民族出版社，2009。

[8] 严汝娴、陈久金：《普米族》，民族出版社，1986。

[9]［美］施传刚：《永宁摩梭》，刘永青译，云南大学出版社，2008，第150页。

[10]［挪］科恩·威伦斯：《中国西南地区的宗教、社区与人类学的真实性》，《西南民族大学学报（人文社科版）》2008年第8期。

能反映普米族人民的智慧及其文明成果，它们亟待抢救、整理、记录，以为历史留下一份真实的材料，增强民族自信心、自豪感！这正是本课题的初衷。

三 本书写作体例

本书共分为十章，分别从族群概况、语言体系、图经翻译、经书目录翻译、字符表、口述历史等几个方面详细介绍了普米族的语言文字使用情况。

第一章《普米族概述》，主要从自然地理、生产活动、婚丧嫁娶、节日、宗教信仰等几个方面介绍了普米族的特点。本章作者：胡文明、徐丽丽、赵丽明。

第二章《普米语言系统》，以发音人偏初里的木里方言为代表，使用国际音标记音，后附词汇表。词汇表以范俊军的《语言调查语料记录与立档规范》[1]中的通用词表为范本，从中提取发音人可以表达的词汇。词表一页两列，分别为汉语意义和国际音标。本章作者：徐丽丽。

第三章《普米原始文献解读》，本章是本书的核心部分，包括六个小节：

第一节《普米历书〈夏多吉吉〉解读》。《夏多吉吉》共56页，分为前后两部分。（一）前24页为十二个月，每月两页，每页十五天。每月开头是一段总括性藏文介绍文字，以总体说明这个月的宜忌；对于这段文字，我们以普米语藏文、国际音标、汉语直译和汉语意译四行对照的形式进行解读。其后，对于每月每一天（初一至三十）的日历，《夏多吉吉》通过“日期”“曜”“提哩”“星宿”“属相”“方位”六方面进行说明；对于每天的日历，我们制成相应的五种表格（“提哩”与“星宿”在同一表格中），并在表格中给出对应的普米语藏文、国际音标和汉语直译。（二）后一部分32页是普米语藏文说明，解释普米历书的来历、体例，以及用于择凶吉日的内容。我们也采用普米语藏文、国际音标、汉语直译和汉语意译四行对照的形式，进行逐字逐句的翻译和解读。本节由偏初里用普米语释读，胡文明、胡镜明翻译，徐丽丽、徐可可记音整理。

第二节《卜卦图经〈左拉〉解读》。本节介绍了《左拉》纸牌画的来历、意义及其作用，并将《左拉》卦图旧经书文献和制作的实物进行比对，逐个加以解读。本节由偏初里用普米语释读，胡镜明、胡文明翻译，张琰、徐丽丽记音整理。

第三节《送魂神路图〈塔朗〉解读》。本节介绍了普米送魂神路图（又称神路图、忏悔图）《塔朗》的来历、意义及其作用。本节由偏初里等用普米语释读，胡文明、张琰等翻译，张琰整理记录。

第四节《灵牌图经〈弄开〉解读》。本节介绍了灵牌的来历、意义及其作用。本节由偏初里用普米语释读，胡镜明、胡文明翻译，徐丽丽记音整理。

---

[1] 范俊军:《语言调查语料记录与立档规范》，暨南大学出版社，2011。

第五节《木牌画解读》。本节介绍了木牌画的来历、意义及其作用，并根据现有的材料，对木牌画进行了分类和解读。胡镜明、胡文明翻译，徐丽丽记音整理。

第六节《印棒图符解读》。本节介绍了印棒的来历、意义及其作用，并提取印棒上的符号进行解释。本节由偏初里用普米语释读，胡镜明、胡文明翻译，徐丽丽记音整理。

第四章《普米韩规原始图符字表》。本章将历书《夏多吉吉》及印棒中出现的所有图符进行发音、意义、字频方面的整理和统计。各符号的排序以历书及印棒中对各符号的解释顺序为准。在每一个字符右下角标出了该字符在历书中的出现频数。本章作者：徐丽丽。

第五章《木里依吉普米韩规文献著录》。项目组深入四川木里依吉收集的第一手资料，有54种共386册，本章对其进行文献著录。本章作者：原上青。

第六章《普米韩规画》。韩规偏初里将众多口诵经创作成普米韩规画。清华学子（黄凯莉、赵芃、刘礼剑、马一文、王浩宇等）、偏初里、胡镜明等整理、翻译、解读、记录。

第七章《口述历史》。项目组成员与普米族老干部胡镜明老先生、普米韩规偏初里、宁蒗普米保护协会会长熊建举等就本民族宗教文化、社会风俗及民族文化传承情况进行了交流访谈。根据数次访谈录音整理出了口述历史。本章整理者：张嘉城、徐丽丽、胡文明等。

第八章《川滇归来》。介绍了田野调查的苦与乐，还有对大山里的普米文化的深深敬意和满满爱心。

第九章《普米韩规文化文献研究》。收录了普米族学者、关心热爱普米文化的项目组成员的初步研究和体会。

第十章《普米文献影印》。本章影印韩规历书《夏多吉吉》旧抄本、丧葬超度图经样本、献祭扎拉战神图经等，以及普米族自己创造编写的普米语拉丁文拼音方案及其口诵经文本、拉丁文拼写的煨桑经原件、普米语韩规文教材选页等。本章由胡文明、赵丽明选编。

本书附录有人名、地名索引，以汉语拼音为序进行编排，便于读者检索。

第一章 普米族概述

一 族称定义

（一）自称

居住在云南省怒江州兰坪白族普米族自治县、丽江市玉龙纳西族自治县、迪庆州维西傈僳族自治县等地的普米人自称“普英米”（phiŋ mi）。居住在云南省丽江市宁蒗彝族自治县、永胜县以及四川省凉山州木里藏族自治县、盐源县、甘孜州九龙县等地的普米人自称“普日米”（phəi mi）。上述自称中的“普英”“普日”系一音之转，皆是“白”的意思，“米”意为人。因此，普米的含义为“白人”或“白族”。1961年，居住在云南境内的普米人，根据本民族意愿，正式定族称为“普米族”；[1]留居四川境内的普米人，则根据他们的意愿，划归为藏族。[2]

（二）他称

在汉文古籍中，东汉至三国之际依自称而写作“槃木”或“白狼槃木”。[3]至晋代以他称而写作“西蕃”，[4]元初已将“西蕃”写成“西番”，[5]明、清以后称之为“西番”“巴苴”等，[6]近现代汉、白等族民间亦曾流行以“西番”称普米人。由于历史上的这一他称比较普遍，直至族称正式定为“普米”的20世纪60年代初之前，各地普米人填族别时都是填“西番族”。但是，西番的范围比普米广，其包括几个族源相近、语言亦相近的族群，譬如四川凉山州境内自称“尔苏”“多续”“尼汝”“纳木依”“虚米”等，在历史上均被统称为“西番”。[7]

从历史上看，无论汉族或其他民族，都将“西番”视为一个整体，不加区别。其实，“西番”

[1] 关于确定普米族为单一民族的时间问题，通常见之于相关报刊和书籍上的说法是1960年。近年来，胡文明通过梳理云南境内普米族民族成分工作发现此说法不准确，提出“确定普米族为单一民族的时间应为1961年”。这一说法有批文为据，翔实具体。

[2] 居住在四川省内的普米人，并未经历复杂的识别过程。早在1953年，成立了“木里藏族自治县人民政府”，而木里藏族中的主体是普米人，说明当时居住在那里的普米族已被视为藏族的一部分，他们中的头人作为藏族的代表在各级政府机构任职。直到1962年3月，由张全昌调查整理出《四川“西番”识别调查小结》一文，认为“木里‘西番’（或普米）与藏族在历史、文化、宗教信仰、风俗习惯诸方面类同，是密不可分的同一族源”。

[3] 陈宗祥、邓文峰认为普米就是“白狼、槃木、唐菆”等的“槃木”。参见《〈白狼歌〉研究述评》，《西南师范大学学报（哲学社会科学版）》1979年第4期。

[4] 参见张华《博物志》卷三《异兽》，上海古籍出版社，1990。

[5] 参见周致中《异域志》，中华书局，1981。

[6] 参见余庆远《维西见闻录》，中华书局，1985。

[7] 参见龙西江《凉山州境内的西番及渊源探讨（上）》，《西藏研究》1991年第1期。

一名的内涵是相当复杂的。按照《明史·西域二·西番诸卫》的记载："西番，即西羌，族种最多，自陕西历四川、云南西徼外皆是。"[1]另据蒙默："一翻开《清史稿·四川土司传》和嘉庆《四川通志·土司志》，在四川西部今阿坝藏族羌族自治州、甘孜藏族自治州、凉山彝族自治州一带，可以看到一种分布辽阔的被称为'西番'或'番族'的居民。"[2]结合1949年以来的民族调查和民族识别考察，这些西番或番族，在语言、习俗以及民族心理素质上，都有各自的特点。因此，在这片土地上并不存在一个单一的西番族或番族。如今，文献记载中的西番，其所包括的成分除四川的羌族和云南的普米族之外，其余的已是藏族的组成部分。

而其他民族对普米族则有不同称呼，如木里藏族人称普米为"绒尼"，[3]丽江纳西族自古称普米族为"博"，纳西族支系摩梭人称其为"巴"，彝族称其为"窝朱"，傈僳族称其为"流流帕"，壮族称其为"密而夥"，苗族称之为"阿曼如"等。[4]

二 自然地理

有学者认为，位于川滇交界的泸沽湖可以视为现今使用普米语者世居地（但非发祥地）的地标。在这片略呈矩形区域的上部是四川的木里县，而下半部分覆盖的范围则包括四川盐源县西北和云南宁蒗县大部。这片普米世居地的领域在往昔很可能比现在要辽阔得多。[5]

现在普米人口中的绝大部分居住在滇西北及川西南地区。云南普米族地区位于北纬24°4'—27°6'、东经98°6'—100°8'，属横断山脉纵谷区中部山原地带。金沙江和澜沧江由北向南贯穿全境，形成高山峡谷、小块盆地交叉相间的地形。地势西北高、东南低，山脉多南北走向。著名大山为云岭分支的老君山、玉龙雪山、雪邦山、玉坪山、牦牛山、大药山、光茅山、竹山、狮子山等。境内雪山群峰峥嵘、气势磅礴、巍峨雄壮。最高山峰海拔5596米，最低河谷三江口海拔为1200米。纵谷之间山河交错，呈帚状分布，其中较大的有通天河、冲江河、巨甸河、白角河、开基河、腊普河、五郎河、程河，分别汇归金沙江；通甸河、永春河、基独河等，则注入澜沧江。此外，还有著名的高原湖泊泸沽湖、程海、玉湖等，水利资源充足，亟待开发。

普米族地区独特的地貌因素，使得气候、植被、土壤乃至整个自然环境都呈明显的垂直变化，气候有寒、温、热三种类型。一般江边河谷地区较为炎热，半山区丘陵地带凉爽，属温带季风气候，因此，雨量充沛，土质肥沃，适宜作物生长。高山地区则终年积雪，气候寒冷，年平均温度

[1]《明史》卷三三〇，列传第二一八《西域二·西番诸卫》，中华书局，1974，第8539页。
[2] 蒙默《唐宋时期"东蛮"族属的探讨》，载《南方民族考古》第二辑，四川科学技术出版社，1990，第131页。
[3] 参见呷绒翁丁《木里境内的普米藏族》，《普米研究》（内部资料），2008，第10页。
[4] 参见严汝娴、王树五《普米族简史》，云南人民出版社，1988，第6页。
[5] 参见丁思志《普米语简介》，《普米研究》（内部资料），2008，第42页。

宁蒗为12.7 ℃，玉龙为12.6 ℃，兰坪为11.3 ℃，维西为18.3 ℃。一月最冷，最低气温达零下15 ℃。最热为6至7月，气温高达33 ℃。年降雨量900毫米—1000毫米，夏秋多雨，其中80%的降雨量集中在6至9月间，这时为雨季，其余为旱季。因受老君山、玉龙雪山、牦牛山地形的影响，常有冰雹、霜冻。兰坪县霜期长约131天至165天，宁蒗县为270天。日照时数兰坪为1979小时，宁蒗为2304小时，玉龙为2500小时。[1]土壤有红壤、棕壤、棕色针叶林土、水稻土、沼泽土、冲积土等，适于种植玉米、大麦、青稞、马铃薯、荞子、燕麦、稗子等耐寒作物，部分温湿地区也能种水稻、烤烟、甘蔗等作物。森林资源丰富，覆盖面积约50%—70%，为云南重要林区之一。主要有云南松、云冷杉、青冈栎、麻栗等优质林木以及澜沧黄杉、云南榧、云南红豆杉、棕背杜鹃等珍稀保护树种，并有香樟、漆树、花椒、核桃、桃、梨、黄果等经济林木。崇山峻岭也是虎、豹、熊、野牛、豪猪、马鹿、麂子、滇金丝猴以及黑颈长尾雉、血雉等珍禽异兽的乐园。出产麝香、鹿茸、熊胆、茯苓、虫草、贝母、当归、天麻、菖蒲、大黄等名贵药材及羊肚菌、松茸、香菇等美味食用菌。高山草场宜于放牧，畜产以羊、牛、马驰名。地下资源也很丰富，主要有铅、锌、盐、煤、银、铜、铁、锑、石棉、水银、金矿等，已开采的有金顶铅锌矿、拉井盐矿、河西银矿、营盘铜矿、宁蒗白银厂、永胜米厘铜厂等，金沙江畔的淘金业也有相当悠久的历史。总之，普米族地区自然资源垂直分布，不同气候地带资源丰富、种类繁多，由于过去交通不便，这些资源较少遭受人为的开发破坏，这为今后的开发、建设保留了较好的基础。

三 人口分布

在20世纪50年代以前，有关普米人口，没有确切的科学统计。1953年我国第一次人口普查时，云南境内普米人口为12458人。据2000年人口普查统计，普米族有33600人。其中兰坪白族普米族自治县有14124人，主要分布在通甸、河西、金顶、拉井、石登、营盘、春龙镇等地；宁蒗彝族自治县有9725人，主要分布在翠玉、永宁、拉伯、新营盘、红桥、西川、金棉、宁利、战河和大兴镇等地；丽江纳西族自治县4790人，主要分布在鲁甸、石鼓、鸣音、宝山、九河、太安、奉科和大研镇等地；维西傈僳族自治县有1288人，主要分布在攀天阁、永春等地；永胜县有991人，主要分布在松坪和团街等地；泸水县有207人；云县有116人；大理州洱源县境内有60余人。[2]据2010年全国第六次人口普查统计，普米族人口为42861人，10年间普米族总人口增加了9261人，增长率为27.56%。尽管如此，普米族占全国总人口的比重仅为0.0032%，仍属于我国人口较少的民族之

[1] 参见《宁蒗彝族自治县志》，云南民族出版社，1993，第87页；《丽江纳西族自治县志》，云南人民出版社，2001，第73页；《兰坪白族普米族自治县志》，云南民族出版社，2003，第67页。

[2] 参见中华人民共和国国家统计局网站：《第五次人口普查数据（2000年）》表1-6、1-6a、1-6b、1-6c，http://www.stats.gov.cn/tjsj/ndsj/renkoupucha/2000pucha/pucha.htm。

一。[1]除此以外，四川省凉山彝族自治州木里藏族自治县、盐源县和甘孜藏族自治州九龙县等，也有普米人分布。[2]

普米族的村落一般分布于山区的半山缓坡地带，平均居住海拔为2500米，大多又以血缘的亲疏关系各自聚居，往往同一氏族为一个村落。为便于农耕劳作，各村落之间相距半公里左右，最远不超过一公里，相互间炊烟相望、鸡犬相闻。每个村落多则四五十户，少则十余户，通常为二三十户。因此，大分散、小聚居是普米族人口分布的一个特征。在同一区域，普米族与藏族、纳西族、彝族、白族、傈僳族、汉族等民族相互交错杂居，这是普米族人口分布的另一个特征。

四 历史沿革

普米族源出古代氐羌族群。羌是中华民族大家庭中一个历史久远、分布广泛而又影响深远的大族群。关于羌人的事迹，在我国历史文献中多有记载。《说文·羊部》解说："羌，西戎，从（牧）羊人也，从人从羊。"[3]东汉时，依社会生产的特征，赋予此族群"羌"（西部牧羊人）这样的称呼。根据当代中国民族史学家的研究，认为现今说藏缅语族语言的民族与中国古代西北康藏高原地区的氐羌族群有着非常密切的族源关系。[4]就是说，中国古代西北康藏高原地区的氐羌族群是今天许多说藏缅语族语言的民族的先民，其中就包括普米族。

从民族学上看，很多地方的普米族都说他们是从北方一个叫"直吾布觉董"（tsie wu pu tɕi dhon，雪水汇聚之所）的地方迁徙下来的，但这个雪水汇聚的地方在何方呢？有的学者认为在四川境内贡嘎岭一带，有的学者认为在青海境内巴颜喀拉山下。从各地普米族的"送魂"习俗和释毕及韩规经所记载的"送魂"路线看，普米族先民从甘肃、青海高原地区迁徙至现在分布地区是可以肯定的。过去，普米族老人死后，要请释毕或韩规指路，把死者的灵魂一站一站地送回到祖居之地。如死者是滇西北的兰坪人，他就由兰坪往北沿金沙江而上，经丽江、川西南木里、盐源，逆三条江（金沙江、雅砻江、大渡河）而上，最终到达祖先故地，即三江源头及青海湖一带。"送魂"路线的很多路站名都与川滇藏普米族活动地区的古今地名相对应。很明显，这一条"送魂"的路线，实

[1] 参见《2010年人口普查：全国人口分民族构成》：http://www.360doc.com/content/18/0520/15/8527076_755452477.shtml。

[2] 据《木里藏族自治县概况》（四川人民出版社1985年版）称："在木里，普米人约二万人，主要聚居于木里藏族自治县的依吉、宁朗、桃巴、博科、麦地龙、沙湾、车子、四合、卡拉、阳山等公社，俄亚、西秋、博瓦、白调、河东、倮波、向阳、博高、项足、麦日、水洛、麦地、列瓦、后所、团结、大坝等公社也有一些村落聚居或者散居着普米人。"另据《盐源县志》（四川民族出版社2000年版）称："盐源县境藏族自称'普米''拍尔米'，意为'白人'""1990年第四次人口普查，藏族5315人……分布于盐井等30余个乡镇。"

[3] 中华书局编辑部编《说文解字四种》，《说文解字真本》，中华书局1998年影印本，第77页。

[4] 参见何光岳《氐羌源流史》，江西教育出版社，2000；马长寿《氐与羌》，上海人民出版社，1984；任乃强《羌族源流探索》，重庆出版社，1984；冉光荣、李绍明、周锡银《羌族史》，四川人民出版社，1985；尤中《中国西南民族史》，云南人民出版社，1985；等等。

际上即是普米族先民的迁徙路线。

据《后汉书・西羌传》载，约在公元前4世纪时，羌人部落一名叫“卭”的首领率部落民众向南迁徙，出赐支河曲西（南）数千里，远离众羌。此后，“子孙分别，各自为种，任随所之。或为牦牛种，越巂（今川西南）羌是也；或为白马种，广汉（今川西北）羌是也；或为参狼种，武都（今陇东南）羌是也”。[1]以后，羌人便逐渐分散到中国西南广大地区，金沙江以北的大渡河、雅砻江流域成为他们的游牧地。作为早期游牧民族，“逐水草而居”的游牧生活则是他们的一种基本生活方式。

那么，氐羌南迁与普米族的具体关系又如何呢？格勒结合普米族的传说和文献记载中关于牦牛羌南迁路线以及普米语分布区域，同考古发现的氐羌石棺葬分布地点进行对照，认为“普米族的祖先牦牛羌从甘青一带南迁时，是经过横断山区南北流向的金沙江、雅砻江、大渡河等进入越巂（西昌）或滇西地区”[2]。

公元前2世纪，汉武帝派兵“南略邛、筰”，开“西南夷”。据《史记・西南夷列传》记载，汉武帝开西南夷，“乃以邛都为越巂郡、筰都为沈犁郡、冄駹为汶山郡”[3]。其中的“筰人”，老一辈西南民族史家力主为西番先民。方国瑜的《彝族史稿》说：“邛都为彝族先民，徙筰为西番人（今称普米族或藏族）先民，冄駹为羌族先民，各族在很长时期是有区别的。”[4]

东汉时，筰人分布在四川西部大渡河、雅砻江流域。或许当时这些羌人的后裔结成的许多部落逐渐“慕化归义”，依附汉朝。明帝永平（58—75）中，有白狼王唐菆一行，从筰都（今雅安地区汉源县）一带来到洛阳，并在一次宴会上唱了颂歌三首，即流传至今的著名的《白狼歌》。陈宗祥、邓文峰在《〈白狼歌〉研究述评》一文中提出普米玉姆话与《白狼歌》本语很接近。[5]令人兴奋的是，这与其他学者从史学角度得出的判断也正相吻合。

刘尧汉、陈久金在《汉代“白狼夷”的族属新探》[6]一文中运用语言学和民族学田野调查中的一些资料，认为“西番人是汉代‘白狼夷’的嫡系遗属”。尤其任乃强先生曾深入分析《后汉书・筰都夷传》，并论证了普米族与古代“白狼槃木”密切的族属渊源关系。他明确指出：“筰地当分为‘白狼槃木’与‘白狼楼薄’两大部……皆在四川西昌区的雅砻江流域，即盐源、木里等高地。其人，系自康南沿雅砻江与理塘河倾斜面进入这一高地，留住下来的羌族。这个白狼王，蜀汉时还强大。因与张嶷争盐泉，被嶷挞杀。但并未害其人民……明清间，喇嘛黄教传入此区，土民多已变为藏族。惟小部分在瓜别等土司保护下，仍保持羌俗，今称‘普米族’的便是。”[7]

到唐代时，大渡河以南至金沙江的川康边境，设立有巂州，南诏阁罗凤攻取巂州地后，改设会

---

[1]《后汉书》，中华书局，1973，第2876页。
[2] 格勒：《藏族早期历史与文化》，商务印书馆，2006，第203页。
[3]《史记》，中华书局，1982，第2997页。
[4] 方国瑜：《彝族史稿》，四川人民出版社，1984，第381页。
[5] 陈宗祥、邓文峰：《〈白狼歌〉研究述评》，《西南师范大学学报（哲学社会科学版）》1979年第4期。
[6] 刘尧汉、陈久金：《汉代“白狼夷”的族属新探》，《西南师范大学学报（人文社会科学版）》1985年第4期。
[7] 任乃强：《羌族源流探索》，重庆出版社，1984，第106页。

川都督。大理国时为建昌、会川二府。在这一区域内的部族，主要有“两林”“勿邓”“丰（风）琶”等，他们大多系羌语部族。据《新唐书》记载：“勿邓、丰琶、两林皆谓之东蛮。”[1]方国瑜在《彝族史稿》中笼统地用西番（今称普米族或藏族）先民来理解东蛮族。[2]蒙默则作进一步分析后指出：“东蛮三部落是三个部落联盟，其组成部落有三十二个，其中有的是乌蛮，有的是白蛮。……唐宋东蛮中的白蛮无疑应当包括普米西番的先民在内。”[3]

到宋太宗淳化元年（990），邛部川都鬼主诺驱曾“更入西番求良马以中市”，[4]说明这时游牧和狩猎经济还在普米族生产方式中占重要地位，他们同汉族及其他民族有了密切的往来。此后，大约过了两百年，普米族的社会生产力有了很大提高，农业生产已占据主要地位，因而租佃关系也就普遍发生了。《宋会要辑稿·蕃夷五》载：“又况黎州过大渡河外，弥望皆是蕃田，每汉人过河耕种其地，及其秋成，十归其一，谓之蕃租，土丁之耕蕃地者，十有七八。”[5]又《宋史·蛮夷列传》说：“凡风（丰）琶、两林、邛部皆谓之东蛮，其余小蛮各分隶焉。邛部于诸蛮中最骄悍狡谲，招集蕃汉亡命，侵攘他种，闭其道以专利。”[6]此处所称“蕃落”诸部，当泛指分布在今四川越西、冕宁、汉源、九龙及石棉等地区的西番人，其中也包含藏族的先民，但主要是指今普米族先民族群，因为两者在历史上的族源关系较为密切。

公元13世纪中叶，忽必烈南征大理，率蒙古军取滇，途经西番地区，西番头人率众归顺，并随蒙古军进入云南永宁、丽江等地，另一支蒙古军在兀良合台率领下由晏当山（今中甸境内）进军云南，原居住在雅砻江上游一带的西番人也有一部分在途中应召入伍，随蒙古军南征。故《维西见闻录》说，维西的普米族先民，是在“元世祖取滇，渡自其宗，随从中流亡至此者”[7]。普米先民中的相当一部分，在中途被吸收到蒙古军队中，且充当前锋，攻城略地，建树战功，因此，深得忽必烈嘉奖，沿途攻取的关塞多由西番人留守，如丽江三仙姑普米族土把总和日始祖的墓碑上刻有：“随元世祖革囊渡江，留守关塞而守其地。”明清以降，分布于金沙江上游一带之宁蒗、永胜、丽江、维西、兰坪等偏远地区普米先民的生存状态亦进入汉族文人的视野，有关普米族的记载逐渐增多，此不赘言。

总之，西番人随军南下进入滇西北，成为云南境内较早的普米先民，明清以后，陆续又有普米人迁入，逐步发展成为今云南境内之普米族。

[1]《新唐书》，中华书局，1975，第6317页。
[2] 参见方国瑜《彝族史稿》，四川人民出版社，1984，第407页。
[3] 蒙默：《唐宋时期“东蛮”族属的探讨》，载《南方民族考古》第二辑，四川社会科学出版社，1989，第142—143页。
[4]《宋史·蛮夷列传》，中华书局，1985，第14233页。
[5] 参见上海大东书局1935年影印版徐松《宋会要辑稿》第一百九十八册第54页。
[6]《宋史》，中华书局，1977，第14231页。
[7] 参见余庆远《维西见闻录》，中华书局，1985。

五 语言文字

（一）语言文字概述

普米语属汉藏语系的藏缅语族。过去，对其语支的属性，学者们根据对普米语与羌语、藏语、彝语之间的同源词、异源词的比较分析，各自提出过不同的观点，此后通过进一步对普米语词的对应规律和语法规律的研究，认为其属于藏缅语族羌语支，是一种独立的语言。

跟其他历史悠久的语言一样，普米语在漫长的自然发展及与其他语言接触的过程中无可避免地衍生出不少方言特点。国内最早进行普米语研究的是中国社会科学院的陆绍尊，他曾亲自到过兰坪、宁蒗、木里等地对普米语做调查，在从事普米语研究长达数十年后指出："我们根据各地普米语的语音和词汇的主要差别，并参照语法的异同情况，把普米语划分为南部和北部两个方言以及若干个土语。"[1]并认为，普米语"方言之间差别较大，互相通话有一定的困难，同一个方言内在词汇和语音上也有差别"[2]。

不过，普米族民间并不完全认同陆绍尊对普米语方言划分与归类的界定。近年来，在中央民族大学学习过的宁蒗县普米族老人马红升，多次到过四川省木里、盐源等地，提出了另一个普米语方言划分的准则，即普米语分为玉姆（xo mu）方言与都别（du biə）方言。其中，使用都别方言的人群，集中分布在四川省木里县中西部和北部、九龙县等地区，由于与藏族接触多，都别人群讲的普米语言受藏语影响较大；使用玉姆方言的人群则主要分布在金沙江、雅砻江之间的川滇两省的宁蒗、永胜、盐源、盐边、冕宁、木里东南部等地区。马红升认为，这两大方言区的地域跟近代历史上出现的族称分歧和行政界线的划分均无直接关联，早在13世纪中叶西番追随蒙古军队抵达并最终落户于丽江、迪庆、怒江一带之前便已存在。

此外，香港大学丁思志博士说："令人惊叹的是它非凡的语言保留性有效地牵制了方言过大的发展，使得普米语方言未曾超越语言学里指的方言界线。"[3]其实，两种分类之间虽然在语言、词汇，以至语法上存在一定的差异，但核心语言部分比较接近，加之方言间语言变异有相当整齐的对应性，使得操流利母语的普米人，不论来自何方，都可以用普米语交谈。

就普米族文字情况而言，严汝娴、王树五在《普米族简史》中明确指出："过去认为普米族没有文字。在1980的调查中，我们发现普米族为建筑纯木结构的木垒房子，普遍使用一种刻划符号。这是文字的前身。"[4]他们还认为，宁蒗和木里的普米族曾用过简单的图画文字，字数虽少，已堪称萌芽状态的原始文字。

[1] 陆绍尊：《普米语方言研究》，民族出版社，2001，第6页。
[2] 陆绍尊：《普米语简志》，民族出版社，1983，第2页。
[3] 丁思志：《普米语简介》，《普米研究》（内部资料），2008，第42页。
[4] 严汝娴、王树五：《普米族简史》，云南人民出版社，1988，第4页。

历史上，普米族信仰韩规教和喇嘛教，韩规和皈依喇嘛教的僧侣直接学习和使用藏文。尽管他们普遍把藏文作为书写工具，但主要用以记录宗教经典等，因此，在民间百姓的日常生活中流传不广。近代以来，在普米族地区的学校教育及日常行文中，已普遍使用汉字。特别是中华人民共和国成立以后，当地办起了小学和中学，青少年普遍学习汉字。因此，汉字成为普米族传播文化的主要工具。

（三）语言使用情况

关于普米语的使用情况，早在20世纪80年代中叶，陆绍尊就认为“普米族人数和使用普米语的人数不尽一致”。其根据是1982年全国人口普查，普米族有24237人，其中，64%左右的人使用普米语，36%左右的人不使用普米语，改用汉语或使用其他民族语言。四川省木里、盐源、九龙等县的藏族有26600多人不使用藏语而使用普米语。[1]他还分析了当时普米语使用的总体情况：

（1）使用普米语的总人口为41660人，其中普米族约有15060人，约占使用普米语总人口的36%，约占普米族总人口的62%。

（2）藏族有26600人使用普米语，占使用普米语总人口的64%。使用普米语的总人口中，约有4000人掌握普米语的程度差些。

同时，他还明确提到：“云南省兰坪县拉井镇和金顶镇附近村寨以及分散居住在永胜县境内的普米族，绝大多数都不会讲普米语，改用汉语。这部分约有1900人，占普米族总人口的7.8%左右。云南省丽江县鲁甸乡和石鼓乡以及散居在中甸县三坝区的普米族，大多数不会讲普米语，而改用纳西语，其中也有少数人兼通汉语。这部分人约有1700人，占普米族总人口的7%左右。此外，分布在云南省宁蒗县新营盘区新营盘乡的普米族，只有少数人还能说普米语，绝大多数人已改用彝语，其中也有一些人兼通汉语。这部分人约有1800人，占普米族总人口的7.4%左右。”[2]

2006年，胡文明等参与由国家民委文宣司与中国社会科学院文化研究中心立项开展的“中国人口较少民族文化保护与发展”课题研究时，对普米语的使用情况又做了一些新的调查和补充，并将普米语的使用情况分为如下三种类型：

第一种类型：单纯使用普米语区。包括兰坪县河西乡、通甸镇和宁蒗县拉伯乡、永宁乡、翠依乡、西川乡、金棉乡、新营盘乡、红桥乡与玉龙县九河、石头、鲁甸、鸣音，维西县攀天阁、皆菊等村以及永胜县的松平乡等，这些地方的普米族仍然保留和使用着普米母语，虽然他们逐渐引进和借用汉语和其他民族语言，但生活中仍实际应用普米语，这种类型的普米族约有19000人，约占普米族总人口的60%。

第二种类型：普米族、汉族和其他民族双语使用区。这种类型又可以分为以下四种情况：

[1] 参见陆绍尊：《普米语概况》，载《普米研究文集》，云南民族出版社，2002，第67页。

[2] 陆绍尊：《普米语概况》，载《普米研究文集》，云南民族出版社，2002，第69页。

（1）普米语、汉语双语使用区，以汉语为主。包括兰坪县的拉井镇和金顶镇，宁蒗县大兴镇包都村、辣子洞村，翠依乡辽别村、白叉河村、阿嘎洛村，红桥乡干坝子村，红桥乡的干坝子村、黄腊老村，金棉乡道士村、节腊村，宁利乡火头村、和家村，以及永胜县团街乡，这些地方的普米族均与汉族杂居，都通汉语，除了40岁以上的人会讲普米语外，其他人大都不会讲普米语了。此外，居住在城镇的普米族儿童已经抛弃自己的母语，改操汉语了。属于这种类型的普米族约有4000人，占普米族总人口的12%左右。

（2）普米语、纳西（摩梭）语双语使用区，以纳西（摩梭）语为主。包括丽江市玉龙县石鼓乡红岩村，宁蒗县永宁乡嘎尔村、巴祖村、落水村以及迪庆藏族自治州香格里拉县金江乡，这些地区的普米族长期以来与纳西族（摩梭人）杂居，其语言受纳西（摩梭）影响很大。除50岁以上的人还会讲普米语外，50岁以下的人特别是青少年，都不会讲普米语了，他们在日常生活中都使用纳西（摩梭）语。属于这种类型的普米族大约3000人，占普米族总人口的9%。

（3）普米语、白语双语使用区，以白语为主。包括兰坪县通甸乡的水奉、龙塘、弩弓、箐头等村，这一地区的普米族长期与白族杂居，都通白语。除50岁以上的人会讲普米语以外，大多数的人都不会讲普米语了，属于这种类型的普米族约有3000人，占普米族总人口的9%左右。

（4）普米语、彝语双语使用区，以彝语为主。包括居住在宁蒗县战河乡木耳坪村的普米族，长期与彝族杂居，现在50岁以上的人还会讲普米语，其余的只会讲彝语了，不论在家或在村寨中都使用彝语交际。

第三种类型：普米语消亡区。包括兰坪县石登乡回龙、庄河等村，金顶镇金龙、高坪、干竹河等村，拉井镇长河、桃树、挂登等村，这些地区的普米族长期与白族、傈僳族交错杂居，早在中华人民共和国初期，不论成人还是儿童，都不再使用普米语，改说白语或傈僳语了。[1]

以上事实表明，普米语的语言保留性已今非昔比。随着近现代生活环境的急剧改变，诸如开通公路、普及教育以及族群分布距离日趋缩小，放弃母语的普米人数与日俱增。时至今日，不仅使用普米语进行交际的场合越来越少，而且普米语使用者的绝对数量也在逐渐减少，普米语已成为濒危语言之一。

2010年以来，为了解决普米语的断层问题，在香港相关慈善机构及丽江市有关部门的资助下，宁蒗县民族小学先后举办了几期普米语双语班，招生人数约100人。每期学习两年，由宁蒗县普米族文化保护协会按普米韩规拼音文字方案编写了一套普米语教材，选派懂普米语的教师进行双语教学，收到了良好的效果。

近年，考虑到用藏文字母学习普米语对儿童有些困难，保护协会又开始研究采用拉丁字母普米语教材。

[1] 参见胡文明、胡江梅、和一兰《普米族传统文化保护与发展》，载《厚德载物：人口较少民族文化保护与发展》，中央民族大学出版社，2010，第185—186页。

六 宗教信仰

普米人的信仰情况比较复杂，除固有的原始信仰及韩规教外，周边族群的其他宗教，如藏族的苯教和佛教均已在金沙江以北的普米地区成功传播。此外，如汉族的道教、纳西族的东巴教和白族的本主信仰等，也明显存在于金沙江以南普米人的宗教生活里。在此，仅对普米族的原始信仰、韩规教及藏传佛教进行简要的描述和分析。

（一）原始信仰

普米族原始信仰集中体现在崇拜自然、崇拜神灵、崇拜祖先。在普米族的观念中，凡自然界发生的灾害变化，人畜生死、病痛，都认为是“神灵”主宰所致。因此，每逢节庆、婚嫁、农事、出行等，都要请巫师杀牲献祭、诵经祈祷，以消灾祛难，保佑安康。主要的仪式有祭天地、祭山神、祭龙潭神、祭祖先、祭灶神（火神）、祭中柱等。祭祀活动由本民族巫师主持。巫师称“释毕”或“毕扎”。

祭山神是普米族十分隆重的祭祀活动之一。每个村寨、氏族都有一个公共的山神，每个家庭又有自家的山神树。祭祀又分全村寨或全氏族集体的公祭山神仪式和各家各户自行的私祭山神仪式。公祭山神每年举行一次，祭时需用一头牛或一只羊做牺牲。祭前，放养被认定做献祭用的“神牛”，任随它踩踏或吃庄稼，不许去惊动和伤害它。祭时，全村寨或全氏族的成员都去参加。仪式的主要内容是由巫师主持诵经、祈祷、敬献祭品。宁蒗等地还举行“射杀山鬼”的表演仪式，兰坪等地则举行“系羊毛疙瘩”仪式。整个活动持续一整天。有的地方当晚还要露宿于神林，饮酒欢歌，次日返回。

祭龙潭神也是普米族十分隆重的祭祀活动之一。龙潭，就是山泉水，也分全村寨或全氏族的公共龙潭和各家各户的私家龙潭。祭祀也同样分公祭与私祭。公祭龙潭神的特点是除了诵经、祈祷和敬献祭品等仪式外，晚上还要举行集体活动，人们燃起篝火，听老人们说唱普米族创世纪古歌，饮酒吃肉，跳舞唱歌，成为宗教与民俗合一的一项活动。而家庭私祭龙潭神的活动，则多是因家庭成员患病或觉得有灾难时，认为是触犯神灵而需祭祀，祭仪比较简单。

祭灶神是普米族家庭日常进行的一项祭祀祖先神灵仪式。代表祖先神灵的是正屋中央的“擎天柱”和铁三脚架，加上火塘后方供奉的“宗巴拉”（ʥho bɑ la）神共同作为祭祀对象。每日用餐之前，要将少许食物置于火塘的三脚架上，并洒几滴茶水，表示敬献祖先，然后全家人才就餐。此外，凡遇节庆、婚娶、行成丁礼、丧葬出殡、过继养子、小孩命名等家庭生活大事，都必须向宗巴拉、三脚架及火塘祭祀行礼。

此外，普米族认为吉祥安康是祖先神灵庇护的结果，疾病瘟疫是凶死的鬼魂作怪，对鬼怪必须占卜施巫术。占卜方式有珠卦、石卦、刀卦、蛋卦、骨卦、木板卦、线卦、豆卦等，巫师按照不同的症结采取相应的法术。普米族民间还盛行招魂术，认为某些疾病是魂魄离开了人身体造成的，必须招魂或者送替身。

（二）韩规教

韩规教是历史上普米族全民信仰的宗教。为何称为韩规教呢？由于普米族祭司在民间被普遍称为“韩规”[1]（hæn sgynɛ），因此普米族的原始宗教就被称为韩规教。[2]韩规教最初是从普米族原始崇拜和巫术基础上发展起来的一种原始宗教形态，后来融合了以藏族信仰为主体的苯教文化和藏传佛教文化因素，形成一种有卷帙浩繁的藏文经典、有繁多仪式体系的独具特色的宗教。

学者杨学政认为：“普米族有本民族固有的原始宗教，但深受苯教和藏传佛教的影响，他们的原始宗教中有含丰富的苯教和藏传佛教内容，换言之，他们的原始宗教是在苯教的影响下发展形成的。”[3]正因为如此，普米族地区的韩规教兼有原始宗教和苯教两种宗教的形态特征。

韩规教信奉万物有灵，主要形态是自然崇拜，同时还有图腾崇拜、遗迹动植物崇拜、鬼魂崇拜和祖先崇拜等内容。韩规教没有宗教组织，没有固定的宗教活动场所，韩规没有等级之分，不脱离生产劳动，没有形成严格的戒律和固定的宗教生活，传承方式为父子或师徒相承。

根据上述特征，韩规教属于原始宗教的范畴。但是，韩规教不同于一般的原始宗教，它又有苯教的显著特征。统观整个韩规教的仪式和经书系统，其受苯教的影响极为深刻和广泛，集中体现在：①韩规教的教祖“登巴辛饶”（dæ pa ɢçen rab）是雍仲苯教的创始人“辛饶米沃齐”（ɢçen rab mi o qiə）；②韩规教和苯教一样奉行多神崇拜，即非常信仰和崇敬天神、地神、山神、战神和龙神等；③韩规教借用了藏文字母，并通过“社依”（sə yi）和“杂依”（za yi）两种书法，抄写了卷帙浩繁的苯教经典；④韩规教的很多神灵源于苯教和藏传佛教；⑤韩规教中有大量的占卜巫术，其中夹杂着许多苯教的巫术成分；⑥韩规教保存有丰富的绘画、雕塑、舞蹈等艺术，其中融进了大量的苯教及藏传佛教的文化因素；⑦韩规教所用的法衣、法帽及主要法器，也与苯教相同；⑧韩规教有整套繁琐的仪式体系，不论从形式上还是内容上，都与苯教相同。可见，韩规教与苯教在仪式、经典、教义、神鬼体系等方面，都是有密切联系的，甚至可以说是一脉相承的。

关于苯教何时传入普米族地区，因资料不足，无法证明确切时间，但普米族民间流传着一个传

---

[1] 关于“韩规”一词的含义，目前有多种解释，其中较有代表性的意见有三种：一，云南省社科院宗教研究所原所长杨学政做田野调查后解释，“韩”指鹦鹉、“规”为美丽，全义为美丽的鹦鹉。并分析说“韩规善于辞令，在文道场诵经说唱，恰似鹦鹉学舌，在舞蹈场披红带绿，宛如羽翼美丽的鹦鹉”。二，近年从事韩规文化传承工作的胡镜明、马红升等对“韩规”的解读是：“韩为法术，规为高。”因此，“韩规”一词应译成“法术高超的祭司或智者”。三，毕业于西藏藏医学院的汪扎多吉（原为木里县中藏医院院长）则认为，韩吉（韩规）应从藏文做解释，“韩为咒，吉为诵，韩吉即诵咒”。故韩吉（韩规）为持咒的苯教巫师。

[2] 在金沙江以南的兰坪、维西等地的普米族，称祭司为“释毕”，实际上是韩规教中“释布戎毕”的简称，意思是祭羊超度仪式，释毕无藏文经书，和韩规那样有体系庞大而内容精细的祭仪不同，其性质更接近巫师，释毕口授经很多，其中最为珍贵的是兰坪县普米释毕用汉文记录的《戎肯经》，长达 36 折，近 2000 行。

[3] 杨学政：《藏族、纳西族、普米族的藏传佛教》，云南人民出版社，1994，第 50 页。

说，韩规教的祖师——登巴辛饶，原居天国，是普米人主动请来在族中传播教义理论、开展为死者送葬安魂等宗教活动的。[1]综合史事之考究，我们认为，隋末唐初，吐蕃盛行苯教，对其政治文化影响很大，因此，随着其统治势力的扩张，苯教也很自然地传入川西南及滇西北普米地区。毋庸讳言，韩规教的万物有灵、万物有神的朴素理论和为生者消灾招福、为死者送葬安魂的做法，适应了当时人们的认识水平和精神信仰的需求。

需要指出的是，韩规教在长期的发展中，也接受了一些佛教的内容，但始终还是保持了苯教普米化的固有特色，与佛教保持了明显的区别。事实上，从韩规教的发展情况来看，它源于自发的原始巫教，隋末唐初受藏族苯教的深刻影响，即普米社会中的原有巫教与藏族苯教相结合，产生了“苯韩规”（ʙon hæn sgynɛ），后来又受到藏传佛教文化的渗透而出现了“启韩规”（tɕhyi hæn sgynɛ）[2]，从而形成了一种独具特色的民族宗教——韩规教。因此，韩规教在普米族历史上流行时间最长，信仰人数最多，影响也最大。特别在滇川交界一带的普米乡村社区表现得最为突出，几乎所有的社会生产生活都受到韩规教的深刻影响。

关于韩规教的现状，可以说它已逐步走向消亡。1949年以后“左”倾思想的长期干扰，对韩规文化的多次批判、否定，使其处于濒危境地。20世纪五六十年代，仅宁蒗县就有韩规60多人，1996年，最后一个韩规嘎诺品初去世，韩规教面临失传断代。进入新世纪，随着我国经济实力的进一步增强、民族文化自觉程度的提高，党和政府高度重视民族文化遗产，包括韩规文化在内的民族文化遗产保护工作正在逐渐成为政府工作的重要内容。与此同时，很多普米族民间团体和个人，已经将抢救、传承和保护韩规文化遗产工作当作历史赋予的重要任务而投入了相当大的热情和努力，如宁蒗县新营盘乡牛窝子村开展的普米族韩规文化传承实践，就是这种热情与努力的一个极有意义的反映。

（三）藏传佛教

根据民间传说和史料探索，藏传佛教约于公元13世纪中叶即宋末元初传入永宁、蒗蕖等普米族地区，起初传入的是萨迦派和噶举派。最早兴建的藏传佛教寺是永宁的者波萨迦寺，该寺建于元至正十三年（1353），以后又在蒗蕖、挖开建造了两座萨迦寺。这三座寺的僧人主要是当地的普米族和摩梭人。明末格鲁派（黄教）传入四川木里、盐源以及云南永宁、蒗蕖等普米居住区。之后格鲁派由于受当地土官的扶持，势力和影响居各教派之首。最为典型的是，木里境内的普米头人，从明末清初皈依格鲁派。因此，自16世纪中叶，西藏第三世达赖索南嘉措派其师弟松赞嘉措活佛到木里

[1] 参见胡文明《普米韩规古籍调研报告》，载《首届中国少数民族古籍文献国际学术研讨会论文集》，民族出版社，2012，第551—552页。

[2] 所谓的“启韩规”是与“苯韩规”相对而言的，实际指的就是佛教化了的苯教。川滇普米人在从西藏输入佛教以前，信仰的是苯教。后来，其中的一部分教徒因受藏传佛教宁玛派（红教）的渗透影响，把他们自己的信仰叫作“启”，即“白的”或“纯洁的”，并把苯教叫作“黑教”以与之相区别。

传播格鲁派，并于1584年修建了第一座寺庙。到1729年，木里全境已经发展到拥有3座大寺，9座经堂，有喇嘛3318人。到民国初期，发展到大寺3座，经堂18座。[1]正如有的学者指出："在木里，以八尔贵族世袭土司职位，与喇嘛教紧密结合的、政教合一的封建政治制度，是以普米人为主体创建的。统治木里全境的八尔贵族就是普米人。从1666年第一代大喇嘛降央绒布到解放前夕的最后一代大喇嘛项培初扎巴止共袭21代，历时285年。木里普米族所创建的宗教文化很兴盛，遂使历史上木里在西藏教俗界很知名，有较高的地方文化。"[2]

格鲁派在云南境内普米族和摩梭人地区的寺院主要有永宁的扎美寺，该寺最初由明代噶玛巴派活佛所建，清雍正年间扩建改宗为格鲁派，僧侣定额为700名。此外，有蒗蕖衙门村的萨迦派寺院和挖开萨迦派寺院，两寺僧侣定额为200名。[3]

显然，藏传佛教在川滇等地普米人中广泛传播和发展，其影响是十分深刻和广泛的，不仅影响了其政治、经济制度，而且影响到了其社会生活和精神文化的方方面面。普米喇嘛从事的宗教活动大体与韩规相类似，凡遇婚丧嫁娶，都要请喇嘛诵经做道场，人畜生病或遇各种灾难，亦请喇嘛念经祈祷，以求消灾避难。凡请喇嘛做祭祀活动，都要视其规模大小、喇嘛职位高低，给予一定的报酬。喇嘛完全脱离生产劳动，不娶妻，不杀生，以从事宗教活动为职业，在家庭和社会中有较高的地位。

总之，普米族是个信仰多种宗教的民族。有关古代普米族宗教形态的演变过程，大体上可以推论为：在其历史发展的过程中，随着社会经济的发展，普米先民的思想观念也得到发展，宗教观念也有一个从低级到高级的过程，即从一般万物有灵的自然崇拜，逐步发展并形成了独具特色的原始宗教——韩规教。其后，由于地区上的差异，木里、盐源、宁蒗等地的普米人，长期与藏族生活在同一地域，唐代以降，又受吐蕃王朝的长期统治，不论苯教还是藏传佛教都较早传入这一地区。兰坪等地的普米族，则因受白族等影响而有信仰汉传佛教或道教的。因此，苯教、藏传佛教、汉传佛教或道教等传入普米族地区后，多种宗教信仰在民间流行，巫师（毕扎）、祭司（释毕或韩规）、喇嘛、和尚、道士等各行其道，各有影响。

七 民居服饰

（一）居住

普米族的居住习俗在多元文化的影响下，在不同的历史时期发生了很大的变化。在其史诗《直

[1] 参见《木里藏族自治县概况》，四川民族出版社，1985，第79页。

[2] 龙西江：《凉山州境内的西番及渊源探讨（上）》，《西藏研究》1991年第1期，第36页。

[3] 参见杨学政《藏族、纳西族、普米族的藏传佛教》，云南人民出版社，1994，第210页。

呆木南》（tɕɨ da mə nɛ，《创世纪》）中说“普米族最初住在树洞和岩穴”，这表明普米族在古代曾有过“穴居”之习俗。之后又有过与游牧生活相适应的居住羊毛毡制帐篷的习俗。随着由“随畜迁徙”的游牧民族演变为农牧兼营的民族，普米族的居住方式也发生了变化，开始建造较固定的木结构民居，从而出现了井干式的木楞房。

传统的木楞房直接以直径12厘米左右的圆木为材料，建造时先平齐木料，在两端砍出接口，然后将圆木首尾相嵌，大小头均齐，构成四面围墙。然后架起檩条，直接铺上长形木板（木板铺成人字形双斜面屋顶，屋顶木板可拉动的两块又称“滑板”），用石头紧压木板。圆木间抹上牛粪或泥，以避风寒。

普米族各户住宅通常围一院落，院门正对一幢平房，称为正房[1]，是院落内的主建筑，呈正方形或长方形。正房四角立柱，中央竖一方形大柱，称“擎天柱”或“中柱”，被认为是神灵所在之处，有祖先神灵护佑的意思。厢房和门楼都是两层，上层住人，下层关牲畜或堆放什物。正房是全家活动的中心，布局有一定的安排：门朝东，靠门右方设“大平灶”，由周长4尺余，高约3尺的木架围成一个土台，即为火塘（亦称“锅庄”），上支铁质三脚架，后方安有锅庄石和“宗巴拉”（灶神）神龛。火塘周围设卧铺，平时人们在此做饭、烤火和睡眠，也是宗教祭祀和接待客人的地方。正房后面隔成若干小间，做储藏室，也是家庭有产妇时的产房。大门外挂有牛、羊头骨为避邪之物，屋内挂猪下颚骨，象征财富，又挂猪尿泡，认为有防火作用。

历史上，盖此类房舍前，普米人分别向山神、土地神祭祀，选中梁柱必须请释毕或韩规举行祈祷仪式，家主先砍第一棵，以倒向东方为吉祥。其后开始伐木解板、平地基。届时，村中亲友前来协助，并赠送米面食物，主人家以甜酒、猪膘肉饭款待，直到新居建成，不另给帮工报酬。

随着文化交流的增多和普米族社会经济文化的发展，汉、白、藏等族的建筑技术不断为普米人所吸收。如兰坪、丽江等地的不少普米族富人，自清代起，就曾仿效白族民居式样建成砖木结构的大院瓦房。迄今，各种土木或砖木结构的瓦房建筑在普米族聚居地区的农村普遍流行起来，传统的井干式木楞房民居，仅在金沙江以北的极少数普米家户中还零星地保留着。

（二）服饰

普米族的服装，各地都有自己的特色。男子服装，过去的传统习惯，是着一身麻布长衫，小孩到十三岁后开始穿裤子。成年男子的裤脚宽口，大致是膝盖到脚跟之间那么宽，但长度齐腿，在膝下用布、毡由腿至踝裹腿，便于外出劳动或行走；长衫有领，短袖平时穿一件，冷时穿两件，外披白羊皮领褂；腰间系麻布长带一根，垂挂砍刀、锅、火镰等用具；有戴毡帽的；平时很少穿鞋，多光脚走路劳动。个别比较富裕的人家，有穿藏区传入的氆氇和呢质大衣、大皮靴、筒鞋的。

[1] 全屋分九个部分，即正房（兹玛）、过道（诺依）、库房（爱诺座）、小库房（马诺座）、仓库（宴）、贮藏室（各诺座）、场坝（者）、畜圈（翁）、灶房（柱刮）等。

妇女服饰很有特点，特别是发饰很引人注目，发分为两股，右股短小，左股粗大，编发十辫（现在有的地方为两辫），发中羼杂牦牛尾和黑丝线，缀以珠十二串，平时系一排珠串盘于头顶，以粗大为美观。寒冷季节戴头帕，头帕多用黑布做成。耳坠银环，颈间挂有珊瑚、玛瑙、玉珠串成的项链等，胸前佩戴银链，手腕戴象牙、铜或银圈，手上戴戒指。上身着双层右襟短衣，用铜质或银质纽扣为饰，有时在上衣外披羊皮一件（带系于右肩）。下穿用麻布或白色、青色棉布做的百褶长筒裙，褶折越多越美观，中间必缝一条红、白、绿相间的丝线，作为死后去阴间的归宗路线，裙长及脚跟，用宽大而染有红、绿、蓝、黄色的彩带束腰。这五色腰带，多为妇女本人精工细作之物。膝下用布绑腿，节日和婚礼时穿花鞋，平时赤足。

近几十年来，由于常和纳西、藏、汉等民族接触，互相影响，普米族的服饰发生了很大改变，部分普米人从藏区购进衣料首饰，打扮也仿藏族或摩梭人的式样，如男子服装，多已改为短衫，腰系大刀，穿高筒皮靴，妇女则加牦牛尾毛做的假发，盘顶宽大及肩，极为美观。富裕的人户，多已用棉布或藏区运来的氆氇缝制衣褂，穿镶有金边的上等衣服。

八 婚恋习俗

普米族的婚姻以一夫一妻制为主，通婚的范围很严格，一般不与异族通婚，同一家族的人也不能结婚，即实行严格的民族内婚、家族外婚制度。在川滇交界的大山里还有传统的婚姻家庭结构。

历史上，普米人婚姻多由父母包办，盛行姑舅表亲优行婚配。他们认为姑妈的女儿自然是舅父儿子的配偶，或舅父生的女儿，就是姑妈儿子的配偶，他们有优先婚配的权利。只要男方求婚，女方一般是不能拒绝的。兰坪地区姨表之间也可以通婚。通婚双方有三代续娶的风俗，称为“亲三代”[1]。许多儿童在13岁以前，便由双方父母（多为姑舅双方）协商，定了婚约，有的小孩刚生下几天或满周岁就被定了配偶，而且结婚年龄较早，女子到15岁、男子18岁多已完婚，有的甚至更早。

普米族结婚多选在腊月农闲的时候进行。宁蒗普米族称第一次迎娶为“董库喃”（ton ku n̥iə），意为“黑娘子”，礼仪最隆重，要请韩规选择吉日。迎娶之前，男方先送彩礼，一般要送牛、马、猪各一头，还有一缸酒和一件白色披毡。同时，男女双方都要办酒席。迎娶时，男方选派的8个青年到达女家后，其中的一两个姑娘由一老汉率领向女方献上彩礼和酒肉等，凡姑娘父方的

[1] 普米有谚语：“搞查松，增查松”（ghaon so tɕɑ，dʑiə so tɕɑ），直译为“舅表三代，姑表三代”，意思是姑舅表间一旦婚配，至少持续三代彼此都要开亲。

家人，每户要分送猪膘一圈[1]、酒一斤，表示认亲。女方陪伴迎亲的小伙子、姑娘的数量要与来人同等。迎亲的姑娘则由女方的小伙子陪伴，他们在一起唱歌跳舞，通宵达旦，双方都认下亲戚。普米族的谚语称他们之间的关系是妈妈的姐妹、父亲的兄弟，表示他们之间是姑舅表亲的关系。有的地区还保留着古代“抢婚”习俗的遗风。婚期那天，姑娘的父母仍叫她上山或下地干活，男方迎亲的人来后，派一名生辰属相相合的男子到地里捉女子，“劫”住后高声呼喊：“今天某家请你去吃茶！”姑娘佯装反抗，这时女方村寨中有一群妇女跑来，在大家簇拥下，姑娘被拉回屋里，举行出嫁礼。新娘要由兄弟背出家门，这时，本村的姑娘要与新娘话别，依依不舍地阻拦其出嫁。而男方定有时刻，急于起身，姑娘们便趁机锁门索礼，男方立即送上钱币丝线等物。出了正室门，新娘在天井院子上马时，姑娘们又阻拦，男方再次送礼；至大门后又拦客敬酒，客人再次送礼；至屋外，又几次阻拦，男方照例几次送礼，始得脱身。他们把所得的礼物用于买酒、肉共餐，纪念又出嫁一个姐妹。

新娘总是悲泣离家而去。女方送亲一般为数十人，主要是小伙子，有一对未婚的姐妹做伴娘。新娘到了男方家，并不与新郎见面，更不能说话，一直由伴娘陪同，在男方家一般住三天，然后由伴娘和男方代表送回娘家。

兰坪、维西等地有独具民族风情的“对歌”迎娶仪式，婚礼从始至终都在欢快的歌声中进行。迎新的人打扮一新齐集男家，有的背枪，有的扛旗，有的抬礼品，还有的吹长筒号或敲锣打鼓，组成了浩浩荡荡的队伍。在规定时辰，对空放两枪，新郎和伴郎骑上高大披红的骡子启程，媒人同行。媒人是接亲队伍的组织者和指挥者，善于对唱古歌，成为整个喜庆活动的活跃人物。迎亲队伍到达女方村寨时，也要对空放两枪，女方立即出人将迎亲队伍挡在挂有两块红布（有时用红纸）的青松棚前，双方须唱《认亲调》，对答合意，始令入棚饮茶、吃水果。而女方的大门照例紧闭，新娘躲在房内，其亲属用唱歌方式质问男方。于是，新郎、媒人或聘请来的歌手便唱赞美的喜歌——《开门调》祝贺新婚，女方的大门才徐徐开启。按照古规，还要他们喝了摆在门口的辣子汤（表示亲热）才能进入屋内。迎亲的人须给女方散“份子”，意为“开门钱”，凡见到女方的亲戚，不论年纪大小都要磕头，对男人称舅舅，对女人喊舅妈。新郎要送一串红白珠子给新娘，交由新娘的母亲给女儿戴在脖颈上。然后，再祭擎天柱（正房中柱）、火塘等。临行前，还须“对唱”。饮了“上马杯（酒）”，才由新娘的弟弟或叔叔抱新娘上马，这时新娘放声痛哭，惜别爹娘。歌手在唢呐伴奏下，唱起了《离娘调》，全村姑娘都来送行，途中，新娘一直不能回头张望。送亲的人走到半路，已有男方人等候迎亲，大伙同吃一顿“牛骨汤”，表示“贴骨至亲”，男方再向送亲的人馈赠礼品，大部分送亲的人即返回，其余人则陪伴新娘到男家。

新娘到达男家时，迎亲人向空中放枪两响，院子里奏起海螺和唢呐，新娘新郎下马前，要共饮

[1] 猪膘，普米语谓“咱贡”（tsɑ go），是川、滇普米人加工整猪的一种特殊方式，即将猪宰杀后，去骨及内脏，用盐和花椒做成腌肉，然后缝合，置于通风阴凉处以石板压之，待风干即成猪膘。因形似琵琶，故又名“琵琶肉”。猪膘肉可长期储存，随时食用（食用时要一圈圈地切下来），是普米族待客访友的最佳食品和礼品。

两杯下马酒，始能进入大门。这时，由歌手带头，老年人一起合唱《开门调》，女方陪新娘的歌手则回唱《送亲调》。在正房里，火盆里燃着熊熊的火焰，平台上摆着两盏油灯，新娘新郎分别点亮一盏，象征二人同心相照，真诚相爱，共同建立美好的家庭。然后，举行祭祖仪式，新郎新娘向喜神牌位磕头后，再向全村的老人磕头， 由家长或巫师在新娘额头擦糌粑和酥油花，打上吉祥“符号”，表示新娘正式成为男方家庭成员。长者照例要说几句吉祥话祝福新婚夫妇，祝词的寓意含蓄而又亲切感人。最后，新婚夫妇同吃团圆饭，共饮合欢酒，亲友聚餐，普米语谓“云加吉”，意为吃“下马饭”，分男女两边排列入座，席间要唱《聚会调》。歌词多以欢乐场面、来客的衣着或佳肴等为内容，随编随唱，生动活泼，只要男方歌手提出问题，女方送亲的人就得对歌回答。如果对答不上，便要喝罚酒。喜酒（phin，“醅”）都装在大坛中，用竹管吸入牛角杯里，每次罚一盅，须一饮而尽，不干杯的，倒罚三盅，喝不了时，就要被男方青年用松毛刺手和脸，强拉硬灌着喝。主人认为参加婚礼的人都喝得酩酊大醉，婚礼才算办得好。

普米族女子虽然订婚结婚较早，但真正到夫家坐家往往都很晚，普遍是二十五岁以后，少数到三四十岁才坐家。在此期间，男方要迎娶新娘四次，举办四次婚礼仪式。按照旧的习惯，姑娘婚后起码要三回三转，设法逃回娘家，若在一迎二迎后就坐夫家是一件不光彩的事。有些女子男家迎娶一次，她就逃回一次，发生七转八转、十转二十转的情况都有，当地称这种婚嫁为“三回九转婚”。所谓“三回”“九转”并不是非要娶三次，跑回九次，而是对普米人结婚迎娶仪式繁杂、次数众多的描述。在这种传统习俗的影响下，即使女方愿意坐夫家，也要按4次迎娶的老规矩办，否则，女子会被人耻笑。

中华人民共和国成立后，普米族的婚姻状况发生了很大的改变，首先是废除了封建包办婚姻，实行男女自由恋爱婚配。其次是“不落夫家”这类习俗被改变，夫妻结婚之后，新娘便实行“坐家”生活。此外，普米族开始与汉族、纳西族、彝族、傈僳族各族通婚。

九 丧葬仪式

普米族的传统丧葬习俗是火葬。丧葬仪式分为两次：第一次是人死后的开丧仪式，这实际上主要是处理死者之身的仪式，普米语称“戎肯”（zḫon kə，亦可写成“冗肯”，即“给绵羊”之意）；第二次是火化三年后举行超度仪式，是处理死者之灵的仪式，普米语称为“戎毕”或“冗毕”（zḫon bie，“祭绵羊”之意）。普米族认为人死是灵魂永远离开肉体，肉体将焚烧处理，但灵魂还存在，需实行献绵羊之仪式，即二次葬，从而形成了一套复杂的处理尸体和安置灵魂的丧葬仪式。

（一）开丧仪式

一般在人将断气时，将些许银子、米粒（男九女七）、茶叶（数片）放入口中，意为“接气”，又叫“含口”。人死后，家人即爬上屋顶，掀开房头板数格，同时吹牛角，鸣海螺，放火枪，以向村寨亲友报丧。接着把房头板劈开烧火，煮柏香树叶汤洗尸，并给死者穿新衣，如死者是男子，则头戴帽，右手握把长刀，左手置一盏油灯；如是妇女，需梳头戴帕，右手握镰刀，左手放一盏油灯。洗尸毕，用酥油、盐巴涂抹尸体，并塞住死者眼、鼻、口、耳等七窍孔穴。随后速用四丈长的白麻布片将死者裹成蹲踞状，用一件披毯罩住身子，将尸体移放到正房后排套间的地洞中，其上再覆盖上一只用泥糊过的大竹箩筐。在死者头部上方悬挂有麻布絮条，是送他（她）到阴间使用的衣物（现已挂成件的衣服），面前点一盏灯，摆放几碗糌粑、茶、酒，上置鸡蛋一个，再放米饭、猪膘、熟蛋、菜肴等供祭。装殓完毕，家人大哭，男女均脱下头帕帽子，妇女解开发辫，脱去鞋、袜，跣足，表示虔诚哀悼。亲友闻讯都赶来祭奠，照例要点一盏灯，摆上鸡蛋和麦面一盘，与死者家属悲恸守灵。然后，请祭司（韩规或释毕）择日发丧。

按照流传很久的风俗，如妇女亡故，娘家闻讯后即召集本村人员去男方家“打冤家”，有的拿长枪，有的扛着大刀棍棒，怒气冲冲地“杀奔”而来。男方的人，则到村头迎接。来人放枪呼啸，迎接的人也还枪鸣锣。顿时，喊声震天，如临大敌。双方各有身材高大的12人穿着普米族古代武士服装，跳厮杀舞蹈。娘家的人进得门来，就乱砍乱打，见锅就敲，拿碗就掷，打得鸡飞狗跳，有的人还难免头破血流，很多梁柱、门窗、门槛留下道道刀痕。经过这样一番“大闹”之后，男方的人把他们抱住，双方痛哭一场，才算了事。这种“打冤家”的风俗，已成定例，纵使女儿生前从未受过气、吃过苦，也要这样闹一场，以示娘家的刚强、有骨气，不然就会被人讥笑为软弱无能。

各地亲友均来奔丧、送祭品，协助办理丧事。死者家属见人都要磕头，并以丰盛酒席待客。少数富裕户还宰牛杀羊，大摆筵席。发丧前，把尸体盖罩取掉，另放入一个四方形的小木柜（即棺材）中，木柜周围彩绘着花、鸟、虫、鱼、海螺等图案，将其停在正房的火铺上，请祭司诵经送魂，举行“戎肯”仪式。

祭时用羊做替身，为死人指路开道，谓 “苦席戎肯”（khu xi ẓhon kə，“献带头绵羊”之意）。死者家属跪着请羊喝酒，并向它磕头辞行。祭司诵经交代后，如羊摇头，表示死者喜欢，全家吉利。这时，一旁有人将刀刺入羊心，很快将羊心取出，献上灵桌，还要让它颤抖几下，表示死者喜纳之意。祭祀用的这只羊，死者亲属不能吃，要送外人。通过“杀羊开路”仪式，死者能顺利地和先亡祖宗团聚。随即祭司念“开路经”，向死者交代“归宗”路线，把经过的一山一水、一站一地指点明白，一直往北送到原来祖先居住的故乡。这与普米族历史上由北向南迁徙路线相一致。

焚尸当天，放炮三响，开始起柩出殡，由亲友协助将棺材抬到村外的公共火葬地，家人放声痛哭告别。全村人均前来送葬。在祭司的指导下，把棺材劈开，将尸体投入木条搭成的柴房中火化。

按照传统，普米人火化后拾骨装入土罐。拾骨的时候，先在地上垫一块麻布，普米语称“尼”，然后用蒿枝筷拾骨片，从头骨开始，一直拾到脚趾，共十三节。这些骨头要摆成人的形状，再取一个“古布”（ghu bu，陶罐），把骨灰装入陶罐内。装时要用脚趾骨垫底，自下而上，最后装头骨，好像死者站在骨灰罐里一样。但是陶罐底部必钻通1至2个孔，据说这是便于灵魂出入，否则死者在里面不安逸。同时装入谷、稗、玉米、小麦、小米、红白珠两颗，然后用新制的小碗盖住罐口，放炮三响，当即把陶罐送到本氏族共同存放骨灰罐的神树林中，此树林俗称为“儒纠颠”（ru jiu dæ，寄罐之地）。

（二）超度仪式

二次葬的“戎毕”仪式很复杂，且花费甚巨。一般而言，举办一场“戎毕”仪式，所需备办的物资有牛3头、猪膘10个、绵羊1只、山羊2只、酒20罐等。因此，富裕人户一般在老人去世3年之后的冬月间，方为死者举办此类仪式，其过程大致如下：

在举行超度仪式之前，孝子贤孙齐向祭司们跪拜行礼，众祭司诵经，点神灯，吹奏海螺，然后被迎请至主人家。

仪式的第一阶段是举行“浓卡依”（n̥o kiɑ zi̥n，“祭奠灵牌”之意）仪式。在松明火把的照耀下，大祭司及其帮手们捏面偶、绘画、做酥油花等。其中，最主要的是制作亡者灵牌。灵牌是一个一尺五寸高的木制十字架，并由象征生命五行的五色丝线缠绕成大菱形圈。普米人认为人的亡魂是游动的，有了这个丝线制的菱网，灵魂就可栖息其中。牌子中心张贴有画在纸上的亡者灵魂的头像，普米人称之为“弄开”（n̥o kiɑ），它代表了亡者的形象，也是整个仪式的祭拜对象。一切准备工作就绪，将制作的灵牌和遗相放在灵堂之中。祭司们用各种面偶供奉灵牌，诵经祭奠亡灵。在典礼上，要献上牦牛、猪等各种牺牲。

仪式的第二阶段是到“寄罐林”处取骨灰罐。一路上由穿盔甲的武士挥刀开道。祭司们也边舞边跳和亲属们一起奔向公共“寄罐林”处。取出骨灰罐，祭司诵经祭奠。毕扎（巫师，是韩规祭司的助手）则呼唤亡者的名字：“某某，魂兮归来，别再四处游荡，家人在等着你回来！”孝子怀抱骨灰罐。祭司和亲属们一道从坟地护送骨灰罐回家。

仪式的第三阶段是设祭坛祭羊。牵来所祭之羊，并由祭司对其告诫说：“养一百只羊，只有一只是最佳的，在一百只羊中，唯有一只是引路羊……作伴的雪白绵羊啊！您是千羊中最好的一只，您是百羊中最壮的一只……您是亡灵起程赶路的伴，牵手引路的伴……您将与亡灵一道回祖居之地。”

祭羊，即二次葬仪式是选在院外一块平地上举行的，首先要在那里设祭坛，即“搭树棚子”。然后，将家中的灵牌、骨灰罐及献品移到户外的祭坛处。奔丧的嫡亲和姻亲送来酒肉等各种供品，并向亡者的灵牌拜祭。在祭羊仪式上，按传统习惯，由舅舅家的来宾表演“稿效组”（ghon xio ʥu，意为“弹羊毛，擀毡，纺线”），由外甥方表演“折卯紫”（ʥə mɛ ʐ̥e，意为“打火石”）。同时，双方对唱“稿效哩哩”（ghon xio ɬiə liə，意为“擀毡古歌”），以表示甥舅关系十分和睦。这一仪式集中反映了古代普米族的游牧生活。

杀羊送魂，这是仪式的最高潮。把选好的白绵羊牵至灵位前，用毡毯覆盖羊躯，让其睡眠做梦。众子孙跪拜痛悼。祭司念“戎摆”（zhon–bro，《让绵羊颤抖经》），直到羊抖颤，方认为死者喜欢了这只羊。死者认领了引路羊以后，说明死者满意了，要离开家庭了，这时祭司继续念“瑞肯儿儿”（rə kin ʥi ʤi，《开路经》），死者的子女及亲属牵引着羊绳排成队，与亡灵告别。

接下来，有祭坛前摆上桌子，参加者分别坐在两旁，听祭司诵念“释肯儿儿”（ʂə kə ʥi ʤi，《超度亡灵经》），也就是进行二次葬的经。然后，由主人诵读本家族的家谱，按照由近至远的次序，一直诵读到最早的祖先名字，以示亡者回归祖地，能够和列祖列宗团聚在一起。

仪式的第四阶段是祭司为死者指点去往天堂之路。祭司在灵堂侧，铺开《塔朗》图，据图超度亡魂到神地。按照韩规教的教义，亡魂到达神地之时，要先进入鬼界，韩规教中称之为“尼瓦甸吾”（n̥i wɑu dæ wu）。《塔朗》图的内容主要为亡灵生前的罪孽和不道德的行为记录，包括欺世盗名、杀人欺人、虐待牲畜、乱杀野兽、乱伦乱性、坑人赃人、说谎行骗、装疯卖傻、刚愎自用、不懂装懂、伤天害理等。鬼地的狱吏（普米语“森依阿瓦隆古”，sin yiŋ ɛ wɑ ʟo gu）守候并阻止亡灵去往神地。祭司通过咏诵《塔朗》图经从地狱鬼王（普米语“尼瓦启基介布”，n̥i wɑu tɕiə jie ʤiə bu）那里把亡魂一站一站地赎出来，超度到神地花园，即天堂。

仪式的最后一个阶段是送骨灰罐至罐罐山。[1]按照传统，祭羊后，亡者的骨灰罐由一匹盛装的马驮送到本家族的神山——罐罐山，将骨灰罐放置在一棵枝繁叶茂的杉树下。护送者均要盛装骑马，唱着古歌前往。

二次葬仪式到此结束，主人要大摆宴席，别离时，主人还要赠送给每个客人一份礼物，包括一块粑粑和一块猪肉。这是请客人捎给他的家人食用的，号称“散份子”。

在普米人的心目中，没有“戎毕”仪式的葬礼是有缺憾的葬礼。因此，普米人都要尽最大的努力举行“戎毕”仪式，以使亡者的灵魂返回“祖居地”。这种生命寻根的意识深植于普米人的文化肌体中。

十 节日活动

普米族节日主要是“吾昔节”“大十五节”“转山会”“七月祭祖”和“尝新节”等。节日活动多与生产劳动和宗教习俗有密切联系。

吾昔节是普米族最重要的节日活动之一。普米语“吾昔”（wu çi，“吾”意为年，“昔”意为新）就是新年的意思，因此吾昔节又可称“新年节”。

[1] 寄罐林和罐罐山的区别在于：前者是亡者还未举行“戎毕”（祭羊）仪式之前，临时存放其骨灰罐的地方；后者则是举行二次葬后，永久存放亡者骨灰罐的地方。

长期以来，普米族居住分散，但是都过吾昔节，各地普米族的吾昔节内容过程大致相同。一般而言，吾昔节在农历腊月初六、初七、初八，以初六为岁末，初七为岁首。各地普米族的新年过三天至半个月不等。佳节到来前，在外工作的人都要赶回家，以求全家团圆。节前人们忙着做各种准备，砍柴、磨面、酿醅、杀猪、浆洗被褥、沐浴、择吉日打扫室内外卫生、修整火塘，使内外焕然一新。节日这天，在门前、神台及房顶插青松，挂经幡，“宗巴拉”下供着新开的猪膘肉及其他的祭品。此外，采松针铺地，是吾昔节最突出的特点，充满喜庆气氛。

在乡村地区，丰盛的年夜饭准备完毕之后，开始举行献祭仪式，鸣枪三响后，由族长或请韩规庄重地敬火塘，举杯三祝，诵读“切叠谱”（tsiə diɛ phiə，致新年献词），其内容大意如下：

> 十三重天的天神、十三层地的地神、四境名山的山神、八方灵泉的龙神，请来享受这些祭品吧！一月接一月过去了，一年连一年过去了，时光跑得比箭更快，因为有你们保佑，我们的生命与日月一样长。
>
> 牧神啊！让我们的牛马满山，让我们的羊群遍地，让春天里没有酥油的人家有酥油，让冬天里没有猪肉的人家有猪肉。
>
> 谷神啊！让一粒籽种收百粒，让一升籽种收十石，让扬过的麦子再扬还有麦子，让打过的青稞再打还有青稞。
>
> 猎神啊！让每一箭都射中犀牛，让每一箭都射中岩羊，让我们想什么就得到什么，让猎获的獐麂鹿兔吃也吃不完。
>
> 战神啊！让我们的力量有天上的雷霆大，让我们的敌人像热锅上的蚂蚁乱成团，谁也阻挡不住我们的弓箭和铁骑，我们一个好汉要胜过一百个仇敌。
>
> 宗巴拉神啊！让全族的人都愉快，让全家的人都平安，让新竹子接上旧竹子，让青年人继承老人们。
>
> …………

诵毕，家人聚坐宴饮，共吃团圆饭。傍晚，举行除秽洁净仪式，以告别旧的一年。

次日，鸡鸣天拂晓，各家派人到溪边舀水，以最先取得净水为吉祥。首先，鸣枪迎接新一年的到来。然后，开始设供，焚香敬神。黎明即以家族为单位，前往坟山或寄罐林祭祖。接下来是拜年，即晚辈给长辈磕头拜年，长辈给年幼的晚辈压岁钱等礼物。尤其凡家中有年满13岁的男孩女孩，此刻则要举行隆重的“穿裤子”和“穿裙子”仪式，即成丁礼。届时，灶膛烧着熊熊烈火，男孩女孩站在靠近火塘的家神柱旁，双脚分别踩在猪膘和粮袋上。男孩子握尖刀、银圆，女孩则手托耳环、手镯、串珠和布匹，意味着长大后有吃有穿，生活美满幸福。由同一性别、属相相宜的成年人（多为家长和舅父母）帮助他们穿新裤或新裙。然后，孩子向祖先及宗巴拉神祷告，向长辈磕头，受拜的人要向孩子送上祝福的吉利话，并赠首饰、银币、牲畜、粮食、衣物、钱等礼品表示祝贺。男孩女孩经过成丁礼，意味着可以开始正式参加生产劳动和社交活动了。

而后的几天里，普米村寨沉浸在节日的欢乐气氛中，人们借着“吾昔节”这个有利时机，互相宴请，表达亲情。妇女回娘家、订婚人家送节礼等大都在此时进行。此外，还有很多游艺活动，比如“哲夺”（ʥə do，赛跑）、“塞龙支”（sə ro tsə，跳高）、“拜贝”（brn bə，摔跤）、“国从烟”（gə zhon hiæ，射击）、“色戎召”（sə ro tshon，荡秋千）、“果穷”（go tshon，投掷石子）等。

入暮，普米山寨篝火通红，人们穿上艳丽的节日盛装，从大大小小的木楞房里成群结队地涌向舞场，不分男女老幼都加入到欢乐的“搓搓”（tsha tsho）舞圈中去。每跳完一段，便坐到火堆边吃一点可口的点心，饮几杯香醇的酯酒，还不时“界海”（giə hiɛ，放声高歌）或“哩哩”（ɬə liə，低声吟唱），这些活动无疑大大有益于人们的身心健康。

宁蒗普米族在腊月十四日过“大十五节”，人们穿节日服装，扶老携幼上山露营，举行篝火晚会。次日绕“玛尼堆”祈祷求福，青年男女唱歌跳舞，通过活动加强联系，谈情说爱。中华人民共和国成立后，节日活动的宗教内容逐渐淡化，增添了许多有益于身心健康的娱乐节目。

普米族的端午节是一个宗教节日，人们穿上盛装，前往深山绕岩洞，人们在岩洞的石坑上点酥油灯，燃烧松枝，熏走鬼邪病痛，大人小孩都要喝几口泡有菖蒲、雄黄的药酒，吃蜂蜜粑粑，然后到瀑布下洗澡、聚餐。男子则持枪带犬，邀伴围猎。

农历七月十五兰坪普米族和白族一样要过中元节，请释毕到家中念经，举行隆重的祭祖仪式。宁蒗、永宁地区的普米族当天要进行“转山会”，拜格姆女神。 这是群众性的宗教节日，也是青年男女交往和娱乐的节日。男人们骑马带酒食，妇女们带上炊具肉食，到狮子山游玩。青年人在集会中结识。

收获的时节，普米人要举行尝新节，家家户户新开一坛酯，用新米饭或荞粑粑祭祖先、灶神，然后开始煮食新粮。普米族在尝新节和过年时一样，要给狗喂饭团。

（本章撰写：胡文明、徐丽丽、赵丽明）

第二章

普米语言系统

普米语分为南北两个方言，方言之间的语音和词汇差别较大，语法差别较小。南部方言分布在云南省兰坪、维西、永胜等县以及宁蒗县的新营盘区；北部方言主要分布在四川省木里、盐源、九龙等县以及云南省宁蒗县的永宁区。

本章的发音人偏初里，男，1959年8月出生，调查时53岁，来自四川省木里县依吉乡麦洛村机素组，在当地土生土长，掌握普米语北部方言，职业是韩规。近十多年来，他频繁来往于宁蒗和木里，除了会说纯正的普米语，还会说藏语、纳西语，听得懂汉语，但是不会说。

一 语音

（一）声母

1. 单辅音声母表

发音方法		发音部位						
		双唇音	唇齿音	齿龈音	硬腭音	齿龈后音	卷舌音	软腭音
塞音	清	p　p^{h}		t　t^{h}				k　k^{h}
	浊	b		d				ɡ
塞擦音	清			ts　ts^{h}		ʧ　ʧ^{h}	tʂ　tʂ^{h}	
	浊			dz		ʤ	dʐ	
擦音	清		f	s		ʃ	ʂ	x
	浊			z		ʒ	ʐ	ɣ
鼻音	清	m̥		n̥				ŋ̊
	浊	m	n					ŋ
颤音	浊			r				
边擦音	清			ɬ				
边音	浊			l				
无擦通音	浊	w			j			

说明：

（1）唇齿音/f/只出现在汉语借词中。

（2）以/u/起首的音节略带摩擦，处理为/w/声母。

（3）声母/n̥/和/n/与细音相拼时带有舌面音/ɲ̥/和/ɲ/的色彩。

（4）颤音/r/在词首时比较明显，在词中时类似闪音/ɾ/。

（5）声母/ɬ/多出现于藏语借词，有时可与/l/变读。

（6）声母/ʒ/和/j/构成对立，声母/j/多出现于汉语介词以/i/起首的音节。

（7）声母/x/和/ɣ/与不同的韵母拼合时，音质有一些差异，与前元音拼合时读为/x/和/ɣ/，与后高元音拼合时，读成/χ/和/ʁ/，但不构成音位对立。

（8）凡开元音起首的音节都带有一些摩擦，类似喉音/ʔ/，但是不区别意义，不作声母处理。

例词：

单辅音声母	例词		例词	
p	pʉ^{53}	雪	po^{53}	豺狗
p^{h}	p^{h}ʉ^{35}	贫穷	p^{h}ɑ^{35}	脾
b	bʉ^{53}	太阳	bu^{53}	虫

续表

单辅音声母	例词		例词	
m̥	m̊i^{35}	蘑菇	m̊i^{53}	女孩
m	mə^{53}	人	mi^{55}	米
w	wə^{35}	煮	wu^{35}	属相
f	fu^{35}sɿ^{53}	护士	fue^{55}ʧi^{55}	飞机
ts	tsə^{53}	鹿	tsʉ^{53}	男孩
tsʰ	tsʰɿ^{53}	山羊	tsʰõ^{55}	葱
ʥ	ʥɿ^{53}	吃	ʥᴀ^{53}	影子
s	sɿ^{55}	活	sɿ^{35}	死
z	zɿ^{53}	弓	zɿ^{53}	捉
t	tio^{55}	胃	tu^{53}	油
tʰ	tʰie^{35}	丝	tʰʉ^{35}	借
d	dio^{55}	累	đi^{55}	云
n̥	n̊ə^{53}	白天	n̊iõ^{35}	嘴巴
n	nə^{35}	脑子	niõ^{53}	豆
r	rə^{53}	皮	ro^{53}	鸡
l	lə^{53}	狼	lõ^{53}	蛆
ɬ	ɬi^{55}	月亮	ɬu^{35}	木头
tʂ	tʂʅ^{35}	斤	tʂue^{53}	骡子
tʂʰ	tʂʰʅ^{35}	狗	tʂʰuə^{53}	角
dʐ	dʐʅ^{35}	星星	dʐi^{35}	缝
ʂ	ʂʅ^{53}	肉	ʂue^{35}	扫帚
ʐ	ʐʅ^{35}	秧苗	ʐõ^{55}	绵羊
ʧ	ʧi^{35}	说	ʧyi^{55}	肠
ʧʰ	ʧʰi^{35}	箍（桶）	ʧʰe^{35}	饭
ʤ	ʤi^{35}	腰	ʤõ^{53}	孔
ʃ	ʃi^{55}	铁	ʃyi^{55}	吸吮
ʒ	ʒi^{35}	多	ʒɛ^{35}	手
j	jo^{55}	两（单位）	jɛ̃^{55}	烟
k	kuᴀ^{55}	蹄子	ku^{53}	偷
kʰ	kʰuᴀ^{35}	碗	kʰu^{53}	头
g	go^{35}	山	gui^{55}	雨
ŋ̊	ŋ̊ə^{35}	七		
ŋ	ŋɛ̃^{55}	金	ŋuᴀ^{53}	五
x	xie^{55}	神	xo^{35}	深
ɣ	ɣᴀ^{35}	厚	ɣo^{35}	老虎

2. 复辅音声母

pʐ	pʰʐ	bʐ	ʂʐ

说明：

（1）复辅音中后置辅音/ʐ/的摩擦较轻，音值接近/ɹ/。

（2）复辅音/ʂʐ/目前只记有一个词，即“癌症［ʂʐɛ^{53}］”。

例词：

复辅音声母	例词	例词
pʐ	pʐɛ^{35} 零钱	pʐə^{55} 刺猬
pʰʐ	pʰʐɛ^{35} 年纪	pʰʐe^{55} 黄酒
bʐ	bʐə^{53} 仇人	bʐe^{53} 席子
ʂʐ	ʂʐɛ^{53} 癌症	

（二）韵母

1. 单元音韵母

口元音	i、ɿ、ʅ、y、e、ɛ、ʉ、ə、ɐ、ᴀ、ɑ、o、u、ɯ
鼻化元音	ĩ、ỹ、ẽ、ɛ̃、ə̃、ᴀ̃、ɑ̃、õ、ũ

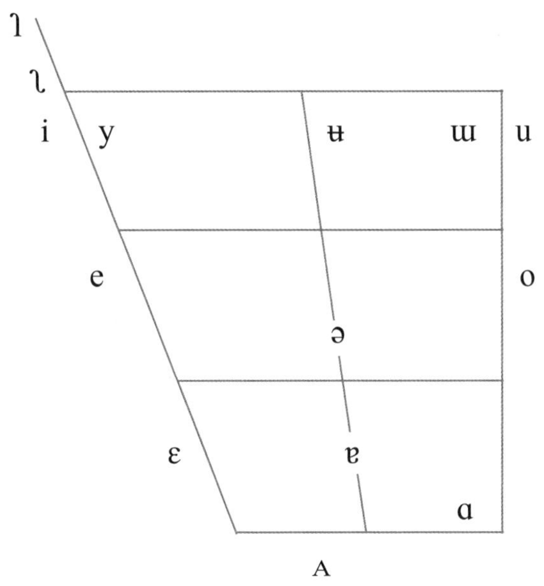

元音舌位图

说明：

（1）韵母/ɿ/只与舌尖前声母拼，/ʅ/只与舌尖后声母拼，二者不构成音位对立，但为表示方便，处理成两个音位。

（2）韵母/ɛ/的发音位置介于/ɛ/和/æ/之间，我们处理为/ɛ/。

（3）韵母/ʉ/和/u/的唇形不是很圆。

（4）韵母/ʌ/的发音位置偏前，尤其在鼻化韵中，音值接近/a/。

（5）韵母/o/的发音位置偏低，接近/ɔ/。

（6）鼻化元音除了/ɑ̃/是纯鼻化元音外，其他的鼻化元音如/ĩ/除了鼻化外，还带有一个伴随的/ŋ/韵尾，实际音值近似/ĩŋ/。

例词：

单元音韵母	例词		例词	
i	pi^{35}	肚子	ɬi^{55}	月亮
ɿ	ʥɿ^{53}	吃	ts^{h}ɿ^{35}	胖
ʅ	dʐʅ^{35}	星星	tʂ^{h}ʅ^{35}	狗
y	ʧ^{h}y^{53}	好	ly^{55}bõ^{55}	雪杉
e	ʧ^{h}e^{35}	饭	le^{35}	种子
ɛ	ʧ^{h}ɛ^{35}	纺车	ʃɛ^{35}	日子
ə	mə^{53}	天	ʃə^{35}	汉族
ɐ	mɐ^{53}	火	pɐ^{35}tsɿ^{55}	花
ʌ	tʌ^{53}	箱子	ʥʌ^{53}	影子
ɑ	mɑ^{53}	母亲	p^{h}ɑ^{35}	脾
o	to^{53}	上面	bo^{55}	发亮
u	tu^{53}	油	bu^{53}	虫
ʉ	t^{h}ʉ^{35}	借	bʉ^{53}	太阳
ɯ	kɯ^{55}	辣	pu^{55}gɯ^{35}	自己
ĩ	dĩ^{35}	地	ʃĩ^{55}	铁
ỹ	tsʉ^{55}ʧỹ^{53}	胎盘	ʤỹ^{35}	明亮
ẽ	tʂ̩ẽ^{35}	记得	p^{h}ʐ̩ẽ^{55}	白
ɛ̃	tʂ̩ɛ̃^{55}	（菜）老	ŋɛ̃^{55}	金
ə̃	tʂ̩ə̃^{55}	房屋	ʂ̩ə̃^{35}	碓
ʌ̃	xʌ̃^{35}	鹦鹉	mʌ̃^{53}	毛
ɑ̃	xɑ̃^{55}	法术	ʌ^{55}nɑ̃^{53}	上当
õ	gõ^{35}	草	mõ^{35}	淹没
ũ	gũ^{55}mu^{53}	身体	mũ^{53}	喉咙

2. 复元音韵母

复元音韵母有二十八个，分为二合的和三合的两类。二合复元音又分为两类：一种是前响的，一种是后响的。这三种复元音中，以后响的二合元音居多。

（1）前响的二合元音有三个，都以/i/、/u/作韵尾，即/ʌi/、/ʌu/、/əu/，其中/ʌi/、/ʌu/主要出现在汉语借词中。

（2）后响的二合元音有二十四个，其结合情况如下表，其中，二合元音/iʌ̃/、/yɛ̃/只出现在汉语借词中。

（3）三合元音只有一个/iəu/，且只出现在汉语借词中。

介音	主要元音											
	i	e	ɛ	ə	ɐ	ᴀ	u	o	ẽ	ɛ̃	ᴀ̃	õ
i		Δ	Δ			Δ	Δ	Δ	Δ	Δ	Δ	Δ
u	Δ	Δ	Δ	Δ	Δ	Δ			Δ	Δ	Δ	
y	Δ	Δ	Δ	Δ					Δ	Δ		

例词：

复元音韵母	例词		例词	
ᴀi	tᴀi^{35}piəu^{55}	代表	lĩ^{55}tᴀi^{53}	领带
ᴀu	kᴀu^{55}ʂʅ^{55}	告示	pʰᴀu^{35}	炮
əu	suᴀ̃^{35}bz̩əu^{53}	东南	gəu^{35}	跪
ie	tie^{55}	板	xie^{55}	神
iɛ	giɛ^{35}	岩石	mə^{53}xiɛ^{53}	风
iᴀ	tiᴀ^{55}	一	diᴀ^{35}wu^{35}	子弹
iu	bo^{35}liu^{55}pz̩ɛ̃^{55}	三七	tʰo^{35}kʰu^{55}liu^{55}	土茯苓
io	tio^{55}	胃	gio^{53}	棺材
ui	gui^{55}	雨	kui^{53}	饱
ue	gue^{53}	牛鼻豢	sue^{35}	锈
uɛ	guɛ^{35}	山歌	kʰuɛ^{53}	刀口
uə	guə^{53}	狐狸	luə^{55}	灰烬
uɐ	kuɐ^{55}	牛		
uᴀ	kuᴀ^{55}	肠	z̩uᴀ^{35}	欠
yi	ʧyi^{55}	肠	ʤyi^{35}	烂
ye	ʧʰye^{53}	方向	ʤye^{35}	高利贷
yɛ	ʧʰyɛ^{35}	猪	ʤyɛ^{55}	矮
yə	ʧʰyə^{35}	米	lyə^{35}	分（旧读）
iẽ	tʰiẽ^{35}	喝	pʰiẽ^{55}	逃
iɛ̃	biɛ̃^{35}sẽ^{55}ʧĩ^{55}	野生动物	tiɛ̃^{55}bz̩i^{53}	恭喜
iᴀ̃	liᴀ̃^{35}pʰiəu^{53}	粮票	ʧʰĩ^{55}liᴀ̃^{35}jo^{35}	清凉油
iõ	diõ^{55}	凿子	ɬiõ^{53}	剥
uẽ	guẽ^{55}	熊	ʦuẽ^{53}	肝
uɛ̃	ʤyə^{55}suɛ̃^{35}	蜂王	ʂʅ^{35}ʂuɛ̃^{35}mi^{53}	清洁工
uᴀ̃	suᴀ̃^{55}	父亲	kuᴀ̃^{55}	平
yẽ	ʤyẽ^{35}	黎明	ʧʰyẽ^{55}	石墙
yɛ̃	ʃyɛ̃^{55}ʧy^{53}	选举	xuᴀ^{55}jyɛ̃^{35}	法院
iəu	ʂo^{55}pʰiəu^{53}jyɛ̃^{35}	售票员	su^{55}liəu^{55}po^{55}kᴀ^{53}	塑料鞋

（三）声调

调名	调值	例词			
高平调	55	ni^{55}	病	mÃ^{55}	名字
高降调	53	ni^{53}	铜	mÃ^{53}	毛
高升调	35	ni^{35}	借	mÃ^{35}	后头

（四）音节结构

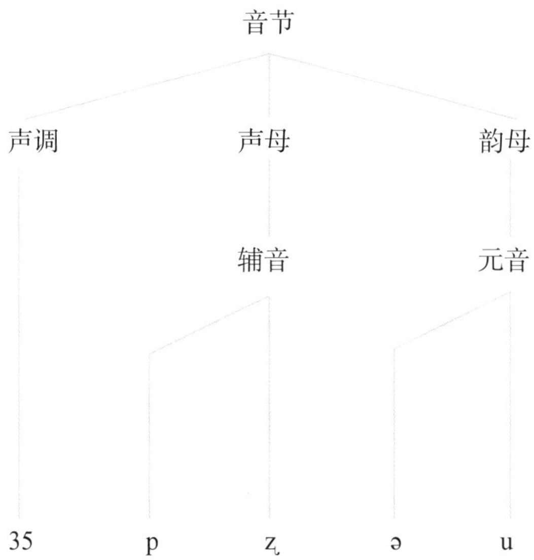

音节结构	例词	
V	ᴀ^{55}	我
CV	ni^{55}	病
CVV	gui^{55}	雨
CCV	p^{h}ʐe^{55}	黄酒
CCVV	pʐəu^{35}	拉

二 词汇

词汇表中的词汇分30类，记录了约5709条普米语词。表中所有分类皆遵照当地惯用方式，并非严格意义上的科学分类。表中的“□”表示不知汉语的具体说法，“/”前后的音可以变读。

1. 天文及自然现象

A. 天体

词	国际音标
天	mə^{53}
天上	mə^{53}to^{53}
太阳	bʉ^{53}
阳光	bʉ^{53}tʂʰʅ^{53}
日出	bʉ^{53}ʧʰõ^{53}
日落	bʉ^{53}lo^{53}
日食	nĩ^{35}ʥə̃^{55}
	bʉ^{53}ni^{55}
日晕	bʉ^{53}kÃ^{55}ʧʰi^{53}
日光影	bʉ^{53}ʥᴀ^{53}
向阳	gi^{35}ʧʰye^{53}
背阴	do^{35}ʧʰye^{53}
月亮	ɬi^{55}
月光	ɬi^{55}ʥᴀ^{53}
月食	dᴀ^{35}ʥə̃^{55}
	ɬi^{55} ni^{55}
月晕	ɬi^{55}kÃ^{55}ʧʰi^{53}
月牙	ti^{55}ki^{55}ɬi^{55}
圆月	kᴀ^{55}ŋuᴀ^{53}ɬi^{55}

词	国际音标
星星	dzʅ^{35}
流星	tsɿ^{55}ɾi^{53}
太白星 / 金星	ʃi^{55}ʐə^{53}
彗星 / 扫把星	zᴀ^{55}
七姐妹星座	tsʰu^{55}tsɿ^{55}
牛郎星	so^{55}ʧɛ^{55}
织女星	pÃ^{35}
光（线）	ʤyɛ^{53}
（光）照射	bʉ^{53}ᴀ^{35}ʧĩ^{55}
（光）刺眼	nyɛ^{55}tse^{53}kʰo^{35}
曝晒	bʉ^{55}tʂuə^{53}
晒	ʧʰɨ^{35}
照亮[1]	ʤyẽ^{35}
照亮[2]	bʉ^{53}ᴀ^{35}ʧĩ^{55}si^{53}
发亮	bo^{55}
（光）亮	ʤyẽ^{35}
（光）暗	pʰu^{55}jĩ^{53}jĩ^{53}
闪烁	tə^{55}ʤyẽ^{35}ti^{53}nə^{35}ɣo^{35}ti^{53}
影子	ʥᴀ^{53}

[1] 月亮、灯光等照亮。

[2] 太阳照亮。

B. 风、云、雷、雨

词	国际音标
风	mə^{53}xiɛ^{53}
大风	ɣɑ^{35}te^{55}
微风	ɣɑ^{35}sɿ^{55}sɿ^{55}
龙卷风	ɣɑ^{35}ʃo^{55}
东风	ʃə^{55}ʧʰye^{53}bi^{53}mə^{53}xiɛ^{53}
南风	xo^{55}ʧʰye^{53}bi^{53}mə^{53}xiɛ^{53}
西风	niõ^{55}ʧʰye^{53}bi^{53}mə^{53}xiɛ^{53}
北风	ʧʰõ^{55}ʧʰye^{53}bi^{53}mə^{53}xiɛ^{53}
迎面风	mə^{53}xiɛ^{53}də^{35}m̊ə^{35}
顺风	mə^{53}xiɛ^{53}tʰə^{35}m̊ə^{35}
起风	mə^{53}xiɛ^{53}m̊ə^{35}
风停了	mə^{53}xiɛ^{53}nə^{35}wᴀ^{55}
风吹	mə^{53}xiɛ^{53}m̊ə^{35}
云	dĩ^{55}
乌云	dᴀ^{35}ʐə̃^{55}ᴀ^{55}mu^{55}
白云	dĩ^{55}pʰʐẽ^{55}
云朵	dĩ^{55}
云霞[1]	də^{55}ni^{55}
云霞[2]	də^{55}ŋɛ̃^{55}
云散了	dᴀ^{35}ʐə̃^{55}tʰə^{35}dʐɛ^{55}si^{53}
雷	mə^{53}tĩ^{55}ʐuẽ^{53}
雷公	tʰiɛ^{35}rõ^{55}
打雷	mə^{53}tsue^{55}di^{35}
雷击 / 雷劈	mə^{53}tsue^{55}tsĩ^{55}
闪电	ʂɐ^{55}mə^{55}tsɿ^{55} ʃĩ^{55}bu^{55}mə^{53}
打闪电	ʂɐ^{55}mə^{55}tsɿ^{55}də^{55}di^{35}
雨	gui^{55}
掉（雨）点	gui^{55}tʂʰɛ^{55}tʂʰɛ^{55}
下雨	gui^{55}ʧʰõ^{53}
大雨	gui^{55}te^{55}
小雨	gui^{55}kᴀ^{55}tse^{53}
太阳雨	tʂə^{55}gui^{55}
连绵雨	tsᴀ^{35}gui^{55}
毛毛雨	gui^{55}bə^{55}ʥɿ^{55}
暴雨	ʧʰɛ^{35}tʂɛ^{55}ʧʰõ^{53}
雷阵雨	ʧe^{55}gui^{55}
雨停了	gui^{55}di^{35}ʧʰɛ^{53}
淋雨	gui^{55}nə^{35}tso^{53}
湿透	ʥɛ̃^{53}nə^{35}tᴀ^{53}
彩虹	mᴀ^{35}kʰuə^{35}

C. 冰、雪、霜、露

词	国际音标
冰	bᴀ^{35}bõ^{35}
冰块	bᴀ^{35}bõ^{35}pʰɛ^{53}
（屋檐的）冰锥	bᴀ^{35}bõ^{35}ti^{55}kiɛ^{55}liɛ^{55}si^{53}
结冰	bᴀ^{35}bõ^{35}ᴀ^{55}ʐẽ^{55}
凝结 / 冻	tʰə^{35}kõ^{55}
融冰	bᴀ^{35}bõ^{35}ni^{35}ʒõ^{55}
雪	pʉ^{53}
下雪	pʉ^{53}ʧʰõ^{55}
大雪	pʉ^{53}te^{53}
小雪	pʉ^{53}kᴀ^{55}tse^{53}
雨夹雪	pʉ^{55}gui^{55}
融雪	pʉ^{55}ni^{35}ʒõ^{55}
融化	ni^{35}jõ^{55}
冰雹	ʒẽ^{53}
下冰雹	ʒẽ^{55}ʧʰõ^{35}
霜	pu^{55}

[1] 红色的云霞。
[2] 黄色的云霞。

词	国际音标
打霜	pu^{55}nə^{35}tso^{53}
露水	ʂʅ^{55}pu^{53}
起露水	ʂʅ^{55}pu^{53}nə^{35}tʃʰõ^{53}
雾	dᴀ^{35}ʐə̃^{55}
水雾 / 水汽	tʃi^{55}ko^{53}
蒸气	bu^{35}ko^{53}
降雾	dᴀ^{35}ʐə̃^{55}ᴀ^{55}mu^{55}
雾朦朦	lᴀ^{35}kʰu^{53}
雾散了	lᴀ^{35}kʰu^{53}tʰə^{35}dʐɛ^{55}si^{53}

D. 天气

词	国际音标
天气	mə^{55}
晴天	mə^{55}ni^{55}kɛ^{55}si^{53}
阴天	mə^{55}dʐõ^{53}
雨天	mə^{55}dʐõ^{55}gui^{55}tʃʰõ^{53}
（雨后）天气	ti^{55}jõ^{53}si^{53}
凉天	mə^{55}sɛ^{55}sɛ^{55}
寒冷天	kõ^{55}sɿ^{55}sɿ^{55}
（天）冷	bõ^{35}
（天）寒	bõ^{35}ʐo^{35}
	kõ^{55}ʐo^{35}
凉快	ʂɛ̃^{55}ʂɛ̃^{55}
暖和	ʒõ^{55}ʐo^{35}
（天）热	tsə^{53}
暑热	tsə^{53}ʐo^{35}
天旱	mə^{55}ŋᴀ̃^{55}kʰə^{35}tʃʰõ^{53}
干燥	mə^{55}tə^{55}ɣo^{53}
开坼（开裂）	ni^{35}tʃᴀ^{35}wᴀ^{53}
潮湿	nə^{35}ʥɛ̃^{53}

2. 地理

A. 田地、泥土

词	国际音标
地	đi^{35}
土地	tʃʰo^{35}đi^{35}
山地	go^{35}đi^{35}
田地	su^{55}đi^{35}
坪	kuᴀ̃^{55}đi^{35}
泥土	tʃə^{55}
稀泥巴	tʃə^{55}mᴀ̃^{55}
黄泥	tʃə^{55}ŋɛ̃^{53}
黑糊泥	tʃɛ^{55}niɛ^{55}
土质	tʃə^{55}nᴀ^{35}kue^{53}
红土	tʃə^{55}ni^{55}
黄土	tʃə^{55}ŋɛ̃^{55}
白土	tʃə^{55}pʰʐẽ^{55}
黑土	tʃə^{55}niɛ̃^{35}
沙土	tʃə^{55}dʐuᴀ^{53}
尘土	pɐ^{35}ji^{55}
粉末	piɛ^{35}piɛ^{35}
渣子	pʰə^{53}
沉淀物	nə^{35}də̃^{55}də̃^{55}
残留物	kʰə^{35}ʐə̃^{53}
灰尘	pɐ^{35}ji^{55}tə^{55}m̊ə^{55}
垃圾	tʂɛ^{35}

B. 地貌、矿物

词	国际音标
山区	go^{35}đi^{35}
沙漠	bi^{55}piɛ^{53}đi^{35}
泥石流	dʐue^{35}ʐᴀ^{35}
山	go^{35}

词	国际音标
土山	ʧə55go35
小山	go35kᴀ55tse55
雪山	pʉ53go35
山峰	go35kʰu53
山坡	go35dõ55
斜坡	lᴀ55bi55
陡坡	tʰio35
山顶	go35kʰu53
山腰	go35guə35jĩ35
山脚	go35pẓɛ̃55
山坑	dõ55ʤõ53
地洞	go35ʤõ53
悬崖	gə55xi53
岩石	giɛ35
石壁	gə35ẓõ55ʥõ53
石缝	gə35ʧɛ53
石隘	gə55tṣʰo53
石林	gə35dᴀ55bẽ35
孔 / 眼 / 窟窿	ʤõ53
岩洞	gə35ʤõ53
洞口	ʤõ53kʰe53
红岩	giɛ35ni55
白岩	giɛ35pʰẓẽ55
石头	guə35tᴀ55
	ʒõ55pᴀ55
小石头	ʒõ55tsɿ55ẓʅ55
片石	guɛ35pᴀ55
鹅卵石	ʧi55ʒõ55biɛ55liõ55
砂石	bi55piɛ55ʧᴀ35tṣuᴀ55
石板	go35pʰɛ̃35
玉	ʒi53
	jo55
石灰石	xe35guɛ35tᴀ55

词	国际音标
石灰	xe35
沙子	bi55piɛ55
金	ŋɛ̃55
银	ŋu55
	jõ55
水银	ʤɛ55mo55õ55ʃo53
铜	ni53
铜绿	ni55dẓei53
铁	ʃĩ55
铁矿	ʃĩ55tõ55
铁渣	ʃĩ55ke55
铁水	ʃĩ55ʧi55
锈	sue35
生锈	ᴀ55sue35
钢	kᴀ̃55
铅	tʰi55tʰi55
煤	me35
柴火[1]	ʧə55sẽ35
硫磺	mɐ53zɿ35
碱	nõ55de55
（墙壁上的）硝	nõ53
火药	mɐ53zɛ35

C. 烟火

词	国际音标
火	mɐ53
火镰	ṣᴀ55mɐ53
硅石	ṣᴀ55du53
火草	ṣᴀ55pie55
火星	mɐ53tsue53
火光	mɐ53dẓuɛ53
火焰	mɐ53kʰu53
火苗	mɐ53ɬiɛ55

[1] 土做的燃料，起到柴火的作用。

词	国际音标
绿火[1]	ʃi^{55}bᴀ^{55}mɐ^{53}
（火）旺 / 烈	（mɐ^{53}）tʂuə^{55}
灶火	tso^{55}kuᴀ^{55}mɐ^{53}
柴火	sẽ^{35}mɐ^{53}
大火	mɐ^{53}te^{55}
山火	ʤi^{35}mɐ^{53}
火灾	mɐ^{53}dʐʅ^{55}ʃi^{53}
失火	mɐ^{53}tʂʰɛ^{55}tʂʰɛ^{55}
放火	mɐ^{53}xiɛ^{55}
救火	mɐ^{53}kʰo^{35}
熄灭	mɐ^{53}nə^{35}kʰo^{35}sẽ^{55}
燃烧	tə^{55}di^{55}
篝火	mɐ^{53}tə^{55}tʂʰe^{55}
火塘	wɐ^{35}tõ^{55}
火把	mɐ^{53}wə^{35}
火龙[2]	mɐ^{53}dʐʅ^{35}tʂʰɛ^{55}
火炭	mɐ^{53}dʐe^{53}
灰烬	luə^{55}
炭屑	mɐ^{53}dʐʅ^{35}piɛ^{35}piɛ^{35}
（烧火的）烟	kʰo^{35}
浓烟	kʰo^{35}te^{53}
冒烟	kʰo^{35}tə^{55}ʧʰõ^{55}

D. 海、河、湖、水

词	国际音标
海	kʰuə^{55}
海滩	kʰuə^{55}kʰe^{53}
江	bə^{55}ʧi^{55}
河	kõ^{55}
大河	kõ^{55}te^{55}
小河	kõ^{55}kᴀ^{55}tse^{55}
河滩	kõ^{55}kʰe^{53}

词	国际音标
河底	kʰõ^{55}pə^{53}
河岸	kʰõ^{55}zʅ^{55}bi^{55}
湖	kʰuə^{55}
池塘	ʧi^{55}tʰõ^{35}
瀑布	ʧi^{55}so^{55}
小溪	ʧi^{55}ʐe^{35}ʧi^{55}
波浪	ʧi^{55}tə^{35}
浪花	ʧi^{55}to^{53}pᴀ^{35}tsɿ^{55}
泡沫	du^{35}
水泡	ʧi^{55}du^{35}
水花	ʧi^{55}pʰo^{53}
冒水泡	ʧi^{55}du^{35}kʰə^{35}ʧʰõ^{55}
水	ʧi^{55}
水源头	ʧi^{55}pʰə^{53}
洪水	ʧi^{55}dĩ^{53}
发大水	ʧi^{55}te^{55}ʧʰõ^{55}
河水	ʧi^{55}kõ^{55}
水坑	kue^{55}ʧi^{55}kue^{55}li^{55}
井	ʧi^{55}tõ^{55}
泉水	ʧi^{55}ʐe^{35}ʧi^{55}
雪水	pʉ^{53}ʧi^{55}
屋檐水	dᴀ^{35}ʧi^{55}
碱水	nõ^{53}ʧi^{55}
脏水	ʧi^{55}mᴀ^{35}ʂõ^{55}
清水	ʧi^{55}ʂõ^{55}
浑水	ʧi^{55}n̥yə^{55}
浮	（tə^{55}）dĩ^{53}
落	（nə^{35}）dʐʅ^{35}
沉	（nə^{35}）də̃^{35}də̃^{35}
浸	（ᴀ^{55}）ʤi^{35}
淹没	（nə^{35}）mõ^{35}
漏	ʐʅ^{35}

[1] 鬼火。

[2] 一种祭祀仪式，族人手持火把转山，远看像一条龙，因此称这个仪式为火龙。

词	国际音标
滴	tʰᴀ^{55}tʰᴀ^{55}
溅	tə^{55}ʐe^{53}
涌	（tə^{55}）pe^{53}
沸腾	（tə^{55}）pe^{53}
溢	（nə^{35}）ʤy^{35}
泅	（nə^{35}）zᴀ^{35}
渗 / 渗透	（nə^{35}）jõ^{55}
滤	（kʰə^{35}）tsʰᴀ^{55}
沉淀	（nə^{35}）dɔ̃^{35}dɔ̃^{35}

3. 地点、方位

A. 地名

词	国际音标
外国	wᴀi^{35}kuɛ^{55}
美国	me^{35}kuɛ^{55}
英国	jĩ^{55}kuɛ^{55}
印度	ʤɛ^{35}kə^{55}rə^{55}
俄罗斯	ə^{35}lo^{55}sɿ^{55}
泰国	tʰᴀi^{35}kuɛ^{55}
缅甸	miɛ̃^{55}tiɛ̃^{55}
越南	yɛ^{35}lᴀ̃^{55}
中国	tsõ^{55}kuɛ^{55}
北京[1]	ʤᴀ^{35}nᴀ̃^{55}
皇帝	nᴀ^{35}pu^{55}kʰᴀ^{35}
四川	sɿ^{35}tsʰuᴀ̃^{55}
木里	mə^{55}li^{55}
依吉	ji^{55}ʤi^{55}
麦洛	bi^{35}lo^{55}
地名	sᴀ^{55}ʧʰɛ^{55}mᴀ̃^{55}
西藏	pe^{35}kʰu^{55}
拉萨	ɬᴀ^{55}sᴀ^{53}
丽江	ʒəu^{35}go^{55}
永胜	ʤɛ^{35}gɯ^{35}
兰坪	bᴀ^{35}ʐʅ^{35}
盐源	wᴀ^{35}bʉ^{35} tsʰi^{35}tõ^{55}
永宁	ɬi^{55}wu^{53}
宁蒗	lo^{55}gu^{53}
泸沽湖	lo^{55}ʂʉ^{53}
玉龙雪山	ʒo^{35}gu^{55}ŋu^{55}ly^{55}
桃巴	tʰᴀ^{55}bᴀ^{53}
鲁甸	ly^{55}ɗi^{53}
左所	lᴀ^{35}tʰᴀ^{35}
拖七	tʰo^{55}tsʰe^{53}
拉白	pʰʐə^{35}ʤo^{53}
新营盘	ɣo^{55}gio^{53}
贡嘎山	gõ^{55}kɛ^{55}ʐi^{55}sõ^{55}guẽ^{55}bu^{53}
永宁狮子山	tʰᴀ^{35}lõ^{55}sẽ^{35}gi^{55}kᴀ^{55}mo^{55}
木里大神山	mə^{55}li^{53}mə^{35}tsʅ^{55}giɛ^{35}
木里女神山	ʐẽ^{35}ʤõ^{55}pĩ^{55}duẽ^{55}ɬᴀ^{55}mo^{55}
盐源神山	bə^{55}ʐi^{53}ʧʰõ^{55}ʧɛ^{55}ni^{55}bu^{53}
新营盘神山[2]	ɣo^{55}gu^{53}kᴀ^{35}tᴀ^{55}ʒɛ^{53}
新营盘神山[3]	gʉ^{55}ʧʰi^{53}to^{55}ʧʰɛ^{55}go^{35}
新营盘神山[4]	ʃi^{35}mi^{55}mi^{55}xĩ^{55}bi^{53}
新营盘神山[5]	ʃye^{55}tsɛ^{55}ki^{55}kʰo^{53}
新营盘神山[6]	ɣo^{55}go^{35}nᴀ̃^{35}ʐʅ^{35}bu^{53}
永胜神山	ʤɛ^{55}gi^{53}dᴀ^{35}bu^{55}nᴀ̃^{35}

[1] 旧指首都。
[2] 在新营盘的东边。
[3] 在新营盘的南边。
[4] 在新营盘的西边。
[5] 在新营盘的北边。
[6] 在新营盘的中部。

词	国际音标
金沙江	bzə̩^{55}ʧi^{55}
雅砻江	niɛ̃^{35}ʧi^{55}
大金河	ni^{55}ʧi^{55}
小金河	tõ^{55}ʧi^{55}
大理鸡足山	zi̩^{35}wu^{55}ʃɛ^{55}kʰõ^{53}
四川峨嵋山	lõ^{55}ʧʰĩ^{55}nõ^{35}bu^{35}
丽江白沙	bᴀ^{55}ʃi^{53}

B. 处所、方位

词	国际音标
地球	zʅ^{35}ro^{55}lyẽ^{55}bu^{53}
世界	ʥõ^{35}bu^{55}li^{53}
地方	dĩ^{35}bᴀ^{35}
角落	zʅ^{55}wu^{53}
分界	tsʰə^{53}
地界	jə^{55}tʂʰo^{53}
城市	dzʅ^{55}wu^{53}
家乡	suᴀ̃^{35}dĩ^{35}
乡村	dĩ^{35}wu^{53}
山寨	tʂi^{55}wu^{53}
巷子	tʃə̃^{55}tʂʰo^{53}
街道	ruə^{53}
集市	tsʰõ^{55}ʧʰi^{55}po^{55}lᴀ^{55}
方向	ʧʰye^{53}
东	ʃə^{53}
南	xo^{53}
西	niõ^{53}
北	ʧʰõ^{53}
东边	ʃə^{53}ʧʰye^{53}
西边	niõ^{53}ʧʰye^{53}
南边	xo^{53}ʧʰye^{53}
北边	ʧʰõ^{53}ʧʰye^{53}
东南	suᴀ̃^{35}bzə̩u^{53}
东北	ki^{35}lõ^{53}
西南	kʰuẽ^{55}lo^{55}
西北	kʰĩ^{55}ʧʰi^{53}
上面	to^{53}
下面	po^{53}
底下	pᴀ^{55}po^{53}
里面	kʰõ^{53}
外面	nõ^{53}
表面	nõ^{53}ʧʰye^{53}
前面	rə^{35}ʧʰye^{53}
后面	gõ^{35}nõ^{35}
末尾	mᴀ̃^{35}to^{53}
背后	ʤɛ^{35}nõ^{53}
对面	ʧʰye^{53}bie^{53}
背面	ʤi^{55}nõ^{53}
反面	pɐ^{55}ʧʰye^{53}
斜面	lᴀ^{55}bie^{53}
左边	we^{35}ʧʰye^{53}
右边	zʅ^{35}ʧʰye^{53}
中间	guə^{35}ʃi^{55}
旁边	zʅ^{55}bie^{53}
附近	nə̃^{55}nə̃^{55}bie^{53}
到处	mə^{55}dĩ^{35}
周围	tɛ^{55}ʧu^{53}
地下	dĩ^{35}po^{53}
地上	dĩ^{35}to^{53}
上游	ʧi^{55}kʰu^{53}
下游	ʧi^{55}mᴀ^{35}
岸边	kʰe^{35}bie^{55}
对岸	o^{55}ʧʰye^{53}bie^{53}
墙上	ʧu^{35}bu^{35}bie^{53}
门上	kõ^{35}bie^{53}
桌上	sᴀ^{35}zɛ̩^{35}bie^{53}
床上	dzᴀ̩̃^{55}to^{53}
床底下	dzᴀ̩̃^{55}po^{53}
手里	ʒɛ^{35}wu^{53}
心里	kʰuə^{55}wu^{53}

词	国际音标
门外	kõ^{35}nõ^{53}
窗外	kõ^{35}tsɿ^{55}nõ^{53}bie^{53}
车上	tʂʰe^{55}tsɿ^{55}wu^{53}
车外	tʂʰe^{55}nõ^{35}bie^{53}
山上	go^{35}to^{53}
山下	go^{35}bʐɑ̃^{35}
屋前	ʧə̃^{55}rə^{35}ʧʰye^{53}
屋后	ʧə̃^{55}gõ^{35}nõ^{35}
路边	ruɑ^{55}zɿ^{55}ʤi^{53}
街上	dʐʅ^{55}wu^{53}
街头	dʐʅ^{55}kʰu^{53}
街尾	dʐʅ^{55}mɑ̃^{35}
村头	tʂi^{55}kʰu^{53}
村尾	tʂi^{55}mɑ̃^{35}
巷头	ʧə̃^{55}tʂʰo^{53}kʰu^{53}
巷尾	ʧə̃^{55}tʂʰo^{53}mɑ̃^{35}
楼上	to^{53}tse^{35}
楼下	po^{53}tse^{35}
脚下	tʂʰʅ^{55}po^{53}
脚底下	tʂʰʅ^{55}pə^{55}po^{53}
井底下	ʧi^{55}tõ^{55}po^{53}
箱底下	tɑ^{55}pə^{55}po^{53}
（屋）顶上	kʰu^{53}to^{53}
往里走	kʰõ^{55}ɑ^{55}ʃi^{55}
往外走	nõ^{35}bie^{53}ʃi^{55}
往上走	tio^{35}ʒi^{35}ʃi^{55}
往下走	niõ^{35}ʒi^{35}ʃi^{55}
往回走	xõ^{35}ʒi^{35}ji^{35}
往前走	rə^{35}ʧʰye^{53}ʃi^{35}
往后走	gõ^{35}nõ^{35}ʃi^{55}

4. 时令

A. 季节、节气

词	国际音标
春天	ni^{35}bie^{53}
夏天	ʧe^{53}bie^{53}
秋天	tsɑ^{35}bie^{53}
冬天	tsõ^{53}bie^{53}

B. 节日

词	国际音标
节日	wə^{35}ʃi^{35}ʃɛ^{35}
过节	wə^{35}ʃi^{35}
除夕[1]	kʰu^{53}pu^{53}
春节	wə^{35}ʃi^{35}tõ^{55}pu^{55}
团圆	də^{55}ʥõ^{55}
过年	wə^{35}ʃi^{35}pʉ^{53}
年货	wə^{35}ʃi^{35}bɑ^{55}bõ^{55}
拜年	gɑ^{35}ʃi^{35}
恭喜	tiɛ̃^{55}bʐʅ^{53}
压岁钱	tiɛ̃^{55}bʐʅ^{53}kʰɿ^{35}
年初一	ti^{55}ki^{55}ti^{35}
端午节	ŋuɑ^{55}ni^{53}
吃青[2]	ʧʰo^{35}ʃi^{35}ʣɿ^{55}
转山节[3]	ʒi^{35}tsẽ^{55}ku^{53}
冬至节	ni^{35}tʂə̃^{55}

C. 年、月、周

词	国际音标
年 / 年份	ko^{53}
往年	ʒɛ^{55}pʉ^{53}
半年	ko^{53}pʰɑ^{35}

[1] 木里的普米人以十一月初七为新年的第一天。

[2] 每家自己算日子过，四月下旬到五月初，吃青稞，喝酯酒。

[3] 祭山神，保平安，七月十五、冬月十五、腊月十五、正月十五、二月十二至十五、三月十三、四月十五这些日子都要过。

词	国际音标
上半年	ko^{53}kʰu^{53}
下半年	ko^{53}mᴀ̃^{35}
年初	ko^{53}tõ^{55}pu^{53}
年中	ko^{53}guə^{35}jĩ^{55}
年底	ko^{53}mᴀ̃^{35}po^{53}
年纪	pʰzɛ^{35}
岁	ko^{53}
新年	ko^{53}ʃi^{35}
旧年	ko^{53}gu^{53}
闰年	ji^{35}xᴀ^{55}kue^{53}
雨年	kui^{55}ʧʰõ^{53}tiᴀ^{55}ko^{53}
旱年	mo^{55}ɣo^{53}tiᴀ^{55}ko^{53}
大前年	ʂə^{55}gi^{55}pʉ^{53}
前年	ʂə^{55}pʉ^{53}
去年	ʒə^{55}pʉ^{53}
今年	pʉ^{53}pʉ^{53}
明年	ʒe^{55}kʰu^{53}
后年	sɛ̃^{55}kʰu^{53}
大后年	kʰu^{53}sɛ̃^{55}kʰu^{53}
月 / 月份	ʒi^{55}
大月	ʒi^{55}nõ^{55}kõ^{53}kue^{53}
小月	ʒi^{55}nõ^{55}kõ^{53}mᴀ^{35}kue^{53}
闰月	ʒi^{55}xᴀ^{53}
正月	tõ^{55}pu^{53}ʒi^{55}
二月	ni^{35}ʒi^{55}
三月	sõ^{35}ʒi^{55}
四月	rə^{55}ʒi^{55}
五月	ŋuᴀ^{55}ʒi^{55}
六月	tʂʰu^{55}ʒi^{55}
七月	ŋ̊ə^{35}ʒi^{55}
八月	ʃyə^{35}ʒi^{55}
九月	gi^{53}ʒi^{55}
十月	kᴀ^{55}ɦi^{53}ʒi^{55}
十一月	ko^{55}ti^{55}ʒi^{55}
十二月	ko^{55}nə^{35}ʒi^{55}

词	国际音标
半个月	ʒi^{55}pʰᴀ^{35}
一个月	tiᴀ^{55}ʒi^{55}
上个月	rə^{55}tiᴀ^{55}ʒi^{55}
下个月	mᴀ̃^{35}tiᴀ^{55}ʒi^{55}
上旬	ʒi^{55}kʰu^{53}
中旬	ʒi^{55}guə^{35}jĩ^{55}
下旬	ʒi^{55}mᴀ̃^{35}

D. 日、时辰

词	国际音标
初一	ti^{55}ki^{55}ti^{35}
初二	ti^{55}ki^{55}nə^{35}
初三	ti^{55}ki^{55}sõ^{35}
初四	ti^{55}ki^{55}rə^{55}
初五	ti^{55}ki^{55}ŋuᴀ^{55}
初六	ti^{55}ki^{55}tʂʰu^{35}
初七	ti^{55}ki^{55}ŋ̊ə^{35}
初八	ti^{55}ki^{55}ʃyə^{35}
初九	ti^{55}ki^{55}gi^{53}
初十	ti^{55}ki^{55}kᴀ^{55}ɦi^{55}
十五	kᴀ^{55}ŋuᴀ^{55}nə^{53}
天 / 日	nə^{53}
另日 / 改日	tᴀ^{55}nə^{53}kʰə^{35}to^{35}
黎明	ʤyẽ^{35}
天亮	tə^{55}ʤyẽ^{35}
清早	ʃᴀ^{55}tʂʰu^{53}
上午	ʧuẽ^{55}ʥɿ^{55}ʐʅ^{35}
中午	ʧuẽ^{55}to^{53}
下午	ʧuẽ^{55}ʥɿ^{55}nõ^{53}
傍晚	mə^{55}nɛ̃^{35}
天黑了	tʰə^{35}ʃye^{55}
晚上	ʃye^{55}po^{53}
白天	nə^{53}
对时	ʂə^{55}kʰu^{53}mə^{55}nɛ̃^{35}
大前天	ʂə^{55}gi^{55}nə^{53}

词	国际音标
前天	ʂə^{33}nə^{53}
前天早上	ʂə^{55}sẽ^{35}
前天中午	ʂə^{55}nə^{53}ʧuẽ^{55}to^{53}
前天晚上	ʂə^{55}mĩ^{55}
昨天	jɐ^{55}nə^{53}
昨天早上	jɐ^{55}nə^{53}sẽ^{35}
昨天中午	jɐ^{55}nə^{53}ʧuẽ^{55}to^{53}
昨晚	pu^{55}ʃɛ^{35}
今天	pə^{55}nə^{53}
今早	pə^{55}sẽ^{35}
今天中午	pə^{55}nə^{53}ʧuẽ^{55}to^{53}
今晚	jɐ^{55}mi^{53}
明天	sẽ^{35}bo^{53}
明早	no^{55}zẹ^{35}
明天中午	sẽ^{35}ʧuẽ^{55}to^{53}
明晚	sɛ^{35}mi^{53}
后天	kʰu^{53}sẽ^{35}nə^{53}
大后天	kʰu^{55}di^{55}nə^{53}
前几天	rə^{35}tᴀ^{55}nə^{53}nə^{53}
整天	tᴀ^{53}nə^{53}gɯ^{53}
半天	ṇi^{55}pʰᴀ^{35}
过夜	tiᴀ^{55}jə^{53}
半夜	ʃye^{55}pʰᴀ^{35}
上半夜	ʃye^{55}kʰu^{53}
下半夜	ʃye^{55}mᴀ̃^{35}
时间	tuə^{55}tsʰuə^{53}
一小时	tuə^{55}tsʰuə^{53}ti^{35}
半小时	tuə^{55}tsʰuə^{53}pʰᴀ^{35}

E. 人世、朝代、属相

词	国际音标
时候	ʧʰi^{55}kʰe^{55}
古时候	ʒɛ^{35}ni^{35}
日子	ʃɛ^{35}
好日子 / 吉日	ʃɛ^{35}ʧʰy^{53}
坏口了	ʃɛ^{35}dzə̣^{35}
一世	tᴀ^{55}tsi^{35}
前世	rə^{35}tsi^{35}
来世	gõ^{55}nõ^{35}tᴀ^{55}tsi^{35}
年代	dzʅ^{35}
属相	wu^{35}
属鼠	ʧʰi^{55}piɛ^{55}wu^{35}
属牛	lõ^{55}wu^{35}
属虎	to^{55}wu^{35}
属兔	ʒi^{55}bzẹ^{55}wu^{35}
属龙	bzə̣^{55}te^{55}wu^{35}
属蛇	bzə̣^{55}dᴀ^{55}wu^{35}
属马	tiᴀ^{55}wu^{35}
属羊	ʒi^{35}wu^{35}
属猴	pzẹ^{55}wu^{35}
属鸡	ʤyẽ^{35}wu^{35}
属狗	ʧʰi^{55}wu^{35}
属猪	pʰᴀ^{55}wu^{35}

5. 农业

A. 农事

词	国际音标
干活	lo^{55}bie^{55}
收工	nə^{55}wᴀ^{53}
收成	ʧʰo^{55}ko^{55}tᴀ^{53}
丰产	ʧʰo^{55}jɛ^{53}
歉收	ʧʰo^{55}mᴀ^{35}ʧʰy^{53}
灾荒	wu^{35}dzɛ̣^{53}
春耕	ʃĩ^{55}tʂʰə̃^{53}
夏收	ʧi^{55}ʧʰo^{55}ko^{55}tᴀ^{53}
秋收	tsᴀ^{55}ʧʰo^{55}ko^{55}tᴀ^{53}
种田	su^{55}tio^{53}
种地	ʧʰo^{55}tio^{53}

词	国际音标
播种	ʧʰo^{55}le^{35}
补苗	tso^{35}
减苗 / 间苗	ʧʰo^{55}ʃyẽ^{35}
犁田	jĩ^{55}jĩ^{55}
除草	ʧʰo^{55}ʐɛ^{35}
拔草	gõ^{55}guɛ^{35}
积肥	jĩ^{35}zu^{35}
开荒	ʒi^{55}kʰᴀ^{35}
浇水	ʧi^{55}di^{53}
烧山	ʤi^{55}mɐ^{55}jõ^{53}
施肥	jĩ^{35}ʧi^{35}
打农药	ʧʰo^{55}mɛ̃^{53}ʧi^{35}
割稻	su^{55}ke^{53}
舂米	ʧʰyə^{35}tso^{53}
	kʰᴀ^{35}ʂu^{55}bõ^{55}ti^{35}
采摘（果）	suə^{55}kʰᴀ^{53}

B. 农资、农具

词	国际音标
肥料	jĩ^{35}
猪粪肥	ʧʰyɛ^{35}jĩ^{35}
鸡粪肥	ro^{55}jĩ^{35}
牛粪肥	kuɐ^{55}jĩ^{35}
麻绳	sᴀ^{55}bʐẽ^{35}
畚箕	nyẽ^{55}gi^{35}
箩筐	mɐ^{35}kʰɛ^{35}
筛子	tʂuə^{55}tsɿ^{55}
粗眼筛	tʂuə^{55}tsɿ^{55}nyɛ^{55}dʐʅ^{55}
细筛	tʂuə^{55}tsɿ^{55}nyɛ^{55}ʐə̃^{53}
锄头（有齿）	sɐ^{55}ʧʰy^{35}
三齿锄	so^{55}pʐɛ^{53}
板锄（宽的）	xuᴀ̃ ^{55}pʰɛ̃^{53}
锄柄	sɐ^{55}ʧʰy^{35}ʒu^{35}
楔子	tso^{53}

词	国际音标
连枷	ʤi^{35}ku^{53}
锹	liɛ^{35}ʧʰyɛ^{55}
镰刀（有齿）	ʐʅ^{35}
无齿的	ʃɛ^{35}lõ^{53}
犁	tõ^{53}
犁架	tõ^{53}kõ^{55}
犁铧	tsʰe^{53}
犁把	tõ^{53}pʰᴀ^{55}
钉耙	so^{55}pʐɛ^{55}
耙耙	ʒo^{35}
牛轭	wᴀ^{35}sẽ^{35}
绳子	sᴀ^{55}bʐẽ^{35}
牛鼻绳	ʒi^{35}tsũ^{55}bʐẽ^{35}
颈袢绳	kᴀ̃^{55}bʐẽ^{35}
牛鼻桊	gue^{53}
牛嘴套	ku^{35}lu^{53}
（赶牛）鞭子	bə^{55}ʃɛ^{55}
木槽	sẽ^{35}bo^{53}
石槽	kuə^{35}tᴀ^{55}bo^{53}
谷桶	ʤᴀ^{35}bo^{53}
谷仓	jĩ^{53}
谷囤	ʤye^{53}
踅子 / 囤席	ʤye^{53}
打场	rõ^{55}tso^{53}
晒谷场	rõ^{55}ɗĩ^{53}
风车 / 扇车	ɬe^{55}ɬᴀ^{55}tĩ^{55}
稻草人	ʃo^{53}
粪池	jĩ^{35}tõ^{53}
粪桶	pə^{55}tᴀ^{55}
粪勺	tsʰᴀ^{55}pu^{53}
渠道	kʰɛ^{55}ruə^{53}
水渠	ʧi^{55}kʰɛ^{55}
水笕	ʧi^{55}bo^{53}
水车	kʰo^{55}lo^{55}

6. 植物

A. 作物

词	国际音标
庄稼	ʧʰo^{53}
粮食	pᴀ^{35}ʐʅ^{35}
公粮	đi^{35}tʂʰɛ^{55}
谷子	su^{55}
种子	le^{35}
谷种	su^{55}le^{35}
秧苗（作物幼苗）	ʐʅ^{35}
稻秧	su^{55}ʐʅ^{35}
芽	ni^{35}
嫩芽	ɣo^{35}bu^{53}
稻	su^{55}
早稻	tsʰõ^{55}m̥i^{55}
晚稻	n̥ɛ̃^{55}m̥i^{55}
稻草	su^{55}gõ^{53}
稻草垛	su^{55}gõ^{53}bu^{53}
稻穗	ȵi^{35}
谷粒	su^{55}gi^{53}
禾苗	bᴀ^{35}li^{55}
抓（把米）	tᴀ^{55}tʂɛ^{53}
株（一株玉米）	kʰᴀ^{35}ʂu^{55}tᴀ^{55}bõ^{55}
玉米粥	kʰᴀ^{35}ʂu^{55}mᴀ^{35}lᴀ^{55}
玉米包	ɬẽ^{35}
谷壳	bie^{35}dᴀ^{35}
糠	pʰie^{35}li^{55}
粗糠[1]	bie^{35}ɬᴀ^{55}
细糠	bie^{35}dᴀ^{35}
稗子	ʐue^{35}
玉米须	tʰo^{55}do^{53}
花玉米	kʰᴀ^{35}ʂu^{55}kʰe^{53}
花生米	xuᴀ^{55}sẽ^{55}pʰʐə^{55}
高粱	xᴀ̃^{55}lᴀ^{55}
玉米糖	kʰᴀ^{35}ʂu^{55}ʐu^{55}bʉ^{53}
玉米粉	kʰᴀ^{35}ʂu^{55}piɛ^{35}
玉米牛头饭[2]	kʰᴀ^{35}ʂu^{55}ʤi^{35}ʤɛ^{35}
玉米面面饭	kʰᴀ^{35}ʂu^{55}pʰo^{55}lio^{55}
玉米酒	kʰᴀ^{35}ʂu^{55}pʰʐe^{55}
玉米花糖	kʰᴀ^{35}ʂu^{55}bʉ^{53}ŋə^{53}
大麦	mə^{35}ʥi^{35}
小麦	ʂə^{55}
燕麦	ʧᴀ^{55}ni^{35}
麦穗	ʂᴀ^{35}ni^{55}
麦秆	ʂᴀ^{35}ʐu^{53}
麦芒	ʂᴀ^{35}m̥i^{55}
麦茬	ʂᴀ^{35}bʐɛ̃^{53}
青稞	kõ^{35}tsõ^{55}
苦荞	dõ^{35}ʤi^{35}
甜荞	ʤi^{35}mi^{35}
棉花	miɛ̃^{35}xuᴀ^{55}
大麻	so^{35}
野麻[3]	gue^{35}n̥ə^{55}so^{35}
野麻[4]	n̥ə^{55}so^{35}
蓖麻	pi^{55}mᴀ^{35}ʦɿ^{55}
油麻	so^{35}kʰuə^{55}
烟草	jɛ̃^{55}
大烟	jᴀ^{55}pʰiɛ̃^{53}jɛ̃^{55}
烟叶	jɛ̃^{55}pᴀ^{53}
烟叶秆	jɛ̃^{55}ʐu^{53}

[1] 大小麦的糠，细糠同此。

[2] 玉米面用水搅干，烤熟。

[3] 根做药，两米左右高，嫩芽喂猪，叶上有毛有刺，枝上有刺，皮做绳。

[4] 一米多高，枝细，叶子有毛有刺，扎到会致皮肤瘙痒。

B. 豆类、蔬菜

词	国际音标
豆	niõ^{53}
豆苗	niõ^{53}bᴀ^{35}
豆藤	niõ^{53}bz̩ẽ^{53}
豆壳	niõ^{53}zʅ^{53}
豆皮	niõ^{53}zʅ^{53}
豆荚	niõ^{53}bi^{53}
豆秸	niõ^{53}zu̩^{53}
大豆	ʃɛ^{35}ni^{55}
黄豆	niõ^{53}pᴀ^{53}
黑豆	niõ^{53}niɛ̃^{35}
红豆	niõ^{53}ni^{53}
绿豆	niõ^{55}niɛ^{55}
豌豆	dᴀ^{35}lᴀ^{35}
蚕豆	dᴀ^{35}dy^{53}
豆角	biɛ^{35}biɛ^{35}
四季豆	niõ^{53}kʰe^{53}
雪豆	niõ^{53}pʰz̩ẽ^{55}
青菜	tsʰᴀ^{53}niɛ^{35}
菠菜	po^{55}niɛ^{35}
（蔬菜）根茎	niɛ^{35}pz̩ẽ^{35}
（蔬菜）根须	pz̩ẽ^{35}ᴀ^{55}tiõ^{55}
白菜	tsʰᴀ^{53}pʰz̩ẽ^{55}
韭菜	go^{35}kə^{55}
萝卜	ɬɛ^{35}biɛ^{35}
胡萝卜	ɬɛ^{35}biɛ^{35}ni^{55}
萝卜缨	ɬɛ^{35}biɛ^{35}bᴀ^{35}
萝卜干	ɬɛ^{35}biɛ^{35}ɣu^{53}
菜花	niɛ^{35}pɐ^{35}tsʅ^{55}
花菜	pɐ^{35}tsʅ^{55}niɛ^{35}
茼蒿	pᴀ^{35}kʰu^{55}
莴苣	wo^{55}suẽ^{53}
（蔬菜）茎秆	niɛ^{35}zu̩^{53}
苋菜	bʉ^{53}
马尾苋	bʉ^{53}tõ^{55}tõ^{55}

词	国际音标
红苋	bʉ^{53}ni^{55}
白苋	bʉ^{53}pʰz̩ẽ^{55}
蕨菜	də^{55}
西红柿（分品种）	mə^{55}giɛ^{53}
红薯（番薯 / 地瓜）	xõ^{55}ʂu^{53}
马铃薯（洋芋）	jᴀ^{35}jo^{35}
淮山（长条形）	ɬᴀ^{35}bᴀ^{35}
百合	lᴀ^{55}ʂɛ^{53}
芋头	ɬᴀ^{35}z̩ə̃^{55}kuɛ^{55}
魔芋	ɬo^{35}pz̩ẽ^{53}
瓜	ʧi^{55}kuɛ^{55}
瓜藤	ʧi^{55}kuɛ^{55}pz̩ẽ^{53}
瓜花	ʧi^{55}kuɛ^{55}pɐ^{55}tsʅ^{55}
瓜蒂	ʧi^{55}kuɛ^{55}liõ^{53}
瓜瓤（芯）	ʧi^{55}kuɛ^{55}pʰz̩ə^{55}
瓜子	ʧi^{55}kuɛ^{55}le^{53}
南瓜（分圆扁）	nᴀ̃^{35}kuɛ^{55}
茄子	giɛ^{53}te^{55}
茄子柄 / 茄子帽	giɛ^{53}liõ^{53}
西葫芦	sẽ^{35}ʧi^{55}kuɛ^{55}
黄瓜	do^{55}kʰuᴀ^{53}
冬瓜	tõ^{55}kuɛ^{55}
苦瓜	kʰu^{55}kuɛ^{55}
葫芦瓜（分品种）	piɛ^{55}ɬõ^{55}kuɛ^{55}
甜瓜	tʰə^{35}kuɛ^{55}
海带	pz̩ᴀ^{35}m̥i^{55}
蒜	kə^{55}
蒜头	kə^{55}kʰu^{53}
蒜叶	kə^{55}pᴀ^{55}
蒜苔	kə^{55}zu̩^{53}
葱	tsʰõ^{55}
洋葱	tsʰõ^{55}
葱头	tsʰõ^{55}kʰu^{53}
葱叶	tsʰõ^{55}pᴀ^{53}
葱白	tsʰõ^{55}

词	国际音标
藠头	ʧʰᴀ^{35}lu^{55}
姜	kə^{55}
姜种	kə^{55}le^{53}
仔姜	kə^{55}ɣo^{55}bu^{53}
姜芽	kə^{55}ɣo^{55}bu^{53}
姜苗	kə^{55}ʐu^{53}kə^{55}pᴀ^{53}
香菜	ᴀ^{55}kᴀ̃^{35}
芹菜	ᴀ^{55}kᴀ̃^{35}
紫苏	tsɿ^{55}su^{55}
薄荷	ɛ̃^{35}ʤĩ^{53}
五香草	ʃo^{35}tsʰɛ^{35}
辣椒	ko^{35}tso^{35}
青椒[1]	ko^{35}tso^{35}niɛ̃^{55}
干辣椒	ko^{35}tso^{35}ɣu^{53}
酸辣椒	ko^{35}tso^{35}tʰo^{55}ʧi^{55}
胡椒	fu^{35}ʧo^{55}
花椒	sɛ^{35}

C. 树木

词	国际音标
树	sẽ^{35}bõ^{55}
种树	sẽ^{35}bõ^{55}tio^{55}
砍树	sẽ^{35}bõ^{55}tʂɛ^{53}
爬树	sẽ^{35}bõ^{55}to^{55}ʃi^{53}
山林	sẽ^{35}pĩ^{53}
树荫	sẽ^{35}bõ^{55}ʥᴀ^{55}po^{53}
树种	sẽ^{35}le^{53}
树苗	sẽ^{35}ʐʅ^{35}
树节	ʥe^{35}
树疙瘩	sẽ^{35}pə^{55}liõ^{35}
树浆	sẽ^{35}ʧi^{55}
树枝	sᴀ^{35}tʂuɛ^{35}
新枝	sẽ^{35}wᴀ^{55}
树梢	tʂuɛ^{35}lᴀ^{55}
叶子	sẽ^{35}pᴀ^{35}
黄叶	sẽ^{35}pᴀ^{35}ŋɛ̃^{55}
嫩叶	sẽ^{35}pᴀ^{35}ʃi^{55}
叶柄	sẽ^{35}pᴀ^{35}liõ^{55}
叶脉	sẽ^{35}pᴀ^{35}dʐu^{53}
落叶	sẽ^{35}pᴀ^{35}bʐe^{53}
树干	sẽ^{35}bõ^{55}ʐu^{53}
树皮	sẽ^{35}ʐʅ^{35}
根	sẽ^{35}pʐɛ̃^{55}
次根	sẽ^{35}pʐɛ̃^{55}ᴀ^{55}tiõ^{55}
树墩	sᴀ^{35}ŋuə^{55}duə^{35}
年轮	sẽ^{35}dʐi^{53}
枯树	sᴀ^{35}ɣo^{35}bõ^{55} sᴀ^{35}dʐu^{35}bõ^{55}
直树	sᴀ^{35}tu^{55}bõ^{55}
弯树	sᴀ^{35}ʃu^{55}bõ^{55}
空心树	sᴀ^{35}ku^{55}tõ^{35}
虫蛀树	sẽ^{35}bu^{55}kʰə^{35}ʥɿ^{55}
刺柏	si^{35}bõ^{55}
扁柏	tsẽ^{55}di^{55}
松树	ʧʰĩ^{35}bõ^{55}
红松	gi^{35}ʐi^{35}bõ^{55}
雪松	tə^{55}bõ^{55}
松球	bᴀ^{35}kᴀ^{55}jo^{53}
松针	tʰᴀ^{35}mᴀ^{55}
松脂	ʧʰĩ^{35}de^{53}
松明	ʂu^{53}
杉树	ʧʰyɛ^{55}bõ^{55}
银杉	dʐi^{55}bõ^{55}
雪杉	ly^{55}bõ^{55}
水杉	ʧʰyɛ^{55}bõ^{55}
杉针	ʧʰyɛ^{55}pᴀ^{55}

[1] 生的青色的辣椒。

词	国际音标
榕树	də^{55}bõ^{55}
榕根	də^{55}bõ^{53}pzɛ̃^{55}
樟树	sẽ^{35}sɛ^{35}bõ^{53}
樟树油	sẽ^{35}sɛ^{35}mɑ̃^{35}gɛ̃^{35}
法桐	lᴀ^{55}bə^{55}tʂʰɛ^{53}
柳树	ʐu^{55}bõ^{55}
柳条	ʐu^{55}tʂuɛ^{35}
杨树	mᴀ^{55}bõ^{55}
白杨树	ɬᴀ^{35}bõ^{55}
杨花	ɬᴀ^{35}pɐ^{55}tsɿ^{55}
白桦	ʐuᴀ^{35}bõ^{55}
西南桦	ɬue^{55}bõ^{55}
桂皮树	sɿ^{55}pʉ^{55}sɿ^{55}liɛ^{53}
苦楝树	to^{55}sʉ^{35}bõ^{55}
苦楝子	to^{55}sʉ^{35}
漆树	ʂʅ^{55}bõ^{55}
桑树	tʰɔ̃^{35}bõ^{55}
香椿	te^{35}kʰu^{53}
臭椿	ʐe^{55}ʂʅ^{55}
棕树	mᴀ^{55}jɛ^{55}bõ^{55}
棕毛	mᴀ^{55}jɛ^{55}ʐʅ^{35}
棕籽包	mᴀ^{55}jɛ^{55}sʉ^{35}ɣo^{35}lʉ^{53}
竹子	mɐ^{53}
毛竹 / 楠竹	lᴀ^{55}xo^{53}mɐ^{53}
□[1]	giɛ^{35}mɐ^{53}
□[2]	bʐõ^{55}mɐ^{53}
□[3]	ʧʰyɛ^{35}mɐ^{53}
□[4]	mɐ^{53}dᴀ^{55}
竹根	mɐ^{53}pzɛ̃^{55}
竹叶	mɐ^{53}pᴀ^{53}

词	国际音标
竹花	mɐ^{53}pɐ^{55}tsɿ^{55}
竹竿	mɐ^{53}ʐu^{53}
竹节	mɐ^{53}ʥe^{35}
篾	mɐ^{53}niɛ^{53}
篾青	mɐ^{53}gõ^{53}
篾黄	mɐ^{53}pʰʐə^{53}
笋	mɐ^{53}ɣo^{55}bu^{53}
笋壳	mɐ^{53}ɣo^{55}bu^{53}ʐʅ^{53}

D. 瓜果

词	国际音标
果子	sʉ^{35}
水果	sẽ^{35}sʉ^{35}
干果	tʰo^{55}ɣo^{53}
果皮	sʉ^{35}ʐʅ^{53}
核	sʉ^{35}pʰʐə^{53}
籽	le^{35}
瓜籽	ʧi^{55}kuɛ^{55}le^{35}
西瓜	ʧi^{55}kuɛ^{55}
木瓜	mo^{55}kuᴀ^{53}
苹果	pʰi^{35}ko^{55}
沙果	kᴀ^{55}ʃo^{53}
梨子	ʃo^{35}lio^{55}
青梨	ʃɛ^{35}ʃo^{35}lio^{55}
黄梨	mᴀ̃^{55}ʧᴀ^{55}ʃo^{35}lio^{55}
□[5]	ʧʰɛ^{55}ʃo^{35}lio^{55}
桃子	ʃᴀ^{35}bõ^{55}
小野桃	bə^{35}sʉ^{35}
大野桃	bə^{35}kʰɛ^{55}
桃核	ʃᴀ^{35}bõ^{55}pʰʐə^{55}lio^{55}

[1] 长在河边的细竹。

[2] 竹子的一种，种植于高海拔的地区，竿细节长，皮细，做羌笛。

[3] 竹子的一种，生长在高海拔的地区，竿细节短，皮厚，做竹筐之类。

[4] 竹子的一种，竹叶做扫帚。

[5] 梨的一种，大小不一，青色，新营盘叫“东梨”。

词	国际音标
桃仁	pʰzə̣55lio55pʰzə̣55
李子	tʂʅ55tʂe53
紫李	tʂʅ55tʂe53niɛ̃55
橘子	tʃi55do53
	kᴀ̃55ʥʅ55
柑子	tʃi55do53
橙子	tʃi55do53
柿子	ʤɛ35sʉ55te55
野柿子	ʤɛ35sʉ55
葡萄	niɛ̃55nᴀ̃35sʉ55
	ɣᴀ35zɛ̣̃55sʉ55
草莓	bə35go35sʉ55
红草莓	kõ55kʰo55bə35go35sʉ55
桑葚	tʰə̃35sʉ55
海棠（果）	bᴀ55bᴀ55sʉ55
山定子	bzẹ55bzẹ55sʉ53
香蕉	pᴀ55pᴀ55sʉ55
荔枝	sʉ55ʤɛ53
樱桃	põ55sʉ55
杏子	tʂʅ55tʃu55te55
杏仁	tʂʅ55tʃu55pʰzə̣55lio55
梅子	tʂʅ55tʃu55
石榴	sʅ55mi55
橄榄	ᴀ55zụ55zɛ̣55
野果[1]	ʃi55sʉ55
野果[2]	kuᴀ35ʃi55sʉ55
核桃	ɣo35do53
栗子	dio55dio55ɣo35do53
榛子（分品种）	bə55liõ55
花生	xuᴀ55sẽ55
玉米秆	kʰᴀ35ṣu55zụ53
花生衣	xuᴀ55sẽ55zʅ̣35

词	国际音标
葵花籽	bə55to55pɐ55tsʅ55

E. 藤、草

词	国际音标
藤（植物上的）	niɛ̃55nᴀ̃55bzə̣̃53
刺	tsu53
刺丛	tsu53pĩ53
倒刺	ʃi55pᴀ53tsu53
藤刺	bzə̣̃53tsu53
青刺果	niɛ̃55ɬiõ55tsu53
草	gõ35
草丛	gõ35tiᴀ55wə55wə55
草根	gõ35pzɛ̣̃53
茅草	tsə55ʃɛ55gõ35
茅根	gõ35pzɛ̣̃55
黄茅草	mə55tsʅ55mə55ɬio53gõ35
蕨草	zọ55də55
仙人掌	lᴀ35pᴀ55tʃʰĩ55bu55
艾草	bi35niɛ̃55
三科针	gi35ŋɛ35
高山黄莲	pᴀ55wu55sə35pu53
大黄莲	gi35ŋɛ35
鱼腥草 / 臭草	ᴀ55zo53
车前草	liɛ55tʂuə53
狗尾草	tʂʰʅ35mɛ55lio53
浮萍	tʃi55n̊ɛ35pᴀ53
水草	tʃi55gõ35
青苔	tʃi55n̊ɛ35
爬地草	tiᴀ55zʅ35gõ35
野席草 / 三棱草	ʃi35tio35lio55gõ35
蛇牙草 / 穿叶蓼	bə55tʃʰõ55
痄子草 / 土荆芥	tʂɐ55dᴀ55li53

[1] 小野果，叶子小，叶子的背面是白色的，叫羊奶果或牛奶果。

[2] 形状同上，但是较大。

词	国际音标
马鞭草	ʐuɐ55gõ35
凤尾草	ɣᴀ̃35diɛ55li53
笔筒草	nyɛ55tse55tse55
辣蓼	kə55gõ35
龙须草	ᴀ55tiõ55gõ35
万年青	sẽ35pʰʐɛ̃55bõ55
三七／田七	bo35liu55pʐɛ̃55
土茯苓	tʰo35kʰu55liu55
菖蒲	ʒõ35di55
芍药	zᴀ35duə53
金樱子	ʃi35pᴀ35tso53

F. 花

词	国际音标
花	pɐ35tsɿ55
花蕾	pɐ35tsɿ55ɣo35lʉ55
花瓣	pɐ35tsɿ55pᴀ53
花萼叶	pɐ35tsɿ55kue55
花蕊	pɐ35tsɿ55kʰu53
花粉	pɐ35tsɿ55piɛ53
花蒂	pɐ35tsɿ55liõ55
山花	go35pɐ35tsɿ55
野菊花	bʉ53pɐ35tsɿ55
野桃花	bə35sʉ35pɐ35tsɿ55
家桃花	ʃᴀ35bõ55pɐ35tsɿ55
杏花	ʧɛ35ʧo55te55pɐ35tsɿ55
梨花	ʃo35lio55pɐ35tsɿ55
梅花	ʧɛ35ʧo55pɐ35tsɿ55
兰花	kõ55gõ53
水莲花	pĩ55mᴀ̃55pɐ35tsɿ55
牡丹花	zᴀ35duə53pɐ35tsɿ53

词	国际音标
杜鹃花	kʰuɐ35pɐ55tsɿ55
红杜鹃[1]	tõ35pu55n̥ə55sẽ35
红杜鹃[2]	kʰuɐ35bõ53
月季花	tsu55pɐ35tsɿ55
牵牛花	niɛ55ɬɛ̃55pɐ35tsɿ55
百合花	lᴀ55ʂɛ55pɐ35tsɿ55
芭蕉花	pᴀ55pᴀ55pɐ35tsɿ55
葵花	bʉ53to53pɐ35tsɿ55
山茶花	dʐõ35pɐ35tsɿ55
蘑菇	m̥i35
菌伞	bə35m̥i35kue55
菌褶	m̥i35ʂʉ55
菌柄	bə35m̥i35ʐu53
香菇	bə35m̥i35
白菇	ʧʰʳĩ35tʉ53
平菇	lᴀ55mu55kiɛ55xɛ̃53
金针菇	tʂõ35pĩ55m̥i35
猴头菇	guẽ55ɬᴀ55ʐo53
鸡枞菌[3]	kuᴀ55mĩ55gue55
鸡枞菌	tsʰə55mĩ55gue55
鸡枞菌	ʐo55mĩ55gue55
牛肝菌	bʐɛ̃55ɬi55
灵芝	sɐ55ʧi55ʧi55
香菌	bə35m̥i35
木耳	ᴀ55diɛ35niᴀ55ʤo55

G. 植物生长

词	国际音标
生长	tə55ni53
发芽	ɣo35bu53ʒi35
长势	tə55ni55biɛ35to53

[1] 叶长。

[2] 叶短。

[3] 以下两种都是鸡枞菌，三种按形状从大到小。

词	国际音标
成活	tə55sɿ35si53
茂盛	tə55wᴀ55si53
枯萎	nə35gə35liɛ35si53
蔫败	tə55gu55nə35sɿ55si53
抽穗	m̥ĩ35ʧhõ53
吐须	m̥ĩ35khə35tʂhɛ53
挂果	sʉ35khə35ni35
结果	sʉ35khə35ʤe35
（果实）累累	sʉ35ᴀ55wə35luə55si53
成熟	də55m̥i55si53
熟透	m̥i55thə35jɛ55
开花	tə55pɐ35
落花	pɐ35nə35ɣo35
开苞	pɐ35ɣo35luə55pɐ35zʅ55
凋谢	pɐ35tsɿ55ɣo35ʧɛ55pɐ35zʅ55
爬枝	khɐ55tʂhɛ53
麦架	rõ55
盘绕	khə35ʧɛ35ᴀ55ʧɛ35
蔓延	khə35ʤy35

7. 动物

A. 牲畜

词	国际音标
牲畜	sẽ55ʧi55
牲口	ʧə̃55sẽ55ʧi55
野生畜	biẽ35sẽ55ʧi55
角	tʂhuə55
皮	rə53
毛	mᴀ̃53
蹄子	kuᴀ55
尾巴	mᴀ̃35ɬu55
牛	kuɐ55
公牛	ŋuɐ55ʒi53
（阉过的）公牛	ʒɐ35gu55
种牛	ʒɐ35lõ35bu35
母牛	ŋuɐ55mi53
牛犊	gue35tsɿ55 gue35dʐɛ35
公的稍大的牛犊	ʒɐ35thʉ55li55
母的稍大的牛犊	ŋuɐ55ko35li55
水牛	ʧõ35ʒi35
黄牛	kuɐ55
花牛	kuɐ55khe53
野牛	pĩ35kuɐ55
牦牛	ruə53
牛皮	kuɐ55rə53
牛角	kuɐ55tʂhuə55
牛筋	kuɐ55dʐu53
牛峰	kuɐ55bu35
牛垂皮	kᴀ̃55bᴀ35lᴀ35
骡子	tʂue53
驴	tõ35bu55
公驴	tõ35bu55pu55
母驴	tõ35bu55mᴀ53
骆驼	ŋᴀ55mõ53
驼峰	ŋᴀ55mõ53bu35
马	guẽ35
公马	ko53
母马	ruə55mi53
骟马（名词）	ruə55gu55
马驹	kue55tsʉ55 kue55tʂhɛ35
马尾	guẽ35mᴀ̃55ɬu55
马鬃	guẽ35bo55
马蹄	guẽ35kuᴀ55
蹄壳	kuᴀ55rə53
猪	ʧhyɛ35
公猪	tsᴀ55zɿ35

词	国际音标
种猪	tsᴀ^{55}zɿ^{35}li^{53}
（骟过的）猪	tsᴀ^{55}zɿ^{35}
母猪	tʃ^{h}yɛ^{35}mi^{53}
猪崽	bə^{55}tsɿ^{55}
肥猪	tsᴀ^{55}zɿ^{35}
肉猪	tsᴀ^{55}zɿ^{35}
羊	ts^{h}ɿ^{53}
公羊	t^{h}ᴀ^{55}pᴀ^{55}
	to^{55}kuᴀ^{55}
母羊	ts^{h}ɿ^{53}mi^{53}
骟羊（名词）	ts^{h}ɿ^{53}ʂo^{35}
绵羊	zõ^{55}
山羊	ts^{h}ɿ^{53}
羊羔	tʃ^{h}ĩ^{55}tsɿ^{55}
羊蹄	ts^{h}ɿ^{53}kuᴀ^{55}
羊皮	ts^{h}ɿ^{53}rə^{53}
羊毛	ts^{h}ɿ^{53}mᴀ̃^{53}
膻气	ts^{h}ɿ^{53}ɬu^{55}mo^{55}
狗	tʂ^{h}ʅ^{35}
公狗	k^{h}ə^{55}pu^{55}
半大公狗	k^{h}ə^{55}pu^{55}li^{53}
母狗	k^{h}ə^{55}mᴀ̃^{53}
（未下崽）母狗	k^{h}ə^{55}mᴀ̃^{53}li^{53}
狗崽(刚生下来的）	ts^{h}ɛ^{35}ni^{35}
猎狗	ʤe^{35}tʂ^{h}ʅ^{35}
看家狗	kõ^{55}ʒõ^{35}tʂ^{h}ʅ^{35}
獒	pɑ^{35}mɑ^{55}tʂ^{h}ʅ^{35}
花狗	tʂ^{h}ʅ^{35}ʥɛ^{35}diõ^{53}
流浪狗	k^{h}ə^{55}giɛ^{35}liɛ^{35}
疯狗	tʂ^{h}ʅ^{35}xõ^{55}lᴀ^{53}

词	国际音标
狼狗	lɐ^{35}tʂ^{h}ʅ^{35}
狗鞭	tʂ^{h}ʅ^{35}liõ^{55}
狗屎	tʂ^{h}ʅ^{35}ke^{55}
猫	mə^{35}tsɿ^{55}
公猫	mə^{35}tsɿ^{55}pu^{55}
母猫	mə^{35}tsɿ^{55}mɑ^{53}
猫崽	mə^{35}tsɿ^{55}tsʉ^{55}
家猫	tʃə̃^{55}mə^{35}tsɿ^{55}
兔子	ɬu^{35}tsɿ^{55}
	t^{h}o^{35}li^{35}
野兔	pĩ^{55}ɬu^{35}tsɿ^{55}
白兔	ɬu^{35}tsɿ^{55}p^{h}zẽ^{55}
灰兔	ɬu^{35}tsɿ^{55}luɛ^{53}tio^{55}tio^{55}
鸡	ro^{53}
公鸡	rɐ^{53}pu^{53}
母鸡	rɐ^{53}mɑ^{53}
抱窝鸡	pɐ^{35}rɐ^{53}mɑ^{53}
（未下蛋的）母鸡	ko^{55}ko^{55}rɐ^{53}mɑ^{53}
黄母鸡	rɐ^{53}mɑ^{53}ŋɛ̃^{35}
鸡崽	ro^{53}tsɿ^{55}
笋鸡(小而嫩的鸡）	ro^{53}p^{h}ᴀ^{35}lᴀ^{35}
阉鸡（名词）	ro^{53}ʂo^{35}
山鸡	pĩ^{35}ro^{53}
白寒鸡（白鹇）	mo^{53}
锦鸡	ʃõ^{53}
七彩山鸡[1]	nue^{53}
野鸡	kuᴀ̃^{35}do^{35}
□[2]	ʒo^{53}
□[3]	gi^{35}
□[4]	õ^{35}kɑ^{55}

[1] 像野鸡，公母都很漂亮。

[2] 一种野鸡，灰色的，只在高海拔的山上有，公母外形差不多。

[3] 一种野鸡，红喙，全身灰，生于高海拔地区。

[4] 一种野鸡，公的头顶一簇黑毛，红腹，身上花毛；母的全身粉红。

词	国际音标
鸡胗	tio^{55}bᴀ^{55}bᴀ^{55}
鸡内金	tio^{55}bᴀ^{55}bᴀ^{55}
鸡尾椎	mə^{55}dio^{55}dio^{55}
鸡屎	ro^{53}ke^{55}
鸡蛋（通称）	ro^{53}ku^{55}
鸡蛋（儿称）	ku^{55}ʧõ^{55}
蛋壳	ku^{55}gõ^{53}
双黄蛋	ku^{55}ki^{55}
寡蛋	ku^{55}ʤe^{53}
蛋白	ku^{55}p^{h}ʐẽ^{53}
蛋黄	ku^{55}ŋɛ̃^{35}
鹅	õ^{35}
公鹅	õ^{35}rə^{55}pu^{53}
母鹅	õ^{35}rə^{55}mɑ^{53}
鹅崽	õ^{35}ro^{55}tsɿ^{55}
鸭	bɛ̃^{53}
公鸭	bɛ̃^{53}rə^{55}pu^{55}
母鸭	bɛ̃^{53}rə^{55}mɑ^{53}
幼鸭	bɛ̃^{53}ro^{55}tsɿ^{55}
野鸭	pĩ^{35}bɛ̃^{53}
水鸭	bɛ̃^{53}
嗉囊	ɬu^{35}tsɿ^{55}
冠	k^{h}u^{53}ʥɿ^{35}ʥẽ^{35}
垂冠	ʃĩ^{55}tə^{55}rə^{55}
翅膀	diõ^{35}kᴀ^{53}
绒毛	k^{h}ə^{35}ʒo^{55}mᴀ̃^{53}
羽毛	mᴀ̃^{53}
尾毛	mᴀ̃^{53}ɬu^{55}mᴀ̃^{53}
爪子	tʂ^{h}ʅ^{53}

B. 兽、鸟

词	国际音标
野兽	pĩ^{35}sẽ^{55}ʧĩ^{55}
大象	lõ^{55}ʧ^{h}ĩ^{53}
小象	lõ^{55}ʧ^{h}ĩ^{53}tsʉ^{53}
象牙	lõ^{55}ʧ^{h}ĩ^{53}ɣue^{35}
象鼻	lõ^{55}ʧ^{h}ĩ^{53}ȵõ^{35}
狮子	sẽ^{35}gi^{53}
雄狮	sẽ^{35}gi^{53}pu^{55}
母狮	sẽ^{35}gi^{53}mɑ^{53}
老虎	ɣo^{35}
公虎	ɣo^{35}pu^{53}
母虎	ɣo^{35}mɑ^{53}
豹	sue^{53}
	tue^{53}
熊	guẽ^{55}
黑熊	guẽ^{55}niɛ̃^{35}ko^{55}p^{h}ʐẽ^{55}
熊[1]	guẽ^{55}lᴀ^{35}xuᴀ^{53}
熊掌	guẽ^{55}jɛ^{55}pə^{55}tõ^{53}
熊胆	guẽ^{55}tʂʅ^{53}
野猪	ʧ^{h}yɛ^{35}niɛ̃^{53}
野狗	pĩ^{35}tʂ^{h}ʅ^{53}
豺狗	po^{55}
山猫	kɐ^{35}tiõ^{55}
豪猪	ʧ^{h}yɛ^{35}p^{h}ʐe^{55}
刺猬	pʐə^{55}
刺猬的刺	pʐə^{55}ʧ^{h}i^{55}
猴子	tsɐ^{55}ʒi^{53}
	dio^{55}dio^{55}
鹿	tsə^{55}
鹿茸	tsə^{55}p^{h}ə^{55}niɛ̃^{35}wu^{35}
麂子	ʃi^{53}
	tʂʅ^{53}
獐子	liə^{53}
黑獐子	liə^{53}niɛ̃^{55}
麝香	liə^{53}ʂə^{35}

[1] 嘴巴眉毛红、身黑的熊，体型较小。

词	国际音标
狐狸	guə^{53}
果子狸	t^{h}ə̃^{35}tsɿ^{55}pə^{55}ʧo^{53}
（黑白）花狸	bə^{35}tsɿ^{55}tõ^{55}wᴀ^{55}
飞狸	niõ^{55}
飞狸（大）	kuᴀ^{55}niõ^{55}
飞狸（中）	ʐõ^{55}niõ^{55}
飞狸（小）	ts^{h}ɿ^{35}niõ^{55}
野猫	pĩ^{35}mə^{35}tsɿ^{55}
野兔	pĩ^{35}ɬu^{35}tsɿ^{55}
狼	lə^{53}
黄鼠狼	ʤyə^{35}ʂʅ^{35}
穿山甲	zᴀ^{35}
旱獭 / 土拨鼠	tsõ^{55}mᴀ̃^{55}dʉ^{53}
水獭	ʃi^{55}
	kĩ^{55}
老鼠	ɣo^{55}
松鼠	guɛ^{35}ʧo^{35}
	ᴀ^{55}lio^{55}
红松鼠	guɛ^{35}ʧo^{35}mə^{55}ʥə^{53}
松鼠（红腹）	guɛ^{35}ʧo^{35}bi^{35}guẽ^{55}
蝙蝠	ʐõ^{35}tsɿ^{55}pᴀ^{55}pᴀ^{55}
鸟	guə^{35}tsi^{35}
鸟窝	guə^{35}tsi^{35}ʂuᴀ^{53}
鸟蛋	guə^{35}tsi^{35}rə^{55}ku^{55}
啄木鸟	sẽ^{35}ʒo^{55}ro^{53}
□[1]	kᴀ^{35}liõ^{55}sᴀ^{55}ʒo^{53}
□[2]	ᴀ^{55}ki^{55}ki^{55}
布谷鸟	ko^{55}pu^{53}
长尾鸟	ᴀ^{55}ʧ^{h}yᴀ̃^{35}ʧ^{h}yᴀ̃^{35}
斑鸠	k^{h}u^{55}lio^{55}
白斑鸠	k^{h}u^{55}lio^{55}p^{h}ʐẽ^{55}
燕子	ʃõ^{55}gu^{53}p^{h}ə^{55}liɛ^{53}

词	国际音标
麻雀	ʃĩ^{35}tsɿ^{55}guə^{35}tsi^{35}
山麻雀	bə^{35}gue^{55}
禾花雀	põ^{55}sʉ^{55}ɣõ^{53}
黄雀	tᴀ^{35}tsʉ^{35}
云雀	tsɿ^{55}tsɿ^{55}
地雀	k^{h}ᴀ^{35}tʂ^{h}ɛ^{55}mi^{55}
水鸡	ʧi^{55}kuᴀ^{55}jɛ^{53}
野鹅 / 大雁	dʐu^{35}bᴀ^{35}
老鹰	dʐɛ^{35}niɛ^{55}te^{55}
鹰爪	dʐɛ^{35}ʐɛ̃^{53}
猫头鹰	ɣo^{55}ɣo^{55}
鸽子	ʧi^{55}k^{h}u^{55}lio^{53}
鹌鹑	dʐʅ^{35}ʐu^{35}guə^{35}tsi^{35}
羽冠鸟	ki^{55}ʐẽ^{53}guə^{35}tsi^{35}
白头鸟	ʐõ^{55}ɬi^{55}guə^{35}tsi^{53}
乌鸦	kuᴀ^{55}ʒe^{35}
喜鹊	ʧɛ^{35}ʧɛ^{35}
	ʃɛ^{35}ʃɛ^{35}
鹊鸲 / 挟屎鸟	ʒĩ^{35}tʂ^{h}ə̃^{55}guə^{35}tsi^{35}
新年鸟	kə^{55}tsɿ^{55}ʐi^{35}
孔雀	mᴀ^{55}ʤɛ^{55}
水鸟	ʧi^{55}guə^{35}tsi^{35}
相思鸟	ŋu^{55}ro^{55}guə^{35}tsi^{35}
鹦鹉	xᴀ̃^{35}
八哥	guə^{35}tsi^{35}niɛ^{55}
夜莺	t^{h}ᴀ^{55}wᴀ^{53}
幼鸟	guə^{35}tsi^{35}kᴀ^{55}tse^{35}

C. 蛇、虫

词	国际音标
公蛇	bɐ^{35}re^{55}pu^{53}
母蛇	bɐ^{35}re^{55}mɑ^{53}

[1] 一种鸟，头顶红色长毛，腹部白，背黑。

[2] 一种鸟，全身绿色。

词	国际音标
蟒蛇	lo^{35}nᴀ^{35}
蝮蛇	rə^{55}ʦə^{55}
泥蛇	ni^{55}niɛ^{55}bɐ^{35}re^{55}
水蛇	ʧi^{55}bɐ^{35}re^{55}
乌蛇 / 乌梢蛇	ruᴀ^{55}duə^{55}
菜花蛇	ɬo^{35}bʐ̩ɛ̃^{55}bɐ^{35}re^{55}
烂草蛇	ʧʰyɛ^{55}bɐ^{35}re^{55}
蛇皮	bɐ^{35}re^{55}rə^{53}
蛇胆	bɐ^{35}re^{55}ʈʂʅ^{55}
蛇蛋	bɐ^{35}re^{55}ku^{55}
蜥蜴	sᴀ̃^{55}ʦɿ^{55}
壁虎	sᴀ̃^{55}ʦɿ^{55}
蜈蚣	sue^{55}ʦɿ^{55}mə^{55}jɛ^{53}
千足虫	dã^{55}bə^{55}ʈʂʰɛ^{53}
蚰蜒 / 墙串子	kʰu^{53}mᴀ̃^{55}ku^{55}
水虿 / 幼蜻蜓	ʧi^{55}sẽ^{55}
苍蝇	nue^{55}ʧyɛ^{35}ʦɿ^{55}
饭蝇	ʧyɛ^{35}ʦɿ^{55}
绿头蝇	nue^{55}ʧyɛ^{35}ʦɿ^{55}
蚊子[1]	ʃi^{55}piɛ^{55}
牛虻	miɛ^{35}
蚊子	ʧo^{35}pʉ^{35}
长脚蚊子	ʧo^{35}pʉ^{35}ʈʂʰə^{55}sẽ^{53}
跳蚤	ɬe^{55}
臭虫	ko^{55}ʃi^{53}
虱子	ʃi^{53}
虱卵 / 虮子	ʃi^{53}ko^{53}
头虱	kʰu^{53}ʃi^{53}
鸡虱	ro^{55}ʃi^{53}
蠓 / 墨蚊	ʧi^{55}ʐ̩e^{55}ro^{53}
蟑螂	bə^{35}ɬi^{55}
蝗虫 / 蚱蜢	tᴀ^{55}sẽ^{53}
螳螂	mɑ^{55}lo^{55}lo^{55}
蟋蟀 / 蛐蛐	mɐ^{35}diɛ^{35}ʦə^{55}ro^{55}
蜻蜓	ʧi^{55}sẽ^{55}
蝴蝶	pʰᴀ^{55}lᴀ^{55}
黑蝴蝶	pʰᴀ^{55}lᴀ^{55}niẽ^{35}
花蝴蝶	pʰᴀ^{55}lᴀ^{55}kʰe^{53}
蝉 / 知了	ʥẽ^{35}ʥẽ^{35}
蝉衣 / 蝉壳	ʥẽ^{35}ʥẽ^{35}su^{55}
蚕	bu^{55}lõ^{53}
蚕茧	bu^{55}ʂuᴀ^{53}
蚕蛹	bu^{55}ʦʉ^{53}
蚕丝	bu^{55}ʧõ^{53}
蜂	ʤyə^{55}gi^{53}
蜂窝	ʤyə^{55}kᴀ^{53}
蜂蜡	ʤyə^{55}ʐ̩e^{53}
蜂王	ʤyə^{55}suẽ^{35}
雄蜂[2]	ʤyə^{55}pʰʐ̩ẽ^{55}
雄蜂[3]	ʤyə^{55}niɛ^{55}
蜂刺	ʤyə^{55}de^{35}
蜂蛹	ʤyə^{55}ʦʉ^{53}
蜜蜂	ʤyə^{55}gi^{53}
鬼头蜂	ʒi^{35}
马蜂（总称）	nẽ^{35}ʤĩ^{35}
马蜂	guẽ^{55}nẽ^{35}ʤĩ^{35}
马蜂	kuɐ^{55}nẽ^{35}ʤĩ^{35}
马蜂	ʦʰɿ^{53}nẽ^{35}ʤĩ^{35}
蛇蜂	bə^{55}ɣɑ^{53}
黄蜂	ʤyə^{55}ŋẽ^{55}
细腰蜂 / 螟蛉	ʧʰɛ^{55}kᴀ^{55}bu^{55}
熊蜂	bᴀ^{35}bõ^{35}

[1] 小蚊子，咬人疼。

[2] 雄蜂和工蜂中非黑色的。

[3] 雄蜂和工蜂中黑色的。

词	国际音标
泥蜂	ʧʰyɛ35mᴀ̃55
萤火虫	bu55mɐ53
蚂蚁	bu55go55
黄蚁	bu55go55tʂʰɛ55ʂɛ̃53
大黄蚁	bu55go55te55
小黄蚁	bu55go55ni55
黑蚁	bu55go55niɛ̃35
白蚁	bu55go55pʰʐẽ55
蚂蚁王	bu55go55suɛ̃55
蚁蛋	bu55go55ku53
蚁窝	bu55go55tʂuᴀ53
虫	bu53
蛀虫	sẽ35ʦɿ55bu53
金龟子	ʐi35bu53
钩虫	bu53ʐẽ53
地蚕	bo55lo53
滚屎虫	kᴀ55biɛ55liõ53
天牛虫	kʰə35mə35liɛ55ɣə55
松树虫	sẽ35ʦɿ55bu53
竹虫	mɐ53bu53
蚜虫	bu53de53
菜虫	bu53ʧʰye55
蚂蟥	bə35
田蚂蟥	pʰe35
山蚂蟥	bə35
蚯蚓	bu53ʐẽ53
水虫	ʧi55bu53
水蚋 / 水蚊	ʧi55ʧo35pʉ35
毛虫	bʉ55tʂʰɛ53
黑毛虫	guẽ55bʉ55tʂʰɛ53
蜂蜡虫	bu53
幼虫	bu53dᴀ35
地虱	lᴀ55tᴀ53pʰiɛ53

词	国际音标
蛔虫	bu53ʐẽ53
蛆	lõ53
蝈蝈	dᴀ35sẽ55niɛ̃35
白虱	bu53dᴀ35pʰᴀ55lᴀ53
飞蛾	ʦu55pʰᴀ55lᴀ53
蜘蛛	bᴀ35gᴀ35rõ53
花蜘蛛	bᴀ35gᴀ35rõ53tʂʰɛ55ʂɛ̃53
蜘蛛网	bᴀ35gᴀ35rõ53ʂuᴀ55
青蛙	pᴀ55de53
蝌蚪	pᴀ55ɬu35
田鸡 / 虎纹蛙	pᴀ55ʦɐ55ni53
牛叫蛙	pᴀ55de53pɑ̃55pɑ̃53
绿皮蛙	sẽ35pᴀ55pᴀ55de53
泥蛙	ʝĩ35tʂʰə̃55pᴀ55de53
癞蛤蟆	pᴀ55de53niɛ̃55

D. 鱼、虾、贝

词	国际音标
鱼卵	ʤi53ku53
鱼苗	ʤi53ʦʉ35
小鱼	ʤi53kᴀ55ʦe53
公鱼	ʤi53pu53
母鱼	ʤi53mɑ53
四脚鱼 / 蝾螈	kõ55ʤi53
□[1]	ʤi53tue35
泥鳅	ni55dʐʅ35
鱼骨头	ʤi53rɑ55kɑ55
鱼须	ʤi53ᴀ55tiõ53
鱼鳔	ʤi53ɬo55ʦɿ55
鱼鳞	kɑ55pi55
鱼鳃	ʤi53nᴀ̃55sɛ̃53
鱼鳍（鱼翅）	ʤi53diõ55kɑ55
虾	bu55tʰuə53

[1] 一种鱼，黑色，有花纹，体型很大，长在江里。

词	国际音标
蜗牛	bu^{55}bu^{55}lo^{55}tʰᴀ^{53}

E. 动物相关活动、器具

词	国际音标
发情[1]	guɛ^{35}ke^{55}
配种	le^{35}di^{53}
摆尾	mᴀ̃^{35}ɬu^{55}ɦi^{55}
孔雀开屏	mᴀ̃^{35}ɬu^{55}mɐ̰^{55}tʂʰɛ^{53}
牛交配	kuɐ^{55}le^{35}di^{53}
狗交配	tʂʰʅ^{35}le^{35}di^{53}
产崽	tse^{55}zõ^{53}
生蛋	ko^{55}ku^{53}
孵化	pə^{35}
牛打架	kuɐ^{55}tʂʰɛ^{55}tʂʰu^{53}
牛反刍	be^{35}dzʉ^{35}
踢腿	pzə̰^{55}di^{53}
狗抢屎	ʧʰe^{35}pzᴀ^{55}bzə̰u^{53}
	ʧʰe^{35}ʒɛ^{55}ʒi^{53}
狗咬狗	tʂʰʅ^{35}kɑ^{55}kɑ^{55}
（猪）拱土	nuẽ^{55}nyɛ^{55}
撩食	ʧʰe^{35}pə^{55}tso^{53}
啄米	ro^{53}ʧʰe^{35}ʥʅ^{55}
斗鸡	ʒɛ^{55}ʒo^{53}
觅食	ʧʰe^{35}mə^{55}ʃe^{55}
（鸡）刨食	pʰɛ^{35}pʰɛ^{35}
兔打洞	ɬu^{35}tsɿ^{55}ʤõ^{55}ʧʰõ^{53}
（鸟）筑巢	guə^{35}tsi^{35}dzʉᴀ^{55}dzʉ^{35}
蚂蚁做窝	bu^{55}go^{55}kᴀ^{55}tʰiõ^{53}
蚂蚁搬家	bu^{55}go^{55}pʰo^{35}zʅ^{55}
蛇钻洞	bɐ^{35}re^{55}ʤõ^{55}wu^{53}ʃɛ^{55}zʅ^{55}
蛇洞	bɐ^{35}re^{55}ʤõ^{55}
蜕皮	bɐ^{35}re^{55}su^{55}ʂʅ^{35}
（蝉）脱壳	ʥɛ̃^{35}ʥɛ̃^{35}su^{55}ʂʅ^{35}

词	国际音标
蜂采蜜	ʤyə^{55}gi^{53}bʉ^{55}ʃyi^{55}rə^{55}
蜘蛛织网	bᴀ^{35}gᴀ^{35}rõ^{55}ʂuᴀ^{55}tʰiõ^{55}rə^{55}
斗蟋蟀	mɐ^{35}diɛ^{35}tsə^{55}ro^{53}tsᴀ^{55}tso^{53}rə^{55}
蚯蚓打滚	bu^{55}zẽ^{53}ʒõ^{55}ʒẽ^{55}rə^{55}
鱼浮头	ʤi^{53}kʰu^{53}go^{55}rə^{55}
鱼跳水	ʤi^{53}ʂʅ^{55}rə^{55}
黄鼠狼偷鸡	ʤyə^{35}ʂʅ^{35}ro^{55}ko^{53}
黄鼠狼放屁	ʤyə^{35}ʂʅ^{35}ke^{55}ʂẽ^{53}
老鹰抓小鸡	tʂɛ^{35}ro^{53}tsɿ^{55}zʅ^{55}
（动物）死亡	tʰə^{35}sɿ^{35}
回生（复活）	də^{55}sɿ^{55}
（临死前）伸腿	ʧʰi^{55}ʒõ^{55}
（蚊）叮	kɑ^{35}
（蜂）蜇	ᴀ^{55}dʉ^{35}
叼	zʉᴀ^{55}
蛀	bu^{53}kʰə^{35}ʥʅ^{55}
舔	kʰə^{35}dzɛ^{35}
飞	bĩ^{35}
（蜂）拥	wu^{35}wᴀ^{55}
（虎）纵扑	tiɛ^{55}di^{53}
（虫）盘卷	ᴀ^{55}guɛ^{55}li^{53}
（蛇）绞缠	bɐ^{35}re^{55}ʃɛ^{55}ʃo^{53}
蜷缩	ᴀ^{55}tʉ^{55}
（虫）爬	bu^{53}kõ^{55}zõ^{55}
（角）顶	tʂʰɛ^{55}tʂʰu^{53}
（头）拱	kʰu^{53}ʧʰo^{55}
发瘟	rə̃^{35}ni^{55}
鸡瘟	ro^{53}ni^{55}rə̃^{35}
猪瘟	ʧʰyɛ^{35}ni^{55}rə̃^{35}
牛瘟	kuɐ^{55}ni^{55}rə̃^{35}
（牛）大肚病	kuɐ^{55}bi^{35}ni^{55}
（牛）叫	kuɐ^{55}bzə̰u^{53}
（虎）吼	ɣo^{35}bzə̰u^{55}

[1] 牛、羊、马的发情。

词	国际音标
（狗）吠	tʂʰʅ35to55ʐʅ55
（鸡）啼	ro53ŋu53
（鸟）鸣	guə35tsi35bʐəu53
饲养	gẽ35ʃu55
采猪草	ʧʰyɛ35ʧʰe35kʰᴀ55
喂食	ʧʰe35ʧʰe35
养鸡	ro55ʃu55
喂鸡	ro55ʧʰe35ʧʰe35
喂草	gõ35ʧʰe35
煮潲	ʧʰyɛ35ʧʰe35ko55
养猪	ʧʰyɛ35ʃu55
喂猪	ʧʰyɛ35ʧʰe35ʧʰe35
唤鸡	ro55ʐe55
唤鸭	bɛ̃55ʐe55
唤狗	tʂʰʅ35ʐe55
逗狗	tʂʰʅ35ʂɛ35pʉ55
阉鸡（动宾）	ro55ʂo35
阉猪（动宾）	ʧʰyɛ35ʃyẽ53
	ʧʰyɛ35mɛ̃55gu55
阉母猪（动宾）	ʧʰyɛ35pu55ʥu53
	ʧʰyɛ35pɑ53
阉牛（动宾）	kuɐ55ʃyẽ53
	kuɐ55mɛ̃55gu55
放牛	kuɐ55ɬi55
拴牛	kuɐ55guə53
穿牛鼻	nə35ʧʰõ53
赶牛	kuɐ55di35kie55
回栏	kuɐ55də35ʐẽ53
赶公猪	ʧʰyɛ35pu53kie55
骑马	guẽ35ʥe53
赶马帮	ʧᴀ55guẽ35nə55ne55
赶鸭子	bɛ̃55kie55
打猎	pĩ35guɛ55
设陷阱	ᴀ55kue55
装索套	ʧʰõ55tse35
装暗箭	tʂʰɛ35ti53
理足迹	ʧʰo55ʧʰo55
装火药	mɐ55zɛ55ʧi55
装弹头	diᴀ55wu55ki55
装火药弹头	zɛ55zõ55
射击	tʂʰɛ35
鱼钩	ʤi55tʂʉ53
钓鱼	ʤi55kʰo55di53
打鱼	niɐ35dõ53
捞鱼	ʤi55re53
抓鱼	ʤi55ʐʅ55
下网	ʤi55ro55di53
织网	ʤi55ro55tõ53
网鱼	ro55re53
钓鱼竿	ʤi55kʰo55ʐu55
笱（捕鱼竹器）	ʤi55kʰɛ55
鱼饵	ʤi55ʧʰe55
抓泥鳅	ni35dʐʅ35zɿ55
放生	tsʰe55tʰᴀ55xiɛ55
宰杀	tʂʰʅ55ʧʰɛ55
打牛（杀牛）	kuɐ55kʰu53tso53
杀猪	ʧʰyɛ35tʂʰʅ55
剖鱼	ʤi55tʂʰʅ55
杀鸡	ro55tʂʰʅ55
开膛	pi35pʰᴀ53
拔毛	mᴀ̃55ɬõ55
燎毛	mᴀ̃55pʐo55
去鳞	kᴀ35piɛ55tʂe55
翻肠	ʧyi55pu53
剥皮	rə55ʂʅ53
（马）笼嘴	ruɐ55kʰu53ki35

词	国际音标
马鞍	ʃɐ^{35}kʰõ^{55}
缰绳	ruɐ^{55}kʰu^{53}bʐẽ^{55}
马鞭子	guẽ^{35}bʐə^{35}ʃɛ^{55}
铃	kõ^{55}ʂə̃^{55}
铜铃	zõ^{35}kõ^{55}ʂə̃^{55}
蜂箱	ʤyə^{35}diõ^{35}
土铳 / 火枪	mɐ^{55}dᴀ^{55}
火纸 / 硝纸	nə^{55}ziɛ^{53}
木弩	tᴀ̃^{35}nɐ̰^{35}
弓箭	zɿ^{35}jɛ^{55}sẽ^{53}
弓	zɿ^{35}
箭	jɛ^{55}sẽ^{53}
毒箭	duə^{35}pᴀ̃^{55}jɛ^{55}sẽ^{53}
箭绳 / 弦	jɛ^{55}ʐe^{53}
猪食	ʧʰyɛ^{35}ʧʰe^{35}
潲水	ʧi^{55}dʐɛ^{55}
潲桶	ʧi^{55}dʐɛ^{55}pə^{55}tᴀ^{55}
猪菜板	ʧʰyɛ^{35}ʧʰe^{35}tsi^{55}tᴀ^{53}
潲勺	ʧʰyɛ^{35}ʧʰe^{55}pu^{55}
猪槽	ʧʰyɛ^{35}bu^{53}
猪圈	ʧʰyɛ^{35}tõ^{53}
猪草	ʧʰyɛ^{35}ʧʰe^{35}
鸡窝	ro^{55}tõ^{55}
笼子	ʧɛ^{55}ʃi^{55}ʐɛ^{55}
牛圈	kuɐ^{55}tõ^{55}
马棚	guẽ^{35}tõ^{55}
羊圈	tsʰɿ^{55}tõ^{55}
狗窝	tʂʰʅ^{35}ʂuᴀ^{55}
圈（牲口）	tõ^{55}
挤（牛奶）	tsɿ^{55}
驯（马）	suẽ^{55}
驯（牛）	ko^{55}
鸟笼	guə^{35}tsi^{35}tᴀ̃^{55}dio^{55}lio^{55}

8. 房屋、建筑

A. 房屋

词	国际音标
寨（村）门	kõ^{35}te^{55}
房屋	tʂə̃^{55}
正屋	tʂə̃^{55}mɑ^{53}
仓库	ʒĩ^{53} dʐẽ^{55}
楼房	tse^{35}tʂə̃^{55}
木板房	guə^{35}pie^{55}tʂə̃^{55}
砖瓦房	ʒɛ^{35}tʂə̃^{55}
夯土屋	ʧo^{35}bo^{35}tʂə̃^{55}
石屋	ʧʰyẽ^{35}tʂə̃^{55}
碉楼	tio^{55}lio^{53}tʂə̃^{55}
棚子	ʧʰyɛ^{35}li^{55}
田棚	gõ^{35}ʧʰyɛ^{35}li^{55}
亭子	sɛ^{55}sɛ^{55}tə̃^{55}

B. 房屋结构

词	国际音标
院子	sᴀ^{55}kue^{55}
走廊	pʰo^{55}lo^{53}
房间	ʥuə^{53}
厨房	tso^{53}kuᴀ^{55}
磨坊	rõ^{35}tʰᴀ^{35}ʥuə^{55}
晒台	tsi^{55}to^{53}
屋顶	tʂə̃^{55}kʰu^{53}to^{53}
屋角	tʂə̃^{55}bʐɛ̃^{53}
主柱	ʃɐ^{55}tᴀ̃^{55}
柱子	tᴀ̃^{55}
柱石	tᴀ̃^{55}pᴀ^{55}tᴀ^{53}
檩	dʐue^{35}
椽子	guə^{55}gue^{55}tə̃^{53}ɬio^{35}
榫头	ʃɛ^{55}ʃo^{55}

词	国际音标
天花板	tʂõ^{35}kʰu^{53}lio^{55}
门	kõ^{35}
正门	ʧĩ^{55}mɑ^{55}kõ^{35}
门口	kõ^{35}wu^{53}
门板	kõ^{35}tie^{35}
门扣 / 钌铞	ʃi^{55}põ^{53}
闩	kõ^{35}dʐu^{35}tə̃^{55}
门槛	kə^{55}tᴀ^{55}
窗子	kõ^{35}ʦɿ^{55}
石墙	ʧʰyẽ^{55}
土墙	ʧo^{35}bo^{35}
围墙	ʧo^{35}bo^{35}tʂʰõ^{55}
（竹木条）篱笆	kʰo^{35}pʰʉ^{35}
石阶	jõ^{35}pᴀ^{55}ɬi^{35}
（固定）楼梯	ɬi^{35}
梯子	ʤɛ^{35}
建房	tʂə̃^{55}tʰiõ^{55}
	tʂə̃^{55}zu^{53}
打基脚	duə̃^{55}ti^{55}
石灰窑	xe^{35}pzo^{55}tə̃^{55}
烧石灰	xe^{35}pzo^{53}
引线	ʃi^{55}ʃɛ^{53}
雷管	lue^{35}kuᴀ̃^{53}
放炮	tʂᴀ^{55}ʒo^{55}di^{55}
竖门	kõ^{35}də^{55}tu^{53}
立柱	tᴀ̃^{55}ʦi^{53}
安梁	dʐue^{35}ʒə^{35}
盖瓦	ʒɛ^{35}kue^{55}
捡漏	tʰə^{35}zu^{53}
刷墙	ᴀ^{55}mo^{35}
油漆	ʂuə^{55}ʧi^{55}
拌泥灰	ʧʰyᴀ^{35}mɑ^{35}dʐue^{55}
板子	tie^{55}

词	国际音标
木板	guə^{35}pie^{55}
铁板	ʃi^{55}pie^{55}
木料	sẽ^{35}jõ^{55}
木头	ɬu^{35}
圆木	ɬu^{35}tʂe^{55}
桩子	kue^{35}
瓦	ʒɛ^{35}
砖	tʂuᴀ̃^{55}
水泥	ʂue^{55}ni^{53}
钢筋	kᴀ̃^{55}ʧi^{53}
玻璃	ʧʰi^{55}ʃyə^{53}

9. 器具、用品

A. 桌椅、电器、灯具

词	国际音标
东西	bᴀ^{35}bõ^{53}
古董	ʒɛ^{55}ni^{35}bᴀ^{35}bõ^{53}
桌子	sᴀ^{55}rɛ^{35}
圆桌	sᴀ^{55}rɛ^{35}ruə^{55}li^{55}
方桌	sᴀ^{55}rɛ^{35}
长桌	li^{35}ʦʰɿ^{55}
饭桌	ʧʰe^{35}ʣɿ^{55}sᴀ^{55}rɛ^{35}
桌腿	sᴀ^{55}rɛ^{35}kʰə^{55}
	sᴀ^{55}rɛ^{35}tʂʰʅ^{55}
椅子	ji^{55}ʦɿ^{55}
凳子	ʥõ^{55}ʨi^{55}
小板凳	pᴀ̃^{35}ʨi^{55}
墩子	ʥõ^{55}ʨi^{55}
草墩	gõ^{35}tᴀ^{55}ʥõ^{55}ʨi^{55}
木墩	sᴀ^{35}tᴀ^{55}ʥõ^{55}ʨi^{55}
衣柜[1]	pʰɐ^{35}zõ^{35}

[1] 竹编的，专门装衣服。

词	国际音标
柜子	dʐə̃55lɿ55
屉子	tᴀ53kõ53
箱子	tᴀ53
木箱	sẽ35tᴀ53
皮箱	rə55tᴀ53
手提箱	tᴀ53li53
电视	tiɛ̃35ʂʅ35
冰箱	pĩ55ʃᴀ̃55
洗衣机	kʰõ55tse53ʧi55ʧʰi53
缝纫机	kʰõ55dʐe35ʧi55ʧʰi53
蜡烛	dõ35ʐe35
白蜡烛	dõ35ʐe35pʰʐẽ55
红蜡烛	dõ35ʐe35ni55
灯盏	kõ55ʒõ55
松明灯	ʂu53
灯火	mɐ̰35mɐ55
灯花	mɐ55pɐ55tsɿ55
灯芯	dõ35ʐe35
电灯	tiɛ̃35tə̃55
灯泡	tə̃55pʰo53
电筒	tiɛ̃35tʰõ55
电池	tiɛ̃35tʂʰʅ53
电线	tiɛ̃35dʐʉ35
开关	tᴀ̃35ʧĩ53
铁锁	ʃĩ55kʰi53
铜锁	ni55kʰi53
黄铜锁	rə55ŋɛ̃55kʰi53
钟	ʧʰy55tsʰə53
手表	ʧʰy55tsʰə53
表带	ʧʰy55tsʰə53ʂuɛ55
钱包	ʒõ55pi53
	ŋɛ̃55pi53
眼镜	nyɛ55ʐɛ53
烟斗	ʒĩ55ko53
	jɛ55ko53
水烟筒	ʧi55ʒĩ55ko53
旱烟袋	ʒĩ55pi53
烟嘴	mᴀ̃55tsᴀ53
烟盒	ʒĩ55xo53
烟袋	ʒĩ55pi53
蚊香	ʧyɛ55tsɿ55kʰu53
扇子	mə55xiɛ53mə55ʧĩ55
拐杖	ʧʰe55bie53
棍子	ʤi35kiɛ35
叉子	ɣɐ35ɣɐ35
木杈	sᴀ35ɣɐ35ɣɐ35
铁叉	ʃĩ55ɣɐ35ɣɐ35
钩子	kɐ55ʐə55
签（名）	mᴀ̃55di53
（投）票	ʃu55di53
	ʒĩ55di53
（盖）章	ʒo55di53
（挑东西）竹签	mɐ35kʰo35

B. 容器、用品

词	国际音标
篮子	tʂʅ55li55
挂篓	ke55li55kʰɛ35
（背东西）背篓	kʰɛ35
袋子	ɬiɛ55ɬiɛ55
网袋	ro55ɬiɛ55ɬiɛ55
麻袋	pʰiɛ35ɬiɛ55ɬiɛ55
锁	kʰi53
钥匙	kʰi53ɬiɛ35

C. 洗漱用具、雨具

词	国际音标
桶	pə55tᴀ53
背桶	ʤi55pu53
水桶	ʧi55pə55tᴀ53

词	国际音标
大水桶	ʧi^{55}ke^{53}
	duə^{35}ʧi^{55}
桶梁	pə^{55}tᴀ^{55}ʒo^{53}
箍	ʧo^{35}ni^{35}
铁箍	ʃĩ^{55}ʧo^{35}ni^{35}
桶箍	pə^{55}tᴀ^{53}ʧo^{35}ni^{35}
盆	p^{ɬɼ}ĩ^{35}
搪瓷盆	tsʰɿ^{55}p^{ɬɼ}ĩ^{35}
脸盆	tsɛ^{55}ji^{53}p^{ɬɼ}ĩ^{35}
澡盆	tsɛ^{55}tsᴀ^{53}p^{ɬɼ}ĩ^{35}
洗脚盆	tʂʰə^{55}tse^{53}p^{ɬɼ}ĩ^{35}
洗澡桶	tsɛ^{55}tsᴀ^{53}pə^{55}tᴀ^{53}
毛巾	pʰᴀ^{55}ʧʰo^{53}
擦脸毛巾	zo^{55}pʰᴀ^{55}ʧʰo^{53}
澡巾	tsɛ^{55}tsᴀ^{53}pʰᴀ^{55}ʧʰo^{53}
擦脚布	kʰə^{55}pʰᴀ^{55}ʧʰo^{53}
	tʂʰʅ^{55}pʰᴀ^{55}ʧʰo^{53}
脸盆架	p^{ɬɼ}ĩ^{35}ʐõ^{53}
镜子	mi^{35}lõ^{53}
	ʥᴀ^{55}to^{55}fĩ^{53}
梳子	kʰu^{53}pʐəu^{53}
篦梳	ʃi^{35}pʐəu^{53}
挖耳勺	niɛ^{35}ʧo^{55}kuɐ^{55}tᴀ^{53}
	niɛ^{35}ʧo^{55}tʂuə^{55}tᴀ^{53}
牙刷	ʂuə^{55}tse^{53}fĩ^{53}
牙膏	ʂuə^{55}mi^{53}
香皂	ʃᴀ̃^{55}tso^{53}
洗衣粉	ʃi^{55}ji^{55}fə̃^{53}
搓衣板	ʧõ^{35}gue^{35}tsɛ^{55}fĩ^{53}
衣架	ʧõ^{35}gue^{35}ʂuə^{55}fĩ^{53}
刷子	ʂuᴀ^{35}fĩ^{53}
扫把	ʂue^{35}
（竹枝）扫帚	mɐ^{55}ʂue^{35}
（高粱穗）笤帚	xᴀ̃^{35}lᴀ^{55}ʂue^{35}
拖把	ʧʰu^{55}ʧʰu^{55}fĩ^{53}

词	国际音标
鸡毛掸	ro^{55}mᴀ̃^{55}ʂue^{53}
抹布	ʧʰu^{55}pʰə^{55}liɛ^{35}
手纸	ke^{55}ʧʰu^{55}fĩ^{53}
揩屎棍	ke^{55}ʧʰu^{55}fĩ^{53}
蓑衣	so^{55}kʰõ^{53}
雨衣	gue^{55}kʰõ^{53}
竹斗笠	mɐ^{55}pʰə^{55}te^{53}
棕斗笠	mɑ^{55}jɛ^{55}pʰə^{55}te^{53}
树皮斗笠	ɬuẽ^{55}gõ^{35}pʰə^{55}te^{53}
伞	sᴀ^{35}
布伞	ne^{55}sᴀ^{35}
伞骨	sᴀ^{35}ʐu^{53}
伞把	sᴀ^{35}ʒu^{35}

D. 卧室用具

词	国际音标
门帘	kõ^{35}jɛ^{55}
窗帘	kõ^{35}tsɿ^{55}jɛ^{55}
花瓶	põ^{55}bᴀ^{53}
花盆	pᴀ^{35}tsɿ^{55}pʰᴀ̃^{55}li^{53}
床	dʐɛ̃^{53}
	gɛ̃^{53}
床板	dʐɛ̃^{53}tie^{53}
床架	dʐɛ̃^{53}ʐõ^{53}
垫床草	gõ^{35}fĩ^{55}
席子	bʐe^{53}
篾席	mɐ^{55}bʐe^{53}
草席	gõ^{35}bʐe^{53}
床单	fĩ^{55}
被子	ʃɛ^{55}pʰu^{55}
棉被	miɛ̃^{55}xuᴀ^{55}ʃɛ^{55}pʰu^{55}
褥子	fĩ^{55}
毯子	pʰʐə^{55}pʐe^{53}
枕头	kʰu^{53}ʧĩ^{53}
	kʰu^{53}kĩ^{53}

词	国际音标
枕巾	kʰu^{53}ʧi^{53}pʰᴀ^{35}
蚊帐	ʧyə^{55}tsʅ^{55}jɛ^{55}
蚊帐钩	ʐuᴀ^{55}kɐ^{55}ʐə^{53}
帐竿	jɛ^{55}ʐõ^{53}

E. 炊事用具

词	国际音标
灶	tso^{55}kuᴀ^{55}
烟囱	kʰo^{35}ʤõ^{53}
灶门	tso^{55}kuᴀ^{55}kõ^{35}
炉子（打铁用）	ʃi^{55}tso^{55}guɛ^{35}tõ^{53}
火柴	jᴀ̃^{35}xo^{35}
火柴皮	jᴀ̃^{35}xo^{35}gõ^{53}
火柴头	jᴀ̃^{35}xo^{35}kʰu^{53}
火石	ʂɛ^{55}du^{53}
打火机	tᴀ^{55}xo^{55}ʧi^{53}
火镰	ʂᴀ^{55}mɐ^{55}
风箱	kᴀ^{55}tyɛ^{55}
吹火筒	mɐ^{55}mə^{55}t̃i^{55}
通炉条	mɐ^{55}ku^{55}lio^{55}tə̃^{55}
火钳	mɐ^{55}tsi^{53}
火铲	liɛ^{55}ʧʰyɛ^{55}
炭火盆	mɐ^{55}pʰĩ^{35}
烘架	ʐɛ^{35} ʐe^{35}
柴	sẽ^{35}
干柴	sᴀ^{35}ɣo^{35}
生柴	sᴀ^{35}ʥɛ̃^{35}
柴草 / 枝叶柴	gõ^{35}sẽ^{35}
斧屑	sᴀ^{35}pə^{55}do^{35}
刨花	sᴀ^{35}pʰə^{35}liɛ^{35}
锯末	sᴀ^{35}piɛ^{35}piɛ^{35}
（窑烧的）木炭	mɐ^{55}ʥi^{53}

词	国际音标
炭屑	mɐ^{55}ʥi^{53}piɛ^{35}piɛ^{35}
锅	ʐe^{53}
鼎锅	ʧo^{55}li^{53}
铁鼎锅	ʃi^{55}ʧo^{55}li^{53}
陶鼎锅	ʧɛ^{55}ʧo^{55}li^{53}
铁锅	ʃi^{55}ʐe^{53}
铝锅	tʰi^{55}tʰi^{55}ʐe^{53}
沙锅	ʧo^{35}li^{55}ʐe^{53}
钢精锅	kᴀ̃^{55}ʃi^{55}ʂo^{35}lo^{53}
高压锅	ko^{55}jᴀ^{55}ko^{55}
菜锅	ʧɛ̃^{35}rᴀ̃^{53}ʐe^{53}
（煮猪食）大锅	bɐ^{55}pʰu^{53}
锅（稍小）	ʐe^{53}pʰᴀ^{35}lᴀ^{35}
小锅（烧菜）	ʐe^{53}tsʅ^{55}li^{53}
锅铲	ʃi^{55}tso^{55}
锅盖	ʐe^{53}kue^{53}
锅耳	ʐe^{53}niɛ̃^{55}ʤo^{55}
锅刷	ʐe^{53}tse^{55}ʂue^{35}
锅帕[1]	ʐe^{53}ʧʰu^{35}t̃i^{53}
（地灶的）三角架	ʃi^{55}tʂuə^{53} ʃi^{55}kuə^{53}
碗	kʰuᴀ^{35}
饭碗	ʧʰe^{35}kʰuᴀ^{35}
海碗	po^{55}tʰo^{55}kʰuᴀ^{35}
大碗	kʰuᴀ^{35}te^{55}
小碗	kʰuᴀ^{35}kᴀ^{55}tse^{53}
搪瓷碗	jᴀ̃^{35}kʰuᴀ^{35}
瓷碗	kə^{55}ʒo^{53}kʰuᴀ^{35}
江西瓷碗	tõ^{55}mi^{55}kʰuᴀ^{35}
木碗	sẽ^{35}kʰuᴀ^{35}
缺口碗	pʰᴀ^{55}guɛ^{53} tᴀ^{35}kʰuɛ^{35}
碗边	kʰuᴀ^{35}kʰe^{53}

[1] 抹布。

词	国际音标
碗盖	kʰuᴀ35kue53
碗筐	kʰuᴀ35tʃɛ55
调羹	kʰõ35ʥɛ55
勺子	pu55li53li53
铁勺子	ʃi55pu55li53
木勺子	sẽ35pu55li53
饭勺	tʃʰe35pu55li53
饭盒	ʤi35mõ53
碟子	ʃɛ35pʰi53li55
	ɛ35bɛ35li55
盘子	ɛ35bɛ35
木盘	sẽ35kᴀ55dɛ55z̧ɛ53
托盘	kᴀ55dɛ55z̧ɛ53
茶托	kʰuᴀ35tsɿ55ʃɛ55pʰi53
砧板	tsi55dᴀ35
面板（做面食用）	mə35ʒɛ35ʒĩ55fi55
炊帚	z̧e53tse55ʂue55
筷子	gə35ʂÃ35
竹筷	mɐ55gə35ʂÃ35
骨筷	z̧ɑ35kɑ55gə35ʂÃ35
象牙筷	lõ35tʃʰi55gə35ʂÃ35
银筷	jõ55gə35ʂÃ35
木筷	sẽ35gə35ʂÃ35
牙签	ʂuə55dz̧ʉ55fi55
筷子筒（笼）	gə35ʂÃ35ku55lu55
竹筒	mɐ55tʰio55lio55
茶筒[1]	ʤe35tᴀ53
茶筒[2]	ʣo35po55
茶筒[3]	mu55ko55xo53
酒筒	rɛ55ʤi35tʰõ55
水筒	tʃi55tʰõ55

词	国际音标
盐筒	tsʰi35tʰõ55
菜筒	ʂÃ35rɛ̃55tʰõ55
饭筒	tʃʰe35tʰõ55
刀	rə55tsɿ53
刀刃	rə55tsɿ53ʂʉ53
刀口 / 缺口	kʰuɛ53
刀面	rə55tsɿ53nÃ55bz̧ɛ̃53
刀背	rə55tsɿ53nõ55nõ53
刀把	rə55tsɿ55ʒu35
刀鞘	rə55tsɿ55tʃyẽ55
钩柴刀	ʃᴀ35lõ53
骨头刀	pə55tʂɛ55
菜刀	tsʰi55tʂʰɛ53rə55tsɿ53
尖刀	rə55tsɿ53kʰu53tʃʰɛ55
小刀	rə55tsɿ53li53
长刀	ro55
	pɐ55tʰõ55
磨刀石	sue35jõ35
水缸	tʃɛ55duə35tʃi55
鬏 / 瓮	bʉ53kʰe35dʐʅ55
饮水池	tʃi55tõ55li53
坛子	pʰz̧e55bʉ53
腌菜坛（有围笕）	tʰo35tʃi55bʉ53
酒坛（有围笕）	rɛ55ʤi35kɛ35
酒瓮	tᴀ55luə53
瓶子	kuə35bʉ53
瓶塞	kuə35bʉ53ʣu53
茶罐	tʃɛ55pu53
盐罐	tsʰi35tʃɛ55pu53
杯子	ke55li53
把杯	ʒu35diõ55ke55li53

[1] 四方形抽屉，小，装茶叶。

[2] 竹编的，篾盒，装茶叶，圆的。

[3] 竹编的，篾盒，装酥油，圆的。

词	国际音标
口杯	ʥi^{35}pe^{55}ke^{55}li^{53}
酒杯	rɛ^{55}ʥi^{35}ke^{55}li^{53}
茶杯	ʥɛ^{35}ke^{55}li^{53}
竹杯	mɐ^{55}ke^{55}li^{53}
玻璃杯	ʧʰy^{55}ʃyɛ^{55}ke^{55}li^{53}
银杯	jõ^{55}ke^{55}li^{53}
玉杯	jo^{55}ke^{55}li^{53}
蒸笼	mo^{55}mo^{55}bu^{35}tsɿ^{55}
饭桶	ʧʰe^{35}pu^{55}tᴀ^{53}
甑子	ʧʰe^{35}bu^{35}tsɿ^{55}
箅子	bu^{35}pə^{55}
水瓢	ʧi^{55}pu^{53}
捞箕（笊篱）	tsʰᴀ^{55}pu^{53}
壶	lie^{35}bʉ^{35}
烧水壶	ʧi^{55}pe^{55}lie^{35}bʉ^{35}
酒壶	ʧʰõ^{55}lie^{35}bʉ^{35}
茶壶	ʧɛ^{35}lie^{35}bʉ^{35}
热水瓶	ʐe^{35}ʂue^{55}pʰĩ^{53}
舂臼	ʧo^{55}lyə^{53}
玉米饼	kʰᴀ^{35}ʂu^{55}mə^{55}ʒɛ^{55}
磨	rõ^{35}tʰᴀ^{35}
磨心	rõ^{35}kʰuə^{35}
磨盘	rõ^{35}guẽ^{55}
磨眼	rõ^{35}ʥõ^{35}
磨把手	rõ^{35}ʒu^{35}
碓	ʂə̃^{35}
碓臼	ʂə̃^{35}kʰuᴀ^{35}
碓杵	ʂə̃^{35}ɬiɛ^{35}
水碓	ʧi^{55}ʂə̃^{35}
臼	ʂə̃^{35}kʰuᴀ^{35}
木臼	sẽ^{35}ʂə̃^{35}kʰuᴀ^{35}
石臼	guə^{35}tᴀ^{55}ʂə̃^{35}kʰuᴀ^{35}
水碾 / 水磨	ʧi^{55}rõ^{35}tʰᴀ^{35}

F．工匠用具

词	国际音标
斧头	pʉ^{55}
伐木斧	pɐ^{55}gĩ^{53}
伐木斧（较小）	piɛ^{55}pʰᴀ^{35}lᴀ^{35}
斧背	piɛ^{55}nõ^{55}nõ^{55}
	pɐ^{55} nõ^{55}nõ^{55}
手斧	pɐ^{55}li^{53}
片斧	pɐ^{55}ʧʰyə^{35}
铁锤	tʰo^{55}wᴀ^{55}
钉锤	lᴀ^{35}tʰo^{55}li^{55}
锯子	ʃɛ^{35}dĩ^{53}
锯齿	dĩ^{53}ʂuə^{53}
伐木锯 / 拉锯	dĩ^{53}te^{55}
推刨	tʰie^{35}
边刨 [1]	tʰie^{35}pʰɑ^{35}
槽刨	lo^{55}li^{55}tʰie^{35}
线刨 [2]	pᴀ^{35}tsɿ^{55}tʰie^{35}
	ʐe^{35}mõ^{55}tʰie^{35}
锉子	dĩ^{53}sue^{55}fĩ^{53}
钻子	kuɛ^{35}ʐɛ^{35}
刻刀	pᴀ^{35}tsɿ^{55}tʂuə^{55}fĩ^{53}
凿子	diõ^{55}
墨斗	mɑ̃^{35}ʥᴀ^{55}kʰuᴀ^{53}
墨线	mɑ̃^{35}ʥᴀ^{55}dʐʉ^{53}
锛子 / 锛斧	piɛ^{35}ʥõ^{53}
尺子	sᴀ^{35}
曲尺 / 角尺	sᴀ^{35}kɐ^{55}rə^{55}
水平尺	ʧi^{55}sᴀ^{35}
木马（木工用具）	sᴀ^{55}ʧo^{53}

[1] 专门推边上的棱角。

[2] 在边角上刨花纹。

词	国际音标
合叶	xo^{35}je^{35}
石锤	guə^{35}tᴀ^{55}lᴀ^{35}t^{h}o^{55}
（捶地板 / 墙）木槌	sẽ^{35}lᴀ^{35}t^{h}o^{55}
垂线	ts^{h}ɛ^{55}ʐə^{53}dʐʉ^{53}
铁砧	ʃᴀ^{55}tᴀ^{53}
钳子	ʃɛ^{35}ʧɛ^{55}
锥子	nə̃^{35}bu^{53}
螺丝起子	ʃĩ^{55}tso^{55}ʧ^{h}i^{55}fĩ^{53}
扳手	pᴀ̃^{55}ʂu^{55}
钉子	ʃĩ^{55}tso^{53}
铁丝	ʃĩ^{55}dʐʉ^{53}
钢丝	kᴀ̃^{55}dʐʉ^{53}
剃刀	k^{h}u^{53}ʐe^{55}rə^{35}tsɿ^{55}
剃须刀	ᴀ^{55}tiõ^{55}ʐe^{55}fĩ^{53}
鐾刀布	sue^{35}p^{h}ə^{55}liɛ^{53}
（弹棉花）弓子	zɿ^{35}
纺车	ʧ^{h}ɛ^{35}
织布机	gə^{55}ʥɿ^{55}o^{53}
梭子	pu^{35}lio^{55}ʧ^{h}i^{53}
（裁缝）剪刀	tsə^{55}tiɛ^{35}
针	k^{h}o^{35}
顶针	ti^{55}tʂẽ^{53}
针眼	k^{h}o^{35}nyɛ^{55}
线团	dʐʉ^{53}tue^{55}li^{53}
屠刀 / 杀猪刀	ʧ^{h}yɛ^{35}tʂ^{h}ʅ^{35}rə^{55}tsɿ^{55}
尖刀（屠宰用）	k^{h}u^{53}ʧ^{h}ɛ^{35}rə^{55}tsɿ^{55}
篾刀	mɐ^{55}p^{h}ɑ^{53}rə^{55}tsɿ^{55}
篾索	mɐ^{55}bʐẽ^{53}
织布机	gə^{55}ʥo^{53}
织布机柱子	gə^{55}ʥo^{53}tᴀ̰^{55}
坐的地方	gə^{55}ʥo^{53}tsõ^{55}fĩ^{53}
吊网的绳子	niɛ^{35}ʂuə^{53}

词	国际音标
网	niɛ^{35}
踏板	ʧ^{h}o^{35}tᴀ^{35}
织布的线	ni^{55}gõ^{53}
篦子	bə^{35}tsɿ^{35}

10. 称谓、姓氏

A. 一般称谓

词	国际音标
人[1]	mə^{53}
人[2]	mi^{53}
男的	p^{h}ʐə^{55}dʐe^{53}
女的	mə^{55}dʐe^{53}
老人	gĩ^{55}gõ^{53}
老头子	mi^{53}gĩ^{55}
老太婆	pʉ^{55}di^{35}mɑ^{35}
老年	tie^{55}ʃɛ^{55}mi^{53}
壮年	p^{h}ʐɛ^{35}t^{h}uə^{55}mi^{53}
年轻人	p^{h}ʐɛ^{35}t^{h}uə^{55}mi^{53}
男子	ni^{35}ʧ^{h}õ^{55}
妇女	mə^{35}dʐɛ^{35}
小伙子	ni^{35}ʧ^{h}õ^{55}li^{53}
姑娘	mə^{35}dʐɛ^{35}li^{53}
小孩子	ʧĩ^{35}
	i^{55}li^{53}
小鬼	ʧĩ^{35}tso^{53}
男孩	tsʉ^{53}
女孩	mi^{53}
婴儿	ʧĩ^{35}tso^{53}
单身汉	mə^{55}ti^{53}mi^{53}
寡妇	mə^{55}ʧy^{53}mɑ^{35}

[1] 口语中常用。

[2] 多用于经书中。

词	国际音标
情人	giɛ^{55}dʐu^{53}
城里人	dʐʅ^{35}wu^{55}mi^{53}
老百姓	tsə^{35}kʰɛ^{55}
社员	ʃɛ^{55}wu^{53}mi^{53}
代表	tᴀi^{35}piəu^{55}
生手	mɑ^{35}pʰə^{55}ʧʰõ^{53}
里手	pʰə^{55}ʧʰõ^{53}
失主	tʰə^{35}mi^{53}dᴀ^{35}pu^{55}
熟人	mᴀ̃^{35}sᴀ^{55}sẽ^{53}mi^{53}
生人	mᴀ̃^{35}mɑ^{35}sᴀ^{55}sẽ^{53}mi^{53}
恩人	kuə^{55}ʤi^{55}ʃi^{35}
仇人	bʐə^{53}
敌人	kʰə^{53}
朋友	dʐə^{35}dʐu^{35}
伙伴	ɬiɛ^{55}dʐu^{53}
同学	kə^{35}pie^{55}dʐə^{35}dʐu^{35}
老乡	tiᴀ^{55}đi^{55}mi^{53}
兄弟 / 哥们	kuẽ^{35}
先生	ʃɛ̃^{55}sə̃^{53}
同名	tᴀ^{55}mᴀ̃^{55}
同庚	tᴀ^{55}wu^{55}
富人	fĩ^{55}mi^{53}
穷人	pʰə^{35}mi^{53}
苦命人	liɛ^{55}dʐə^{55}mi^{53}
地主	đi^{55}pu^{55}
富农	fu^{55}lõ^{35}
贫农	pʰĩ^{35}lõ^{35}
长工	tʂʰᴀ̃^{35}kõ^{55}
农奴	guə^{53}
中农	tsõ^{55}lõ^{35}

B. 职务、职业称谓

词	国际音标
农民	lo^{55}bie^{55}mi^{53}
工人	po^{55}ʤi^{53}
干部	kᴀ̃^{55}pu^{53}
官	põ^{55}
头目	kʰu^{53}pə^{55}mi^{53}
大官	põ^{55}te^{55}
小官	põ^{55}kᴀ^{55}tse^{55}
皇帝	kʰᴀ^{35}
国王	ʤɛ^{55}bu^{53}
主席	tʂu^{55}ʃi^{53}
总理	tsõ^{55}li^{55}
部长	pu^{35}tʂᴀ̃^{55}
省长	sẽ^{55}tʂᴀ̃^{55}
厅长	tʰĩ^{55}tʂᴀ̃^{55}
市长	ʂʅ^{35}tʂᴀ̃^{55}
县长	ʃɛ̃^{35}tʂᴀ̃^{55}
主任	tʂu^{55}ʐə̃^{53}
科长	kʰo^{55}tʂᴀ̃^{55}
乡长	ʃᴀ̃^{55}tʂᴀ̃^{55}
村长	tsʰuẽ^{55}tʂᴀ̃^{53}
队长	tue^{35}tʂᴀ̃^{55}
组长	tsu^{55}tʂᴀ̃^{55}
支书	tʂʅ^{55}ʂu^{55}
土司	põ^{55}
头人	kʰu^{53}pə^{55}mi^{53}
财主	guə^{35}bõ^{35}mi^{53}
山主	sᴀ^{55}ʧʰɛ^{55}dᴀ^{35}pu^{55}
医生	mi^{55}kʰuẽ^{53}
赤脚医生	mi^{55}pə^{55}mi^{53}
护士	fu^{35}ʂʅ^{55}
土郎中	mi^{55}mᴀ̃^{55}sẽ^{55}mi^{53}
师傅	gi^{35}gĩ^{53}
徒弟	kɛ^{35}pi^{55}
泥水匠	ʧɛ^{55}po^{55}ʤi^{55}
砖瓦匠	tʂuɐ̰^{55}ʒɛ^{35}po^{55}ʤi^{53}
石匠	guə^{35}tᴀ^{55}po^{55}ʤi^{53}
木匠	sẽ^{35}po^{55}ʤi^{53}

词	国际音标
篾匠	mɐ^{55}po^{55}ʤi^{53}
补锅匠	ʐe^{55}pʰi^{53}po^{55}ʤi^{53}
银匠	jõ^{55}po^{55}ʤi^{53}
铁匠	ʃi^{55}po^{55}ʤi^{53}
磨刀师傅	sue^{35}suɛ^{55}po^{55}ʤi^{53}
裁缝	dʐe^{35}dʐɛ^{35}po^{55}ʤi^{53}
理发匠	kʰu^{53}ʐe^{55}po^{55}ʤi^{53}
鞋匠	po^{55}kɑ^{55}dʐe^{53}po^{55}ʤi^{53}
厨师	ʧʰe^{35}ʧʰyo^{55}zu^{55}po^{55}ʤi^{53}
工头	lo^{55}kʰu^{53}ʃi^{35}mi^{53}
帮工	kə^{55}ku^{35}mi^{53}
长工	tʂʰÃ^{35}kõ^{55}
搬运夫	bᴀ^{35}bõ^{55}dᴀ^{55}dᴀ^{55}mi^{53}
挑夫	tʰio^{55}mi^{53}
司机	sɿ^{55}ʧi^{55}
售票员	ʂo^{55}pʰiəu^{53}yɛ̃^{35}
摆渡人	duə^{35}gi^{35}mi^{53}
猎人	pĩ^{35}guɛ^{55}mi^{53}
渔夫	ʤi^{55}ʐe^{53}mə^{53}
屠夫	tʂʰʅ^{35}ʧʰɛ^{35}mi^{53}
饲养员	gẽ^{35}su^{55}mi^{53}
牧童	gẽ^{35}ɬiɛ^{35}mi^{53}
生意人	ʦʰõ^{55}pə^{55}mi^{53}
牛贩	kuɐ^{55}ʦʰõ^{55}pə^{55}mi^{53}
小贩	ʦʰõ^{55}kᴀ^{55}ʦe^{55}pə^{55}mi^{53}
店主	ʦʰõ^{55}dᴀ^{35}pu^{55}
老板	ʦʰõ^{55}pÃ^{53}
老板娘	ʦʰõ^{55}pÃ^{53}pə^{55}di^{53}
合伙人	kɑ^{35}kɑ^{35}
中人	guə^{35}jĩ^{55}mi^{53}
担保人	kÃ^{55}pə^{55}mi^{53}
管家	kÃ^{55}ni^{55}mi^{53}
保管员	ʒõ^{35}mi^{53}
账房先生	ʧɛ^{55}ʧɛ^{55}mi^{53}
守门人	kõ^{35}ʒõ^{35}mi^{53}

词	国际音标
打手	ᴀ^{55}tʂʰu^{55}
保镖	ʧʰɛ^{55}jo^{53}
护路工	ʐuə^{35}ʒõ^{35}mə^{53}
清洁工	ʂʅ^{35}ʂuɛ̃^{35}mi^{53}

C. 品貌称谓

词	国际音标
好汉	mə^{55}ʦʰo^{53}
英雄	pɐ^{55}wu^{53}
傻子	dõ^{35}lõ^{35}
蠢人	tʰo^{35}lo^{35}
脓包	mɑ^{35}tᴀ^{55}mi^{53}
吝啬鬼	ʒo^{35}die^{35}
背时鬼	tʰᴀ^{55}pᴀ^{55}dʐʅ^{35}tʂɛ^{35}
恶人	mə^{53}dʐə^{55}
好人	mə^{53}ʧʰy^{53}mi^{53}
懒鬼	mə^{53}ʥue^{53}mɑ^{35}
暴小伙子	ʦẽ^{55}ʦõ^{53}
贼 / 小偷	kuə^{55}lio^{55}
扒手	ʒɛ^{35}mə^{55}ʂõ^{53}
贼头	kuə^{55}mə^{53}kʰu^{53}
强盗	mə^{55}ʒi^{55}mi^{53}
土匪	mə^{55}ʦʰɛ^{55}mi^{53}
骗子	kᴀ^{55}ʧʰi^{55}mi^{53}
痞子	ʤi^{35}pu^{55}lio^{55}
流氓	mə^{55}ʧʰyɛ^{55}mi^{53}
花花公子	kʰuə^{55}lə^{53}mi^{53}
半桶水	mᴀ^{35}pu^{55}mᴀ^{35}lᴀ^{53}
乞丐	ʥɛ^{35}mi^{35}
逃荒人	kᴀ^{55}lᴀ^{55}mi^{53}
流浪汉	giɛ^{35}liɛ^{55}mi^{53}
败家子	kᴀ^{55}tʂʰɛ^{55}mi^{53}
胖子	rə^{35}ʂʅ^{35}diõ^{55}mə^{53}
高个儿	guẽ^{55}mi^{53}
鼻涕虫	nɛ̃^{35}dio^{55}dio^{55}

词	国际音标
丑八怪	zu^{35}dʐə^{53}xuᴀ^{35}dʐə^{53}
妖精	ʧʰyɛ^{35}liɛ^{55}mɑ^{53}
骚货	dʐɐ^{55}mɑ^{55}liɛ^{35}liɛ^{35}
马屁精	ke^{55}dʐɛ^{35}mi^{53}
酒鬼	ʐə^{35}ʤi^{35}guə^{55}mi^{53}
爱夸口的人	kᴀ^{55}dʐu^{53}pʰie^{53}
笑面虎	kʰuə^{55}dʐə^{55}mi^{53}

D. 族群、姓氏

词	国际音标
本地人	tᴀ^{55}diɛ^{35}mi^{53}
外地人	nõ^{35}piɛ^{55}mi^{53}
外国人	we^{35}kuɛ^{35}mi^{53}
一家子（同宗姓）	tᴀ^{55}kᴀ^{55}mi^{53}
外人	nõ^{35}mə^{53}
自家人	pə^{35}giɛ^{35}mi^{53}
民族	mə^{53}ʐu^{55}
汉族	ʃə^{35}
取名	mᴀ̃^{55}kʰɿ^{53}
名字	mᴀ̃^{55}
书名	ʤi^{35}ʤi^{35}li^{35}wu^{53}
汉名	ʃə^{35}mᴀ̃^{55}
摩梭人	rə^{55}kʰu^{53}
纳西族	niɛ̃^{35}mi^{53}
部落	gõ^{55}
家族	ki^{55}
族谱	tʂʰɛ^{35}
	bᴀ^{35}ʒɛ^{55}
白狼部落	bʐẽ^{55}ʑɛ^{55}
	ni^{55}ʑɛ^{53}
象雄	ʃõ^{35}ʃõ^{55}
普米族	pʰʐẽ^{55}mi^{53}
藏族	kᴀ^{55}

词	国际音标
彝族	lu^{55}lu^{55}
白族	lie^{55}bʉ^{53}
傈僳族	liə^{35}sʉ^{55}
蒙古族	so^{55}bu^{53}
傣族	bᴀ^{35}ʒi^{35}
苗族	niõ^{35}ʥɿ^{35}

E. 人物

词	国际音标
毛主席	mo^{35}tʂu^{55}ʃi^{55}
周总理	tʂu^{55}tsõ^{55}li^{55}
朱德	tʂu^{55}te^{53}
刘少奇	liu^{35}ʂᴀu^{55}ʧʰi^{53}
邓小平	tə̃^{35}ʃᴀu^{55}pʰɿ^{53}

11. 亲属关系

A. 长辈

词	国际音标
祖宗	pᴀ^{55}pu^{53}
长辈	ʃɛ^{35}tʂʰɛ^{35}
太祖父	nõ^{35}pu^{53}
太祖母	nõ^{35}di^{53}
曾祖父	ʐõ^{35}pu^{53}
曾祖母	ʐõ^{35}di^{53}
爷爷（面称）	ᴀ^{55}pu^{53}
祖父（背称）	ᴀ^{55}pu^{53}
奶奶（面称）	ᴀ^{55}di^{53}
祖母（背称）	ᴀ^{55}di^{53}
伯祖父[1]	ᴀ^{55}pu^{53}liᴀ^{55}liᴀ^{55}
伯祖母	ᴀ^{55}di^{53}liᴀ^{55}liᴀ^{55}
父母	suᴀ̃^{55}mɑ^{53}

[1] 伯叔不分。

词	国际音标
父亲（背称）	ᴀ^{55}suÃ^{55}
爸爸（面称）	ᴀ^{55}suÃ^{55}
母亲（背称）	mɑ^{53}
妈妈（面称）	mɑ^{53}
干爹	ʂuÃ^{55}ʤo^{35}
干妈	mɑ^{53}ʤo^{35}
伯父	ᴀ^{55}põ^{55}
伯母	ᴀ^{55}mɑ^{53}
姑奶奶	ᴀ^{55}di^{53}niᴀ^{55}niᴀ^{55}
姑妈（通称）	ᴀ^{55}ni^{55}
	ᴀ^{55}nə^{55}
姨妈（通称）	ᴀ^{55}mɑ^{53}
姨妈（母之姐）	mɑ^{53}te^{55}
姨妈（母之妹）	mɑ^{53}kᴀ^{55}tse^{55}
外公（背称）	ᴀ^{55}kio^{55}ᴀ^{55}pu^{53}
外公（面称）	ᴀ^{55}kio^{55}ᴀ^{55}pu^{53}
外婆（背称）	ᴀ^{55}kio^{55}ᴀ^{55}di^{53}
外婆（面称）	ᴀ^{55}kio^{55}ᴀ^{55}di^{53}
外曾祖父	ᴀ^{55}kio^{55}ʐõ^{35}pu^{53}
外曾祖母	ᴀ^{55}kio^{55}ʐõ^{35}mɑ^{53}
姨婆	ᴀ^{55}di^{53}mɑ^{55}mɑ^{55}
舅公	ᴀ^{55}kio^{55}ᴀ^{55}pu^{53}
舅舅	ᴀ^{55}kio^{55}
大舅	ᴀ^{55}kio^{55}te^{55}
小舅	ᴀ^{55}kio^{55}kᴀ^{55}tse^{53}
舅母	ᴀ^{55}kio^{55}mɑ^{53}mɑ^{53}

B. 平辈

词	国际音标
同胞	ki^{55}lə^{55}
平辈	tᴀ^{55}tʂʰɛ^{35}
兄弟	pe^{55}kuẽ^{35}
姐妹	mu^{55}nue^{55}
老大（排行）	tsʉ^{55}te^{53}
老二（排行）	tsʉ^{55}guə^{55}ʒi^{53}
老幺（排行）	tsʉ^{55}kᴀ^{55}tse^{55}
哥哥	pe^{55}pe^{55}
姐姐	ᴀ^{55}nue^{55}
弟弟	kuẽ^{35}kuẽ^{35}
妹妹	ᴀ^{55}nue^{55}kᴀ^{55}tse^{55}
嫂子	pe^{55}tʂʰʅ^{35}
弟媳	kuẽ^{55}tʂʰʅ^{35}
夫妻	pʰu^{55}mu^{53}
丈夫（背称）	bə^{35}tsʰe^{35}
老公（面称）	mə^{55}gẽ^{53}
妻子（背称）	tsʉ^{55}tʂʰʅ^{35}
正房	tʂʰʅ^{35}te^{55}
小妾	tʂʰʅ^{35}kᴀ^{55}tse^{55}
堂兄弟姐妹	ʂuÃ^{35}põ^{55}pe^{55}kuẽ^{35}
堂兄	ʂuÃ^{35}põ^{55}pe^{55}
堂弟	ʂuÃ^{35}põ^{55}pe^{55}
堂姐	ʂuÃ^{35}põ^{55}mu^{55}nue^{53}
堂妹	ʂuÃ^{35}põ^{55}mu^{55}nue^{53}
老表	mə^{55}tsi^{55}pe^{55}kuẽ^{35}
表哥	mə^{55}tsi^{55}pe^{55}
表弟	mə^{55}tsi^{55}pe^{55}
表妹	mə^{55}tsi^{55}mu^{55}nue^{55}
表姐	mə^{55}tsi^{55}mu^{55}nue^{55}
兄弟俩	ni^{55}pe^{55}kuẽ^{35}
夫妻俩	ni^{55}pʰu^{55}mu^{53}
姐妹俩	ni^{55}mu^{55}nue^{53}

C. 晚辈

词	国际音标
晚辈	kᴀ^{55}tse^{55}tʂʰɛ^{35}
子女	tsʉ^{55}mi^{53}
儿子	tsʉ^{55}
儿媳	tsʉ^{55}tʂʰʅ^{35}

词	国际音标
长子	tsʉ^{55}te^{53}
次子	tsʉ^{55}guə^{35}ʒi^{35}
小儿子	tsʉ^{55}kᴀ^{55}tse^{53}
女儿	mi^{53}
女婿	tsʉ^{55}mᴀ̃^{53}
赘婿	tsʉ^{55}mᴀ̃^{55}dʐi^{35}
长女	mi^{53}te^{53}
次女	mi^{53}guə^{35}ʒi^{35}
小女儿	mi^{53}kᴀ^{55}tse^{53}
养子	tsʉ^{55}ʧo^{55}ʃo^{55}
侄子	dio^{35}
侄女	dio^{35}mə^{55}dʐɛ^{55}
侄媳	dio^{35}tʂ^{h}ʅ^{35}
侄婿	dio^{35}mə^{55}dʐɛ^{55}bʉ^{35}ts^{h}e^{35}
外甥	ʤi^{35}tsɿ^{55}
外甥女	ʤi^{35}tsɿ^{55}mə^{55}dʐɛ^{55}
子孙	ji^{55}tsɿ^{55}ji^{55}lo^{55}
孙子	ji^{55}tsɿ^{55}
孙女	ji^{55}tsɿ^{55}mə^{55}dʐɛ^{55}
孙媳	ji^{55}tsɿ^{55}tʂ^{h}ʅ^{35}
孙婿	ji^{55}tsɿ^{55}mə^{55}dʐɛ^{55}bʉ^{35}ts^{h}e^{35}
重孙	ji^{55}lo^{55}
玄孙	ji^{55}bᴀ^{55}
家族	tiᴀ^{55}ki^{55} tᴀ^{55}sɿ^{55}zɿ^{55}
后代	ʒɛ^{55}gi^{53}tʂ^{h}ɛ^{35}
亲戚	ni^{35}wᴀ^{55}
远亲	ni^{35}wᴀ^{55}tʂ^{h}ɛ^{35}ʂᴀ̃^{55}
近亲	ko^{55}tse^{53}ni^{35}wᴀ^{55}
内亲	k^{h}õ^{55}mi^{53}ni^{35}wᴀ^{55}
辈分	ʃɛ^{35}tʂ^{h}ɛ^{35}kᴀ^{55}tse^{53}tʂ^{h}ɛ^{35}
孤儿	tsʉ^{55}ʧo^{53}
老爷	põ^{55}
少爷	põ^{55}tsʉ^{53}
太太 / 小姐	xᴀ̃^{35}k^{h}e^{55}

D. 亲属

词	国际音标
父子	ʂuᴀ̃^{55}nõ^{55}tsʉ^{53}
父女	ʂuᴀ̃^{55}nõ^{55}mi^{53}
母子	mɑ^{55}nõ^{55}tsʉ^{53}
母女	mɑ^{55}nõ^{55}mi^{53}
爷孙	ᴀ^{55}pu^{55}nõ^{55}ji^{55}tsɿ^{53}
婆孙	ᴀ^{55}di^{53}nõ^{55}ji^{55}tsɿ^{53}
父子俩	ʂuᴀ̃^{55}nõ^{55}tsʉ^{53}zɛ̃^{53}
母女俩	mɑ^{55}nõ^{55}mi^{53}zɛ̃^{53}
母子俩	mɑ^{55}nõ^{55}tsʉ^{53}zɛ̃^{53}
父女俩	ʂuᴀ̃^{55}nõ^{55}mi^{53}zɛ̃^{53}

12. 身体

A. 身材、五官

词	国际音标
身子	gũ^{55}mu^{53}
身材	gũ^{55}mu^{53}
个子	gũ^{55}mu^{53}
相貌	zu^{53}ʧ^{h}ɛ^{55}
肤色	ʃɛ^{53}ʧi^{55}
上身	ɣᴀ̃^{35}ʥᴀ^{35}
下身	mᴀ̃^{55}ʥᴀ^{35}
头	k^{h}u^{53}
脑 / 脑子	nə^{35}
额头	ɬo^{35}
光头	k^{h}u^{53}dᴀ^{35}lõ^{35}
秃顶	k^{h}u^{53}do^{35}
头顶	t^{h}ɐ^{55}pᴀ^{55}kue^{53}
后脑	k^{h}u^{53}gõ^{35}nõ^{35}
脑髓	nə^{35}
太阳穴	nə^{35}tsɿ^{55}
头发	k^{h}u^{53}mᴀ̃^{53}
发旋	dʐʉ^{35}

词	国际音标
辫子	ɬᴀ^{35}ʤo^{55}
发屑 / 头屑	kʰu^{53}do^{35}
白发	kʰu^{53}pʰʐẽ^{55}
脸 / 面	zu^{53}
面色	ʃɛ^{53}ʧi^{55}
皱纹	ʃɛ^{53}dʐʉ^{53}
脸腮	nᴀ̃^{55}bʐẽ^{53}
酒窝	tʂᴀ^{55}kue^{55}li^{53}
颧骨	ko^{55}tʂʰuə^{53}
眉毛	nyɛ^{55}bu^{55}mᴀ̃^{53}
睫毛	nyɛ^{55}tsɿ^{55}mᴀ̃^{53}
眼睛	nyɛ^{55}
眼珠	nyɛ^{55}sʉ^{53}
眼白	nyɛ^{55}pʰʐẽ^{55}
眼窝	nyɛ^{55}kue^{55}li^{53}
眼角	nyɛ^{55}mᴀ̃^{53}
眼屎	nyɛ^{55}ke^{55}
眼泪	nyɛ^{55}bʐe^{35}
眼皮	nyɛ^{55}rə^{53}
双眼皮	nyɛ^{55}rə^{55}tiɛ^{35}tĩ^{35}
耳朵	nɐ^{55}ʤo^{53}
耳垂	nɐ^{55}pɐ^{53}
耳根	nɐ^{55}ʤo^{55}pʐẽ^{53}
耳孔	nɐ^{55}ʤo^{55}ʤõ^{53}
耳屎	nɐ^{55}ʤo^{53}ke^{55}
耳膜	nɐ^{55}se^{53}
鼻子	nə^{35}gõ^{53}
鼻孔	nə^{35}ʤõ^{53}
鼻毛	nə^{35}ʤõ^{53}mᴀ̃^{53}
鼻涕	nẽ^{35}ʒi^{53}
鼻屎	nẽ^{35}
鼻尖	nə^{35}sʉ^{53}
鼻梁	nə^{35}ɣɐ^{35}
塌鼻子	nə^{35}gõ^{55}pᴀ^{55}liɛ^{53}
翘鼻子	nə^{35}gõ^{55}tu^{55}

词	国际音标
钩鼻子	nə^{35}gõ^{55}kɐ^{55}rə^{53}
酒糟鼻	nə^{35}sʉ^{53}ni^{55}
人中	n̥õ^{35}ʐuə^{53}
嘴巴	kʰɐ^{55}niõ^{53}
嘴唇	nə^{35}pə^{55}lᴀ^{53}
胡子	ᴀ^{55}tiõ^{53}
络腮胡	ʤɛ^{35}wu^{53}
八字胡	ᴀ^{55}tiõ^{53}lio^{55}ɣue^{53}
胡子（下巴）	ᴀ^{55}tiõ^{53}ʧi^{53}
唾沫	ʐɛ^{35}
口水	ʐɛ^{35}
痰	ɣẽ^{35}nẽ^{35}
下巴	mɐ^{55}kiɛ^{55}
舌	ɬiɛ^{55}
舌尖	ɬiɛ^{55}kʰu^{53}
舌苔	ɬiɛ^{55}pᴀ^{35}
大舌头	ɬiɛ^{55}te^{55}
牙齿	ʂuə^{53}
齿龈	ʂuə^{53}nᴀ̃^{53}
牙缝	ʂuə^{53}tʂʰo^{53}
门牙	rə^{55}ʂuə^{53}
龅牙	xie^{55}tsᴀ^{53}
犬齿	ʂuə^{53}ɣue^{53}
臼齿	ɣõ^{55}mɑ^{55}
缺牙	ʂuə^{53}pʰɑ^{55}guᴀ^{35}
	xi^{55}kʰuɐ^{53}
牙垢	ʂuə^{55}ke^{55}
脖子	kᴀ̃^{53}
颈窝	kᴀ̃^{53}dõ^{35}
小舌	ɬiɛ^{55}tsʉ^{53}
喉咙	mũ^{53}
喉结	sʉ^{53}tio^{55}lio^{53}
食道	tio^{55}liõ^{55}
气管	tᴀ^{55}ʐu^{53}

B. 手、足、胸、背

词	国际音标
手	ʒɛ^{35}
左手	we^{35}ʒɛ^{35}
右手	rə^{55}ʒɛ^{35}
拳头	ʒɛ^{35}ɣo^{55}lʉ^{55}
手掌	ʒɛ^{35}pᴀ^{35}
掌纹	ʒɛ^{35}dʐʉ^{35}
手心	ʒɛ^{35}pə^{55}tõ^{53}
手背	ʒɛ^{35}kue^{53}
手指	ʒɛ^{35}ɬᴀ^{35}tsɿ^{55}
指纹	ɬᴀ^{35}tsɿ^{55}dʐʉ^{35}
虎口	tᴀ^{55}mɑ^{35}ɣɛ̃^{53}
拇指	tᴀ^{55}mɑ^{35}
小指	kuᴀ^{35}ɣɛ^{53}
指甲	ɬᴀ^{35}tsɿ^{55}ʐɛ̃^{35}
指缝	ɬᴀ^{35}tsɿ^{55}ts^{h}o^{55}
手腕	ʒɛ^{35}pᴀ^{35}tse^{53}
胳膊	ʒɛ^{35}ʤi^{53}
胳膊肘	ʒɛ^{35}kõ^{55}
赤膊	ʒɛ^{35}tu^{55}ɬe^{55}
腋窝	ʒɛ^{35}po^{53}
肩膀	tʂuɛ^{35}
腿	tʂ^{h}ʅ^{53}ʤi^{53}
大腿	pʐɛ^{53}ʤi^{53}
小腿	tʂ^{h}ʅ^{53}tse^{53}
腿肚子	tʂ^{h}ʅ^{53}pi^{55}li^{53}
二郎腿	tʂ^{h}ʅ^{53}lɐ^{55}lo^{53}
膝盖	wᴀ^{35}põ^{55}
腘窝	ʒi^{35}gɯ^{35}
脚	tʂ^{h}ʅ^{53}
脚掌	tʂ^{h}ʅ^{53}mɑ^{55}pɑ^{53}
脚心	tʂ^{h}ʅ^{53}pə^{55}tõ^{53}
膝盖骨	wᴀ^{35}põ^{55}rɑ^{55}kɑ^{53}
脚杆	tʂ^{h}ʅ^{53}ʐu^{53}
脚趾	tʂ^{h}ʅ^{53}ɬᴀ^{55}tsɿ^{55}

词	国际音标
脚跟	tʂ^{h}ʅ^{53}ɪɪᴀ^{55}sõ^{53}
赤脚	tʂ^{h}ʅ^{53}ko^{55}ni^{53}
脚印	tʂ^{h}ʅ^{53}ʧ^{h}o^{35}
脚步	tʂ^{h}ʅ^{53}pʐɛ̃^{53}
胸脯	tsuẽ^{35}tõ^{53}
乳房	niõ^{35}
乳头	niõ^{35}ʂʉ^{53}
乳汁	nᴀ̃^{35}
肚子 / 腹部	pi^{35}
小腹	pi^{35}tsʉ^{55}
肚脐	pə^{55}ʧõ^{53}
肚腩	pi^{35}tiɛ^{55}fĩ^{53}
腰	ʤi^{35}
水蛇腰	ʤi^{35}ts^{h}ə̃^{35}
背	do^{55}
背脊	do^{55}tʂuẽ^{55}tʂuẽ^{55}

C. 皮肤、内脏

词	国际音标
皮肤	rə^{53}ʂʅ^{35}
汗毛	di^{55}tsɿ^{53}mᴀ̃^{53}
汗	tʂ^{h}i^{53}
汗垢	tʂ^{h}i^{53}dʐe^{53}
毛孔	mᴀ̃^{53}ʧ^{h}o^{35}
肉	ʂʅ^{55}
筋	dʐu^{53}
血	se^{35}
血管	se^{35}tie^{53}
脉	tie^{53}
骨头	rɑ^{35}kɑ^{55}
骨髓	ʃi^{55}p^{h}ʐə^{53}
头盖骨	t^{h}ɐ^{55}pᴀ^{55}rɑ^{35}kɑ^{55}
骷髅	rɑ^{35}kɑ^{55}ʤɛ̃^{53}
肩胛骨	ʧ^{h}y^{35}rɑ^{35}kɑ^{55}
肋骨	nõ^{55}rɑ^{35}kɑ^{55}

词	国际音标
脊椎	do^{55}tʂuẽ^{55}rɑ^{35}kɑ^{55}
胯骨	pʰʉ^{35}rɑ^{35}kɑ^{55}
脚筒骨	tʂʰʅ^{53}ʦe^{55}rɑ^{35}kɑ^{55}
踝骨	tʂʰʅ^{53}nyɛ^{55}rɑ^{35}kɑ^{55}
内脏	ko^{55}lo^{55}nõ^{35}ʧʰɛ^{35}
心	kʰuə^{55}
肺	ʦʰʉ^{35}
肝	ʦuẽ^{53}
胆	tʂʅ^{55}
	kɯ^{53}
肾 / 腰子	po^{55}mõ^{53}
脾	pʰɑ^{35}
胃	tio^{55}
肠子	nõ^{35}ʧʰɛ^{35}
	ʧyi^{55}
大肠	ʧyi^{55}pʰʐə̃^{53}
小肠	ʧyi^{55}niɛ^{55}
膀胱	ɬu^{35}ʦɿ^{55}
睾丸	rɑ^{35}ko^{55}
精液	kuə^{55}ʧi^{55}ʐɛ̃^{55}
子宫	ʦʉ^{55}ʧuə̃^{55}
臀部	do^{35}pɑ^{53}
胯下	mᴀ̃^{55}tʂʰo^{55}rɑ^{35}kɑ^{55}
屁股	do^{35}pu^{55}lio^{55}
光屁股	niɛ^{55}ki^{55}li^{53}
肛门	wᴀ^{35}so^{55}
屎	ke^{55}
尿	bĩ^{53}
屁	ke^{55}ʂɛ̃^{53}
响屁	ke^{55}ʐuẽ^{53}
闷屁	kᴀ^{35}ʧʰu^{35}ʂɛ̃^{53}

13. 医疗

A．一般用语

词	国际音标
医院	mi^{53}kʰõ^{53}
医务所	mi^{53}kʰõ^{53}kᴀ^{55}ʦe^{55}
药店	mi^{53}ki^{55}ʧĩ^{53}
药铺（旧称）	mi^{53}ki^{55}ʧĩ^{53}
中医	tʂõ^{55}ji^{55}
西医	ʃi^{55}ji^{55}
内科	lue^{35}kʰo^{55}
外科	we^{35}kʰo^{55}
儿科	ə^{35}kʰo^{55}
妇科	fu^{53}kʰo^{55}
五官科	wu^{55}kuᴀ̃^{55}kʰo^{55}
病	ni^{55}
小病	ni^{55}te^{55}
大病	ni^{55}kᴀ^{55}ʦe^{55}
重病	ni^{55}le^{53}
绝症	diɛ^{35}ni^{55}
病根	ni^{55}pʐɛ̃^{53}
瘟疫	rə̃^{35}ni^{55}
生病	ni^{55}ʦẽ^{53}
不舒服	mɑ^{35}ʥõ^{55}ʤuᴀ^{53}
（病）复发	wᴀ^{35}ni^{55}dʐõ^{53}
传染	ʃɛ^{35}ʃu^{35}
	tʂuɛ^{35}tʂu^{35}
看病	ni^{55}to^{55}
治（病）	mi^{53}pʉ^{55}
病好了	ni^{55}tʰə^{35}dʐõ^{53}
药	mi^{53}
药方	mi^{53}mᴀ̃^{55}
开药方	mi^{53}mᴀ̃^{55}dʐʉ^{35}
中药	sᴀ^{35}pʐɛ̃^{53}mi^{53}
西药	ʃɛ^{53}bᴀ^{55}mi^{53}
草药	sᴀ^{35}pʐɛ̃^{53}mi^{53}

词	国际音标
抓药	mi^{53}kĩ^{55}
药罐	mi^{53}ʧε^{55}pu^{53}
药箱	mi^{53}tᴀ^{53}
药瓶	mi^{53}kuɐ^{55}bʉ^{53}
药丸	mi^{53}biε^{55}liõ^{53}
药粉	mi^{53}piə^{35}
药水	mi^{53}ʧi^{55}
红药水	mi^{53}ʧi^{53}ni^{55}
药膏（西药）	jo^{55}ko^{55}
膏药（中药）	ko^{55}jo^{55}
风湿药	se^{35}dʐε^{35}mi^{53}
药酒	mi^{53}ʐə^{35}ʤi^{53}
蛇药	bɐ^{35}ʐe^{55}dʉ^{55}mi^{53}
凉药	tsᴀ^{35}bõ^{35}mi^{53}
补药	pu^{55}jo^{53}
麻药	tse^{55}mi^{53}
毒药	dʉ^{55}mi^{55}
仁丹	ʐə̃^{35}tᴀ̃^{55}
跌打药	rõ^{55}ʒu^{55}mi^{53}
清凉油	ʧʰĩ^{55}liᴀ̃^{35}jo^{35}
配药	mi^{53}dʐuε^{53}
熬药	mi^{53}ko^{53}
头遍药	rε̃^{55}kʰu^{53}
搽药 / 涂药	mi^{53}luə^{53}
上药	mi^{53}po^{53}
敷药	mi^{53}mo^{53}
吃药	mi^{53}ʥʅ^{55}
喝药	mi^{53}tʰiẽ^{53}
（药）见效	ᴀ^{55}pʰĩ^{55}
注射器	kʰo^{35}di^{55}tə̃^{53}
针头	kʰo^{35}kʰu^{53}
打针	kʰo^{35}di^{53}
扎针 / 针灸	kʰo^{35}ɣu^{53}
拔火罐	se^{35}ʧʰi^{53}
号脉	tiε^{55}to^{55}
麻醉	nə^{35}mə^{53}
手术	ʂou^{55}ʂu^{53}
抢救	kʰõ^{35}ʂue^{35}
包扎	ᴀ^{55}po^{55}
胶布	ʧo^{55}pu^{53}
发汗	tʂʰi^{55}ʧʰõ^{53}
戒口	nə^{35}tsʰe^{35}
按摩	li^{55}liε^{53}
穴位	tsᴀ^{55}kʰuε^{53}

B. 内科

词	国际音标
胃病	tio^{55}ni^{55}
癌症	ʂʐε^{53}
胆结石	tʂʅ^{55}ni^{55}
心脏病	kʰuə^{55}ni^{55}
肝炎	tsuẽ^{35}ni^{55}
肺炎	tsʰʉ^{35}ni^{55}
肺病	tsʰʉ^{35}ni^{55}
痨病 / 肺结核	tsʰʉ^{35}ni^{55}
气喘	ko^{35}tsʰʉ^{35}
气管炎	tᴀ^{55}ʐo^{55}ni^{55}
哮喘	ko^{35}tsʰʉ^{35}
糖尿病	tʰᴀ̃^{55}nio^{35}pĩ^{35}
麻风	də^{55}
天花	kʰə^{35}bʐõ^{55}ʧʰε^{55}bʐõ^{55}
水痘	bᴀ^{35}ʧʰõ^{53}
麻疹	ε̃^{35}ʒĩ^{55} ʒi^{35}ʧẽ^{53}
阑尾炎	ʧyi^{55}ɣᴀ^{35}ni^{55}
肚子疼	pi^{35}ni^{55}
拉肚子	dʐõ^{55}ni^{55}
便秘	kᴀ^{55}ʥε̃^{53}
尿痛	liõ^{55}ni^{55}
痢疾	dʐõ^{55}ni^{55}

词	国际音标
抽风	dʐu̥e^{35}ni^{55}
中风	zɛ^{55}ni^{55}
风湿	se^{35}dʐɛ̥^{35}
狂犬病	tʂʰʅ^{35}xõ^{55}ni^{55}
水肿病	tə^{55}rə̃^{55}ni^{55}
大脖子病	pᴀ^{55}lᴀ^{55}ni^{55}
疟疾	dʐo̥^{55}ni^{55}
伤寒	rə̃^{35}ni^{55}
发冷	tsᴀ^{35}bõ^{35}sᴀ^{55}sᴀ^{55}
发抖	tʰə^{35}kõ^{55}
着凉	ni^{55}zə̥̃^{55}tsẽ^{53}
寒气（体内）	bõ^{35}ko^{55}
感冒	ni^{55}zə̥̃^{55}ni^{55}
发烧	tsᴀ^{35}bõ^{35}sᴀ^{55}sᴀ^{55}
咳嗽	tʰuə^{35}
月经	ʧõ^{35}gui^{55}mɑ^{35}ʂõ^{55}
	gũ^{55}mu^{55}mɑ^{35}ʂõ^{55}
不消化	ni^{55}jõ^{55}mɑ^{35}tʰõ^{35}
恶心	pʰiɛ^{35}ʒu^{53}
呕吐	pʰiɛ^{35}
干哕	pʰiɛ^{35}mɑ^{35}tʰõ^{35}
食物中毒	ʥʅ^{55}ji^{55}tʰə^{35}dʉ^{35}
狐臭	rə^{35}nẽ^{55}ku^{55}
口臭	ko^{55}rə^{35}nẽ^{55}
少年白	kʰo^{35}pʰzẽ^{55}ʧi^{35}
淋巴结	sᴀ̃^{55}sᴀ̃^{55}
贫血	se^{35}ni^{55}ni^{55}
受惊	tʰə^{35}dze̥^{53}
呻吟	dʐõ̥^{35}tʂẽ^{55}
痛	ni^{55}
酸痛	tsᴀ^{35}tsɛ^{55}ni^{55}
麻	nə^{35}tse^{53}
胀	tʰə^{35}bi^{53}
肿	tə^{55}rẽ^{53}
红肿	tə^{55}rẽ^{53}tə^{55}ni^{55}

词	国际音标
痒	ʥʉ^{53}
僵	ᴀ^{55}zõ̥^{53}
头疼	kʰu^{53}ni^{55}
头晕	kʰu^{53}xõ^{55}

C. 外科

词	国际音标
（受）伤	mɐ^{53}
跌伤	jõ^{55}ʒĩ^{53}mɐ^{53}
碰伤	ʧʰo^{35}ʧʰo^{35}mɐ^{53}
烧伤	ᴀ^{55}ʒõ^{55}mɐ^{53}
烫伤	ʧi^{55}pe^{55}tʰə^{35}ʐu̥ᴀ^{53}mɐ^{53}
冻伤	tʰə^{35}kõ^{55}mɐ^{53}
刀伤	ᴀ^{55}jə^{35}mɐ^{53}
闪（腰）	kɛ^{35}li^{35}
皴裂	nə^{35}tsᴀ^{55}
蹭破皮	nə^{35}rə^{35}ʂʅ^{55}
皮外伤	nõ^{35}rə^{35}mɐ^{53}
骨折	rɑ^{35}kɑ^{55}tʂẽ^{55}
脱臼	nə^{35}pʰᴀ^{35}pʰu^{35}
抽筋	tʂʰʅ^{55}pi^{53}pɐ^{55}pu^{53}
出血	se^{35}kʰə^{35}ʒi^{53}
伤口	mɐ^{53}
伤痕	mɐ^{53}
淤血	se^{35}tio^{55}lio^{53}
淤青	ᴀ^{55}xɯ^{35}niẽ^{35}
脓	pʉ^{53}
化脓	nə^{35}pᴀ̃^{55}
痂	mɐ^{53}kue^{53}
结痂	mɐ^{53}tə^{55}ɣo^{35}
伤疤	mɐ^{53}dʐu̥^{53}
疮	bᴀ^{35}
痤疮	tʰə^{35}bu^{53}
痔疮	so^{35}bᴀ^{35}
冻疮	bõ^{35}bᴀ^{35}

词	国际音标
嘴角疮	kuᴀ̃^{35}pʉ^{55}bᴀ^{35}
粉刺	tʰə^{35}bu^{53}
癣	tu^{35}
脚癣	kʰə^{35}tu^{35}
（肿）包	to^{55}
水泡	lᴀ^{35}pᴀ^{35}
血泡	lᴀ^{35}pᴀ^{35}
起泡	lᴀ^{35}pᴀ^{35}ʧʰõ^{53}
痣	ʃɛ^{55}nyɛ^{55}
痦子 / 突痣	sue^{35}
雀斑	ʒɛ^{55}tsɿ^{55}ʒɛ^{35}bᴀ^{53}
麻子	be^{35}ʤõ^{53}
红眼病	nyɛ^{55}tʂʅ^{55}ni^{55}
白内障	pe^{35}lue^{55}tʂᴀ̃^{53}
近视眼	ʧi^{35}ʂʅ^{55}jɛ̃^{55}
老花眼	lo^{55}xuᴀ^{55}jɛ̃^{53}
鼓眼泡	nyɛ^{55}bu^{55}rɛ̃^{53}
眯缝眼	nyɛ^{55}bzʅe^{35}bzʅe^{35}
斜眼（内斜视）	nyɛ^{55}pʰi^{35}lᴀ^{53}
大嘴巴 / 腮腺炎	bu^{55}pʰɛ^{53}
流鼻血	nə^{35}sɛ̃^{35}bi^{55}
结巴	ɬie^{55}tᴀ^{35}
沙哑	tʂʰõ^{55}ᴀ^{55}ʥi^{55}
耳鸣	nə^{35}ʤu^{55}zʅuẽ^{53}
牙痛	ʂuə^{55}ni^{55}
獠牙	we^{35}tu^{55}
换牙	ʂuə^{55}ʂuᴀ^{53}
补牙	ʂuə^{55}pʰi^{35}
脚气	kʰə^{55}rə^{35}nɛ̃^{55}
	tʂʰʅ^{53}rə^{35}nɛ̃^{55}
过敏	ᴀ^{55}sue^{35}
脱皮	rə^{35}we^{53}
皮炎	rə^{35}ni^{55}
梅毒	jɐ^{55}mə^{55}ʧʰo^{53}

D．残障

词	国际音标
瞎	nyɛ^{35}kuə^{35}
独眼	nyɛ^{55}pʰɑ^{53}
聋	dᴀ^{35}bõ^{35}
哑	tsʉ^{55}gõ^{53}
又聋又哑	tsʉ^{55}gõ^{53}dᴀ^{35}bõ^{35}
兔唇	n̥õ^{35}kʰuɛ^{53}
歪嘴	n̥õ^{35}pʰi^{53}
歪脖子	kᴀ̃^{55}pʰi^{53}
拐手	ʒɛ^{35}guɛ^{55}li^{53}
独臂	ʒɛ^{35}tie^{55}
左撇子	ʒɛ^{35}we^{35}lᴀ^{55}
六指	ɬᴀ^{35}tsɿ^{55}xᴀ^{55}diõ^{53}
驼背	do^{55}kɐ^{35}rə^{55}
鸡胸	kʰu^{53}lio^{55}tsuẽ^{55}tõ^{53}
瘸 / 跛	dᴀ^{35}pe^{35}
缺腿	tʂʰʅ^{53}tie^{53}
	kʰə^{55}tie^{53}
罗圈腿	tʂʰʅ^{53}wᴀ̃^{35}wᴀ̃^{35}
精神病	xõ^{35}ni^{55}
痴呆	nə^{35}tʰə^{55}rʉ^{55}

14. 服饰

A．布料、服装

词	国际音标
布	ni^{55}
布面	ni^{55}do^{53}
面子	nõ^{35}tʰᴀ^{55}
里子	gõ^{55}tʰᴀ^{55}
布头	ni^{55}tʰᴀ^{55}xᴀ^{53}
布尾子	ni^{55}mᴀ̃^{35}to^{53}
碎布	ni^{55}kᴀ^{55}tse^{53}
花布	ni^{55}kʰe^{53}

词	国际音标
黑布	ni^{55}niɛ̃^{35}
土布	ʒɛ^{35}ʧɛ^{55}ni^{55}
粗布	ni^{55}k^{h}A^{55}lA^{53}
棉布	miɛ̃^{35}xuA^{55}ni^{55}
麻布	sA^{35}p^{h}ie^{35}ni^{55}
纱布	ts^{h}A^{55}ni^{55}
绸子	ko^{55}ʧi^{55}
绒	mÃ^{53}ni^{55}
呢子	p^{h}ə^{53}
皮（革）	rə^{35}pA^{55}li^{53}
丝	t^{h}ie^{35}
丝线	t^{h}ie^{35}ʥʉ^{53}
线	ʥʉ^{53}
毛线	ʧõ^{35}ʥʉ^{53}
棉线	miɛ̃^{35}xuA^{55}ʥʉ^{53}
麻线	sA^{35}ʥʉ^{53}
衣服	pA^{55}li^{53}
西装	ʃA^{35}pA^{55}li^{53}
长衫	k^{h}õ^{35}ʂÃ^{53}
马褂	k^{h}uA^{35}dA^{35}
棉袄	tA^{55}kiɛ^{53}
皮袄	rə^{55}mÃ^{53}pA^{55}li^{53}
绒衣	z̥õ^{35}ji^{55}
毛线衣	mo^{55}ʃɛ̃^{53}pA^{55}li^{53}
风衣	fuə̃^{55}ji^{55}pA^{55}li^{53}
外衣	nõ^{35}bie^{55}gui^{55}pA^{55}li^{53}
大衣	tA^{35}ji^{55}pA^{55}li^{53}
单衣	pA^{55}li^{55}ts^{h}õ^{53}
衬衫	tʂ^{h}ə̃^{35}ʂÃ^{55}pA^{55}li^{53}
上衣	ɣÃ^{35}ʥA^{35}gui^{55}pA^{55}li^{53}
睡衣	ʒi^{35}gui^{55}pA^{55}li^{53}
内衣	k^{h}õ^{55}gui^{55}pA^{55}li^{53}
背心	gõ^{55}kA^{55}kA^{55}
领子	kÃ^{55}ŋu^{53}
衣襟	pA^{55}li^{55}kÃ^{55}
大襟	p^{h}A^{35}p^{h}õ^{35}pA^{55}li^{53}
小襟	ʥẽ^{35}dʉ^{35}
对襟	pu^{35}lio^{55}pA^{55}li^{53}
下摆	k^{h}õ^{55}mÃ^{35}
衣边	pA^{55}li^{55}mÃ^{35}tie^{55}
衣袋	pA^{55}li^{55}pi^{53}
袖子	pA^{55}ʒi^{35}
袖口	pA^{55}ʒi^{35}mi^{35}
长袖	pA^{55}ʒi^{35}ʂÃ^{55}
短袖	pA^{55}ʒi^{35}ts^{h}õ^{53}
袖套	pA^{55}ʒi^{35}li^{53}
扣子	pu^{35}lio^{55}
扣襻	pu^{35}lio^{55}põ^{55}
扣眼	pu^{35}lio^{55}ʤõ^{53}
布扣	ni^{55}pu^{35}lio^{55}
按扣	nÃ^{35}pu^{35}lio^{55}
拉链	lA^{55}sɿ^{55}
裙子	nÃ^{53}
裙子下摆接边	nÃ^{53}dz̥ʉ^{53}
裤子	ʒi^{35}
单裤	tA^{55}t^{h}A^{55}ʒi^{35}
内裤	k^{h}õ^{55}ʒi^{35}
短裤	ʒi^{35}ts^{h}õ^{53}
裤头	ʒi^{35}ŋu^{53}
裤裆	ʒi^{35}pə^{53}
裤腿	ʒi^{35}tʂ^{h}ʅ^{53}
裤带	ʒi^{35}ŋu^{55}sA^{55}re^{53}
腰带	kie^{35}tie^{35}
（衣服）破了	niɛ^{35}ʤõ^{55}
（衣服）皱了	A^{55}zõ^{55}zʉ^{53}

B. 鞋、帽、袜

词	国际音标
鞋	po^{55}kA^{53}
拖鞋	t^{h}õ^{55}ʃɛ^{53}po^{55}kA^{53}

词	国际音标
木拖鞋	sẽ^{35}mi^{55}ni^{55}
皮鞋	rə^{55}po^{55}kᴀ^{53}
布鞋	ni^{55}po^{55}kᴀ^{53}
胶鞋	ʂʅ^{55}ʧo^{55}po^{55}kᴀ^{53}
塑料鞋	su^{55}liəu^{55}po^{55}kᴀ^{53}
高跟鞋	mᴀ̃^{35}sõ^{55}guẽ^{55}po^{55}kᴀ^{53}
套鞋 / 雨鞋	tʰõ^{55}po^{55}kᴀ^{53}
球鞋 / 跑鞋	ʧʰəu^{35}ʃɛ^{35}
凉鞋	bzə̧^{35}ʃɛ^{35}po^{55}kᴀ^{55}
解放鞋	nyɛ^{35}po^{55}kᴀ^{53}
绣花鞋	pᴀ^{35}tsʅ^{55}po^{55}kᴀ^{53}
靴子	tsue^{35}
草鞋[1]	gõ^{35}me^{55}ni^{55}
草鞋[2]	gõ^{35}bzə̧^{35}ʃɛ^{35}
草鞋[3]	ʃɛ^{35}me^{55}ni^{55}
鞋底	po^{55}kᴀ^{55}pə^{53}
鞋后跟	po^{55}kᴀ^{55}mᴀ̃^{35}sõ^{53}
鞋口	po^{55}kᴀ^{55}kʰe^{35}
鞋带	po^{55}kᴀ^{55}ʂuə^{53}
帽子	tu^{55}tu^{53}
帽檐	tu^{55}tu^{55}pʰɑ^{35}tᴀ^{53}
帽带	tu^{55}tu^{55}ʂuə^{55}
皮帽	rə^{35}tu^{55}tu^{53}
棉帽	miɛ̃^{35}xuᴀ^{55}tu^{55}tu^{53}
毛线帽	mo^{35}ʃɛ̃^{35}tu^{55}tu^{53}
草帽 / 凉帽	gõ^{35}tu^{55}tu^{53}
太阳帽	pʰzə̧^{55}te^{53}
婴儿帽	ʧi^{35}tu^{55}tu^{53}
礼帽	miɛ^{35}kue^{35}tu^{55}tu^{53}
军帽	nyɛ^{35}tu^{55}tu^{53}
盖耳帽	nᴀ̃^{55}pə^{55}diõ^{55}tu^{55}tu^{53}

词	国际音标
瓜皮帽	ʧi^{55}kuɛ^{55}gõ^{55}tu^{55}tu^{53}
袜子	wᴀ^{35}tsʅ^{55}
长袜	wᴀ^{35}tsʅ^{55}ʂᴀ̃^{55}
短袜	wᴀ^{35}tsʅ^{55}tsʰõ^{55}
布袜	ni^{55}wᴀ^{35}tsʅ^{55}
线袜	dzʉ̧^{35}tõ^{35}wᴀ^{35}tsʅ^{55}
丝袜	tʰie^{35}wᴀ^{35}tsʅ^{55}
袜底	wᴀ^{35}tsʅ^{55}pə^{53}
绑腿	ʒi^{35}tʂʰʅ^{53}ʃɛ^{53}
脚笼[4]	tʂʰʅ^{53}wu^{53}
手套	ʒɛ^{35}wu^{53}

C. 饰品、化妆品

词	国际音标
首饰	ʧɛ^{35}ʃu^{55}bᴀ^{35}bõ^{53}
手镯	ʒɛ^{35}kə^{35}
玉镯	jo^{55}ʒɛ^{35}kə^{53}
银手镯	ŋu^{55}ʒɛ^{35}kə^{53}
戒指	ʒɛ^{35}bzȩ^{55}
银戒指	ŋu^{55}ʒɛ^{35}bzȩ^{55}
金戒指	ŋẽ^{55}ʒɛ^{35}bzȩ^{55}
玉戒指	jo^{55}ʒɛ^{35}bzȩ^{55}
戒指	ʒɛ^{35}bzȩ^{55}nyɛ^{55}
金项链	ŋẽ^{55}sɐ^{55}re^{53}
耳环（环状）	liɛ^{35}kʰu^{53}
耳环（片叶状雕花）	pʰie^{53}li^{53}
银项链（细）	ŋu^{55}sɐ^{55}re^{53}
银链（粗）	ŋu^{55}bzȩ̃^{55}
银扣	ŋu^{55}pu^{55}lio^{53}
银铃	ŋu^{55}kõ^{55}ʂʅ^{53}
珠子	lio^{55}lio^{55}

[1] 夹趾草鞋。
[2] 形状像罗马凉鞋。
[3] 像单鞋，脚背有两条交叉线。
[4] 类似手套一样的袜套。

词	国际音标
银珠	ŋu^{55}lio^{55}lio^{55}
平头	kʰu^{53}dᴀ^{35}lõ^{35}
发夹	kʰu^{53}mᴀ̃^{53}tʰĩ^{53}
金链	ŋɛ̃^{55}bʐẽ^{55}
额绑	kʰu^{53}mᴀ̃^{55}kʰi^{55}ʐe^{53}
绣花（名词）	pᴀ^{35}tsɿ^{55}
花边	pᴀ^{35}tsɿ^{55}kʰe^{55}ʒi^{53}
头绳	kʰu^{53}mᴀ̃^{53}ʧɛ^{55}ʐe^{53}
头巾	kʰu^{53}pʰɑ^{55}ʧʰo^{53}
围巾	pʰɑ^{55}ʧʰo^{53}
手帕 / 手绢	ʒɛ^{35}pʰɑ^{55}ʧʰo^{53}
帕穗	pʰɑ^{55}ʧʰo^{53}tsʰe^{35}tsʰe^{35}
绣花帕	pɐ^{35}tsɿ^{55}pʰɑ^{55}ʧʰo^{53}
别针	di^{35}kʰo^{35}
领带	l̃i^{55}tᴀi^{53}
口红	ȵõ^{35}tʂʅ^{55}tə̃^{53}
眉笔	nyɛ^{55}bu^{55}mᴀ̃^{53}tʂʅ^{55}tə̃^{53}

15. 饮食

A. 主食、伙食

词	国际音标
食物	ʥɿ^{55}ji^{55}
饭	ʧʰe^{35}
早饭	sẽ^{35}ʧʰe^{35}
午饭	tsuẽ^{55}ʧʰe^{35}
晚饭	mə^{55}ʧʰe^{35}
玉米	kʰᴀ^{35}ʂu^{55}
大米	ʧʰyə^{35}
白饭	ʧʰyə^{55}pʰʐẽ^{55}ʧʰe^{35}
白米	ʧʰyə^{35}pʰʐẽ^{55}
	ʧʰyə^{35}lio^{55}ti^{35}
新玉米粑粑	kʰᴀ^{35}ʂu^{55}ʃi^{55}mə^{55}ʒɛ^{55}
小米	suə^{35}
夹生饭	mɐ^{55}sɿ^{55}mɐ^{55}mi^{55}ʧʰe^{35}
玉米豆饭	niõ^{55}pʰu^{55}lio^{55}
硬饭	ʧʰe^{35}ʧõ^{53}
软饭	ʧʰe^{35}pu^{53}
烂饭	mɑ^{35}lᴀ^{55}ʧʰe^{35}
现饭	ʧʰe^{35}ʃi^{55}ʃi^{55}
剩饭	ʧʰe^{35}xᴀ^{53}
热饭	ʧʰe^{35}ʂʉ^{53}
冷饭	ʧʰe^{35}kõ^{53}
馊饭	ʧʰe^{35}ʧu^{53}
饭包	ʧʰe^{35}ɣo^{35}lio^{55}
饭粒	ʧʰe^{35}gie^{55}gie^{55}
锅巴	ʧʰe^{35}ᴀ^{55}kʰe^{35}
粥	mɑ^{35}
籼米花糖	bʉ^{53}bʉ^{53}ŋə^{53}
淘米水	ʧʰyə^{55}tse^{55}ʐɛ̃^{53}
淘米	ʧʰyə^{35}tse^{55}
碎米	ʧʰyə^{55}piɛ^{35}
糯米团	niõ^{35}ʧʰe^{35}biɛ^{55}liõ^{55}
面粉	ʂə^{55}piɛ^{35}
面条	ʂə^{55}sɐ^{55}ʐe^{55}
拉面	lᴀ^{55}miɛ̃^{53}
面片	piɛ^{35}liõ^{35}
面糊	piɛ^{35}mᴀ^{55}lᴀ^{55}
馓子	sᴀ^{55}ʥᴀ̃^{55}pʰə^{55}pʰə^{55}
油炸粑粑	mᴀ^{55}ku^{55}mə^{55}ʒɛ^{55}
水面粑粑	bu^{35}mə^{55}ʒɛ^{55}
烤面粑粑	ʃi^{55}mə^{55}ʒɛ^{55}
□[1]	tᴀ^{55}kuə^{55}luə^{55}
面饼（肉馅）	mu^{55}mu^{55}
摊饼	ʒɛ^{35}kʰo^{35}mə^{55}ʒɛ^{55}

[1] 粑粑的一种，将石头烧红放在面团里面，然后在火边烤。

词	国际音标
□[1]	dɪ^{35}mə^{55}ʒɛ^{35}
□[2]	mə^{55}ʒɛ^{35}ko^{55}li^{55}
臊子	ko^{55}tso^{55}rɛ̃^{55}
饺子	ʧo^{35}tsɿ^{55}
汤圆	biɛ^{35}liõ^{55}li^{55}
粑粑	mə^{55}ʒɛ^{55}
荞麦粑粑	tõ^{35}ʤi^{35}mə^{55}ʒɛ^{55}
牛奶	kuɐ^{55}nᴀ̃^{53}
糯米饭	niõ^{35}ʧʰe^{35}
糯米	nõ^{35}ʧʰyə^{35}
红米	ʧʰyə^{35}ni^{53}
碾米	ʧʰyə^{35}li^{55}liɛ^{53}
米线 / 米粉	ʧʰyə^{55}sɐ^{55}ʐe^{55}
米甜酒	ʧʰyə^{35}nᴀ̃^{35}nᴀ̃^{35}
米汤	ʧʰyə^{55}ʐɛ̃^{53}
大麦饭	mə^{35}ʥi^{35}dʐuᴀ^{55}ʧʰe^{35}
大麦炒面	bᴀ^{55}biɛ^{55}dʐue^{53}
青稞	kõ^{35}tsõ^{53}
青稞面	kõ^{35}tsõ^{55}piɛ^{35}
□[3]	ʂə^{55}jɛ^{55}jo^{55}mə^{55}ʒɛ^{55}

B. 肉、蛋、菜

词	国际音标
肉	ʂʅ^{55}
肥肉	tsᴀ^{55}
瘦肉	ʂʅ^{55}nᴀ̃^{53}
肉丁	ʂʅ^{55}gi^{55}gi^{55}
肉片	ʂʅ^{55}pʰɛ^{55}
肉丝	ʂʅ^{55}piɛ^{55}piɛ^{55}
肉末	ʂʅ^{55}piɛ^{55}
肉皮	ʂʅ^{55}rə^{55}

词	国际音标
（猪）肘子	ʂʅ^{55}ʤi^{55}
猪蹄	ʧʰyɛ^{35}kuɐ^{55}
里脊	ʂɛ^{55}rə^{55}
五花肉	bi^{35}tsᴀ^{55}
屁股肉	pʐə^{55}ʤɛ^{55}ʂʅ^{55}
猪头肉	ʧʰyɛ^{35}kʰu^{53}ʂʅ^{55}
炖肉	ko^{55}ʂʅ^{55}
油炸肉	ʂʅ^{55}ʐə̃^{55}ʒɛ^{55}
坨坨肉	ʂʅ^{55}wə^{55}luə^{55}
腊肉	ʂʅ^{55}ɣo^{53}
狗肉	tʂʰʅ^{35}ʂʅ^{55}
鲊肉（腌制）	tsʰi^{35}ʂo^{55}ʂʅ^{55}
肉冻	ʂʅ^{55}kõ^{53}
蹄筋	dʐu^{55}ʂʅ^{55}
排骨	nõ^{55}rɑ^{55}kɑ^{53}
牛肚	kuɐ^{55}tio^{55}
猪舌头	ʧʰyɛ^{35}ɬiɛ^{55}ʂʅ^{55}
猪肺	ʧʰyɛ^{35}tsʰʉ^{53}
猪肝	ʧʰyɛ^{35}tsuẽ^{53}
猪腰	ʧʰyɛ^{35}po^{55}mo^{55}
猪血	ʧʰyɛ^{35}se^{35}
血肠	se^{35}ʧyi^{55}
香肠	ʐuᴀ^{35}ʐuᴀ^{35}
杂碎	ko^{55}lo^{55}nõ^{35}ʧʰɛ^{35}
鹅肉	õ^{55}ʂʅ^{55}
鸭肉	bɐ^{55}ʂʅ^{55}
酸鱼	ʤi^{55}ʧu^{55}
熏鱼	ʤi^{55}ɣo^{35}
荷包蛋	ko^{55}ʧi^{55}
煎蛋	ko^{55}mə^{55}ʒɛ^{55}
炒蛋	ko^{55}ʐə̃^{55}ʒɛ^{55}

[1] 麦团炸的一种饼。

[2] 空心馍，发酵用。

[3] 土豆粉和小麦粉混合的粑粑。

词	国际音标
□[1]	tʃʰõ^{55}dĩ^{55}
菜	tʃʰe^{35}tʃʰu^{55}
剩菜	dʑʅ^{55}kʰə^{55}rə̃^{53}
素菜	niɛ^{35}pʰə^{35}
荤菜	tsᴀ^{55}tʃʰe^{35}tʃʰu^{55}
咸菜	tʰo^{35}tʃi^{55}
凉菜	kə^{55}kõ^{55}tʃᴀ̃^{35}ʐɛ̃^{53}
干菜	niɛ^{35}ɣo^{35}
腌菜	tʰo^{35}tʃi^{55}
酸菜	tʰo^{35}tʃi^{55}
汤	ʐᴀ̃^{55}
肉汤	ʂʅ^{55}ʐᴀ̃^{55}
蛋汤	ko^{55}ʐᴀ̃^{55}
盐水汤	tsʰi^{35}tʃi^{55}ʐᴀ̃^{55}
酸汤	tʃu^{55}ʐᴀ̃^{55}
骨头汤	rɑ^{35}kɑ^{55}ʐᴀ̃^{55}
豆腐	ni^{35}dʒi^{35}
水豆腐	niõ^{55}tʰuə^{55}
豆腐干	niõ^{55}tʰuə^{55}ɣo^{35}
豆腐渣	niõ^{55}pʰə^{35}
豆腐脑	niõ^{55}mɑ^{35}
腐竹	lu^{55}təu^{55}fu^{55}
豆瓣酱	to^{55}pᴀ̃^{55}tʃᴀ̃^{55}
芡粉[2]	niõ^{55}dʐʅ^{35}
芡粉[3]	so^{35}dʐʅ^{35}
吹肝[4]	tsuẽ^{55}tʃu^{53}
酿猪肺[5]	tsʰʉ^{35}
饭肠	tʃʰyə^{35}tʃyi^{55}
荞麦肠	tõ^{35}dʒi^{35}tʃyi^{55}

C. 酒、烟、糖、茶

词	国际音标
酒	tʃʰõ^{55}
甜酒	nᴀ̃^{35}nᴀ̃^{35}
米烧酒	tʃʰyə^{35}rə^{35}dʒi^{35}
青稞甜酒	kõ^{55}tsõ^{55}nᴀ̃^{35}nᴀ̃^{35}
小麦甜酒	ʂə^{55}nᴀ̃^{35}nᴀ̃^{35}
燕麦甜酒	tʃᴀ^{55}jõ^{35}nᴀ̃^{35}nᴀ̃^{35}
烧酒 / 白酒	rə^{55}dʒi^{35}
大麦烧酒	mə^{35}dʑi^{35}rə^{35}dʒi^{35}
青稞烧酒	kõ^{55}tsõ^{55}rə^{35}dʒi^{35}
小麦烧酒	ʂə^{55}rə^{35}dʒi^{35}
燕麦烧酒	tʃᴀ^{55}jõ^{35}rə^{35}dʒi^{35}
黄酒	pʰʐe^{55}
大麦黄酒	mə^{35}dʑi^{35}pʰʐe^{55}
青稞黄酒	kõ^{55}tsõ^{55}pʰʐe^{55}
小麦黄酒	ʂə^{55}pʰʐe^{55}
五粮液（神酒）[6]	tʃʰɐ^{35}dio^{35}pʰʐe^{55}
米花糖	tʃʰyə^{35}bʉ^{53}ŋə^{53}
高粱酒	xᴀ̃^{35}lᴀ^{55}pʰʐe^{55}
熊胆酒	guẽ^{55}tʂʅ^{55}rə^{55}dʒi^{35}
鹿血酒	tsᴀ^{55}se^{55}rə^{55}dʒi^{35}
药酒	mi^{55}rə^{55}dʒi^{35}
香烟	jɛ^{55}/ʒĩ^{55}
烟丝	jɛ^{55}piɛ^{55}piɛ^{55}
旱烟	lᴀ^{35}xuᴀ^{55}jɛ^{55}
黄烟 / 烤烟	jɛ^{55}te^{55}
鼻烟	nɐ^{55}dᴀ^{55}jɛ^{55}
水烟	tʃi^{55}jɛ^{55}
烟头	jɛ^{55}mᴀ̃^{53}

[1] 鸡蛋加酥油加蜂蜜加酒制成的一种食物。

[2] 用蚕豆、豌豆等制成。

[3] 用大麻子制成。

[4] 猪肝吹起，加酒、盐水、花椒水等腌制。

[5] 猪肺灌小麦加盐、花椒等搅拌的水，煮熟。

[6] 玉米、稻谷、青稞、小麦、大麦五种粮食混合酿的黄酒，专门敬神，一年一次，选日子做。

词	国际音标
烟灰	jɛ^{55}luə^{53}
烟油屎	jɛ^{55}ke^{55}
零食	dzə̣^{35}ʥɿ^{55}pʉ^{55}tĩ^{53}
糖果	sue^{55}ko^{55}tʰɑ̃^{53}
糖	bʉ^{53}
红糖	ʃɐ^{35}tʰᴀ^{35}bʉ^{53}
白糖	bʉ^{55}pʰzə̣̃^{55}
冰糖	bᴀ^{35}bõ5b5ʉ^{53}
蜂蜜 / 蜜糖	ʤyɛ^{55}kɑ^{55}bʉ^{53}
米饭	ʧʰyə^{55}ʧʰe^{35}
麦芽糖	piɛ^{35}bʉ^{53}
米虫	bu^{53}kʰu^{53}
米	ʧʰyə^{35}
大麻子花糖	so^{35}go^{55}bʉ^{53}ŋə^{53}
酥麻花糖	su^{55}mᴀ^{53}bʉ^{53}ŋə^{53}
燕麦花糖	ʧᴀ^{55}jõ^{35}bʉ^{53}ŋə^{53}
小麦花糖	ʂə^{55}bʉ^{53}ŋə^{53}
大豆糖	niõ^{55}bʉ^{53}ŋə^{53}
饼干	pĩ^{55}kᴀ̃^{55}
月饼	yɛ^{55}pĩ^{55}
瓜子	ʧi^{55}kuɛ^{55}pʰzə̣^{53}
茶	ʤe^{35}
茶叶	ʤe^{35}pᴀ^{53}
绿茶	ʤe^{35}niɛ̃^{55}
清茶	ʤe^{35}kʰɛ^{55}
泡茶	ʤi^{55}ʤe^{35}
酥油茶	mo^{55}ʤe^{35}
酥麻茶	su^{55}mᴀ^{55}ʤe^{35}
大麻子茶	so^{35}kʰo^{55}ʤe^{35}
砖茶	ʤe^{35}rə^{55}zɿ^{55}
桶茶	bᴀ^{35}kʰɛ^{55}ʤe^{35}
核桃茶	ɣo^{35}do^{55}ʤe^{35}
开水	ʧi^{55}pe^{55}
沸水	lio^{55}ʧi^{55}
温水	ʧi^{55}ʃu^{55}
冷水	ʧi^{55}bõ^{35}

D．油、盐、作料

词	国际音标
油	tu^{53}
猪油	ʧʰyɛ^{35}tu^{53}
牛油	kuɐ^{55}tu^{53}
羊油	tsʰɿ^{55}tu^{53}
鸡油	ro^{55}tu^{53}
牦牛油	ruə^{55}tu^{53}
绵羊油	zə̣̃^{55}tu^{53}
油衣	tu^{53}rə^{55}
菜籽油	niɛ^{35}le^{35}mɑ̃^{35}gɛ^{35}
核桃油	ɣo^{35}do^{55}mɑ̃^{35}gɛ^{35}
酥麻油	su^{55}mᴀ^{55}mɑ̃^{35}gɛ^{35}
青刺果油	niɛ̃^{55}ɬiõ^{55}mɑ̃^{35}gɛ^{35}
大豆油	niõ^{55}mɑ̃^{35}gɛ^{35}
辣椒粉	ko^{35}tso^{35}piɛ^{55}
花椒面	sɛ^{35}piɛ^{55}
樟木籽粉	sɛ̃^{35}sɛ^{35}piɛ^{53}
桂皮	sɿ^{55}pʉ^{55}sɿ^{55}liɛ^{55}
花椒	sɛ^{35}
野草果	ʃo^{35}ʧʰyɛ^{35}
紫苏	dᴀ^{35}li^{35}
细辛	ᴀ^{55}zo^{53}
酱油	ʧᴀ̃^{55}jo^{55}
醋	ʧu^{55}ʧi^{55}
盐	tsʰi^{35}
盐粒	tsʰi^{35}piɛ^{55}
味精	we^{35}ʧi^{35}

16. 红白事、信仰

A. 婚姻、生育

词	国际音标
恋爱	gə55giɛ55pʉ53
爬楼	ʃye55guɛ53
唱山歌	gə55gi53
男朋友	ni35ʧʰõ55dzə̥55dzu̥53
女朋友	mə35dzɛ̥35dzə̥55dzu̥53
亲事	ʃi35pʰu35
男方	ni35ʧʰõ35ʧʰye53
女方	mə35dzɛ̥35ʧʰye53
提亲	kʰiɛ55duə53
抢婚	mi53ʒi35
订婚	ʧʰe35dio35pʉ53
定礼	mi53pʰu35
喜期（婚日）	ʃɛ35to55
结婚	mi53ʃi35
离婚	tʰə35dzɛ̥55
新郎	ʃi35pʰu35tsʉ55
新娘	dõ55kʰu53niɛ53
伴娘（女傧相）	mə35dzu̥53
嫁女	mi53dõ53
结亲	ku55tse53kʰɛ35kʰɿ35
娶老婆	tʂ̥ʰʅ35ʃi35
招赘	tsʉ55mã55ʃi35
娶儿媳妇	tsʉ55tʂ̥ʰʅ35ʃi35
出嫁	tʰə35dõ55
接亲	mi53ʃi35
过门	tʂə̃55wu53ᴀ55ʃi35
	ʧi55miɛ53ᴀ55ʃi35
拜堂	ʧi55mu55pʉ53
回门	tʰə35gi35
守寡	mi53ʧy55mɑ35
怀孕	gũ55mi53diõ53
难产	kʰə35ʂu55
流产	nə35gɯ55
胎	pə35
头胎	tᴀ55pə35
双胞胎	tiᴀ55ki55
胎衣	ki55pə35
胎盘	tsʉ55ʧỹ53
脐带	pə35ʧõ55ʂuə53
产子	ʧi35ʒi55
出生	kʰə35ʒi55
抚养	ti55ʃu53
奶妈	niõ35ki55mi53
襁兜 / 襁褓	n̥õ35
坐月子	ʒi35wu53ʒe55
喂奶	niõ35ki55
吃奶	niõ35tʰiẽ55
私生子	dzẽ̥55tsʉ55
私通	niɛ55pu55giɛ55giɛ55

B. 寿辰、丧葬

词	国际音标
生日	tie55kʰõ53
祝寿	tsi55ʃu55
寿命	tsi55tsʰə55
长寿	tsi55ʂ̥ã55
寿礼	ʧi55bze̥55kʰɿ35
吊气	ko35dᴀ35
断气	ko35tʰə35ʃi53
死	tʰə35sɿ35
逝世	tʰə35die35
自杀	pə55niɛ53pə55sə35
投水	ʧi55nə35bẽ53
上吊	kã55ʧʰi35
病死	ni55tsẽ55sɿ35
老死	ti55ʃe35sɿ35
丧事	sɿ35mi53dõ55wᴀ53

词	国际音标
报丧	sɿ^{35}pʰẓə^{35}kʰɨ^{35}
哭丧	kʰuə^{55}ni^{55}kue^{55}
唱丧歌	mɑ^{35}ni^{55}ɬie^{55}
灵位	pᴀ^{55}pu^{53}xuᴀ^{53}
灵堂	niõ^{35}kʰɛ^{55}xuᴀ^{53}
寿衣	sɿ^{35}ẓə^{35}mu^{55}
	sɿ^{35}go^{55}mu^{55}
寿帽	sɿ^{35}bõ^{53}
棺材（通称）	gio^{53}
棺材（婉）	dõ^{53}
出殡	mə^{55}tṣʰu^{55}
经幡	tᴀ^{35}ʤo^{55}bõ^{55}
家祭	gi^{35}wᴀ^{35}kʰɨ^{35}
送葬	mɐ^{55}kʰɨ^{35}ʃi^{55}
坟墓	pʉ^{55}tsʉ^{53}
抬棺	gio^{55}tʰio^{55}
抬棺人	gio^{55}tʰio^{55}mi^{53}
火葬	mɐ^{55}pə^{55}ẓo^{53}
骨灰山	ru^{35}ʧo^{55}go^{35}
撒骨灰	ru^{35}bẓẽ^{35}
骨灰	ru^{35}
土葬	tsɛ^{55}po^{53}pu^{53}ʥu^{55}
天葬	ʧʰyɛ^{55}gi^{53}bie^{53}ʧʰe^{35}
大祭羊	ʃi^{55}pʉ^{53}ʒi^{55}kʰɨ^{35}
尸体	mʉ^{55}mu^{55}
尸水	sᴀ^{35}ʧi^{55}sə̃^{55}
尸骨	mʉ^{55}mu^{55}rɑ^{35}kɑ^{55}
骨灰坛	ru^{35}põ^{55}bᴀ^{53}
	ru^{35}fu^{55}li^{55}
守灵	mʉ^{55}mu^{55}ʒõ^{35}

词	国际音标
四十九天	rɑ^{35}ko^{55}gi^{35}nə^{53}

C. 风俗、信仰

词	国际音标
信教	ᴀ^{55}ɬi^{55}
佛教	ʧʰy^{53}
魔术	mi^{35}xɑ̃^{55}dᴀ^{35}xɑ̃^{55}
魔术师	mi^{35}xɑ̃^{55}dᴀ^{35}xɑ̃^{55}suẽ^{55}mi^{53}
算命书	tsi^{55}wᴀ^{53}ʤi^{35}ʤi^{35}
法水	xɑ̃^{55}ʧi^{55}
划水	xɑ̃^{55}ʧi^{55}bẓẽ^{35}
作法	xɑ̃^{55}di^{53}
法术	xɑ̃^{55}
社王神	kuᴀ^{55}xie^{55}
道士	xɑ̃^{55}guẽ^{55}xᴀ̃^{35}gue^{55}
道服	kʰõ^{35}ṣᴀ̃^{55}
摇铃[1]	tṣuə^{35}bu^{55}
摇铃[2]	ʃõ^{55}
鼓	ʥe^{55}
钹	bu^{55}ʧʰu^{53}
海螺	ʒi^{35}
白海螺	ʒi^{35}pʰẓẽ^{55}
马海螺	kʰᴀ^{55}tṣɛ^{55}
小海螺	tsʰə^{55}lo^{53}
小海螺	tõ^{35}tṣʰɛ^{55}
牛角号	tṣʰuə^{55}bu^{55}
号	kõ^{55}ɬi^{53}
人骨号	mʉ^{55}ru^{35}kõ^{55}ɬi^{53}
铜号	ni^{55}kõ^{55}ɬi^{53}
鼓[3]	ʥə^{35}bu^{35}liõ^{35}

[1] 中空，内壁有东西。

[2] 盘子状。

[3] 类似拨浪鼓。

词	国际音标
锣	ʃᴀ^{35}ŋɑ^{55}
镇妖棒	pʰʐə^{55}bu^{53}
白铜镇妖棒	zõ^{35}pʰʐə^{55}bu^{53}
铁镇妖棒	ʃi^{55}pʰʐə^{55}bu^{53}
木镇妖棒	sẽ^{35}pʰʐə^{55}bu^{53}
箍头冠的铁器	nõ^{35}kʰɛ^{55}rə^{55}ʒɛ^{55}
敬水壶	tɐ^{55}tʂʰɛ^{55}
头冠	ʐe^{35}ŋɑ^{55}
木棒	ʧʰɛ^{35}pu^{55}rə^{55}
铁爪	ʧɛ^{55}ʧy^{53}
护身符	kɐ^{55}ʒõ^{53}
	kɐ^{55}wu^{53}
佛珠	pʰʐə^{55}wᴀ̃^{55}kõ^{55}
道场	ʒĩ^{55}kʰõ^{55}
道具（法器）	xie^{55}bᴀ^{55}bõ^{53}
招魂	ʤy^{35}ʐe^{35}
算命先生	ʦi^{55}kʰuẽ^{55}
	ʧɛ^{55}ʧɛ^{55}kʰuẽ^{55}
相面	zu^{55}dʐʉ^{35}to^{55}
手相	ʒɛ^{35}dʐʉ^{35}
命运	liɛ^{35}
地师 / 风水师	sᴀ^{55}ʃyə^{55}kʰuẽ^{55}
择地	sᴀ^{55}ʧʰɛ^{55}to^{55}
风水	sᴀ^{55}ʃyə^{55}
灵验	ʦʰuẽ^{35}
问神	xie^{55}ʤi^{55}
许愿	gõ^{35}tuᴀ̃^{55}
还愿	bie^{55}wᴀ^{53}
测时	tʉ^{35}ʦʰʉ^{55}ʧɛ^{55}
掐算	ʦe^{35}ʧɛ^{55}
占卜	ʧɛ^{55}ʧɛ^{55}
八字	bõ^{55}tʰõ^{53}
求签	ʃu^{55}kĩ^{53}
上签	ʃu^{55}ʧʰy^{53}
下签	ʃu^{55}mɑ^{35}ʧʰy^{53}

词	国际音标
打卦	pᴀ^{55}ʐu^{53}
经书	xie^{55}ʤi^{55}ʤi^{53}
经袋	ʤi^{55}ʤi^{55}tʂũ^{55}
符咒	xɑ̃^{55}ʤi^{55}ʤi^{55}
跳神	ʤi^{55}lᴀ^{53}
神龛	xie^{55}tõ^{53}
香炉	ʃɛ^{55}lo^{53}
烧香	pe^{55}kʰu^{53}ti^{35}
上香	pe^{55}kʰu^{53}
供	bi^{55}
供祭品	bi^{55}wᴀ^{55}
拜	ʧʰyɛ^{53}pʉ^{53}
祭祖先	pᴀ^{55}pu^{53}ʧʰe^{35}dio^{35}
祭神灵	xie^{55}bi^{53}ʧʰe^{35}dio^{35}
庙	gõ^{55}bᴀ^{53}
庵子	gu^{55}mɑ^{53}gõ^{55}bᴀ^{53}
神	xie^{55}
女神	xie^{55}ʦɿ^{55}
神像	xie^{55}pɑ^{53}
佛	xie^{55}
魂魄	mə^{55}ʤy^{53}
鬼	ʦu^{55}
妖怪	ʃi^{55}pɑ^{35}mɑ^{35}
瘟神	ɬᴀ̃^{55}dʐi^{55}
野鬼	ʦu^{55}giɛ^{55}liɛ^{53}
水鬼	ʧi^{55}ʦu^{55}
凶鬼	ʦu^{55}dʐə^{35}
饿死鬼	ʤu^{35}ʦu^{55}
吊死鬼	dʐʅ^{35}ʦu^{55}
鬼火 / 磷火	ʃi^{35}pɑ^{35}mɐ^{53}
戒	ʦʰe^{35}
受戒	õ^{55}kʰĩ^{35}
修道	ʦʰẽ^{35}ʥõ^{53}
投胎	ʃi^{55}wᴀ^{53}
禁忌	ʦʰe^{35}

词	国际音标
福	liɛ^{35}ʧʰy^{53}
福气	sᴀ^{55}nõ^{55}niɛ^{55}
财气	guə^{35}liɛ^{55}diõ^{53}
运气	liɛ^{35}
走运	liɛ^{35}ʧʰy^{53}
倒霉	liɛ^{35}mɑ^{35}ʧʰy^{53}
利	tuᴀ̃^{35}tʰᴀ^{55}
兆头	nᴀ̃^{55}mɑ^{55}sᴀ^{53}
祸	ʤo^{53}
天灾	kuɛ^{35}kʰɛ^{55}
阎王	ni^{55}wᴀ^{55}ʧʰy^{55}ʧi^{53}ʤɛ^{35}bu^{55}
阴间	ni^{55}wᴀ^{55}ȡi^{55}
阳间	mi^{53}ȡi^{55}
天堂	mə^{55}ni^{55}kʰu^{53}

17. 日常生活

A. 衣

词	国际音标
穿	gui^{35}
脱	pʰu^{35}
打扮	ʧɛ^{35}ʃo^{55}
	kɐ^{55}ʒo^{53}
照镜子	ʥᴀ^{55}to^{55}
	mi^{35}lõ^{55}to^{55}
穿衣	ʧõ^{55}gui^{35}gui^{35}
套外衣	nõ^{35}pᴀ^{35}niɛ^{35}wu^{35}
脱衣	ʧõ^{55}gui^{35}nə^{35}pʰu^{35}
换衣	ʧõ^{55}gui^{35}tʰə^{35}gu^{53}
量衣	pᴀ^{55}li^{55}ʦʰə^{53}
做衣服	ʧõ^{55}gui^{35}dʐi^{35}
扎袖子	pᴀ^{35}ji^{35}tə^{55}li^{53}
系裙	ɪᴀ̃^{55}gui^{35}
打结	tõ^{35}
扎裤头	ʒi^{35}ŋu^{55}ᴀ^{55}tõ^{35}
换洗	tʰə^{35}gu^{53}nə^{35}ʦe^{55}
漂洗	nə^{35}ʐue^{35}lᴀ^{55}nə^{35}ʦe^{55}
晾衣	ʧõ^{55}gui^{35}ʥᴀ^{55}pu^{53}kʰə^{35}ʧʰɪ^{35}
晒衣	ʧõ^{55}gui^{35}bʉ^{53}pu^{53}kʰə^{35}ʧʰɪ^{35}
量米筒	bʐẽ^{35}
针线活	dʐi^{35}dʐɛ^{35}lo^{53}
缝	dʐi^{35}
补	pʰie^{35}
剪	gĩ^{53}
穿针	kʰo^{35}tʉ^{53}
纺线	dʐʉ^{55}rə̃^{53}
织（毛线）	tõ^{35}
戴	te^{53}
戴帽子	tu^{55}tu^{55}te^{53}
戴耳环	pʰie^{55}li^{55}ᴀ^{55}ki^{35}
钉扣子	pu^{55}lio^{55}dye^{53}
扣扣子	pu^{55}lio^{55}su^{55}
打补丁	pʰʉ^{55}liɛ^{35}ᴀ^{55}pʰie^{35}
贴边	kʰe^{55}ʒe^{53}
滚边	kʰe^{55}ʒe^{55}ruə^{55}
绣花	pᴀ^{35}ʦʅ^{55}zu^{53}
弹棉花	miɛ̃^{35}xuᴀ^{55}to^{53}
穿鞋	po^{55}kɑ^{55}ʧo^{53}
脱鞋	po^{55}kɑ^{55}pʰu^{35}
拔鞋跟	po^{55}kɑ^{55}mə^{55}ʦʰõ^{53}ɫõ^{35}
缲鞋帮	po^{55}kɑ^{55}pɐ^{55}kue^{55}guə^{35}
纳鞋底	po^{55}kɑ^{55}pɐ^{55}dʐi^{35}
系鞋带	po^{55}kɑ^{55}ʂuə^{53}guə^{35}
抹脸[1]	zu^{55}ʧʰo^{35}ʧʰo^{35}

[1] 抹酥油、蜂蜜、牛奶。

B. 食

词	国际音标
砌灶	tso55kuᴀ55zu53
生火	mɐ35tʂʰe53
烧火	mɐ35tʂʰe53
磨刀	ʧʰõ35ʧʰɛ35sue55
砍柴	sẽ35tʂɛ55
拾柴	sẽ35jõ55jɛ53
劈柴	sẽ35sʉ53
粒（一粒米）	ʧʰyə35tiᴀ55lio55lio55
做饭	ʧʰe35wə53
蒸饭	ʧʰe35bu53
滗汤	tə55re53
磨粉	nə35pʉ55ʧə35
发面	piɛ35ʂo55
揉面	piɛ35ʃi55jɛ53
	piɛ35tʉ53
擀面	piɛ35li55liɛ53
蒸馒头	mə35jɛ35bu35
洗碗	kʰuᴀ35tse55
摘菜	niɛ35kʰᴀ35
摘豆	niõ55kʰᴀ35
剥豆	niõ55pʰzə55pʰɛ53
择菜	niɛ55tʰie53
削皮	rə55ɬiõ53
剥壳	rə55ɬiõ53
做菜（素菜）	ʧᴀ̃35rᴀ̃55zu53
	ʃᴀ̃35rᴀ̃55zu53
做菜	ʧʰe35ʧʰu53
煮汤	rᴀ̃55pe55
炖汤	rᴀ̃55ko53
熬粥	mɑ35ko53
砍骨头	rɑ35kɑ55tʂɛ53
	rɑ35kɑ55tsi53
去骨	rɑ35kɑ55ʧʰi53
切菜	ʧᴀ̃35rᴀ̃55tʂʰi53

词	国际音标
切片	pɑ35tʂʰi53
切丝	dᴀ55dᴀ55tʂʰi53
切丁	kᴀ55tse55tʂʰi53
剁碎	piɛ35piɛ35tʂʰi53
搅拌	dzue55dzuᴀ55
榨汁	nᴀ̃35ʧi55
灌肠	nõ35ʧʰɛ35dõ55
灌香肠	zuᴀ35zuᴀ35dõ55
捣蒜	kə55tso55
烧开水	ʧi55pe55ti53
饭好了	ʧʰe35zu53kʰə35ʧʰõ53
（饭）半生不熟	mᴀ35sɿ35mə55mi55
（饭）糊	ᴀ55ʤi53
	ᴀ55kʰe35
炖 / 炆	ko53
煮	wə35
熬	dzɛ35
焯	ᴀ55ʤi55tə55ze53
炒	zə̃55ʒɛ53
热	ᴀ55ʃu55
蒸	ᴀ55bu35
烫 / 烙	gi53mə55ʒɛ53
烘	ᴀ55ʃi55
烤	ᴀ55ʃi55
腌	ʂo53
蘸	ᴀ55lʉ35
放盐	tsʰi35di55
开饭	ʧʰe35ʤɿ55gi55
（途中）打尖	mi55mi55
吃饭	ʧʰe35ʤɿ55
吃白食	xə55ʧʰe35ʤɿ55
	pʰzẽ55ʧʰe35ʤɿ55
盛饭	ʧʰe35ʧʰõ55
舀汤	rᴀ̃55ʧʰõ55
搛菜	ʧʰe35tʰiẽ35

词	国际音标
（筷）扒饭	tʃʰc35tə55ʐe53
嚼不动	ti55mᴀ35tʰõ35
（饭）噎住	ᴀ55ʐɛ53
（刺）卡喉	ᴀ55ʐɛ53
打嗝	gə55tsɿ55tʃʰõ53
饱	kui53
撑肚	ti55bi55
饿	tʃɛ55ʐõ53
挨饿	kʰə35dʒu35
讨饭	tʃʰe35mi55
反胃	nə35ɣe35ni55
没胃口	dʑɿ55ʂə̃55mᴀ35ʂə̃55
做豆腐	ni35dʒi55zu35
过滤	kʰə55tsʰᴀ53
蒸酒	rə35dʒi55bu35
喝酒	rə35dʒi55tʰiẽ35
（酒）醉	guə35
（酒）醒	sõ53
发酒疯	tʃʰõ55kõ53
抽烟	ʒĩ55tʰiẽ35
口渴	ʃɛ35ʐõ35
喝茶	dʒe35tiẽ35
沏茶	dʒe35dʒi53
倒茶	dʒe35xiɛ55

C. 住

词	国际音标
搬家	mʉ55kə55tʃɛ35tʃe35
分家	mʉ55kə55pʰo35
迁新居	tʃi55ʃi55dʑõ53
看家	tʃi55ʒõ53
事情	lᴀ35lo53
家务	tʃi55wu53lᴀ35lo53
做家务	tʃi55wu53lo55pʉ55
洒水	tʃi55pʐẽ53
扫地	ʂʉ35ʂuɛ35
安装（器具）	tʰɛ55tʰiõ55
开门	kõ35tʃʰõ53
关门	kõ35tᴀ̃35
闩门	kõ35guə35
锁门	kõ35kʰi55ni35di35
起身	ti55kʰĩ55
掀（被）	nə35pu55
盖（被）	ᴀ55kue53
起床	tə55mə53
叠被	ʒi35gue55ᴀ55tiɛ35
收拾	tʰi35ko55lio53
洗手	ʒɛ35tse55
洗脸	zu55tse55
漱口	kʰᴀ55niõ53ʐue55ʐuᴀ53
刷牙	ʂuə55tse55
梳头	kʰu53bʐəu53
梳辫	kʰu53pʰʐə35
扎发髻	kʰu53mᴀ̃53tõ35
刮胡子	ᴀ55tiõ55ʐe53
理发	kʰu53ʐe53
剪指甲	ɬᴀ35tsɿ55ʐᴀ̃55gĩ53
掏耳朵	niɛ̃55dʑu55tʂuə55tʂuə53
洗澡	tse55tsᴀ53
擦澡	tʃʰu35tʃʰu35tse55
大小便	kɐ55bĩ53
小便	bĩ53
大便	ke35
点灯	kõ55jõ55suᴀ35
熄灯	kõ55jõ55mɐ53nə35kʰo53
开灯	kõ55jõ55tʃʰõ53
关灯	kõ55jõ55ᴀ55tᴀ̃35
打盹（小睡）	ʒi35tsʉ55pʉ53
打瞌睡	dʑɐ55wᴀ̃35di55
打哈欠	xᴀ35ʃi35xiɛ55

词	国际音标
伸懒腰	tʃʰi^{55}ʒõ^{53}
困了	ʒi^{35}ʒu^{53}
躺下	kʰə^{35}dʒĩ^{35}lᴀ^{55}
睡觉	kʰə^{35}ʒi^{35}
失眠	ʒi^{35}mᴀ^{35}tʃʰõ^{53}
半睡半醒	mɐ^{55}ʒi^{35}mɐ^{55}tʃʰõ^{53}
睡着	kʰə^{35}ʒi^{35}tᴀ̃^{53}
睡不着	ʒi^{35}tᴀ̃^{53}ji^{55}mᴀ^{35}ʃi^{35}
沉睡 / 酣睡	ʒi^{35}nə^{35}mu^{55}
趴睡	bu^{35}ʒi^{35}
侧睡	dʐɛ^{55}dʐɛ^{55}ʒi^{35}
仰睡	mə^{53}to^{55}kᴀ^{55}liɛ^{55}ʒi^{35}
踢被	ʒi^{35}gui^{55}tsõ^{35}piə^{53}
暖被窝	ʒi^{35}tə̃^{55}kʰᴀ^{55}tʂʰɛ^{53}
打呼噜	ʒi^{35}mu^{55}xiɛ^{55}
打喷嚏	ʂə̃^{35}tʃʰõ^{53}
梦	ʒi^{35}mi^{53}
做梦	ʒi^{35}mi^{53}tʃʰõ^{53}
梦游	ʒi^{35}tʂʰə^{55}ʒi^{35}mi^{53}
好梦	ʒi^{35}mi^{53}tʃʰy^{53}
恶梦	ʒi^{35}mi^{53}dʐə^{53}
说梦话	ʒi^{35}mi^{53}tʃi^{35}
醒（睡醒）	ti^{55}tʃʰi^{53}
尿床	tʃʰo^{35}bĩ^{53}
晒太阳	ŋə^{55}ɬe^{53}
烤火	mɐ^{55}liõ^{55}
乘凉	sɛ^{55}sɛ^{55}
扇风	mə^{55}xiɛ^{55}lᴀ^{55}lᴀ^{55}
歇气	ko^{35}tsʰʉ^{55}
熬夜	ʃɛ^{35}tsõ^{53}
性交	diɛ^{55}diɛ^{55}

D. 行

词	国际音标
出门	ruə^{55}dʐuə^{53}
出远门	ruə^{55}ʐɛ^{53}ʃi^{53}
动身	ʃi^{55}tʃɛ^{55}tᴀ^{53}
出发	ti^{55}kʰĩ^{55}ʃi^{53}
打理行装	bᴀ^{35}bõ^{55}tʃɛ^{55}tᴀ^{53}
等待	tʃʰõ^{53}lie^{53}
走路	dʐʅ^{55}dʐɛ̃^{53}
赶路	ᴀ^{55}mɛ̃^{55}pu^{53}
走夜路	ʃye^{55}dʐɛ̃^{53}
住客栈	wə^{35}mi^{53}tʃi^{55}ʃɛ^{35}
走山路	go^{35}ruə^{55}dʐɛ̃^{53}
挡路	ruə^{55}tsʰɛ̃^{35}
让路	ruə^{55}wu^{53}tʃɛ^{35}tʃi^{35}
撑伞	sᴀ^{35}tʰə^{35}tʂʰɛ^{53}
过桥	dʑõ^{35}kʰə^{35}gi^{35}
遇见	pʰʐə^{55}pʰʐə^{55}
半路	ruə^{55}tsᴀ^{35}
迷路	ruə^{55}mõ^{55}di^{53}
走错路	ruə^{55}nə^{55}nõ^{55}
绕远路	ruə^{55}ʐɛ^{55}ti^{53}kʰə^{35}tʃo^{55}
远路	tʃo^{55}ruə^{53}
抄近路	ruə^{55}nə^{55}ti^{53}kʰə^{55}tʃo^{55}
近路	tʃʰi^{55}ruə^{53}
返回	tʰi^{35}gi^{35}
回家	tʃi^{55}wu^{53}di^{35}ʒi^{35}
走动	tʰə^{35}lio^{55}lio^{55}
逛街	dʐʅ^{55}guɛ^{53}
散步	tʰə^{35}dʐʅ^{55}dʐɛ̃^{55}
走散	nə^{35}dʐɛ^{55}
路过	ti^{55}ruə^{55}wu^{53}ʃi^{53}
流浪	giɛ^{55}liɛ^{55}
打溜 / 游荡	mõ^{55}mõ^{55}di^{55}di^{55}
来	ᴀ^{55}ʒi^{35}
去	kʰə^{35}ʃi^{53}
进	di^{35}ʒi^{35}
出	tʰi^{35}ʃi^{53}

词	国际音标
到	ᴀ^{55}tᴀ^{35}
进去	ᴀ^{55}ʃi^{55}
出去	kʰə^{35}ʃi^{55}
出来	kʰə^{35}ʧʰõ^{53}
进来	ᴀ^{55}ʧʰõ^{53}
回来	di^{35}ʒo^{53}
回去	tʰi^{35}ʃõ^{53}
上来	ti^{55}ʒo^{53}
上去	tə^{55}ʃõ^{53}
下来	ni^{35}ʒo^{53}
下去	ni^{35}ʃõ^{53}

18. 人际交往

A. 人际关系

词	国际音标
邻居	ʧi^{55}tsʰe^{53}
交朋友	dʐɛ^{35}dʐu^{35}pʉ^{53}
做伴	dʐu^{35}pʉ^{53}
合伙	kɑ^{35}kɑ^{35}pʉ^{53}
冤家	bʐə^{55}bʉ^{53}
仇家	kʰə^{55}
非亲非故	kʰõ^{55}mi^{53}ni^{35}wᴀ^{55}mᴀ^{35}də^{55}
要好	dʐi^{55}ʐo^{35}
和气	tʰiɛ^{55}tʰiõ^{53}
不和	mᴀ^{35}tʰiõ^{53}
管闲事	mᴀ^{35}wə^{35}sõ^{55}ʐɛ^{55}pʉ^{53}
钻空子	mi^{55}ʧʰyɛ^{35}
冤枉	ɣo^{55}ʤo^{53}
欺负	ko^{55}jᴀ^{53}
欺生	nõ^{35}mi^{53}to^{55}xᴀ̃^{55}bᴀ^{55}pʉ^{53}
受气	kʰõ^{35}ni^{53}
挑拨	wᴀ^{35}to^{35}
招惹	mi^{53}wᴀ^{55}ʃi^{53}

词	国际音标
惹事	ʤo^{55}mə^{53}ʃi^{53}
做手脚	mᴀ^{35}tʰie^{55}tʰie^{55}
造谣	kʰu^{55}ɬiɛ^{55}pʉ^{53}
害（人）	mə^{55}xɛ^{55}mi^{53}
捉弄	kʰuə^{55}dʐə^{55}pʉ^{53}
得罪	ni^{55}kʰõ^{55}kuə^{53}
眼红	mə^{53}giɛ^{35}
利益	tᴀ̃^{35}tʰᴀ^{53}
油水	rᴀ̃^{55}tᴀ̃^{53}
同情	kʰui^{35}pʉ^{55}
争	ʒɛ^{55}ʒi^{53}
扯皮	tio^{55}tio^{55}
吵架	sᴀ^{55}sᴀ^{55}
打架	tsᴀ^{55}tso^{55}
劝	pʰʐə^{35}
劝架	pʰʐə^{35}
出面	kʰu^{53}ʃi^{55}
作主	kʰu^{53}də^{55}tsẽ^{55}
带头	kʰu^{53}ʃi^{55}
摆平	ʤo^{53}nə^{35}tᴀ^{53}
袒护	dᴀ^{55}tᴀ̃^{53}
装傻	bɛ^{55}mi^{53}ʧʰi^{35}
摆阔	mᴀ^{35}bõ^{55}bõ^{53}kʰə^{55}ʤi^{55}
指手划脚	kuə^{55}pᴀ^{55}pʉ^{53}
亏心事	pʉ^{55}mᴀ^{35}kʰu^{55}tʰə^{35}pʉ^{55}
吃亏	ni^{35}pʰĩ^{55}
看穿	ᴀ^{55}to^{55}kʰə^{35}ʧʰõ^{53}
提防	tʰie^{55}pu^{53}
上当	ᴀ^{55}nɑ̃^{53}
巴结	mə^{53}pʰie^{55}ʃi^{53}
拍马屁	ke^{55}dʐɛ^{53}
通风报信	ɬiɛ^{55}ʤo^{55}ʐᴀ^{53}
挑毛病	mə^{55}dʐə^{55}suᴀ^{53}
靠山	mə^{55}tʰo^{55}ʃi^{53}
恩	kʉ^{55}ʥi^{35}

词	国际音标
报恩	kʉ^{55}ʥi^{35}pʉ^{53}
仇	bzə̣^{53}
报仇	bzə̣^{55}pʉ^{53}
记仇	dzə̣^{35}kʰuə^{55}pu^{53}ni^{35}ki^{35}
虐待	xᴀ̃^{55}bᴀ^{55}pʉ^{53}
领情	ku^{35}ʤi^{35}tsẽ^{35}pʉ^{53}
感谢	tʰie^{55}ʒɛ^{53}
认错	tʰie^{55}diɛ^{55}se^{53}
道歉	ni^{35}tʰie^{55}ʒɛ^{53}
上门请罪	ʤo^{55}ko^{35}ʃi^{53}
充好汉	mᴀ^{35}bõ^{55}bõ^{55}sõ^{55}zɛ̣^{53}
拖累	ni^{35}lᴀ^{55}ʤo^{55}guə^{35}
照顾	dzọ̃^{35}pʉ^{53}
帮忙	kᴀ^{55}ku^{53}
帮倒忙	kᴀ^{55}ku^{53}mi^{55}dzọ̃^{53}
面子	niɛ^{55}mə^{55}ʃi^{53}
丢脸	niɛ^{55}kʰᴀ^{53}
出丑	niɛ^{55}mᴀ^{35}ʃi^{53}dzọ̃^{53}
隐姓埋名	mə^{55}ru^{53}tʰᴀ^{35}ṣu^{53}
点名道姓	mᴀ̃^{55}tsi^{53}
看得起	mə^{55}bie^{55}ʧɛ^{55}
看不起	mə^{55}bie^{53}mᴀ^{35}ʧɛ^{55}

B. 请客送礼

词	国际音标
来往	kʰə^{35}ʃi^{53}ᴀ^{55}ʃi^{53}
赴宴	re^{55}ʥʅ^{55}
探望	to^{55}ʃi^{53}
串门	kuɛ^{55}ʃi^{53}
托人	mə^{55}gᴀ^{55}lo^{53}
走亲戚	ni^{35}wᴀ^{55}guɛ^{53}
回老家	suᴀ̃^{35}dĩ^{55}ti^{55}ki^{35}
约定	to^{55}kʰə^{35}ti^{35}
守约	ti^{35}to^{55}kʰə^{35}ʃi^{55}kə^{53}
失约	tiᴀ^{35}ti^{35}tsə^{55}nə^{35}pᴀ^{53}

词	国际音标
会面	ʧyɛ^{55}ʧỹ^{53}
没空	mᴀ^{35}ɬõ^{55}
有空	ɬõ^{55}
送别	mə^{53}tṣuẽ^{55}
送客	dõ^{55}wᴀ^{53}
轰（出去）	tʰi^{55}kɛ^{55}ke^{55}
主人	dᴀ^{35}pu^{53}
客人	wə^{35}mə^{53}
请	re^{55}
请客	wə^{35}mə^{53}re^{55}
做客	wə^{35}mə^{53}pə^{55}ʃi^{53}
来客	wə^{35}mə^{53}ʧʰõ^{53}
接客	wə^{35}mə^{53}dzị^{35}
招待	guə^{35}ʒi^{35}
陪客	wə^{35}mə^{53}dzụ^{35}pʉ^{53}
送客	wə^{35}mə^{53}dzụẽ^{35}
男客	pʰzɛ̣^{35}tʰʉ^{53}wə^{35}mə^{53}
女客	mə^{35}dzɛ̣^{35}wə^{35}mə^{53}
远客	ruə^{55}zɛ̣^{53}wə^{35}mə^{53}
贵客	pʰu^{35}te^{55}wə^{35}mə^{53}
送礼	ʧʰə^{35}kue^{35}kʰĩ^{53}
厚礼	ʧʰə^{35}kue^{35}te^{55}
收礼	ʧʰə^{35}kʰue^{35}kĩ^{53}
还礼	ʧʰə^{35}kue^{35}tsʰue^{55}
失礼	pi^{55}mᴀ̃^{35}mᴀ^{35}se^{53}
礼节	tĩ^{55}bzẹ^{55}
意思	kuĩ^{55}ʧi^{55}mie^{55}də^{55}
礼物	ʧʰə^{35}kue^{35}
人情	nyɛ^{55}ʃi^{53}
摆酒席	pᴀ̃^{35}di^{55}
入席	pᴀ̃^{35}ʥʅ^{55}
上座	gᴀ̃^{55}ʥõ^{53}
下座	mᴀ̃^{35}ʥõ^{53}
上菜	ʧᴀ̃^{35}ẓᴀ̃^{35}ti^{55}
斟酒	rə^{35}ʤi^{55}ʧi^{55}

词	国际音标
敬酒	tʃʰõ^{33}ti^{55}bzẹ^{55}pʉ^{53}
发烟	ʒi^{55}kʰɛ^{53}
敬烟	ʒi^{55}ki^{53}
干杯	tA^{55}ɣõ^{55}po^{55}ni^{35}ki^{35}
周到	ʒɛ^{35}zọ^{35}

19. 商贸、交通、通信

A. 商号、贸易

词	国际音标
店铺	tiɛ̃^{35}pʰu^{53}
摆在街上	dzʅ^{55}wu^{53}kʰə^{35}ti^{35}ki^{55}
旅店 / 客栈	ly^{55}kuÃ^{53}
饭店	tʃʰe^{35}ki^{55}fi^{53}
茶馆	ʤe^{35}ki^{55}fi^{53}
米铺	tʃʰyə^{35}ki^{55}fi^{53}
煤铺	tʃɐ^{55}sẽ^{53}ki^{55}fi^{53}
肉铺	ʂʅ^{55}ki^{55}fi^{53}
布店	ni^{55}ki^{55}fi^{53}
百货店	bA^{35}bõ^{55}ki^{55}fi^{53}
杂货店	bA^{35}bõ^{55}ki^{55}fi^{53}
油盐店	tsʰi^{35}ʤe^{35}ki^{55}fi^{53}
粮店	pA^{55}rə^{35}ki^{55}fi^{53}
瓷器店	tõ^{35}mi^{55}bA^{35}bõ^{55}ki^{55}fi^{53}
书店	ʤi^{35}ʤi^{35}ki^{55}fi^{53}
理发店	kʰu^{55}zẹ^{55}fi^{53}
作坊	zu^{55}zuA^{55}fi^{53}
染坊	tʰiə^{35}tʃə^{55}
榨油坊	mɑ̃^{35}gɛ^{35}tso^{55}tʃə̃^{55}
纱坊	ni^{55}tʃA^{55}fi^{53}
豆腐坊	ni^{35}ʤi^{35}zu^{35}fi^{55}
供销社	kõ^{55}ʃo^{55}ʂe^{53}
代销店	tʃi^{55}ʃo^{55}tiɛ̃^{53}
银行	ʃi^{35}xɑ̃^{35}

词	国际音标
信用社	ʃi^{35}jõ^{35}ʂe^{53}
生意	tsʰõ^{35}
做生意	tsʰõ^{35}pʉ^{53}
赶集	dzʅ^{55}guɛ^{53}
开张	tsʰõ^{35}pʉ^{55}kʰuə^{35}ʃi^{55}
盘点	tsʅ^{55}ʤu^{53}
倒闭	nə^{35}kA^{55}dzɛ̡^{53}
兴隆	tsʰõ^{35}tʃʰy^{55}
出租	ni^{35}kʰi^{55}
收租	gi^{35}ʃu^{55}
租金	tsʉ^{55}ki^{53}
抵押	nə^{35}si^{53}
赎买	di^{35}ki^{55}
家底	pɐ^{35}pɐ^{35}
遗产	A^{55}pu^{55}A^{55}di^{53}pɐ^{35}pɐ^{35}kə^{55}di^{53}mi^{53}
钱财	guə^{35}
存钱	guə^{35}tʂõ^{35}
债	gi^{53}
高利贷	ʤye^{35}
利息	tsʉ^{55}guẽ^{55}
借（钱）	tʰʉ^{35}
借（物）	ni^{35}
欠	zụA^{35}
还（钱）	tsʰue^{53}
还（原物归还）	tiə^{55}
赔	tsʰue^{53}
债主	guə^{35}dA^{35}pu^{55}
借债	guə^{35}tʰuə^{35}
欠债	guə^{35}zụA^{35}
还债	guə^{35}tsʰue^{53}
借据	də^{55}tʰuə^{35}ʤi^{35}ʤi^{35}
立字据	ʤi^{55}ʤi^{53}kʰə^{35}ti^{55}
粮票	liÃ^{35}pʰiəu^{53}
布票	pu^{55}pʰiəu^{53}
薪水 / 工资	rə^{55}ko^{55}mi^{55}

词	国际音标
赊账	gi^{55}kʰĩ^{53}
讨账	guə^{35}tĩ^{55}
赖账	ʒĩ^{55}mᴀ^{35}rə^{55}
收入	də^{55}ʐe^{53}
开支	tʰə^{35}kʰɛ^{53}
合算	ʧɛ^{55}ʧɛ^{53}
赚钱	xᴀ^{55}xᴀ^{53}də^{55}ʐe^{53}
亏本	ni^{35}pʰĩ^{55}
本钱	pɐ^{35}pɐ^{35}
凑钱	də^{55}dʉ^{55}
省（钱）	tʰə^{35}xᴀ^{53}
买	tʰə^{35}ʂʉ^{55}
批发 / 趸	pʰi^{55}xuᴀ^{55}
卖	tʰə^{35}ki^{55}
零售	tᴀ^{55}tsɿ^{55}tᴀ^{55}tsɿ^{55}ki^{55}
（物）交换	guɛ^{55}gʉ^{53}
杂货	bᴀ^{35}bõ^{55}
假货	kᴀ^{55}bᴀ^{35}bõ^{55}
黑货	dʐɛ^{35}bᴀ^{35}bõ^{55}
价钱	pʰu^{35}
讲价钱	pʰu^{35}ʧᴀ^{55}ʧi^{35}
降价	pʰu^{35}nə^{35}ʤyɛ^{53}
加价	pʰu^{35}tə^{55}guẽ^{55}
找钱	guə^{35}mə^{55}tse^{53}
钱	guə^{35}
铜钱	ni^{55}guə^{35}
整钱	dʉ^{55}
零钱	pʐɛ^{35}
钞票	ʃe^{35}go^{55}tõ^{55}tsʰẽ^{53}
银元	jõ^{55}tõ^{55}tsʰẽ^{53}
硬币	tsõ^{55}kɛ^{55}li^{55}
人民币	ʐə̃^{55}mĩ^{55}pi^{35}
港币	kᴀ̃^{55}pi^{53}
美元	me^{55}yᴀ̃^{55}
算盘	ʧɛ^{55}ʧɛ^{55}ti^{53}

词	国际音标
算珠子	ʧɛ^{55}ʧɛ^{55}gi^{55}gi^{55}
秤	dʐʅ^{35}
秤杆	dʐʅ^{35}ʐu^{53}
秤盘	dʐ^{35}pʰĩ^{55}
秤星（斤）	dʐʅ^{35}nyɛ^{55}
秤星（两）	jo^{55}nyɛ^{55}
秤星（钱）	sᴀ^{35}nyɛ^{55}
秤砣	dʐʅ^{35}lʉ^{35}
秤纽	kʰi^{35}tĩ^{55}
秤钩	dʐʅ^{35}kuɐ^{55}rə^{53}
戥子（称中药）	sᴀ^{35}
磅秤	pɑ̃^{55}tʂʰẽ^{53}
（秤）起重	tie^{55}ʒi^{53}
过秤	tə^{55}dʐẽ^{53}
翘秤尾	dʐʅ^{35}mᴀ̃^{53}go^{35}
平秤	dʐʅ^{35}mᴀ̃^{53}tu^{55}
（秤尾）略低	dʐʅ^{35}mᴀ̃^{53}tʰio^{35}
（秤尾）滑砣	nə^{35}bʐe^{53}
够秤	ᴀ^{55}liõ^{55}
分量	ʧʰi^{55}tsʰə^{35}ti^{53}

B. 交通、通信

词	国际音标
路	ruə^{55}
大路	ruə^{55}te^{55}
小路	ruə^{55}tsʉ^{55}
岔路	ruə^{55}ɣə^{35}
远路	ruə^{55}dʐɛ^{53}
弯路	ruə^{55}ʧo^{55}wᴀ^{53}
转弯	ʧo^{55}wᴀ^{53}
马帮路	guẽ^{35}ruə^{55}
山路	go^{35}ruə^{55}
丛林路	pĩ^{35}ruə^{55}
记号 / 标记	tsʰə^{55}ti^{53}
茅标	gõ^{35}tsʰə^{53}

词	国际音标
树枝标	sᴀ^{35}tʂuə^{55}tsʰə^{55}
砍标	sᴀ^{35}ʃi^{55}tsʰə^{53}
石标	guə^{35}tᴀ^{55}tsʰə^{53}
划标	dʐʉ^{55}tsʰə^{53}
水路	ʧi^{55}ruə^{55}
桥	ʥõ^{35}
拱桥	ʥõ^{35}kɐ^{55}rə^{55}
木板桥	tie^{55}ʥõ^{35}
石桥	guə^{35}tᴀ^{55}ʥõ^{35}
铁桥	ʃĩ^{55}ʥõ^{35}
独木桥	ʥõ^{35}tie^{55}
桥墩	ʥõ^{35}pɐ^{55}tᴀ^{53}
桥面	ʥõ^{35}to^{53}
桥眼	ʥõ^{35}kʰe^{55}
桥头	ʥõ^{35}kʰu^{55}
桥尾	ʥõ^{35}mᴀ̃^{53}
桥边	ʥõ^{35}zʅ^{55}
公路	tʂʰe^{55}ruə^{55}
铁路	ʃĩ^{55}ruə^{55}
车站	tʂʰe^{55}tʂᴀ̃^{53}
火车站	xo^{55}tʂʰe^{55}tʂᴀ̃^{53}
路费	ruə^{55}pʰu^{35}
车票	tʂʰe^{55}pʰiəu^{53}
座位	ʥõ^{55}fĩ^{53}
开车	kʰe^{55}tʂʰe^{55}
坐车	tʂʰe^{55}tsʅ^{55}ʥõ^{55}
赶车	tʂʰe^{55}tsʅ^{55}tʰə^{35}mᴀ̃^{35}pu^{55}
上车	tʂʰe^{55}tsʅ^{55}wu^{55}ti^{55}ʃõ^{53}
下车	tʂʰe^{55}tsʅ^{55}wu^{55}ni^{55}ʒi^{53}
飞机	fue^{55}ʧi^{55}
车	tʂʰe^{55}
火车	xo^{55}tʂʰe^{55}
汽车	ʧʰi^{35}tʂʰe^{55}
客车	wə^{35}mə^{53}tsuẽ^{55}tʂʰe^{55}
小车	tʂʰe^{55}tsʅ^{55}kᴀ^{55}tse^{55}

词	国际音标
大车	tʂʰe^{55}tsʅ^{55}te^{55}
小小车	tʂʰe^{55}tsʅ^{55}pᴀ^{55}liɛ^{55}
摩托车	mo^{55}tʰo^{55}tʂʰe^{55}
拖拉机	tʰo^{55}lᴀ^{55}ʧi^{55}
自行车	tᴀ̃^{55}tʂʰe^{55}
货车	bᴀ^{35}bõ^{55}tsuẽ^{55}tʂʰe^{55}
马车	guẽ^{35}tsuẽ^{55}mə^{53}tʂʰe^{55}
船	duə^{35}
渡口	duə^{35}ʥõ^{55}fĩ^{55}
桨	ʤi^{55}mɛ^{35}
羊皮筏	tyɛ^{55}duə^{35}
邮局	jəu^{35}ʧyi^{35}
邮箱	jəu^{35}ʃᴀ̃^{55}
信	ʤi^{35}ʤi^{35}pʰzə^{55}
邮票	jəu^{35}pʰiəu^{35}
寄信	tʂʰõ^{55}pʰzə^{55}
送信	pʰzə^{55}kʰĩ^{55}
寄存 / 寄放	ᴀ^{55}ʧu^{55}
回信	pʰzə^{55}ʧʰõ^{55}
明信片	mĩ^{55}ʃĩ^{55}pʰiɛ̃^{53}
包裹	bᴀ^{35}bõ^{55}ti^{55}tə̃^{53}
汇款	guə^{35}sɛ^{35}
电报	tiɛ̃^{55}po^{53}
手机	ʂo^{55}ʧi^{55}
电话	tiɛ̃^{55}xuᴀ^{53}

20. 行政、讼事、军事

A. 行政

词	国际音标
祖国	tsu^{55}kue^{55}
国家	kue^{55}ʧᴀ^{55}
中央	tʂõ^{55}jᴀ̃^{55}
政府	tʂẽ^{55}fu^{55}

词	国际音标
省	sẽ^{55}
自治区	ʦɿ^{55}tʂʅ^{55}ʧʰy^{55}
州	tʂu^{55}
州府	tʂu^{55}fu^{55}
县	ʃɛ̃^{35}
县府	ʃɛ̃^{35}fu^{55}
乡	ʃᴀ̃^{55}
公社	kõ^{55}ʂe^{53}
乡政府	ʃᴀ̃^{55}tʂẽ^{55}fu^{55}
村	ʦʰuẽ^{55}
村委会	ʦʰuẽ^{55}we^{55}xue^{55}
大队	tᴀ^{35}tue^{55}
支部	tʂʅ^{55}pu^{55}
生产队	sẽ^{55}tʂʰᴀ̃^{55}tue^{35}
组	ʦu^{55}
户口	fu^{35}kʰo^{53}
公家	kõ^{55}ʧᴀ^{55}
合作社	xo^{55}ʦo^{55}ʂe^{55}
造反	ʦʰo^{35}xuᴀ̃^{55}
选举	ʃyɛ̃^{55}ʧy^{53}
当官	põ^{55}pʉ^{53}
得势	põ^{55}də^{55}pʰʐə^{53}
下台	nə^{35}dʐʅ^{55}
撤职	põ^{55}nə^{35}kʰᴀ^{53}
摊派	mə^{53}tʂʰɛ^{55}dʐʅ^{55}
地租	ti^{35}ʦu^{55}
交税	tʂʰɛ^{55}kʰĩ^{55}
人头税	mə^{53}tʂʰɛ^{55}
执照	tʂʅ^{55}tʂo^{35}
告示	kᴀu^{55}ʂʅ^{55}
（人事）调动	ʂuᴀ^{55}ʂuᴀ^{55}
命令	mĩ^{55}ɭi^{55}
汇报	ɣᴀ̃^{55}bi^{55}pʰʐə^{55}kʰĩ^{55}
官印 / 公章	ʒu^{55}tuɛ^{55}

B．讼事

词	国际音标
法院	xuᴀ^{55}jyɛ̃^{35}
公安局	kõ^{55}ŋᴀ̃^{55}ʧy^{35}
县衙	lõ^{55}ʧʰĩ^{55}ɣue^{53}
国法	kue^{35}xuᴀ^{55}
族规	ʦu^{55}kue^{55}
乡规民约	ʃᴀ̃^{55}kue^{55}mĩ^{55}jo^{55}
判官	ʤu^{55}tᴀ^{55}mə^{53}
清官	pʰʐə^{55}tʰʉ^{55}põ^{53}
贪官	guə^{35}ʥɿ^{55}mə^{55}
律师	lue^{35}sɿ^{55}
警察	ʧi^{55}tʂʰᴀ^{53}
证人	ʦo^{35}tʂẽ^{53}mə^{53}
囚犯	ʤu^{35}di^{35}mə^{53}
同伙	ʤu^{35}di^{35}dʐu^{55}
刽子手	mə^{53}sə^{55}mi^{53}
状子	kuᴀ^{55}kuᴀ^{55}ʤi^{35}ʤi^{35}
告状	kuᴀ^{55}kuᴀ^{55}
打官司	kuᴀ^{55}kuᴀ^{55}
家务事	ʧə̃^{55}wu^{53}lo^{35}də^{55}
代写	bʉ^{35}pʉ^{55}
要求	tʰie^{35}ʒɛ^{55}pʉ^{53}
断案	ʤu^{55}tʂɛ^{55}
问案	ʤu^{55}duə^{35}
调查	duə^{55}duə^{55}
打听	duə^{35}sɛ^{35}ni^{55}
试探	ŋuə^{35}ŋuə^{35}
看管	də^{55}ʒõ^{35}
看守（名词）	ʒõ^{35}mi^{53}
担责	tuᴀ̃^{35}tʰᴀ^{55}ᴀ^{55}kᴀ̃^{55}
责任	tuᴀ̃^{35}tʰᴀ^{55}
道理	pi^{55}
对质	nyɛ^{55}to^{53}kʰə^{35}ʧi^{35}
服	ʤĩ^{55}

词	国际音标
不服	mᴀ^{35}ʤĩ^{55}
求饶	tʰie^{35}ʒɛ^{55}pʉ^{53}
认罪	ʤu^{55}ᴀ^{55}ʒĩ^{55}
承认	ᴀ^{55}ʒĩ^{55}
翻悔	ʤu^{55}pʰu^{35}
反口 / 翻供	ʤu^{55}pʰu^{35}
反驳	nə^{35}pu^{55}
犯法	dẓu^{35}lõ^{55}tʰə^{35}kɛ^{35}
犯罪	dẓu^{35}lõ^{55}tʰə^{35}tiɛ^{35}
包庇	tʰə^{35}ṣu^{53}
牵连	ᴀ^{55}guə^{35}guə^{35}
嫖	dẓə^{55}biɛ^{53}gu^{55}
卖淫	ɣuə^{53}ki^{53}
偷盗	kuə^{55}mi^{53}
行骗	kuə^{55}lio^{55}
扒钱	guə^{35}ko^{53}
拐卖	mə^{53}ki^{53}
赌博	ʒɛ^{55}pu^{55}liɛ^{53}
吸毒	dʉ^{35}tʰiɛ̃^{35}
毒（死）	dʉ^{35}
下毒	dʉ^{35}di^{53}
杀人	mə^{53}tṣʰʅ^{53}
抢劫	mə^{55}ʒi^{55}
强奸	xÃ^{55}pᴀ^{55}pʉ^{53}
受贿	guə^{35}kĩ^{35}
行贿	guə^{35}ʥu^{35}
保释	tʰə^{35}ṣue^{35}
罚钱	guə^{35}tsẽ^{53}
拘留	ᴀ^{55}tÃ^{35}
逮捕	də^{55}zʅ^{35}
押解	nə^{35}si^{53}
上枷	kÃ^{55}põ^{55}

词	国际音标
手铐	lo^{35}tʰo^{53}
铁链	ʃi^{55}bẓẽ^{53}
坐牢	tṣʰə̃^{55}tõ^{55}ʥõ^{53}
越狱	tṣʰə̃^{55}tõ^{55}tʰə^{35}ɬi^{55}pᴀ^{53}
劳改	tṣʰə̃^{55}lo^{55}pʉ^{53}
探监	tṣʰə̃^{55}tõ^{55}ʥõ^{53}mə^{55}to^{53}
黑牢	tṣʰə̃^{55}tõ^{55}niɛ̃^{35}
水牢	tṣʰə̃^{55}ʧi^{55}tõ^{53}
按手印	ʒɛ^{35}tʰʉ^{55}tyɛ^{55}
死刑	tṣʰə̃^{55}kʰõ^{35}pʰẓə^{35}
砍头	kʰu^{53}kʰɑ^{53}
沉河	ʧi^{55}di^{53}
拶指（夹指酷刑）	ʒɛ^{35}ʃi^{55}tso^{55}lᴀ^{55}
指刑[1]	tᴀ^{55}mᴀ^{55}kue^{55}tᴀ^{55}
吊刑	kÃ^{55}ʧʰi^{35}
吊半边猪[2]	tiᴀ^{55}gi^{55}ṣʉ^{55}
枪毙	ᴀ^{55}tṣʰɛ^{35}sə^{35}
割鼻子	ṇi^{55}gõ^{55}kʰɑ^{53}
挖眼	nyɛ^{55}tṣʉ^{35}
抽脚筋	dẓu^{55}tṣi^{53}
打板子	pÃ^{55}tsɿ^{55}tso^{53}
烙刑	ʃi^{55}ʧy^{55}di^{55}
流放	tə^{55}tõ^{53}

C. 军事

词	国际音标
参军	nyɛ^{35}ʧʰi^{55}
当土匪	mə^{55}tsʰɛ^{55}ʃi^{53}
带兵	nyɛ^{35}ʃɛ^{55}ʃi^{53}
打仗	sɐ^{35}sɐ^{35}
吵嘴	tio^{55}tio^{55}
吵架	sɐ^{55}sɐ^{55}bẓə^{55}bẓəu^{55}

[1] 大拇指之间穿木棒。

[2] 将犯人一侧手脚的拇指（拇趾）捆在一起，然后悬吊起来，在另一侧手脚上悬挂重物。

词	国际音标
打架	ʒɛ^{35}ʒi^{35}
扭打	ɬᴀ^{55}ɬᴀ^{55}
械斗	tsᴀ^{55}tso^{55}
胜利	tʰə^{35}ko^{55}
失败	nə^{35}ni^{55}
兵	nyɛ^{35}
枪	mɑ^{35}dᴀ^{53}
炮	pʰᴀu^{35}
准星	to^{55}pie^{53}
准星前的缺口	ɣɑ^{35}ʒĩ^{35}
子弹	diᴀ^{35}wu^{35}
长矛	guẽ^{55}
大刀	pᴀ^{55}tʰõ^{55}
匕首	pʰʉ^{55}rə^{55}tsɿ^{55}
炸弹	tʂᴀ^{35}tᴀ̃^{35}
望远镜	ʤõ^{35}ʃyə^{55}

21. 教育、科技

A. 学校

词	国际音标
学校	ʤi^{35}ʤi^{35}suẽ^{55}tə̃^{55}tʂə̃^{55}
小学	ʃəu^{55}ʃye^{55}
中学	tʂõ^{55}ʃye^{55}
初中	tʂʰu^{55}tʂõ^{55}
高中	ko^{55}tʂõ^{55}
中专	tʂõ^{55}tʂuᴀ̃^{55}
大学	tᴀ^{35}ʃye^{53}
校长	ʃəu^{35}tʂᴀ̃^{53}
班主任	pᴀ̃^{55}tʂu^{55}ʐə̃^{55}
老师	piɛ^{55}mɑ^{55}
学生	piɛ^{55}tsʉ^{55}
教书	ʤi^{35}ʤi^{35}suẽ^{55}
学习	suᴀ^{55}suẽ5

词	国际音标
拜师	ᴀ^{55}sɿ^{55}ni^{55}
学艺	ʒɛ^{35}mi^{55}suᴀ^{55}suẽ^{55}
手艺	ʒɛ^{35}mi^{55}
学费	ʤi^{35}ʤi^{35}suẽ^{55}pʰu^{35}
上课	ʂᴀ̃^{35}kʰo^{55}
下课	ʃᴀ^{35}kʰo^{55}
自习	pʉ^{55}pʉ^{55}suẽ^{55}
值日	ni^{35}to^{55}tᴀ^{55}
上学	suẽ^{55}ʃi^{53}
放学	nə^{35}ɣuᴀ^{53}
迟到	tʰə^{35}nᴀ̃^{55}
早退	tʂʰõ^{55}kʰə^{35}ʂe^{53}
留堂	kʰə^{35}ʐẽ^{55}
班级	ʧʰi^{35}tse^{55}
放假	fᴀ̃^{35}ʧᴀ^{53}
暑假	ʂu^{55}ʧᴀ^{53}
寒假	xᴀ̃^{35}ʧᴀ^{53}
农忙假	nõ^{55}mɑ̃^{55}ʧᴀ^{53}
请假	ʧʰĩ^{55}ʧᴀ^{53}
留校（留守）	suẽ^{55}tʂẽ^{55}ʒõ^{35}

B. 教室、文具

词	国际音标
教室	ʧo^{55}ʂʅ^{55}
办公桌	pᴀ̃^{55}kõ^{55}sᴀ^{55}ʐɛ^{53}
讲台	ʧᴀ̃^{55}tʰᴀi^{53}
课桌（台椅相连）	tʂo^{35}tsɿ^{55}
书柜	ʤi^{35}ʤi^{35}tʂõ^{55}
书架	ʤi^{35}ʤi^{35}ʧᴀ^{55}
教鞭	to^{55}di^{53}
黑板	niẽ^{35}pᴀ^{55}
粉笔	fə̃^{55}pi^{55}
黑板擦	niẽ^{35}pᴀ^{55}ʧʰo^{35}tə̃^{53}
点名册	mᴀ̃^{55}tse^{55}ʤi^{35}ʤi^{35}
书包	ʤi^{35}ʤi^{35}po^{55}po^{55}

词	国际音标
文具盒	pi^{55}ki^{55}tɔ̃^{53}
圆规	pi^{55}ruə^{55}li^{55}
三角板	tsʰᴀ^{55}sõ^{35}zɿ^{55}
橡皮擦	ʤi^{35}ʤi^{35}ʧʰo^{55}tə̃^{53}
铅笔刀	pi^{55}ʧʰyə^{55}rə^{55}tsɿ^{55}
笔	pi^{55}
毛笔	mᴀ̃^{53}pi^{55}
钢笔	kᴀ̃^{55}pi^{55}
铅笔	ʧʰɛ̃^{55}pi^{55}
圆珠笔	jyɛ̃^{35}tʂu^{55}pi^{55}
蜡笔	lᴀ^{35}pi^{55}
水彩	ʧi^{55}tsʰuẽ^{55}
笔筒	pi^{55}tʰõ^{55}
笔帽	pi^{55}mo^{53}
笔架	pi^{55}ʧᴀ^{55}
墨	mɑ̃^{35}ʥᴀ^{55}
墨水	mɑ̃^{35}ʥᴀ^{55}ʧi^{55}
研墨	mɑ̃^{35}ʥᴀ^{55}tʂõ^{55}tĩ^{53}
舔笔	mᴀ̃^{53}ʧʰo^{53}
砚台	mɑ̃^{35}ʥᴀ^{55}sue^{55}tĩ^{53}
纸	ʃo^{35}go^{55}
白纸	ʃo^{35}go^{55}pʰʐẽ^{53}
红纸	ʃo^{35}go^{53}ni^{55}
黄纸	ʃo^{35}go^{55}ŋɛ̃^{55}
绿纸	ʃo^{35}go^{55}niɛ̃^{55}
牛皮纸	ʃo^{35}go^{55}ɣɑ^{53}
纸	sɐ^{55}rə^{55}ʃɐ^{55}jo^{53}
簿子	dʐʉ^{55}li^{55}wu^{55}
作文本	tso^{55}wẽ^{53}pĩ^{55}
大字本	tᴀ^{35}tsɿ^{55}pĩ^{55}
小字本	ʃəu^{55}tsɿ^{55}pĩ^{55}
笔记本	pi^{55}ʧi^{55}pĩ^{55}
浆糊	de^{35}ko^{55}ʐo^{55}
图钉	tʰu^{55}tĩ^{55}
订书机	tĩ^{55}ʂu^{55}ʧi^{55}

词	国际音标
书夹	ʤi^{35}ʤi^{35}tʰĩ^{55}tə̃^{53}
地图	ti^{35}tʰu^{55}
图画	re^{35}mũ^{55}

C. 读书、识字、算数

词	国际音标
文化	wẽ^{35}xuᴀ^{35}
读书人	ʤi^{35}ʤi^{35}suẽ^{55}mə^{53}
文盲	ʤi^{35}ʤi^{35}mᴀ̃^{55}mᴀ^{35}sẽ^{55}mə^{53}
读	suᴀ^{35}
默读	mu^{55}suᴀ^{35}
背书	ɬiɛ^{55}kʰuə^{55}suᴀ^{35}
报纸	po^{55}tʂʅ^{55}
墙报	ʧʰᴀ̃^{55}po^{55}
黑板报	niɛ̃^{35}pᴀ^{55}po^{55}
杂志	tsᴀ^{55}tʂʅ^{55}
书	ʤi^{35}ʤi^{35}li^{55}wu^{55}
古书	ʒɛ^{35}ni^{35}ʤi^{35}ʤi^{35}
经书	ʧʰy^{55}ʤi^{35}ʤi^{35}
草稿	dʐʉ^{35}ʧɛ^{55}
起稿子	dʐʉ^{35}ʧʰy^{55}pʉ^{53}
誊抄	dʐʉ^{35}ʂuᴀ^{55}pʉ^{53}
涂改	dʐʉ^{35}zu^{55}pʉ^{53}
字	ʤi^{35}ʤi^{35}lio^{55}
认字	ʤi^{35}ʤi^{35}to^{55}suẽ^{55}
写字	ʤi^{35}ʤi^{35}dʐʉ^{35}
画画	re^{35}mũ^{55}dʐʉ^{35}
字典	tsɿ^{55}tiɛ̃^{53}
字帖	ʤi^{35}ʤi^{35}dʐʉ^{35}ʧʰy^{53}
临帖	pi^{55}to^{55}dʐʉ^{35}
大字	ʤi^{35}ʤi^{35}lio^{55}te^{55}
小字	ʤi^{35}ʤi^{35}lio^{55}kᴀ^{55}tse^{55}
白字（别字）	mi^{55}dʐõ^{55}dʐʉ^{35}
潦草	kʰᴀ^{55}tsʰɛ^{55}dʐʉ^{35}
笔画	ʒᴀ̃^{35}bʐəu^{53}

词	国际音标
点	tiẽ^{53}
横	dzɛ̥^{55}dzɛ̥^{55}
竖	tu^{55}
撇	pʰi^{35}
捺	lᴀ^{35}
勾	kɐ^{55}rə^{55}
偏旁	piẽ^{55}pʰᴀ̃^{53}
单人旁（亻）	tᴀ̃^{55}zə̥̃^{53}pʰᴀ̃^{53}
双人旁（彳）	ʂuᴀ̃^{55}zə̥̃^{53}pʰᴀ̃^{53}
三点水（氵）	sᴀ̃^{55}tiẽ^{55}ʂue^{53}
宝盖头（宀）	po^{55}ke^{55}tʰo^{55}
竖心旁（忄）	ʂu^{35}ʃi^{55}pʰᴀ̃^{53}
右耳刀（阝）	jəu^{55}ə^{53}to^{55}
走之底（辶）	tsu^{55}tʂʅ^{55}pʰᴀ̃^{53}
绞丝旁（纟）	sɿ^{55}zo̥^{53}pʰᴀ̃^{53}
提手旁（扌）	tʰi^{55}ʂo^{55}pʰᴀ̃^{53}
草字头（艹）	tsʰᴀu^{55}tsɿ^{55}tʰo^{53}
算数	suᴀ̃^{35}su^{55}
数（数）	su^{55}su^{55}
打算盘	ʧɛ^{55}di^{53}
加	ʧᴀ^{55}
减	ʧẽ^{55}
乘	tʂʰuẽ^{35}
除	tʂʰu^{35}
等于	tə̃^{55}y^{55}
总数	tsõ^{55}su^{53}
报考	po^{55}kʰo^{53}
考试	kʰo^{55}ʂʅ^{53}
卷子	ʧyẽ^{35}tsɿ^{55}
照抄	pi^{55}to^{55}dzʉ̥^{35}
纸条	tʂʅ^{55}tʰio^{53}
满分	fə̃^{55}su^{53}tə^{55}mᴀ̃^{55}
零分	fə̃^{55}su^{53}tõ^{55}pᴀ^{55}
及格	ʧi^{55}ke^{55}
头名	tõ^{35}pu^{55}di^{35}

词	国际音标
末名	dzə̥^{35}dzə̥^{35}
通知书	pʰzə̥^{55}nõ^{55}ʤi^{35}ʤi^{35}
毕业	suẽ^{55}nə^{35}tsʰᴀ^{53}

D. 科技

词	国际音标
技术	ʧi^{35}ʂu^{53}
工厂	kõ^{55}tʂʰᴀ̃^{55}
发电厂	xuᴀ^{55}tiẽ^{55}tʂʰᴀ̃^{55}
水电站	ʂue^{55}tiẽ^{55}tʂᴀ̃^{55}
机器	ʧi^{55}ʧʰi^{55}
发电机	xuᴀ^{55}tiẽ^{55}ʧi^{55}
电动机	tiẽ^{55}tõ^{55}ʧi^{55}
柴油机	tʂʰᴀi^{55}jəu^{55}ʧi^{55}
粉碎机	fə̃^{55}sue^{53}ʧi^{55}
电脑	tiẽ^{35}lo^{55}
网络	wᴀ̃^{55}lo^{55}
上网	ʂᴀ̃^{55}wᴀ̃^{55}
卫星	we^{35}ʃi^{55}

22. 文体活动

A. 游戏、玩具

词	国际音标
玩耍	ʂɛ^{35}pʉ^{55}
好玩	ʂɛ^{35}pʉ^{55}dzu̥ᴀ^{53}
玩具	ʂɛ^{35}pʉ^{55}tə̃^{55}
跳绳	bzẽ̥^{55}ʂʅ^{55}
翻绳（用手指）	sᴀ^{35}ze̥^{55}pu^{55}liɛ^{55}
陀螺（玩具）	lᴀ^{35}so^{55}
荡秋千	li^{55}lᴀ^{55}ʂu^{55}ʂɛ^{55}
坐跷跷板	ʂə̃^{35}tso^{55}li^{55}lᴀ^{53}
抓瞎子	nyɛ^{55}ko^{55}tsᴀ^{55}tsᴀ^{55}

词	国际音标
捉迷藏	ŋᴀ^{55}ŋᴀ^{55}pʉ^{53}
老鹰抓小鸡	ro^{55}tsɿ^{55}ʐə^{55}mɑ^{55}pʉ^{53}
抓石子	jõ^{55}tsɿ^{55}rə^{55}bᴀ^{55}
传帽子	tu^{55}tu^{55}ʧo^{53}
打水漂	ʧi^{55}jõ^{55}pᴀ^{55}di^{35}
多米诺骨牌	ʥᴀ^{55}bᴀ^{55}tsi^{53}
吹口哨	ʂue^{35}ʂue^{35}pʉ^{55}
吹指哨[1]	ʐᴀ̃^{35}sue^{55}mə^{53}
吹手哨[2]	we^{55}to^{55}ʐu^{55}mə^{53} wᴀ̃^{55}wᴀ̃^{55}mə^{53}
打响指	tᴀ^{55}kue^{55}tõ^{53}
玩牌	pʰe^{35}di^{55}
扑克	pʰe^{35}
抓阄	ʒĩ^{55}di^{55}
下棋	ʧi^{55}dʐi^{53}tõ^{55}
棋子	ʧi^{55}dʐi^{53}lio^{55}
棋盘	ʧi^{55}dʐi^{53}tõ^{55}ti^{53}
象棋	ʃᴀ^{35}ʧʰi^{35}
车	ʧyi^{55}
马	mɑ^{55}
炮	pʰᴀu^{35}
□[3]	ʧi^{55}dʐi^{55}
四方棋	rə^{55}zɿ^{55}ʧɛ^{55}
一种棋名	ᴀ^{55}xĩ^{55}xĩ^{53}
一种棋名	ʥᴀ^{35}pə^{55}ʐo^{55}ʧɛ^{55}
弹弓	tᴀ̃^{35}kõ^{55}
竹枪	ʧyə^{35}tsɿ^{55}mɐ^{55}dᴀ^{55}
水枪	ʧi^{55}mɐ^{55}dᴀ^{55}
滑梯	bʐe^{55}pə^{55}tə̃^{53}
吹叶哨	sẽ^{35}pᴀ^{55}mə^{55}
踩高跷	sᴀ^{35}ɣɑ^{35}ɣɑ^{35}ʥẽ^{53}

B. 体育竞技

词	国际音标
锻炼	tuᴀ̃^{35}liɛ̃^{35}
犯规	fᴀ̃^{35}kue^{55}
运动员	jỹ^{35}tõ^{55}yɛ̃^{53}
裁判	tsʰe^{55}pʰᴀ̃^{53}
吹哨	tsʰue^{55}ʂᴀu^{53}
赢	nə^{35}ko^{55}
输	tʰə^{35}ni^{55}
打平手	ᴀ̃^{35}dʐɛ^{53}
发奖	nə^{35}ko^{55}lᴀ^{55}kʰi^{53}
奖品	ko^{55}lᴀ^{55}
球	biɛ^{55}liõ^{55}
篮球	lᴀ̃^{35}ʧʰo^{35}
足球	tʂʰʅ^{53}biɛ^{55}liõ^{53}
乒乓球	pĩ^{55}põ^{55}ʧʰo^{35}
排球	bᴀ^{35}biɛ^{55}liõ^{53}
皮球	rə^{55}biɛ^{55}liõ^{53}
打球	biɛ^{55}liõ^{55}bᴀ^{53}
抢球	biɛ^{55}liõ^{55}ʒɛ^{35}ʒi^{35}
跳远	tʂʅ^{55}kɑ^{53}
跳高	tᴀ^{55}rõ^{55}ʂʅ^{55}
长跑	dʐo^{55}dʐo^{55}
摔跤	ʃɛ^{55}ʃu^{55}
打拳	ʤyᴀ^{55}ʤy^{55}
拔河	bʐe^{55}pʐə^{55}pʐo^{53}
扳手劲	ʒɛ^{35}ʐu^{55}tʂᴀ^{55}tʂẽ^{53}
拧扁担	sᴀ^{35}po^{55}ʃɛ^{55}ʃu^{55}
游泳	ʧi^{55}ʤyə^{35}
狗刨泳	tʂʰʅ^{35}ʤyə^{35}
潜水	ʧi^{55}bu^{35}
跳水	ʧi^{55}ʂʅ^{53}

[1] 手指放嘴中。
[2] 手做共鸣腔。
[3] 一种棋类名，类似五子棋。

词	国际音标
登山	go^{35}kʰu^{53}ʃi^{55}
滑冰	bᴀ^{35}bõ^{55}bʐe^{53}
滑雪	pʉ^{53}bʐe^{53}
赛马	guẽ^{35}bʐə^{53}
举石头	ʒõ^{55}bᴀ^{55}go^{53}
拔萝卜	ɬᴀ^{35}ɬõ^{35}
打靶子	guə^{35}ʧʰõ^{55}tʂʰɛ^{53}
打石头靶子	guə^{35}ʧʰõ^{55}bᴀ^{53}
跳绳捡石头	bʐẽ^{55}ʧo^{55}ʂʅ^{53}
投掷石头	guə^{35}ʒõ^{55}bᴀ^{53}

C. 武术、歌舞、乐器

词	国际音标
翻筋斗	ko^{55}to^{55}lo^{55}pi^{55}
侧翻	pʰᴀ^{55}lᴀ^{55}lᴀ^{55}ku^{55}
倒立	kʰu^{53}tsʉ^{55}mᴀ̃^{35}lio^{55}kʰĩ^{35}
唱歌	gə^{55}gi^{53}
歌手	gə^{55}gi^{53}mi^{53}
山歌	guɛ^{35}
汉歌	ʃɐ^{35}guɛ^{35}
情歌	guɛ^{35}guɛ^{35}
高调	kɐ^{55}xiɛ^{53}
歌[1]	ᴀ^{55}li^{55}ᴀ^{55}li^{55}
歌[2]	mə^{53}ni^{55}ko^{55}pu^{53}
歌[3]	zẽ^{55}bᴀ^{55}lᴀ^{55}
歌[4]	nᴀ^{35}pu^{55}ʃo^{55}lio^{55}

词	国际音标
歌[5]	we^{55}we^{53}guɛ^{35}
歌[6]	liə^{55}ƭi^{55}
歌[7]	ᴀ^{55}ʒi^{55}xo^{55}ʒɛ^{53}
舞	ʤɛ^{35}
跳舞	ʤɛ^{35}tsʰo^{35}
舞[8]	xᴀ̃^{35}kʰe^{35}tsʰo^{35}
舞[9]	tõ^{55}bi^{55}tsɛ^{55}tsʰo^{35}
舞[10]	rõ^{55}tsõ^{55}tsʰo^{35}
三弦	sõ^{55}bo^{55}lo^{55}
口弦	kʰu^{55}kʰu^{55}
竹口弦	mɐ^{55}kʰu^{55}kʰu^{55}
铜口弦	ni^{55}kʰu^{55}kʰu^{55}
锣	ʃᴀ^{35}ŋɑ^{55}
钹	bu^{35}ʧʰu^{55}
鼓	ʥɛ̃^{53}
鼓棒	ʥe^{55}tᴀ^{53}
锣槌	ʃᴀ^{35}ŋɑ^{55}xɯ^{55}ƭi^{53}
二胡	dʐᴀ̃^{35}ni^{35}
拉二胡	dʐᴀ̃^{35}ni^{35}pʐəu^{53}
琵琶	pʰi^{35}bᴀ^{55}
口琴	ʃᴀ^{35}kʰu^{55}kʰu^{55}
芦笙	go^{35}mu^{55}ɬᴀ̃^{55}
笛子	mɐ^{55}ɬᴀ̃^{55}
唢呐	ni^{55}ɬᴀ̃^{55}
号	mɑ^{55}dõ^{53}
牛角号	kuɐ^{55}die^{55}tʂʰu^{55}bʉ^{53}

[1] 歌种之一，男女对唱。
[2] 歌种之一，欢乐的歌。
[3] 歌种之一，赞歌。
[4] 歌种之一，红歌。
[5] 歌种之一，思乡调。
[6] 歌种之一，赛歌。
[7] 歌种之一，祝福歌。
[8] 舞种之一，小姐舞。
[9] 舞种之一，洗衣物时跳的舞。
[10] 舞种之一，大麦舞。

D. 戏剧、影视

词	国际音标
舞蹈演员	tsʰᴀ^{55}tsʰo^{55}mi^{53}
幕布	ʒə^{55}
电影	tiɛ̃^{35}ʃĩ^{55}
放电影	tiɛ̃^{35}ʃĩ^{55}xuᴀ̃^{55}
照相	pᴀ^{55}di^{53}
相片	pᴀ^{55}lo^{53}

23. 行为、动作

A. 五官、动作

词	国际音标
听	sɛ^{35}ni^{55}
听见	tʰə^{35}nõ^{35}
偷听	niɛ^{35}pu^{55}sɛ^{35}ni^{55}
看	to^{53}
看见	ᴀ^{55}to^{53}tʰə^{35}ʧỹ^{53}
（从门缝）偷看	niɛ^{35}pu^{55}to^{53}
盯	ᴀ^{55}lə^{35}
瞟	nyɛ^{55}mᴀ̃^{35}to^{53}
瞪	ᴀ^{55}ʥi^{55}pʉ^{53}
闭眼	nyɛ^{55}nə^{35}mə^{35}
睁眼	nyɛ^{55}tə^{55}tʂuə^{53}
眨眼	nyɛ^{55}mə^{35}mə^{35}
眯眼	nyɛ^{55}bzɛ̹^{35}bzɛ̹^{35}
瞄准	ᴀ^{55}tsʰə^{53}
皱眉	nyɛ^{55}zõ^{55}zʉ^{35}
递眼色	nyɛ^{55}mə^{35}di^{35}
吃	ʥʅ^{53}
喝	tʰiẽ^{35}
吸（饮料）	ʃyi^{55}
尝	zu̹^{55}
嚼	ti^{55}
咬	kɑ^{35}

词	国际音标
啃	gõ^{35}kɑ^{35}
舔	dzɛ̹^{35}
含	ᴀ^{55}mu^{55}
吹	mə^{35}
吻	n̥õ^{35}n̥õ^{35}
吮（手指）	ʃyi^{55}
吐	zɛ̹^{35}ʧʰy^{53}
哈气	xo^{55}pə^{53}
（牙齿）打颤	ʂuə^{55}dzu̹e^{35}
闭嘴	n̥õ^{35}mə^{35}
张嘴	n̥õ^{35}tə^{55}kɑ^{53}
咧嘴	ʂɛ^{35}dzʅ^{55}dzʅ^{55}
噘嘴	n̥õ^{35}zõ^{55}zʉ^{35}
咂嘴	n̥õ^{35}ru^{53}
流口水	zɛ̹^{35}ɬe^{55}ɬe^{55}
吐舌头	ɬiɛ^{55}ʒə^{35}
咽	dĩ^{53}
噎	ᴀ^{55}zɛ̹^{53}
呛	kʰə^{35}nõ^{53}
呼吸	ko^{35}tsʰʉ^{53}
吸气	ko^{35}ʃyi^{55}
呼气	ko^{35}xiɛ^{35}
窒息	ko^{35}tᴀ̃^{35}
闻／嗅（气味）	n̥õ^{35}n̥yɛ^{55}
抬头	kʰu^{53}ti^{55}go^{53}
低头	kʰu^{53}nə^{35}gõ^{53}
偏头	kʰu^{53}tʰi^{35}pʰi^{35}
仰头	kʰu^{53}nə^{35}ŋɑ^{35}
点头	kʰu^{53}ɣõ^{55}di^{53}
摇头	kʰu^{53}diõ^{55}di^{53}
磕头	ɬo^{35}tso^{55}
回头	gõ^{35}nõ^{35}lə^{53}
（用头）撞	ᴀ^{55}ʤʉ^{55}
顶	ʧʰu^{35}
做鬼脸	zu^{35}dzə̹^{55}pʉ^{53}

词	国际音标
绷脸	niɛ^{35}gĩ^{55}gĩ^{55}
缩脖子	kᴀ̃^{55}də^{55}ʐõ^{53}
伸脖子	kᴀ̃^{55}kʰə^{35}ʂᴀ̃^{55}

B. 肢体动作

词	国际音标
招手	ʒɛ^{35}wu^{55}dᴀ^{53}
举手	ʒɛ^{35}go^{53}
伸手	ʒɛ^{35}ʒə^{53}
拍手	ʒɛ^{35}bᴀ^{35}tso^{55}
击掌	ʒɛ^{35}xə^{55}xɯ^{53}
鼓掌	ʒɛ^{35}bᴀ^{35}ʧi^{55}
松手	ʒɛ^{35}tʰi^{35}xiɛ^{55}
握手	ʒɛ^{55}kʰɛ^{55}kʰi^{55}
握拳	ᴀ^{55}kᴀ^{55}tsi^{53}
合手	ʧʰᴀ^{55}tsʰẽ^{53}
张开手掌	ʒɛ^{35}pə^{55}tõ^{55}nə^{35}tʂʰɛ^{55}
（手）挽手	ʒɛ^{35}ʐuᴀ^{55}ʐuᴀ^{53}
（双手）掐	ᴀ^{55}ʧi^{55}
（指尖）掐	ᴀ^{55}tui^{35}
拧	tui^{35}ʃu^{55}ʐuᴀ^{53}
捻（线头）	li^{55}liɛ^{53}
捏	ᴀ^{55}tʰĩ^{35}
（指头）摁	ᴀ^{55}nɛ̃^{35}
（指关节）叩击	ᴀ^{55}tᴀ^{35}tᴀ^{35}
（手指）弹	tᴀ^{55}tʂʰɛ^{53}
指（着）	ɬᴀ^{35}tsɿ^{55}tsi^{53}
（手指）戳	tᴀ^{55}ʧʰye^{53}
（伸手）递	kʰĩ^{35}
抬	go^{35}
扛	ʃyɛ^{35}to^{53}di^{53}
挑 / 担	tu^{55}
背（东西）	ku^{35}
摸	ᴀ^{55}guɛ^{55}
抚摩	tʰi^{35}ʃyɛ^{55}ʃyɛ^{55}

词	国际音标
触摸	ᴀ^{55}ʃɛ^{35}ʃɛ^{35}
扶	ᴀ^{55}dᴀ̃^{53}
搀扶	ᴀ^{55}dʐu^{35}
搂 / 抱	tᴀ^{55}tʂue^{53}
推	tʂʰə^{35}
拽	tᴀ^{55}pʐəu^{35}
拉	pʐəu^{35}
拖	go^{35}tsuẽ^{55}
牵 / 引（老人）	tsuẽ^{55}
拍打	bõ^{35}bi^{53}
拍（拍肩）	tiɛ^{55}bi^{53}
捋（袖）	lu^{35}li^{53}
捋（胡须）	ʃyɛ^{55}ʃyɛ^{55}
放（东西）	ti^{35}
（用拳）擂	gõ^{35}tso^{55}
（用拳）捅	ʤʉ^{55}
打	tso^{55}
掰（手指）	kuə^{35}
掴（耳光）	tᴀ^{55}bᴀ^{53}
（用双手）托	nə^{35}sᴀ̃^{35}dʐu^{53}
捧（水）	ʧʰõ^{35}
拿	kĩ^{35}
给	kʰĩ^{35}
端	ʐᴀ^{35}
提	də^{55}ʐᴀ^{53}
扔（石头）	bᴀ^{53}
投（棍棒）	bᴀ^{53}
（双手）压	nə^{35}si^{55}
（举起后）摔	bᴀ^{53}
挖	ʧuə^{55}ʧuə^{55}
举	go^{35}
摇动	lᴀ^{55}lᴀ^{55}
夹（腋下）	tʰiẽ^{35}
捉	zɿ^{55}
抓痒	tʂõ^{55}tʂi^{53}

词	国际音标
（怀）揣	bi^{35}wu^{53}ʌ^{55}ki^{53}
携带	də^{55}ʐᴀ^{53}
甩（水）	lᴀ^{55}lᴀ^{55}
扒（土）	pʰɛ^{35}pʰɛ^{35}
揉	li^{55}liɛ^{53}
撕	tʂʰe^{53}
搓	ɬi^{35}
擦（汗）	ʧʰo^{35}
掸（灰尘）	tᴀ^{35}tᴀ^{35}
走	dʐə^{55}dʐɛ̃^{53}
八字步	kʰɛ^{55}bɛ^{55}dʐɛ̃^{53}
跃 / 越	kʰə^{35}do^{35}
跳	kʰə^{35}ʂʅ^{55}
蹦	də^{55}ʂʅ^{55}
跑	dʐo^{35}
溜	ʒɛ^{55}ʧi^{53}
逃	kʰə^{35}pʰiẽ^{55}
潜逃	niɛ^{35}pu^{53}kʰə^{35}pʰiẽ^{55}
爬	ᴀ^{55}pᴀ^{55}dʐɛ̃^{55}
攀爬	bõ^{35}bĩ^{55}
追赶	di^{35}ki^{55}də^{55}mᴀ̃^{53}
跟	ʒɛ^{35}gi^{53}də^{55}mᴀ̃^{53}
踩	ʧʰo^{35}
踮	tʂʰə^{55}kʰu^{53}ʦi^{53}
跪	gəu^{35}
蹲	ʦuə^{35}ʦuə^{35}
站	tə^{55}kʰĩ^{53}
踢	ʦõ^{35}
蹭（痒）	ʥʉ^{55}
跷腿	lᴀ^{35}lo^{35}
跺脚	tʂʰʅ^{53}mõ^{55}di^{53}
蹑足	tʂʰʅ^{53}tʰie^{55}pʉ^{53}
硌脚	tʰo^{35}
坐	ʥõ^{55}
躺	ʦə^{55}

词	国际音标
趴	ᴀ^{55}pᴀ^{55}
打滚	pu^{55}liɛ^{53}
（身体）扑	nə^{35}kɑ^{55}
摔跤 / 跌跤	jõ^{55}ʝĩ^{53}
转身	gũ^{55}mu^{55}ʂᴀ^{55}ʂo^{53}
绊倒	nə^{35}du^{35}wᴀ^{53}
靠近	ᴀ^{55}tʰo^{35}ᴀ^{55}li^{55}
弯腰	ʤi^{35}kõ^{55}kõ^{55}
挺胸	kʰə^{35}tu^{55}pʉ^{53}
闪开	kʰə^{35}ʧe^{35}
挣扎	kʰə^{35}pə^{55}dʐɛ^{53}
遗失	nə^{35}mi^{53}
寻找	mə^{55}ʦe^{53}
藏（东西）	tʰə^{35}ʂu^{53}
躲藏	xᴀ^{55}pᴀ̃^{55}
堆放	xᴀ^{35}pʉ^{55}
叠	tiõ^{35}tiɛ^{53}
摞（砖）	ᴀ^{55}ɦĩ^{35}
架	ʐɛ^{35}
砌	ᴀ^{55}ɦĩ^{35}
搬	ʧɛ^{35}ʧe^{35}
挪动	tʰə^{35}lio^{35}lio^{35}
挡	ᴀ^{55}ʦʰᴀ̃^{35}
（堵）塞	ᴀ^{55}ʥu^{35}
拦截	ᴀ^{55}ʦʰᴀ̃^{35}
抢	mə^{53}ʦʰᴀ^{53}
围	ᴀ^{55}ʐuə^{55}ʐuə^{55}
捆（绑）	ᴀ^{55}ʧi^{55}ʧɛ^{55}
勒	ᴀ^{55}tʂʰi^{35}
敲打	tᴀ^{35}tᴀ^{35}
刨（皮）	ʂʅ^{55}
刮	ʐe^{53}
插	ᴀ^{55}ʧʰye^{35}
拆	kʰᴀ^{55}tʂʰɛ^{53}
撩（帘）	tə^{55}ɬe^{55}

词	国际音标
撬（门）	giɛ^{35}
揭（盖）	tə^{55}ɬe^{55}
翻	nə^{35}pu^{55}
挂	tə^{55}ʂuə^{55}
抖（袋）	to^{55}to^{55}
拄（杖）	ʧʰe^{35}bie^{55}
（棍/线）串（物）	ᴀ^{55}tʉ^{55}
垫	ᴀ^{55}ʧʰĩ^{35}
（刀）划	dʐʉ^{53}di^{35}
包	ᴀ^{55}li^{55}liɛ^{53}
领（物）	ti^{35}kĩ^{55}ʐᴀ^{53}
贴（画）	ᴀ^{55}pʰie^{35}
粘（粘贴）	ᴀ^{55}de^{35}
割	ᴀ^{55}ʒɛ^{35}
剖	nə^{35}pʰɑ^{53}
砍	tʂɛ^{53}
杀	sə^{35}
刺	ʧʰye^{35}
剁	tsi^{55}kɑ^{53}
锯	tʂʰi^{55}tʂʰɛ^{53}
劈（柴火）	pʰɑ^{55}
剥	ɬiõ^{53}
削（削皮）	tʰə^{35}ʃyɛ^{35}
折断（竿）	nə^{35}tʂẽ^{55}
磨擦（手掌）	ʧʰo^{35}ʧʰo^{35}
磨破	ʧʰo^{35}ʧʰo^{35}tʰə^{35}ʤõ^{55}
锉	sue^{35}
钻	ʤõ^{55}ʧʰõ^{53}
嵌/镶	due^{53}
镀	mo^{55}
铸	ʤi^{35}
缲边/绗	kʰie^{35}mi^{53}
漆（动词）	tʰie^{35}
修	tʰiõ^{35}
雕	kuə^{35}

词	国际音标
搓（绳）	ɬi^{35}
钉（钉子）	lᴀ^{35}
绞	ʧo^{53}
箍（动词）	ʧʰi^{35}
装（袋）	gi^{35}
卷（席子）	kuə^{55}li^{53}
盖（动词）	ᴀ^{55}kue^{53}
遮盖	ᴀ^{55}pʰõ^{35}
蒙（眼）	ᴀ^{55}kue^{53}
捂	ᴀ^{55}mõ^{35}mõ^{35}
封	nə^{35}mõ^{55}
榨（油）	nẽ^{53}
碾	ɦi^{55}
（东西）压（着）	nə^{35}si^{53}
抹	ly^{35}lyə^{55}
洗	tse^{55}
染	tõ^{55}

C. 心理动作

词	国际音标
觉得	gõ^{35}wu^{53}
理睬	ʧɛ^{55}pu^{53}
不理	ʧɛ^{55}pu^{53}mᴀ^{35}kʰu^{55}
知道	mᴀ̃^{35}sẽ^{55}
以为	to^{55}kʰo^{53}
认得	mᴀ̃^{35}sẽ^{55}
懂	ᴀ^{55}jõ^{55}ʃi^{35}
笑	ʂɛ^{35}
嘻笑	gu^{35}ʂɛ^{35}
微笑	ʂɛ^{35}zɿ^{55}zɿ^{55}
傻笑	bɛ^{55}ʂɛ^{35}
伤心	kʰuə^{55}ni^{55}
后悔	mi^{55}dʐõ^{55}tʂẽ^{53}
哭	kue^{53}
抽噎	kue^{53}ʂʅ^{55}tuə^{55}

词	国际音标
号啕大哭	kue^{53}sɿ^{35}pʉ^{55}rə^{55}
流泪	nyɛ^{55}bzẹ^{55}tʂʰə^{55}
生气	kʰõ^{35}ni^{55}
愤怒	də^{55}kʰõ^{35}ni^{55}
恼火	kʰuə^{55}pu^{53}mə^{55}ʥõ^{55}
发脾气	tsẽ^{55}tsõ^{53}pʉ^{53}
出气	ᴀ^{55}to^{55}ʧʰi^{53}
怄气	kʰõ^{35}ni^{55}zʅ^{55}rə^{53}
憋气	ᴀ^{55}dẓu^{35}ti^{55}
忍气	ni^{35}pʉ^{53}
赌气	tʰə^{35}kʰo^{35}
消气	kʰõ^{35}ni^{55}tʰə^{35}dẓõ^{55}
讨厌	ʂʉ^{55}ẓo^{35}
恨	lə^{55}ʥɿ^{55}
害怕	gə^{35}
胆大	kʰuə^{55}te^{53}
胆小	kʰuə^{55}kᴀ^{55}tse^{55}
壮胆	kʰuə^{55}ki^{53}
吓（人）	nə^{35}ʂo^{53}
忍耐	ᴀ^{55}tsᴀ^{55}tsẽ^{53}
喜爱	giɛ^{55}pʉ^{53}
喜欢	gu^{35}
爱惜	tsᴀ^{55}pu^{53}kʰu^{55}
疼爱	giɛ^{55}
心痛	kʰuə^{55}ni^{55}
娇惯	nə^{35}kʰu^{53}lə^{53}
依从	ni^{55}ʥu^{53}ʧʰi^{35}
撒娇	mɐ^{55}ʂẽ^{55}pʉ^{53}
为难	pʉ^{55}mᴀ^{55}ʤyᴀ^{53}
着急	bi^{55}
担心	kʰuə^{55}po^{55}mᴀ^{55}ʤyᴀ^{53}
费心	ni^{35}kɛ^{55}liɛ^{53}
操心	kʰuə^{55}ʂʉ^{55}
放心	kʰuə^{55}ʤyᴀ^{53}
惊吓	tᴀ^{55}tʰo^{53}

词	国际音标
轻视 / 看低	di^{35}mᴀ^{35}ʧɛ^{55}
羡慕 / 想	mə^{55}giɛ^{35}
抱怨	kuᴀ^{35}dẓẽ^{55}ti^{55}
责怪	kuᴀ^{35}dẓẽ^{55}kʰə^{35}ti^{55}
愿意	lᴀ^{55}giɛ^{53}
注意	tʰie^{55}pu^{53}
想	su^{55}dio^{53}
想主意	ʧʰɛ^{35}ẓɛ^{35}pʉ^{53}
要	kʰo^{35}
试	ᴀ^{55}ŋuə^{35}ŋuə^{35}
猜	mie^{55}də^{55}ke^{55}
估量 / 估计	ʧʰi^{55}ni^{55}
预料 / 料想	dẓẽ^{35}bᴀ^{55}
相信	ʤĩ^{55}ʒo^{53}
怀疑 / 生疑	də^{55}ke^{55}ʃɛ^{55}ẓɛ^{53}
默想 / 沉思	gõ^{35}tuᴀ̃^{55}
发呆	nə^{35}gõ^{35}
犹豫	su^{55}dio^{55}ʧʰõ^{53}
想念	se^{55}
挂念	kʰuə^{55}pu^{55}kiɛ^{55}liɛ^{53}
盼望	dẓõ^{35}ke^{55}
记住	tʂẽ^{35}pu^{53}
记得	tʂẽ^{35}
忘记	nə^{35}mᴀ̃^{55}
回忆	də^{55}tʂẽ^{55}
想起	ᴀ^{55}su^{55}dio^{55}kʰə^{55}
假装 / 装作	kɐ^{55}pʉ^{53}
隐瞒	nə^{35}tʂu^{55}

D. 言语、动作

词	国际音标
说	ʧi^{35}
话	kuẽ^{55}ʧi^{55}
说话	kuẽ^{55}ʧi^{55}ʧi^{35}
声音	tʂʰuə^{55}

词	国际音标
口气	kʰɛ^{55}
试探口气	kʰɛ^{55}ʃɛ^{55}ʃɛ^{55}
胡说	ᴀ^{55}mə^{55}ʒi^{35}ʧi^{35}
告诉	tʰie^{35}ʧi^{35}
说谎	ts̢ᴀ^{55}pʉ^{53}
谎话	ts̢ᴀ^{55}kʰᴀ^{55}ʒɛ^{53}
笑话	s̢ɛ^{35}kuẽ^{55}ʧi^{35}
	tʰᴀ^{55}lo^{53}pʉ^{53}
耳语	pʰə^{55}ʃõ^{53}kʰə^{35}ʃi^{55}
下流话	ɬiɛ^{55}dz̢ə̢^{55}ʧi^{55}
说粗话	ɬiɛ^{55}dz̢ə̢^{55}kuẽ^{55}ʧi^{55}
说坏话	dz̢ə̢^{55}dz̢ə̢^{55}kuẽ^{55}ʧi^{55}
喊	ko^{55}z̢e^{53}
呼喊	tʰə^{35}ko^{55}z̢e^{53}
唠叨	wᴀ^{35}ʧi^{35}wᴀ^{35}lo^{53}
谈天	də^{55}z̢ɛ^{35}tᴀ^{55}tõ^{53}
闲聊	də^{55}z̢ɛ^{35}tõ^{53}
故事	ʒɛ^{35}ni^{35}
讲古	ʒɛ^{35}ni^{35}xĩ^{55}
开玩笑	z̢ʉ^{35}ɬi^{55}
吹牛 / 夸口	kᴀ^{55}dz̢u̢^{53}pʰie^{55}
发誓	kʰɛ^{55}ɬi^{53}
问	tuə^{55}tuə^{55}
回答	kʰɛ^{55}pʰu^{55}
顶嘴	dᴀ^{55}du^{55}
啰嗦	wᴀ^{35}lo^{55}
多嘴	ɬiɛ^{55}ʒi^{35}
嘴甜	ɬiɛ^{55}tʰə^{35}
学舌	ɬiɛ^{55}dỹ^{53}
骂	mᴀ̃^{55}s̢e^{53}
吓唬	pə^{55}s̢e^{53}
诅咒	wᴀ^{55}we^{53}

词	国际音标
唆使	ʧʰõ^{35}ʧʰue^{55}
哄	kᴀ^{35}kɛ^{35}
商量	wᴀ^{35}wᴀ^{35}
表扬 / 称赞	dz̢õ^{35}k^{ħ}ĩ^{55}
批评	mᴀ^{35}dz̢õ^{35}k^{ħ}ĩ^{55}
安慰	ts̢uᴀ^{35}ts̢uᴀ^{35}
挖苦	dz̢ə̢^{35}ni^{55}z̢e^{55}pʉ^{53}
叮嘱	ʥi^{55}ʥi^{55}tõ^{53}
报信	pʰz̢ə̢^{55}z̢ᴀ^{53}
报喜	pʰz̢ə̢^{55}ʧʰy^{55}z̢ᴀ^{53}
答应	kʰɛ^{55}tə^{55}pʰu^{55}
松口	ʃo^{55}ʃye^{55}rə^{53}
翻译	pʰu^{35}
顶替	ʧʰo^{35}xiɛ^{55}
换	guə^{55}
添加	dᴀ^{55}dõ^{53}
填	tõ^{55}pᴀ^{55}
变（作）	mᴀ^{35}ʃɛ^{55}
阻止	ᴀ^{55}ʦʰɛ̃^{35}
限定	ti^{55}tᴀ^{35}kʰo^{35}
耽误	giɛ^{55}giɛ^{55}
碍（事）	mᴀ^{35}dz̢u̢ᴀ^{53}
拖延	gõ^{35}nõ^{35}ts̢ʰə^{53}
归拢	tʰə^{35}ko^{55}lio^{55}
旋转	ʧɛ^{55}wᴀ^{53}
接受	də^{55}kĩ^{55}
留	kʰə^{35}ti^{35}də^{55}
逗（小孩）	kʰuə^{55}dz̢ə̢^{53}pʉ^{53}
拼合	ʃə^{55}ʃu^{53}
挑选	tʰə^{35}tʰi^{55}
使用	z̢ə̢^{55}z̢ᴀ^{53}
合拢	ᴀ^{55}tʰᴀ^{35}tʰo^{35}

24. 人称、指代

A. 人称

词	国际音标
我	ᴀ^{55}
你	ni^{35}
他	ʦõ^{55}
我俩	ᴀ^{55}zẽ^{35}
咱俩	ni^{35}zẽ^{35}
他俩	ʦõ^{55}zẽ^{35}
哥俩	pe^{55}kuẽ^{55}zẽ^{35}
我们	ᴀ^{55}rə^{55}
你们	ni^{35}rə^{55}
他们	ʦõ^{55}rə^{55}
咱们	jĩ^{35}rə^{55}
人们	mə^{55}rə^{55}
我的	ᴀ^{55}də^{55}
你的	niɛ^{53}də^{55}
他的	ʦõ^{53}də^{55}
咱们的	jĩ^{35}rə^{55}də^{55}
我们的	ᴀ^{55}rɛ^{55}də^{55}
他们的	ʦõ^{55}rɛ^{55}də^{55}
自己	pu^{55}gɯ^{35}
别人	mə^{53}rə^{53}
大家	mə^{53}so^{53}
每人	mi^{53}ti^{53}
人人	mə^{55}lo^{35}wᴀ^{35}

B. 指代

词	国际音标
这	tie^{53}
那（远指）	ə^{55}tie^{55}
这里	tie^{55}be^{55}
那里（远指）	ə^{55}be^{55}
这些	tie^{55}rə^{55}
那些（远指）	ə^{55}be^{55}tie^{55}rə^{55}
这个	tie^{53}
那个（远指）	ə^{55}be^{55}ə^{55}ti^{55}
这边	tie^{55}ʧ^{h}ye^{53}
那边（远指）	ə^{55}bie^{55}ʧ^{h}ye^{53}
这次	tie^{55} tᴀ^{55}k^{h}e^{55}
那次	ə^{55}bie^{55}tᴀ^{55}k^{h}e^{53}
这种	tie^{55}tᴀ^{55}bɛ^{55}
那种	bie^{53}tie^{53}tᴀ^{55}bɛ^{55}
这头	tie^{55}wu^{53}
那头	ə^{55}bie^{55}wu^{53}
这样	tie^{55}tᴀ^{55}ʦ^{h}õ^{53}
那样	bie^{55}tie^{53}tᴀ^{55}ʦ^{h}õ^{53}
别样	ni^{55}ni^{55}tᴀ^{55}ʦ^{h}õ^{53}
这么	ə^{55}
这么多	ə^{55}ʦ^{h}ue^{55}tie^{53}te^{53}
那么多	ə^{55}bie^{55}ə^{55}ʦ^{h}ue^{55}tie^{55}te^{55}
这段	tie^{55}tᴀ^{55}ʦe^{35}
那段	ə^{55}bie^{55}tᴀ^{55}ʦe^{35}
这天	tie^{55}tᴀ^{55}nə^{53}
那天	ə^{55}bie^{55}tᴀ^{55}nə^{53}
这会儿	tie^{55}tᴀ^{55}ʈʂ^{h}ə̃^{35}ti^{53}
那会儿	ə^{55}bie^{55}tie^{55}tᴀ^{53}ʈʂ^{h}ə̃^{35}ti^{53}
别的（东西）	bie^{55}ni^{55}

C. 疑问

词	国际音标
哪个	ə^{55}kɯ^{55}ti^{53}
哪里	ə^{55}kɯ^{55}ʤe^{53}
哪些	ə^{55}tie^{55}rə^{55}
哪样	ə^{55}kɯ^{55}tie^{53}ʧ^{h}y^{53}
哪年	ʧ^{h}i^{35}k^{h}e^{55}tiᴀ^{55}ko^{53}
哪种	ə^{55}kɯ^{55}ti^{55}tᴀ^{55}bɛ^{53}
哪天	ʧ^{h}i^{35}k^{h}e^{55}tᴀ^{55}nə^{53}
谁	xie^{55}
谁的	xie^{55}də^{53}

词	国际音标
什么	mie^{53}
什么时候	ʧʰi^{35}kʰe^{53}
做什么	mie^{55}pə^{55}rõ^{53}
为什么	mie^{55}tɕɛ^{53}
怎么	mie^{55}tʂõ^{35}
怎么做	mie^{55}tʰə^{55}pʉ^{53}
怎样	ʧʰi^{35}ni^{55}
多少	ʧʰi^{35}tsʰe^{35}
多少人	mi^{53}ʧʰi^{35}tsʰe^{35}
几个	ʧʰi^{35}te^{53}
多少斤	ʧʰi^{35}dʐʅ^{53}
多久	ʧʰi^{35}ʂẽ^{55}

25. 性状、情态

A. 事物形态、性状

词	国际音标
大	te^{55}
小	kᴀ^{55}tse^{55}
长	ʂᴀ̃^{55}
短	tsʰõ^{55}
短短的	tsʰõ^{55}liɛ^{55}liɛ^{55}
高	guẽ^{55}
矮	ʤyɛ^{55}
矮墩墩	ʤyɛ^{55}li^{55}li^{55}
低	ʤyɛ^{55}
粗	bʐẽ^{55}
细	tsʰẽ^{35}
（粒）粗	bʐẽ^{55}
（粒）细	tsʰẽ^{35}
宽	po^{55}
窄	ʂʅ^{55}
宽敞	gə^{35}ʝĩ^{55}
狭窄	ʐẽ^{55}ʐẽ^{55}

词	国际音标
方	rə^{55}zɿ^{55}
四四方方	rə^{55}zɿ^{55}tᴀ^{55}tᴀ^{55}
圆	ʐuə^{35}ʐuə^{35}
圆溜溜	ʐuə^{35}li^{55}li^{55}
扁	pᴀ^{55}liɛ^{55}liɛ^{55}
凸	bu^{55}bu^{55}
凹	kue^{35}li^{53}
鼓	biɛ^{55}bi^{55}
瘪	xo^{53}
厚	ɣᴀ^{35}
薄	bʉ^{55}
平	kuᴀ̃^{55}
平坦坦	kuᴀ̃^{55}li^{55}li^{55}
皱	zõ^{55}zʉ^{53}
皱巴巴	zõ^{55}zõ^{55}zʉ^{53}zʉ^{53}
陡	dõ^{35}
直	tu^{55}
笔直	tᴀ^{35}tu^{55}tᴀ^{35}tu^{55}
弯	ʧo^{53}
弯弯曲曲	ʧo^{53}ʧo^{53}wᴀ^{55}wᴀ^{55}
正	tə^{55}tu^{55}/rə^{55}
反	nõ^{53}
斜	ʤĩ^{35}ʤĩ^{35}
倒	bie^{53}
歪	pʰi^{35}
横	dʐɛ^{35}dʐɛ^{35}
竖	tu^{55}
硬	tʂõ^{53}
硬邦邦	tʂõ^{53}tᴀ^{55}tᴀ^{55}
软	pu^{53}
软绵绵	pu^{53}liɛ^{55}liɛ^{55}
韧 / 柔	tʂʰuẽ^{55}kue^{55}
酥	tʂʰi^{55}
死	sɿ^{35}
活	sɿ^{55}

词	国际音标
活蹦乱跳	ʂʅ^{55}kᴀ^{53}
脆	tʂ^{h}i^{55}
脆生生	tʂ^{h}i^{55}sᴀ^{55}sᴀ^{55}
紧	tʃ^{h}i^{35}tʃi^{55}
松	ʒyɛ^{55}liɛ^{55}
松垮垮	k^{h}ᴀ^{55}bo^{55}bo^{55}
松散	kᴀ^{55}dʐɛ^{53}
远	ʐɛ^{55}
近	nə^{53}
快	tʂ^{h}õ^{55}
慢	nᴀ̃^{53}
难	kᴀ^{55}liɛ^{53}
慢腾腾	nᴀ̃^{53}ʒo^{55}ʒo^{55}
迟	nᴀ̃^{53}
早	tsuɛ^{55}
久	ʂᴀ̃^{55}
重	le^{55}
沉甸甸	le^{55}kɑ^{55}kɑ^{55}
轻	ʒĩ^{35}
轻飘飘	ʒĩ^{35}liɛ^{55}liɛ^{55}
缓	ʂuᴀ^{55}
急	tʂ^{h}õ^{55}
易	ʑᴀ^{35}ʑə^{53}
急忙忙	bĩ^{55}bĩ^{55}ʒõ^{55}ʒõ^{55}
忙	bĩ^{55}
闲	ʐu^{55}
新	ʃi^{35}
崭新	ʃi^{35}tsə^{55}tsə^{55}
旧	gu^{53}
破	dʒõ^{53}
深	xo^{35}
浅	bʉ^{53}
清	ʂõ^{55}
齐	tu^{55}
浊	tʃ^{h}yə^{55}mᴀ^{35}rᴀ̃^{53}

词	国际音标
纯	xõ^{35}xõ^{35}mᴀ^{35}kue^{55}
杂	xõ^{35}xõ^{35}kue^{55}
稠	dʑʉ^{35}
稀疏	dʐẽ^{35}
黏（手）	de^{35}
黏糊糊	de^{35}nᴀ̃^{55}nᴀ̃^{55}
满	sʉ^{55}
空	tõ^{55}pᴀ^{55}
（菜）老	tʂẽ^{55}
（人）老	ʃɛ^{55}
嫩	pu^{55}liɛ^{55}liɛ^{55}
细嫩	niõ^{55}lo^{53}
生	sɿ^{55}sɿ^{55}
熟	mĩ^{35}
熟透	mĩ^{35}t^{h}ə^{35}ʒɛ^{53}
齐全	ᴀ^{55}ts^{h}õ^{55}
整齐	zɿ^{55}rə^{55}
整整齐齐	zɿ^{55}rə^{55}rə^{55}
乱	pʉ^{55}tso^{53}
（头发）乱蓬蓬	p^{h}ɑ^{55}ts^{h}ᴀ^{55}ts^{h}ᴀ^{55}
乱哄哄	tʂ^{h}ᴀ^{55}tʂ^{h}o^{53}
多	ʒi^{35}
少	ni^{55}
足	liɛ^{55}liõ^{53}
缺	mᴀ^{35}liõ^{55}
尖	tʃ^{h}ɛ^{55}
锋利	tʃ^{h}ɛ^{55}
钝	ɣo^{35}dʉ^{53}
干	ɣu^{53}
枯	ɣu^{53}
湿	dʑẽ^{53}
湿淋淋	dʑẽ^{53}lᴀ^{55}lᴀ^{55}
潮	dʑẽ^{53}
胖	ts^{h}ɿ^{35}
（肉）瘦	ʂʅ^{55}

词	国际音标
（人）瘦	dʐo^{55}
（膘）肥	mõ^{55}
壮	ʥi^{55}
真	ʤĩ^{53}
假	tʂə^{53}
善	ʧ^{h}y^{53}
恶	dʐə^{35}
好	ʧ^{h}y^{53}
坏	dʐə^{35}dʐə^{35}
坏透的	dʐə^{35}ʐo^{35}
不错	mᴀ^{35}ʧ^{h}y^{53}
不顶事	lo^{55}mᴀ^{35}to^{55}
凑合	xᴀ^{35}ʧɛ^{55}
勉强	xᴀ^{35}ʧɛ^{55}
对	dʐõ^{35}
错	mi^{55}dʐõ^{35}
光滑	nõ^{55}liɛ^{55}liɛ^{55}
粗糙	k^{h}ᴀ^{55}tʂ^{h}ɛ^{55}tʂ^{h}ɛ^{55}
（毛衣）扎	su^{35}
烂	ʤyi^{35}
霉烂	ᴀ^{55}ʃõ^{55}p^{h}ɑ^{35}
烂稀稀	ʤyi^{35}ʧɛ^{55}ʧɛ^{55}
朽 / 腐烂	ᴀ^{55}k^{h}u^{55}ᴀ^{55}ʤyi^{35}
焦	ᴀ^{55}k^{h}e^{35}
（果实）累累	bᴀ^{55}k^{h}e^{35}k^{h}e^{35}
颤	dʐue^{35}
阴沉	ᴀ^{55}mu^{55}
阴森森	ʦ^{h}e^{35}kə^{53}
干净	ʂõ^{55}
干干净净	ʂõ^{55}ʂõ^{55}niɛ^{55}niɛ^{55}
脏	dʐɛ^{35}
脏兮兮	dʐɛ^{35}ʒo^{55}ʒo^{55}
安静	bõ^{55}bõ^{55}
静悄悄	bõ^{55}ʒo^{55}ʒo^{55}
热闹	ʂᴀ^{55}pʉ^{55}ʂɛ^{55}ʧ^{h}ĩ^{55}

词	国际音标
冷清	bõ^{55}kõ^{55}kõ^{55}
清楚	tᴀ^{35}ʦɛ^{55}
模糊	bᴀ^{55}ɤə^{55}ɤə^{55}
合适	ti^{55}tᴀ^{53}
准（确）	ʦ^{h}uẽ^{35}
方便	dʐuᴀ^{55}
零碎	pə^{35}ʐɛ^{35}
牢固	ɬi^{55}
经用	ʐᴀ^{55}ʐᴀ^{55}ʧ^{h}õ^{53}
贵	p^{h}u^{35}te^{55}
珍贵	p^{h}u^{35}kue^{55}
便宜	p^{h}u^{35}ʤẽ^{55}
贱	ʦɿ^{55}ʤẽ^{55}
暖烘烘	tʂu^{55}xᴀ^{55}xᴀ^{55}
热乎乎	ʃo^{35}lio^{55}lio^{55}
滚烫	pei^{55}lio^{55}lio^{55}
冷冰冰	kõ^{55}ʒo^{55}ʒo^{55}
平常	ʐõ^{35}ʧỹ^{53}
奇怪	k^{h}ɛ^{35}k^{h}e^{55}ti^{53}
可惜	ʧ^{h}ᴀ^{55}pɑ^{53}

B. 样貌、品性

词	国际音标
胖乎乎	tio^{55}lio^{55}lio^{55}
肥墩墩	tu^{55}lu^{55}lu^{55}
瘦精精	dʐɛ^{35}lᴀ^{55}lᴀ^{55}
壮实	kuᴀ^{55}ʤɛ^{53}
硬朗	ʐu^{35}tʂ^{h}uẽ^{55}
粗大	bʐə̃^{53}te^{55}
高大	guẽ^{55}te^{53}
直挺	gũ^{55}mu^{55}tu^{55}
漂亮	giɛ^{55}
漂漂亮亮	kə^{53}kə^{53}ʒo^{55}ʒo^{55}
顺眼	ʒɛ^{35}ʒi^{35}
娇滴滴	ʧɛ^{55}ʥɿ^{55}mɑ^{53}

词	国际音标
帅	mə55dʑi55
丑陋	zu35dẓə35xuᴀ35dẓə35
干瘦	tᴀ55gu55
消瘦	nə35tṣo55
憔悴	to55mᴀ35kᴀ55
年轻	phzɛ35thə55
流利	ɬiɛ55dẓuᴀ55
麻利	tsᴀ53ʒo53
机灵	thie55
聪明	dẓə35
勤快	tṣhõ55ʒõ55
能干	pʉ55thõ35
有本事	ʒɛ55go55ʃi35
懒惰	mᴀ55dʑue53
傻	bɛ55
傻子（男）	tsʉ55gõ53
傻子（女）	mi55gõ53
傻乎乎	gõ55gõ55lᴀ55lᴀ55
呆头呆脑	bɛ55kɛ55kɛ53
次（迟钝）	dõ35lõ35
呆板	tᴀ55mᴀ35sẽ55
死心眼	mᴀ̃35nᴀ̃55nõ55
老实	tu55
可怜	khui35
节俭 / 节约 / 省	po35pʉ55
浪费	ʧhᴀ55pᴀ55
正派	tu55mə53
正当	tu55ẓuə55dẓɛ̃53
显摆 / 炫耀	xuɛ55
糊涂	mu55di53
老练	mə55sʉ55
有把握	ɣᴀ35ʒõ35ʃi35
厉害	dzɛ55zo35
狡猾	phᴀ55li55tshᴀ55ɫi55
阴险 / 阴毒	khuə55dẓə35

词	国际音标
刻薄	ʒo35die35
狠毒	tsẽ55tsõ53mɑ53
心肠	ʧyi55ṣᴀ̃55
心事	khuə55lo55ʃi55
好心	khuə55ʧhy55
小气	ʒɛ35kᴀ55tse55
大方	ʒɛ35te55
乖	ko55lo55ṣʉ55
听话	kuẽ55ʧi55nĩ35
害羞	ʧhɛ35bi55diõ53
耐心	dʑue55zo35
顽皮	the35
粗鲁	ʒɛ35tsõ53
蛮横	khᴀ55tshᴀ55mɑ53
凶猛	dẓə35
脸皮薄	niɛ55dẓə55
脸皮厚	niɛ55tṣõ53
讨打	rõ55mə55ʃi53
正经	mə55tu55ẓõ35tu55
不正经	mᴀ35ẓõ35tu55
下贱	kᴀ55dʑʅ55mɑ53
无耻	ʧhɛ35mɛ55mᴀ35sẽ55
混账	ni35ɬiɛ55tṣhə53
残忍	khuə55niɛ35
宽宏大量	ṣʉ55dio53gə35ʒĩ55
软心肠	ʧhy55kue55
逞强	liɛ55mᴀ35tᴀ53
软弱	pu53
大胆	khuə55te55
拘束	ʧhɛ35bi55diõ53
泼辣	pho55pho55ʃo55ʃo55
不耐烦	thie35khe55
磨蹭	do55nᴀ̃55
拖拉	bə35bə35tsuẽ55tsuẽ55
碍手碍脚	mᴀ35wə55ʧhi55wə55

C. 心态、情感

词	国际音标
高兴	go^{35}
欢欢喜喜	ʂʉ^{35}ʂʉ^{35}giɛ^{55}giɛ^{53}
满意	gõ^{35}wu^{53}ʃi^{55}
开朗	gĩ^{35}
称心	kʰuə^{55}po^{55}ʧʰõ^{53}
幸灾乐祸	ni^{55}giɛ^{35}
烦躁	gõ^{35}mᴀ^{35}ʐu^{55}
难过	kʰuə^{55}mᴀ^{35}ʤyᴀ^{53}
难受	mᴀ^{35}ʤyᴀ^{53}
愁	ʧʰi^{55}sɿ^{55}
羞	tʂʰɛ^{35}
羞耻	kõ^{55}ʥẽ^{55}
发蒙	tʰə^{35}xõ^{35}
昏昏沉沉	xõ^{35}xõ^{35}lo^{55}lo^{55}
亲	tʰiõ^{55}
和睦	tʰiɛ^{55}tʰiõ^{55}
熟识	pʰʐə^{55}ʧʰõ^{53}
健忘	mᴀ̃^{35}diõ^{35}
生疏	mᴀ^{35}pʰʐə^{55}ʧʰõ^{53}
孤独	mə^{55}tie^{53}
粗心	kʰuə^{55}po^{53}mᴀ^{35}kue^{55}
大意	nə^{35}nõ^{53}
小心	kʰuə^{55}kᴀ^{55}ʦe^{55}
偏心	ʧʰyə^{55}tʂʰuᴀ^{53}
私心	pʉ^{55}su^{55}dio^{53}
心焦	ʧʰi^{55}sɿ^{55}
慌张	ʦʰẽ^{35}bĩ^{55}pʉ^{53}
安心	kʰuə^{55}ʐu^{53}
中意	kʰuə^{55}po^{55}ʧʰõ^{53}
轻松	ʦẽ^{55}ʦẽ^{55}
顺手	ʒɛ^{35}ʤyᴀ^{53}
空闲	ɬõ^{55}kʰe^{55}
自在	pə^{55}ʥu^{53}

词	国际音标
舒服	ʤyᴀ^{55}ʐo^{35}
累	dio^{55}
辛苦	kᴀ^{55}liɛ^{53}

D. 世道、境况

词	国际音标
光荣	kuᴀ̃^{55}ʐõ^{53}
光明	kuᴀ̃^{55}mĩ^{53}
先进	rə^{55}tʰə^{35}ʦẽ^{55}
	ʃɛ̃^{55}ʧĩ^{53}
落后	kʰə^{35}ʐə̃^{53}
	lo^{35}xo^{35}
团结	dʐi^{53}ʒyɛ^{55}
太平	dʐʅ^{35}xo^{55}
平安	xo^{55}xo^{55}dᴀ^{55}dᴀ^{55}
安乐	ʥẽ^{55}ʤyᴀ^{53}
齐心	kʰuə^{55}ti^{35}
积极	ʧi^{55}ʧi^{35}
消极	ʃəu^{55}ʧi^{35}
进步	ʧĩ^{35}pu^{55}
倒退	nõ^{35}nõ^{35}ʧe^{55}
前进	ʧʰɛ̃^{35}ʧĩ^{55}
后退	gõ^{35}nõ^{35}tʂʰə^{53}
衰落	ni^{35}ʧʰo^{53}
成功	kʰə^{35}tʰũ^{55}
兴旺	tə^{55}bə^{53}
困难	ni^{35}ʧʰo^{35}pʉ^{53}
麻烦	kᴀ^{55}liɛ^{53}
贫穷	nə^{35}pʰʉ^{35}
富裕	ti^{55}dĩ^{53}
公平	duẽ^{35}bᴀ^{53}
平等	tᴀ^{55}dʐɛ^{55}dʐɛ^{55}
努力	ʧʰi^{55}gu^{55}ʧʰi^{55}tʰᴀ^{55}
自觉	ʦɿ^{55}ʧye^{53}

词	国际音标
保守	kʰuɛ55ṣu55
反动	dᴀ55du53
分裂	fẽ55li53
动乱	tʰə35tṣʰɛ55tṣʰu55
戒严	tṣʰɛ55pʉ53
紧急	bĩ55ẓo35
紧张	tsʰẽ55zɛ53
恐怖	kʰõ55pu55

E. 色、味

词	国际音标
明亮	ʤỹ35
通明	ʤỹ35ʒĩ55ʒĩ55
亮堂堂	ʤỹ35ʒɛ55ʒɛ53
亮晶晶	bo55wᴀ̃55wᴀ̃55
明显	tṣɛ55
清楚	tṣɛ55ẓo35
颜色	do35kʰɛ55
花哨	tᴀ55bɛ55ʒi35
褪色	nə35ʧyɛ53
红	ni55
深红	ni55ẓo35
大红	ni55kõ55kõ55
粉红	ʧʰyə55ẓẽ55do53
通红	lə35wᴀ35ni55
猪肝红	tsuẽ55do53ʧĩ53
浅红	ni55pẓə55pẓə55
红彤彤	ni55lio55lio55
花红	ni55ẓo55ẓo55
白	pʰẓẽ55
雪白	pʉ53pʰẓẽ55
苍白	tə55pʰẓẽ55si53
灰白	lyə55tio55tio53
白皑皑	pʰẓẽ55ʧɛ55ʧɛ55
白花花	pʰẓẽ55lio55lio55
花白	pʰẓẽ55ẓo55ẓo55
黑	niɛ̃35
黑乎乎	niɛ̃35pʰu55pʰu55
□[1]	niɛ̃35ku55ku55
□[2]	niɛ̃35dᴀ̃55dᴀ̃55
黑黑的	niɛ̃35lio55lio55
□[3]	niɛ̃35ẓo55ẓo55
绿	niɛ̃55
草绿	gõ35do55ʧĩ55
水绿	ʧi55do55ʧĩ55
浅绿	niɛ̃55pẓə55pẓə55
绿油油	niɛ̃55kuᴀ̃55kuᴀ̃55
花花绿绿	niɛ̃55ẓo55ẓo55
蓝	mə55ni55do55ʧĩ55
浅蓝	mə55do53ʧĩ55ni55pẓə55pẓə55
天蓝	mə55do55ʧĩ55
海蓝	niɛ35mə55do53ʧĩ55
紫	gɛ35ʃo35do55ʧĩ55
灰	lyə55do53ʧĩ55
黄	ŋɛ̃35do55ʧĩ55
深黄	ŋɛ̃35dõ55dõ55
浅黄	ŋɛ̃35pẓə55pẓə55
金黄	ŋɛ̃35ko55ko55
黄澄澄	ŋɛ̃35kuᴀ̃55kuᴀ̃55
味道	mu55tsõ53
气味	rə35nᴀ̃55
臭味	rə35nᴀ̃55

[1] 黑里带白。
[2] 黑里带红。
[3] 黑里有白花。

词	国际音标
香味	ʂe^{55}mu^{55}
淡	mu^{55}mᴀ^{35}tsõ^{53}
咸	tsõ^{55}
咸苦	ts^{h}i^{35}k^{h}ɛ^{35}
香	ʂe^{55}
香喷喷	ʂe^{55}lio^{55}lio^{55}
腥	ʤi^{55}mu^{53}
臭	rə^{35}nᴀ̃^{55}
臭烘烘	kə^{55}xõ^{55}xõ^{53}
酸	ʧu^{55}
酸溜溜	ʧu^{55}pʐẽ^{55}pʐẽ^{55}
甜	t^{h}ə^{35}
甜蜜蜜	t^{h}ə^{35}lio^{55}lio^{55}
苦	k^{h}ɛ^{35}
辣	kɯ^{55}
火辣辣	kɯ^{55}ʐo^{35}
微辣	kɯ^{55}pʐə^{55}pʐə^{55}
涩	pᴀ^{35}
苦涩	pᴀ^{35}ʐo^{35}

26. 副词

A. 程度、范围、语气

词	国际音标
最	ᴀ^{55}ts^{h}ə^{55}
更	ʃi^{35}ʤi^{55}
越	ʃi^{35}ʤi^{55}
很	ʐo^{35}
极	liɛ^{35}ɼi^{55}
(高兴)死了	tə^{55}（gu^{55}）nə^{35}sɿ^{35}
太	ʃi^{35}ʤi^{35}lᴀ^{55}

27. 数量

A. 数目

词	国际音标
数目	ʒi^{35}mi^{53}
号码	ts^{h}ə^{55}tsi^{35}
	xəu^{55}mᴀ^{53}
零	tõ^{55}pᴀ^{55}
一	ti^{35}
二	ni^{35}
三	sõ^{35}
四	rə^{55}
五	ŋuᴀ^{53}
六	tʂ^{h}u^{35}
七	ŋə^{35}
八	ʃyə^{35}
九	gi^{53}
十	kᴀ^{55}ɼi^{53}
十一	kᴀ^{55}ti^{35}
十二	kᴀ^{55}ni^{35}
十三	kᴀ^{55}sõ^{35}
十四	kᴀ^{55}rə^{55}
十五	kᴀ^{55}ŋuᴀ^{53}
十六	kᴀ^{55}tʂ^{h}u^{35}
十七	kᴀ^{55}ŋə^{35}
十八	kᴀ^{55}ʃyə^{35}
十九	kᴀ^{55}gi^{53}
二十	nə^{35}ɣo^{53}
二十一	nə^{35}ɣo^{53}ti^{35}
二十二	nə^{35}ɣo^{53}ni^{35}
二十三	nə^{35}ɣo^{53}sõ^{35}
二十四	nə^{35}ɣo^{53}rə^{55}
二十五	nə^{35}ɣo^{53}ŋuᴀ^{53}
二十六	nə^{35}ɣo^{53}tʂ^{h}u^{35}
二十七	nə^{35}ɣo^{53}ŋə^{35}
二十八	nə^{35}ɣo^{53}ʃyə^{35}

词	国际音标
二十九	nə^{35}ɣo^{53}gi^{53}
三十	sʉ^{35}ko^{55}/nõ^{55}kõ^{55}
四十	rə^{55}ko^{55}
五十	ŋuA^{53}ko^{55}
六十	tʂ^{h}u^{35}ko^{55}
七十	ŋə^{35}ko^{55}
八十	ʃyə^{35}ko^{55}
九十	gi^{53}ko^{55}
百	ʃi^{55}
千	tĩ^{55}
万	mÃ^{55}
亿	bõ^{35}
一百	tiA^{55}ʃi^{55}
一百零一	tiA^{55}ʃi^{55}ti^{35} ʃi^{55}ti^{35} tiA^{55}ʃi^{55}nõ^{55}ti^{35} ʃi^{55}nõ^{55}ti^{35}
一百一十	tiA^{55}ʃi^{55}kA^{55}tĩ^{53}
一百五十	tiA^{55}ʃi^{55}ŋuA^{53}ko^{55}
二百	ni^{35}ʃi^{55}
五百	ŋuA^{53}ʃi^{55}
一千	tiA^{55}tĩ^{55}
一千一百	tiA^{55}tĩ^{55}tiA^{55}ʃi^{55}
一万	tA^{55}mÃ^{55}
一万一千	tA^{55}mÃ^{55}tiA^{55}tĩ^{55}
一亿	tA^{55}bõ^{35}
第一	dõ^{35}pu^{55}
第二	dõ^{35}pu^{55}ni^{35}/nə^{35}
第三	dõ^{35}pu^{55}sõ^{35}
第四	dõ^{35}pu^{55}rə^{55}
第五	dõ^{35}pu^{55}ŋuA^{53}
第六	dõ^{35}pu^{55}tʂ^{h}u^{35}
第七	dõ^{35}pu^{55}ŋə^{35}
第八	dõ^{35}pu^{55}ʃyə^{35}
第九	dõ^{35}pu^{55}gi^{53}

词	国际音标
第十	dõ^{35}pu^{55}kA^{55}ti^{53}
第一人	dõ^{35}pu^{55}tA^{55}tsɿ^{55}
第二排	dõ^{35}pu^{55}ni^{35}tʂe^{53}
第十家	dõ^{35}pu^{55}kA^{55}tĩ^{53}kA^{53}

B. 分数、倍数、概数

词	国际音标
上下	to^{53}po^{53}
大约	ʃĩ^{55}ti^{53}
以上	to^{53}
以下	po^{53}
差不多	mA^{55}k^{h}o^{55}
三四个	sõ^{35}rə^{55}ti^{55}
十几个	kA^{55}tĩ^{53}to^{53}nə^{35}ɣo^{53}po^{53}
二十几	nə^{35}ɣo^{53}to^{53}sʉ^{35}ko^{55}po^{53}
十多个	kA^{55}tĩ^{53}mə^{55}ti^{55}
百多个	ʃi^{55}mə^{55}ti^{55}
好几个	bə^{55}lA^{55}ti^{55}
把（斤把两斤）	tA^{55}kÃ^{53}
个把	tiA^{55}ni^{35}kÃ^{53}ti^{55}
百把来个	ʃi^{55}kÃ^{55}mə^{55}ti^{55}
千把人	tiA^{55}tĩ^{55}ts^{h}ə^{53}
万把块钱	tA^{55}mÃ^{55}pA^{55}ts^{h}ə^{53}
无数	ʧɛ^{55}ʤõ^{53}mA^{35}ʃi^{55}
最少	liɛ^{35}lĩ^{35}niɛ^{35}ni^{35} t^{h}ə^{35}ni^{35}
起码	ʧ^{h}i^{55}niɛ̃^{55}lA^{53}
最多	t^{h}ə^{35}ʐo^{35}
许多	o^{55}tsue^{55}tĩ^{55}
好些	ʒi^{35}gə^{55}ni^{35}ʤy^{55}si^{53}
一些	ʧi^{53}ni^{35}ʤy^{55}si^{53}
一点	A^{55}liɛ^{35}
大一点	tsA^{55}ti^{55}
半	p^{h}A^{35}
半个	p^{h}A^{35}ti^{55}

词	国际音标
一半	tiᴀ^{55}pʰᴀ^{35}
两半	ni^{35}pʰᴀ^{35}
多半	ʒi^{35}pʰᴀ^{35}
一大半	ʧɛ^{55}tᴀ^{55}pʰᴀ^{35}
一个半	tiõ^{55}nõ^{55}tᴀ^{55}pʰᴀ^{35}
倍	kʰuə^{53}
好百倍	tiᴀ^{55}ʃi^{55}kʰuə^{53}
十分之一	kᴀ^{55}t͡i^{53}kʰuə^{53}tᴀ^{55}kʰuə^{53}
一刀两断	tiᴀ^{55}ʃɛ^{55}ni^{35}ʦᴀ^{55}
四通八达	rə^{55}zʅ^{55}rə^{55}kʰõ^{55}ʃi^{55}ʒĩ^{35}
四面八方	rə^{55}zʅ^{55}rə^{55}kʰõ^{55}
乱七八糟	tʰə^{35}də^{55}tʰə^{35}dõ^{53}
杂七杂八	tʰə^{55}xõ^{35}xõ^{35}

C. 名量

词	国际音标
个（一个人）	mə^{53}tᴀ^{55}ʦɿ^{55}
个（一个碗）	kʰuᴀ^{35}ti^{35}
碗（一碗饭）	ʧʰe^{35}tᴀ^{55}kʰuᴀ^{35}
	ʧʰe^{35}kʰuᴀ^{35}ti^{35}
	ʧʰe^{35}kʰuᴀ^{35}tᴀ^{55}kʰuᴀ^{35}
个（一个瓜）	ʧi^{55}kuɛ^{55}ti^{35}
个（一个桃）	ʃə^{55}bõ^{55}ti^{35}
位（一位老师）	ləu^{55}sɿ^{55}tᴀ^{55}ʦɿ^{55}
只（一只鸡）	ro^{55}ti^{35}
头（一头牛）	kuɐ^{55}ti^{35}
只（一只手套）	ʒɛ^{35}wu^{55}ti^{35}
条（一条蛇）	bɐ^{35}ʐe^{55}tie^{55}ti^{35}
条（一条狗）	ʈʂʰʅ^{35}ti^{35}
条（一条鱼）	ʤi^{55}ti^{35}
条（一条毛巾）	pʰᴀ^{55}ʧʰo^{55}tiᴀ^{55}tie^{55}
	pʰᴀ^{55}ʧʰo^{55}tie^{55}ti^{35}
条（一条裤子）	ʒi^{35}pᴀ^{55}ti^{35}
	ʒi^{35}tᴀ^{55}pᴀ^{55}

词	国际音标
条（一条河）	ʧi^{55}kõ^{55}tie^{55}ti^{35}
	ʧi^{55}kõ^{55}tiᴀ^{35}tie^{55}
条（一条路）	ʐuə^{55}tie^{55}ti^{35}
	ʐuə^{55}tiᴀ^{55}tie^{55}
条（一条绳）	bʐẽ^{55}tie^{55}ti^{35}
	bʐẽ^{55}tiᴀ^{55}tie^{35}
根（一根木头）	ɬ/lio^{35}tiᴀ^{55}tie^{55}/tie^{55}ti^{35}
	ɬ/lio^{35}tie^{55}ti^{35}
根（一根棍子）	ʤi^{35}kiɛ^{35}tiᴀ^{55}tie^{55}
	ʤi^{35}kiɛ^{35}tie^{55}ti^{35}
根（一根针）	kʰo^{35}tiᴀ^{55}tie^{55}
	kʰo^{35}tie^{55}ti^{35}
支（一支笔）	pi^{55}tiᴀ^{55}tie^{55}
	pi^{55}tie^{55}ti^{35}
支（一支烟）	jɛ^{55}tiᴀ^{55}tie^{55}
	jɛ^{55}tie^{55}ti^{35}
匹（一匹马）	guẽ^{35}ti^{35}
匹（一匹布）	ni^{55}tᴀ^{55}pʰɛ^{35}
窝（一窝老鼠）	ɣo^{35}pᴀ^{55}ti^{35}
	ɣo^{35}tᴀ^{55}pᴀ^{55}
窝（一窝蜂）	ʤyɛ^{55}gi^{55}kᴀ^{55}ti^{35}
	ʤyɛ^{55}gi^{55}tᴀ^{55}kᴀ^{55}
窝（一窝蛋）	ko^{55}pə^{55}ti^{35}
	ko^{55}tᴀ^{55}pə^{55}
棵（一棵树）	sẽ^{35}bõ^{55}tᴀ^{55}bõ^{55}
	sẽ^{35}bõ^{55}bõ^{55}ti^{35}
棵（一棵白菜）	niɛ^{35}pʰʐẽ^{55}tᴀ^{55}bõ^{55}
	niɛ^{35}pʰʐẽ^{55}bõ^{55}ti^{35}
片（一片叶子）	pᴀ^{35}tᴀ^{55}pᴀ^{35}
	pᴀ^{35}ti^{35}
片（一片土地）	d͡i^{55}tᴀ^{55}pʰɛ^{35}
朵（一朵花）	pᴀ^{55}ʦɿ^{55}bõ^{55}ti^{35}
	pᴀ^{55}ʦɿ^{55}tᴀ^{55}bõ^{55}
枝（一枝花）	pᴀ^{55}ʦɿ^{55}kuɛ^{55}ti^{35}
	pᴀ^{55}ʦɿ^{55}tᴀ^{55}kuɛ^{55}

词	国际音标
束（一束花）	pA^{55}tsɿ^{55}tA^{55}kɛ̃^{55}
	pA^{55}tsɿ^{55}kɛ̃^{55}ti^{35}
串（一串葡萄）	niɛ^{35}nÃ^{35}sʉ^{53}tA^{55}kõ^{55}zẹ^{55}
	niɛ^{35}nÃ^{35}sʉ^{53}kõ^{55}zẹ^{53}ti^{35}
	niɛ^{35}nÃ^{35}sʉ^{53}kõ^{55}zẹ^{55}
瓣（一瓣橘子）	ʧi^{55}do^{53}tA^{55}sue^{55}
	ʧi^{55}do^{53}sue^{55}ti^{35}
丛（一丛草）	gõ^{35}tA^{55}lo^{55}
	gõ^{35}lo^{55}ti^{35}
行（一垄菜）	tA^{55}zụə^{53}
栋（一栋房子）	ʧə̃^{55}tA^{55}tõ^{53}
	ʧə̃^{55}tõ^{55}ti^{35}
间（一间房）	ʧə̃^{55}tA^{55}tso^{55}
	ʧə̃^{55}tso^{55}ti^{35}
座（一座桥）	ʥõ^{35}tA^{55}ʥõ^{35}
	ʥõ^{35}ti^{35}
座（一座山）	go^{35}tA^{55}go^{35}
	go^{35}ti^{35}
座（一座庙）	gõ^{53}bA^{53}ti^{35}
堵（一堵墙）	ʧo^{35}bo^{35}tiA^{55}ge^{55}
	ʧo^{35}bo^{35}ge^{55}ti^{35}
扇（一扇门）	kõ^{35}tA^{55}p^{h}A^{55}
	kõ^{35}p^{h}A^{55}ti^{35}
面（一面镜）	mi^{35}lõ^{55}tiA^{55}ge^{55}
	mi^{35}lõ^{55}ge^{55}ti^{35}
口（一口井）	ʧi^{55}zẹ^{55}ti^{35}
	ʧi^{55}zẹ^{55}tiA^{55}ʧi^{55}zẹ^{55}
口（一口饭）	ʧ^{h}e^{35}tA^{55}k^{h}ə^{55}niõ^{53}
	ʧ^{h}e^{35}k^{h}ə^{55}niõ^{53}ti^{35}
幅（一幅画）	pA^{55}tA^{55}pA^{55}
	pA^{55}ti^{35}
顶（一顶帽子）	tu^{55}tu^{55}ti^{35}
颗（一颗星）	dzʅ^{35}tA^{55}dzʅ^{35}
	dzʅ^{35}ti^{35}

词	国际音标
滴（一滴水）	ʧi^{55}dA^{55}tA^{55}dA^{55}
	ʧi^{55}dA^{55}ti^{35}
双（一双鞋）	po^{55}kA^{55}p^{h}zə̣^{55}tA^{55}p^{h}zə̣^{55}
	po^{55}kA^{55}p^{h}zə̣^{55}ti^{35}
对（一对枕头）	k^{h}u^{53}kĩ^{55}tA^{55}p^{h}zə̣^{55}
	k^{h}u^{53}kĩ^{55}p^{h}zə̣^{55}ti^{35}
块（一块手绢）	p^{h}A^{55}ʧ^{h}o^{35}ti^{35}
块（一块田）	su^{55}lie^{55}p^{h}ʉ^{55}tiA^{55}lie^{55}p^{h}ʉ^{55}
	su^{55}lie^{55}p^{h}ʉ^{55}ti^{35}
把（一把锄头）	ts^{h}ɿ^{35}t^{h}o^{55}tA^{55}pA^{55}
	ts^{h}ɿ^{35}t^{h}o^{55}pA^{55}ti^{35}
把（一把刀）	rə^{55}tsɿ^{55}tA^{55}pA^{55}
	rə^{55}tsɿ^{55}pA^{55}ti^{35}
把（一把尺）	ts^{h}ɛ^{55}ts^{h}ɛ^{55}tĩ^{55}ti^{35}
	tʂ^{h}ʅ^{35}tsɿ^{55}tA^{55}pA^{55}
	tʂʅ^{35}tsɿ^{55}pA^{55}ti^{35}
把（一把伞）	sA^{35}pA^{55}tA^{55}pA^{55}
	sA^{35}pA^{55}ti^{35}
把（一把椅子）	ji^{55}tsɿ^{55}ti^{35}
把（一把柴）	sẽ^{35}tA^{55}kÃ^{55}
	sẽ^{35}kÃ^{55}ti^{35}
把（一把米）	ʧ^{h}yə^{55}tA^{55}pA^{55}
	ʧ^{h}yə^{35}pA^{55}ti^{35}
张（一张纸）	ʃɛ^{35}jo^{55}tA^{55}p^{h}ɛ^{35}
	ʃɛ^{35}jo^{55}p^{h}ɛ^{35}ti^{35}
张（一张桌）	sA^{35}zɛ̣^{35}tA^{55}pA^{55}
	sA^{35}zɛ̣^{35}pA^{55}ti^{35}
张（一张床）	dzɛ̣̃^{55}tA^{55}dzɛ̣̃^{55}
	dzɛ̣̃^{55}ti^{35}
列（一列火车）	xo^{55}tʂ^{h}ɛ^{55}ti^{35}
辆（一辆车）	tʂ^{h}ɛ^{55}tsɿ^{55}ti^{35}
样（一样东西）	bA^{35}bõ^{55}tA^{55}bɛ^{55}
	bA^{35}bõ^{55}bɛ^{55}ti^{35}
种（一种食物）	ʥɿ^{55}ji^{55}tA^{55}bɛ^{55}
	ʥɿ^{55}ji^{55}bɛ^{55}ti^{35}

词	国际音标
件（一件衣服）	pᴀ^{55}li^{55}tᴀ^{55}pᴀ^{55}
	pᴀ^{55}li^{55}pᴀ^{55}ti^{35}
件（一件事情）	lᴀ^{35}lo^{55}tᴀ^{55}lᴀ^{35}lo^{55}
	lᴀ^{35}lo^{55}ti^{35}
套（一套衣服）	ʥõ^{35}gui^{35}tᴀ^{55}ʥʅ^{55}
	ʥõ^{35}gui^{35}ʥʅ^{55}ti^{35}
行（一行人）	mə^{53}tiᴀ^{55}kʰɛ^{55}
	mə^{53}kʰɛ^{55}ti^{35}
卷（一卷纸）	ʃɛ^{35}jo^{55}tᴀ^{55}tʂi^{55}li^{55}
	ʃɛ^{35}jo^{55}tʂi^{55}li^{55}ti^{35}
卷（一卷书）	ʥi^{35}ʥi^{35}tiᴀ^{55}li^{35}wu^{55}
	ʥi^{35}ʥi^{35}li^{35}wu^{55}ti^{35}
本（一本书）	ʥi^{35}ʥi^{35}tiᴀ^{55}li^{55}wu^{55}
	ʥi^{35}ʥi^{35}li^{55}wu^{55}ti^{35}
本（一捆书）	ʥi^{35}ʥi^{35}tᴀ^{55}pə^{55}tə^{55}
	ʥi^{35}ʥi^{35}pə^{55}tə^{55}ti^{35}
页（一页纸）	ʥi^{35}ʥi^{35}tᴀ^{55}pʰɛ^{35}
	ʥi^{35}ʥi^{35}pʰɛ^{35}ti5
篇（一篇文章）	wẽ^{35}tʂᴀ̃^{55}tᴀ^{55}pᴀ^{55}
	wẽ^{35}tʂᴀ̃^{55}pᴀ^{55}ti^{35}
叠（一叠纸）	ʥi^{35}ʥi^{35}tiᴀ^{55}fi^{35}
	ʥi^{35}ʥi^{35}fi^{35}ti^{35}
首（一首歌）	tʂʰᴀ̃^{35}ko^{55}tᴀ^{55}tse^{35}
	tʂʰᴀ̃^{35}ko^{55}tse^{35}ti^{35}
句（一句话）	kuẽ^{55}ʧi^{55}tiᴀ^{55}gu^{55}
	kuẽ^{55}ʧi^{55}gu^{55}ti^{35}
股（一股味）	rə^{35}nᴀ̃^{55}tᴀ^{55}bᴀ^{55}ʒi^{55}rə^{55}
	rə^{35}nᴀ̃^{55}bᴀ^{55}ti^{35}ʒi^{55}rə^{55}
股（一股烟）	kʰu^{35}tᴀ^{55}ʐuə^{55}
	kʰu^{35}ʐuə^{55}ti^{35}
股（一股绳）	bʐẽ^{35}tiᴀ^{55}tie^{55}
	bʐẽ^{35}tie^{55}ti^{35}
捧（一捧豆子）	niõ^{55}tᴀ^{55}pᴀ^{55}
	niõ^{55}pᴀ^{55}ti^{35}

词	国际音标
团（一团泥）	ʧʰyə^{35}mᴀ^{35}tᴀ^{55}pʉ^{55}
	ʧʰyə^{35}mᴀ^{35}pʉ^{55}ti^{35}
团（一团线）	dʐʉ^{55}tᴀ^{55}tue^{55}li^{55}
	dʐʉ^{55}tue^{55}li^{55}ti^{35}
堆（一堆垃圾）	kᴀ^{55}rə^{55}tᴀ^{55}pʉ^{55}
	kᴀ^{55}rə^{55}pʉ^{55}ti^{35}
堆（一堆火）	mɐ^{55}wə^{35}tiᴀ^{55}wə^{35}
	mɐ^{55}wə^{35}ti^{35}
段（一段故事）	ʒɛ^{35}ni^{35}tᴀ^{55}tse^{35}
	ʒɛ^{35}ni^{35}tse^{35}ti^{35}
段（一段路程）	ʐuə^{55}tse^{35}tᴀ^{55}tse^{35}
	ʐuə^{55}tse^{35}ti^{35}
节（一节木头）	ɬu^{35}tᴀ^{55}tsᴀ^{55}li^{55}
	ɬu^{35}tsᴀ^{55}li^{55}ti^{35}
层（一层衣服）	pᴀ^{55}li^{55}tiᴀ^{55}fi^{55}
	pᴀ^{55}li^{55}fi^{55}ti^{35}
排（一排大雁）	dʐu^{35}tᴀ^{55}kõ^{55}
	dʐu^{35}kõ^{55}ti^{35}
包（一包糖）	bʉ^{55}tᴀ^{55}po^{55}
	bʉ^{55}po^{55}ti^{35}
份（一份工作）	lo^{55}tᴀ^{55}tsʰõ^{55}
	lo^{55}tsʰõ^{55}ti^{35}
圈（一圈人）	mə^{53}tiᴀ^{55}ʧo^{55}
	mə^{53}ʧo^{55}ti^{35}
撮（一撮毛）	mᴀ̃^{53}tᴀ^{55}kᴀ̃^{55}
	mᴀ̃^{53}kᴀ̃^{55}ti^{35}
几根毛	mᴀ̃^{53}tiᴀ^{55}ni^{35}tie^{55}ti^{35}
捆（一捆柴）	sẽ^{35}tiᴀ^{55}ʃu^{55}
	sẽ^{35}ʃu^{55}ti^{35}
绺（一绺头发）	kʰu^{53}mᴀ̃^{53}tᴀ^{55}ʐuə^{55}
	kʰu^{53}mᴀ̃^{53}ʐuə^{55}ti^{35}
封（一封信）	ʥi^{35}ʥi^{35}tiᴀ^{55}ʧʰyɛ^{55}
	ʥi^{35}ʥi^{35}ʧʰyɛ^{55}ti^{35}
堂（一堂课）	ʥi^{35}ʥi^{35}suẽ^{55}tᴀ^{55}tse^{35}
	ʥi^{35}ʥi^{35}suẽ^{55}tse^{35}ti^{35}

词	国际音标
顿（一顿饭）	ʧʰe^{35}tiᴀ^{55}ʧʰye^{55}
	ʧʰye^{55}ti^{35}
泡（一泡尿）	bĩ^{55}tiᴀ^{55}bĩ^{55}
	bĩ^{53}ti^{35}
坨（一坨屎）	ke^{55}tᴀ^{55}bu^{55}
	ke^{55}bu^{55}ti^{35}
门（一门手艺）	ʒɛ^{35}mi^{55}tᴀ^{55}tsʰõ^{55}
	ʒɛ^{35}mi^{55}tsʰõ^{55}ti^{35}
户（一户人家）	mi^{53}tᴀ^{55}kᴀ^{55}
	mi^{53}kᴀ^{55}ti^{35}
伙（一伙人）	mə^{53}tᴀ^{55}lᴀ^{35}
	mə^{53}lᴀ^{35}ti^{35}
拨（一拨人）	mə^{53}tiᴀ^{55}ʤɛ^{55}
	mə^{53}ʤɛ^{55}ti^{35}
批（一批产品）	bᴀ^{35}bõ^{55}tᴀ^{55}ʤɛ^{55}
	bᴀ^{35}bõ^{55}ʤɛ^{55}ti^{35}
台（一台电视）	tiɛ̃^{35}ʂʅ^{55}tᴀ^{55}dʐɛ^{35}dʐɛ^{35}
	tiɛ̃^{35}ʂʅ^{55}dʐɛ^{35}dʐɛ^{35}ti^{35}
剂（一剂药）	mi^{55}tiᴀ^{55}li^{55}liɛ^{55}
	mi^{55}li^{55}liɛ^{55}ti^{35}
杆（一杆秤）	tʂʅ^{35}tᴀ^{55}pᴀ^{55}
	tʂʅ^{35}pᴀ^{55}ti^{35}
杆（一杆枪）	dʐo^{55}tᴀ^{55}pᴀ^{55}
	dʐo^{55}pᴀ^{55}ti^{35}
道（一道痕）	mə^{35}dʐu^{55}tᴀ^{55}ʐuə^{55}
	mə^{35}dʐu^{55}ʐuə^{55}ti^{35}

D. 动量

词	国际音标
阵（坐了一阵儿）	tᴀ^{55}tʂʰẽ^{35}ti^{35}nə^{35}ʥõ^{55}
口（咬一口）	tᴀ^{55}kᴀ^{35}
刀（砍一刀）	tiᴀ^{55}ʃɛ^{53}
趟（走一趟）	tᴀ^{55}kʰe^{55}nə^{35}dʐɛ̃^{55}

词	国际音标
圈（走一圈）	tiᴀ^{55}ʧo^{55}tʰə^{35}dʐɛ̃^{55}
下（打一下）	tiᴀ^{55}xɯ^{55}ni^{35}di^{35}
顿（打一顿）	tᴀ^{55}ɬᴀ^{55}ni^{35}di^{35}
回（玩一回）	tᴀ^{55}tʂʰẽ^{55}ti^{35}ʂᴀ^{35}bu^{35}
遍（读一遍）	tᴀ^{55}kʰe^{55}nə^{35}ʂuᴀ^{35}
拳（打一拳）	tᴀ^{55}dʐʉ^{55}ni^{35}di^{35}
脚（踢一脚）	tᴀ^{55}tsõ^{55}ni^{35}di^{35}
巴掌（打一巴掌）	tᴀ^{55}bᴀ^{55}ni^{35}di^{35}
声（喊一声）	tᴀ^{55}tʂʰuə^{55}ko^{55}ʐe^{55}
眼（眨一眼）	tᴀ^{55}mə^{55}ni^{35}di^{35}

E. 度量衡

词	国际音标
亩	mu^{55}
分（面积单位）	fẽ^{55}
厘	li^{35}
公里	kõ^{55}li^{35}
里	li^{35}
步	bʐɛ̃^{35}
庹（两臂伸长）	ʒĩ^{55}
拃	ʧʰyi^{55}
□[1]	kʰi^{55}
寸	tse^{35}
尺	tʂʰʅ^{35}
丈	tʂᴀ̃^{53}
吨	tuẽ^{55}
斗	po^{55}
升	bʐɛ̃^{55}
斤	tʂʅ^{35}
两	jo^{55}
钱（重量）	sᴀ^{35}
元	pᴀ^{35}
	kʰue^{53}

[1] 拇指和食指之间的距离。

词	国际音标
角	kʰə^{53}
	ʧo^{35}
分	lyə^{35}
	fẽ^{55}

28. 介词

词	国际音标
比	to^{55}
归（归你管）	tuẽ^{55}
把 / 将	niɛ^{53}
被 / 给	niɛ^{53}
按照 / 照着	to^{55}
对（对我笑）	bie^{55}
从（从小）	niɛ^{53}
自从(自从他走后)	ʒɛ^{55}gi^{53}
用（用刀削）	gõ^{55}
趁（趁热吃）	pʉ^{53}
替（你替我去）	tuẽ^{55}bi^{53}
为（为他说话）	tuẽ^{55}
让（让他去 ）	kᴀ^{55}sẽ^{53}
帮（帮他做事）	ku^{55}
给（给他做事）	pʉ^{53}
给（给我出去）	gə^{53}
给（借给我）	bie^{55}
和（我和你）	nõ^{55}
问 / 向（问他要）	bie^{55}
当（当面当饭）	ʧɛ^{55}

29. 四音叠词

词	国际音标
里里外外	gõ^{55}gõ^{53}nõ^{55}nõ^{55}
高高低低	guẽ^{55}guẽ^{53}ʤyɛ^{55}ʤyɛ^{55}
大大小小	tsɿ^{55}tsɿ^{53}te^{55}te^{55}
慌慌张张	bĩ^{55}bĩ^{53}ʒõ^{55}ʒõ^{53}
干干净净	ʂõ^{55}ʂõ^{53}niɛ^{55}niɛ^{55}
吵吵闹闹	sɐ^{55}sɐ^{53}bz̢ə^{55}bz̢əu^{55}
哭哭笑笑	kuᴀ^{55}kue^{55}ʂᴀ^{55}ʂᴀ^{53}
昏昏沉沉	dᴀ̃^{55}dᴀ̃^{53}lᴀ̃^{55}lᴀ̃^{55}
滚来滚去	biɛ^{55}biɛ^{53}liõ^{55}liõ^{55}
晃晃悠悠	dõ^{55}dõ^{53}lõ^{55}lõ^{55}
咋咋呼呼	dz̢o^{55}dz̢o^{53}ʒo^{55}ʒo^{55}
哭哭啼啼	kuɐ^{55}kue^{55}rə^{55}ruẽ^{55}
嘻嘻哈哈	ʂɛ^{55}ʂɛ^{53}xɑ^{55}xɑ^{55}
犹犹豫豫	su^{55}su^{53}dio^{55}dio^{55}
叔叔侄侄	põ^{55}põ^{53}dio^{55}dio^{55}
打打闹闹	tso^{55}tso^{53}lᴀ^{55}lᴀ^{55}

30. 禁忌语

词	国际音标
放屁	kᴀ^{55}dz̢ʅ^{55}dz̢ʅ^{55}
蠢猪[1]	ʧʰyɛ^{35}
牛[2]	kuɐ^{55}
□[3]	ɬiɛ^{55}kʰu^{53}bʉ^{53}ɬiɛ^{55}pz̢ɛ̃^{35}dʉ^{35}
流血而亡	se^{35}pʰiə^{55}sɿ^{35}ke^{53}
不得好死	ʧʰy^{55}sɿ^{35}tʂõ^{55}mᴀ^{35}ke^{53}
短命	kʰõ^{35}nə^{35}bz̢ə^{55}ʃõ^{53}

[1] 骂好吃懒做的人。
[2] 骂不讲理的人。
[3] 骂口蜜腹剑的人。

词	国际音标
爆肚子	pɪ^{35}ni^{55}biɛ^{55}ʃö^{53}
烂嘴	kuɛ̃^{35}ʤɛ^{35}nə^{35}dzʅ^{55}ʄõ^{53}
穷光蛋	ʧʰo^{35}pʉ^{55}
要饭的	dzʅə^{35}mi^{35}
麻风病（指骗子）	də^{55}
大肚子	pi^{35}te^{55}
馋鬼	ʧyɛ^{55}xɑ^{55}mɑ^{53}
不要脸	dzʅə^{55}mɑ^{53}
母狗	kʰə^{35}mɑ^{53}
□[1]	kʰə^{35}do^{55}
不知羞耻	bᴀ^{35}lə^{35}gɯ^{55}
□[2]	tsʰo^{35}wᴀ^{35}to^{53}

（本章调查整理人：徐丽丽）

[1] 骂男的作风不好。

[2] 骂挑拨离间的人。

第三章 普米原始文献解读

一 历书《夏多吉吉》解读

（一）《夏多吉吉》简介

《夏多吉吉》是韩规占卜经书之一，原件收藏在木里县依吉乡机素村韩规迪基偏初家中，我们翻译的时候是根据原件的新抄本。原件（影印文本见第十章）为折叠式线装本，封面无标题，卷末有抄写时间及抄录人的署名，因残破而有些模糊不清。卷中经文有较多的缩写字和异体字，个别地方有写错划掉的痕迹，具有明显的手写体特点。该抄本总长约29厘米，宽约25厘米，布封面(封面采用蓝布粘贴)，除封面、封底外，两面书写，一面一页，共56页。前24页为十二月概述，后32页为经书来历、体例，以及用于凶吉择日的内容的解释。

书名“夏多吉吉”为普米语音译，汉语意思为“看日子的经书”。《夏多吉吉》是一本普米族日历，包含了360天，类似于汉族的黄历，是普米族韩规用来占卜的，以此来指导族人的生产生活。

《夏多吉吉》全书用藏文记录，配有图画符号。一年包括12个月，每个月包含30天，没有置闰，在记月方面还比较粗糙。

经书前半部分（前24页）为一年12个月的日历。第一个月为虎月，如：

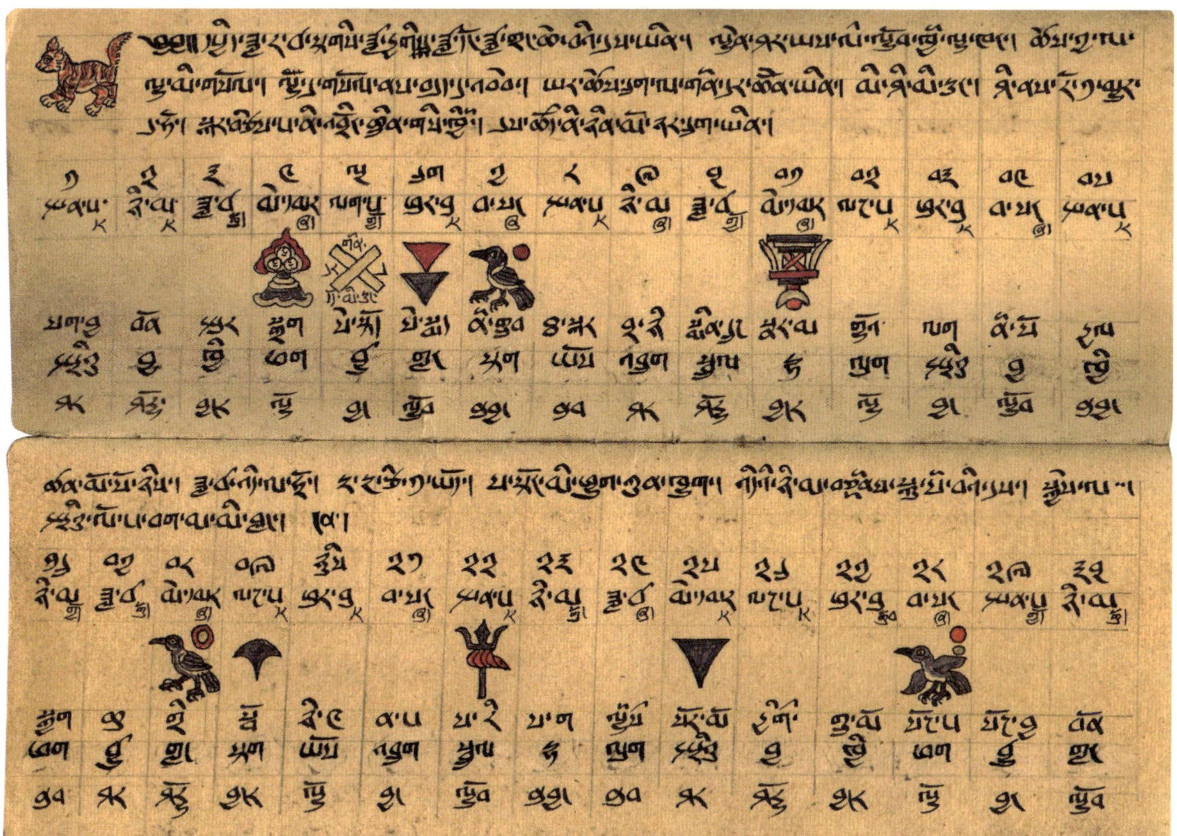

上图为历书开篇第一页，也是一年的第一个月，每个月用十二属相之一来表示，如第一个月为“虎月”。日历上方有一段总括性的介绍文字，先总体说明这个月的宜忌。然后以表格对应的形式，列出一个月中每天的情况。其中与日期相辅说明的还有“曜”“星宿”“属相”“方位”，同时配以图画（即“提哩”）。韩规结合上述的各种因素就可以说明这一天该做什么不该做什么。

经书的后半部分（后32页）为文字说明，如：

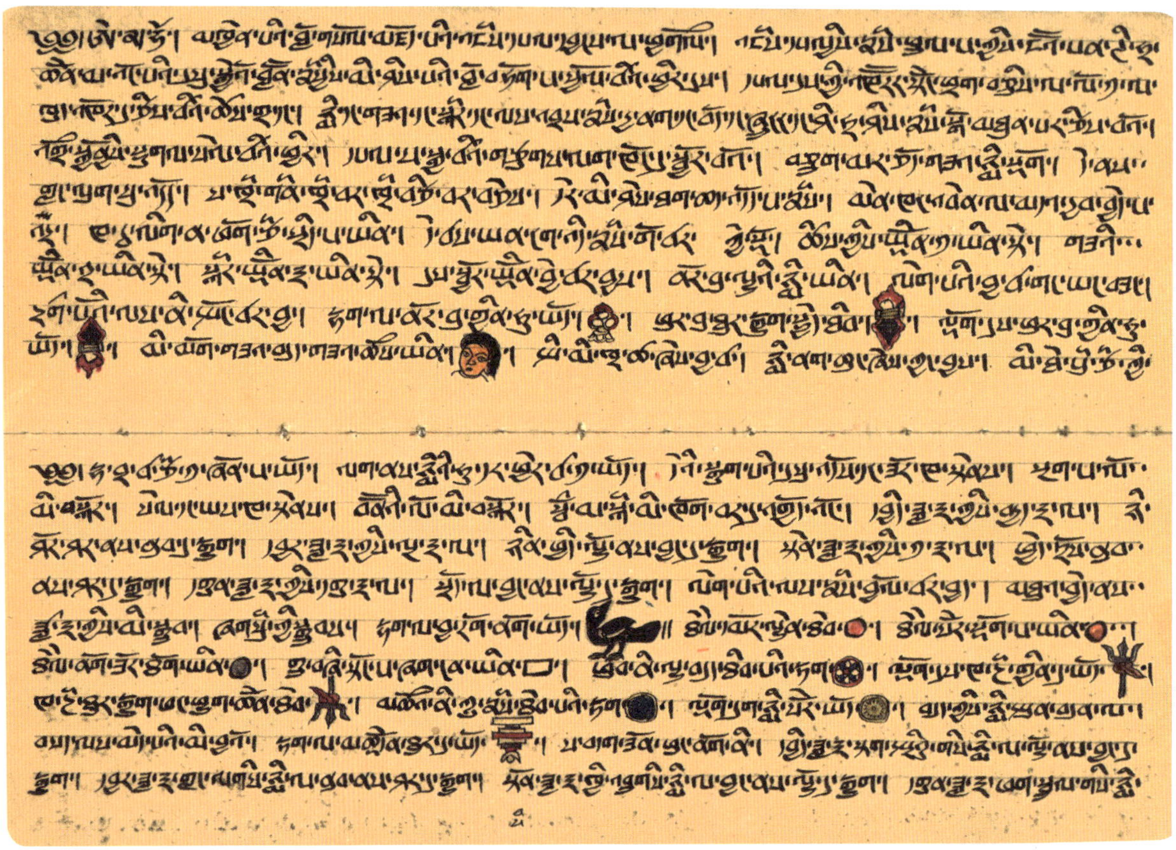

上图的内容主要包括经书的来源，以及对“提哩”的说明，指出“提哩”所表示的意义。后半部分历书还包含一些对生产生活的指导，如“出行”“剃头”“偷盗”等等，内容十分丰富。

（二）《夏多吉吉》翻译

虎月		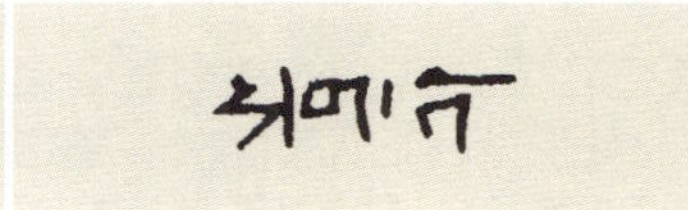	to^{55}wu^{35}tiA^{55}ʒi^{35}

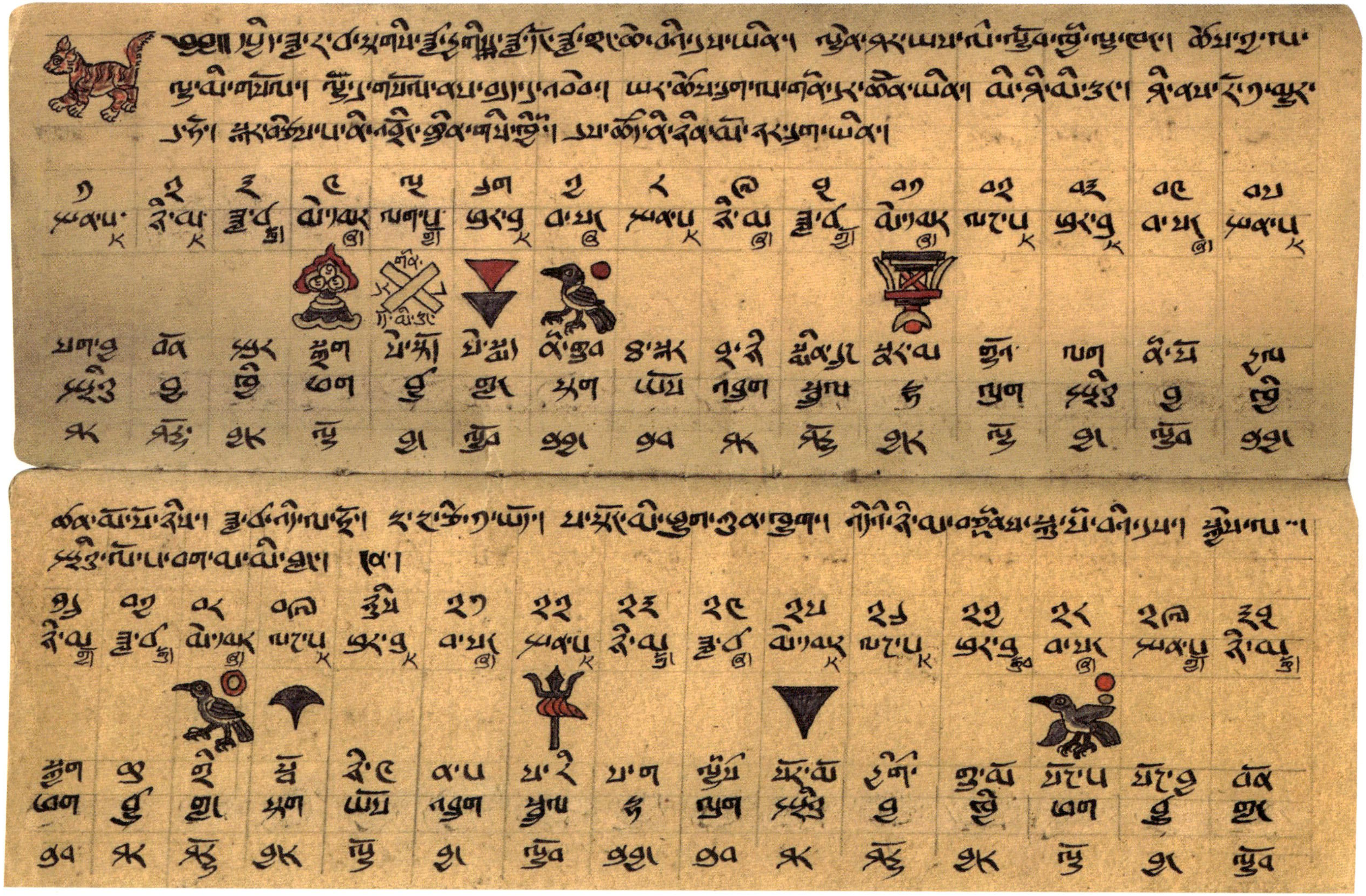

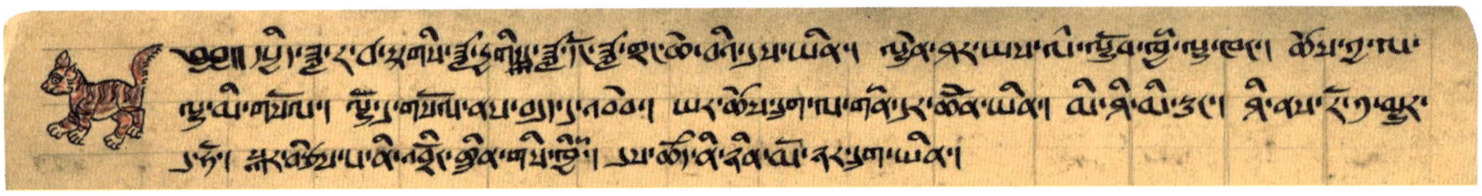

普米音译	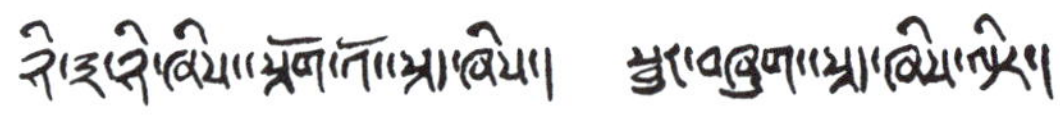
解读	ni^{35}sõ^{55}ni^{35}ʒi^{35} to^{55}wu^{35} tiA^{55}ʒi^{35} bõ^{35} zo̩^{35}tiA^{55}ʒi^{35}də^{55} 春 三 春 月 虎肖 一 月 冷 很一月是
意译	春三月的虎月，是很冷的一个月。

普米音译	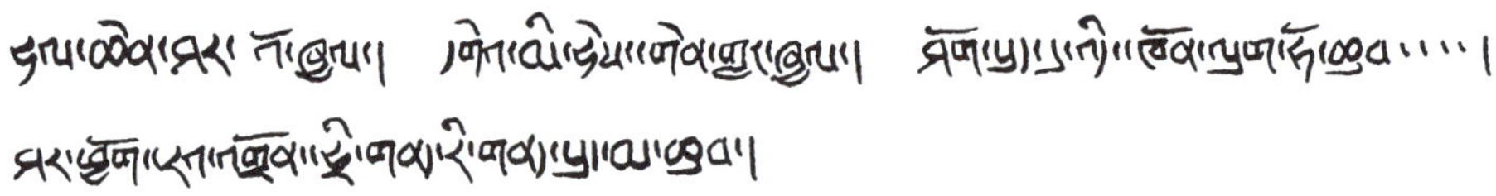
解读	xA^{55}ʧ^{h}ĩ^{55} ʃə^{55}wu^{53}ʒe^{55} gi^{55} mi^{53} xie^{55} ki^{35}lõ^{55} ʒe^{55} ʃu^{55} pʉ^{53}tʉ^{55}di^{53}k^{h}uẽ^{55} lo^{55} to^{53} ʧ^{h}y^{53} 神名东方在赐福（助词）神东北在仪式做诅咒西南（助词）好 ʃə^{55}ʧ^{h}ye^{53} ruə^{35} dʐuə^{53}ʂʅ^{55} ni^{55}rə^{35}ni^{55}pʉ^{55}mA^{35}ʧ^{h}y^{53} 东方路走肉红皮红做不好
意译	“哈钦”[1]神在东方，赐福的神在东北方，举行诅咒的仪式朝着西南方好。往东方出行的时候杀生不好。

普米音译	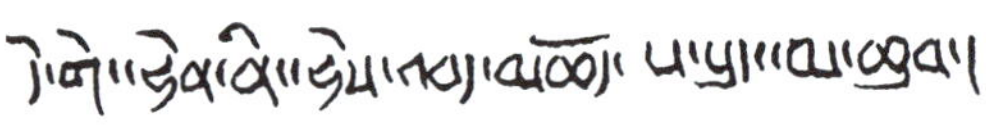
解读	ti^{55}gi^{55} ŋ̊ə^{35} ṇə^{53}xie^{55} bie^{53} ʧ^{h}A^{35}pA^{55}pʉ^{53} mA^{35}ʧ^{h}y^{53} 上弦七日神（助词）献祭做不好
意译	初七这一天向神献祭不好。

普米音译	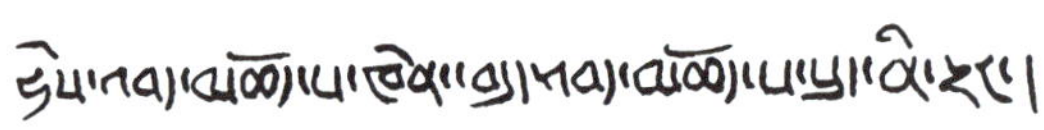
解读	xie^{55} bie^{53} ʧ^{h}A^{35}pA^{55} k^{h}ĩ^{53} dʉ^{55} bie^{53} ʧ^{h}A^{35}pA^{55}pʉ^{53} nə^{35} tʂõ^{35} 神（助词）献祭给魔（助词）献祭做（前加）变
意译	向神献祭就等于是向魔王献祭。

[1] 曜神之一。

普米音译	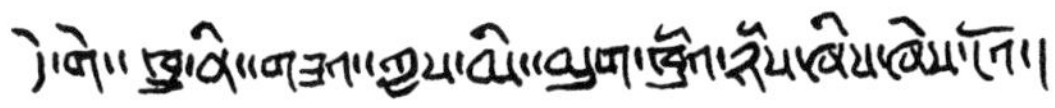
解读	ti^{55}gi^{53}tʂ̥^{h}u^{55}n̥ə^{53} zᴀ^{53} ʃε^{55} mə^{53} mə^{53}k^{h}u^{53} niõ^{35} ʒi^{55} ʒi^{55}ŋu^{53} 上弦六日神名大（助词）天空下（助词）来会
意译	初六这一天，伟大的“赞”[1]神会下凡来。

普米音译	
解读	mə^{53}sɿ^{35} mᴀ^{35}ʧ^{h}y^{53} 人死不好
意译	这天死人不好。

普米音译	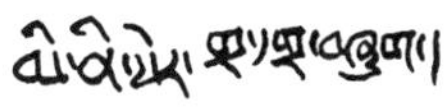
解读	mə^{53} nə^{35} sɿ^{35} dzə̥^{35}dzə̥^{35}zo̥^{35} 人（前加）死不好很
意译	人死了很不好。

普米音译	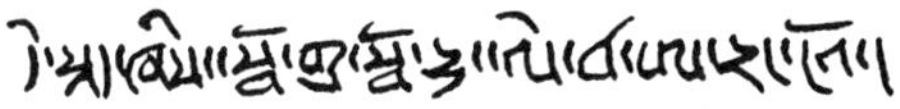
解读	ti^{55} tiᴀ^{35} ʒi^{35} bu^{55}go^{55} bu^{35}dᴀ^{35} lo^{35}wᴀ^{35} ᴀ^{55} tʂ̥õ^{55} ŋu^{53} 这一月蚂蚁昆虫全部（前加）藏会
意译	这一个月全部的昆虫和蚂蚁都会藏起来。

普米音译	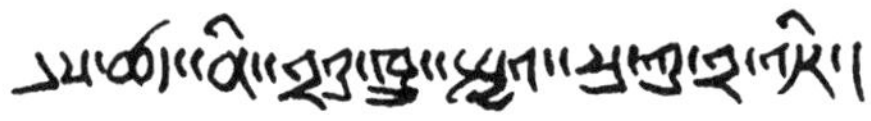
解读	tuə^{55}ts^{h}uə^{53}nə^{53} nə^{35}ɣo^{35}tʂ̥^{h}u^{55} ʃye^{55} so^{35}ko^{55}nə^{35} də^{55} 时段昼二十六夜三十二是
意译	这个月的时段，白天是二十六，晚上是三十二。

普米音译	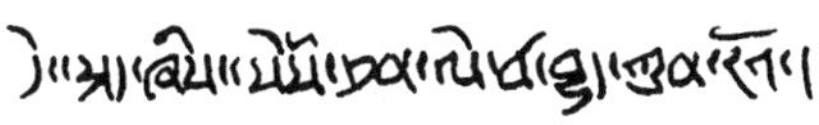
解读	ti^{55} tiᴀ^{35} ʒi^{35} sẽ^{55}ʧĩ^{55} lo^{35}wᴀ^{35} be^{35} kue^{55} ŋu^{53} 这一月牲畜全部草光会
意译	这一个月，牲畜会把草全吃光。

[1] 曜神。

普米音译	
解读	guẽ^{35}mə^{55}ɬu^{53} ᴀ^{55} dʉ^{55} ti^{55} tʂ̰õ^{55} ŋu^{53} 马尾巴（前加）掉毛（助词）变会
意译	马尾巴上的毛会掉下来。

普米音译	
解读	mə^{35}dzɛ̰^{35} pzɛ̰^{55}wu^{35} dõ^{55} mᴀ^{35}ʧʰy^{53} dzə̰^{35}dzə̰^{35} 姑娘猴肖嫁不好不好
意译	属猴的姑娘出嫁很不好。

初一至初五

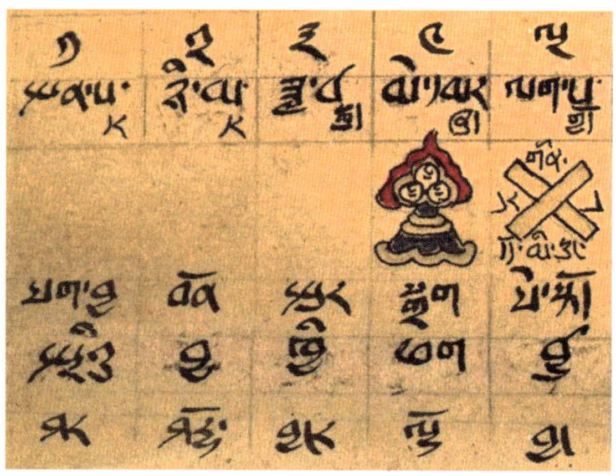

日期	原图					
	普米音译					
	国际音标	ti^{55}gi^{55}ti^{35}	ti^{55}gi^{55}ni^{35}	ti^{55}gi^{55}sõ^{35}	ti^{55}gi^{55}rə^{55}	ti^{55}gi^{55}ŋuᴀ^{55}
	直译	初一	初二	初三	初四	初五

七曜	原图	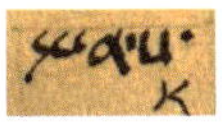	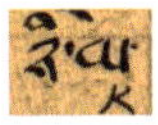	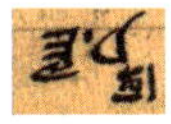	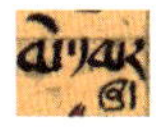	
	普米音译	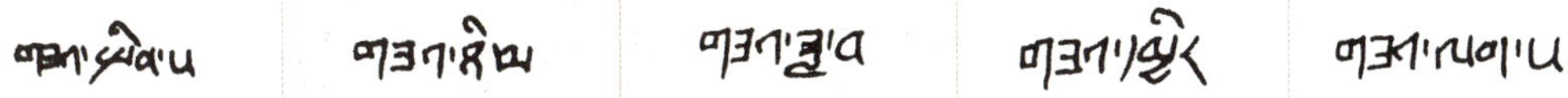				
	国际音标	pĩ^{55}bᴀ^{55}	ni^{35} mã^{55}	dᴀ^{35} wᴀ^{55}	mi^{55}mzə̥^{55}	lᴀ^{35}pᴀ^{55}
	直译	土曜	日曜	月曜	火曜	水曜

提哩	原图					
星宿	原图				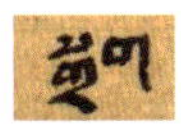	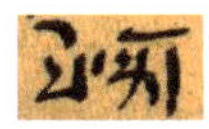
	普米音译					
	国际音标	so^{55}ʧɛ^{55}	pᴀ̃^{35}	pzə̥^{53}	dzu̥^{53}	su^{55}tuə^{53}
	直译	牛宿	女宿	虚宿	危宿	室宿

属相	原图					
	普米音译	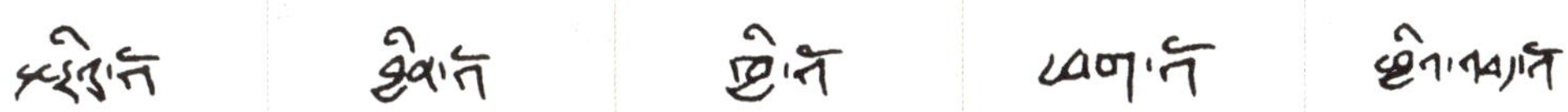				
	国际音标	pze̥^{55}wu^{35}	ʤyẽ^{35}wu^{35}	ʧʰi^{55}wu^{35}	pʰᴀ^{55}wu^{35}	ʧʰi^{55}pie^{55}wu^{35}
	直译	猴	鸡	狗	猪	鼠

方位	原图					
	普米音译					
	国际音标	ʃə^{53}	suᴀ̃^{35}bzə̥u^{53}	ki^{35} lõ^{53}	xo^{53}	ʧʰõ^{53}
	直译	东	东南	东北	南	北

初六至初十

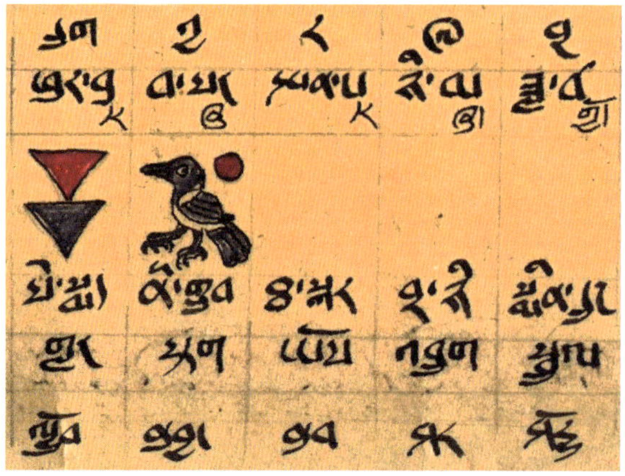

日期	原图					
	普米音译					
	国际音标	ti^{55}gi^{55}ŋuᴀ^{55}	ti^{55}gi^{55}tʂʰu^{55}	ti^{55}gi^{55}ŋə^{35}	ti^{55}gi^{55}gi^{53}	kᴀ^{55}ʈĩ^{53}
	直译	初六	初七	初八	初九	初十

七曜	原图	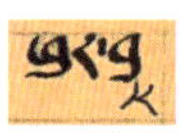	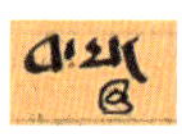			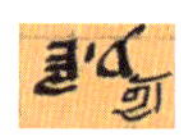
	普米音译	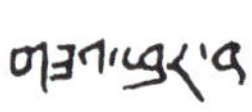	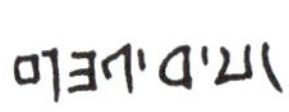		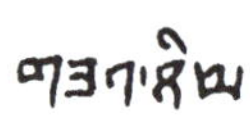	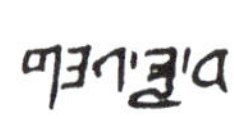
	国际音标	pʰʐə^{55}bu^{53}	pᴀ^{55}sõ^{55}	pĩ^{55}bᴀ^{55}	ni^{35} mã^{55}	dᴀ^{35} wᴀ^{55}
	直译	木曜	金曜	土曜	日曜	月曜

提哩	原图					
星宿	原图	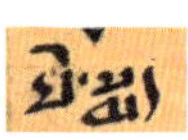	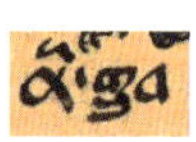	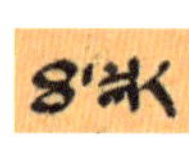	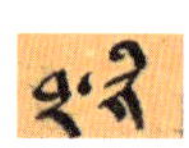	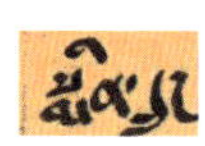
	普米音译	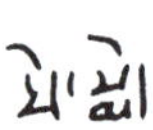		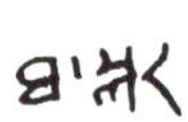	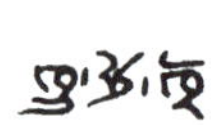	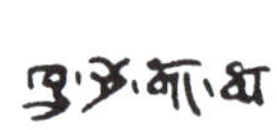
	国际音标	su^{55}mə^{53}	nõ^{55}dʐʅ^{53}	tʰə^{55}kə^{55}rə^{55}	tʂʰu^{55}tsɿ^{55}tʂʰuə^{55}	tʂʰu^{55}tsɿ^{55}gũ^{55}mo^{55}
	直译	壁宿	奎宿	娄宿	胃宿	昴宿

属相	原图		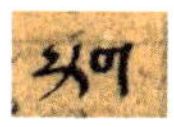		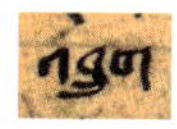	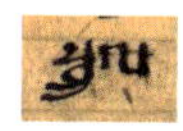
	普米音译	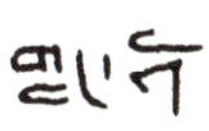	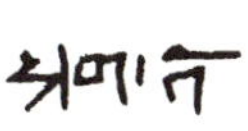	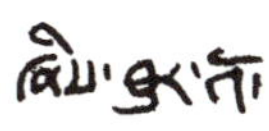	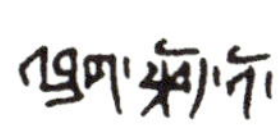	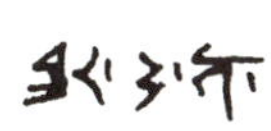
	国际音标	lõ^{55}wu^{35}	to^{55}wu^{35}	ʒi^{35} bzẹ^{55}wu^{35}	bzə̣^{55}te^{55}wu^{35}	bzə̣^{55}dᴀ^{55}wu^{35}
	直译	牛	虎	兔	龙	蛇

方位	原图					
	普米音译	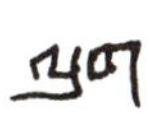				
	国际音标	kʰuẽ^{55}lo^{55}	kʰĩ^{55}tʃʰi^{53}	niõ^{53}	ʃə^{53}	suÃ^{35}bzə̣u^{53}
	直译	西南	西北	西	东	东南

十一至十五

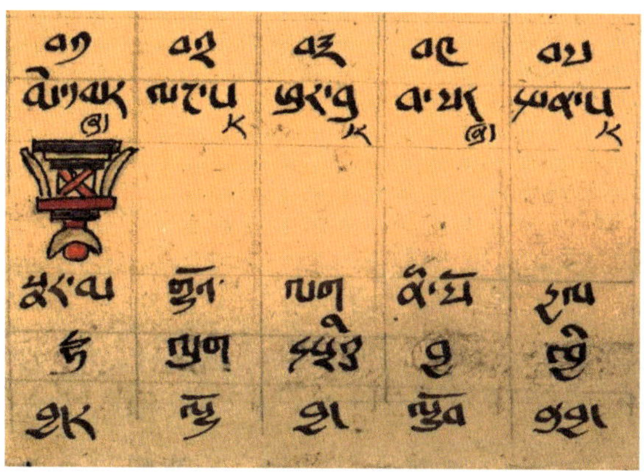

日期	原图				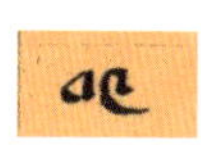	
	普米音译					
	国际音标	ko^{55}ti^{53}	ko^{55}nə^{35}	kᴀ^{55}sõ^{55}	kᴀ^{55}rə^{55}	kᴀ^{55}ŋuᴀ^{55}
	直译	十一	十二	十三	十四	十五

七曜	原图	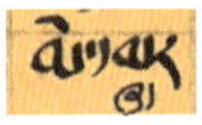	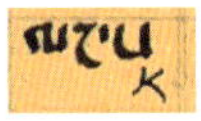			
	普米音译	གཟའ་མིག་དམར	གཟའ་ལྷག་པ	གཟའ་ཕུར་བུ	གཟའ་པ་སངས	གཟའ་སྤེན་པ
	国际音标	mi^{55}mzə^{55}	lʌ^{35}pʌ^{55}	p^{h}zə^{55}bu^{53}	pʌ^{55}sõ^{55}	pĩ^{55}bʌ^{55}
	直译	火曜	水曜	木曜	金曜	土曜

提哩	原图					
星宿	原图	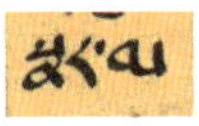			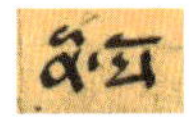	
	普米音译	[illegible]	[illegible]	[illegible]	[illegible]	[illegible]
	国际音标	ts^{h}ɿ^{55}li^{53}	dzu̧e^{35} k^{h}u^{35}	dzu̧e^{35} ʒe^{35}	dzu̧e^{35} ʤi^{35}	dzu̧e^{35} mʌ̃^{35}
	直译	毕宿	觜宿	参宿	井宿	鬼宿

属相	原图		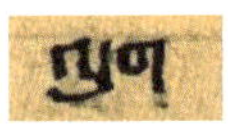		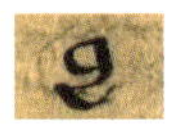	
	普米音译	[illegible]	[illegible]	[illegible]	[illegible]	[illegible]
	国际音标	tiʌ^{55}wu^{35}	ʒi^{35}wu^{35}	pzȩ^{55}wu^{35}	ʤyẽ^{35}wu^{35}	ʧ^{h}i^{55}wu^{35}
	直译	马	羊	猴	鸡	狗

方位	原图					
	普米音译	[illegible]	[illegible]	[illegible]	[illegible]	[illegible]
	国际音标	ki^{35} lõ^{53}	xo^{53}	ʧ^{h}õ^{53}	k^{h}uẽ^{55}lo^{55}	k^{h}ĩ^{55}ʧ^{h}i^{53}
	直译	东北	南	北	西南	西北

十六至二十

日期					
原图					
普米音译		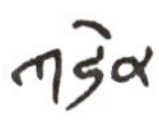	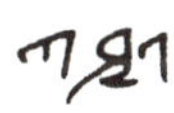	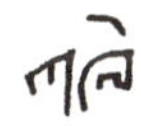	
国际音标	kA^{55}tʂ^{h}u^{55}	kA^{55}ŋə^{35}	kA^{55}ʃyə^{35}	kA^{55}gi^{53}	nə^{35}ɣo^{35}
直译	十六	十七	十八	十九	二十

七曜					
原图	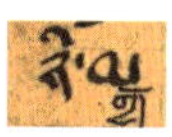	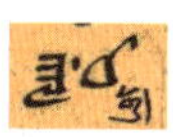	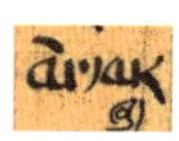		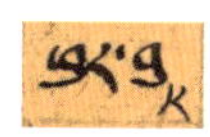
普米音译	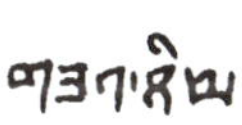	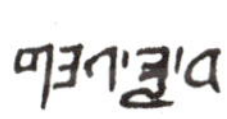	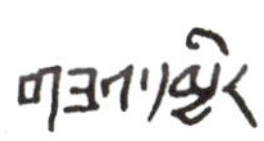	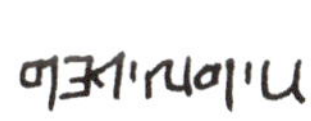	
国际音标	ni^{35} mã^{55}	dA^{35} wA^{55}	mi^{55}mzə̧^{55}	lA^{35}pA^{55}	p^{h}zə̧^{55}bu^{53}
直译	日曜	月曜	火曜	水曜	木曜

提哩					
原图					
星宿					
原图	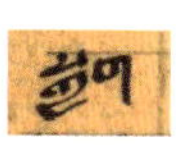				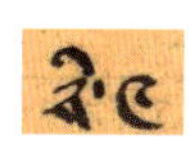
普米音译			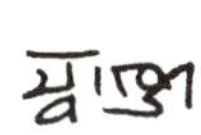	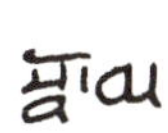	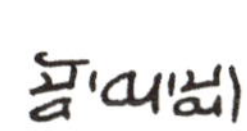
国际音标	ʃə^{53}	ʧ^{h}y^{53}	bo^{35} k^{h}o^{55}	bo^{35}mã^{35}	bo^{35} mã^{35}mÃ^{35}
直译	柳宿	星宿	张宿	翼宿	轸宿

属相	原图				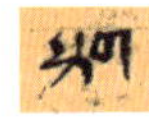	
	普米音译	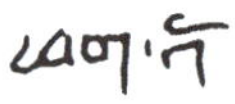	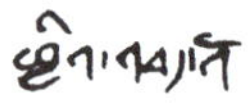	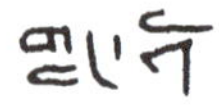	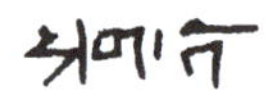	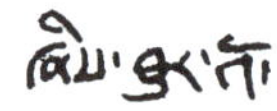
	国际音标	$\mathrm{p^{h}A^{55}wu^{35}}$	tʃ^{h}i^{55}pie^{55}wu^{35}	lõ^{55}wu^{35}	to^{55}wu^{35}	ʒi^{35} bzẹ^{55}wu^{35}
	直译	猪	鼠	牛	虎	兔

方位	原图					
	普米音译					
	国际音标	niõ^{53}	ʃə^{53}	suÃ^{35}bzə̣u^{53}	ki^{35} lõ^{53}	xo^{53}
	直译	西	东	东南	东北	南

二十一至二十五

日期	原图	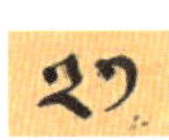		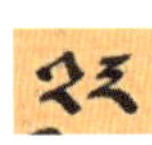	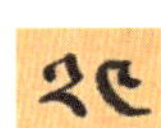	
	普米音译					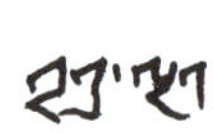
	国际音标	nə^{35} ɣo^{35} ti^{35}	nə^{35}ɣo^{35}ni^{35}	nə^{35}ɣo^{35} sõ^{55}	nə^{35}ɣo^{35}rə^{55}	nə^{35}ɣo^{35} ɳuA^{55}
	直译	二十一	二十二	二十三	二十四	二十五

七曜	原图			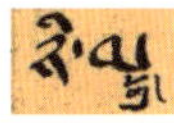		
	普米音译					
	国际音标	pA^{55}sõ^{55}	pĩ^{55}bA^{55}	ni^{35} mã^{55}	dA^{35} wA^{55}	mi^{55}mzə̩^{55}
	直译	金曜	土曜	日曜	月曜	火曜

提哩	原图					
星宿	原图	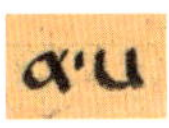		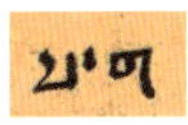		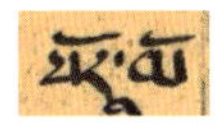
	普米音译					
	国际音标	nÃ^{35}pA^{55}	tiA^{35}tʂ^{h}ʉ^{35}	tiA^{55}kÃ^{53}	tiA^{55}tiu^{53}	tiA^{55}mÃ^{53}
	直译	角宿	亢宿	氐宿	房宿	心宿

属相	原图	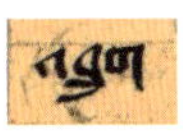			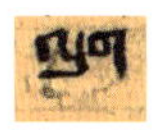	
	普米音译					
	国际音标	bzə̩^{55}te^{55}wu^{35}	bzə̩^{55}dA^{55}wu^{35}	tiA^{55}wu^{35}	ʒi^{35}wu^{35}	pze̩^{55}wu^{35}
	直译	龙	蛇	马	羊	猴

方位	原图	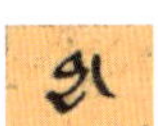				
	普米音译					
	国际音标	ʧ^{h}õ^{53}	k^{h}uẽ^{55}lo^{55}	k^{h}ĩ^{55}ʧ^{h}i^{53}	niõ^{53}	ʃə^{53}
	直译	北	西南	西北	西	东

二十六至三十

日期	原图			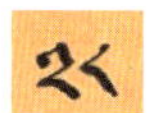		
	普米音译	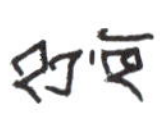	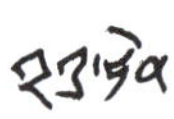		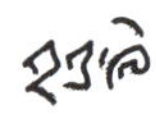	
	国际音标	$nə^{35}ɣo^{35}tʂ^{h}u^{55}$	$nə^{35}ɣo^{35}\ ŋə^{35}$	$nə^{35}ɣo^{35}\ ʃyə^{35}$	$nə^{35}ɣo^{35}gi^{53}$	$ni^{55}tõ^{55}$
	直译	二十六	二十七	二十八	二十九	三十

七曜	原图	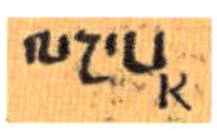	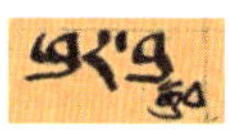			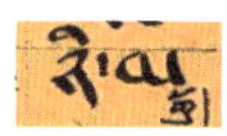
	普米音译	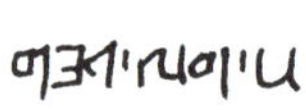		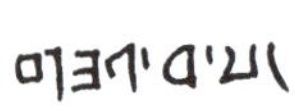		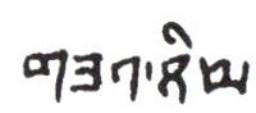
	国际音标	$lᴀ^{35}pᴀ^{55}$	$p^{h}ʐə^{55}bu^{53}$	$pᴀ^{55}sõ^{55}$	$pĩ^{55}bᴀ^{55}$	$ni^{35}\ mɑ̃^{55}$
	直译	水曜	木曜	金曜	土曜	日曜

提哩	原图					
星宿	原图	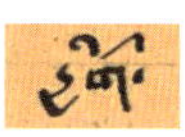		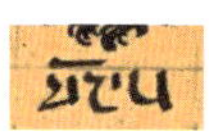	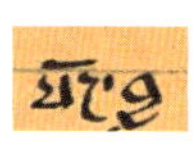	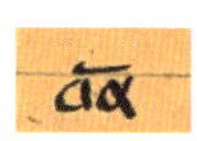
	普米音译				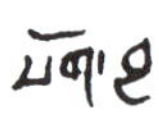	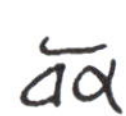
	国际音标	$lie^{35}k^{h}u^{53}$	$lie^{35}\ gõ^{53}$	$lie^{35}mÃ^{35}$	$so^{55}ʧɛ^{55}$	$pᴀ^{35}$
	直译	尾宿	箕宿	斗宿	牛宿	女宿

属相	原图			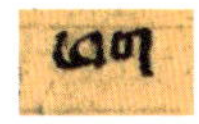		
	普米音译	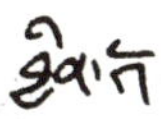	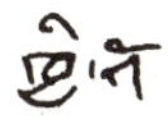	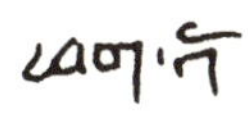	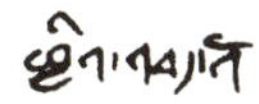	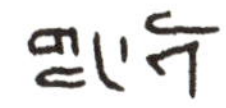
	国际音标	ʤyẽ^{35}wu^{35}	ʧ^{h}i^{55}wu^{35}	p^{h}ᴀ^{55}wu^{35}	ʧ^{h}i^{55}pie^{55}wu^{35}	lõ^{55}wu^{35}
	直译	鸡	狗	猪	鼠	牛

方位	原图					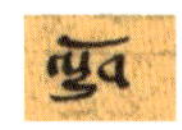
	普米音译	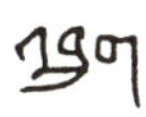			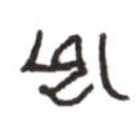	
	国际音标	suÃ^{35}bzə̣u^{53}	ki^{35} lõ^{53}	xo^{53}	ʧ^{h}õ^{53}	k^{h}uẽ^{55}lo^{55}
	直译	东南	东北	南	北	西南

兔月

ཡི་ཟླ་ཁེ

ʒi35bze55wu35tiA55ʒi35

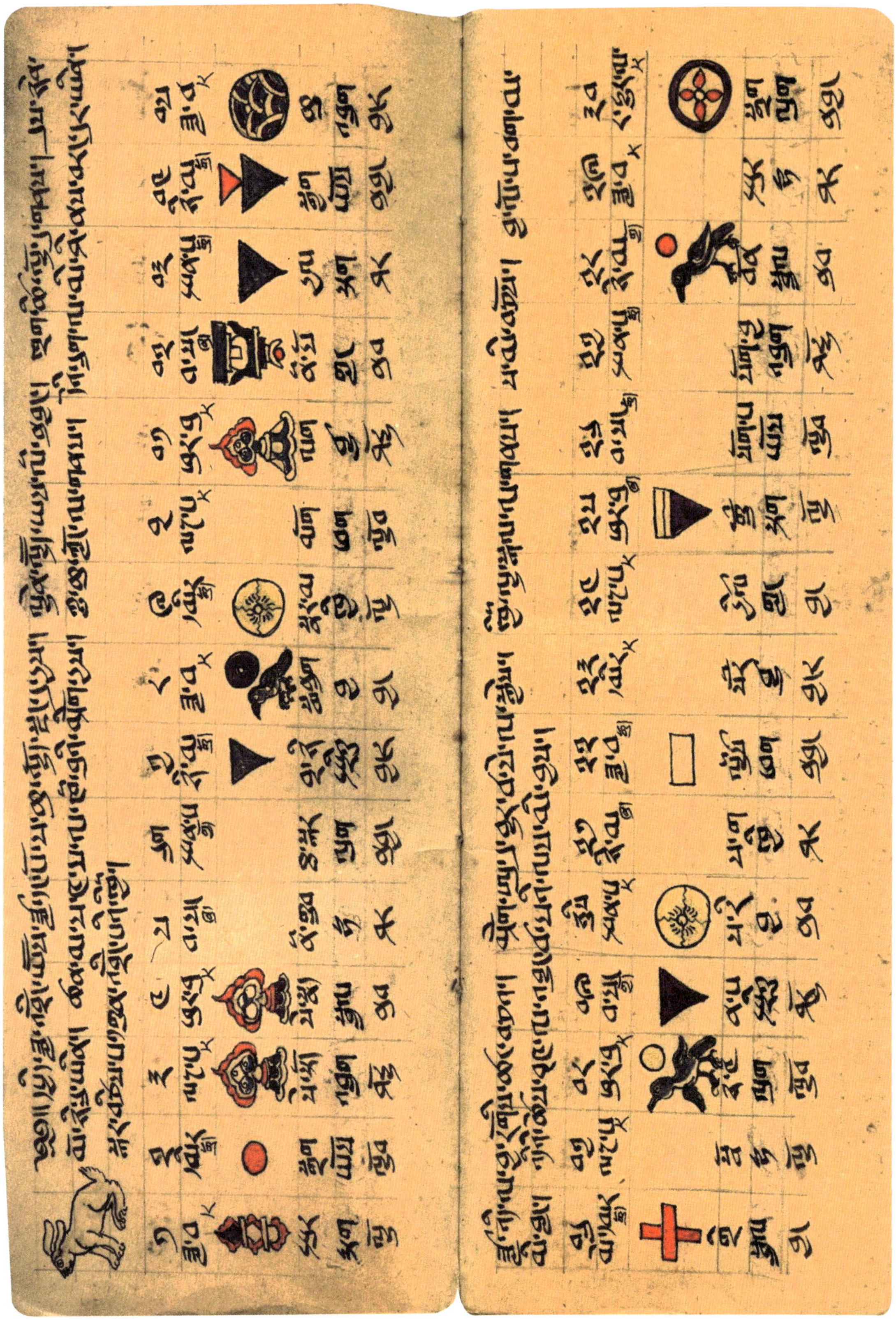

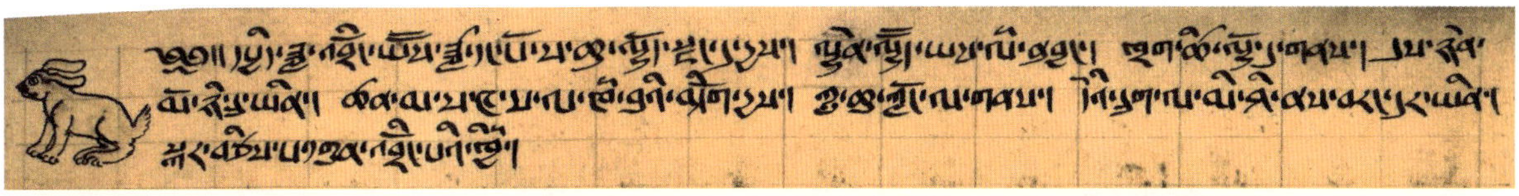

普米音译	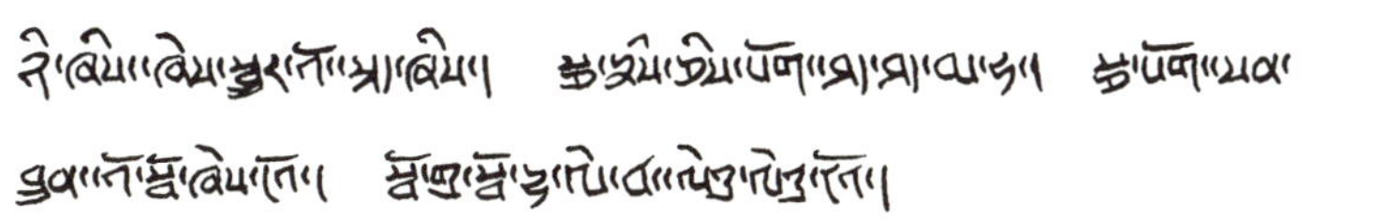
解读	ni^{35}ʒi^{35} ʒi^{35}bzʐe^{55}wu^{35}tiᴀ^{55} ʒi^{35}ʧə^{55}nõ^{53}ʧi^{55} po^{53} ʃyə^{55}ʃyə^{53} mᴀ^{35} xɑ̃^{55} 春月兔肖一月土和水（助词）碰不可以 ʧə^{55} po^{53} sẽ^{35}pzɛ̃^{55} ɣu^{55}bu^{53} ʒi^{55} ŋu^{53} bu^{55}go^{53} bu^{35}dᴀ^{35} lo^{35}wᴀ^{35} lio^{35}lio^{35}ŋu^{53} 土（助词）树根发芽（助词）会蚂蚁昆虫全部动会
意译	春三月的兔月，不可以碰土和水。泥土里的树根会发芽，昆虫全部要活动了。

普米音译	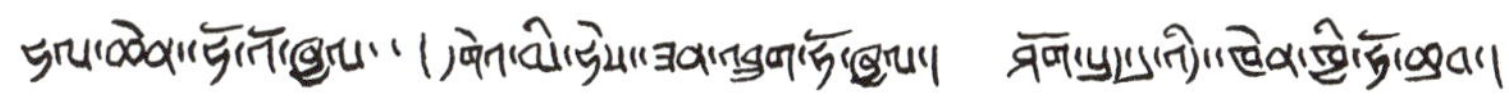
解读	xᴀ^{55}ʧ^{h}ĩ^{53} xo^{53}wu^{53}ʒe^{55} gi^{55} mi^{53} xie^{55} suᴀ̃^{35}bzʐəu^{55} to^{53} ʒe^{55}ʃu^{55} pʉ^{53} tʉ^{55}di^{53} k^{h}ĩ^{55}ʧ^{h}i^{55} to^{53} ʧ^{h}y^{53} 神名南方在赐福（助词）神东南（助词）在仪式做诅咒西北（助词）好
意译	“哈钦”神在南方，赐福的神在东南方。举行诅咒的仪式朝着西北方好。

普米音译	
解读	xo^{53}ʧ^{h}ye^{53} bie^{53} rue^{35}dzʐuə^{55} ʃi^{53} ʂʅ^{55} ni^{55}rə^{35} ni^{55} pʉ^{53}mᴀ^{35}ʧ^{h}y^{53} ni^{55}tsẽ^{55}ŋu^{53} 南方（助词）路走去肉红皮红做不好病得会
意译	往南方出行的时候杀生不好，会得病。

普米音译	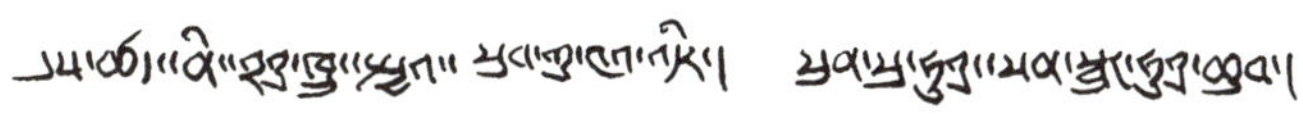
解读	tuə^{55}ts^{h}uə^{53} nə^{53}nə^{35}ɣo^{35}tʂ^{h}u^{55} ʃye^{55} so^{35}ko^{55}rə^{55} də^{55} sẽ^{35}sʉ^{55} tio^{53} sẽ^{35}bõ^{53}tio^{53} ʧ^{h}y^{53} 时段昼二十六夜三十四是果树种树木种好
意译	这个月的时段，白天二十六，晚上三十四。种植果树和树木好。

普米音译	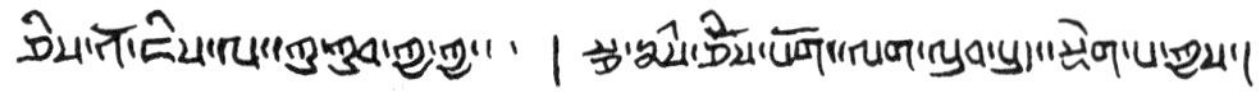
解读	tʃi^{55} wu^{53} ʥi^{55} lA^{53} ko^{55}ko^{55} tʃɛ^{55}tA^{53}tʃə^{55} nõ^{53}tʃi^{55} po^{53} lA^{35}lo^{55} pʉ^{55} dʉ^{55}pA^{55} tʃə^{53} 水（助词）鱼也下蛋准备土和水（助词）事情做罪恶大
意译	鱼也准备在水里产卵，做跟土和水有关的事情罪恶大。

普米音译	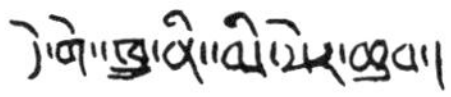
解读	ti^{55}gi^{53} tʂ^{h}u^{55}nə^{53} mi^{53} sɿ^{35} tʃ^{h}y^{53} 上弦六日人死好
意译	初六这一天人死了好。

普米音译	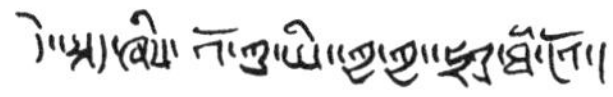
解读	ti^{55}tiA^{55}ʒi^{35} wu^{53} kuA^{55}ʒe^{35} tʃɛ^{35}tʃɛ^{35} ʂuA^{55} t^{h}iõ^{55} ŋu^{53} 这一月（助词）乌鸦喜鹊窝架会
意译	这个月里，乌鸦、喜鹊纷纷搭窝。

普米音译	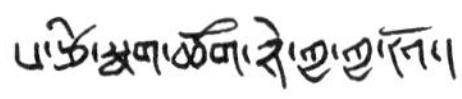
解读	pɐ^{35}tsɿ^{55} nõ^{55}ts^{h}u^{53} ni^{35} tʃɛ^{55}tA^{53} ŋu^{53} 花各种发芽准备会
意译	各种各样的花含苞待放。

普米音译	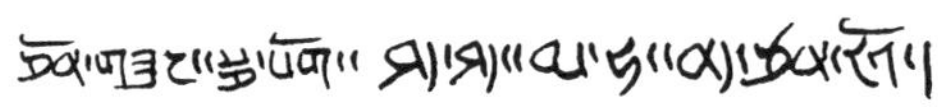
解读	tʃə̃^{55} zu^{53} tʃə^{55} po^{53} ʃyə^{55}ʃyə^{55} mA^{35}xɑ̃^{55} ni^{55} tsẽ^{55} ŋu^{53} 房屋建造土（助词）碰不可以病得会
意译	不可以建造房屋、碰土，会得病。

普米音译	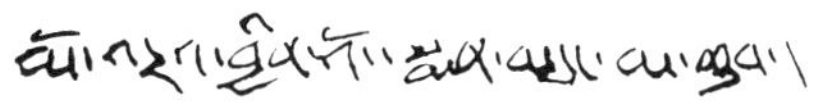
解读	mə^{35}dʑɛ^{35} ʥyẽ^{35}wu^{35} mi^{35} dõ^{55} mA^{35}tʃ^{h}y^{55} 姑娘鸡肖娶嫁不好
意译	属鸡的姑娘嫁娶都不好。

普米音译	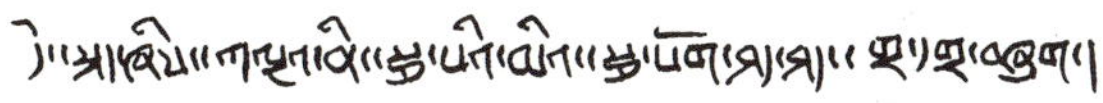
解读	ti^{55} tiA^{55} ʒi^{35} kA^{55}ŋuA^{55} nə^{53} ʧə^{55} pie^{53} mi^{53} ʧə^{55} po^{53} ʃyə^{55}ʃyə^{55} dzə̠^{35}dzə̠^{35} zo̠^{35} 这一月十五日土五行人土（助词）碰不好很
意译	这个月十五日，五行属土的人碰土很不好。

初一至初五

日期	原图					
	普米音译					
	国际音标	ti^{55}gi^{55}ti^{35}	ti^{55}gi^{55}ni^{35}	ti^{55}gi^{55}sõ^{35}	ti^{55}gi^{55}rə^{55}	ti^{55}gi^{55}ŋuA^{55}
	直译	初一	初二	初三	初四	初五

七曜	原图	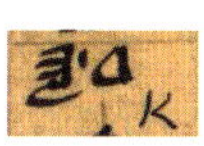		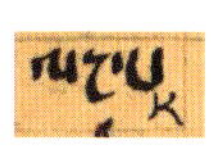		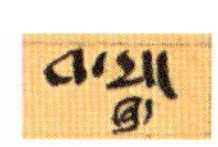
	普米音译	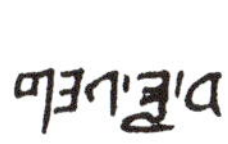	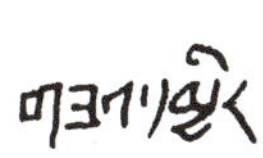	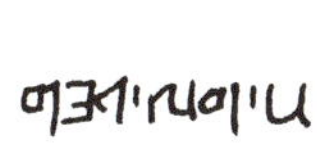		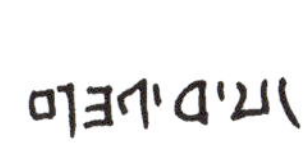
	国际音标	dA^{35} wA^{55}	mi^{55}mzə̠^{55}	lA^{35}pA^{55}	p^{h}zə̠^{55}bu^{53}	pA^{55}sõ^{55}
	直译	月曜	火曜	水曜	木曜	金曜

提哩	原图		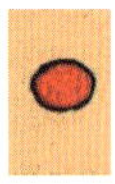			
星宿	原图			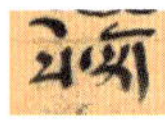	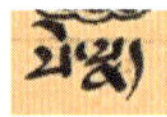	
	普米音译			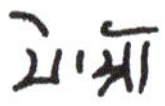	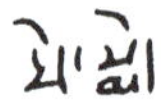	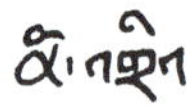
	国际音标	pzə̩^{53}	dzu̩^{53}	su^{55}tuə^{53}	su^{55}mə^{53}	nõ^{55}dzɿ^{53}
	直译	虚宿	危宿	室宿	壁宿	奎宿

属相	原图					
	普米音译	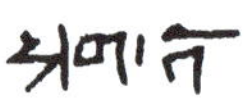		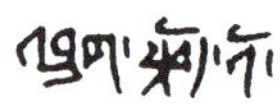		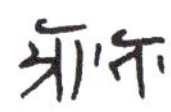
	国际音标	to^{55}wu^{35}	ʒi^{35} bze̩^{55}wu^{35}	bzə̩^{55}te^{55}wu^{35}	bzə̩^{55}dᴀ^{55}wu^{35}	tiᴀ^{55}wu^{35}
	直译	虎	兔	龙	蛇	马

方位	原图					
	普米音译			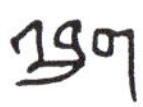		
	国际音标	xo^{53}	k^{h}uẽ^{55}lo^{55}	suÃ^{35}bzə̩u^{53}	niõ^{53}	ʃə^{53}
	直译	南	西南	东南	西	东

初六至初十

日期	原图					
	普米音译			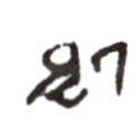		
	国际音标	ti^{55}gi^{55}ŋuᴀ^{55}	ti^{55}gi^{55}tʂ^{h}u^{55}	ti^{55}gi^{55}ŋə^{35}	ti^{55}gi^{55}gi^{53}	kᴀ^{55}tĩ^{53}
	直译	初六	初七	初八	初九	初十

七曜	原图		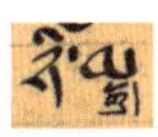	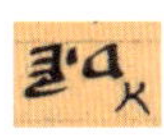		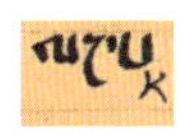
	普米音译		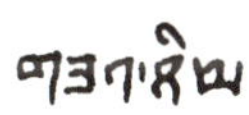	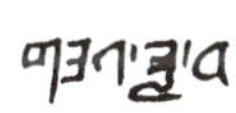	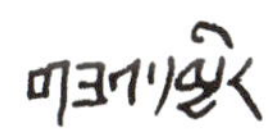	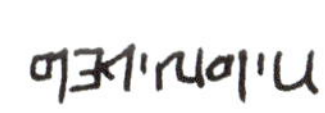
	国际音标	pĩ^{55}bᴀ^{55}	ni^{35} mã^{55}	dᴀ^{35} wᴀ^{55}	mi^{55}mzə̢^{55}	lᴀ^{35}pᴀ^{55}
	直译	土曜	日曜	月曜	火曜	水曜

提哩	原图					
星宿	原图	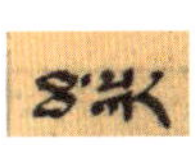		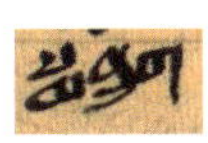	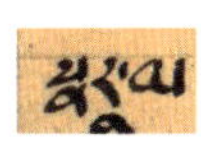	
	普米音译	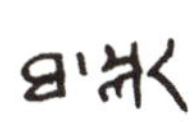	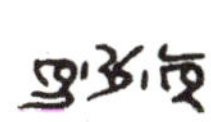	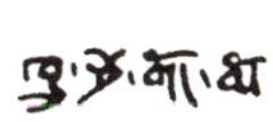		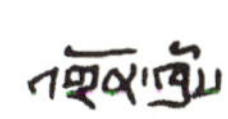
	国际音标	t^{h}ə^{55}kə^{55}rə^{55}	tʂ^{h}u^{55}tsɿ^{55}tʂ^{h}uə^{55}	tʂ^{h}u^{55}tsɿ^{55}gũ^{55}mo^{55}	ts^{h}ɿ^{55}li^{53}	dzu̢e^{35} k^{h}u^{35}
	直译	娄宿	胃宿	昴宿	毕宿	觜宿

属相	原图	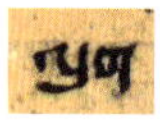				
	普米音译	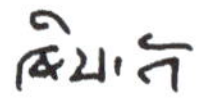	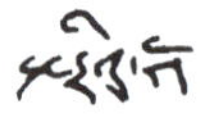	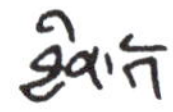	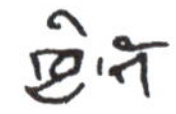	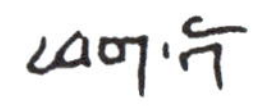
	国际音标	ʒi^{35}wu^{35}	pzẹ^{55}wu^{35}	ʥyẽ^{35}wu^{35}	ʧ^{h}i^{55}wu^{35}	p^{h}A^{55}wu^{35}
	直译	羊	猴	鸡	狗	猪

方位	原图					
	普米音译			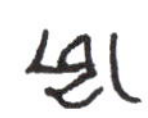		
	国际音标	k^{h}ĩ^{55}ʧ^{h}i^{53}	ki^{35} lõ^{53}	ʧ^{h}õ^{53}	xo^{53}	k^{h}uẽ^{55}lo^{55}
	直译	西北	东北	北	南	西南

十一至十五

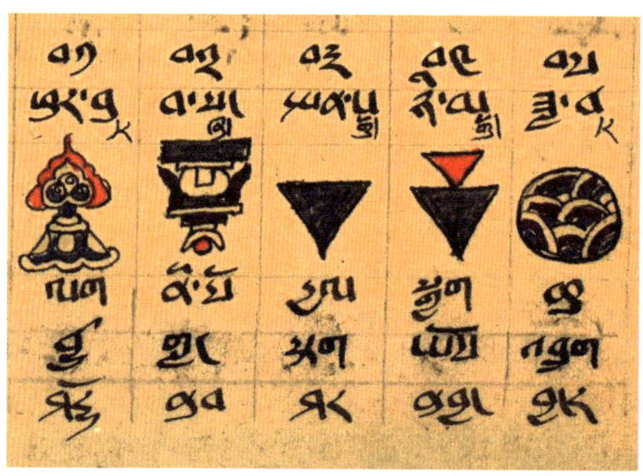

日期	原图					
	普米音译				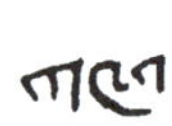	
	国际音标	ko^{55}ti^{53}	ko^{55}nə^{35}	kA^{55}sõ^{55}	kA^{55}rə^{55}	kA^{55}ŋuA^{55}
	直译	十一	十二	十三	十四	十五

七曜	原图					
	普米音译					
	国际音标	p^{h}zə^{55}bu^{53}	pᴀ^{55}sõ^{55}	pĩ^{55}bᴀ^{55}	ni^{35} mã^{55}	dᴀ^{35} wᴀ^{55}
	直译	木曜	金曜	土曜	日曜	月曜

提哩	原图					
星宿	原图					
	普米音译	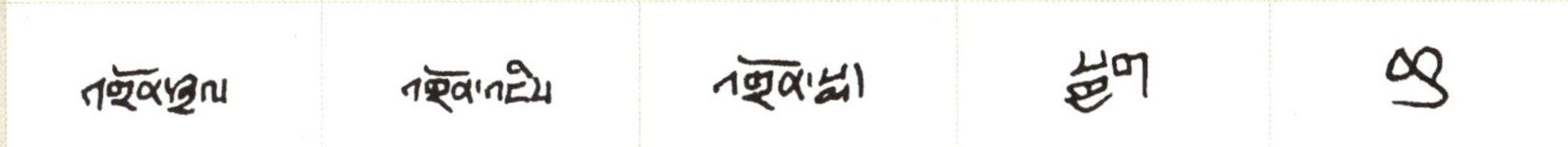				
	国际音标	dzụe^{35} ʒe^{35}	dzụe^{35} ʤi^{35}	dzụe^{35} mᴀ̃^{35}	ʃə^{53}	ʧ^{h}y^{53}
	直译	参宿	井宿	鬼宿	柳宿	星宿

属相	原图					
	普米音译	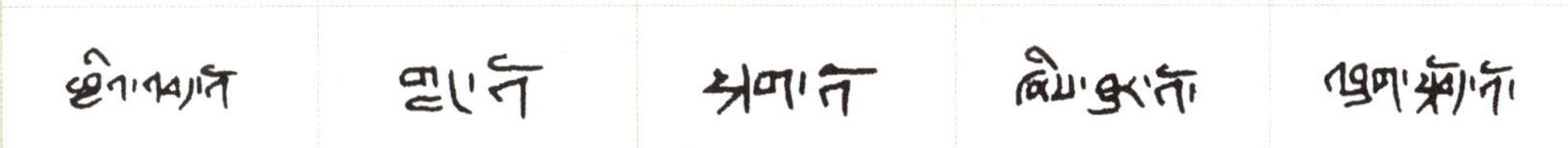				
	国际音标	ʧ^{h}i^{55}pie^{55}wu^{35}	lõ^{55}wu^{35}	to^{55}wu^{35}	ʒi^{35} bze^{55}wu^{35}	bzə^{55}te^{55}wu^{35}
	直译	鼠	牛	虎	兔	龙

方位	原图					
	普米音译					
	国际音标	suᴀ̃^{35}bzəu^{53}	niõ^{53}	ʃə^{53}	k^{h}i^{55}ʧ^{h}i^{53}	ki^{35} lõ^{53}
	直译	东南	西	东	西北	东北

十六至二十

日期 　七曜 　提哩 　星宿 　属相 　方位

日期	原图					
	普米音译		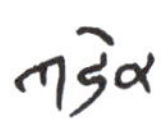	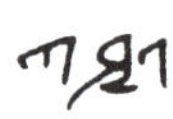	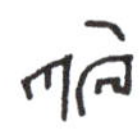	
	国际音标	kᴀ^{55}tʂ^{h}u^{55}	kᴀ^{55}ŋə^{35}	kᴀ^{55}ʃyə^{35}	kᴀ^{55}gi^{53}	nə^{35}ɣo^{35}
	直译	十六	十七	十八	十九	二十

七曜	原图	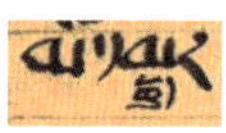	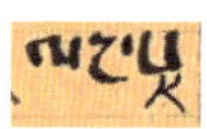		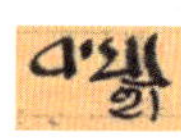	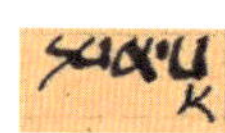
	普米音译	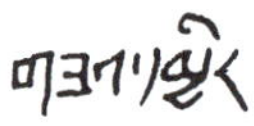			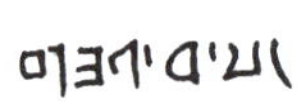	
	国际音标	mi^{55}mzə̣^{55}	lᴀ^{35}pᴀ^{55}	p^{h}zə̣^{55}bu^{53}	pᴀ^{55}sõ^{55}	pĩ^{55}bᴀ^{55}
	直译	火曜	水曜	木曜	金曜	土曜

提哩	原图					
星宿	原图			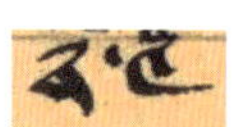		
	普米音译	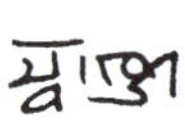		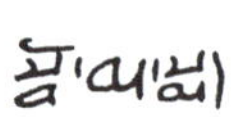		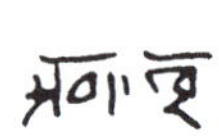
	国际音标	bo^{35} k^{h}o^{55}	bo^{35}mɑ̃^{35}	bo^{35} mɑ̃^{35}mᴀ̃^{35}	nᴀ̃^{35}pᴀ^{55}	tiᴀ^{35}tʂ^{h}ʉ^{35}
	直译	张宿	翼宿	轸宿	角宿	亢宿

属相						
	原图	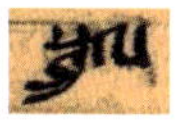				
	普米音译	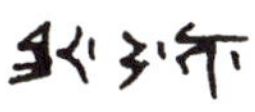	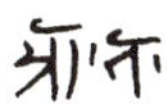	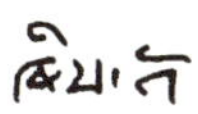	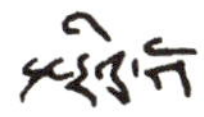	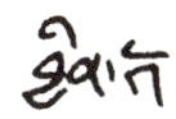
	国际音标	bzə̣^{55}dᴀ^{55}wu^{35}	tiᴀ^{55}wu^{35}	ʒi^{35}wu^{35}	pzẹ^{55}wu^{35}	ʤyẽ^{35}wu^{35}
	直译	蛇	马	羊	猴	鸡

方位						
	原图					
	普米音译	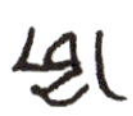				
	国际音标	ʧʰõ^{53}	xo^{53}	kʰuẽ^{55}lo^{55}	suᴀ̃^{35}bzə̣u^{53}	niõ^{53}
	直译	北	南	西南	东南	西

二十一至二十五

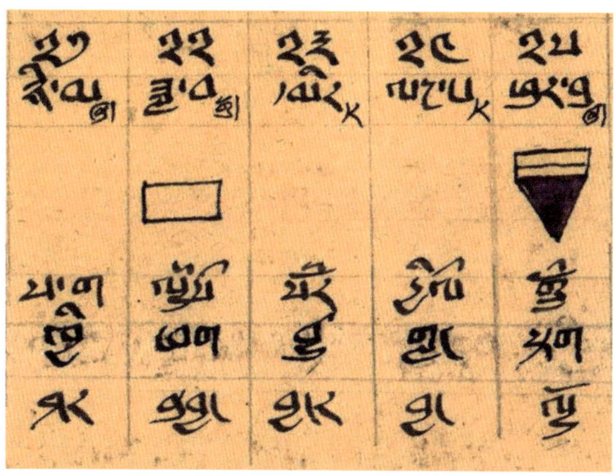

日期						
	原图					
	普米音译				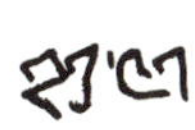	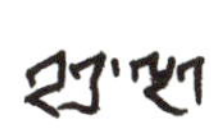
	国际音标	nə^{35} ɣo^{35} ti^{35}	nə^{35}ɣo^{35}ni^{35}	nə^{35}ɣo^{35} sõ^{55}	nə^{35}ɣo^{35}rə^{55}	nə^{35}ɣo^{35} ŋuᴀ^{55}
	直译	二十一	二十二	二十三	二十四	二十五

七曜	原图	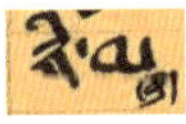	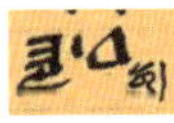	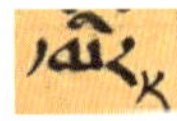	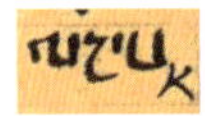	
	普米音译	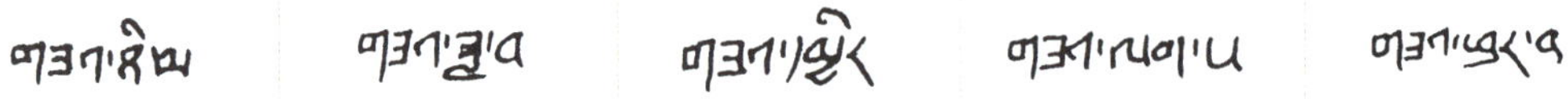				
	国际音标	ni^{35} mã^{55}	dᴀ^{35} wᴀ^{55}	mi^{55}mzə̥^{55}	lᴀ^{35}pᴀ^{55}	p^{h}zə̥^{55}bu^{53}
	直译	日曜	月曜	火曜	水曜	木曜

提哩	原图		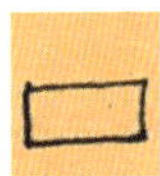			
星宿	原图					
	普米音译	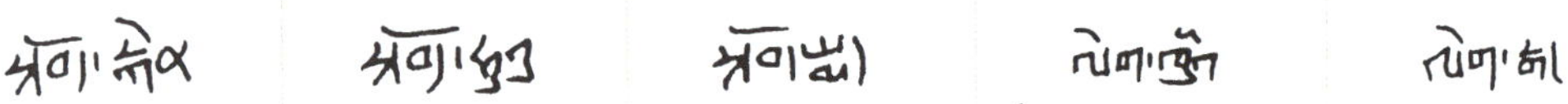				
	国际音标	tiᴀ^{55}kᴀ̃^{53}	tiᴀ^{55}tiu^{53}	tiᴀ^{55}mᴀ̃^{53}	lie^{35}k^{h}u^{53}	lie^{35} gõ^{53}
	直译	氐宿	房宿	心宿	尾宿	箕宿

属相	原图		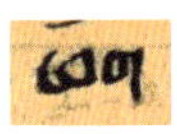			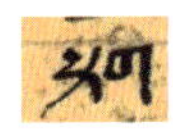
	普米音译	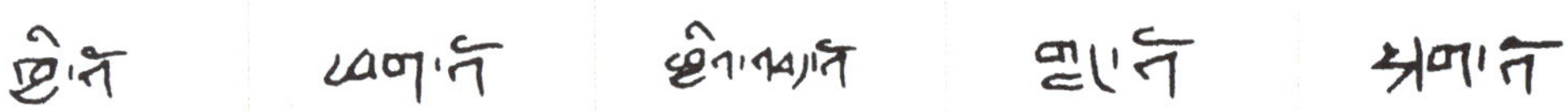				
	国际音标	ʧ^{h}i^{55}wu^{35}	p^{h}ᴀ^{55}wu^{35}	ʧ^{h}i^{55}pie^{55}wu^{35}	lõ^{55}wu^{35}	to^{55}wu^{35}
	直译	狗	猪	鼠	牛	虎

方位	原图			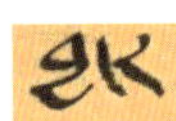	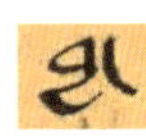	
	普米音译					
	国际音标	ʃə^{53}	k^{h}ĩ^{55}ʧ^{h}i^{53}	ki^{35} lõ^{53}	ʧ^{h}õ^{53}	xo^{53}
	直译	东	西北	东北	北	南

二十六至三十

日期	原图					
	普米音译		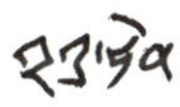		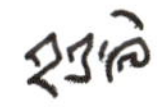	
	国际音标	nə^{35}ɣo^{35}tʂ^{h}u^{55}	nə^{35}ɣo^{35} ŋə^{35}	nə^{35}ɣo^{35} ʃyə^{35}	nə^{35}ɣo^{35}gi^{53}	ni^{55}tõ^{55}
	直译	二十六	二十七	二十八	二十九	三十

七曜	原图	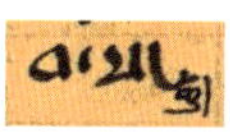	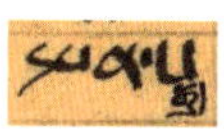	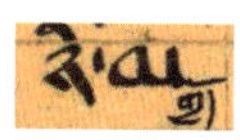	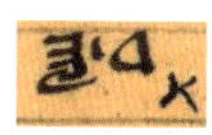	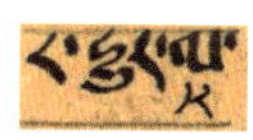
	普米音译	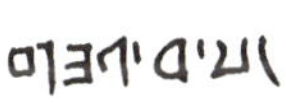	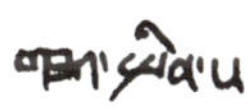	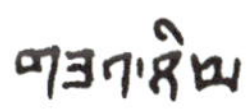	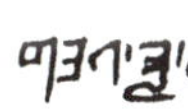	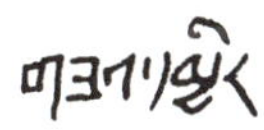
	国际音标	pᴀ^{55}sõ^{55}	pĩ^{55}bᴀ^{55}	ni^{35} mã^{55}	dᴀ^{35} wᴀ^{55}	mi^{55}mzə̥^{55}
	直译	金曜	土曜	日曜	月曜	火曜

提哩	原图					
星宿	原图	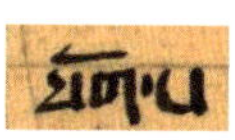	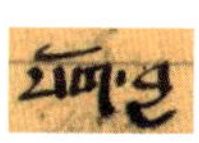			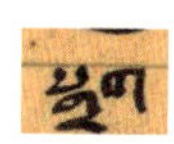
	普米音译		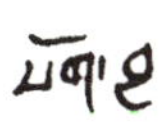			
	国际音标	lie^{35}mÃ^{35}	so^{55}ʧe^{55}	pÃ^{35}	pzə̥^{53}	dzu̥^{53}
	直译	斗宿	牛宿	女宿	虚宿	危宿

属相						
	原图			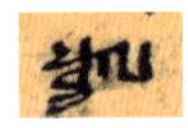		
	普米音译		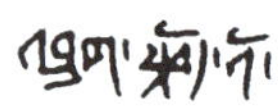	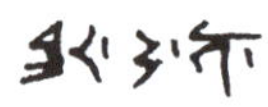	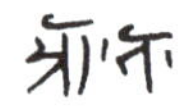	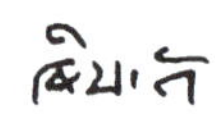
	国际音标	ʒi^{35} bz̩e^{55}wu^{35}	bz̩ə^{55}te^{55}wu^{35}	bz̩ə^{55}dᴀ^{55}wu^{35}	tiᴀ^{55}wu^{35}	ʒi^{35}wu^{35}
	直译	兔	龙	蛇	马	羊

方位						
	原图					
	普米音译		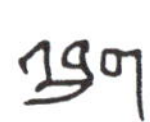			
	国际音标	kʰuẽ^{55}lo^{55}	suᴀ̃^{35}bz̩əu^{53}	niõ^{53}	ʃə^{53}	kʰĩ^{55}ʧʰi^{53}
	直译	西南	东南	西	东	西北

龙月

འབྲུག་ཟླ།

bzə^{35}te^{55}wu^{35}tiA^{55}ʒi^{35}

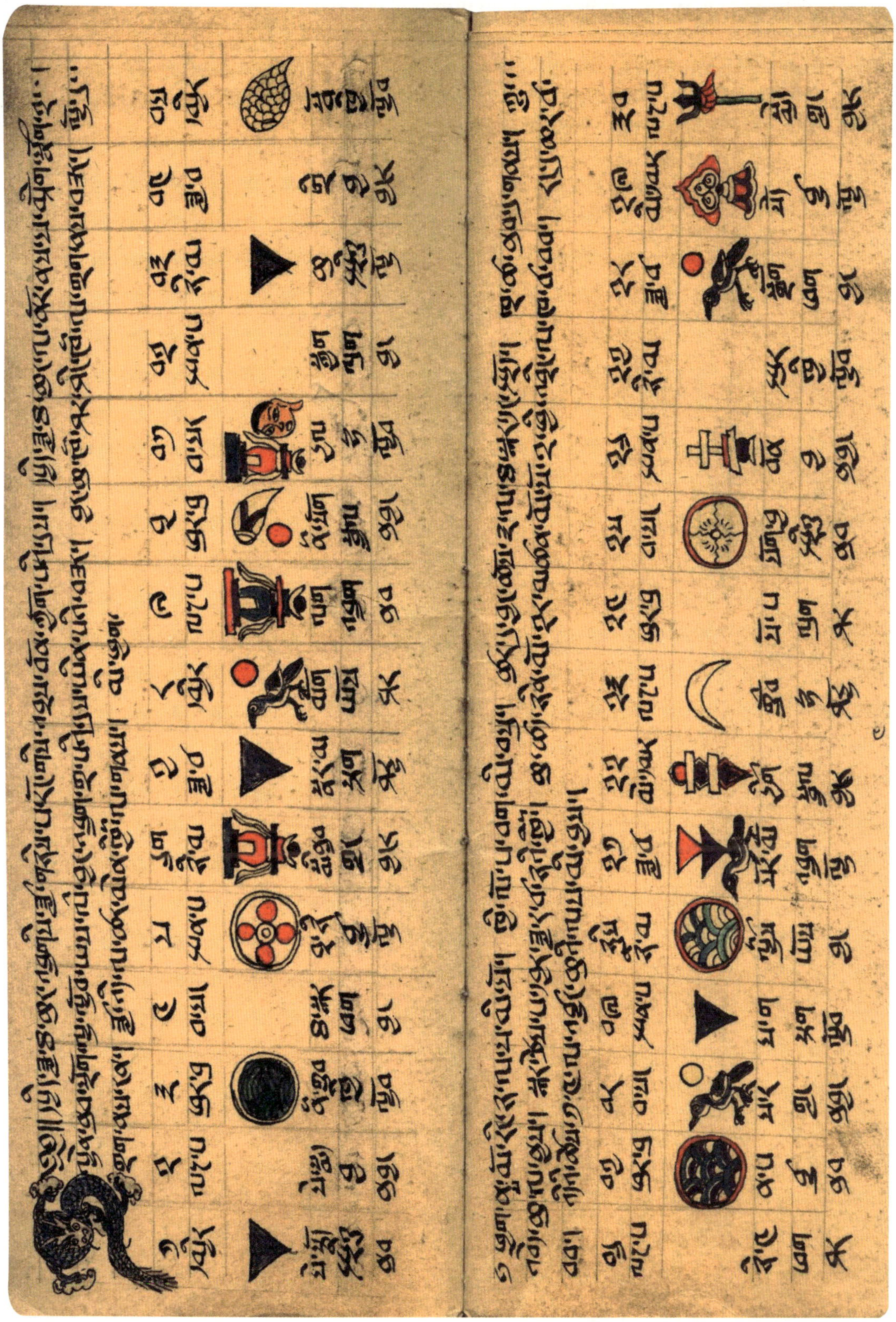

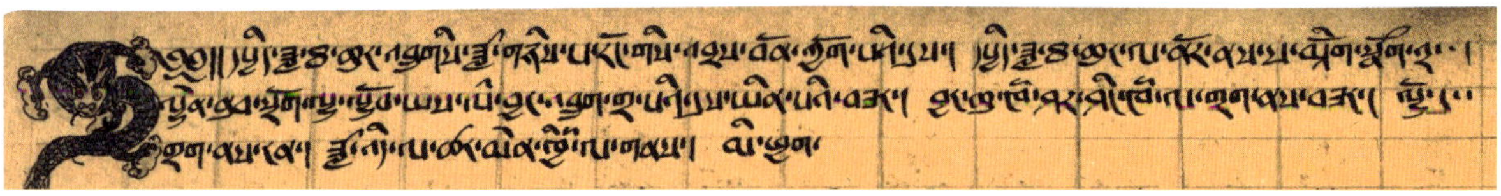

普米音译	
解读	ni^{35}ʒi^{35} bzə̨^{35}te^{55}wu^{35} tiᴀ^{55}ʒi^{35} tsi^{55} mi^{35} k^{h}õ^{55} mi^{35} ɦi^{55} mi^{35} zo̧^{35} mi^{35} ʃu^{55} pʉ^{53} ʧ^{h}y^{53} zo̧^{35} ŋu^{53} 春月龙肖一月寿讨命讨富裕讨希望讨仪式做好很会
意译	春三月的龙月，举行祈求长寿富裕、愿望成真的仪式会很好。

普米音译	
解读	sẽ^{35}wᴀ^{53}jõ^{55} wᴀ^{53} ʒi^{55}pɐ^{35}tsɿ^{55}nõ^{55}ts^{h}u^{53}pɐ^{35} ŋu^{53} 树（助词）温度（助词）出来花各种开会
意译	这个月温度上升，树木发芽，五颜六色的花争奇斗艳。

普米音译	
解读	xᴀ^{55}ʧ^{h}ĩ^{53} niõ^{53}wu^{53} ʒe^{55} gi^{55} mi^{53} xie^{55} k^{h}uẽ^{55}lo^{55} ʒe^{55}ʃu^{55} pʉ^{53} tʉ^{55}di^{35} ʧ^{h}õ^{53}wu^{53} ʧ^{h}y^{55} mə^{53}ɦi^{55} zu̧ẽ^{55} ʒi^{35} də^{55} 神名西方在赐福（助词）神西南在仪式做诅咒北方好雷鸣月是
意译	“哈钦”神在西方，赐福的神在西南方，要做诅咒的仪式朝着北方会好，这个月是有雷鸣的一个月。

普米音译	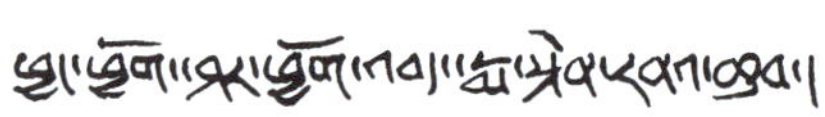
解读	ʧ^{h}õ^{53}ʧ^{h}ye^{53} ʃə^{53}ʧ^{h}ye^{53} bie^{53} mə^{53}ɦi^{55} zu̧ẽ^{55} ʧ^{h}y^{53} 北方东方（助词）雷鸣好
意译	北方、东方的雷鸣好。

普米音译	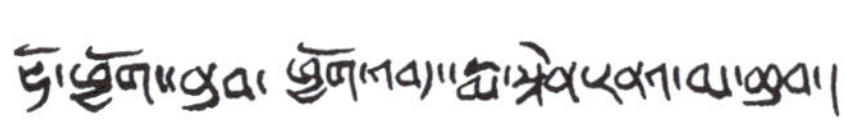
解读	xo^{53}ʧ^{h}ye^{53} niõ^{53}ʧ^{h}ye^{53} bie^{53} mə^{53}ɦi^{55} zu̧ẽ^{55} mᴀ^{35}ʧ^{h}y^{53} 南方西方（助词）雷鸣不好
意译	南方、西方的雷鸣不好。

普米音译	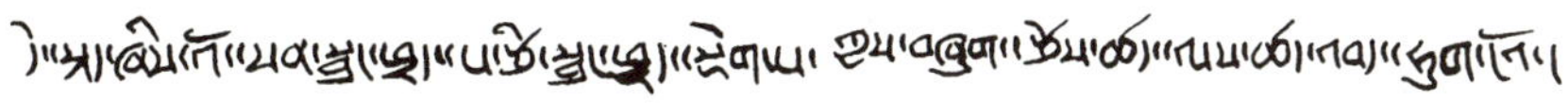
解读	ti^{55}tiᴀ^{55}ʒi^{35}wu^{53} sẽ^{35}bõ^{55} p^{h}z̩ə^{53} pɐ^{35}tsɿ^{55}bõ^{55} p^{h}z̩ə^{53} di^{55}pɑ^{53} tʃə^{55} z̩o^{35} tsi^{55}ts^{h}ə^{53} liɛ^{35}ts^{h}ə^{53} bie^{53} tu^{35} ŋu^{53} 这一月里树木砍花树砍罪恶大很寿数命数（助词）伤害会
意译	这一个月里，砍伐树木、破坏花草罪恶很大，如果做了会减少你的寿命。

普米音译	
解读	mə^{35}dzɛ̩^{35} tʃ^{h}i^{55}wu^{35} mi^{53} dõ^{55} mᴀ^{35}tʃ^{h}y^{53} 姑娘狗肖人嫁不好
意译	属狗的姑娘出嫁不好。

普米音译	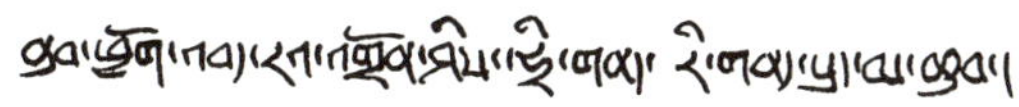
解读	niõ^{53}tʃ^{h}ye^{53} bie^{53} ruə^{35}dzu̩ə^{35}ʃi^{53} ʂɿ^{55} ni^{55} rə^{35}ni^{55} pʉ^{53} mᴀ^{35}tʃ^{h}y^{53} 西方（助词）路走去肉红皮红做不好
意译	往西方出行的时候杀生不好。

普米音译	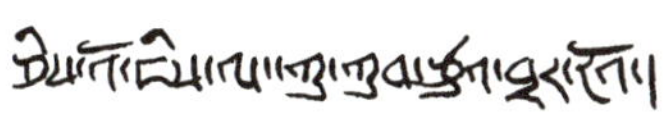
解读	tʃi^{55}wu^{53} ʤi^{35} lᴀ^{53} ko^{55}ko^{53} tsʉ^{55} bzɛ̩^{35} ŋu^{53} 水里鱼也下蛋儿子孵化会
意译	水里的鱼也在产卵、孵化。

普米音译	
解读	tʃi^{55}wu^{53} lᴀ^{35}lo^{55} pʉ^{53} ni^{55} p^{h}z̩ə^{55} ŋu^{53} 水里事情做病遇会
意译	这段时间做与水有关的事情会遭遇疾病。

普米音译	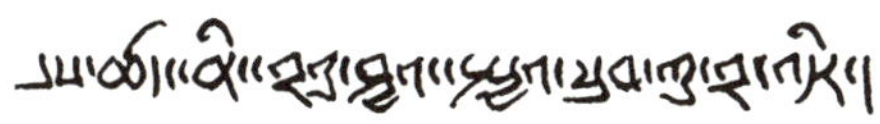
解读	tuə^{55}ts^{h}uə^{53} nə^{53} nə^{35}ɣo^{35}ʃyə^{35} ʃye^{55} sʉ^{35}ko^{55}nə^{35} də^{55} 时段昼二十八夜三十二是
意译	这个月的时段，白天二十八，夜晚三十二。

普米音译	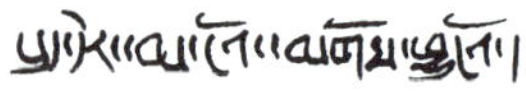
解读	pʉ^{53} ti^{53} mA^{35}ŋu^{53} gui^{55} ʧʰõ^{53} ŋu^{53} 雪积不会雨下会
意译	这个月不会积雪，会下雨。

普米音译	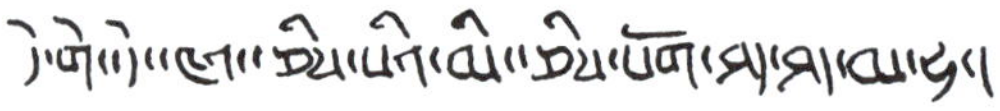
解读	ti^{55}gi^{55} ti^{35} rə^{55} ʧi^{55} pie^{53} mi^{53} ʧi^{55} po^{53} ʃyə^{55}ʃyə^{55} mA^{35}xɑ̃^{55} 上弦 一 四 水 五行 人 水（助词） 碰 不可以
意译	初一、初四，五行属水的人不能碰水。

初一至初五

日期	原图					
	普米音译					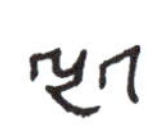
	国际音标	ti^{55}gi^{55}ti^{35}	ti^{55}gi^{55}ni^{35}	ti^{55}gi^{55}sõ^{35}	ti^{55}gi^{55}rə^{55}	ti^{55}gi^{55}ŋuA^{55}
	直译	初一	初二	初三	初四	初五

七曜	原图	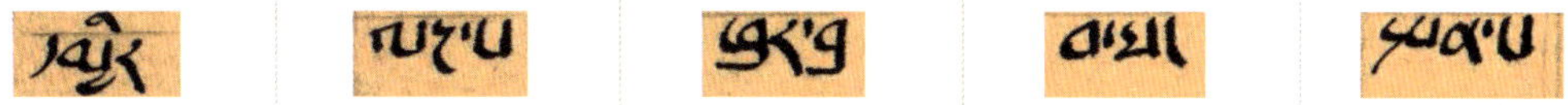				
	普米音译	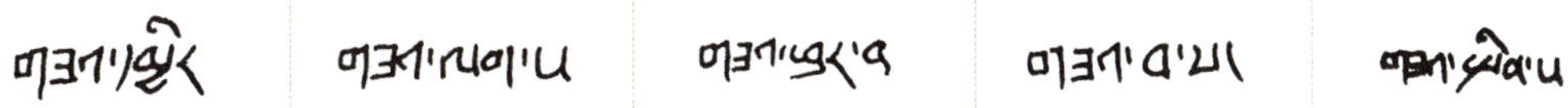				
	国际音标	mi^{55}mzə̧^{55}	lᴀ^{35}pᴀ^{55}	p^{h}zə̧^{55}bu^{53}	pᴀ^{55}sõ^{55}	pĩ^{55}bᴀ^{55}
	直译	火曜	水曜	木曜	金曜	土曜

提哩	原图					
星宿	原图	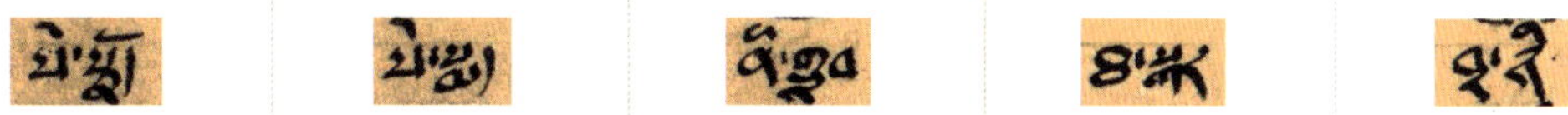				
	普米音译					
	国际音标	su^{55}tuə^{53}	su^{55}mə^{53}	nõ^{55}dzʅ^{53}	t^{h}ə^{55}kə^{55}rə^{55}	tʂ^{h}u^{55}tsɿ^{55}tʂ^{h}uə^{55}
	直译	室宿	壁宿	奎宿	娄宿	胃宿

属相	原图					
	普米音译	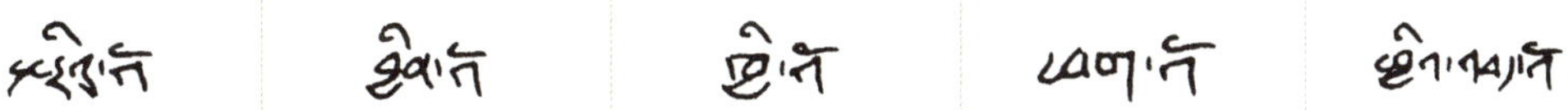				
	国际音标	pzȩ^{55}wu^{35}	ʤyẽ^{35}wu^{35}	ʧ^{h}i^{55}wu^{35}	p^{h}ᴀ^{55}wu^{35}	ʧ^{h}i^{55}pie^{55}wu^{35}
	直译	猴	鸡	狗	猪	鼠

方位	原图					
	普米音译	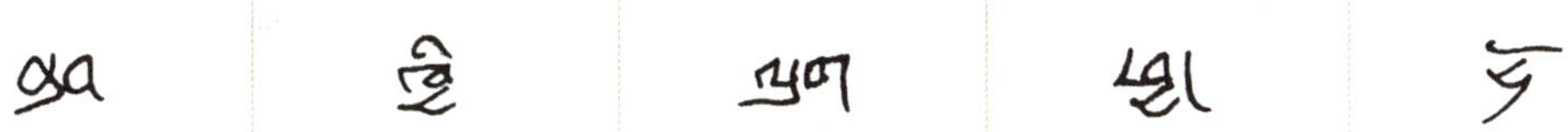				
	国际音标	niõ^{53}	k^{h}ĩ^{55}ʧ^{h}i^{53}	k^{h}uẽ^{55}lo^{55}	ʧ^{h}õ^{53}	xo^{53}
	直译	西	西北	西南	北	南

初六至初十

日期	原图	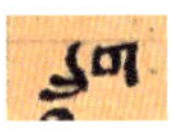				
	普米音译					
	国际音标	ti⁵⁵gi⁵⁵ŋuᴀ⁵⁵	ti⁵⁵gi⁵⁵tʂʰu⁵⁵	ti⁵⁵gi⁵⁵ŋə³⁵	ti⁵⁵gi⁵⁵gi⁵³	kᴀ⁵⁵ʈi⁵³
	直译	初六	初七	初八	初九	初十

七曜	原图	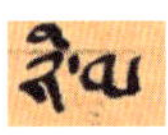	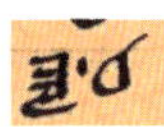			
	普米音译	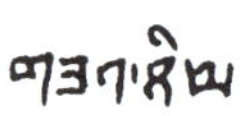	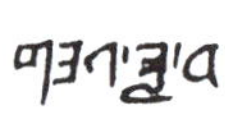	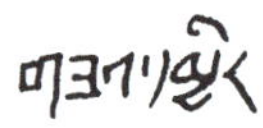		
	国际音标	ni³⁵ mã⁵⁵	dᴀ³⁵ wᴀ⁵⁵	mi⁵⁵mzə̣⁵⁵	lᴀ³⁵pᴀ⁵⁵	pʰzə̣⁵⁵bu⁵³
	直译	日曜	月曜	火曜	水曜	木曜

提哩	原图					
星宿	原图		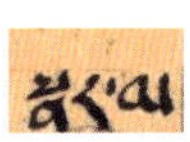			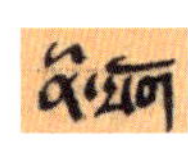
	普米音译	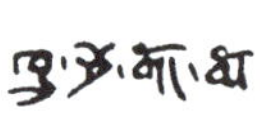		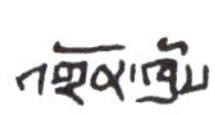	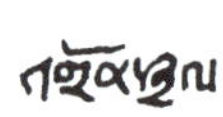	
	国际音标	tʂʰu⁵⁵tsɿ⁵⁵gũ⁵⁵mo⁵⁵	tsʰɿ⁵⁵li⁵³	dzu̥e³⁵ kʰu³⁵	dzu̥e³⁵ ʒɛ³⁵	dzu̥e³⁵ ʤi³⁵
	直译	昴宿	毕宿	觜宿	参宿	井宿

属相	原图		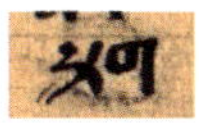			
	普米音译	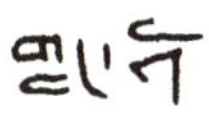	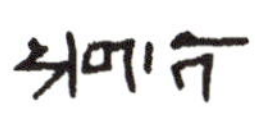		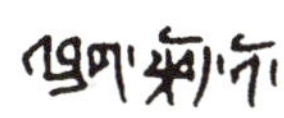	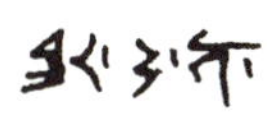
	国际音标	lõ^{55}wu^{35}	to^{55}wu^{35}	ʒi^{35} bzə^{55}wu^{35}	bzə^{55}te^{55}wu^{35}	bzə^{55}dᴀ^{55}wu^{35}
	直译	牛	虎	兔	龙	蛇

方位	原图	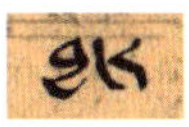				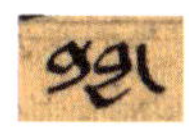
	普米音译		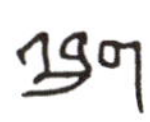			
	国际音标	ki^{35} lõ^{53}	suÃ^{35}bzəu^{53}	ʃə^{53}	niõ^{53}	kʰĩ^{55}ʧʰi^{53}
	直译	东北	东南	东	西	西北

十一至十五

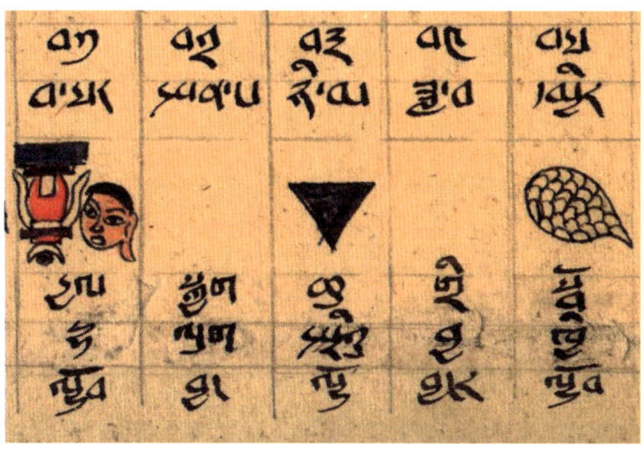

日期	原图				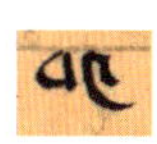	
	普米音译					
	国际音标	ko^{55}ti^{53}	ko^{55}nə^{35}	kᴀ^{55}sõ^{55}	kᴀ^{55}rə^{55}	kᴀ^{55}ŋuᴀ^{55}
	直译	十一	十二	十三	十四	十五

七曜	原图	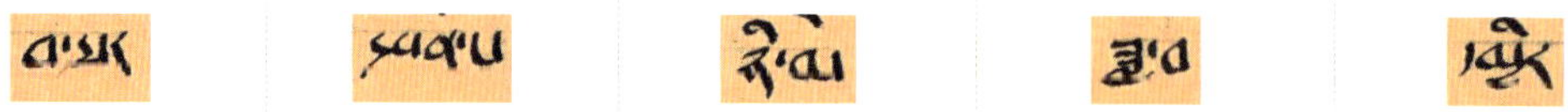				
	普米音译	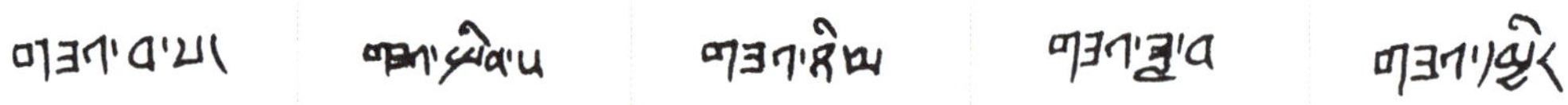				
	国际音标	pᴀ^{55}sõ^{55}	pĩ^{55}bᴀ^{55}	ni^{35} mã^{55}	dᴀ^{35} wᴀ^{55}	mi^{55}mzə̣^{55}
	直译	金曜	土曜	日曜	月曜	火曜

提哩	原图					
星宿	原图					
	普米音译					
	国际音标	dẓue^{35} mÃ^{35}	ʃə^{53}	ʧʰy^{53}	bo^{35} kʰo^{55}	bo^{35}mã^{35}
	直译	鬼宿	柳宿	星宿	张宿	翼宿

属相	原图					
	普米音译	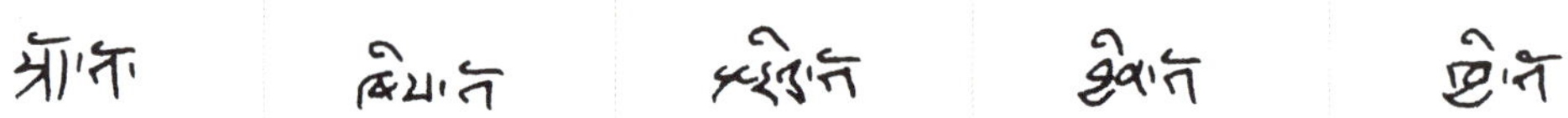				
	国际音标	tiᴀ^{55}wu^{35}	ʒi^{35}wu^{35}	pẓe^{55}wu^{35}	ʤyẽ^{35}wu^{35}	ʧʰi^{55}wu^{35}
	直译	马	羊	猴	鸡	狗

方位	原图	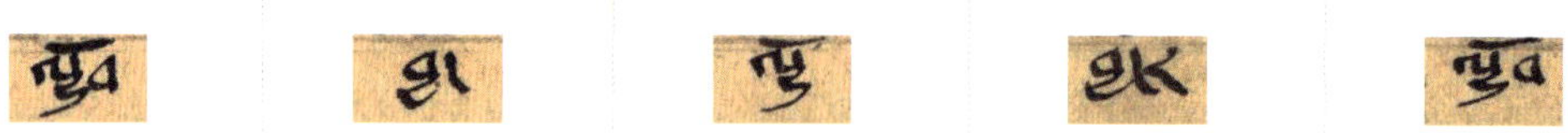				
	普米音译					
	国际音标	kʰuẽ^{55}lo^{55}	ʧʰõ^{53}	xo^{53}	ki^{35} lõ^{53}	suÃ^{35}bẓəu^{53}
	直译	西南	北	南	东北	东南

十六至二十

日期	原图					
	普米音译			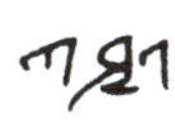		
	国际音标	kA^{55}tʂ^{h}u^{55}	kA^{55}ŋə^{35}	kA^{55}ʃyə^{35}	kA^{55}gi^{53}	nə^{35}yo^{35}
	直译	十六	十七	十八	十九	二十

七曜	原图					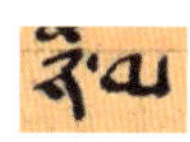
	普米音译	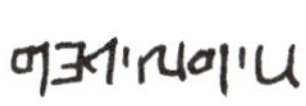		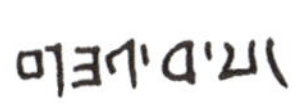	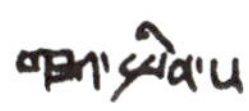	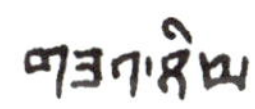
	国际音标	lA^{35}pA^{55}	p^{h}zə^{55}bu^{53}	pA^{55}sõ^{55}	pĩ^{55}bA^{55}	ni^{35} mã^{55}
	直译	水曜	木曜	金曜	土曜	日曜

提哩	原图					
星宿	原图	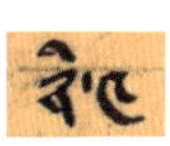				
	普米音译	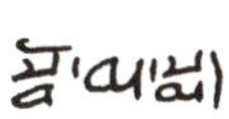		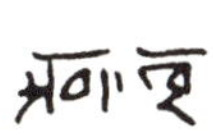	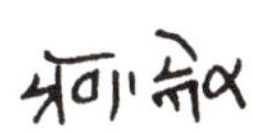	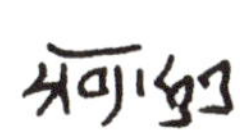
	国际音标	bo^{35} mã^{35}mÃ^{35}	nÃ^{35}pA^{55}	tiA^{35}tʂ^{h}ʉ^{35}	tiA^{55}kÃ^{53}	tiA^{55}tiu^{53}
	直译	轸宿	角宿	亢宿	氐宿	房宿

属相						
	原图					
	普米音译	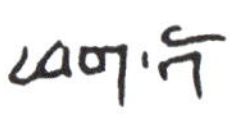	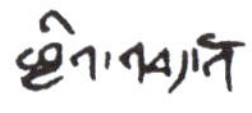	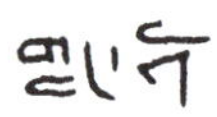	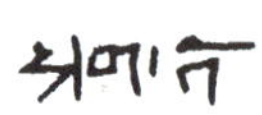	
	国际音标	pʰA^{55}wu^{35}	tʃʰi^{55}pie^{55}wu^{35}	lõ^{55}wu^{35}	to^{55}wu^{35}	ʒi^{35} bz̥e^{55}wu^{35}
	直译	猪	鼠	牛	虎	兔

方位						
	原图					
	普米音译					
	国际音标	ʃə^{53}	niõ^{53}	kʰĩ^{55}tʃʰi^{53}	kʰuẽ^{55}lo^{55}	tʃʰõ^{53}
	直译	东	西	西北	西南	北

二十一至二十五

日期						
	原图				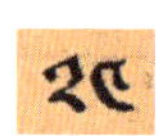	
	普米音译					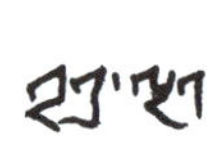
	国际音标	nə^{35} yo^{35} ti^{35}	nə^{35}yo^{35}ni^{35}	nə^{35}yo^{35} sõ^{55}	nə^{35}yo^{35}rə^{55}	nə^{35}yo^{35} ɲuA^{55}
	直译	二十一	二十二	二十三	二十四	二十五

七曜	原图					
	普米音译					
	国际音标	dA^{35} wA^{55}	mi^{55}mzə̩^{55}	lA^{35}pA^{55}	p^{h}zə^{55}bu^{53}	pA^{55}sõ^{55}
	直译	月曜	火曜	水曜	木曜	金曜

提哩	原图					
星宿	原图					
	普米音译	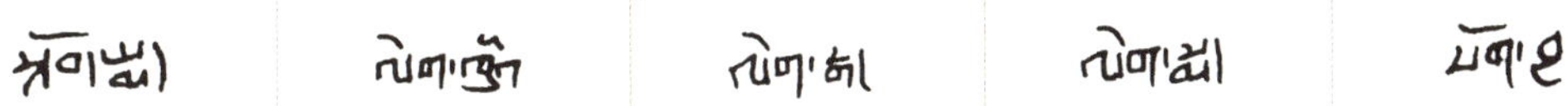				
	国际音标	tiA^{55}mÃ^{53}	lie^{35}k^{h}u^{53}	lie^{35} gõ^{53}	lie^{35}mÃ^{35}	so^{55}ʧɛ^{55}
	直译	心宿	尾宿	箕宿	斗宿	牛宿

属相	原图					
	普米音译					
	国际音标	bzə̩^{55}te^{55}wu^{35}	bzə̩^{55}dA^{55}wu^{35}	tiA^{55}wu^{35}	ʒi^{35}wu^{35}	pze̩^{55}wu^{35}
	直译	龙	蛇	马	羊	猴

方位	原图					
	普米音译					
	国际音标	xo^{53}	ki^{35} lõ^{53}	suÃ^{35}bzə̩u^{53}	ʃə^{53}	niõ^{53}
	直译	南	东北	东南	东	西

二十六至三十

日期	原图					
	普米音译					
	国际音标	$nə^{35}ɣo^{35}tʂ^{h}u^{55}$	$nə^{35}ɣo^{35}\ ŋə^{35}$	$nə^{35}ɣo^{35}\ ʃyə^{35}$	$nə^{35}ɣo^{35}gi^{53}$	$ni^{55}tõ^{55}$
	直译	二十六	二十七	二十八	二十九	三十

七曜	原图					
	普米音译					
	国际音标	$pĩ^{55}bᴀ^{55}$	$ni^{35}\ mã^{55}$	$dᴀ^{35}\ wᴀ^{55}$	$mi^{55}mzə̥^{55}$	$lᴀ^{35}pᴀ^{55}$
	直译	土曜	日曜	月曜	火曜	水曜

提哩	原图					
星宿	原图					
	普米音译					
	国际音标	$pᴀ^{35}$	$pzə̥^{53}$	$dzu̥^{53}$	$su^{55}tuə^{53}$	$su^{55}mə^{53}$
	直译	女宿	虚宿	危宿	室宿	壁宿

属相	原图					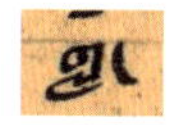
	普米音译	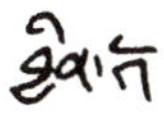	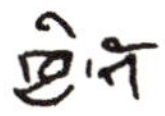	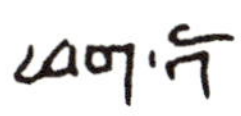	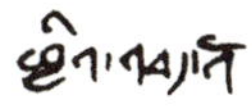	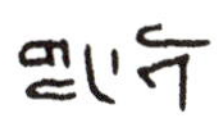
	国际音标	ʤyẽ^{35}wu^{35}	ʧ^{h}i^{55}wu^{35}	p^{h}A^{55}wu^{35}	ʧ^{h}i^{55}pie^{55}wu^{35}	lõ^{55}wu^{35}
	直译	鸡	狗	猪	鼠	牛

方位	原图		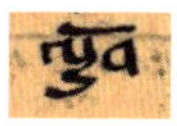		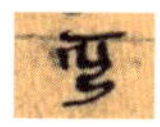	
	普米音译			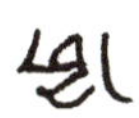		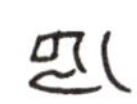
	国际音标	k^{h}ĩ^{55}ʧ^{h}i^{53}	k^{h}uẽ^{55}lo^{55}	ʧ^{h}õ^{53}	xo^{53}	ki^{35} lõ^{53}
	直译	西北	西南	北	南	东北

蛇月

bzə^{35}dA^{55}wu^{35}tiA^{55}ʒi^{35}

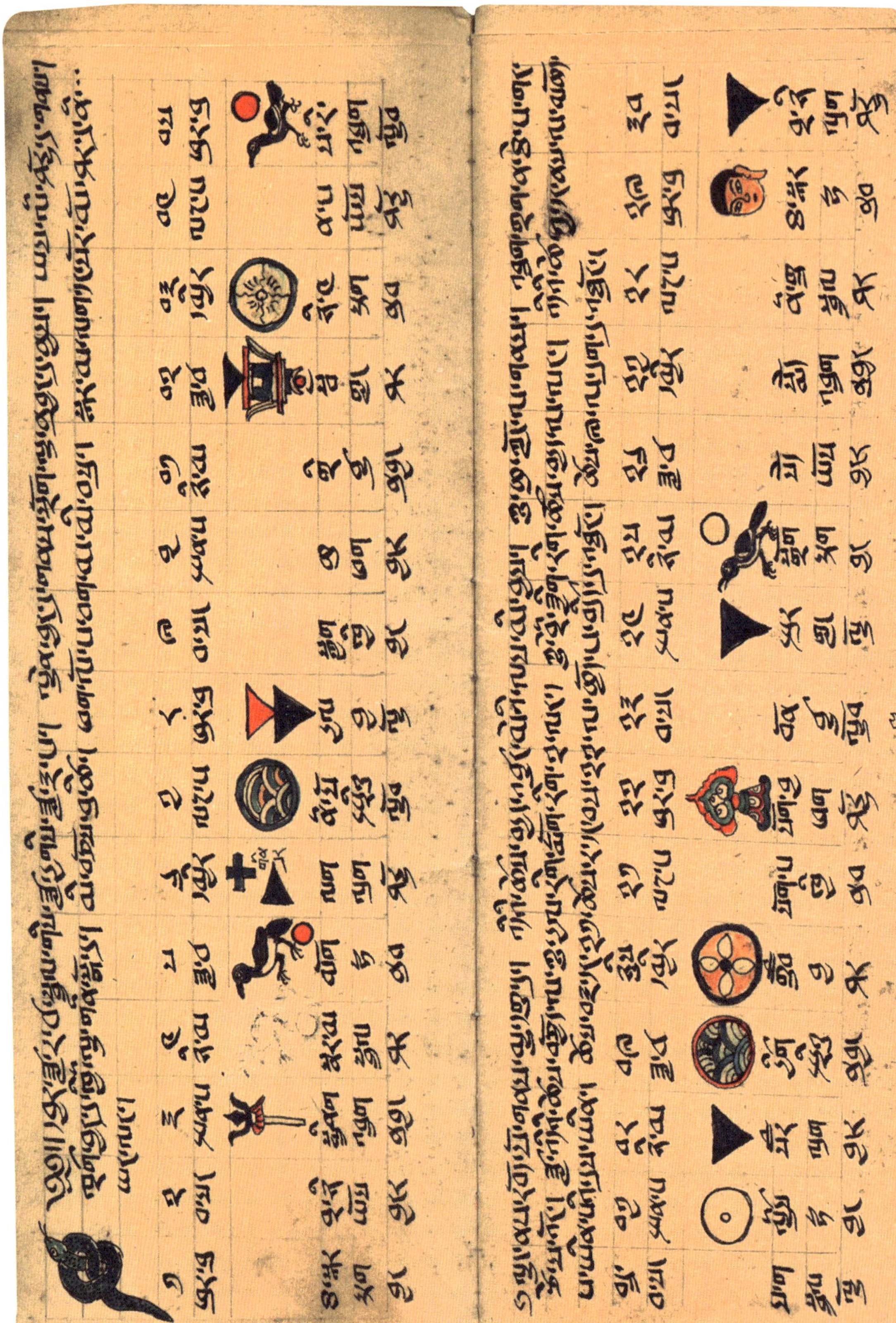

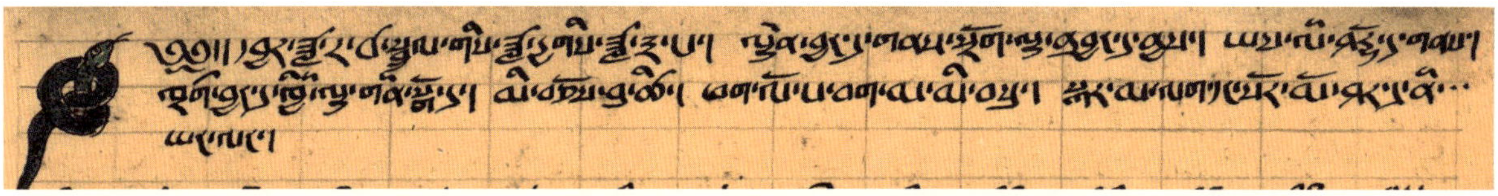

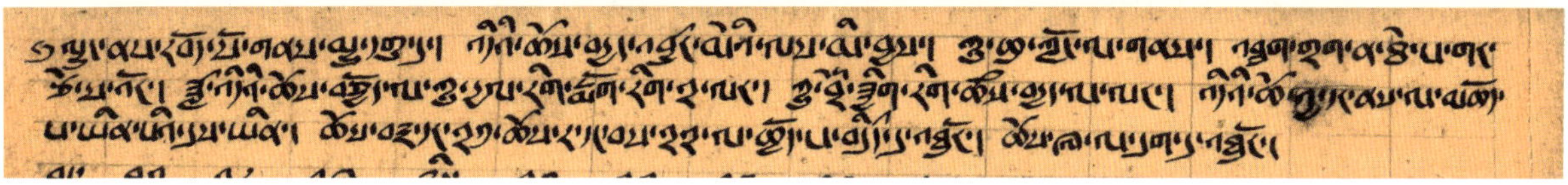

普米音译	
解读	ʧe^{55}sõ^{55}ʧe^{55}ʒi^{35} bzə̣^{35}dᴀ^{55}wu^{35} tiᴀ^{55}ʒi^{35} 夏三夏月蛇肖一月
意译	夏三月的蛇月。

普米音译	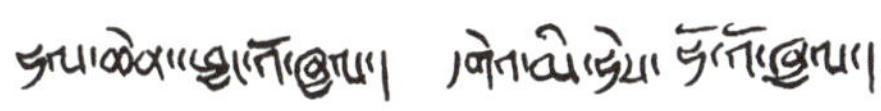
解读	xᴀ^{55}ʧ^{h}i^{55} ʧ^{h}õ^{53}wu^{53} ʒe^{55} gi^{55} mi^{53} xie^{55} xo^{53}wu^{53} ʒe^{55} 神名北方在赐福（助词）神南方在
意译	“哈钦”神在北方，赐福的神在南方。

普米音译	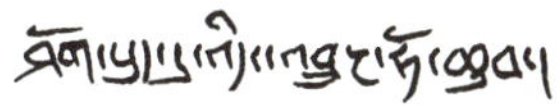
解读	ʃu^{55} pʉ^{53} tʉ^{55}di^{53} bzə̣u^{53} to^{53} ʧ^{h}y^{53} 仪式做诅咒东南（助词）好
意译	诅咒的仪式朝着南方做好。

普米音译	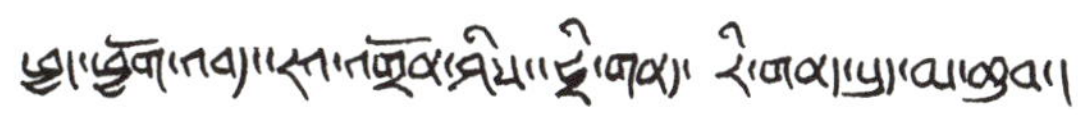
解读	ʧ^{h}õ^{53}ʧ^{h}ye^{53} bie^{53} ruə^{55}dzụə^{55}ʃi^{53} ʂʅ^{55} ni^{55} rə^{35} ni^{55} pʉ^{53} mᴀ^{35}ʧ^{h}y^{53} 北方（助词）路走去肉红皮红做不好
意译	往北方出行的时候杀生不好。

普米音译	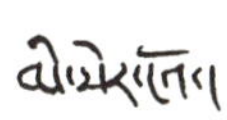
解读	mə^{53} sʅ^{35} ŋu^{53} 人死会
意译	有人会死。

普米音译	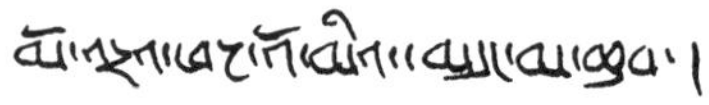
解读	mə^{35}dzɛ̠^{35} p^{h}A^{55}wu^{35} mi^{53} dõ^{55} mA^{35}ʧ^{h}y^{53} 姑娘猪肖人嫁不好
意译	属猪的姑娘出嫁不好。

普米音译	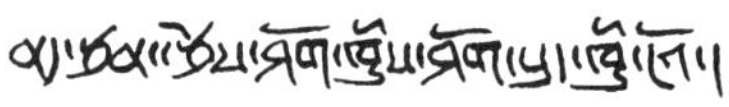
解读	ni^{55} tsẽ^{55} tsi^{55} ʃu^{55} k^{h}õ^{55} ʃu^{55} pʉ^{53} k^{h}u^{55} ŋu^{53} 病得寿仪式命仪式做要会
意译	举行祈求长寿、好命的仪式会得病。

普米音译	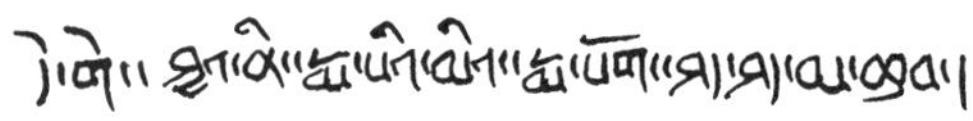
解读	ti^{55}gi^{55} ʃyə^{35} nə^{53} mɐ^{53} pie^{55} mə^{53} mɐ^{53} po^{53} ʃyə^{55}ʃyə^{55} mA^{35}ʧ^{h}y^{55} 上弦八日火五行人火（助词）碰不好
意译	初八这一天，五行属火的人碰火不好。

普米音译	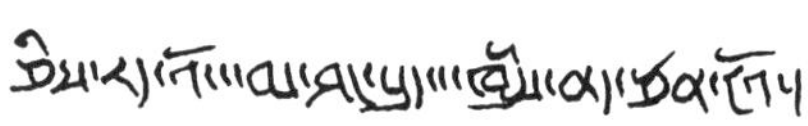
解读	ʧi^{55}ze̠^{35}wu^{53} mA^{35} ʂõ^{55} pʉ^{53} k^{h}u^{53} ni^{55} tsẽ^{55} ŋu^{53} 龙洞里不干净做头病得会
意译	如果龙洞里不干净的话，头会得病。

普米音译	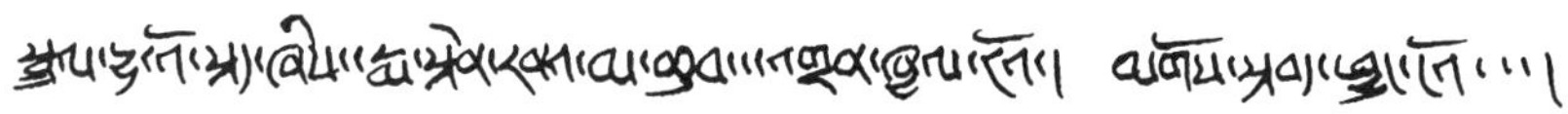
解读	bzə̠^{35}dA^{55}wu^{35} tiA^{55}ʒi^{35} mə^{53}ʧi^{55} zu̠ẽ^{55} mA^{35}ʧ^{h}y^{53} dzu̠e^{35}zA̠^{35} ŋu^{53} gui^{55} te^{55} ʧ^{h}õ^{53} ŋu^{53} 蛇肖一月雷鸣不好泥石流会雨大下会
意译	蛇月里如果有雷鸣不好，会下大雨，有泥石流。

普米音译	
解读	ti^{55}gi^{55} ʃyə^{35} kA^{55}ʃyə^{35} nə^{53} ʧi^{55} ze̠^{35} ʃu^{55} pʉ^{53} ʧ^{h}y^{53} zo̠^{35} 上弦八十八日龙洞仪式做好很
意译	初八、十八两日，举行祭龙神的仪式很好。

普米音译	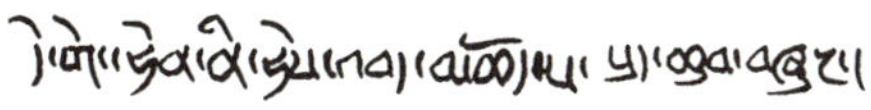
解读	ti^{55}gi^{55} ŋə^{35} nə^{53} xie^{55} bie^{53} ʧ^{h}A^{35}pA^{55} pʉ^{53} ʧ^{h}y^{53} ʐo^{35} 上弦七日神（助词）祭品做好很
意译	初七这一天，向神献祭品很好。

普米音译	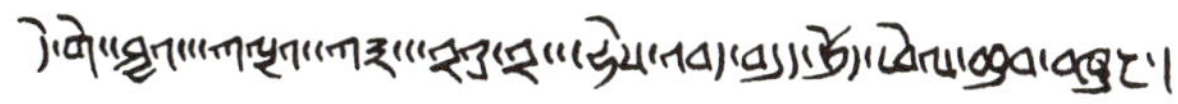
解读	ti^{55}gi^{55} ʃyə^{35} kA^{55}ŋuA^{55} kA^{55}sõ^{55} nə^{35}ɣo^{35}nə^{35} xie^{55} bie^{53} duə^{55}tsuə^{55} p^{h}i^{53} ʧ^{h}y^{53} ʐo^{35} 上弦八十五十三二十二神（助词）贡品献好很
意译	初八、十三、十五和二十二日，向神献贡品很好。

普米音译	
解读	ti^{55}gi^{55} gi^{53} nə^{53} xie^{55} bie^{53} ʧ^{h}A^{35}pA^{55} pʉ^{53} mA^{35}ʧ^{h}y^{53} 上弦九日神（助词）祭品做不好
意译	初九这一天，向神献祭品不好。

初一至初五

日期						
	原图					
	普米音译					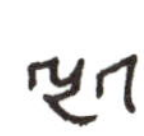
	国际音标	ti^{55}gi^{55}ti^{35}	ti^{55}gi^{55}ni^{35}	ti^{55}gi^{55}sõ^{35}	ti^{55}gi^{55}rə^{55}	ti^{55}gi^{55}ŋuA^{55}
	直译	初一	初二	初三	初四	初五

七曜	原图				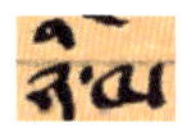	
	普米音译	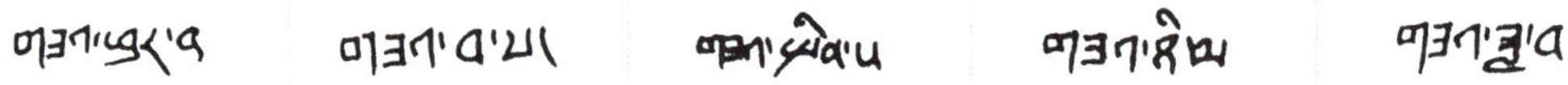				
	国际音标	p^{h}zə^{55}bu^{53}	pA^{55}sõ^{55}	pĩ^{55}bA^{55}	ni^{35} mã^{55}	dA^{35} wA^{55}
	直译	木曜	金曜	土曜	日曜	月曜

提哩	原图					
星宿	原图				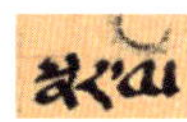	
	普米音译	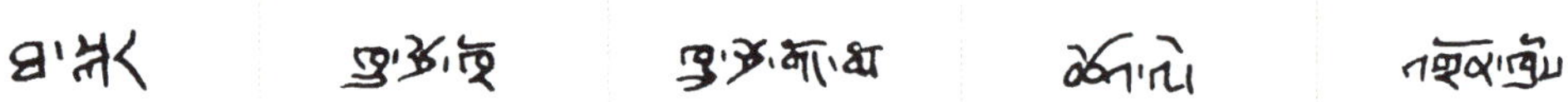				
	国际音标	t^{h}ə^{55}kə^{55}rə^{55}	tʂ^{h}u^{55}tsɿ^{55}tʂ^{h}uə^{55}	tʂ^{h}u^{55}tsɿ^{55}gũ^{55}mo^{55}	ts^{h}ɿ^{55}li^{53}	dzue^{35} k^{h}u^{35}
	直译	娄宿	胃宿	昴宿	毕宿	觜宿

属相	原图					
	普米音译	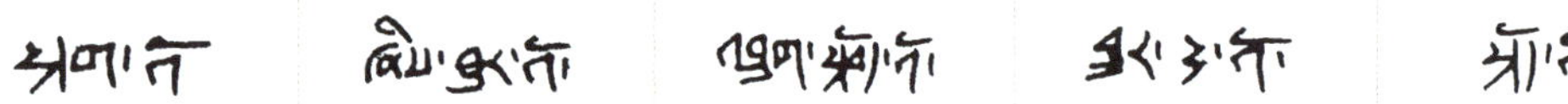				
	国际音标	to^{55}wu^{35}	ʒi^{35} bze^{55}wu^{35}	bzə^{55}te^{55}wu^{35}	bzə^{55}dA^{55}wu^{35}	tiA^{55}wu^{35}
	直译	虎	兔	龙	蛇	马

方位	原图	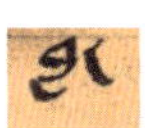				
	普米音译	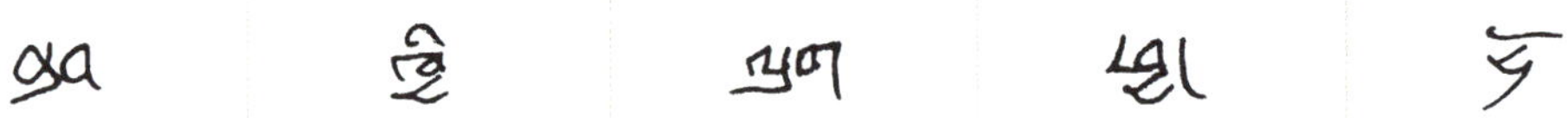				
	国际音标	niõ^{53}	k^{h}i^{55}tʃ^{h}i^{53}	k^{h}uẽ^{55}lo^{55}	tʃ^{h}õ^{53}	xo^{53}
	直译	西	西北	西南	北	南

初六至初十

日期	原图					
	普米音译					
	国际音标	ti^{55}gi^{55}ɳuᴀ^{55}	ti^{55}gi^{55}tʂ^{h}u^{55}	ti^{55}gi^{55}ŋə^{35}	ti^{55}gi^{55}gi^{53}	kᴀ^{55}tĩ^{53}
	直译	初六	初七	初八	初九	初十

七曜	原图					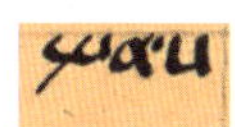
	普米音译	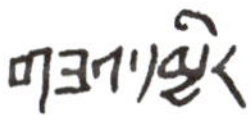			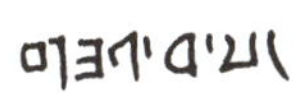	
	国际音标	mi^{55}mzə̥^{55}	lᴀ^{35}pᴀ^{55}	p^{h}zə̥^{55}bu^{53}	pᴀ^{55}sõ^{55}	pĩ^{55}bᴀ^{55}
	直译	火曜	水曜	木曜	金曜	土曜

提哩	原图					
星宿	原图		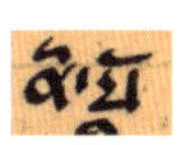			
	普米音译			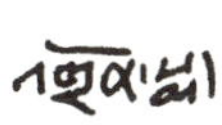		
	国际音标	dzu̥e^{35} ʒɛ^{35}	dzu̥e^{35} ʥi^{35}	dzu̥e^{35} mÃ^{35}	ʃə^{53}	ʧ^{h}y^{53}
	直译	参宿	井宿	鬼宿	柳宿	星宿

属相	原图	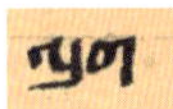	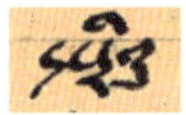			
	普米音译	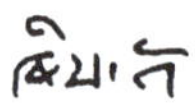	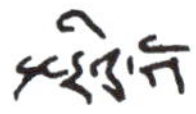	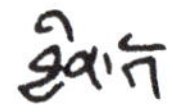	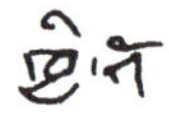	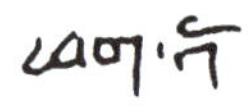
	国际音标	ʒi^{35}wu^{35}	pzẹ^{55}wu^{35}	ʤyẽ^{35}wu^{35}	ʧʰi^{55}wu^{35}	pʰA^{55}wu^{35}
	直译	羊	猴	鸡	狗	猪

方位	原图				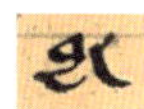	
	普米音译		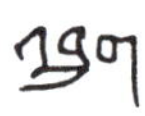			
	国际音标	ki^{35} lõ^{53}	suÃ^{35}bzə̣u^{53}	ʃə^{53}	niõ^{53}	kʰĩ^{55}ʧʰi^{53}
	直译	东北	东南	东	西	西北

十一至十五

日期	原图					
	普米音译					
	国际音标	ko^{55}ti^{53}	ko^{55}nə^{35}	kA^{55}sõ^{55}	kA^{55}rə^{55}	kA^{55}ŋuA^{55}
	直译	十一	十二	十三	十四	十五

七曜	原图	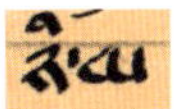	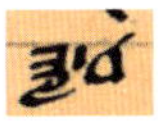		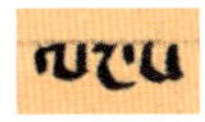	
	普米音译	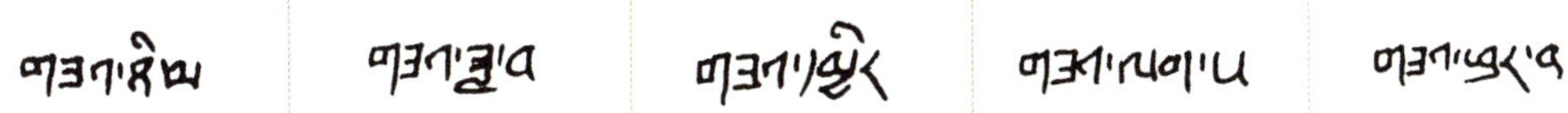				
	国际音标	ni^{35} mã^{55}	dA^{35} wA^{55}	mi^{55}mzə̧^{55}	lA^{35}pA^{55}	p^{h}zə̧^{55}bu^{53}
	直译	日曜	月曜	火曜	水曜	木曜

提哩	原图			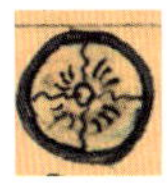		
星宿	原图			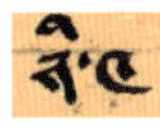	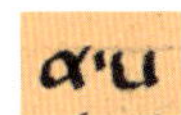	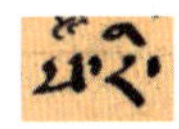
	普米音译	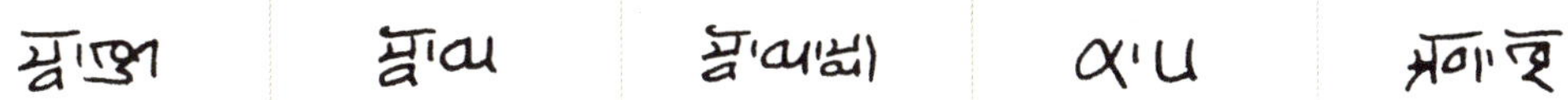				
	国际音标	bo^{35} k^{h}o^{55}	bo^{35}mã^{35}	bo^{35} mã^{35}mÃ^{35}	nÃ^{35}pA^{55}	tiA^{35}tʂ̧^{h}ʉ^{35}
	直译	张宿	翼宿	轸宿	角宿	亢宿

属相	原图					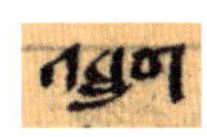
	普米音译	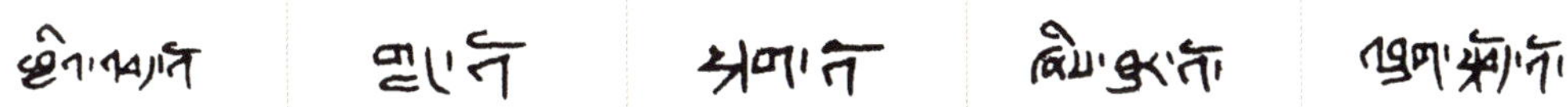				
	国际音标	ʧ^{h}i^{55}pie^{55}wu^{35}	lõ^{55}wu^{35}	to^{55}wu^{35}	ʒi^{35} bzȩ^{55}wu^{35}	bzə̧^{55}te^{55}wu^{35}
	直译	鼠	牛	虎	兔	龙

方位	原图					
	普米音译					
	国际音标	k^{h}i^{55}ʧ^{h}i^{53}	ʃə^{53}	niõ^{53}	suÃ^{35}bzə̧u^{53}	k^{h}uẽ^{55}lo^{55}
	直译	西北	东	西	东南	西南

十六至二十

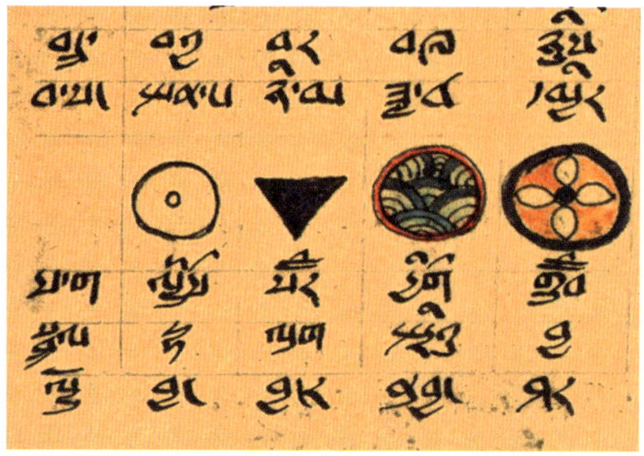

日期	原图			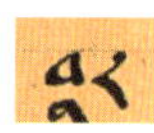		
	普米音译				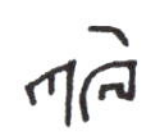	
	国际音标	$\text{kA}^{55}\text{tʂ}^{h}\text{u}^{55}$	$\text{kA}^{55}\text{ŋə}^{35}$	$\text{kA}^{55}\text{ʃyə}^{35}$	$\text{kA}^{55}\text{gi}^{53}$	$\text{nə}^{35}\text{ɣo}^{35}$
	直译	十六	十七	十八	十九	二十

七曜	原图		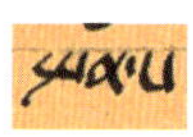	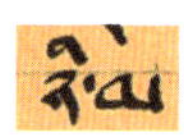	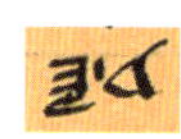	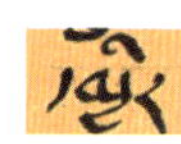
	普米音译	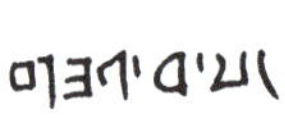		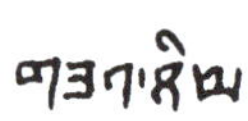	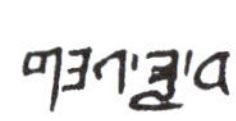	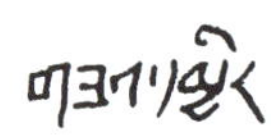
	国际音标	$\text{pA}^{55}\text{sõ}^{55}$	$\text{pĩ}^{55}\text{bA}^{55}$	$\text{ni}^{35}\ \text{mɑ̃}^{55}$	$\text{dA}^{35}\ \text{wA}^{55}$	$\text{mi}^{55}\text{mʐə}^{55}$
	直译	金曜	土曜	日曜	月曜	火曜

提哩	原图		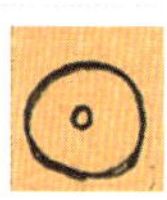			
星宿	原图					
	普米音译	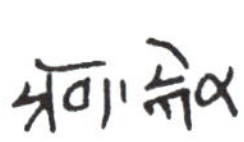	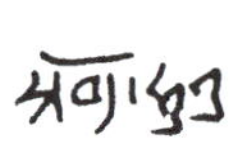			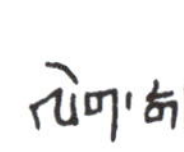
	国际音标	$\text{tiA}^{55}\text{kÃ}^{53}$	$\text{tiA}^{55}\text{tiu}^{53}$	$\text{tiA}^{55}\text{mÃ}^{53}$	$\text{lie}^{35}\text{k}^{h}\text{u}^{53}$	$\text{lie}^{35}\ \text{gõ}^{53}$
	直译	氐宿	房宿	心宿	尾宿	箕宿

属相	原图					
	普米音译	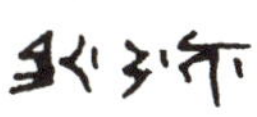	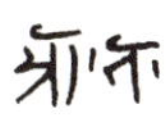	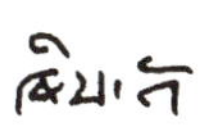	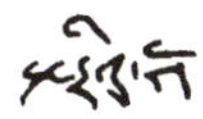	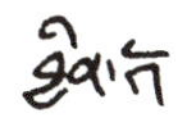
	国际音标	bzə^{55}dᴀ^{55}wu^{35}	tiᴀ^{55}wu^{35}	ʒi^{35}wu^{35}	pzẹ^{55}wu^{35}	ʤyẽ^{35}wu^{35}
	直译	蛇	马	羊	猴	鸡

方位	原图					
	普米音译		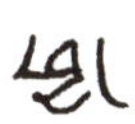			
	国际音标	xo^{53}	tʃʰõ^{53}	ki^{35} lõ^{53}	kʰi^{55}tʃʰi^{53}	ʃə^{53}
	直译	南	北	东北	西北	东

二十一至二十五

日期	原图				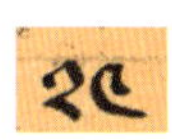	
	普米音译					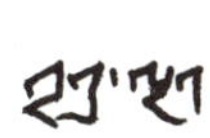
	国际音标	nə^{35} ɣo^{35} ti^{35}	nə^{35}ɣo^{35}ni^{35}	nə^{35}ɣo^{35}sõ^{55}	nə^{35}ɣo^{35}rə^{55}	nə^{35}ɣo^{35} ɲuᴀ^{55}
	直译	二十一	二十二	二十三	二十四	二十五

七曜					
原图					
普米音译	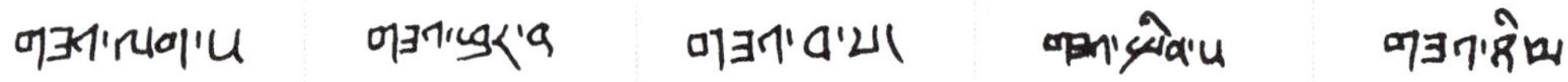				
国际音标	lᴀ^{35}pᴀ^{55}	pʰzə^{55}bu^{53}	pᴀ^{55}sõ^{55}	pĩ^{55}bᴀ^{55}	ni^{35} mã^{55}
直译	水曜	木曜	金曜	土曜	日曜

提哩 / 星宿					
提哩 原图					
星宿 原图					
普米音译	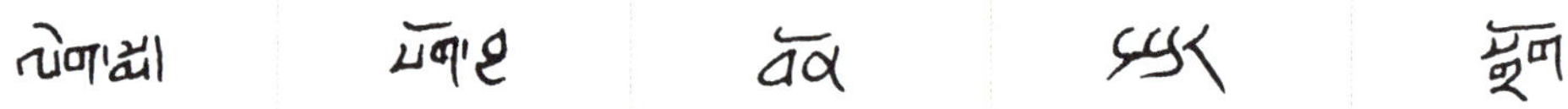				
国际音标	lie^{35}mᴀ̃^{35}	so^{55}ʧɛ^{55}	pᴀ̃^{35}	pzə^{53}	dzu^{53}
直译	斗宿	牛宿	女宿	虚宿	危宿

属相					
原图					
普米音译	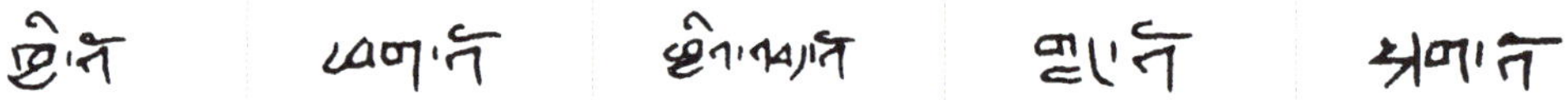				
国际音标	ʧʰi^{55}wu^{35}	pʰᴀ^{55}wu^{35}	ʧʰi^{55}pie^{55}wu^{35}	lõ^{55}wu^{35}	to^{55}wu^{35}
直译	狗	猪	鼠	牛	虎

方位					
原图	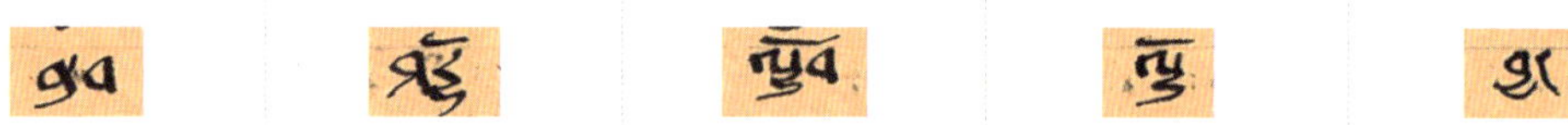				
普米音译					
国际音标	niõ^{53}	suᴀ̃^{35}bzəu^{53}	kʰuẽ^{55}lo^{55}	xo^{53}	ʧʰõ^{53}
直译	西	东南	西南	南	北

二十六至三十

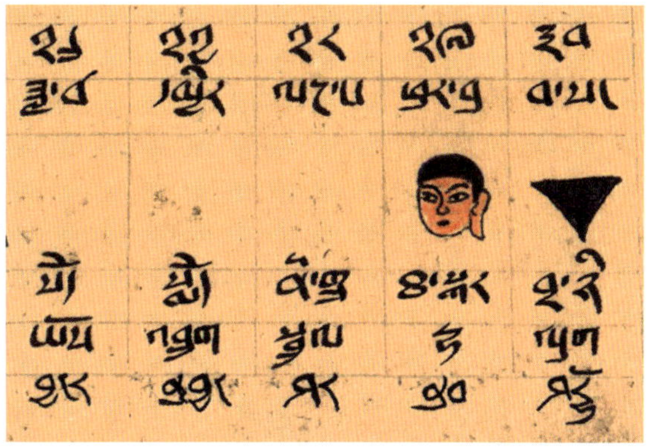

日期 七曜 提哩 星宿 属相 方位

日期	原图			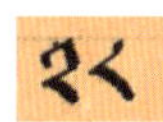		
	普米音译	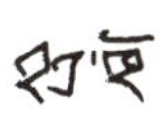	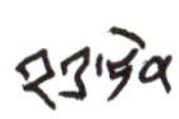		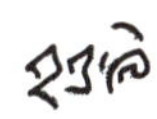	
	国际音标	nə^{35}ɣo^{35}tʂ^{h}u^{55}	nə^{35}ɣo^{35} ŋə^{35}	nə^{35}ɣo^{35} ʃyə^{35}	nə^{35}ɣo^{35}gi^{53}	ni^{55}tõ^{55}
	直译	二十六	二十七	二十八	二十九	三十

七曜	原图	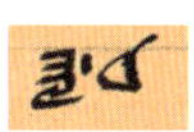	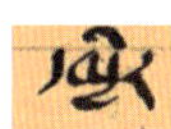	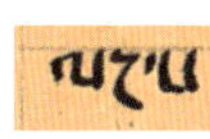	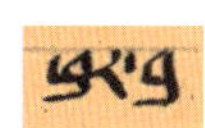	
	普米音译	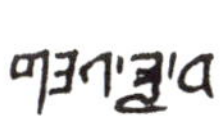	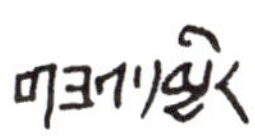			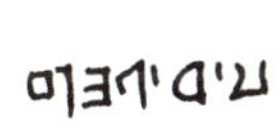
	国际音标	dᴀ^{35} wᴀ^{55}	mi^{55}mzə̥^{55}	lᴀ^{35}pᴀ^{55}	p^{h}zə̥^{55}bu^{53}	pᴀ^{55}sõ^{55}
	直译	月曜	火曜	水曜	木曜	金曜

提哩	原图					
星宿	原图			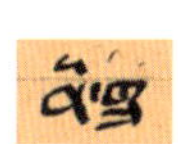		
	普米音译	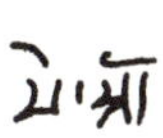	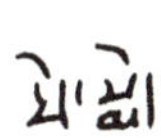	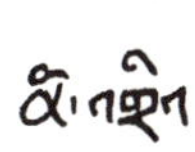	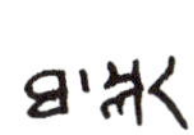	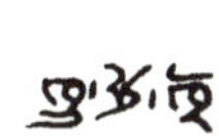
	国际音标	su^{55}tuə^{53}	su^{55}mə^{53}	nõ^{55}dzʅ^{53}	t^{h}ə^{55}kə^{55}rə^{55}	tʂ^{h}u^{55}tsʅ^{55}tʂ^{h}uə^{55}
	直译	室宿	壁宿	奎宿	娄宿	胃宿

属相	原图			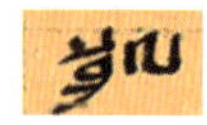		
	普米音译		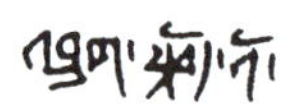	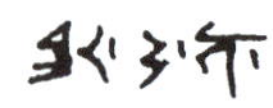	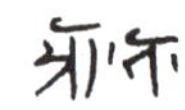	
	国际音标	ʒi^{35} bze̤^{55}wu^{35}	bzə̤^{55}te^{55}wu^{35}	bzə̤^{55}dᴀ^{55}wu^{35}	tiᴀ^{55}wu^{35}	ʒi^{35}wu^{35}
	直译	兔	龙	蛇	马	羊

方位	原图			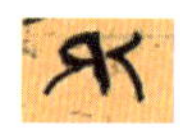		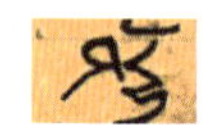
	普米音译					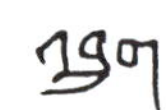
	国际音标	ki^{35} lõ^{53}	kʰi^{55}tʃʰi^{53}	ʃə^{53}	niõ^{53}	suᴀ̃^{35}bzə̤u^{53}
	直译	东北	西北	东	西	东南

马月

tiA^{55}wu^{35}tiA^{55}ʒi^{35}

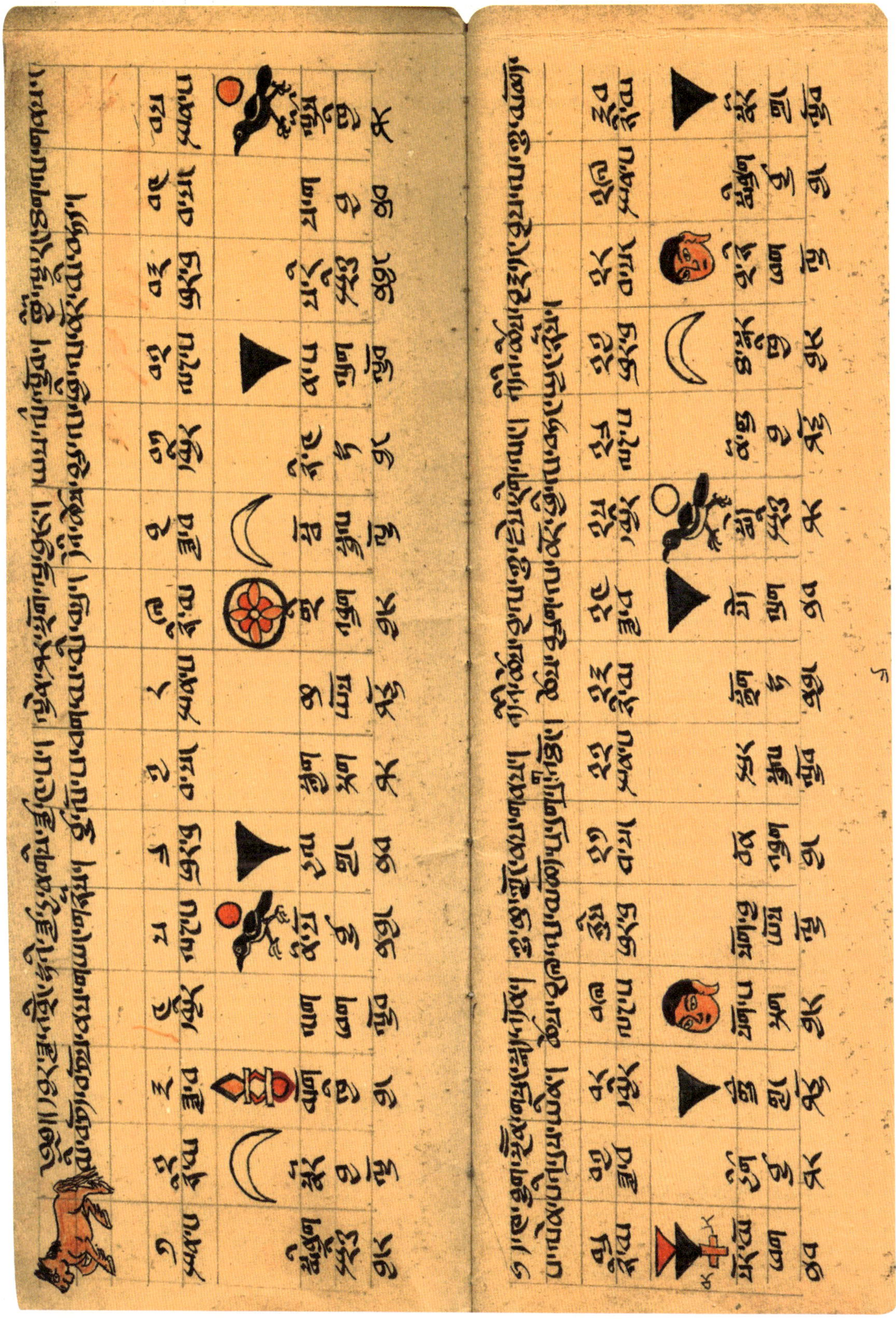

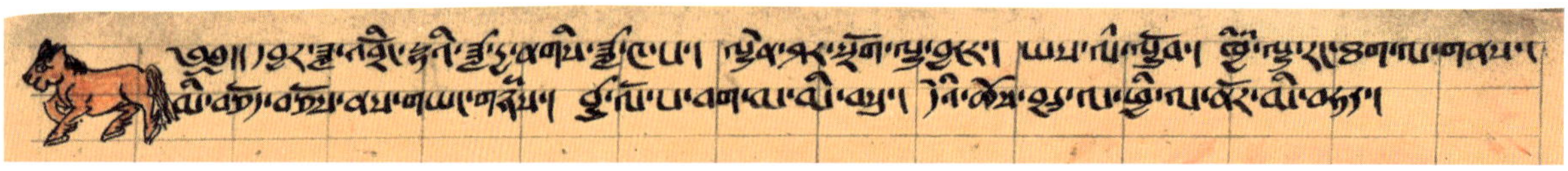

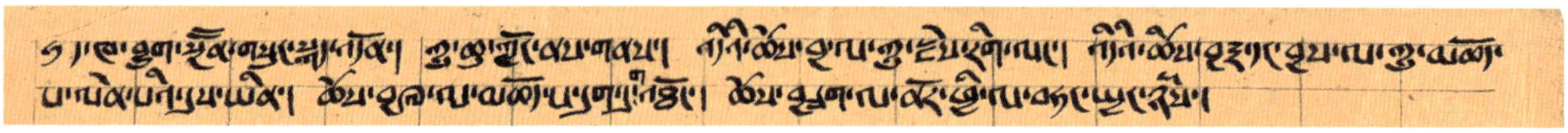

普米音译	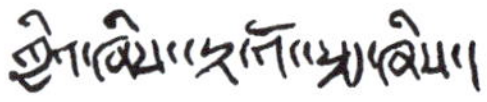
解读	tʃe^{55}ʒi^{35} tiA^{55}wu^{35} tiA^{55}ʒi^{35} 夏月马肖一月
意译	夏三月的马月。

普米音译	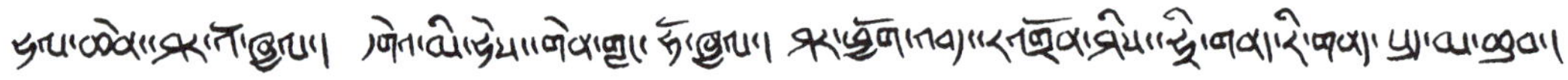
解读	xA^{55}tʃ^{h}i^{55} ʃə^{53}wu^{55} ʒe^{55} gi^{55} mi^{53} xie^{55} ki^{35}lõ^{53} to^{53} ʒe^{55} ʃə^{55}tʃ^{h}ye^{55} bie^{53} ruə^{55}dʐuə^{55} ʃi^{53}ʂʅ^{55} ni^{55} rə^{35} ni^{53} pʉ^{53} mA^{35}tʃ^{h}y^{53} 神名东方在赐福（助词）神东北（助词）在东方（助词）路走去肉红皮红做不好
意译	“哈钦”神在东方，赐福的神在东北方。往东方出行的时候杀生不好。

普米音译	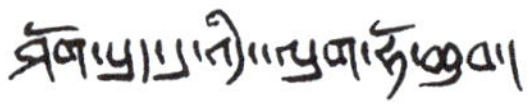
解读	ʃu^{55} pʉ^{53} tʉ^{55}di^{53} lo^{35} to^{53} tʃ^{h}y^{53} 仪式做诅咒西南（助词）好
意译	诅咒的仪式朝着西南方好。

普米音译	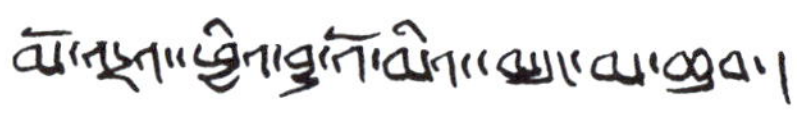
解读	mə^{35}dzɛ^{35} tʃ^{h}i^{55}pie^{55}wu^{35} mə^{53} dõ^{55} mA^{35}tʃ^{h}y^{53} 姑娘鼠肖人嫁不好
意译	属鼠的姑娘出嫁不好。

普米音译	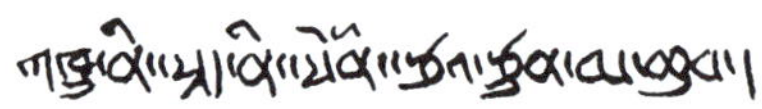
解读	kA^{55}tʂ^{h}u^{55} nə^{53} tA^{55}nə^{53} sẽ^{55}tʃi^{55} tsA^{55}tsuẽ^{53} mA^{35}tʃ^{h}y^{53} 十六日一日牲畜拖拉不好
意译	十六这一天，买卖牲畜不好。

普米音译	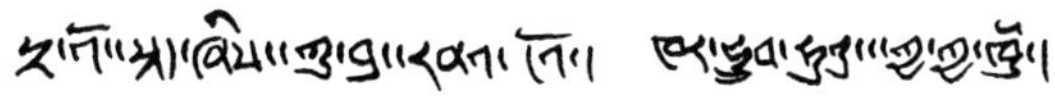
解读	tiᴀ^{55}wu^{35} tiᴀ^{55}ʒi^{35} ko^{55}pu^{53} ʐuẽ^{55} ŋu^{53} k^{h}ᴀ^{35}ʂu^{55} tio^{55} ʧɛ^{55}tᴀ^{53} k^{h}u^{55} 马肖一月布谷鸟鸣会玉米种准备要
意译	马月，布谷鸟开始鸣叫，要准备播种玉米。

普米音译	
解读	ti^{55}gi^{55} kᴀ^{55}ʧi^{53} nə^{53} ʧi^{55}ʐe^{35} ʃu^{55} pʉ^{53} ʧ^{h}y^{53} 上弦十日龙洞仪式做好
意译	初十这一天，举行祭龙神的仪式好。

普米音译	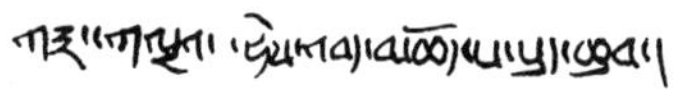
解读	kᴀ^{55}sõ^{55} kᴀ^{55}ŋuᴀ^{55} xie^{55} bie^{53} ʧ^{h}ᴀ^{35}pᴀ^{55} pʉ^{53} ʧ^{h}y^{53} 十三十五神（助词）祭品做好
意译	十三、十五两天向神献祭品好。

普米音译	
解读	kᴀ^{55}gi^{53} nə^{53} ʧ^{h}ᴀ^{35}pᴀ^{55} pʉ^{53} mᴀ^{35}ʧ^{h}y^{53} 十九日祭品做不好
意译	十九献祭品不好。

普米音译	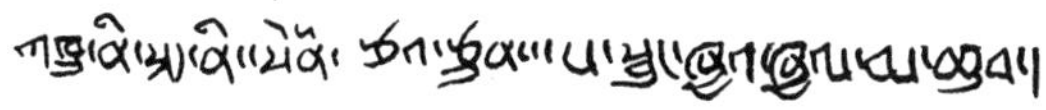
解读	kᴀ^{55}tʂ^{h}u^{55} nə^{53} tᴀ^{55}nə^{53} sẽ^{55}ʧi^{55} tsᴀ^{55}tsuẽ^{55} bᴀ^{35}bõ^{55} ʐə^{55}ʐᴀ^{53} mᴀ^{35}ʧ^{h}y^{53} 十六日一日牲畜拖拉物品使用不好
意译	十六这一天，买卖牲畜、使用物品不好。

初一至初五

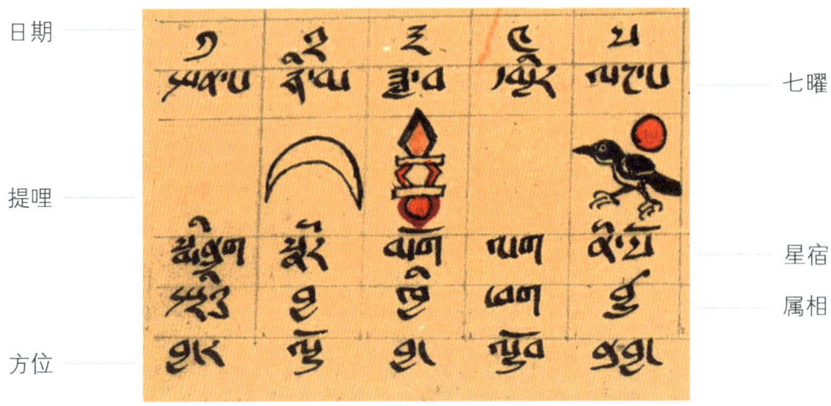

日期	原图					
	普米音译					
	国际音标	ti^{55}gi^{55}ti^{35}	ti^{55}gi^{55}ni^{35}	ti^{55}gi^{55}sõ^{35}	ti^{55}gi^{55}rə^{55}	ti^{55}gi^{55}ŋuᴀ^{55}
	直译	初一	初二	初三	初四	初五
七曜	原图					
	普米音译		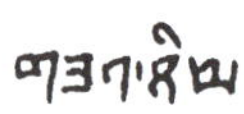	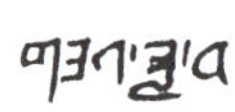	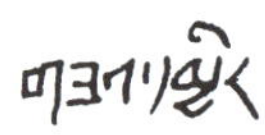	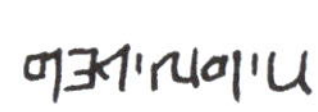
	国际音标	pĩ^{55}bᴀ^{55}	ni^{35} mã^{55}	dᴀ^{35} wᴀ^{55}	mi^{55}mzə̣^{55}	lᴀ^{35}pᴀ^{55}
	直译	土曜	日曜	月曜	火曜	水曜
提哩	原图		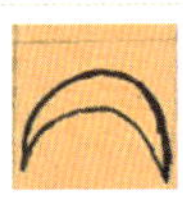			
星宿	原图			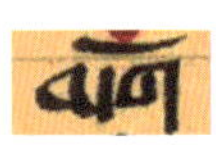		
	普米音译	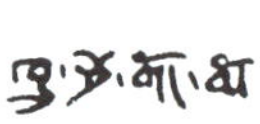		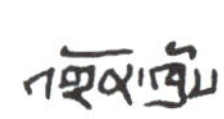		
	国际音标	tṣ^{h}u^{55}tsɿ^{55}gũ^{55}mo^{55}	ts^{h}ɿ^{55}li^{53}	dẓue^{35} k^{h}u^{35}	dẓue^{35} ʒɛ^{35}	dẓue^{35} ʤi^{35}
	直译	昴宿	毕宿	觜宿	参宿	井宿

属相	原图					
	普米音译	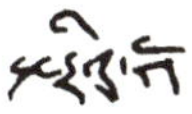	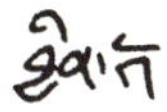	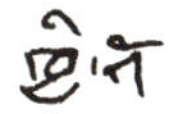	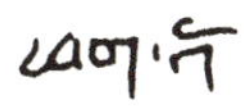	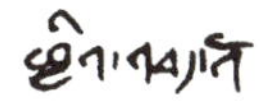
	国际音标	pʐe^{55}wu^{35}	ʤyẽ^{35}wu^{35}	ʧ^{h}i^{55}wu^{35}	p^{h}ᴀ^{55}wu^{35}	ʧ^{h}i^{55}pie^{55}wu^{35}
	直译	猴	鸡	狗	猪	鼠

方位	原图					
	普米音译					
	国际音标	ki^{35} lõ^{53}	xo^{53}	ʧ^{h}õ^{53}	k^{h}uẽ^{55}lo^{55}	k^{h}ĩ^{55}ʧ^{h}i^{53}
	直译	东北	南	北	西南	西北

初六至初十

日期	原图					
	普米音译					
	国际音标	ti^{55}gi^{55}ŋuᴀ^{55}	ti^{55}gi^{55}tʂ^{h}u^{55}	ti^{55}gi^{55}ŋə^{35}	ti^{55}gi^{55}gi^{53}	kᴀ^{55}ɦi^{53}
	直译	初六	初七	初八	初九	初十

七曜	原图				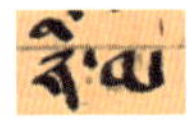	
	普米音译					
	国际音标	p^{h}zə̣^{55}bu^{53}	pᴀ^{55}sõ^{55}	pĩ^{55}bᴀ^{55}	ni^{35} mɑ̃^{55}	dᴀ^{35} wᴀ^{55}
	直译	木曜	金曜	土曜	日曜	月曜

提哩	原图					
星宿	原图				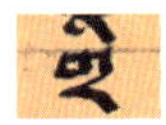	
	普米音译					
	国际音标	dzu̯e^{35} mᴀ̃^{35}	ʃə^{53}	tʃ^{h}y^{53}	bo^{35} k^{h}o^{55}	bo^{35}mɑ̃^{35}
	直译	鬼宿	柳宿	星宿	张宿	翼宿

属相	原图	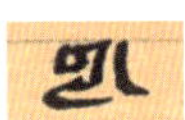	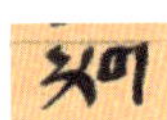			
	普米音译	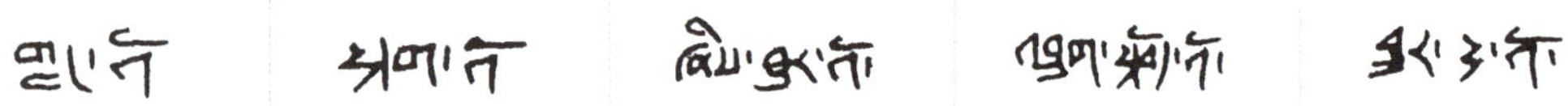				
	国际音标	lõ^{55}wu^{35}	to^{55}wu^{35}	ʒi^{35} bzẹ^{55}wu^{35}	bzə̣^{55}te^{55}wu^{35}	bzə̣^{55}dᴀ^{55}wu^{35}
	直译	牛	虎	兔	龙	蛇

方位	原图			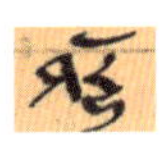		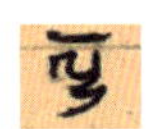
	普米音译					
	国际音标	niõ^{53}	ʃə^{53}	suᴀ̃^{35}bzə̣u^{53}	ki^{35} lõ^{53}	xo^{53}
	直译	西	东	东南	东北	南

十一至十五

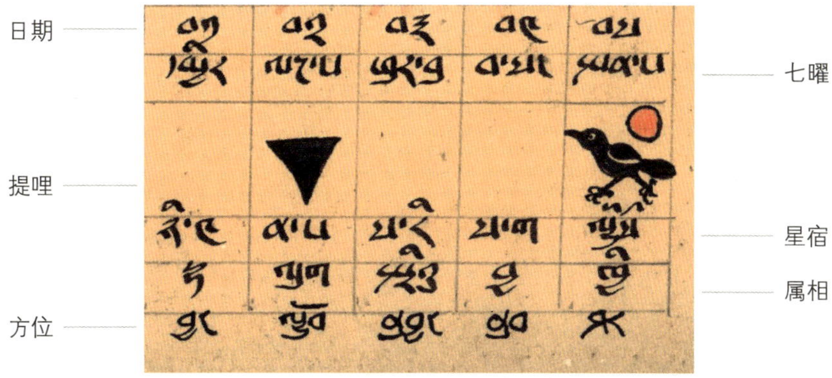

日期						
	原图					
	普米音译	[illegible]	[illegible]	[illegible]	[illegible]	[illegible]
	国际音标	ko^{55}ti^{53}	ko^{55}nə^{35}	kᴀ^{55}sõ^{55}	kᴀ^{55}rə^{55}	kᴀ^{55}ŋuᴀ^{55}
	直译	十一	十二	十三	十四	十五

七曜						
	原图		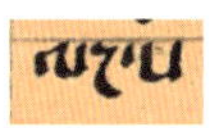	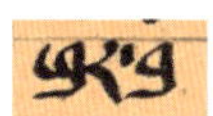		
	普米音译	[illegible]	[illegible]	[illegible]	[illegible]	[illegible]
	国际音标	mi^{55}mʐ̩ə^{55}	lᴀ^{35}pᴀ^{55}	p^{h}ʐ̩ə^{55}bu^{53}	pᴀ^{55}sõ^{55}	pĩ^{55}bᴀ^{55}
	直译	火曜	水曜	木曜	金曜	土曜

提哩	原图					
星宿	原图	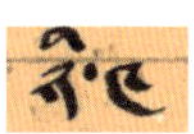	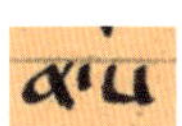	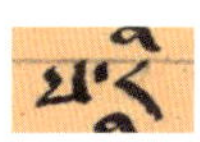	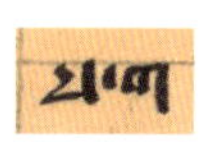	
	普米音译	[illegible]	[illegible]	[illegible]	[illegible]	[illegible]
	国际音标	bo^{35} mã^{35}mᴀ̃^{35}	nᴀ̃^{35}pᴀ^{55}	tiᴀ^{35}tʂ^{h}ʉ^{35}	tiᴀ^{55}kᴀ̃^{53}	tiᴀ^{55}tiu^{53}
	直译	轸宿	角宿	亢宿	氐宿	房宿

属相	原图		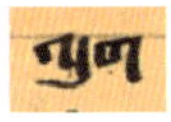			
	普米音译	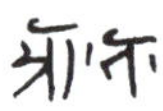	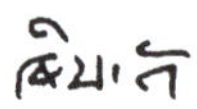		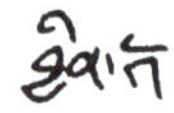	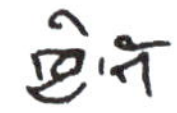
	国际音标	tiᴀ^{55}wu^{35}	ʒi^{35}wu^{35}	pzẹ^{55}wu^{35}	ʤyẽ^{35}wu^{35}	ʧ^{h}i^{55}wu^{35}
	直译	马	羊	猴	鸡	狗

方位	原图		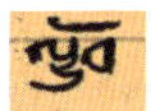			
	普米音译	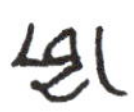				
	国际音标	ʧ^{h}õ^{53}	k^{h}uẽ^{55}lo^{55}	k^{h}ĩ^{55}ʧ^{h}i^{53}	niõ^{53}	ʃə^{53}
	直译	北	西南	西北	西	东

十六至二十

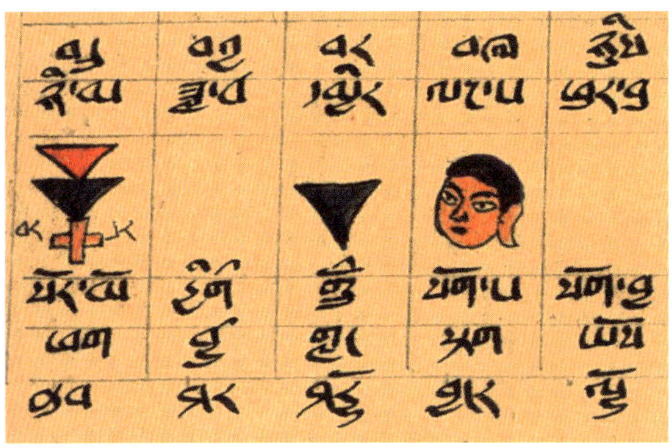

日期	原图					
	普米音译		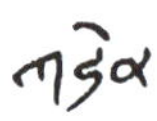	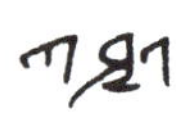	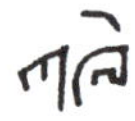	
	国际音标	kᴀ^{55}tʂ^{h}u^{55}	kᴀ^{55}ŋə^{35}	kᴀ^{55}ʃyə^{35}	kᴀ^{55}gi^{53}	nə^{35}ɣo^{35}
	直译	十六	十七	十八	十九	二十

七曜	原图					
	普米音译					
	国际音标	ni^{35} mã^{55}	dᴀ^{35} wᴀ^{55}	mi^{55}mzə̥^{55}	lᴀ^{35}pᴀ^{55}	pʰzə^{55}bu^{53}
	直译	日曜	月曜	火曜	水曜	木曜

提哩	原图					
星宿	原图					
	普米音译					
	国际音标	tiᴀ^{55}mᴀ̃^{53}	lie^{35}kʰu^{53}	lie^{35} gõ^{53}	lie^{35}mᴀ̃^{35}	so^{55}ʧɛ^{55}
	直译	心宿	尾宿	箕宿	斗宿	牛宿

属相	原图					
	普米音译					
	国际音标	pʰᴀ^{55}wu^{35}	ʧʰi^{55}pie^{55}wu^{35}	lõ^{55}wu^{35}	to^{55}wu^{35}	ʒi^{35} bzɛ̥^{55}wu^{35}
	直译	猪	鼠	牛	虎	兔

方位	原图					
	普米音译					
	国际音标	niõ^{53}	ʃə^{53}	suᴀ̃^{35}bzə̥u^{53}	ki^{35} lõ^{53}	xo^{53}
	直译	西	东	东南	东北	南

二十一至二十五

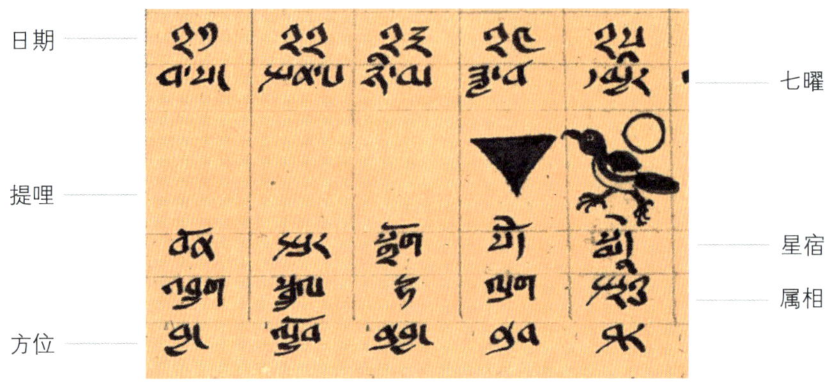

日期	原图		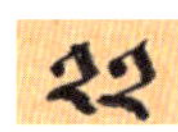			
	普米音译		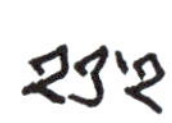			
	国际音标	$nə^{35}$ $ɣo^{35}$ ti^{35}	$nə^{35}ɣo^{35}ni^{35}$	$nə^{35}ɣo^{35}$ $sõ^{55}$	$nə^{35}ɣo^{35}rə^{55}$	$nə^{35}ɣo^{35}$ $ŋuᴀ^{55}$
	直译	二十一	二十二	二十三	二十四	二十五

七曜	原图	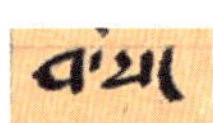	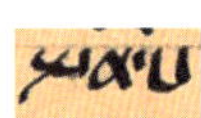	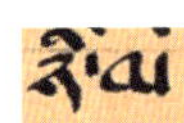	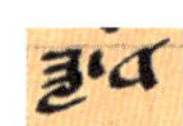	
	普米音译	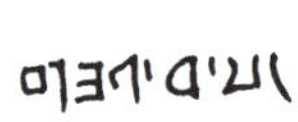		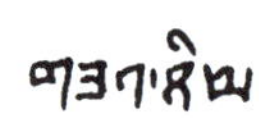	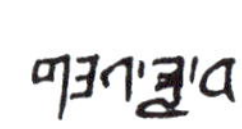	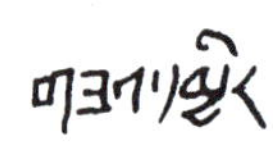
	国际音标	$pᴀ^{55}sõ^{55}$	$pĩ^{55}bᴀ^{55}$	ni^{35} $mɑ̃^{55}$	$dᴀ^{35}$ $wᴀ^{55}$	$mi^{55}mzə̩^{55}$
	直译	金曜	土曜	日曜	月曜	火曜

提哩	原图					
星宿	原图	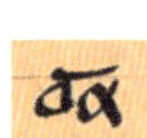		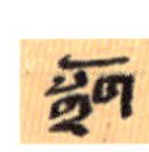		
	普米音译			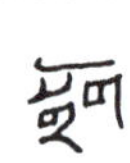	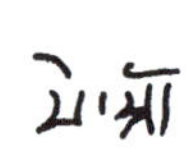	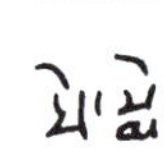
	国际音标	$pɑ̃^{35}$	$pzə̩^{53}$	$dzu̩^{53}$	$su^{55}tuə^{53}$	$su^{55}mə^{53}$
	直译	女宿	虚宿	危宿	室宿	壁宿

属相	原图				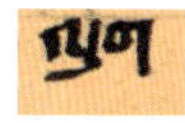	
	普米音译	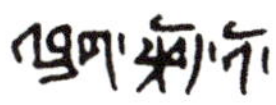	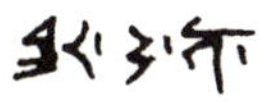		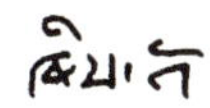	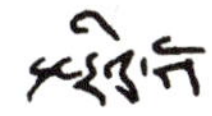
	国际音标	bzə̩^{55}te^{55}wu^{35}	bzə̩^{55}dᴀ^{55}wu^{35}	tiᴀ^{55}wu^{35}	ʒi^{35}wu^{35}	pzə̩^{55}wu^{35}
	直译	龙	蛇	马	羊	猴

方位	原图	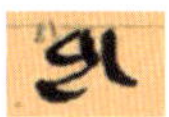				
	普米音译					
	国际音标	tʃʰõ^{53}	kʰuẽ^{55}lo^{55}	kʰĩ^{55}tʃʰi^{53}	niõ^{53}	ʃə^{53}
	直译	北	西南	西北	西	东

二十六至三十

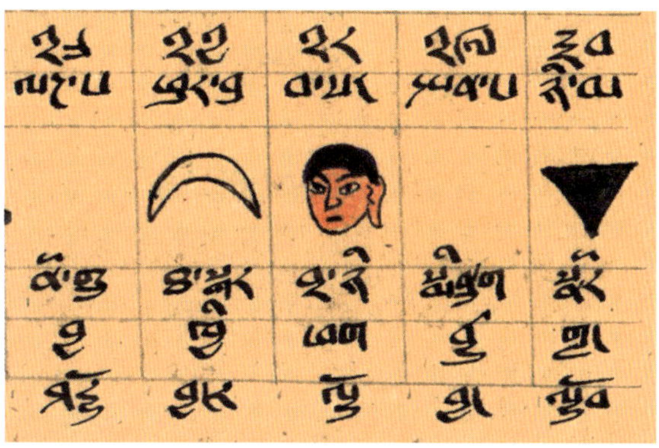

日期	原图					
	普米音译	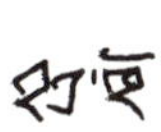	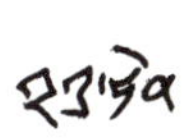		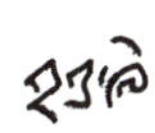	
	国际音标	nə^{35}ɣo^{35}tʂʰu^{55}	nə^{35}ɣo^{35} ŋə^{35}	nə^{35}ɣo^{35} ʃyə^{35}	nə^{35}ɣo^{35}gi^{53}	ni^{55}tõ^{55}
	直译	二十六	二十七	二十八	二十九	三十

七曜	原图					
	普米音译	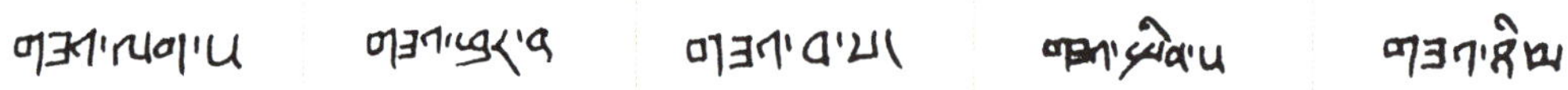				
	国际音标	lᴀ^{35}pᴀ^{55}	p^{h}zə^{55}bu^{53}	pᴀ^{55}sõ^{55}	pĩ^{55}bᴀ^{55}	ni^{35} mã^{55}
	直译	水曜	木曜	金曜	土曜	日曜

提哩	原图		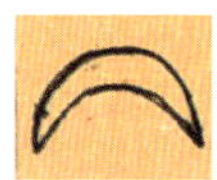			
星宿	原图					
	普米音译	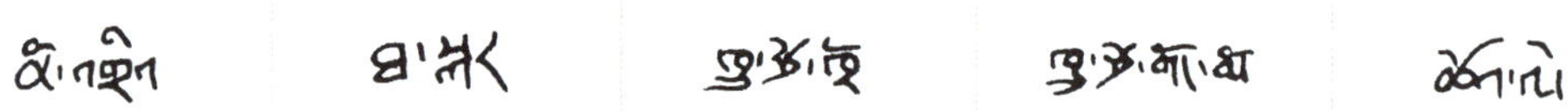				
	国际音标	nõ^{55}dʐʅ^{53}	t^{h}ə^{55}kə^{55}rə^{55}	tʂ^{h}u^{55}tsʅ^{55}tʂ^{h}uə^{55}	tʂ^{h}u^{55}tsʅ^{55}gũ^{55}mo^{55}	ts^{h}ʅ^{55}li^{53}
	直译	奎宿	娄宿	胃宿	昴宿	毕宿

属相	原图					
	普米音译	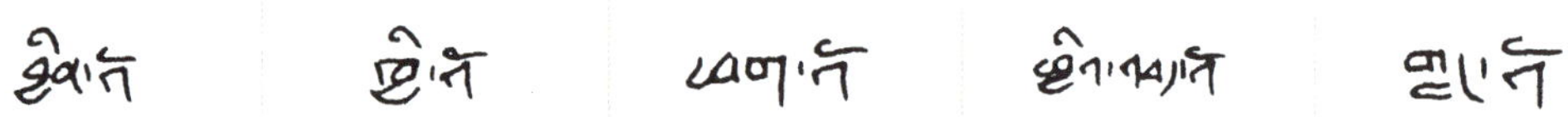				
	国际音标	ʥyẽ^{35}wu^{35}	ʧ^{h}i^{55}wu^{35}	p^{h}ᴀ^{55}wu^{35}	ʧ^{h}i^{55}pie^{55}wu^{35}	lõ^{55}wu^{35}
	直译	鸡	狗	猪	鼠	牛

方位	原图					
	普米音译					
	国际音标	suᴀ̃^{35}bzəu^{53}	ki^{35} lõ^{53}	xo^{53}	ʧ^{h}õ^{53}	k^{h}uẽ^{55}lo^{55}
	直译	东南	东北	南	北	西南

羊月

$ʒi^{35}wu^{35}tiA^{55}ʒi^{35}$

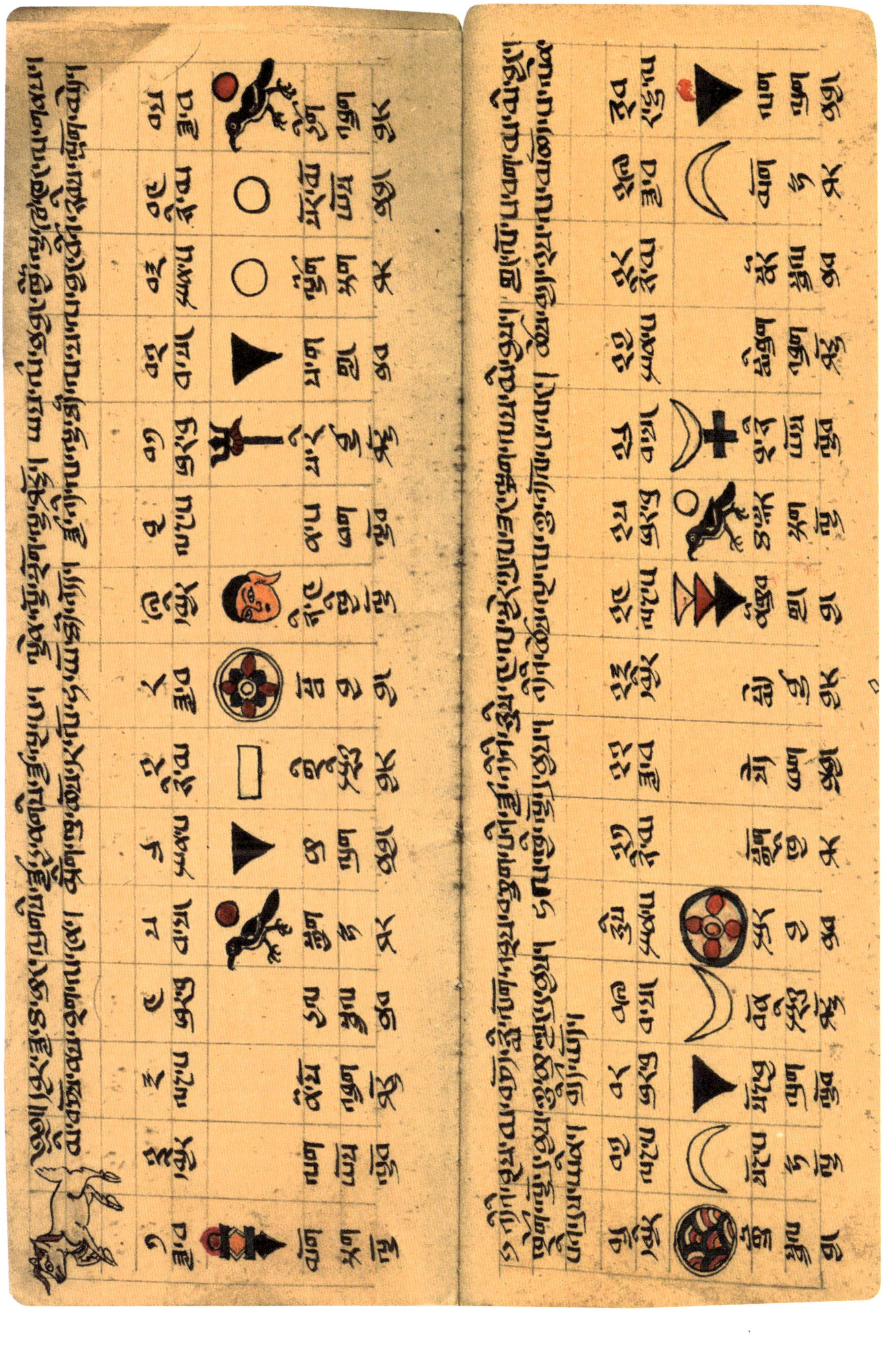

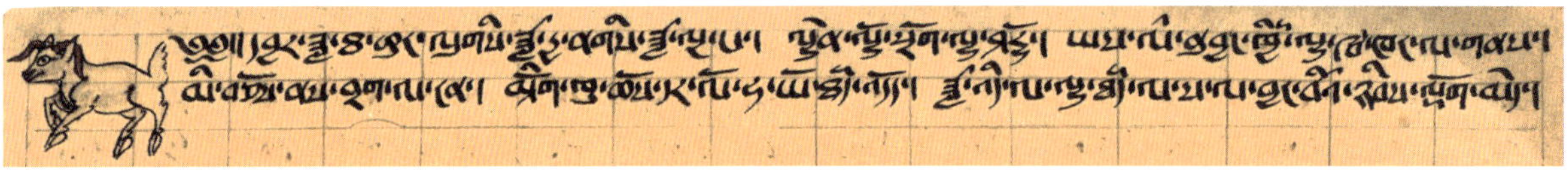

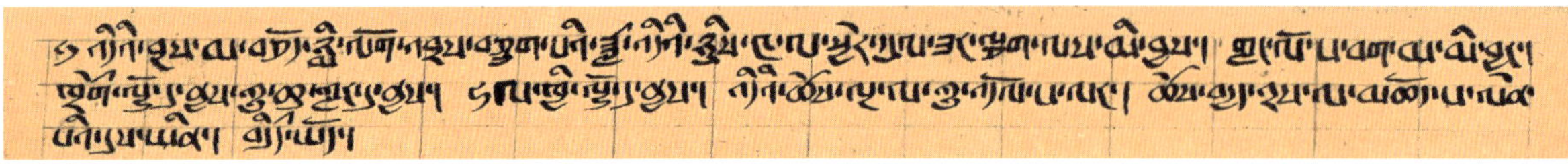

普米音译	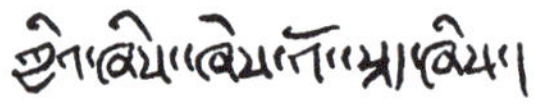
解读	ʧe^{55}ʒi^{35} ʒi^{35}wu^{35} tiᴀ^{55}ʒi^{35} 夏月羊肖一月
意译	夏三月的羊月。

普米音译	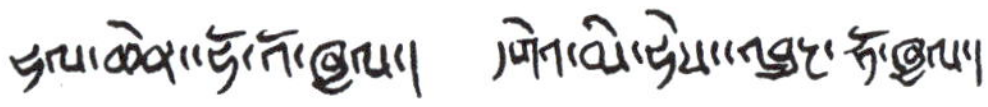
解读	xᴀ^{55}ʧ^{h}ĩ^{55} xo^{53}wu^{53} ʒe^{55} gi^{55} mi^{53} xie^{55} bʐ̩əu^{55} to^{55} ʒe^{55} 神名南方在赐福（助词）神东南（助词）在
意译	“哈钦”神在南方，赐福的神在东南方。

普米音译	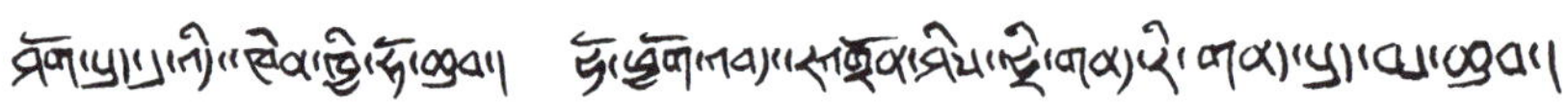
解读	ʃu^{55} pʉ^{53} tʉ^{55}di^{55} k^{h}ĩ^{55}ʧ^{h}ĩ^{53} to^{53} ʧ^{h}y^{53} xo^{53}ʧ^{h}ye^{53} bie^{53} ruə^{55}dʐ̩uə^{55}ʃi^{53} ʂʅ^{55} ni^{55} rə^{35} ni^{55} pʉ^{53} mᴀ^{35}ʧ^{h}y^{53} 仪式做诅咒西北（助词）好南方（助词）路走去肉红皮红做不好
意译	诅咒的仪式朝着西北方好，往南方出行的时候杀生不好。

普米音译	
解读	mə^{53}sʅ^{35} mᴀ^{35}ʧ^{h}y^{53} 人死不好
意译	如果人死了不好。

普米音译	
解读	sẽ^{35}sʉ^{55} mi^{55} ʐ̩Ã^{55}ʧi^{55} ŋu^{53} 果树成熟汁水会
意译	果树成熟了，而且果实多汁。

普米音译	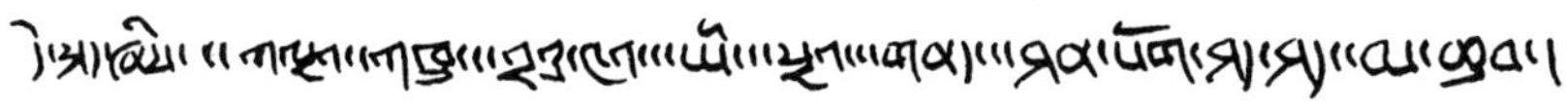
解读	ti^{55}tiᴀ^{55}ʒi^{35} kᴀ^{55}ŋuᴀ^{55} kᴀ^{55}tʂ^{h}u^{55} nə^{35}ɣo^{35}rə^{55} jõ^{55} ŋẽ^{53} ni^{53} ʃi^{55} po^{53} ʃyə^{55}ʃyə^{55} mᴀ^{35}ʧ^{h}y^{53} 这一月十五十六二十四银金铜铁（助词）碰不好
意译	这个月的十五、十六和二十四，碰金、银、铜、铁不好。

普米音译	
解读	mə^{35}dzɛ^{35} lõ^{55}wu^{35} mə^{53} dõ^{55} mᴀ^{35}ʧ^{h}y^{53} 姑娘牛肖人嫁不好
意译	属牛的姑娘出嫁不好。

普米音译	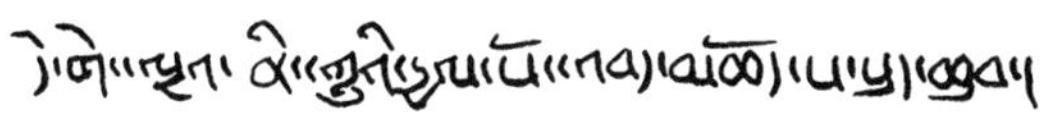
解读	ti^{55}gi^{55} ŋuᴀ^{55} nə^{53} luə^{55}ʒi^{53}ʤɛ^{35}bu^{55} bie^{53} ʧ^{h}ᴀ^{35}pᴀ^{55} pʉ^{55} ʧ^{h}y^{53} 上弦五日龙王（助词）祭品做好
意译	初五这一天，给龙王献祭品好。

普米音译	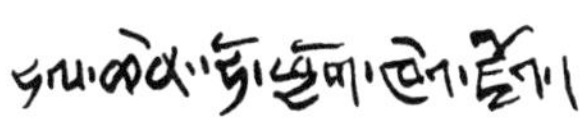
解读	xᴀ^{55}ʧ^{h}i^{55} xo^{53}ʧ^{h}ye^{53} k^{h}ə^{35} ʥʉ^{55} 神名南方（前加）吃
意译	“哈钦”神会吃南方的东西。

普米音译	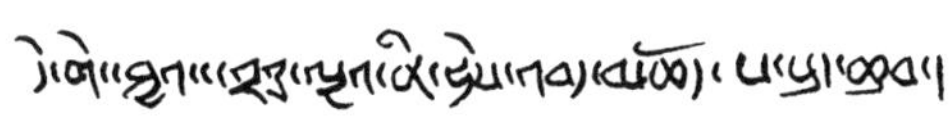
解读	xᴀ^{55}ʧ^{h}i^{55} xo^{53}ʧ^{h}ye^{53} k^{h}ə^{35} ʥʉ^{55} 神名南方（前加）吃
意译	初八、二十五这两天，给神献祭品好。

初一至初五

日期	原图					
	普米音译					
	国际音标	ti^{55}gi^{55}ti^{35}	ti^{55}gi^{55}ni^{35}	ti^{55}gi^{55}sõ^{35}	ti^{55}gi^{55}rə^{55}	ti^{55}gi^{55}ŋuᴀ^{55}
	直译	初一	初二	初三	初四	初五

七曜	原图	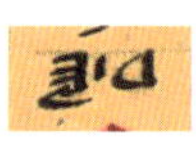	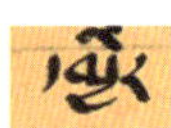			
	普米音译	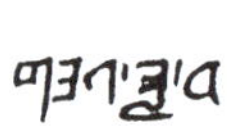	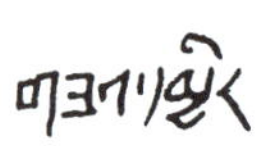	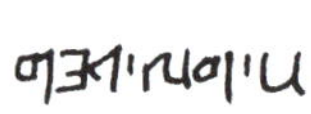	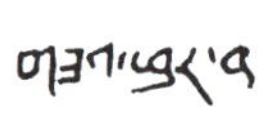	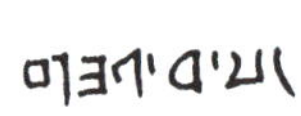
	国际音标	dᴀ^{35} wᴀ^{55}	mi^{55}mzə̥^{55}	lᴀ^{35}pᴀ^{55}	p^{h}zə̥^{55}bu^{53}	pᴀ^{55}sõ^{55}
	直译	月曜	火曜	水曜	木曜	金曜

提哩	原图					
星宿	原图	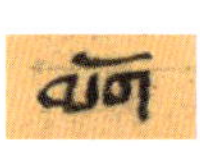				
	普米音译	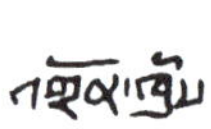			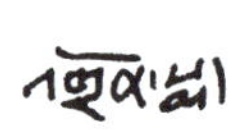	
	国际音标	dzu̥e^{35} k^{h}u^{35}	dzu̥e^{35} ʒɛ^{35}	dzu̥e^{35} ʤi^{35}	dzu̥e^{35} mᴀ̃^{35}	ʃə^{53}
	直译	觜宿	参宿	井宿	鬼宿	柳宿

属相					
原图					
普米音译	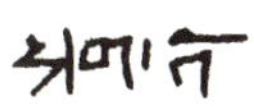		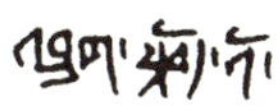	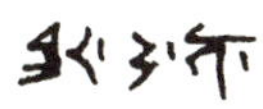	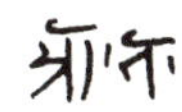
国际音标	to^{55}wu^{35}	ʒi^{35} bze̤^{55}wu^{35}	bzə̤^{55}te^{55}wu^{35}	bzə̤^{55}dᴀ^{55}wu^{35}	tiᴀ^{55}wu^{35}
直译	虎	兔	龙	蛇	马

方位					
原图		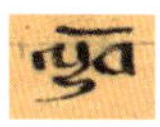			
普米音译			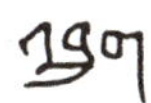		
国际音标	xo^{53}	kʰuẽ^{55}lo^{55}	suÃ^{35}bzə̤u^{53}	niõ^{53}	ʃə^{53}
直译	南	西南	东南	西	东

初六至初十

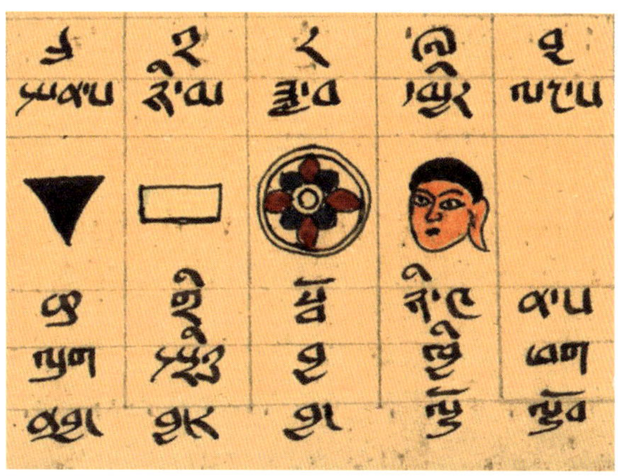

日期					
原图		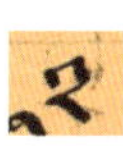			
普米音译					
国际音标	ti^{55}gi^{55}ŋuᴀ^{55}	ti^{55}gi^{55}tʂʰu^{55}	ti^{55}gi^{55}ŋə^{35}	ti^{55}gi^{55}gi^{53}	kᴀ^{55}ɦi^{53}
直译	初六	初七	初八	初九	初十

七曜						
	原图	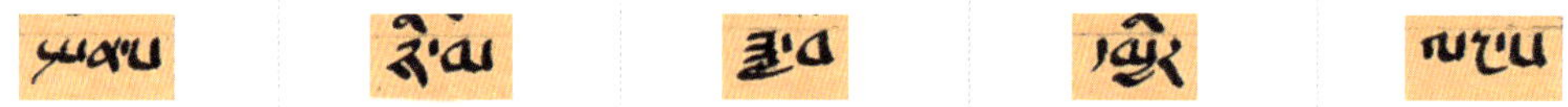				
	普米音译	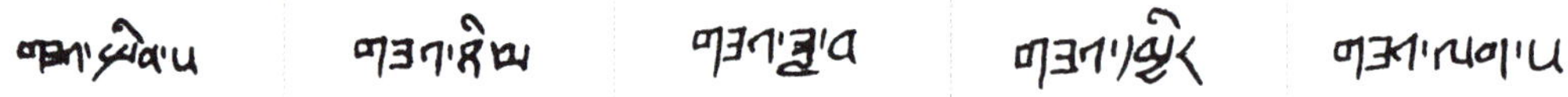				
	国际音标	pĩ^{55}bᴀ^{55}	ni^{35} mɑ̃^{55}	dᴀ^{35} wᴀ^{55}	mi^{55}mzə̣^{55}	lᴀ^{35}pᴀ^{55}
	直译	土曜	日曜	月曜	火曜	水曜

提哩	原图					
星宿	原图					
	普米音译	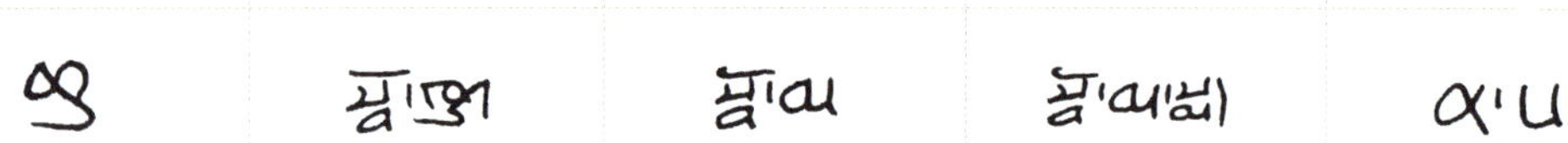				
	国际音标	tʃʰy^{53}	bo^{35} kʰo^{55}	bo^{35}mɑ̃^{35}	bo^{35} mɑ̃^{35}mᴀ̃^{35}	nᴀ̃^{35}pᴀ^{55}
	直译	星宿	张宿	翼宿	轸宿	角宿

属相						
	原图					
	普米音译	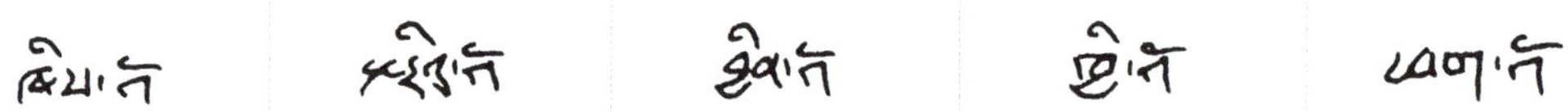				
	国际音标	ʒi^{35}wu^{35}	pzẹ^{55}wu^{35}	ʤyẽ^{35}wu^{35}	tʃʰi^{55}wu^{35}	pʰᴀ^{55}wu^{35}
	直译	羊	猴	鸡	狗	猪

方位						
	原图					
	普米音译					
	国际音标	kʰī^{55}tʃʰi^{53}	ki^{35} lõ^{53}	tʃʰõ^{53}	xo^{53}	kʰuẽ^{55}lo^{55}
	直译	西北	东北	北	南	西南

十一至十五

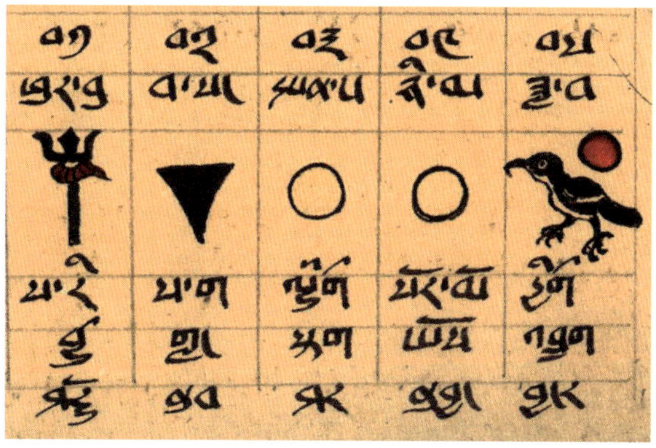

日期	原图					
	普米音译					
	国际音标	ko^{55}ti^{53}	ko^{55}nə^{35}	kᴀ^{55}sõ^{55}	kᴀ^{55}rə^{55}	kᴀ^{55}ŋuᴀ^{55}
	直译	十一	十二	十三	十四	十五

七曜	原图					
	普米音译					
	国际音标	pʰʐə^{55}bu^{53}	pᴀ^{55}sõ^{55}	pĩ^{55}bᴀ^{55}	ni^{35} mɑ̃^{55}	dᴀ^{35} wᴀ^{55}
	直译	木曜	金曜	土曜	日曜	月曜

提哩	原图			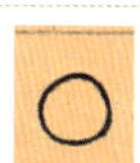		
星宿	原图					
	普米音译					
	国际音标	tiᴀ^{35}tʂʰʉ^{35}	tiᴀ^{55}kᴀ̃^{53}	tiᴀ^{55}tiu^{53}	tiᴀ^{55}mᴀ̃^{53}	lie^{35}kʰu^{53}
	直译	亢宿	氐宿	房宿	心宿	尾宿

属相	原图					
	普米音译	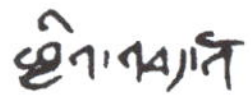	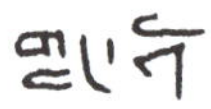	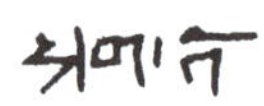		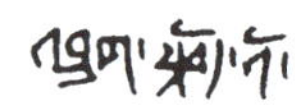
	国际音标	tʃ^{h}i^{55}pie^{55}wu^{35}	lõ^{55}wu^{35}	to^{55}wu^{35}	ʒi^{35} bzẹ^{55}wu^{35}	bzə̣^{55}te^{55}wu^{35}
	直译	鼠	牛	虎	兔	龙

方位	原图					
	普米音译					
	国际音标	suÃ^{35}bzə̣u^{53}	niõ^{53}	ʃə^{53}	k^{h}i^{55}tʃ^{h}i^{53}	ki^{35} lõ^{53}
	直译	东南	西	东	西北	东北

十六至二十

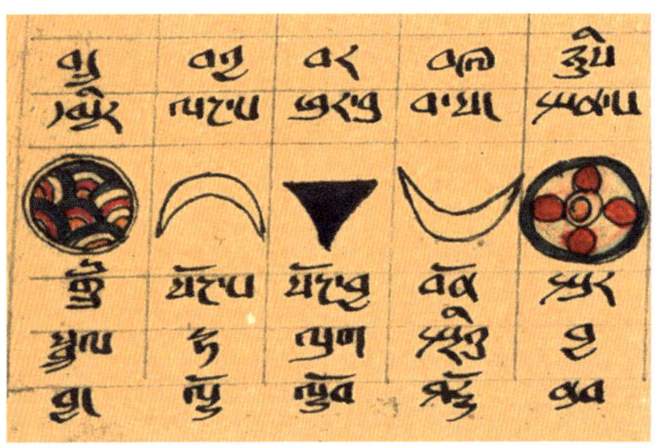

日期	原图					
	普米音译			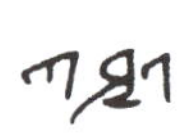	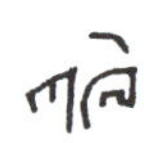	
	国际音标	kᴀ^{55}tʂ^{h}u^{55}	kᴀ^{55}ŋə^{35}	kᴀ^{55}ʃyə^{35}	kᴀ^{55}gi^{53}	nə^{35}ɣo^{35}
	直译	十六	十七	十八	十九	二十

七曜	原图					
	普米音译	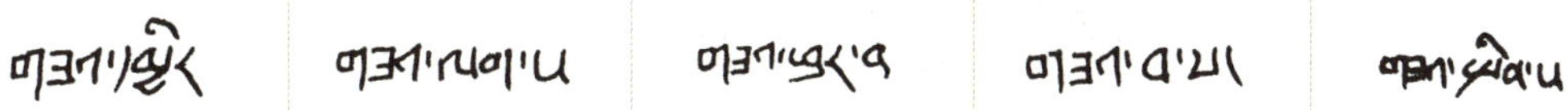				
	国际音标	$mi^{55}mzə̣^{55}$	$lA^{35}pA^{55}$	$p^{h}zə̣^{55}bu^{53}$	$pA^{55}sõ^{55}$	$pĩ^{55}bA^{55}$
	直译	火曜	水曜	木曜	金曜	土曜

提哩	原图					
星宿	原图	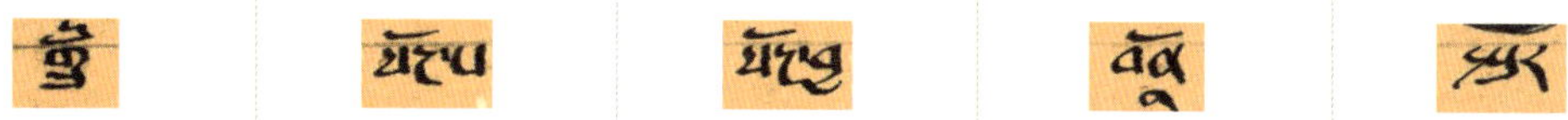				
	普米音译	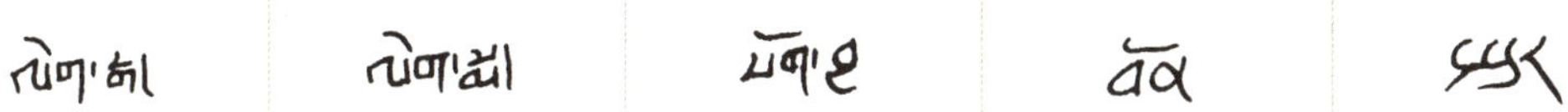				
	国际音标	lie^{35} $gõ^{53}$	$lie^{35}mÃ^{35}$	$so^{55}ʧɛ^{55}$	$pÃ^{35}$	$pzə̣^{53}$
	直译	箕宿	斗宿	牛宿	女宿	虚宿

属相	原图					
	普米音译					
	国际音标	$bzə̣^{55}dA^{55}wu^{35}$	$tiA^{55}wu^{35}$	$ʒi^{35}wu^{35}$	$pzẹ^{55}wu^{35}$	$ʤyẽ^{35}wu^{35}$
	直译	蛇	马	羊	猴	鸡

方位	原图					
	普米音译	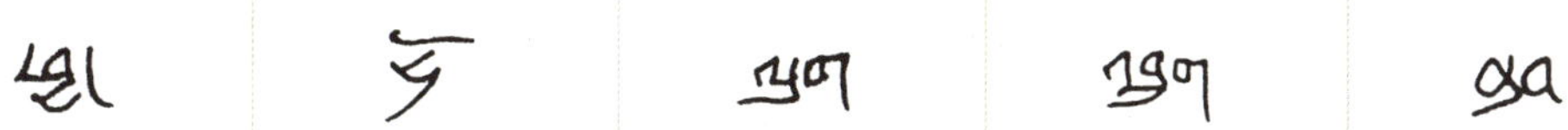				
	国际音标	$ʧ^{h}õ^{53}$	xo^{53}	$k^{h}uẽ^{55}lo^{55}$	$suÃ^{35}bzə̣u^{53}$	$niõ^{53}$
	直译	北	南	西南	东南	西

二十一至二十五

日期	原图				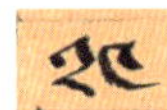	
	普米音译	[illegible]	[illegible]	[illegible]	[illegible]	[illegible]
	国际音标	nə³⁵ yo³⁵ ti³⁵	nə³⁵yo³⁵ni³⁵	nə³⁵yo³⁵ sõ⁵⁵	nə³⁵yo³⁵rə⁵⁵	nə³⁵yo³⁵ ŋuᴀ⁵⁵
	直译	二十一	二十二	二十三	二十四	二十五

七曜	原图	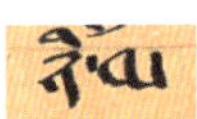	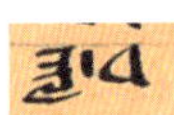		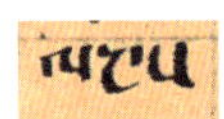	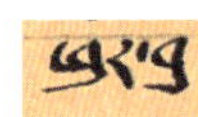
	普米音译	[illegible]	[illegible]	[illegible]	[illegible]	[illegible]
	国际音标	ni³⁵ mã⁵⁵	dᴀ³⁵ wᴀ⁵⁵	mi⁵⁵mzə̣⁵⁵	lᴀ³⁵pᴀ⁵⁵	pʰzə̣⁵⁵bu⁵³
	直译	日曜	月曜	火曜	水曜	木曜

提哩	原图				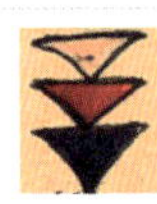	
星宿	原图			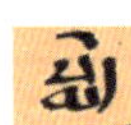	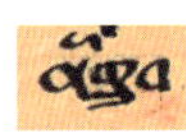	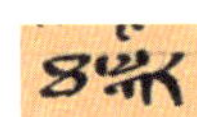
	普米音译	[illegible]	[illegible]	[illegible]	[illegible]	[illegible]
	国际音标	dzu⁵³	su⁵⁵tuə⁵³	su⁵⁵mə⁵³	nõ⁵⁵dʐʅ⁵³	tʰə⁵⁵kə⁵⁵rə⁵⁵
	直译	危宿	室宿	壁宿	奎宿	娄宿

属相	原图					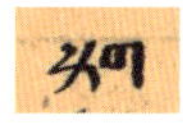
	普米音译	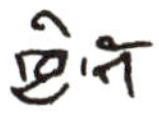	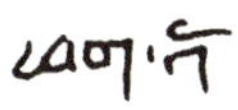	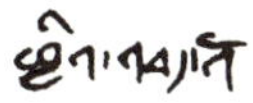	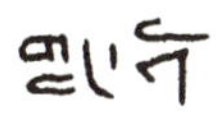	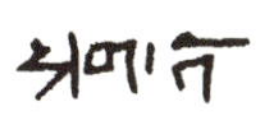
	国际音标	ʧ^{h}i^{55}wu^{35}	p^{h}ᴀ^{55}wu^{35}	ʧ^{h}i^{55}pie^{55}wu^{35}	lõ^{55}wu^{35}	to^{55}wu^{35}
	直译	狗	猪	鼠	牛	虎

方位	原图					
	普米音译				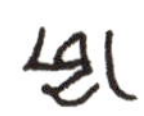	
	国际音标	ʃə^{53}	k^{h}i^{55}ʧ^{h}i^{53}	ki^{35} lõ^{53}	ʧ^{h}õ^{53}	xo^{53}
	直译	东	西北	东北	北	南

二十六至三十

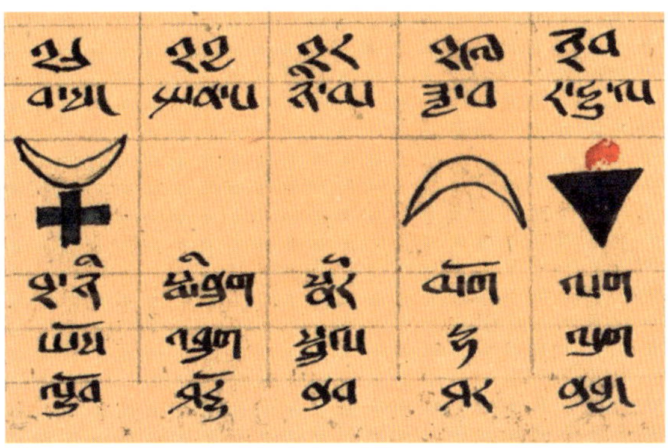

日期	原图				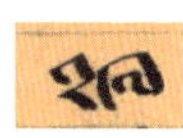	
	普米音译		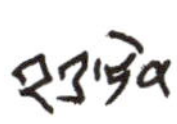		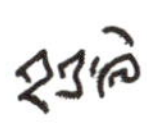	
	国际音标	nə^{35}ɣo^{35}tʂ^{h}u^{55}	nə^{35}ɣo^{35} ɳə^{35}	nə^{35}ɣo^{35} ʃyə^{35}	nə^{35}ɣo^{35}gi^{53}	ni^{55}tõ^{55}
	直译	二十六	二十七	二十八	二十九	三十

七曜	原图			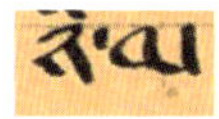		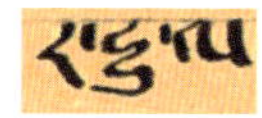
	普米音译	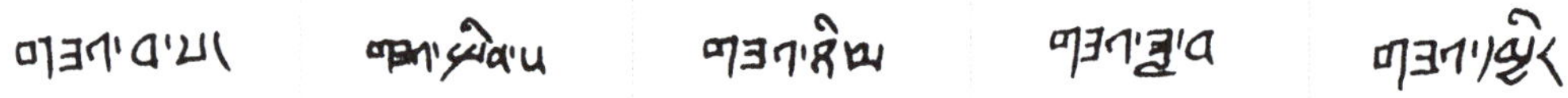				
	国际音标	pᴀ^{55}sõ^{55}	pĩ^{55}bᴀ^{55}	ni^{35} mã^{55}	dᴀ^{35} wᴀ^{55}	mi^{55}mzə̣^{55}
	直译	金曜	土曜	日曜	月曜	火曜

提哩	原图				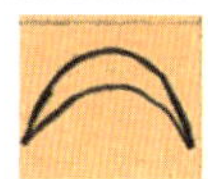	
星宿	原图	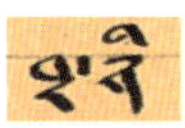				
	普米音译					
	国际音标	tʂ^{h}u^{55}tsɿ^{55}tʂ^{h}uə^{55}	tʂ^{h}u^{55}tsɿ^{55}gũ^{55}mo^{55}	ts^{h}ɿ^{55}li^{53}	dzu̯e^{35} k^{h}u^{35}	dzu̯e^{35} ʒɛ^{35}
	直译	胃宿	昴宿	毕宿	觜宿	参宿

属相	原图				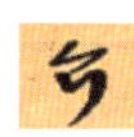	
	普米音译					
	国际音标	ʒi^{35} bzʅe^{55}wu^{35}	bzə̣^{55}te^{55}wu^{35}	bzə̣^{55}dᴀ^{55}wu^{35}	tiᴀ^{55}wu^{35}	ʒi^{35}wu^{35}
	直译	兔	龙	蛇	马	羊

方位	原图	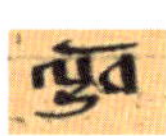				
	普米音译					
	国际音标	k^{h}uẽ^{55}lo^{55}	suᴀ̃^{35}bzə̣u^{53}	niõ^{53}	ʃə^{53}	k^{h}ɿ^{55}ʧ^{h}i^{53}
	直译	西南	东南	西	东	西北

猴月

pʐe^{55}wu^{35}tiA^{55}ʒi^{35}

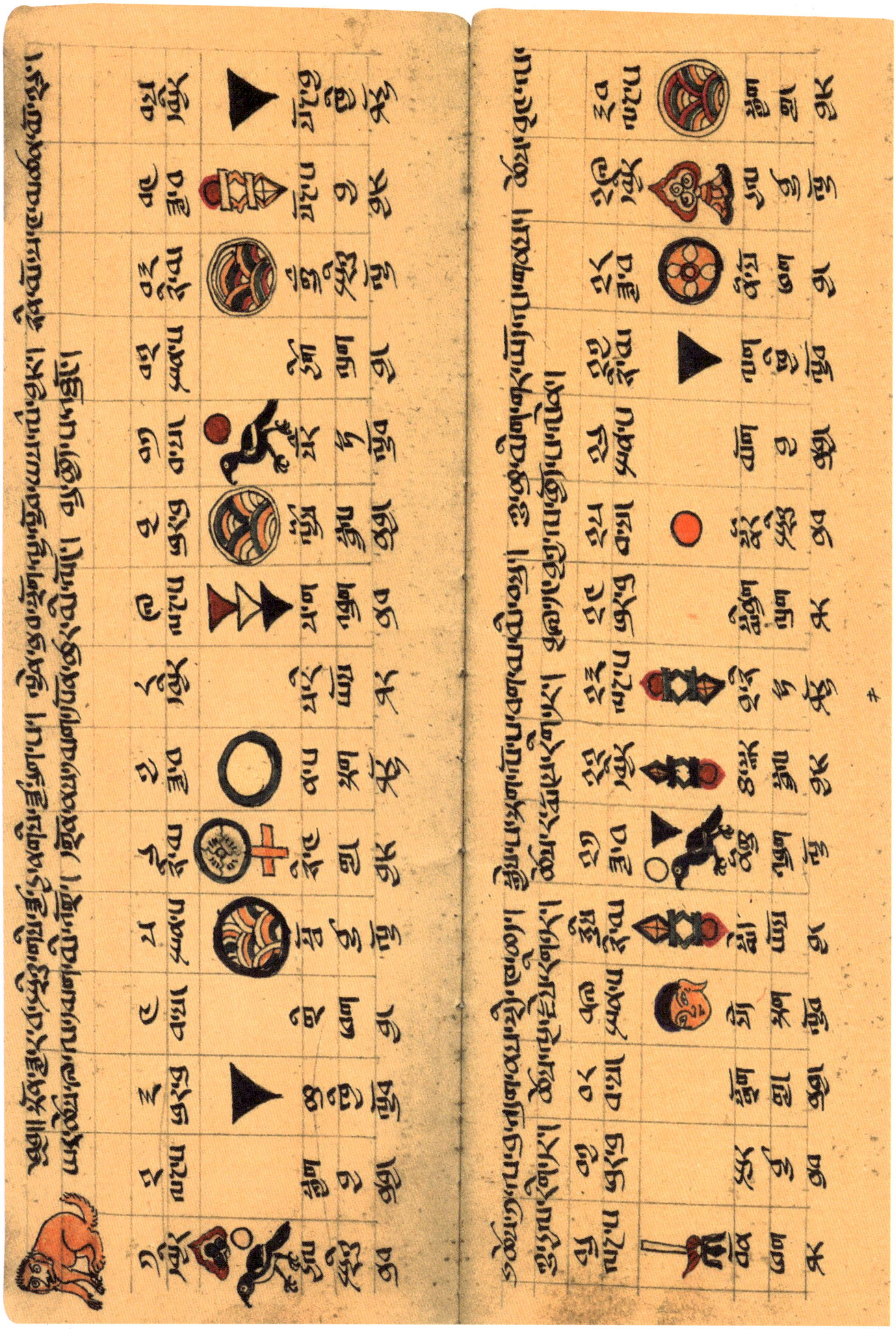

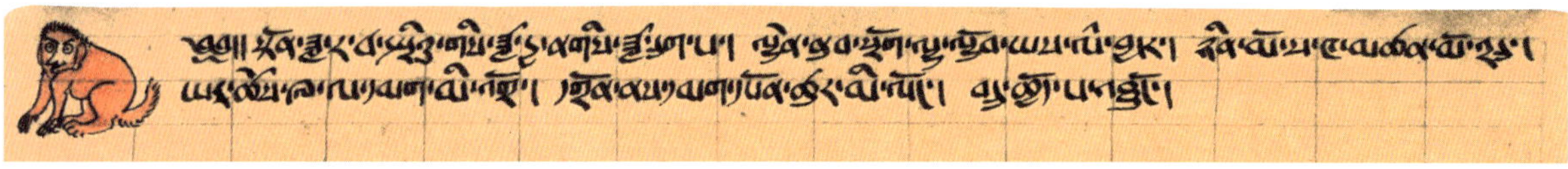

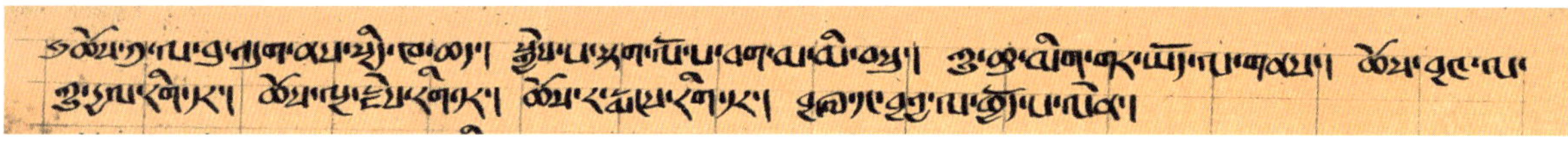

普米音译	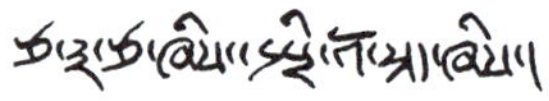
解读	tsᴀ^{35}sõ^{55} tsᴀ^{35}ʒi^{35} pzȩ^{55}wu^{35} tiᴀ^{55}ʒi^{35} 秋三秋月猴肖一月
意译	秋三月的猴月。

普米音译	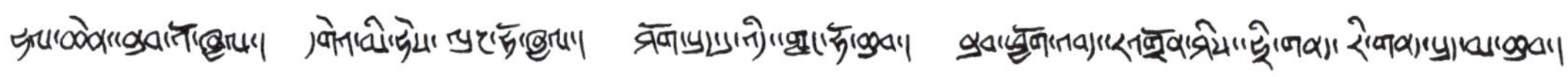
解读	xᴀ^{55}ʧʰi^{55} niõ^{53}wu^{53} ʒe^{55} gi^{55} mi^{53} xie^{55} lo^{35} to^{55} ʒe^{55} ʃu^{55} pʉ^{53} tʉ^{55}di^{53} lõ^{55} to^{55} ʧʰy^{53} 神名西方在赐福（助词）神西南（助词）在仪式做诅咒东北（助词）好 niõ^{53}ʧʰye^{53} bie^{53} ruə^{55}dʐuə^{55} ʃi^{53} ʂʅ^{55} ni^{55} rə^{35} ni^{55} pʉ^{53} mᴀ^{35}ʧʰy^{53} 西方（助词）路走去肉红皮红做不好
意译	“哈钦”神在西方，赐福的神在西南方。诅咒的仪式朝着东北方举行好。 往西方出行的时候杀生不好。

普米音译	
解读	tuə^{55}tsʰuə^{53} nə^{53} sʉ^{35}ko^{55}rə^{55} ʃye^{55} nə^{35}ɣo^{35}tʂʰu^{55} də^{55} 时段昼三十四夜二十六是
意译	这个月的时段白天是三十四，夜晚是二十六。

普米音译	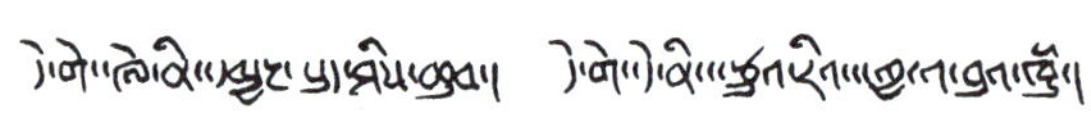
解读	ti^{55}gi^{55} gi^{53} nə^{53} nyɛ^{35} pʉ^{55} ʃi^{53} ʧʰy^{53} ti^{55}gi^{55} ti^{35} nə^{53} tsʉ^{55}rə^{53} ʧɛ^{55}ɣᴀ^{53} pʉ^{53} kʰu^{55} 上弦九日军队做去好上弦一日男人们谨慎做要
意译	初九去参军好。初一，男人们做事要谨慎。

普米 音译	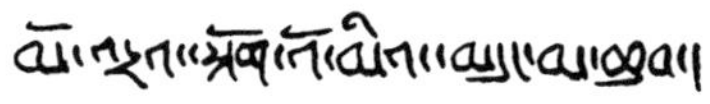
解读	mə^{35}dʐɛ^{35} to^{55}wu^{35} mə^{53} dõ^{55} mᴀ^{35}ʧ^{h}y^{55} 姑娘虎肖人嫁不好
意译	属虎的姑娘出嫁不好。

普米 音译	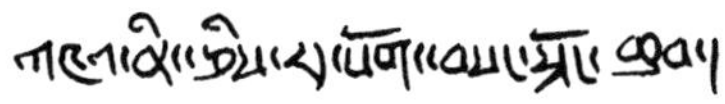
解读	kᴀ^{55}rə^{55}nə^{53} ʧi^{55}ʐe^{35} po^{53} sõ^{55}tõ^{55} ʧ^{h}y^{55} 十四日龙洞（助词）烧香好
意译	十四这一天，在龙洞烧香好。

普米 音译	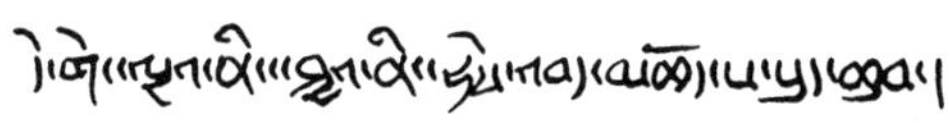
解读	ti^{55}gi^{55}ŋuᴀ^{55} nə^{53} ʃyə^{35} nə^{53} xie^{55} bie^{53} ʧ^{h}ᴀ^{35}pᴀ^{55} pʉ^{53} ʧ^{h}y^{53} 上弦五日八日神（助词）祭品做好
意译	初五、初八这两日，向神献祭品好。

普米 音译	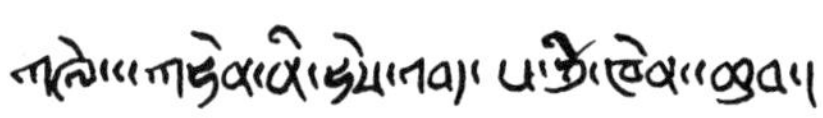
解读	kᴀ^{55}gi^{53} kᴀ^{55}ŋə^{35} nə^{53} xie^{55} bie^{53} pɐ^{35}tsɿ^{55} k$^{\tilde{h}}$i^{55} ʧ^{h}y^{53} 十九十七日神（助词）花给好
意译	十七、十九这两天向神献花好。

初一至初五

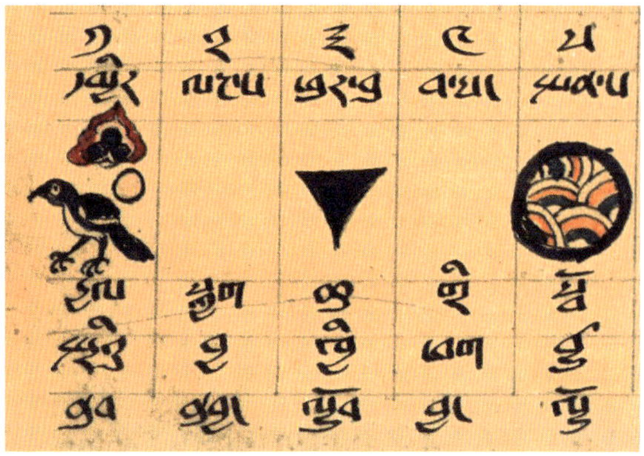

日期	原图					
	普米音译					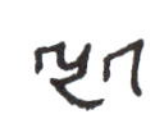
	国际音标	ti^{55}gi^{55}ti^{35}	ti^{55}gi^{55}ni^{35}	ti^{55}gi^{55}sõ^{35}	ti^{55}gi^{55}rə^{55}	ti^{55}gi^{55}ŋuᴀ^{55}
	直译	初一	初二	初三	初四	初五

七曜	原图			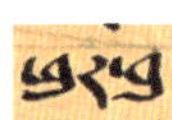	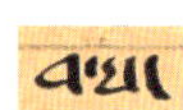	
	普米音译	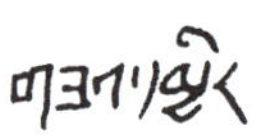			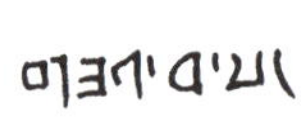	
	国际音标	mi^{55}mzə̩^{55}	lᴀ^{35}pᴀ^{55}	p^{h}zə^{55}bu^{53}	pᴀ^{55}sõ^{55}	pĩ^{55}bᴀ^{55}
	直译	火曜	水曜	木曜	金曜	土曜

提哩	原图					
星宿	原图					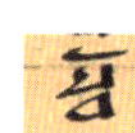
	普米音译	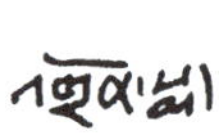			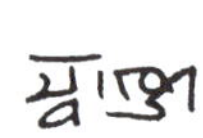	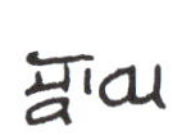
	国际音标	dzu̯e^{35} mᴀ̃^{35}	ʃə^{53}	ʧ^{h}y^{53}	bo^{35} k^{h}o^{55}	bo^{35}mɑ̃^{35}
	直译	鬼宿	柳宿	星宿	张宿	翼宿

属相	原图					
	普米音译					
	国际音标	pʐe^{55}wu^{35}	ʤyẽ^{35}wu^{35}	ʧ^{h}i^{55}wu^{35}	p^{h}ᴀ^{55}wu^{35}	ʧ^{h}i^{55}pie^{55}wu^{35}
	直译	猴	鸡	狗	猪	鼠

方位	原图					
	普米音译					
	国际音标	niõ^{53}	k^{h}i^{55}ʧ^{h}i^{53}	k^{h}uẽ^{55}lo^{55}	ʧ^{h}õ^{53}	xo^{53}
	直译	西	西北	西南	北	南

初六至初十

日期	原图					
	普米音译					
	国际音标	ti^{55}gi^{55}ŋuᴀ^{55}	ti^{55}gi^{55}tʂ^{h}u^{55}	ti^{55}gi^{55}ŋə^{35}	ti^{55}gi^{55}gi^{53}	kᴀ^{55}ɦi^{53}
	直译	初六	初七	初八	初九	初十

七曜	原图	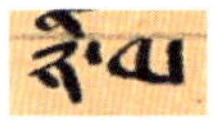			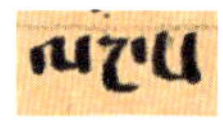	
	普米音译	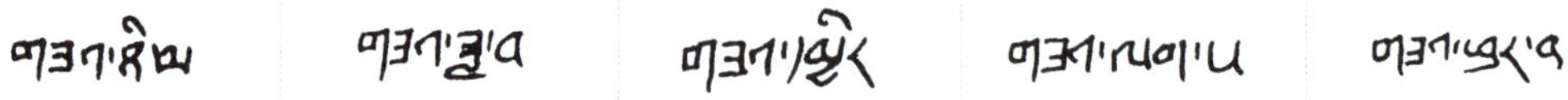				
	国际音标	ni^{35} mã^{55}	dᴀ^{35} wᴀ^{55}	mi^{55}mẓə^{55}	lᴀ^{35}pᴀ^{55}	p^{h}ẓə^{55}bu^{53}
	直译	日曜	月曜	火曜	水曜	木曜
提哩	原图					
星宿	原图	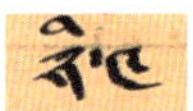				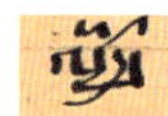
	普米音译	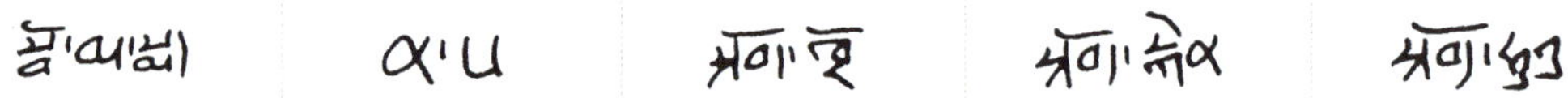				
	国际音标	bo^{35} mã^{35}mᴀ̃^{35}	nᴀ̃^{35}pᴀ^{55}	tiᴀ^{35}tʂ^{h}ʉ^{35}	tiᴀ^{55}kᴀ̃^{53}	tiᴀ^{55}tiu^{53}
	直译	轸宿	角宿	亢宿	氐宿	房宿
属相	原图	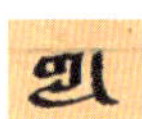	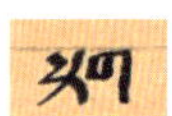			
	普米音译					
	国际音标	lõ^{55}wu^{35}	to^{55}wu^{35}	ʒi^{35} bẓe^{55}wu^{35}	bẓə^{55}te^{55}wu^{35}	bẓə^{55}dᴀ^{55}wu^{35}
	直译	牛	虎	兔	龙	蛇
方位	原图			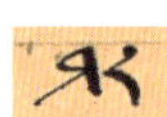		
	普米音译					
	国际音标	ki^{35} lõ^{53}	suᴀ̃^{35}bẓəu^{53}	ʃə^{53}	niõ^{53}	k^{h}i^{55}ʧ^{h}i^{53}
	直译	东北	东南	东	西	西北

十一至十五

日期	原图					
	普米音译					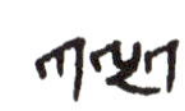
	国际音标	ko^{55}ti^{53}	ko^{55}nə^{35}	kᴀ^{55}sõ^{55}	kᴀ^{55}rə^{55}	kᴀ^{55}ŋuᴀ^{55}
	直译	十一	十二	十三	十四	十五

七曜	原图			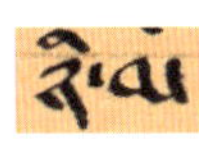		
	普米音译	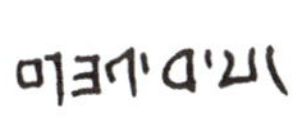		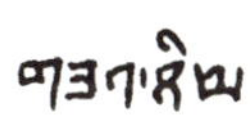		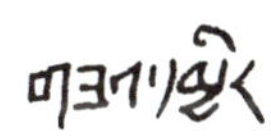
	国际音标	pᴀ^{55}sõ^{55}	pĩ^{55}bᴀ^{55}	ni^{35} mã^{55}	dᴀ^{35} wᴀ^{55}	mi^{55}mzə^{55}
	直译	金曜	土曜	日曜	月曜	火曜

提哩	原图					
星宿	原图		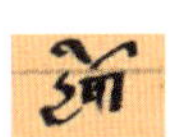	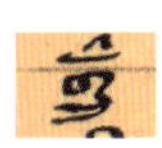	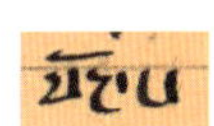	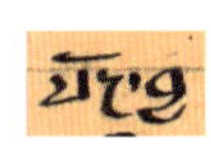
	普米音译	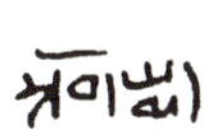				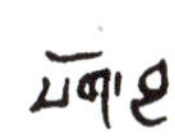
	国际音标	tiᴀ^{55}mÃ^{53}	lie^{35}k^{h}u^{53}	lie^{35} gõ^{53}	lie^{35}mÃ^{35}	so^{55}ʧɛ^{55}
	直译	心宿	尾宿	箕宿	斗宿	牛宿

属相					
原图					
普米音译	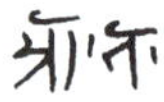	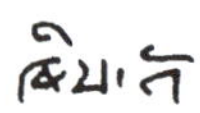		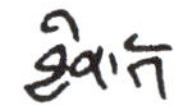	
国际音标	tiᴀ^{55}wu^{35}	ʒi^{35}wu^{35}	pzẹ^{55}wu^{35}	ʤyẽ^{35}wu^{35}	ʧ^{h}i^{55}wu^{35}
直译	马	羊	猴	鸡	狗

方位					
原图				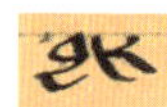	
普米音译		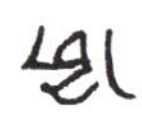			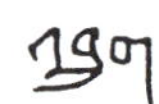
国际音标	k^{h}uẽ^{55}lo^{55}	ʧ^{h}õ^{53}	xo^{53}	ki^{35} lõ^{53}	suᴀ̃^{35}bzə̩u^{53}
直译	西南	北	南	东北	东南

十六至二十

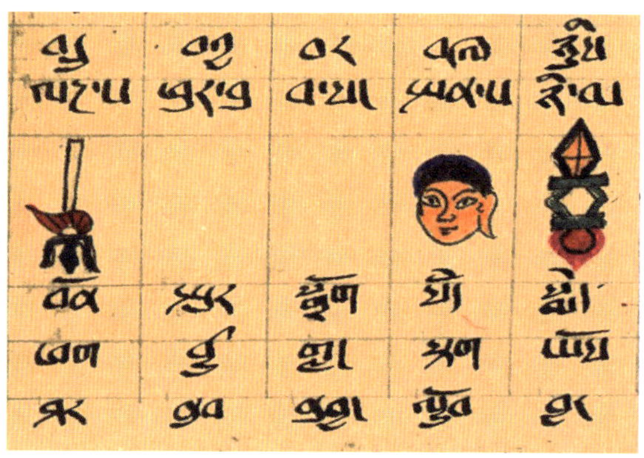

日期					
原图					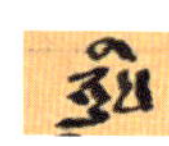
普米音译				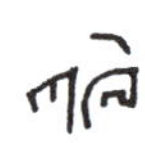	
国际音标	kᴀ^{55}tʂ^{h}u^{55}	kᴀ^{55}ŋə^{35}	kᴀ^{55}ʃyə^{35}	kᴀ^{55}gi^{53}	nə^{35}ɣo^{35}
直译	十六	十七	十八	十九	二十

七曜	原图					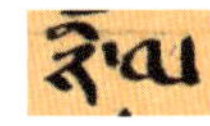
	普米音译	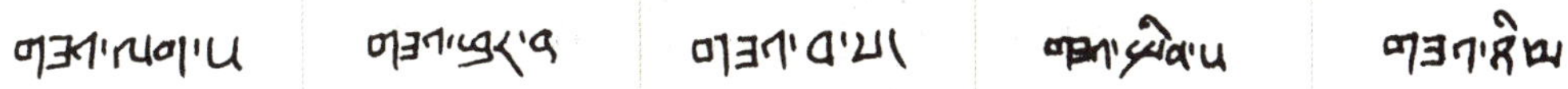				
	国际音标	lᴀ^{35}pᴀ^{55}	pʰẓə^{55}bu^{53}	pᴀ^{55}sõ^{55}	pĩ^{55}bᴀ^{55}	ni^{35} mɑ̃^{55}
	直译	水曜	木曜	金曜	土曜	日曜

提哩	原图					
星宿	原图			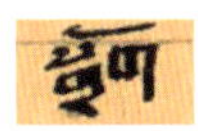		
	普米音译					
	国际音标	pᴀ̃^{35}	pẓə^{53}	dẓu^{53}	su^{55}tuə^{53}	su^{55}mə^{53}
	直译	女宿	虚宿	危宿	室宿	壁宿

属相	原图				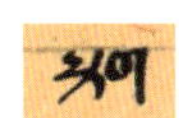	
	普米音译	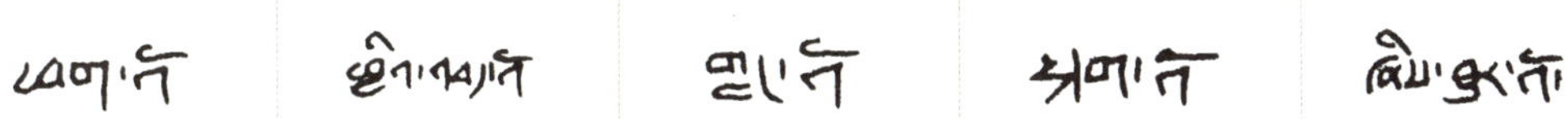				
	国际音标	pʰᴀ^{55}wu^{35}	ʧʰi^{55}pie^{55}wu^{35}	lõ^{55}wu^{35}	to^{55}wu^{35}	ʒi^{35} bze^{55}wu^{35}
	直译	猪	鼠	牛	虎	兔

方位	原图					
	普米音译					
	国际音标	ʃə^{53}	niõ^{53}	kʰi^{55}ʧʰi^{53}	kʰuẽ^{55}lo^{55}	ʧʰõ^{53}
	直译	东	西	西北	西南	北

二十一至二十五

日期	原图					
	普米音译			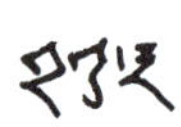		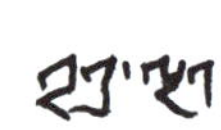
	国际音标	$nə^{35}\ ɣo^{35}\ ti^{35}$	$nə^{35}ɣo^{35}ni^{35}$	$nə^{35}ɣo^{35}\ s\tilde{o}^{55}$	$nə^{35}ɣo^{35}rə^{55}$	$nə^{35}ɣo^{35}\ ŋuᴀ^{55}$
	直译	二十一	二十二	二十三	二十四	二十五

七曜	原图	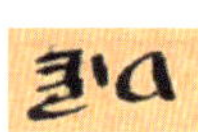			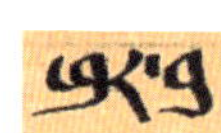	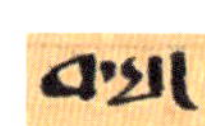
	普米音译	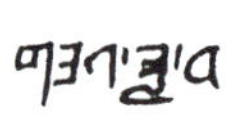	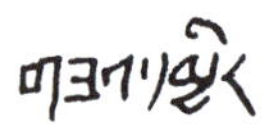	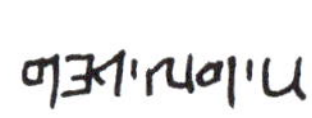	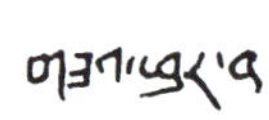	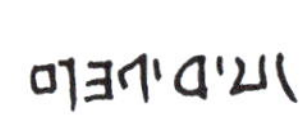
	国际音标	$dᴀ^{35}\ wᴀ^{55}$	$mi^{55}mz̩ə^{55}$	$lᴀ^{35}pᴀ^{55}$	$p^{h}z̩ə^{55}bu^{53}$	$pᴀ^{55}s\tilde{o}^{55}$
	直译	月曜	火曜	水曜	木曜	金曜

提哩	原图					
星宿	原图	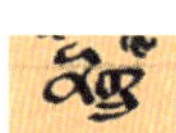	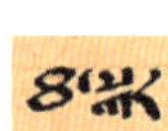	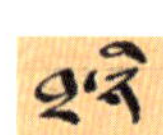		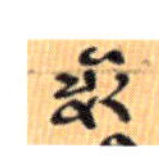
	普米音译	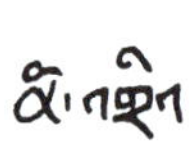	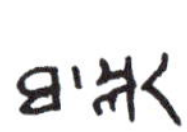	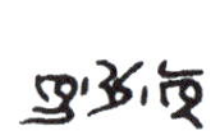	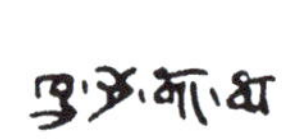	
	国际音标	$n\tilde{o}^{55}dz̩ʅ^{53}$	$t^{h}ə^{55}kə^{55}rə^{55}$	$tʂ^{h}u^{55}tsʅ^{55}tʂ^{h}uə^{55}$	$tʂ^{h}u^{55}tsʅ^{55}g\tilde{u}^{55}mo^{55}$	$ts^{h}ʅ^{55}li^{53}$
	直译	奎宿	娄宿	胃宿	昴宿	毕宿

属相	原图					
	普米音译	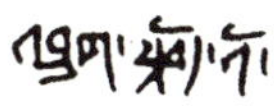	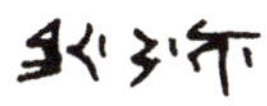	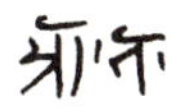	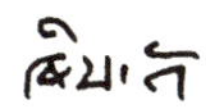	
	国际音标	bzə̣^{55}te^{55}wu^{35}	bzə̣^{55}dᴀ^{55}wu^{35}	tiᴀ^{55}wu^{35}	ʒi^{35}wu^{35}	pzẹ^{55}wu^{35}
	直译	龙	蛇	马	羊	猴

方位	原图					
	普米音译			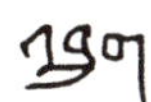		
	国际音标	xo^{53}	ki^{35} lõ^{53}	suÃ^{35}bzə̣u^{53}	ʃə^{53}	niõ^{53}
	直译	南	东北	东南	东	西

二十六至三十

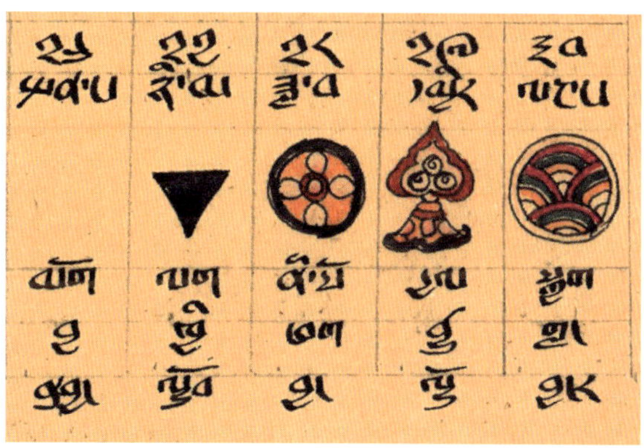

日期	原图					
	普米音译				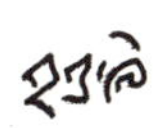	
	国际音标	nə^{35}ɣo^{35}tʂʰu^{55}	nə^{35}ɣo^{35} ŋə^{35}	nə^{35}ɣo^{35} ʃyə^{35}	nə^{35}ɣo^{35}gi^{53}	ni^{55}tõ^{55}
	直译	二十六	二十七	二十八	二十九	三十

七曜	原图					
	普米音译	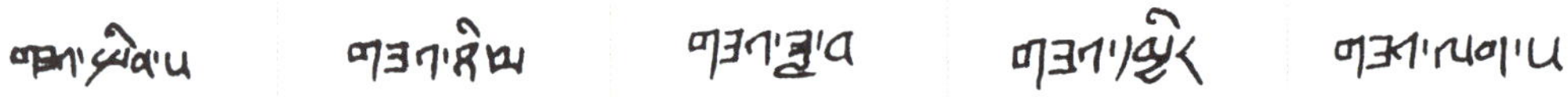				
	国际音标	pĩ^{55}bᴀ^{55}	ni^{35} mã^{55}	dᴀ^{35} wᴀ^{55}	mi^{55}mzə̣^{55}	lᴀ^{35}pᴀ^{55}
	直译	土曜	日曜	月曜	火曜	水曜

提哩	原图					
星宿	原图			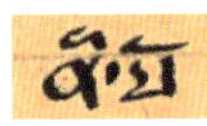		
	普米音译					
	国际音标	dzu̯e^{35} kʰu^{35}	dzu̯e^{35} ʒɛ^{35}	dzu̯e^{35} ʤi^{35}	dzu̯e^{35} mᴀ̃^{35}	ʃə^{53}
	直译	觜宿	参宿	井宿	鬼宿	柳宿

属相	原图			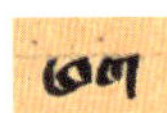		
	普米音译	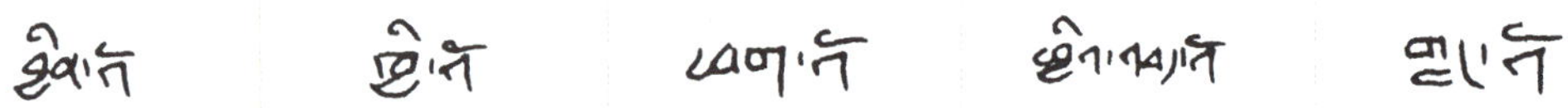				
	国际音标	ʤyẽ^{35}wu^{35}	ʧʰi^{55}wu^{35}	pʰᴀ^{55}wu^{35}	ʧʰi^{55}pie^{55}wu^{35}	lõ^{55}wu^{35}
	直译	鸡	狗	猪	鼠	牛

方位	原图		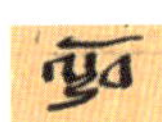			
	普米音译					
	国际音标	kʰi^{55}ʧʰi^{53}	kʰuẽ^{55}lo^{55}	ʧʰõ^{53}	xo^{53}	ki^{35} lõ^{53}
	直译	西北	西南	北	南	东北

鸡月

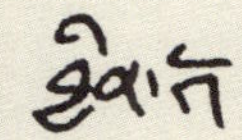

ʤyẽ^{35}wu^{35}tiA^{55}ʒi^{35}

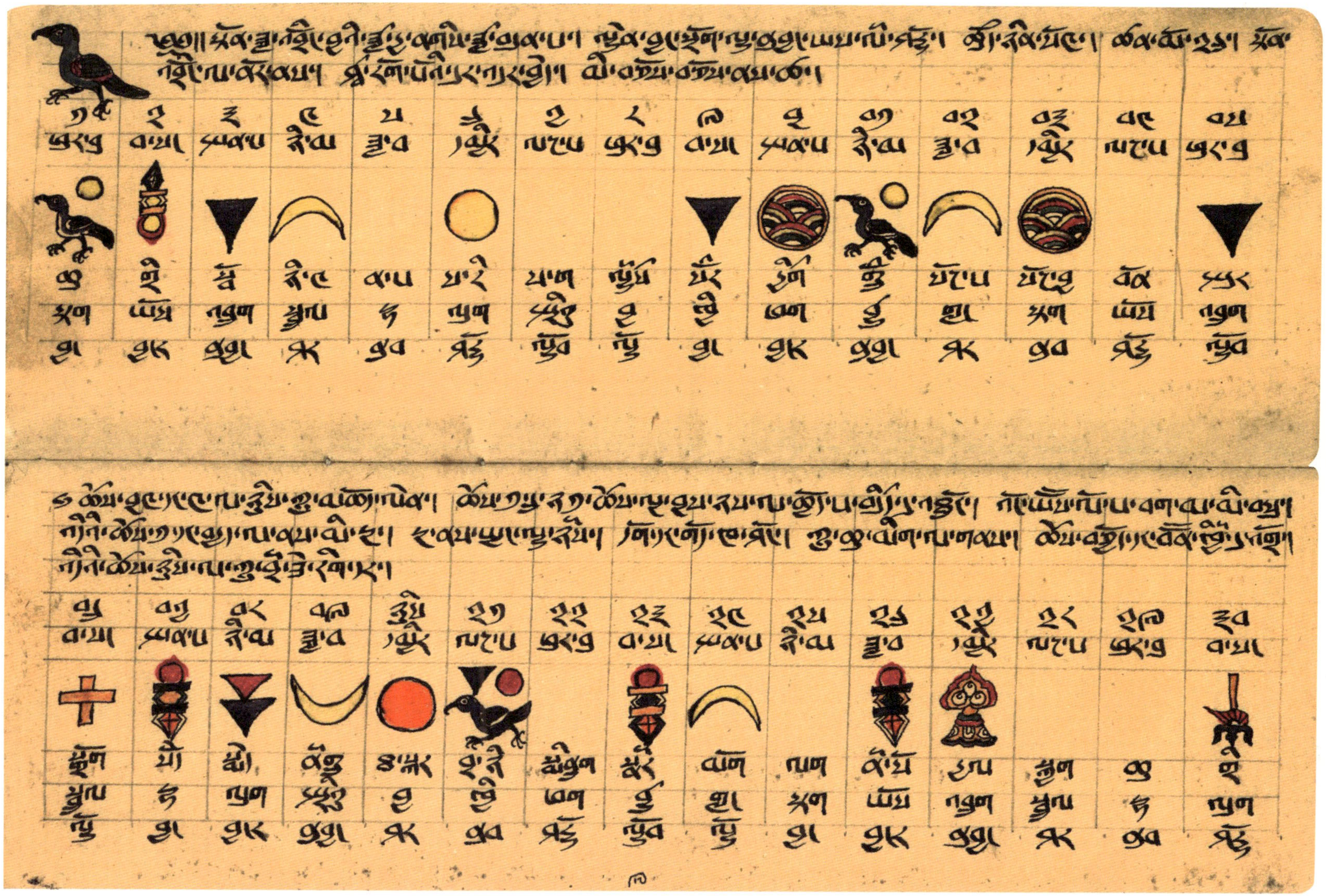

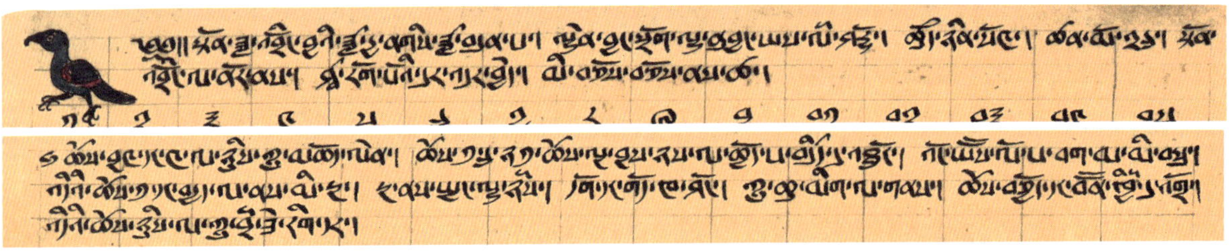

普米音译	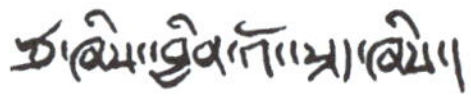
解读	tsA^{35}ʒi^{35} ʤyẽ^{35}wu^{35} tiA^{55}ʒi^{35} 秋月鸡肖一月
意译	秋三月的鸡月。

普米音译	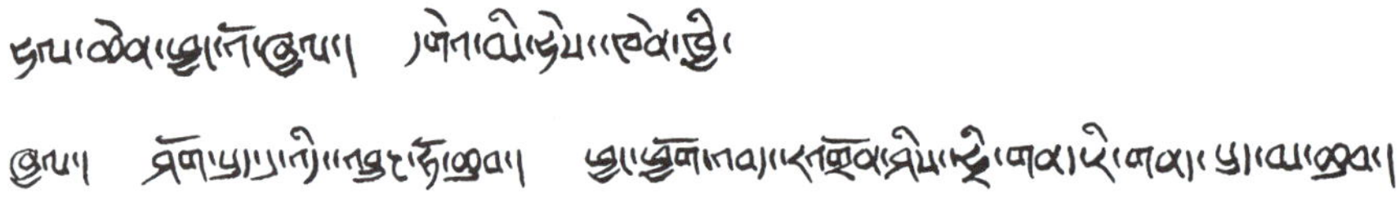
解读	xA^{55}ʧ^{h}ĩ^{55} ʧ^{h}õ^{53}wu^{53} ʒe^{55} gi^{55} mi^{53} xie^{55} k^{h}ĩ^{55}ʧ^{h}i^{53} ʒe^{55} ʃu^{55} pʉ^{53} tʉ^{55}di^{55} bzə̣u^{55} to^{55} ʧ^{h}y^{53} 神名北方在赐福（助词）神西北在仪式做诅咒东南（助词）好 ʧ^{h}õ^{53}ʧ^{h}ye^{53} bie^{53} ruə^{55}dʐ̣uə^{55}ʃi^{53} ʂ̣ʅ^{55} ni^{55} rə^{35} ni^{55} pʉ^{53} mA^{35}ʧ^{h}y^{53} 北方（助词）路走去肉红皮红做不好
意译	“哈钦”神在北方，赐福的神在西北方。举行仪式朝着东南方好。往北方出行的时候杀生不好。

普米音译	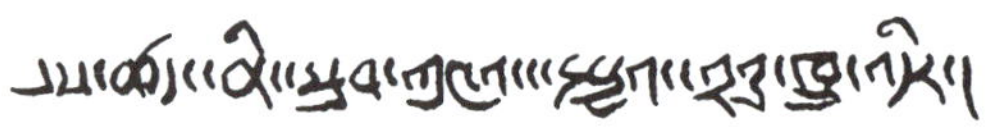
解读	tuə^{55}ts^{h}uə^{53} nə^{53} sʉ^{35}ko^{55}rə^{55} ʃye^{55} nə^{35}ɣo^{35}tʂ̣^{h}u^{55} də^{55} 时段昼三十四夜二十六是
意译	这个月的时段白天是三十四，夜晚是二十六。

普米音译	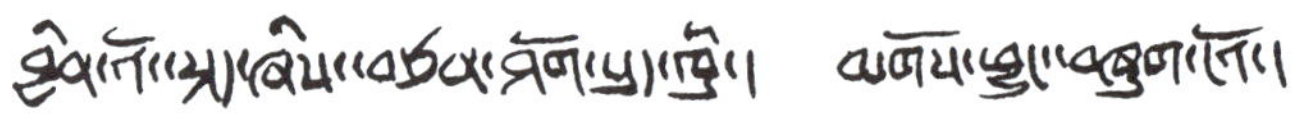
解读	ʤyẽ^{35}wu^{35} tiA^{55}ʒi^{35} tsẽ^{55} ʃu^{55} pʉ^{53} k^{h}u^{55} gui^{55} ʧ^{h}õ^{53} zọ^{35} ŋu^{53} 鸡肖一月神名仪式做要雨下很多会
意译	鸡月要举行祭“真”[1]神的仪式，这个月会有很多雨水。

[1] 神名。

普米音译	
解读	mə^{53}sɿ^{35} mA^{35}ʧ^{h}y^{53} 人死不好
意译	人死了不好。

普米音译	
解读	ti^{55}gi^{55} rə^{55} kA^{55}rə^{55} nə^{35}ɣo^{35} nə^{53} ʧi^{55}zḙ^{35} po^{53} ʃu^{55} pʉ^{53} ʧ^{h}y^{55} 上弦四十四二十日龙洞（助词）仪式做好
意译	初四、十四、二十三这几天举行祭龙王的仪式好。

普米音译	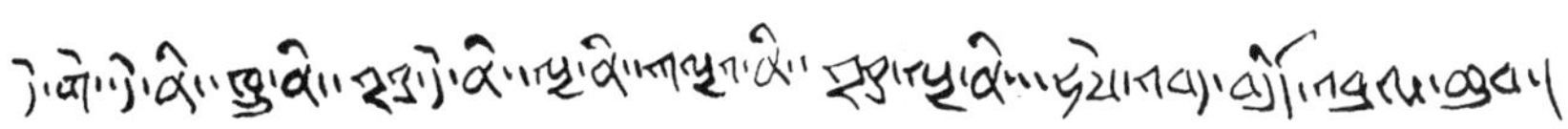
解读	ti^{55}gi^{55} ti^{35} nə^{53} tʂ^{h}u^{55} nə^{53} nə^{35}ɣo^{35}ti^{35} nə^{53} ŋuA^{55} nə^{53} kA^{55}ŋuA^{55}nə^{53} nə^{35}ɣo^{35}ŋuA^{55} nə^{53} xie^{55} bie^{53} duə^{55}tsuə^{53} bie^{55} ʧ^{h}y^{53} 上弦一日六日二十一日五日十五日二十五日神（助词）贡品（助词）好
意译	初一、初五、初六、十五、二十一、二十五这几天向神献贡品好。

普米音译	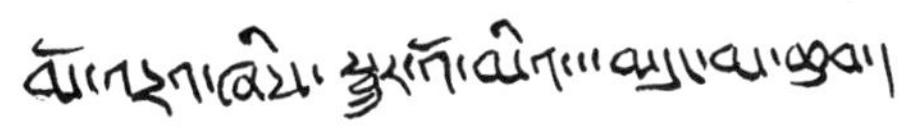
解读	mə^{35}dzɛ^{35} ʒi^{35}bzḙ^{55}wu^{35} mə^{53} dõ^{55} mA^{35}ʧ^{h}y^{53} 姑娘兔肖人嫁不好
意译	这个月属兔的姑娘出嫁不好。

普米音译	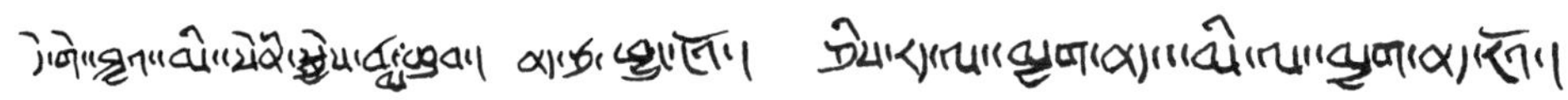
解读	ti^{55}gi^{55} ʃyə^{35} mə^{53} sẽ^{55}ʧi^{55} ʃi^{55}wA^{55} mA^{35}ʧ^{h}y^{55} ni^{55}tsə^{55} ʧ^{h}õ^{53} ŋu^{53} ʧi^{55}zḙ^{35} lA^{53} nyɛ^{55}ni^{55}mə^{53}lA^{53} nyɛ^{55} ni^{55} ŋu^{53} 上弦八人牲畜降生不好病痛出现会龙洞也眼病人也眼病会
意译	初八这天，人和牲畜出生不好，会有病痛。龙洞的泉眼和人的眼睛都会出问题。

普米音译	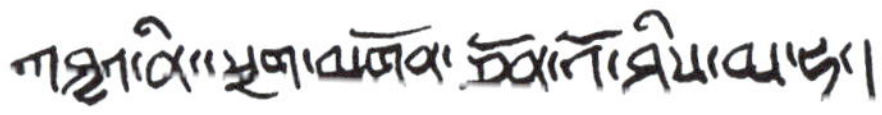
解读	kᴀ^{55}ʃyə^{35}nə^{53} xᴀ̃^{35}gui^{55} ʧə̃^{55} wu^{53} ʃi^{53} mᴀ^{35}xɑ̃^{55} 十八日韩规房间（助词）去不可以
意译	十八日这天不可以去韩规的房间里。

普米音译	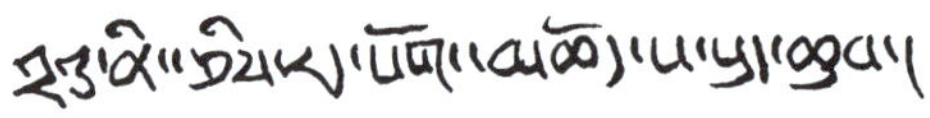
解读	nə^{35}ɣo^{35} nə^{53} ʧi^{55}ʐe^{35} po^{53} ʧʰᴀ^{35}pᴀ^{55} pʉ^{53} ʧʰy^{53} 二十日龙洞（助词）祭品做好
意译	二十日这天在龙洞里献祭品好。

初一至初五

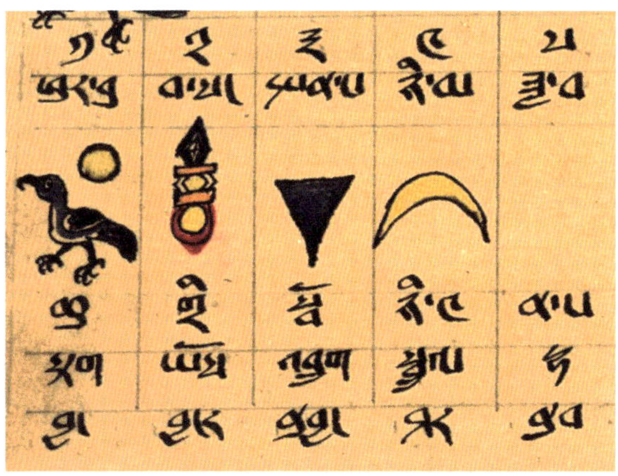

日期	原图					
	普米音译					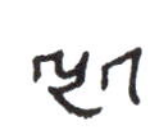
	国际音标	ti^{55}gi^{55}ti^{35}	ti^{55}gi^{55}ni^{35}	ti^{55}gi^{55}sõ^{35}	ti^{55}gi^{55}rə^{55}	ti^{55}gi^{55}ŋuᴀ^{55}
	直译	初一	初二	初三	初四	初五

七曜	原图					
	普米音译	[illegible]	[illegible]	[illegible]	[illegible]	[illegible]
	国际音标	p^{h}zə̣^{55}bu^{53}	pᴀ^{55}sõ^{55}	pĩ^{55}bᴀ^{55}	ni^{35} mã^{55}	dᴀ^{35} wᴀ^{55}
	直译	木曜	金曜	土曜	日曜	月曜

提哩	原图					
星宿	原图				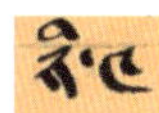	
	普米音译	[illegible]	[illegible]	[illegible]	[illegible]	[illegible]
	国际音标	ʧ^{h}y^{53}	bo^{35} k^{h}o^{55}	bo^{35}mã^{35}	bo^{35} mã^{35}mᴀ̃^{35}	nᴀ̃^{35}pᴀ^{55}
	直译	星宿	张宿	翼宿	轸宿	角宿

属相	原图					
	普米音译	[illegible]	[illegible]	[illegible]	[illegible]	[illegible]
	国际音标	to^{55}wu^{35}	ʒi^{35} bzẹ^{55}wu^{35}	bzə̣^{55}te^{55}wu^{35}	bzə̣^{55}dᴀ^{55}wu^{35}	tiᴀ^{55}wu^{35}
	直译	虎	兔	龙	蛇	马

方位	原图		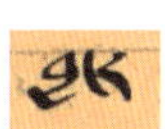			
	普米音译	[illegible]	[illegible]	[illegible]	[illegible]	[illegible]
	国际音标	ʧ^{h}õ^{53}	ki^{35} lõ^{53}	k^{h}ĩ^{55}ʧ^{h}i^{53}	ʃə^{53}	niõ^{53}
	直译	北	东北	西北	东	西

初六至初十

日期	原图					
	普米音译					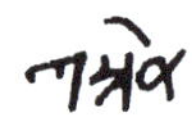
	国际音标	ti^{55}gi^{55}ŋuᴀ^{55}	ti^{55}gi^{55}tʂ^{h}u^{55}	ti^{55}gi^{55}ŋə^{35}	ti^{55}gi^{55}gi^{53}	kᴀ^{55}ʈi^{53}
	直译	初六	初七	初八	初九	初十

七曜	原图					
	普米音译	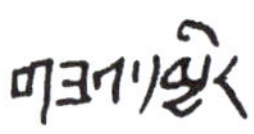	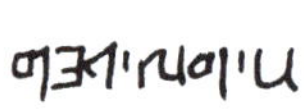		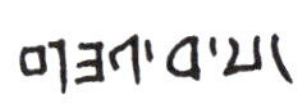	
	国际音标	mi^{55}mzə̣^{55}	lᴀ^{35}pᴀ^{55}	p^{h}zə̣^{55}bu^{53}	pᴀ^{55}sõ^{55}	pĩ^{55}bᴀ^{55}
	直译	火曜	水曜	木曜	金曜	土曜

提哩	原图					
星宿	原图				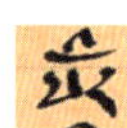	
	普米音译	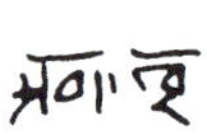	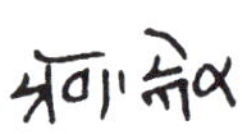	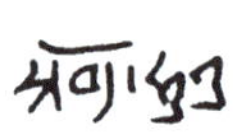	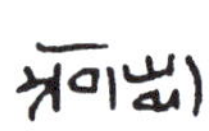	
	国际音标	tiᴀ^{35}tʂ^{h}ʉ^{35}	tiᴀ^{55}kᴀ̃^{53}	tiᴀ^{55}tiu^{53}	tiᴀ^{55}mᴀ̃^{53}	lie^{35}k^{h}u^{53}
	直译	亢宿	氐宿	房宿	心宿	尾宿

属相	原图					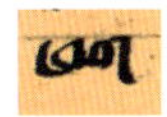
	普米音译	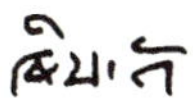	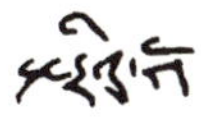	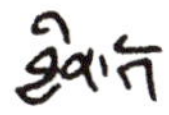	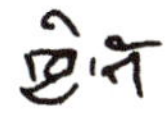	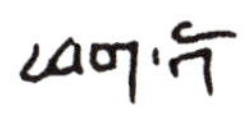
	国际音标	ʒi^{35}wu^{35}	pze̩^{55}wu^{35}	ʤyẽ^{35}wu^{35}	ʧ^{h}i^{55}wu^{35}	p^{h}ᴀ^{55}wu^{35}
	直译	羊	猴	鸡	狗	猪

方位	原图		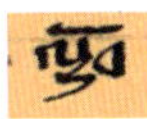	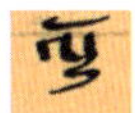		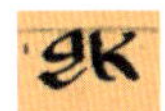
	普米音译	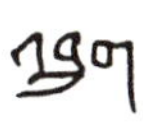			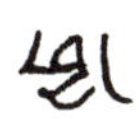	
	国际音标	suᴀ̃^{35}bzə̣u^{53}	k^{h}uẽ^{55}lo^{55}	xo^{53}	ʧ^{h}õ^{53}	ki^{35} lõ^{53}
	直译	东南	西南	南	北	东北

十一至十五

日期	原图					
	普米音译					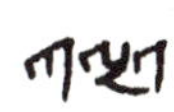
	国际音标	ko^{55}ti^{53}	ko^{55}nə^{35}	kᴀ^{55}sõ^{55}	kᴀ^{55}rə^{55}	kᴀ^{55}ŋuᴀ^{55}
	直译	十一	十二	十三	十四	十五

七曜	原图					
	普米音译	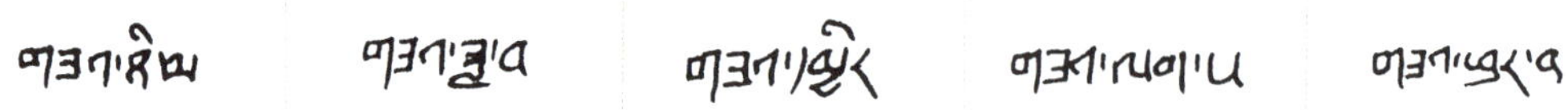				
	国际音标	ni^{35} mã^{55}	dA^{35} wA^{55}	mi^{55}mzə̩^{55}	lA^{35}pA^{55}	p^{h}zə̩^{55}bu^{53}
	直译	日曜	月曜	火曜	水曜	木曜

提哩	原图					
星宿	原图	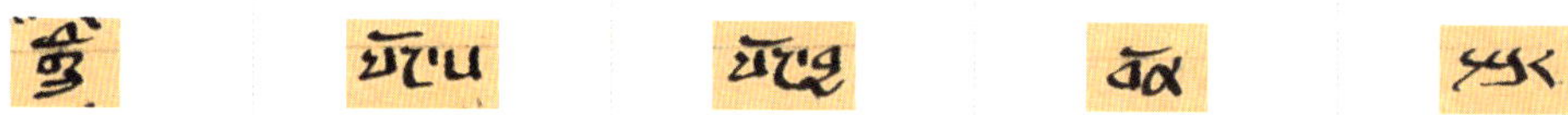				
	普米音译	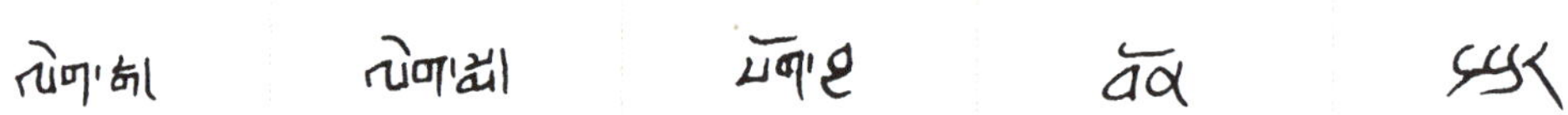				
	国际音标	lie^{35} gõ^{53}	lie^{35}mÃ^{35}	so^{55}ʧɛ^{55}	pÃ^{35}	pzə̩^{53}
	直译	箕宿	斗宿	牛宿	女宿	虚宿

属相	原图	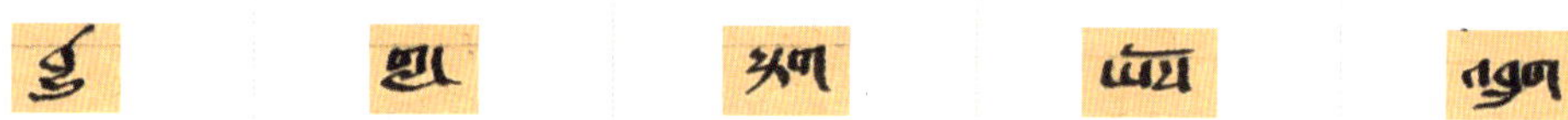				
	普米音译	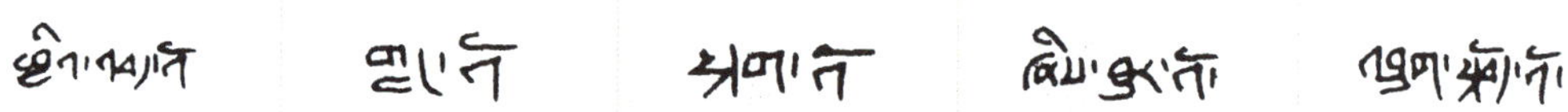				
	国际音标	ʧ^{h}i^{55}pie^{55}wu^{35}	lõ^{55}wu^{35}	to^{55}wu^{35}	ʒi^{35} bze̩^{55}wu^{35}	bzə̩^{55}te^{55}wu^{35}
	直译	鼠	牛	虎	兔	龙

方位	原图					
	普米音译					
	国际音标	k^{h}ĩ^{55}ʧ^{h}i^{53}	ʃə^{53}	niõ^{53}	suÃ^{35}bzə̩u^{53}	k^{h}uẽ^{55}lo^{55}
	直译	西北	东	西	东南	西南

十六至二十

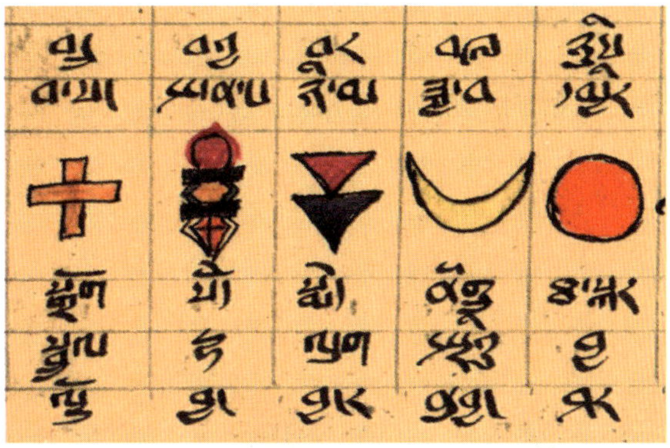

日期	原图					
	普米音译			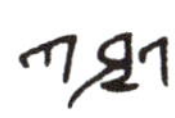	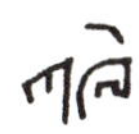	
	国际音标	kᴀ^{55}tʂʰu^{55}	kᴀ^{55}ŋə^{35}	kᴀ^{55}ʃyə^{35}	kᴀ^{55}gi^{53}	nə^{35}ɣo^{35}
	直译	十六	十七	十八	十九	二十

七曜	原图	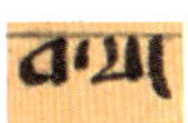	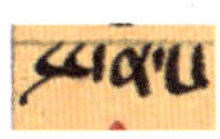	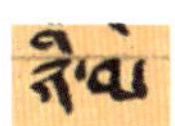	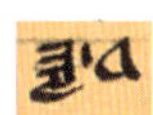	
	普米音译	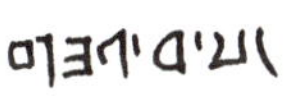		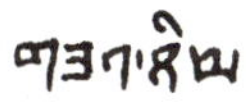		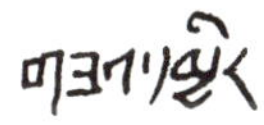
	国际音标	pᴀ^{55}sõ^{55}	pĩ^{55}bᴀ^{55}	ni^{35} mã^{55}	dᴀ^{35} wᴀ^{55}	mi^{55}mzə̣^{55}
	直译	金曜	土曜	日曜	月曜	火曜

提哩	原图					
星宿	原图				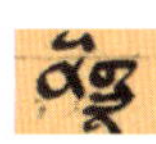	
	普米音译		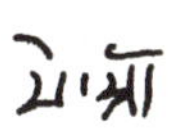	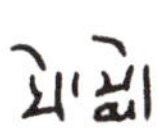	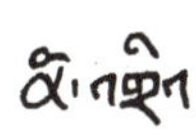	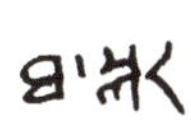
	国际音标	dzʅ^{53}	su^{55}tuə^{53}	su^{55}mə^{53}	nõ^{55}dzʅ^{53}	tʰə^{55}kə^{55}rə^{55}
	直译	危宿	室宿	壁宿	奎宿	娄宿

属相						
	原图					
	普米音译	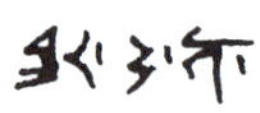	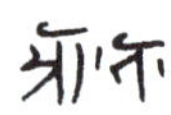	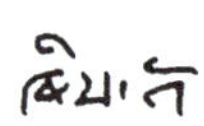		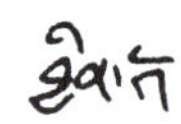
	国际音标	bzə^{55}dᴀ^{55}wu^{35}	tiᴀ^{55}wu^{35}	ʒi^{35}wu^{35}	pze^{55}wu^{35}	dʑyẽ^{35}wu^{35}
	直译	蛇	马	羊	猴	鸡

方位						
	原图			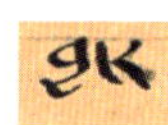		
	普米音译		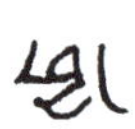			
	国际音标	xo^{53}	tʃʰõ^{53}	ki^{35} lõ^{53}	kʰĩ^{55}tʃʰi^{53}	ʃə^{53}
	直译	南	北	东北	西北	东

二十一至二十五

日期						
	原图					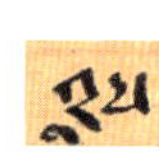
	普米音译		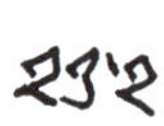			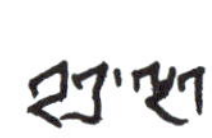
	国际音标	nə^{35} ɣo^{35} ti^{35}	nə^{35}ɣo^{35}ni^{35}	nə^{35}ɣo^{35} sõ^{55}	nə^{35}ɣo^{35}rə^{55}	nə^{35}ɣo^{35} ŋuᴀ^{55}
	直译	二十一	二十二	二十三	二十四	二十五

七曜	原图		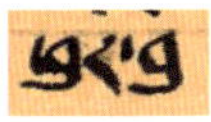	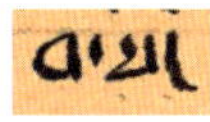		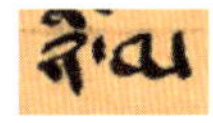
	普米音译	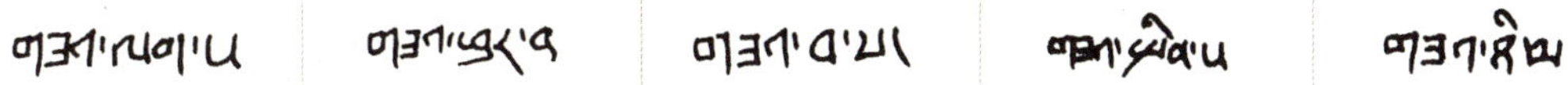				
	国际音标	lᴀ^{35}pᴀ^{55}	p^{h}zə^{55}bu^{53}	pᴀ^{55}sõ^{55}	pĩ^{55}bᴀ^{55}	ni^{35} mã^{55}
	直译	水曜	木曜	金曜	土曜	日曜

提哩	原图					
星宿	原图				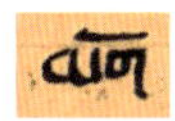	
	普米音译					
	国际音标	tʂ^{h}u^{55}tsɿ^{55}tʂ^{h}uə^{55}	tʂ^{h}u^{55}tsɿ^{55}gũ^{55}mo^{55}	ts^{h}ɿ^{55}li^{53}	dʐue^{35} k^{h}u^{35}	dʐue^{35} ʒe^{35}
	直译	胃宿	昴宿	毕宿	觜宿	参宿

属相	原图					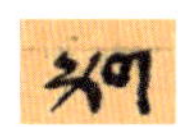
	普米音译	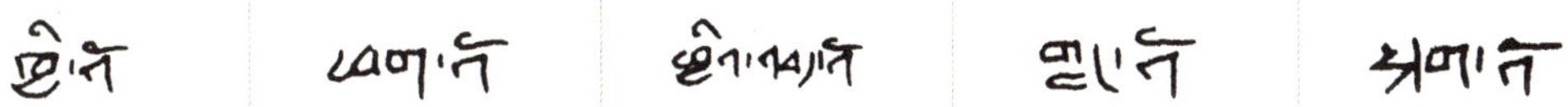				
	国际音标	tʃ^{h}i^{55}wu^{35}	p^{h}ᴀ^{55}wu^{35}	tʃ^{h}i^{55}pie^{55}wu^{35}	lõ^{55}wu^{35}	to^{55}wu^{35}
	直译	狗	猪	鼠	牛	虎

方位	原图		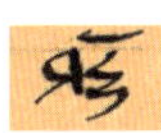	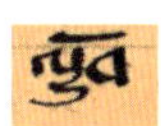		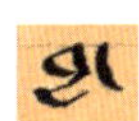
	普米音译					
	国际音标	niõ^{53}	suᴀ̃^{35}bʐəu^{53}	k^{h}uẽ^{55}lo^{55}	xo^{53}	tʃ^{h}õ^{53}
	直译	西	东南	西南	南	北

二十六至三十

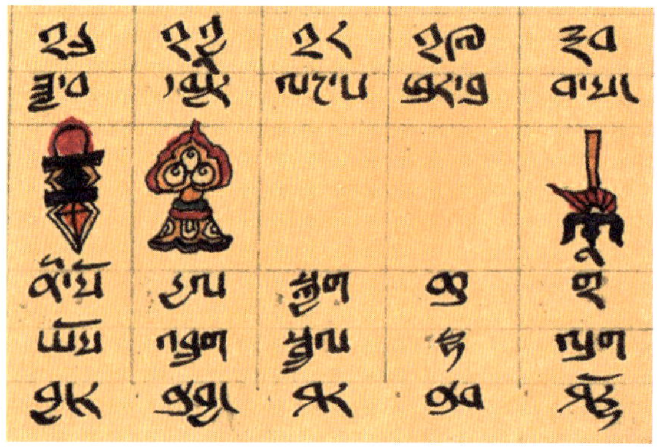

日期	原图					
	普米音译		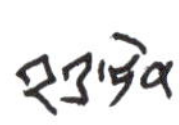		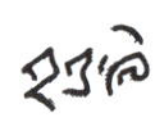	
	国际音标	nə^{35}ɣo^{35}tʂ^{h}u^{55}	nə^{35}ɣo^{35} ŋə^{35}	nə^{35}ɣo^{35} ʃyə^{35}	nə^{35}ɣo^{35}gi^{53}	ni^{55}tõ^{55}
	直译	二十六	二十七	二十八	二十九	三十

七曜	原图	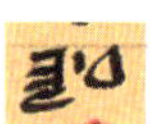	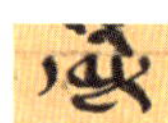		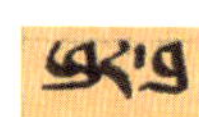	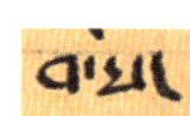
	普米音译	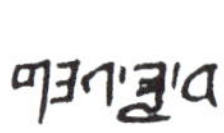	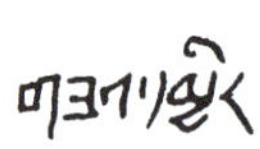			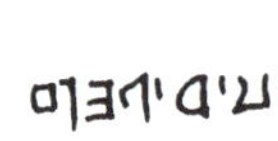
	国际音标	dA^{35} wA^{55}	mi^{55}mzə^{55}	lA^{35}pA^{55}	p^{h}zə^{55}bu^{53}	pA^{55}sõ^{55}
	直译	月曜	火曜	水曜	木曜	金曜

提哩	原图					
星宿	原图	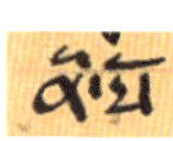	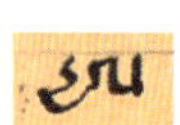			
	普米音译	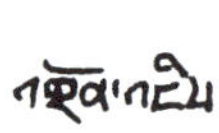	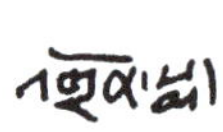			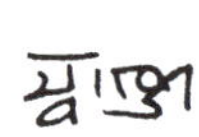
	国际音标	dzue^{35} ʤi^{35}	dzue^{35} mÃ^{35}	ʃə^{53}	ʧ^{h}y^{53}	bo^{35} k^{h}o^{55}
	直译	井宿	鬼宿	柳宿	星宿	张宿

属相					
原图					
普米音译		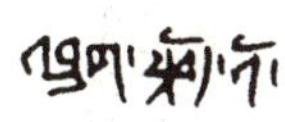	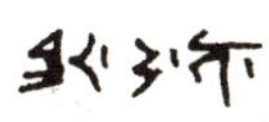	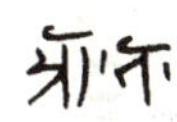	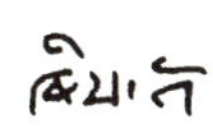
国际音标	ʒi^{35} bzȩ^{55}wu^{35}	bzə̧^{55}te^{55}wu^{35}	bzə̧^{55}dᴀ^{55}wu^{35}	tiᴀ^{55}wu^{35}	ʒi^{35}wu^{35}
直译	兔	龙	蛇	马	羊

方位					
原图					
普米音译					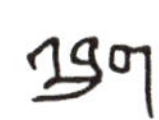
国际音标	ki^{35} lõ^{53}	k^{h}i^{55}ʧ^{h}i^{53}	ʃə^{53}	niõ^{53}	suÃ^{35}bzə̧u^{53}
直译	东北	西北	东	西	东南

狗月

tʃʰi^{55}wu^{35}tiA^{55}ʒi^{35}

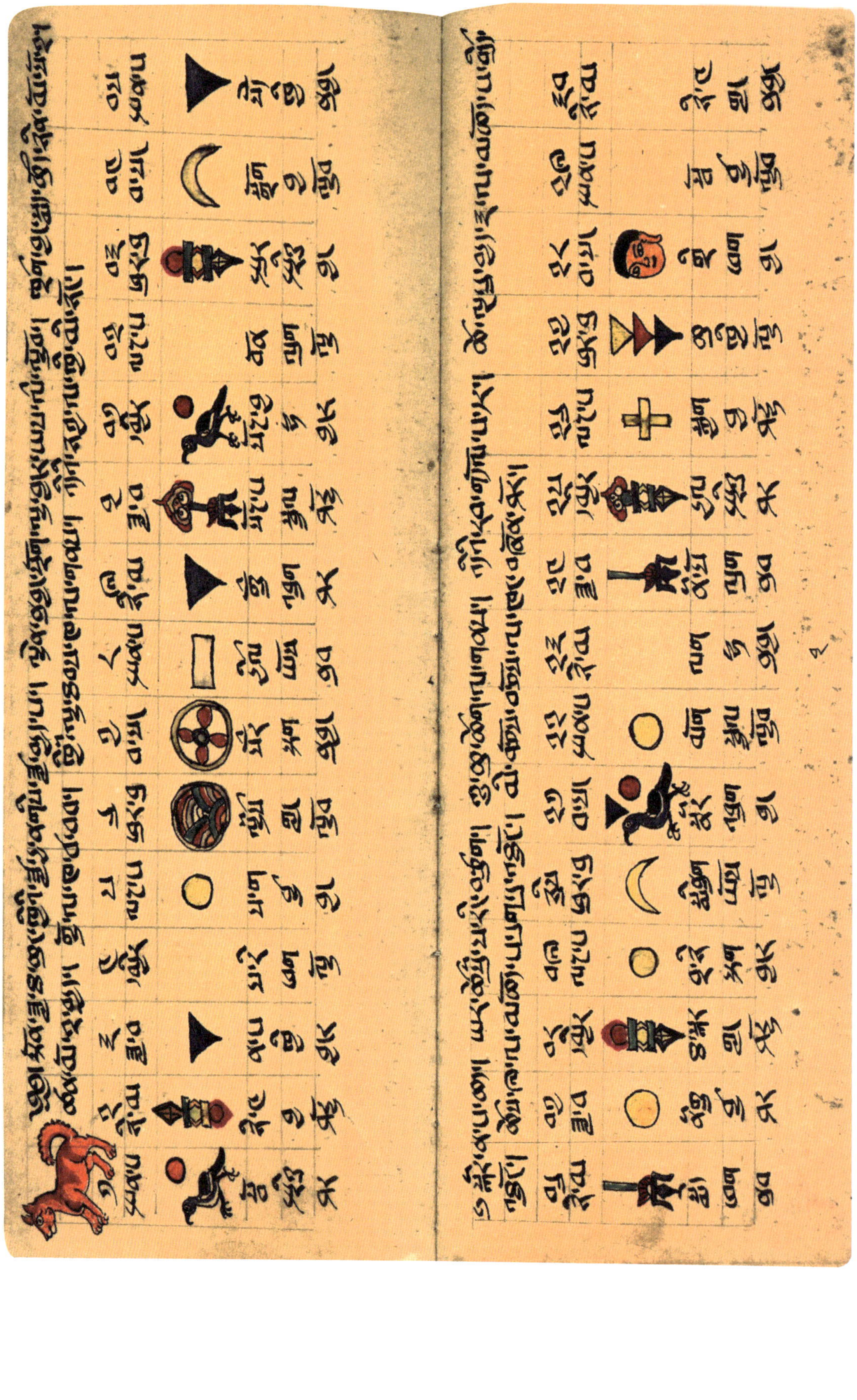

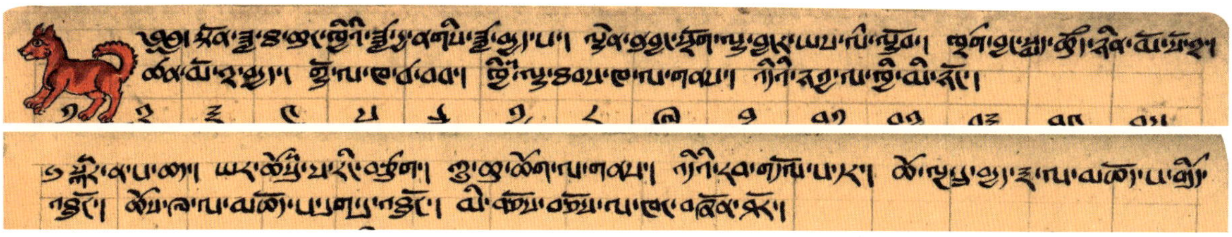

普米音译	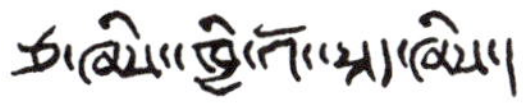
解读	tsA^{35}ʒi^{35} ʧʰi^{55}wu^{35} tiA^{55}ʒi^{35} 秋月狗肖一月
意译	秋三月的狗月。

普米音译	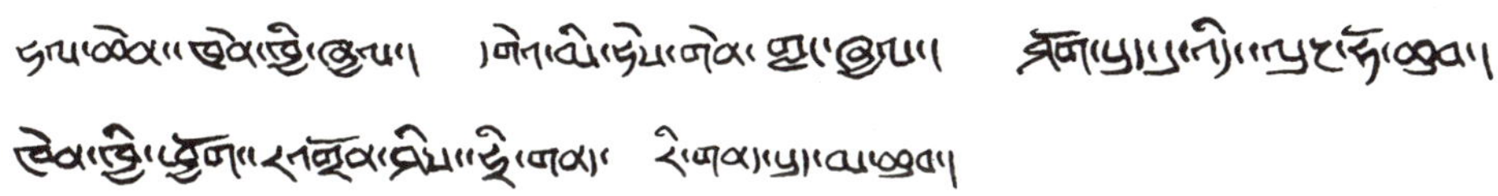
解读	xA^{55}ʧʰi^{55} kʰi^{55}ʧʰi^{53} ʒe^{55} gi^{55} mi^{53} xie^{55} ki^{35}lõ^{53} ʒe^{55}ʃu^{55} pʉ^{53} tʉ^{55}di^{55} lo^{35} to^{55} ʧʰy^{53} 神名西北在赐福（助词）神东北在仪式做诅咒西南（助词）好 kʰi^{55}ʧʰi^{53}ʧʰye^{53} ruə^{35}dʐuə^{55} ʃi^{53} ʂʅ^{55}ni^{55}rə^{35}ni^{55} pʉ^{53} mA^{35}ʧʰy^{53} 西北方路走去肉红皮红做不好
意译	“哈钦”神在西北方，赐福的神在东北方，举行诅咒的仪式朝着西南方好。往西北方出行的时候杀生不好。

普米音译	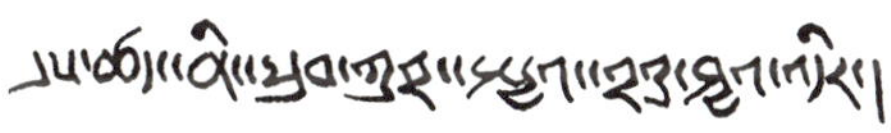
解读	tuə^{55}tsʰuə^{53} nə^{53} sʉ^{35}ko^{55}nə^{35} ʃye^{55} nə^{35}ɣo^{35}ʃyə^{35} də^{55} 时段昼三十二夜二十八是
意译	这个月的时段，白天是三十二，晚上是二十八。

普米音译	
解读	tsA^{35}gui^{55} ʧʰõ^{53} ŋu^{53} go^{35} guẽ^{55} to^{53} pʉ^{53} ti^{53} ŋu^{53} 秋雨下会山高（助词）雪积会
意译	会下秋雨，高山上有积雪。

普米音译	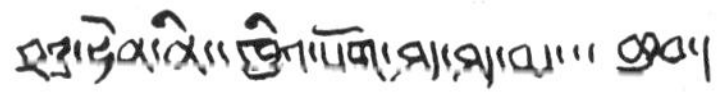
解读	nə35ɣo35ŋə35nə53 tʂʰʅ35 po53 ʃyə55ʃyə55 mᴀ35ʧʰy53 二十七日狗（助词）碰不好
意译	二十七日这天，碰狗不好。

普米音译	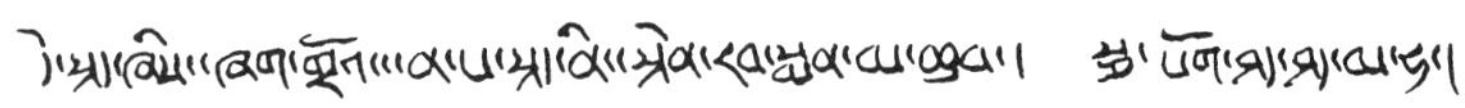
解读	ti55 tiᴀ55ʒi35 ʃɛ35dzʅ55 nᴀ̃35pᴀ55 tᴀ55nə53 fi55ro55 mi35 mᴀ35ʧʰy53 ʧə55 po53 ʃyə55ʃyə55 mᴀ35 xɑ̃55 这一月星宿角宿一日富裕兴旺讨不好土（助词）碰不可以
意译	这个月的角宿这一天，祈求富裕兴旺不好，不可以碰土。

普米音译	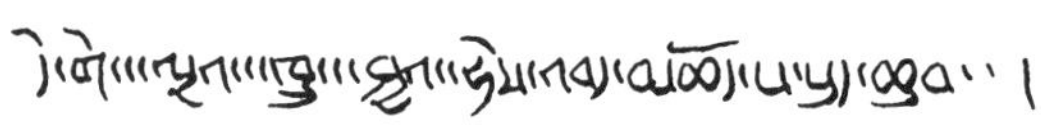
解读	ti55gi55 ŋuᴀ55 tʂʰu55 ʃyə35 xie55 bie53 ʧʰᴀ35pᴀ55 pʉ53 ʧʰy53 上弦五六八神（助词）祭品 做 好
意译	初五、初六、初八这几天，向神献祭品好。

普米音译	
解读	ti55gi55 gi35 nə53 ʧʰᴀ35pᴀ55 pʉ53 mᴀ35ʧʰy53 上弦 九日 祭品做 不好
意译	初九这天向神献祭品不好。

普米音译	
解读	mə53 nə35 sʅ35 pə55zo̥53 mᴀ35ʧʰy53 人（前加）死焚烧不好
意译	人死后火葬不好。

普米音译	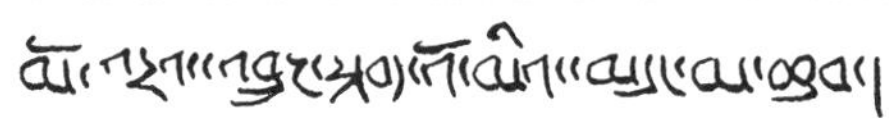
解读	mə35dzɛ̥35 bzə̥35te55wu35 mə53 dõ55 mᴀ35ʧʰy53 姑娘龙肖人嫁不好
意译	属龙的姑娘出嫁不好。

初一至初五

日期	原图					
	普米音译					
	国际音标	ti^{55}gi^{55}ti^{35}	ti^{55}gi^{55}ni^{35}	ti^{55}gi^{55}sõ^{35}	ti^{55}gi^{55}rə^{55}	ti^{55}gi^{55}ŋuA^{55}
	直译	初一	初二	初三	初四	初五

七曜	原图			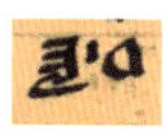		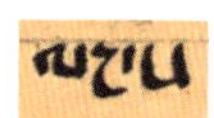
	普米音译		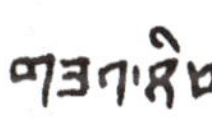	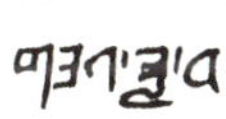	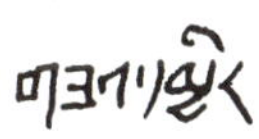	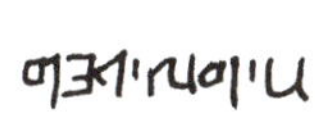
	国际音标	pĩ^{55}bA^{55}	ni^{35} mã^{55}	dA^{35} wA^{55}	mi^{55}mzə̣^{55}	lA^{35}pA^{55}
	直译	土曜	日曜	月曜	火曜	水曜

提哩	原图					
星宿	原图		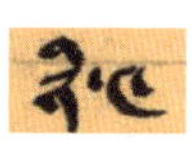			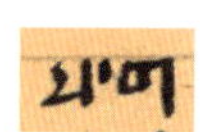
	普米音译		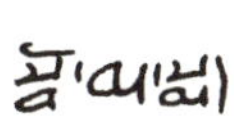		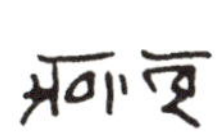	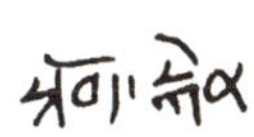
	国际音标	bo^{35}mã^{35}	bo^{35} mã^{35}mÃ^{35}	nÃ^{35}pA^{55}	tiA^{35}tʂ^{h}ʉ^{35}	tiA^{55}kÃ^{53}
	直译	翼宿	轸宿	角宿	亢宿	氐宿

属相	原图					
	普米音译	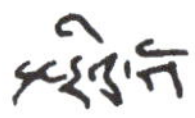	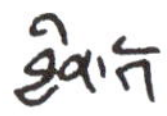	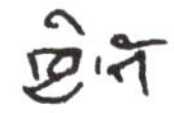	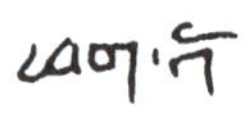	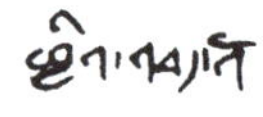
	国际音标	pzẹ^{55}wu^{35}	dʑyẽ^{35}wu^{35}	tʃ^{h}i^{55}wu^{35}	p^{h}ᴀ^{55}wu^{35}	tʃ^{h}i^{55}pie^{55}wu^{35}
	直译	猴	鸡	狗	猪	鼠

方位	原图				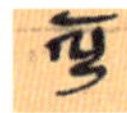	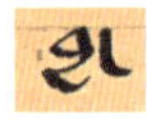
	普米音译					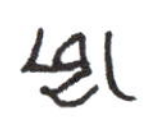
	国际音标	ʃə^{53}	suᴀ̃^{35}bzəu^{53}	ki^{35} lõ^{53}	xo^{53}	tʃ^{h}õ^{53}
	直译	东	东南	东北	南	北

初六至初十

日期	原图					
	普米音译					
	国际音标	ti^{55}gi^{55}ŋuᴀ^{55}	ti^{55}gi^{55}tʂ^{h}u^{55}	ti^{55}gi^{55}ŋə^{35}	ti^{55}gi^{55}gi^{53}	kᴀ^{55}ɦi^{53}
	直译	初六	初七	初八	初九	初十

七曜	原图					
	普米音译					
	国际音标	p^{h}zə̥^{55}bu^{53}	pᴀ^{55}sõ^{55}	pĩ^{55}bᴀ^{55}	ni^{35} mã^{55}	dᴀ^{35} wᴀ^{55}
	直译	木曜	金曜	土曜	日曜	月曜

提哩	原图					
星宿	原图					
	普米音译					
	国际音标	tiᴀ^{55}tiu^{53}	tiᴀ^{55}mᴀ̃^{53}	lie^{35}k^{h}u^{53}	lie^{35} gõ^{53}	lie^{35}mᴀ̃^{35}
	直译	房宿	心宿	尾宿	箕宿	斗宿

属相	原图					
	普米音译	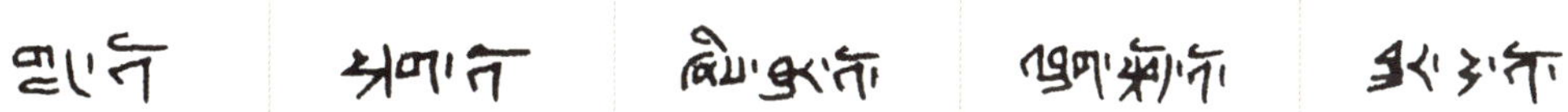				
	国际音标	lõ^{55}wu^{35}	to^{55}wu^{35}	ʒi^{35} bzə̥^{55}wu^{35}	bzə̥^{55}te^{55}wu^{35}	bzə̥^{55}dᴀ^{55}wu^{35}
	直译	牛	虎	兔	龙	蛇

方位	原图	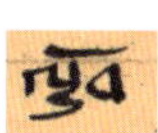				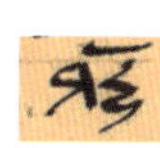
	普米音译					
	国际音标	k^{h}uẽ^{55}lo^{55}	k^{h}i^{55}tʃ^{h}i^{53}	niõ^{53}	ʃə^{53}	suᴀ̃^{35}bzə̥u^{53}
	直译	西南	西北	西	东	东南

十一至十五

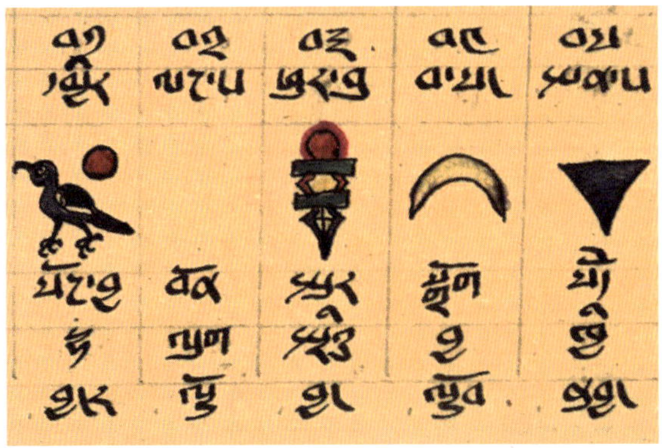

日期	原图					
	普米音译					
	国际音标	ko^{55}ti^{53}	ko^{55}nə^{35}	kᴀ^{55}sõ^{55}	kᴀ^{55}rə^{55}	kᴀ^{55}ŋuᴀ^{55}
	直译	十一	十二	十三	十四	十五

七曜	原图			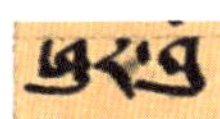		
	普米音译	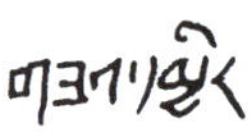		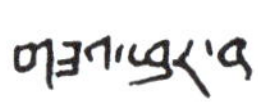	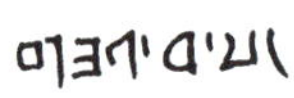	
	国际音标	mi^{55}mzə̣^{55}	lᴀ^{35}pᴀ^{55}	p^{h}zə̣^{55}bu^{53}	pᴀ^{55}sõ^{55}	pĩ^{55}bᴀ^{55}
	直译	火曜	水曜	木曜	金曜	土曜

提哩	原图					
星宿	原图	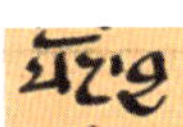	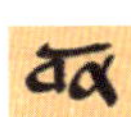		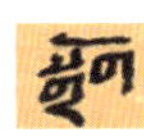	
	普米音译	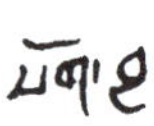				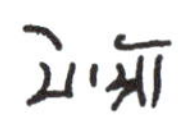
	国际音标	so^{55}ʧɛ^{55}	pᴀ̃^{35}	pzə̣^{53}	dʐu^{53}	su^{55}tuə^{53}
	直译	牛宿	女宿	虚宿	危宿	室宿

属相						
	原图					
	普米音译		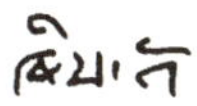	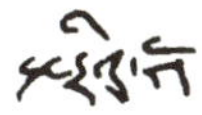	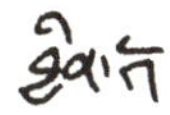	
	国际音标	tiA^{55}wu^{35}	ʒi^{35}wu^{35}	pʐe^{55}wu^{35}	ʤyẽ^{35}wu^{35}	ʧ^{h}i^{55}wu^{35}
	直译	马	羊	猴	鸡	狗

方位						
	原图					
	普米音译			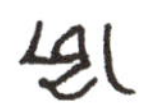		
	国际音标	ki^{35} lõ^{53}	xo^{53}	ʧ^{h}õ^{53}	k^{h}uẽ^{55}lo^{55}	k^{h}i^{55}ʧ^{h}i^{53}
	直译	东北	南	北	西南	西北

十六至二十

日期						
	原图					
	普米音译			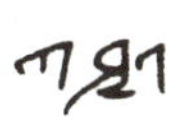	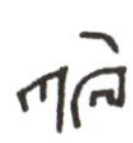	
	国际音标	kA^{55}tʂ^{h}u^{55}	kA^{55}ŋə^{35}	kA^{55}ʃyə^{35}	kA^{55}gi^{53}	nə^{35}ɣo^{35}
	直译	十六	十七	十八	十九	二十

七曜	原图					
	普米音译	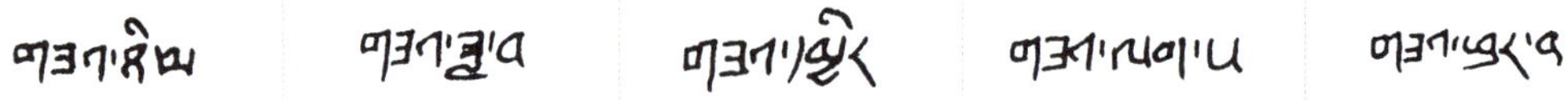				
	国际音标	ni^{35} mã^{55}	dᴀ^{35} wᴀ^{55}	mi^{55}mzə̣^{55}	lᴀ^{35}pᴀ^{55}	p^{h}zə̣^{55}bu^{53}
	直译	日曜	月曜	火曜	水曜	木曜

提哩	原图					
星宿	原图					
	普米音译	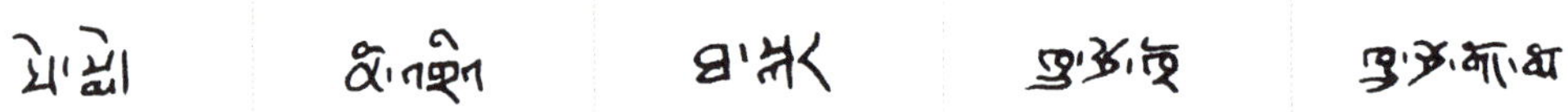				
	国际音标	su^{55}mə^{53}	nõ^{55}dzʅ^{53}	t^{h}ə^{55}kə^{55}rə^{55}	tʂ^{h}u^{55}tsɿ^{55}tʂ^{h}uə^{55}	tʂ^{h}u^{55}tsɿ^{55}gũ^{55}mo^{55}
	直译	壁宿	奎宿	娄宿	胃宿	昴宿

属相	原图					
	普米音译	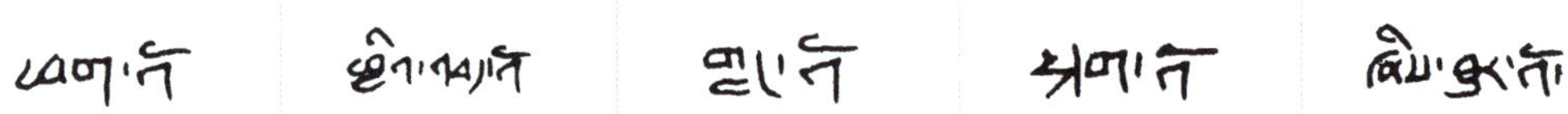				
	国际音标	p^{h}ᴀ^{55}wu^{35}	ʧ^{h}i^{55}pie^{55}wu^{35}	lõ^{55}wu^{35}	to^{55}wu^{35}	ʒi^{35} bzẹ^{55}wu^{35}
	直译	猪	鼠	牛	虎	兔

方位	原图	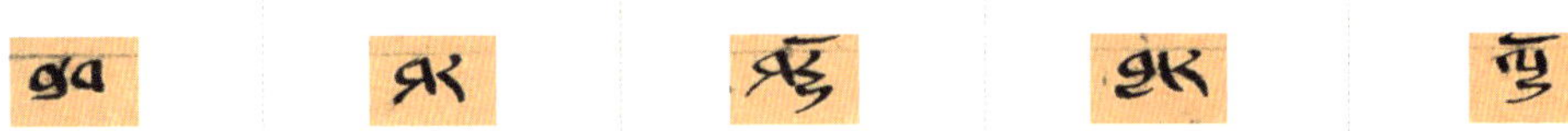				
	普米音译					
	国际音标	niõ^{53}	ʃə^{53}	suᴀ̃^{35}bzə̣u^{53}	ki^{35} lõ^{53}	xo^{53}
	直译	西	东	东南	东北	南

二十一至二十五

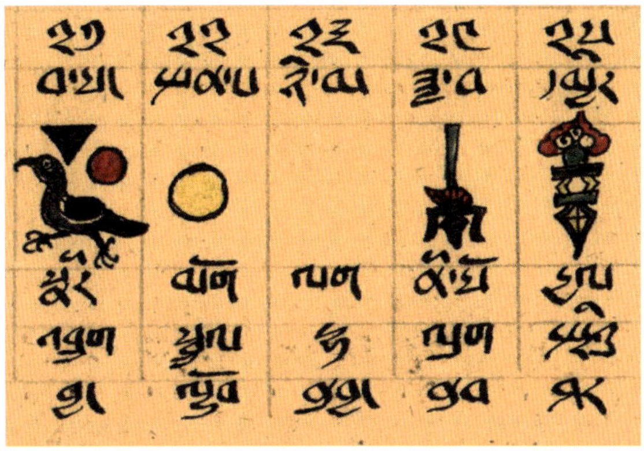

日期	原图					
	普米音译		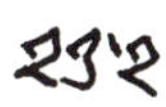		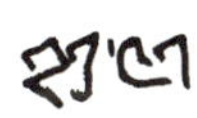	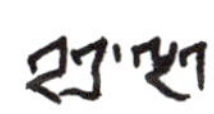
	国际音标	nə^{35} ɣo^{35} ti^{35}	nə^{35}ɣo^{35}ni^{35}	nə^{35}ɣo^{35} sõ^{55}	nə^{35}ɣo^{35}rə^{55}	nə^{35}ɣo^{35} ŋuᴀ^{55}
	直译	二十一	二十二	二十三	二十四	二十五

七曜	原图	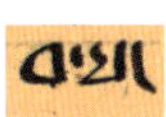				
	普米音译	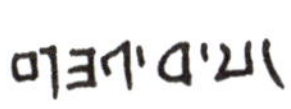		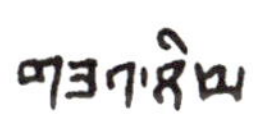	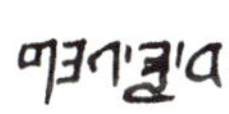	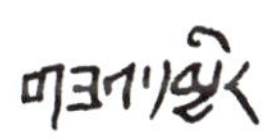
	国际音标	pᴀ^{55}sõ^{55}	pĩ^{55}bᴀ^{55}	ni^{35} mã^{55}	dᴀ^{35} wᴀ^{55}	mi^{55}mzə̣^{55}
	直译	金曜	土曜	日曜	月曜	火曜

提哩	原图					
星宿	原图	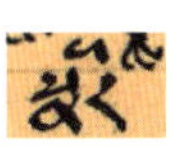	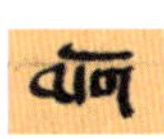	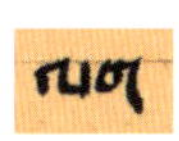	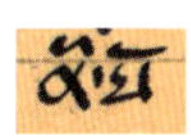	
	普米音译		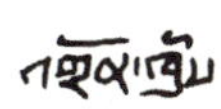		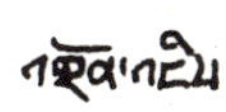	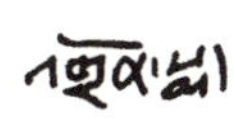
	国际音标	ts^{h}ɿ^{55}li^{53}	dzụe^{35} k^{h}u^{35}	dzụe^{35} ʒɛ^{35}	dzụe^{35} ʤi^{35}	dzụe^{35} mᴀ^{35}
	直译	毕宿	觜宿	参宿	井宿	鬼宿

属相	原图					
	普米音译	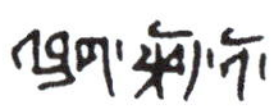	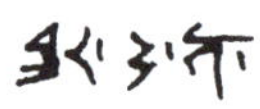	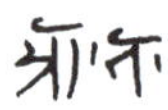	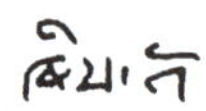	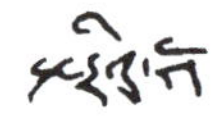
	国际音标	bzə̣^{55}te^{55}wu^{35}	bzə̣^{55}dᴀ^{55}wu^{35}	tiᴀ^{55}wu^{35}	ʒi^{35}wu^{35}	pzẹ^{55}wu^{35}
	直译	龙	蛇	马	羊	猴

方位	原图					
	普米音译					
	国际音标	tʃʰõ^{53}	kʰuẽ^{55}lo^{55}	kʰĩ^{55}tʃʰi^{53}	niõ^{53}	ʃə^{53}
	直译	北	西南	西北	西	东

二十六至三十

日期

提哩

方位

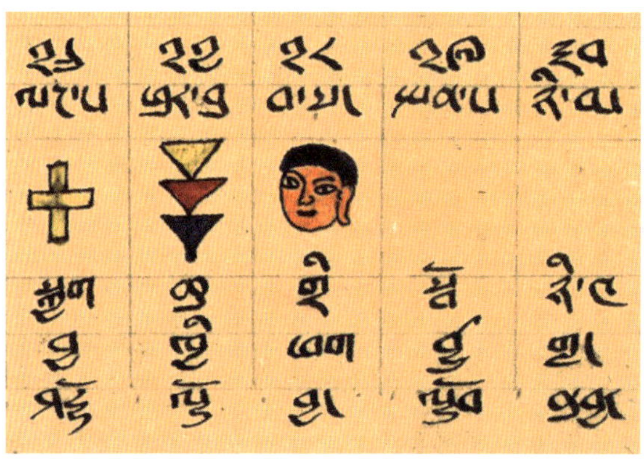

七曜

星宿

属相

日期	原图					
	普米音译	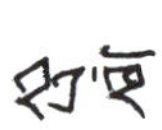	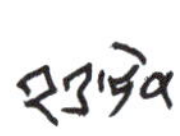		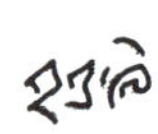	
	国际音标	nə^{35}ɣo^{35}tʂʰu^{55}	nə^{35}ɣo^{35} ŋə^{35}	nə^{35}ɣo^{35} ʃɣə^{35}	nə^{35}ɣo^{35}gi^{53}	ni^{55}tõ^{55}
	直译	二十六	二十七	二十八	二十九	三十

七曜	原图					
	普米音译	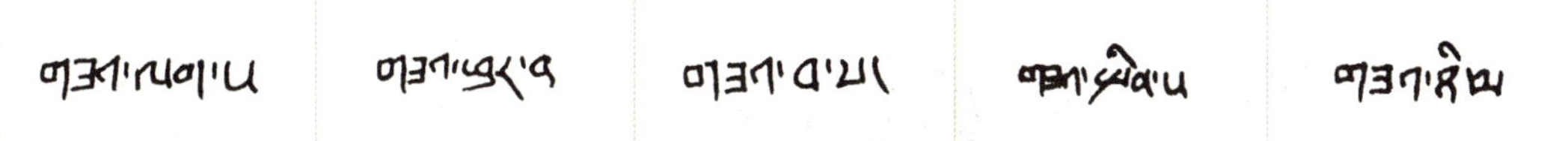				
	国际音标	lᴀ^{35}pᴀ^{55}	p^{h}zə^{55}bu^{53}	pᴀ^{55}sõ^{55}	pĩ^{55}bᴀ^{55}	ni^{35} mɑ̃^{55}
	直译	水曜	木曜	金曜	土曜	日曜
提哩	原图					
星宿	原图					
	普米音译	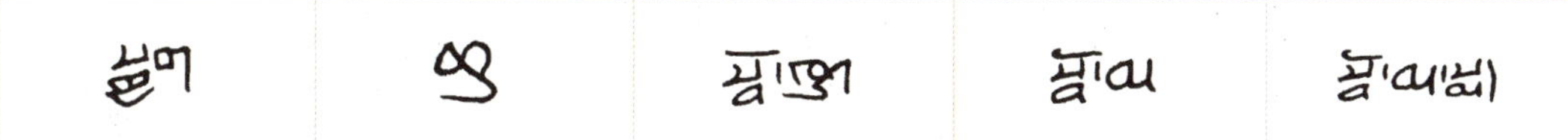				
	国际音标	ʃə^{53}	ʧ^{h}y^{53}	bo^{35} k^{h}o^{55}	bo^{35}mɑ̃^{35}	bo^{35} mɑ̃^{35}mᴀ̃^{35}
	直译	柳宿	星宿	张宿	翼宿	轸宿
属相	原图					
	普米音译	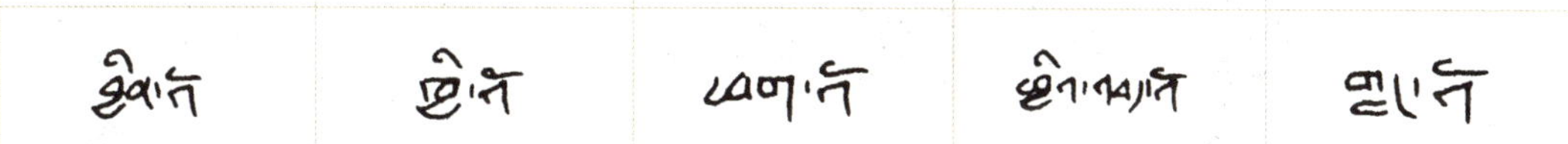				
	国际音标	ʤyẽ^{35}wu^{35}	ʧ^{h}i^{55}wu^{35}	p^{h}ᴀ^{55}wu^{35}	ʧ^{h}i^{55}pie^{55}wu^{35}	lõ^{55}wu^{35}
	直译	鸡	狗	猪	鼠	牛
方位	原图					
	普米音译	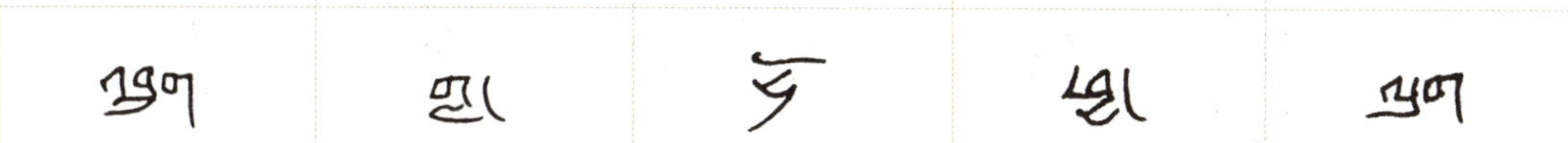				
	国际音标	suᴀ̃^{35}bzəu^{53}	ki^{35} lõ^{53}	xo^{53}	ʧ^{h}õ^{53}	k^{h}uẽ^{55}lo^{55}
	直译	东南	东北	南	北	西南

猪月  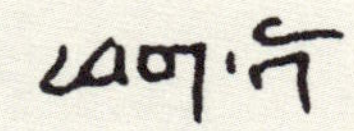 $p^{h}A^{55}wu^{53}tiA^{35}ʒi^{35}$

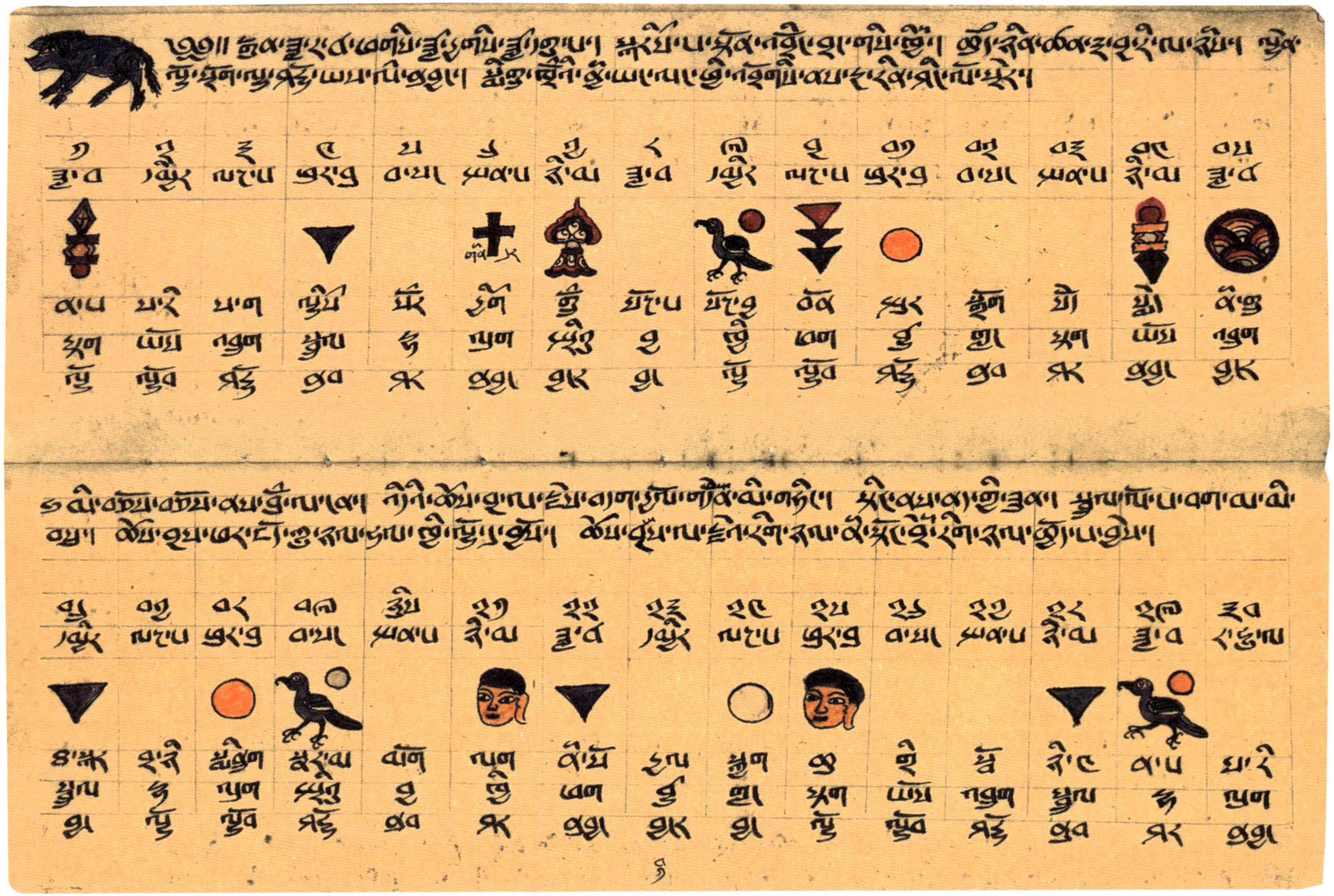

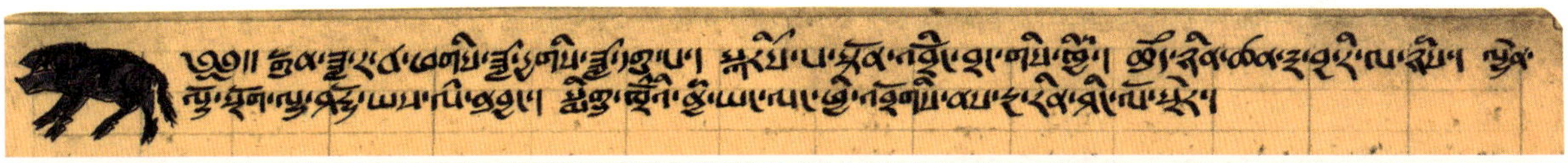

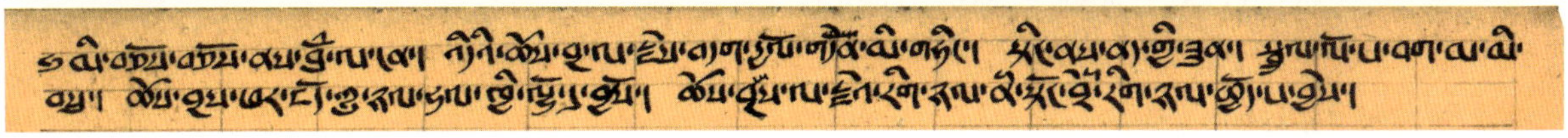

普米音译	
解读	tsõ^{55}sõ^{55}tsõ^{55}ʒi^{35} p^{h}ᴀ^{55}wu^{35} tiᴀ^{55}ʒi^{35}。 冬三冬月猪肖一月
意译	冬三月的猪月。

普米音译	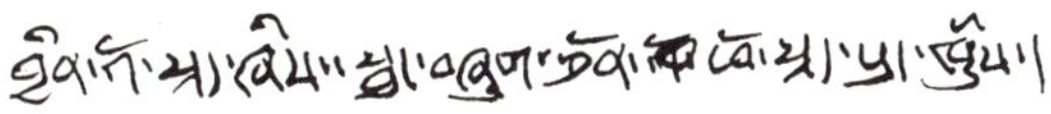
解读	ʤyẽ^{35}wu^{35} tiᴀ^{55}ʒi^{35} bõ^{35} zo^{35} ʧə̃^{55} p^{h}ə^{35} te^{55} pʉ^{53} k^{h}u^{55} 猪肖一月冷很房屋（前加）大做要
意译	猪月是很冷的一个月，房子要建得很大。

普米音译	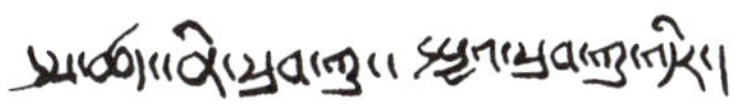
解读	tuə^{55}ts^{h}uə^{55} nə^{53} sʉ^{35}ko^{55} ʃye^{55} sʉ^{35}ko^{55} də^{55} 时段日三十夜三十是
意译	这个月的时段，白天是三十，晚上是三十。

普米音译	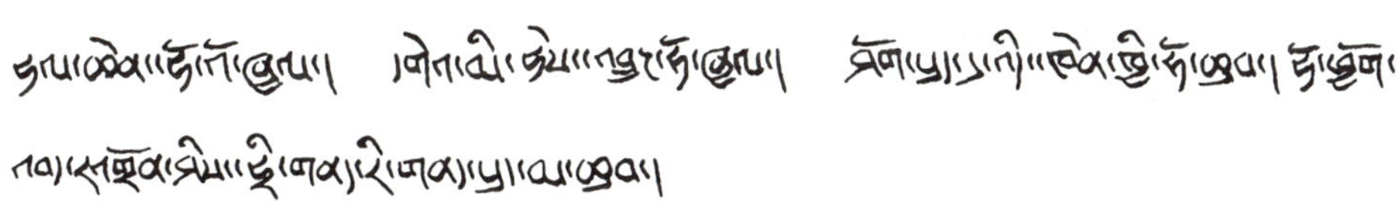
解读	xᴀ^{55}ʧ^{h}i^{55} xo^{53}wu^{53} ʒe^{55} gi^{55} mi^{53} xie^{55} bzəu^{55} to^{55} ʒe^{55} ʃu^{55} pʉ^{53} tʉ^{55}di^{53} k^{h}i^{55}ʧ^{h}i^{55} to^{53} ʧ^{h}y^{53} 神名南方在赐福（助词）神东南（助词）在仪式做诅咒西北（助词）好 xo^{53}ʧ^{h}ye^{53} bie^{53} ruə^{35}dʐuə^{55}ʃi^{53} ʂʅ^{55}ni^{55}rə^{35}ni^{55} pʉ^{53} mᴀ^{35}ʧ^{h}y^{53} 南方（助词）路走去肉红皮红做不好
意译	“哈钦”神在南方，赐福的神在东南方，举行诅咒的仪式朝着西北方好。往南方出行的时候杀生不好。

普米音译	
解读	sẽ^{35}bõ^{55} to^{53} sA^{35}pA^{35} lo^{35}wA^{35} nə^{35} ŋɛ̃^{55} ŋu^{53} 树木（助词）叶子全部（前加）黄会
意译	树木的叶子全部会变黄。

普米音译	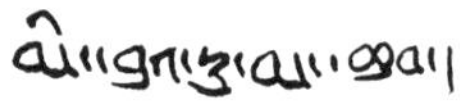
解读	mə^{53}pə^{55}zo̜^{53} mA^{35}ʧʰy^{53} 人焚烧不好
意译	人死了火葬不好。

普米音译	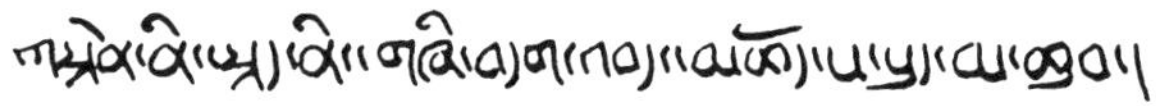
解读	kA^{55}ɦi^{53}nə^{53} tA^{55}nə^{53} ʒi^{35}dA^{55} bie^{53} ʧʰA^{35}pA^{55} pʉ^{53} mA^{35}ʧʰy^{53} 十日一日神名（助词）祭品做不好
意译	初十这一天向“伊达”神献祭品不好。

普米音译	
解读	kA^{55}ŋuA^{55}nə^{53}tA^{55}nə^{53}xo^{53}ʧʰye^{53}ruə^{35}dʐ̥uə^{55}ʃi^{53} ʧɛ^{55}ɣA^{55} zo̜^{35}pʉ^{53} kʰu^{55} 十五日一日南方路走去谨慎很做要
意译	十五这一天，往南方出行，做事要很谨慎。

普米音译	
解读	kA^{55}ŋuA^{55}nə^{53} ni^{55}tõ^{55} tA^{55}nə^{53} xA^{55}ʧʰĩ^{55} bie^{53} ʧʰA^{35}pA^{55} pʉ^{55} ʧʰy^{53} 十五日三十一日神名（助词）祭品做好
意译	十五和三十这两天，向“哈钦”神献祭品好。

普米音译	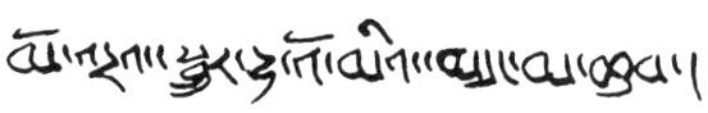
解读	mə^{35}dzɛ̥^{35} bzə̥^{35}dA^{55}wu^{35} mə^{53} dõ^{55} mA^{35}ʧʰy^{53} 姑娘蛇肖人嫁不好
意译	属蛇的姑娘出嫁不好。

初一至初五

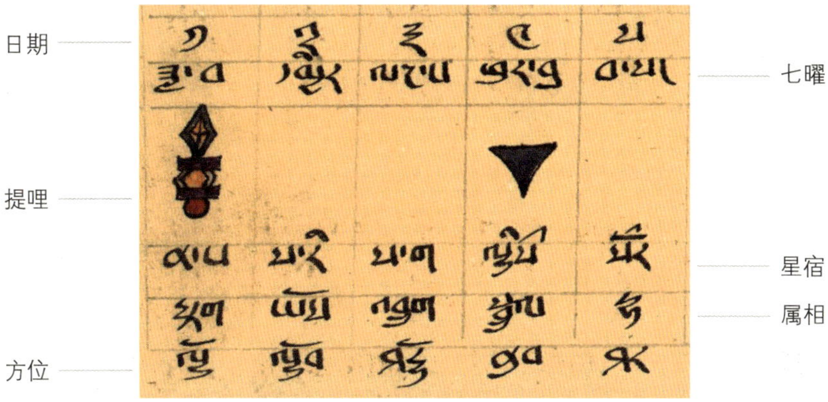

日期	原图					
	普米音译					
	国际音标	ti^{55}gi^{55}ti^{35}	ti^{55}gi^{55}ni^{35}	ti^{55}gi^{55}sõ^{35}	ti^{55}gi^{55}rə^{55}	ti^{55}gi^{55}ŋuᴀ^{55}
	直译	初一	初二	初三	初四	初五

七曜	原图			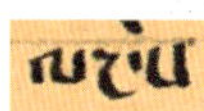	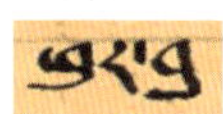	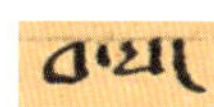
	普米音译	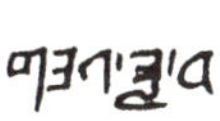	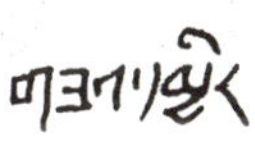			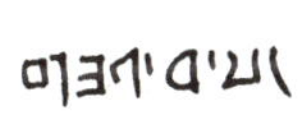
	国际音标	dᴀ^{35} wᴀ^{55}	mi^{55}mz̩ə^{55}	lᴀ^{35}pᴀ^{55}	pʰz̩ə^{55}bu^{53}	pᴀ^{55}sõ^{55}
	直译	月曜	火曜	水曜	木曜	金曜

提哩	原图					
星宿	原图			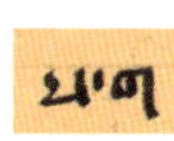		
	普米音译	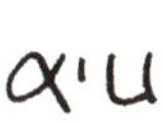	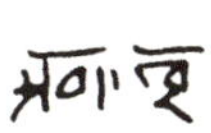	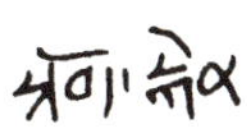	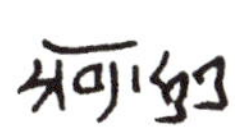	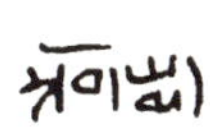
	国际音标	nᴀ̃^{35}pᴀ^{55}	tiᴀ^{35}tʂʰʉ^{35}	tiᴀ^{55}kᴀ̃^{53}	tiᴀ^{55}tiu^{53}	tiᴀ^{55}mᴀ̃^{53}
	直译	角宿	亢宿	氐宿	房宿	心宿

属相	原图					
	普米音译					
	国际音标	$to^{55}wu^{35}$	$ʒi^{35}$ $bzẹ^{55}wu^{35}$	$bzə̣^{55}te^{55}wu^{35}$	$bzə̣^{55}dᴀ^{55}wu^{35}$	$tiᴀ^{55}wu^{35}$
	直译	虎	兔	龙	蛇	马

方位	原图					
	普米音译					
	国际音标	xo^{53}	$k^hu\tilde{e}^{55}lo^{55}$	$su\tilde{ᴀ}^{35}bzə̣u^{53}$	$ni\tilde{o}^{53}$	$ʃə^{53}$
	直译	南	西南	东南	西	东

初六至初十

日期	原图					
	普米音译					
	国际音标	$ti^{55}gi^{55}ŋuᴀ^{55}$	$ti^{55}gi^{55}tʂ̣^hu^{55}$	$ti^{55}gi^{55}ŋə^{35}$	$ti^{55}gi^{55}gi^{53}$	$kᴀ^{55}fi^{53}$
	直译	初六	初七	初八	初九	初十

七曜	原图			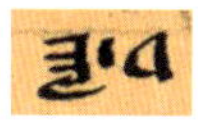		
	普米音译					
	国际音标	pĩ^{55}bᴀ^{55}	ni^{35} mã^{55}	dᴀ^{35} wᴀ^{55}	mi^{55}mzə̩^{55}	lᴀ^{35}pᴀ^{55}
	直译	土曜	日曜	月曜	火曜	水曜

提哩	原图					
星宿	原图			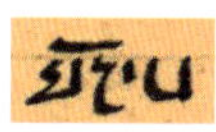	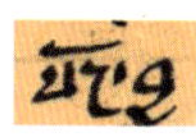	
	普米音译					
	国际音标	lie^{35}k^{h}u^{53}	lie^{35} gõ^{53}	lie^{35}mᴀ̃^{35}	so^{55}ʧɛ^{55}	pᴀ̃^{35}
	直译	尾宿	箕宿	斗宿	牛宿	女宿

属相	原图					
	普米音译					
	国际音标	ʒi^{35}wu^{35}	pzə̩^{55}wu^{35}	ʤyẽ^{35}wu^{35}	ʧ^{h}i^{55}wu^{35}	p^{h}ᴀ^{55}wu^{35}
	直译	羊	猴	鸡	狗	猪

方位	原图					
	普米音译					
	国际音标	k^{h}i̢^{55}ʧ^{h}i̢^{53}	ki^{35} lõ^{53}	ʧ^{h}õ^{53}	xo^{53}	k^{h}uẽ^{55}lo^{55}
	直译	西北	东北	北	南	西南

十一至十五

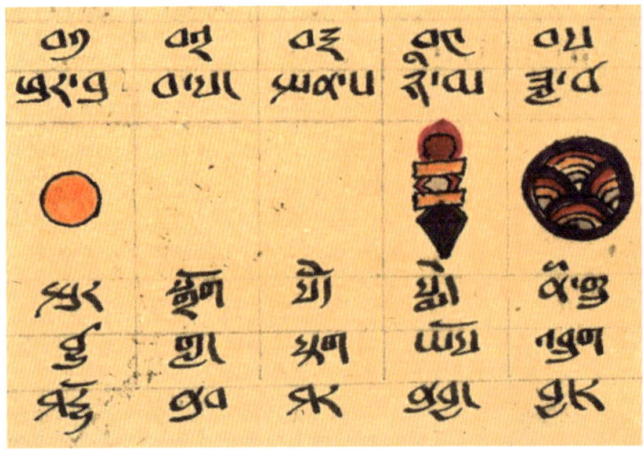

日期					
原图					
普米音译					
国际音标	ko^{55}ti^{53}	ko^{55}nə^{35}	kA^{55}sõ^{55}	kA^{55}rə^{55}	kA^{55}ŋuA^{55}
直译	十一	十二	十三	十四	十五

七曜					
原图					
普米音译					
国际音标	p^{h}zə̣^{55}bu^{53}	pA^{55}sõ^{55}	pĩ^{55}bA^{55}	ni^{35} mã^{55}	dA^{35} wA^{55}
直译	木曜	金曜	土曜	日曜	月曜

提哩 / 星宿					
提哩 原图					
星宿 原图					
普米音译					
国际音标	pzə̣^{53}	dzu^{53}	su^{55}tuə^{53}	su^{55}mə^{53}	nõ^{55}dʐʅ^{53}
直译	虚宿	危宿	室宿	壁宿	奎宿

属相					
原图					
普米音译					
国际音标	tʃ^{h}i^{55}pie^{55}wu^{35}	lõ^{55}wu^{35}	to^{55}wu^{35}	ʒi^{35} bzẹ^{55}wu^{35}	bzə̣^{55}te^{55}wu^{35}
直译	鼠	牛	虎	兔	龙

方位					
原图					
普米音译					
国际音标	suᴀ̃^{35}bzə̣u^{53}	niõ^{53}	ʃə^{53}	k^{h}i^{55}tʃ^{h}i^{53}	ki^{35} lõ^{53}
直译	东南	西	东	西北	东北

十六至二十

日期					
原图					
普米音译					
国际音标	kᴀ^{55}tʂ^{h}u^{55}	kᴀ^{55}ŋə^{35}	kᴀ^{55}ʃyə^{35}	kᴀ^{55}gi^{53}	nə^{35}ɣo^{35}
直译	十六	十七	十八	十九	二十

七曜						
	原图	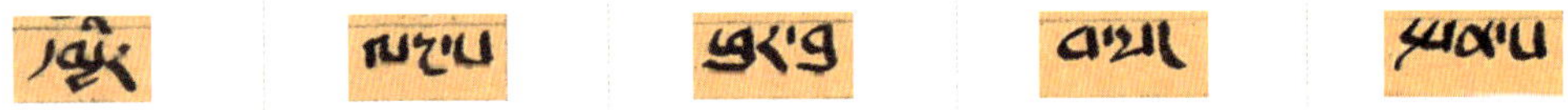				
	普米音译	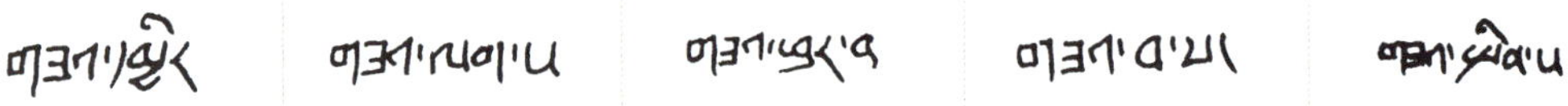				
	国际音标	mi^{55}mʐə^{55}	lᴀ^{35}pᴀ^{55}	p^{h}ʐə^{55}bu^{53}	pᴀ^{55}sõ^{55}	pĩ^{55}bᴀ^{55}
	直译	火曜	水曜	木曜	金曜	土曜

提哩	原图					
星宿	原图					
	普米音译	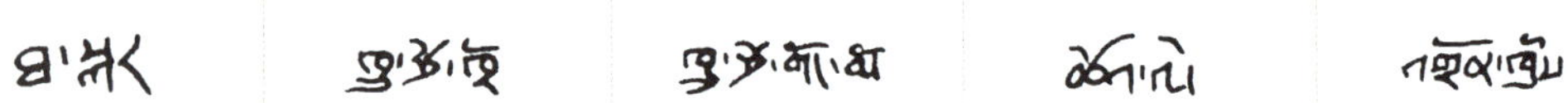				
	国际音标	t^{h}ə^{55}kə^{55}rə^{55}	tʂ^{h}u^{55}tsɿ^{55}tʂ^{h}uə^{55}	tʂ^{h}u^{55}tsɿ^{55}gũ^{55}mo^{55}	ts^{h}ɿ^{55}li^{53}	dʐue^{35} k^{h}u^{35}
	直译	娄宿	胃宿	昴宿	毕宿	觜宿

属相						
	原图					
	普米音译	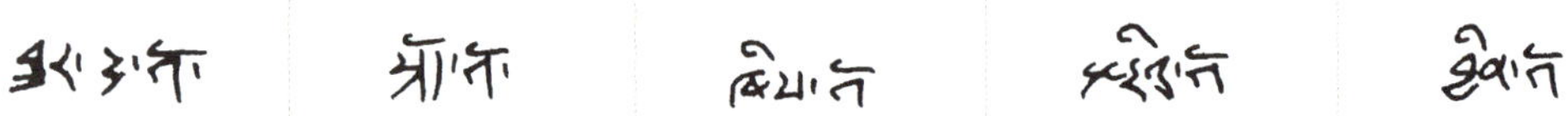				
	国际音标	bʐə^{55}dᴀ^{55}wu^{35}	tiᴀ^{55}wu^{35}	ʒi^{35}wu^{35}	pʐe^{55}wu^{35}	ʤyẽ^{35}wu^{35}
	直译	蛇	马	羊	猴	鸡

方位						
	原图					
	普米音译					
	国际音标	ʧ^{h}õ^{53}	xo^{53}	k^{h}uẽ^{55}lo^{55}	suᴀ̃^{35}bʐəu^{53}	niõ^{53}
	直译	北	南	西南	东南	西

二十一至二十五

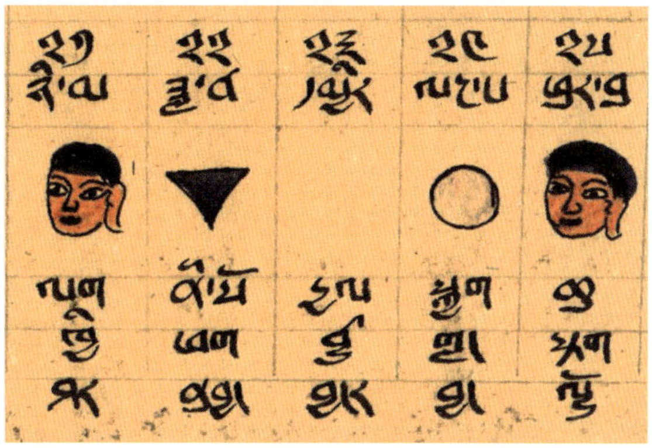

日期	原图					
	普米音译		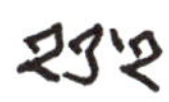			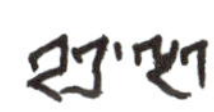
	国际音标	nə^{35} yo^{35} ti^{35}	nə^{35}yo^{35}ni^{35}	nə^{35}yo^{35} sõ^{55}	nə^{35}yo^{35}rə^{55}	nə^{35}yo^{35} ȵuᴀ^{55}
	直译	二十一	二十二	二十三	二十四	二十五

七曜	原图	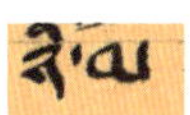				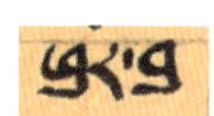
	普米音译	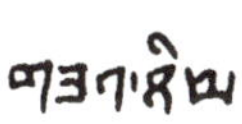	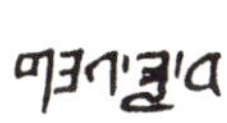	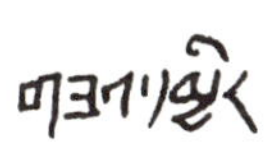		
	国际音标	ni^{35} mã^{55}	dᴀ^{35} wᴀ^{55}	mi^{55}mzə̩^{55}	lᴀ^{35}pᴀ^{55}	p^{h}zə̩^{55}bu^{53}
	直译	日曜	月曜	火曜	水曜	木曜

提哩	原图					
星宿	原图		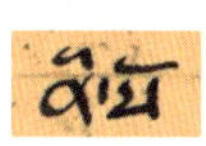		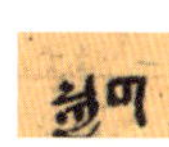	
	普米音译		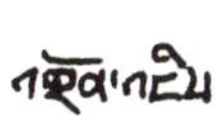	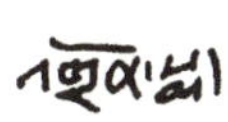		
	国际音标	dʐue^{35} ʒɛ^{35}	dʐue^{35} ʤi^{35}	dʐue^{35} mᴀ̃^{35}	ʃə^{53}	ʧ^{h}y^{53}
	直译	参宿	井宿	鬼宿	柳宿	星宿

属相	原图					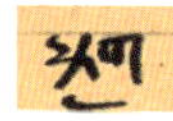
	普米音译	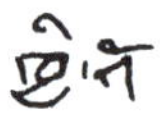	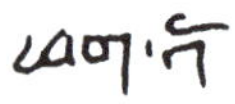	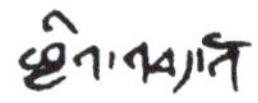	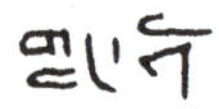	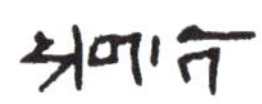
	国际音标	tʃ^{h}i^{55}wu^{35}	p^{h}ᴀ^{55}wu^{35}	tʃ^{h}i^{55}pie^{55}wu^{35}	lõ^{55}wu^{35}	to^{55}wu^{35}
	直译	狗	猪	鼠	牛	虎

方位	原图					
	普米音译					
	国际音标	ʃə^{53}	k^{h}i^{55}tʃ^{h}i^{53}	ki^{35} lõ^{53}	tʃ^{h}õ^{53}	xo^{53}
	直译	东	西北	东北	北	南

二十六至三十

日期	原图					
	普米音译	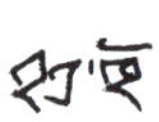	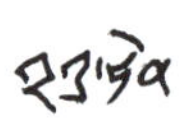		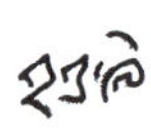	
	国际音标	nə^{35}ɣo^{35}tʂ^{h}u^{55}	nə^{35}ɣo^{35} ŋə^{35}	nə^{35}ɣo^{35} ʃyə^{35}	nə^{35}ɣo^{35}gi^{53}	ni^{55}tõ^{55}
	直译	二十六	二十七	二十八	二十九	三十

七曜	原图	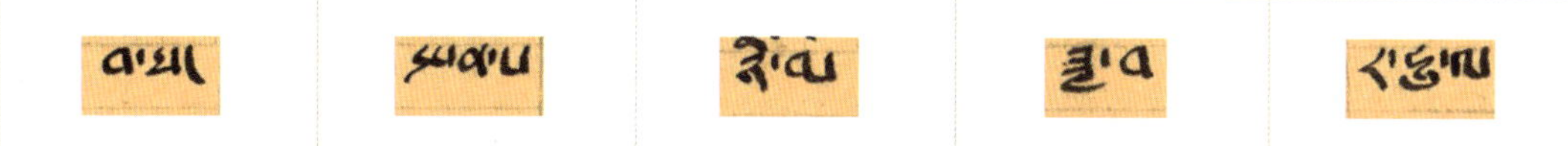				
	普米音译	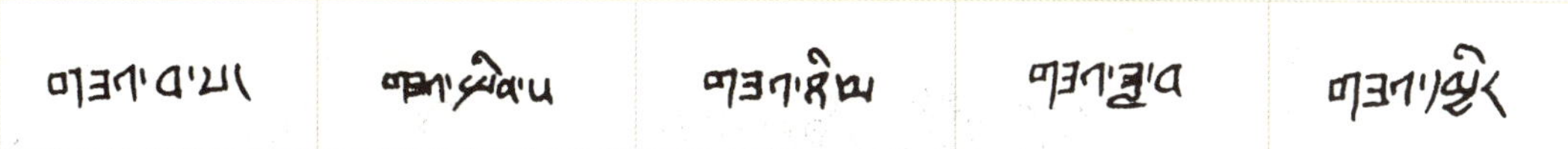				
	国际音标	pᴀ^{55}sõ^{55}	pĩ^{55}bᴀ^{55}	ni^{35} mã^{55}	dᴀ^{35} wᴀ^{55}	mi^{55}mzə̩^{55}
	直译	金曜	土曜	日曜	月曜	火曜

提哩	原图					
星宿	原图	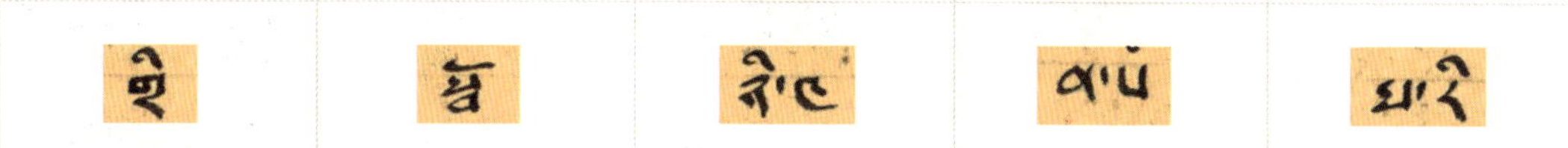				
	普米音译	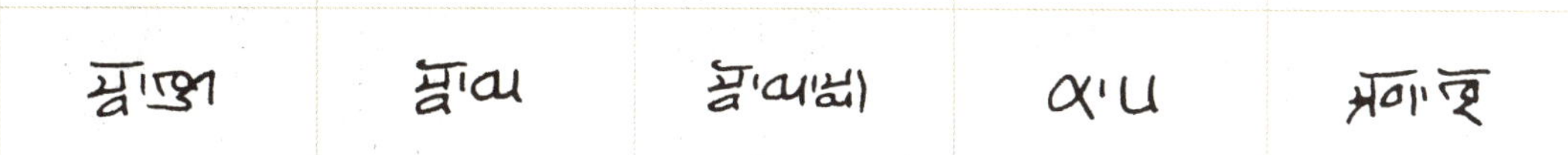				
	国际音标	bo^{35} kʰo^{55}	bo^{35}mã^{35}	bo^{35} mã^{35}mᴀ̃^{35}	nᴀ̃^{35}pᴀ^{55}	tiᴀ^{35}tʂʰʉ^{35}
	直译	张宿	翼宿	轸宿	角宿	亢宿

属相	原图					
	普米音译	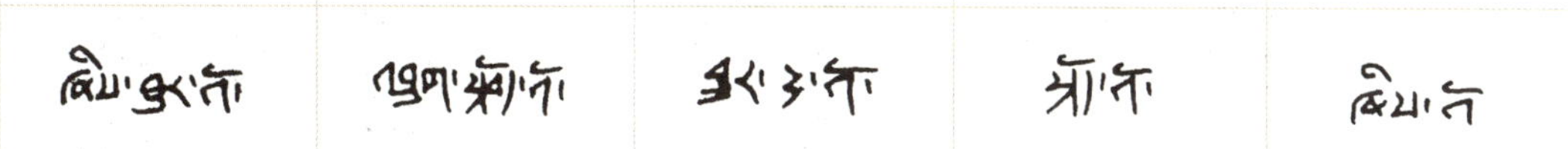				
	国际音标	ʒi^{35} bze̩^{55}wu^{35}	bzə̩^{55}te^{55}wu^{35}	bzə̩^{55}dᴀ^{55}wu^{35}	tiᴀ^{55}wu^{35}	ʒi^{35}wu^{35}
	直译	兔	龙	蛇	马	羊

方位	原图					
	普米音译					
	国际音标	kʰuẽ^{55}lo^{55}	suᴀ̃^{35}bzə̩u^{53}	niõ^{53}	ʃə^{53}	kʰĩ^{55}ʧʰi^{53}
	直译	西南	东南	西	东	西北

鼠月

ཕྱི་པ་ཟླ་བ

$ʧ^{h}i^{55}pie^{55}ti{\scriptstyle A}^{55}ʒi^{35}$

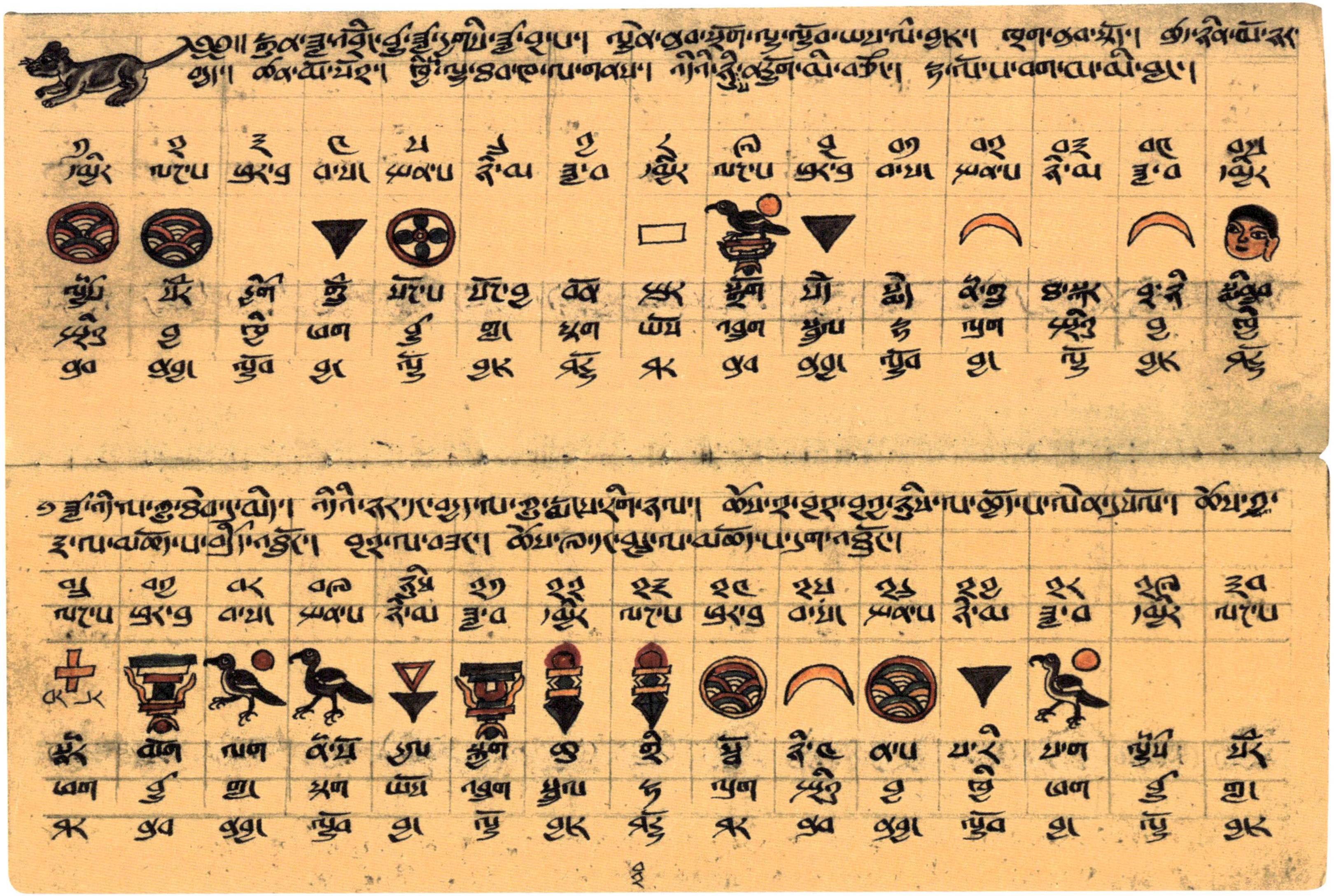

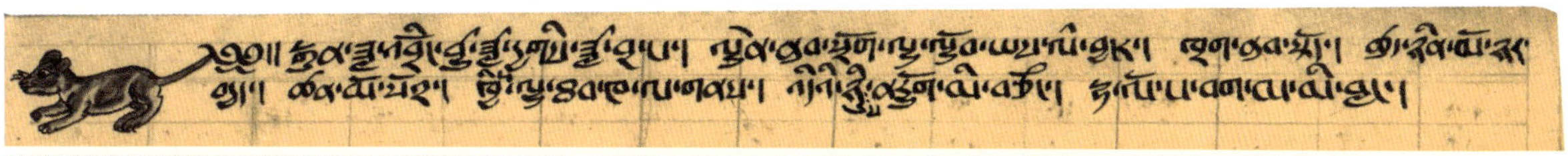

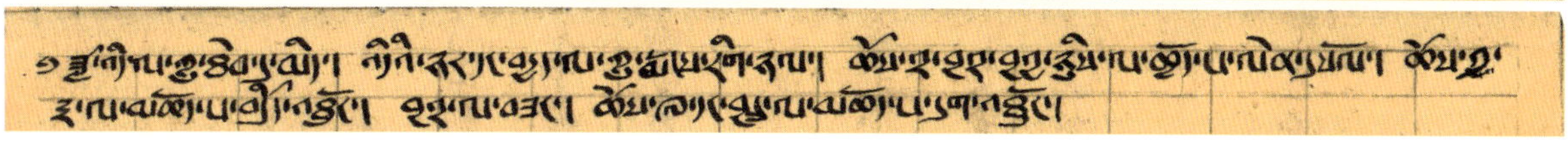

普米音译	
解读	tsõ^{55}ʒi^{35}ʧʰi^{55}pie^{55}wu^{35}tiᴀ^{35}ʒi^{35} 冬月鼠肖一月
意译	冬三月的鼠月。

普米音译	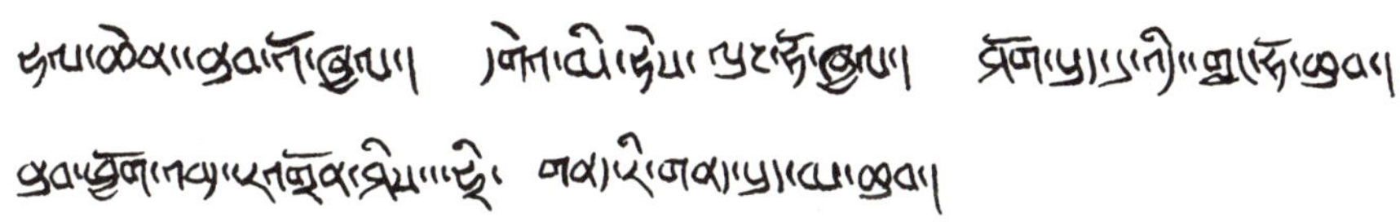
解读	xᴀ^{55}ʧʰi^{55} niõ^{55}wu^{53} ʒe^{55} gi^{55} mi^{53} xie^{55} lo^{35} to^{55} ʒe^{55} ʃu^{55} pʉ^{53} tʉ^{55}di^{53} lõ^{55} to^{55} ʧʰy^{53} 神名西方在赐福（助词）神西南（助词）在仪式做诅咒东北（助词）好 niõ^{53}ʧʰye^{53} bie^{53} ruə^{55}dzu̠ə^{55}ʃi^{53} ʂɿ^{55} ni^{55} rə^{35} ni^{55} pʉ^{53} mᴀ^{35}ʧʰy^{53} 西方（助词）路走去肉红皮红做不好
意译	“哈钦”神在西方，赐福的神在西南方，举行诅咒的仪式朝着东北方好。往西方出行的时候杀生不好。

普米音译	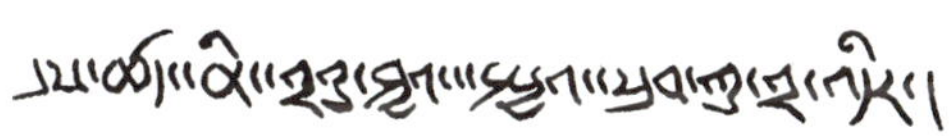
解读	tuə^{55}tsʰuə^{53} nə^{53} nə^{35}yo^{35}ʃyə^{35} ʃye^{55} sʉ^{35}ko^{55}nə^{35} də^{55} 时段昼二十八夜三十二是
意译	这个月的时段，白天是二十八，晚上是三十二。

普米音译	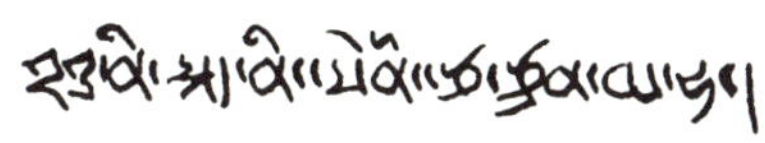
解读	nə^{35}yo^{35}nə^{53}tᴀ^{55}nə^{53} sẽ^{55}ʧi^{55} tsᴀ^{55}tsuẽ^{53} mᴀ^{35}xɑ̃^{55} 二十日一日牲畜拖拉不可以
意译	二十这一天，不可以买卖牲畜。

普米音译	
解读	mə^{35}dzẹ^{35} tiᴀ^{55}wu^{35} mə^{53}dõ^{55} mᴀ^{35}ʧ^{h}y^{53} 姑娘马肖人嫁不好
意译	属马的姑娘出嫁不好。

普米音译	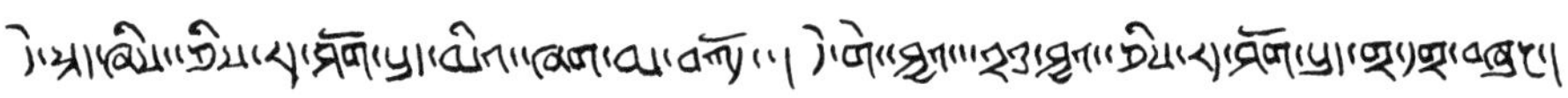
解读	ti^{55} tiᴀ^{55} ʒi^{35} ʧi^{55}zẹ^{35} ʃu^{55} pʉ^{53} mə^{53} ʃɛ^{35} mᴀ^{35}kue^{53} ti^{55}gi^{55} ʃyə^{35} nə^{35}ɣo^{35}ʃyə^{35} ʧi^{55}zẹ^{35} ʃu^{55} pʉ^{53}dzə̥^{35}dzə̥^{55} zọ^{35} 这一月龙洞仪式做（助词）日子不有上弦八二十八龙洞仪式做不好很
意译	这个月没有可以祭龙王的日子。初八、二十八这两天举行祭龙王仪式很不好。

普米音译	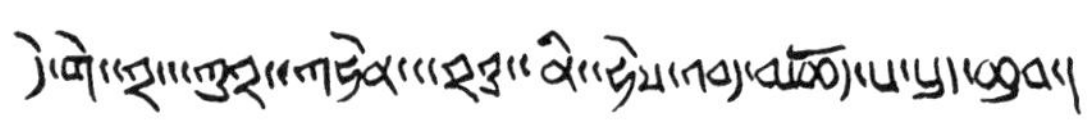
解读	ti^{55}gi^{55} nə^{35} ko^{55}nə^{35} kᴀ^{55}ŋə^{35} nə^{35}ɣo^{35} nə^{53} xie^{55} bie^{53} ʧ^{h}ᴀ^{35}pᴀ^{55} pʉ^{53} ʧ^{h}y^{53} 上弦二十二十七二十日神（助词）祭品做好
意译	初二、十二、十七、二十这几天，向神献祭品好。

普米音译	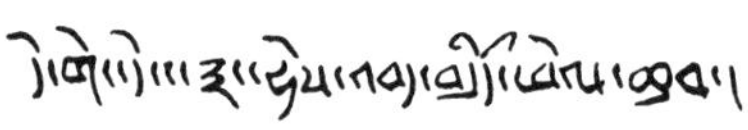
解读	ti^{55}gi^{55} ti^{35} sõ^{55} xie^{55} bie^{53} duə^{55}tsuə^{55} p^{h}i^{55} ʧ^{h}y^{53} 上弦一三神（助词）贡品献好
意译	初一、初三向神献贡品好。

普米音译	
解读	ko^{55}nə^{35} ʧ^{h}y^{53} 十二好
意译	十二这天也好。

普米音译	
解读	ti^{55}gi^{55} gi^{53}nə^{53} kᴀ^{55}tʂ^{h}u^{55}nə^{53} xie^{55} bie^{53} ʧ^{h}ᴀ^{35}pᴀ^{55} pʉ^{53} mᴀ^{35}ʧ^{h}y^{53} 上弦九日十六日神（助词）祭品做不好
意译	初九、十六向神献祭品不好。

初一至初五

日期					
原图					
普米音译					
国际音标	ti^{55}gi^{55}ti^{35}	ti^{55}gi^{55}ni^{35}	ti^{55}gi^{55}sõ^{35}	ti^{55}gi^{55}rə^{55}	ti^{55}gi^{55}ŋuᴀ^{55}
直译	初一	初二	初三	初四	初五

七曜					
原图					
普米音译					
国际音标	mi^{55}mzə̣^{55}	lᴀ^{35}pᴀ^{55}	p^{h}zə̣^{55}bu^{53}	pᴀ^{55}sõ^{55}	pĩ^{55}bᴀ^{55}
直译	火曜	水曜	木曜	金曜	土曜

提哩/星宿					
提哩 原图					
星宿 原图					
星宿 普米音译					
星宿 国际音标	tiᴀ^{55}tiu^{53}	tiᴀ^{55}mᴀ̃^{53}	lie^{35}k^{h}u^{53}	lie^{35} gõ^{53}	lie^{35}mᴀ̃^{35}
星宿 直译	房宿	心宿	尾宿	箕宿	斗宿

属相	原图					
	普米音译	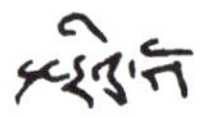	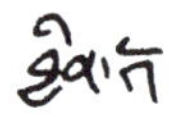	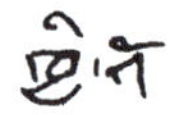	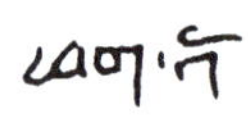	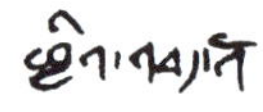
	国际音标	pzẹ^{55}wu^{35}	ʤyẽ^{35}wu^{35}	ʧ^{h}i^{55}wu^{35}	p^{h}ᴀ^{55}wu^{35}	ʧ^{h}i^{55}pie^{55}wu^{35}
	直译	猴	鸡	狗	猪	鼠

方位	原图					
	普米音译			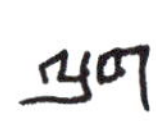	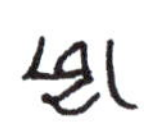	
	国际音标	niõ^{53}	k^{h}i^{55}ʧ^{h}i^{53}	k^{h}uẽ^{55}lo^{55}	ʧ^{h}õ^{53}	xo^{53}
	直译	西	西北	西南	北	南

初六至初十

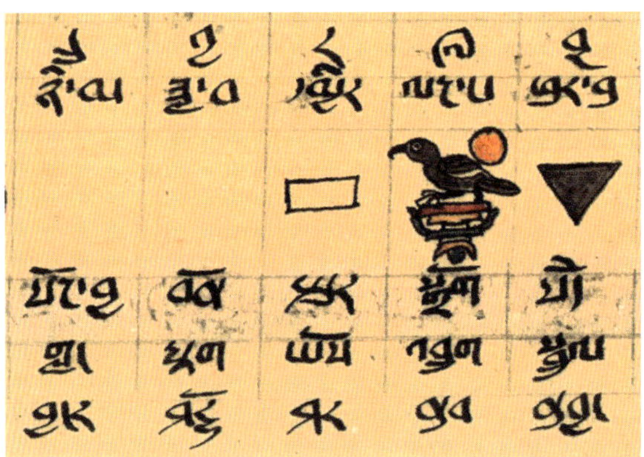

日期	原图		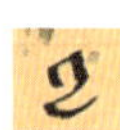	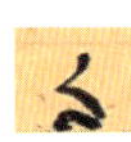		
	普米音译					
	国际音标	ti^{55}gi^{55}ŋuᴀ^{55}	ti^{55}gi^{55}tʂ^{h}u^{55}	ti^{55}gi^{55}ŋə^{35}	ti^{55}gi^{55}gi^{53}	kᴀ^{55}ʧi^{53}
	直译	初六	初七	初八	初九	初十

七曜	原图					
	普米音译	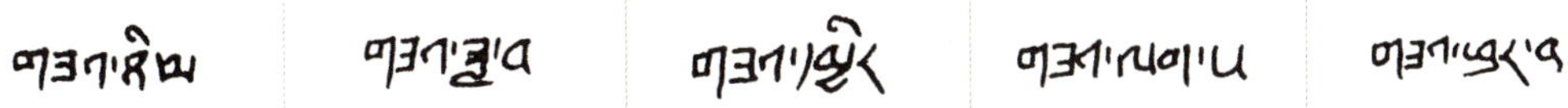				
	国际音标	ni^{35} mã^{55}	dᴀ^{35} wᴀ^{55}	mi^{55}mzə̥^{55}	lᴀ^{35}pᴀ^{55}	p^{h}zə̥^{55}bu^{53}
	直译	日曜	月曜	火曜	水曜	木曜

提哩	原图					
星宿	原图					
	普米音译					
	国际音标	so^{55}ʧɛ^{55}	pᴀ̃^{35}	pzə̥^{53}	dzu̥^{53}	su^{55}tuə^{53}
	直译	牛宿	女宿	虚宿	危宿	室宿

属相	原图					
	普米音译	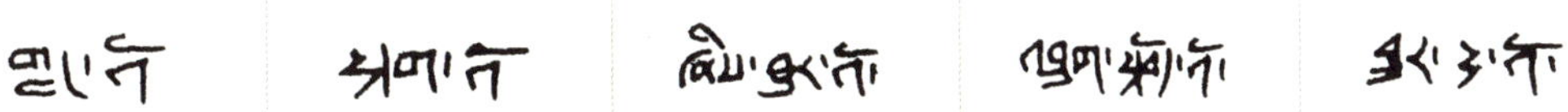				
	国际音标	lõ^{55}wu^{35}	to^{55}wu^{35}	ʒi^{35} bze̥^{55}wu^{35}	bzə̥^{55}te^{55}wu^{35}	bzə̥^{55}dᴀ^{55}wu^{35}
	直译	牛	虎	兔	龙	蛇

方位	原图					
	普米音译					
	国际音标	ki^{35} lõ^{53}	suᴀ̃^{35}bzə̥u^{53}	ʃə^{53}	niõ^{53}	k^{h}i̥ə^{55}ʧ^{h}i^{53}
	直译	东北	东南	东	西	西北

十一至十五

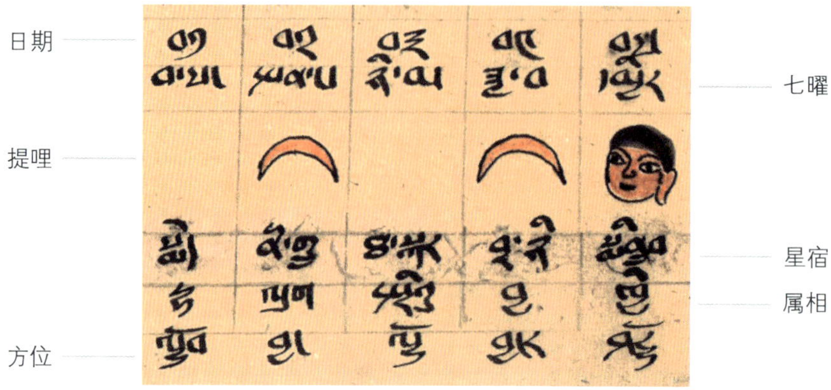

日期	原图					
	普米音译					
	国际音标	ko⁵⁵ti⁵³	ko⁵⁵nə³⁵	kᴀ⁵⁵sõ⁵⁵	kᴀ⁵⁵rə⁵⁵	kᴀ⁵⁵ŋuᴀ⁵⁵
	直译	十一	十二	十三	十四	十五

七曜	原图			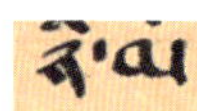	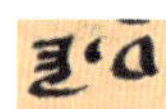	
	普米音译	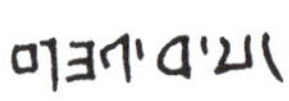		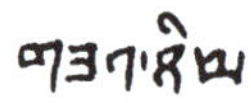	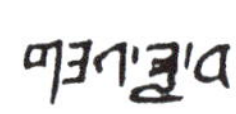	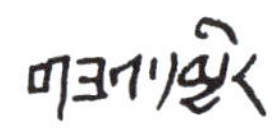
	国际音标	pᴀ⁵⁵sõ⁵⁵	pĩ⁵⁵bᴀ⁵⁵	ni³⁵ mɑ̃⁵⁵	dᴀ³⁵ wᴀ⁵⁵	mi⁵⁵mzə̣⁵⁵
	直译	金曜	土曜	日曜	月曜	火曜

提哩	原图					
星宿	原图					
	普米音译			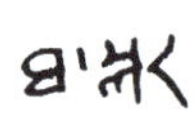	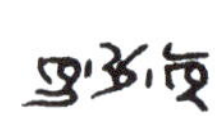	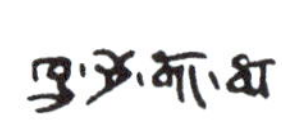
	国际音标	su⁵⁵mə⁵³	nõ⁵⁵dʐʅ⁵³	tʰə⁵⁵kə⁵⁵rə⁵⁵	tʂʰu⁵⁵tsɿ⁵⁵tʂʰuə⁵⁵	tʂʰu⁵⁵tsɿ⁵⁵gũ⁵⁵mo⁵⁵
	直译	壁宿	奎宿	娄宿	胃宿	昴宿

属相					
原图					
普米音译	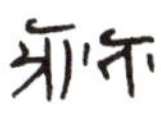	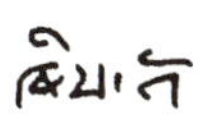	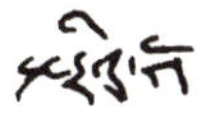	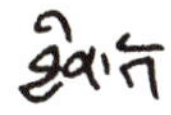	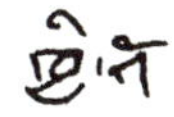
国际音标	tiᴀ^{55}wu^{35}	ʒi^{35}wu^{35}	pzȩ^{55}wu^{35}	ʤyẽ^{35}wu^{35}	ʧ^{h}i^{55}wu^{35}
直译	马	羊	猴	鸡	狗

方位					
原图		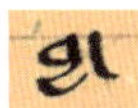			
普米音译		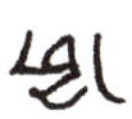			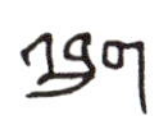
国际音标	k^{h}uẽ^{55}lo^{55}	ʧ^{h}õ^{53}	xo^{53}	ki^{35} lõ^{53}	suÃ^{35}bzəu^{53}
直译	西南	北	南	东北	东南

十六至二十

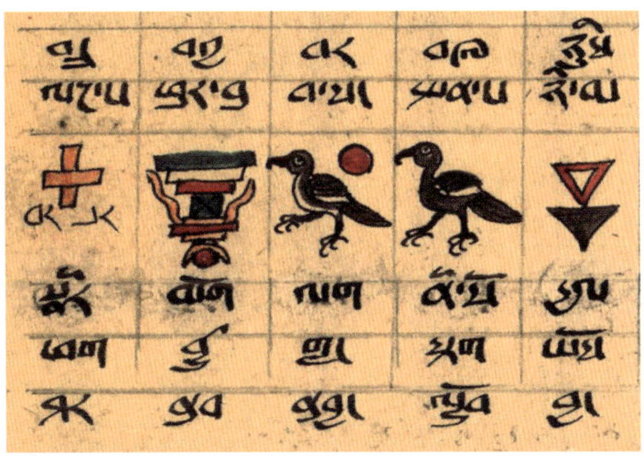

日期					
原图					
普米音译				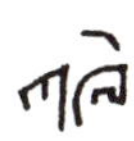	
国际音标	kᴀ^{55}tʂ^{h}u^{55}	kᴀ^{55}ŋə^{35}	kᴀ^{55}ʃyə^{35}	kᴀ^{55}gi^{53}	nə^{35}yo^{35}
直译	十六	十七	十八	十九	二十

七曜	原图		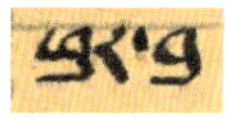			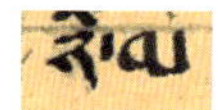
	普米音译		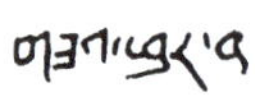	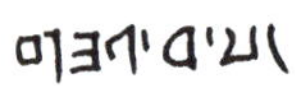	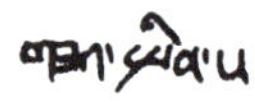	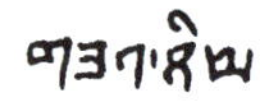
	国际音标	lᴀ^{35}pᴀ^{55}	p^{h}zə̣^{55}bu^{53}	pᴀ^{55}sõ^{55}	pĩ^{55}bᴀ^{55}	ni^{35} mã^{55}
	直译	水曜	木曜	金曜	土曜	日曜

提哩	原图					
星宿	原图				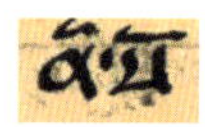	
	普米音译		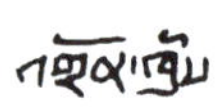			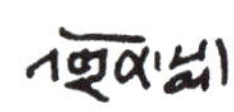
	国际音标	ts^{h}ɿ^{55}li^{53}	dzu̯e^{35} k^{h}u^{35}	dzu̯e^{35} ʒɛ^{35}	dzu̯e^{35} ʤi^{35}	dzu̯e^{35} mᴀ̃^{35}
	直译	毕宿	觜宿	参宿	井宿	鬼宿

属相	原图					
	普米音译	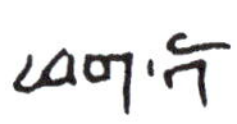	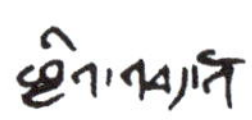	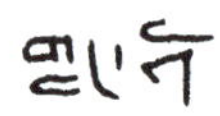	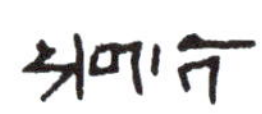	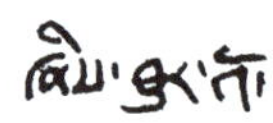
	国际音标	p^{h}ᴀ^{55}wu^{35}	ʧ^{h}i^{55}pie^{55}wu^{35}	lõ^{55}wu^{35}	to^{55}wu^{35}	ʒi^{35} bze̯^{55}wu^{35}
	直译	猪	鼠	牛	虎	兔

方位	原图					
	普米音译					
	国际音标	ʃə^{53}	niõ^{53}	k^{h}ĩ^{55}ʧ^{h}i^{53}	k^{h}uẽ^{55}lo^{55}	ʧ^{h}õ^{53}
	直译	东	西	西北	西南	北

二十一至二十五

日期	原图				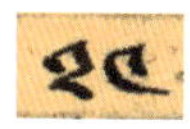	
	普米音译		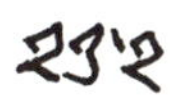		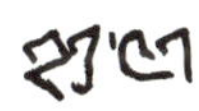	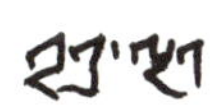
	国际音标	nə^{35} ɣo^{35} ti^{35}	nə^{35}ɣo^{35}ni^{35}	nə^{35}ɣo^{35} sõ^{55}	nə^{35}ɣo^{35}rə^{55}	nə^{35}ɣo^{35} ŋuA^{55}
	直译	二十一	二十二	二十三	二十四	二十五

七曜	原图	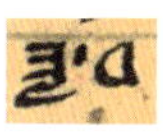			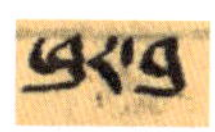	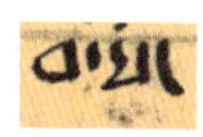
	普米音译	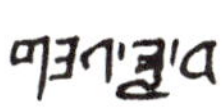	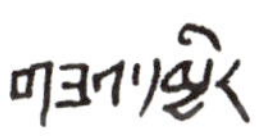			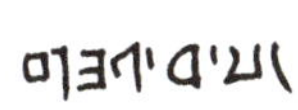
	国际音标	dA^{35} wA^{55}	mi^{55}mzə̧^{55}	lA^{35}pA^{55}	p^{h}zə̧^{55}bu^{53}	pA^{55}sõ^{55}
	直译	月曜	火曜	水曜	木曜	金曜

提哩	原图					
星宿	原图					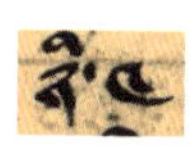
	普米音译			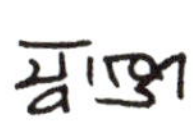	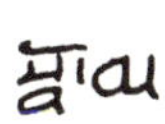	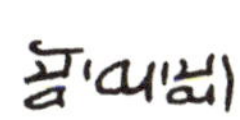
	国际音标	ʃə^{53}	ʧ^{h}y^{53}	bo^{35} k^{h}o^{55}	bo^{35}mã^{35}	bo^{35} mã^{35}mÃ^{35}
	直译	柳宿	星宿	张宿	翼宿	轸宿

属相	原图	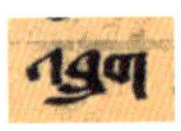				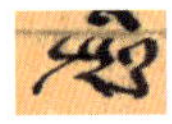
	普米音译	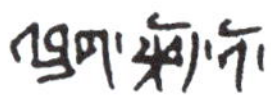		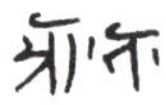	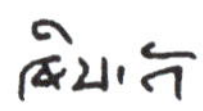	
	国际音标	bzə̧⁵⁵te⁵⁵wu³⁵	bzə̧⁵⁵dᴀ⁵⁵wu³⁵	tiᴀ⁵⁵wu³⁵	ʒi³⁵wu³⁵	pzę⁵⁵wu³⁵
	直译	龙	蛇	马	羊	猴

方位	原图					
	普米音译			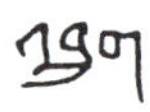		
	国际音标	xo⁵³	ki³⁵ lõ⁵³	suÃ³⁵bzə̧u⁵³	ʃə⁵³	niõ⁵³
	直译	南	东北	东南	东	西

二十六至三十

日期	原图					
	普米音译	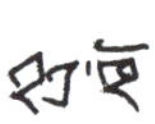	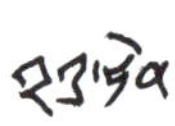		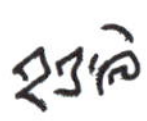	
	国际音标	nə³⁵yo³⁵tʂʰu⁵⁵	nə³⁵yo³⁵ ŋə³⁵	nə³⁵yo³⁵ ʃyə³⁵	nə³⁵yo³⁵gi⁵³	ni⁵⁵tõ⁵⁵
	直译	二十六	二十七	二十八	二十九	三十

七曜	原图		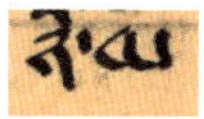			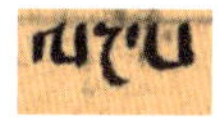
	普米音译	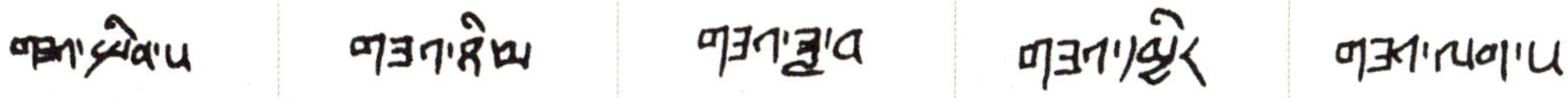				
	国际音标	pĩ^{55}bᴀ^{55}	ni^{35} mã^{55}	dᴀ^{35} wᴀ^{55}	mi^{55}mzə^{55}	lᴀ^{35}pᴀ^{55}
	直译	土曜	日曜	月曜	火曜	水曜

提哩	原图					
星宿	原图		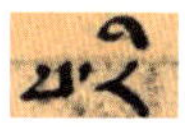	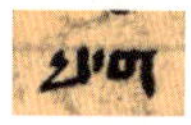		
	普米音译	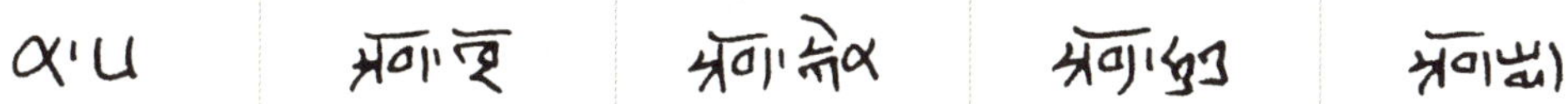				
	国际音标	nã^{35}pᴀ^{55}	tiᴀ^{35}tʂ^{h}ʉ^{35}	tiᴀ^{55}kã^{53}	tiᴀ^{55}tiu^{53}	tiᴀ^{55}mã^{53}
	直译	角宿	亢宿	氐宿	房宿	心宿

属相	原图			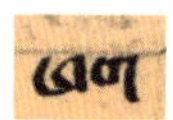		
	普米音译	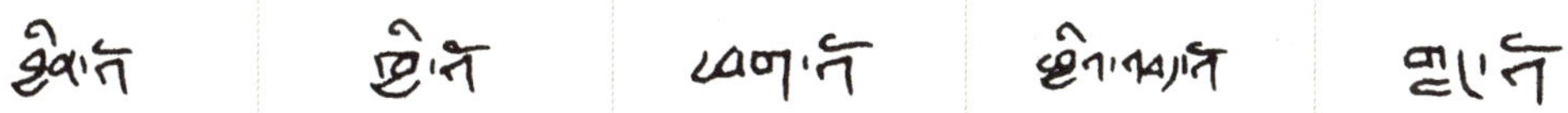				
	国际音标	ʥyẽ^{35}wu^{35}	ʧ^{h}i^{55}wu^{35}	p^{h}ᴀ^{55}wu^{35}	ʧ^{h}i^{55}pie^{55}wu^{35}	lõ^{55}wu^{35}
	直译	鸡	狗	猪	鼠	牛

方位	原图					
	普米音译					
	国际音标	k^{h}i^{55}ʧ^{h}i^{53}	k^{h}uẽ^{55}lo^{55}	ʧ^{h}õ^{53}	xo^{53}	ki^{35} lõ^{53}
	直译	西北	西南	北	南	东北

牛月

lõ[55]wu[53]tiA[35]ʒi[35]

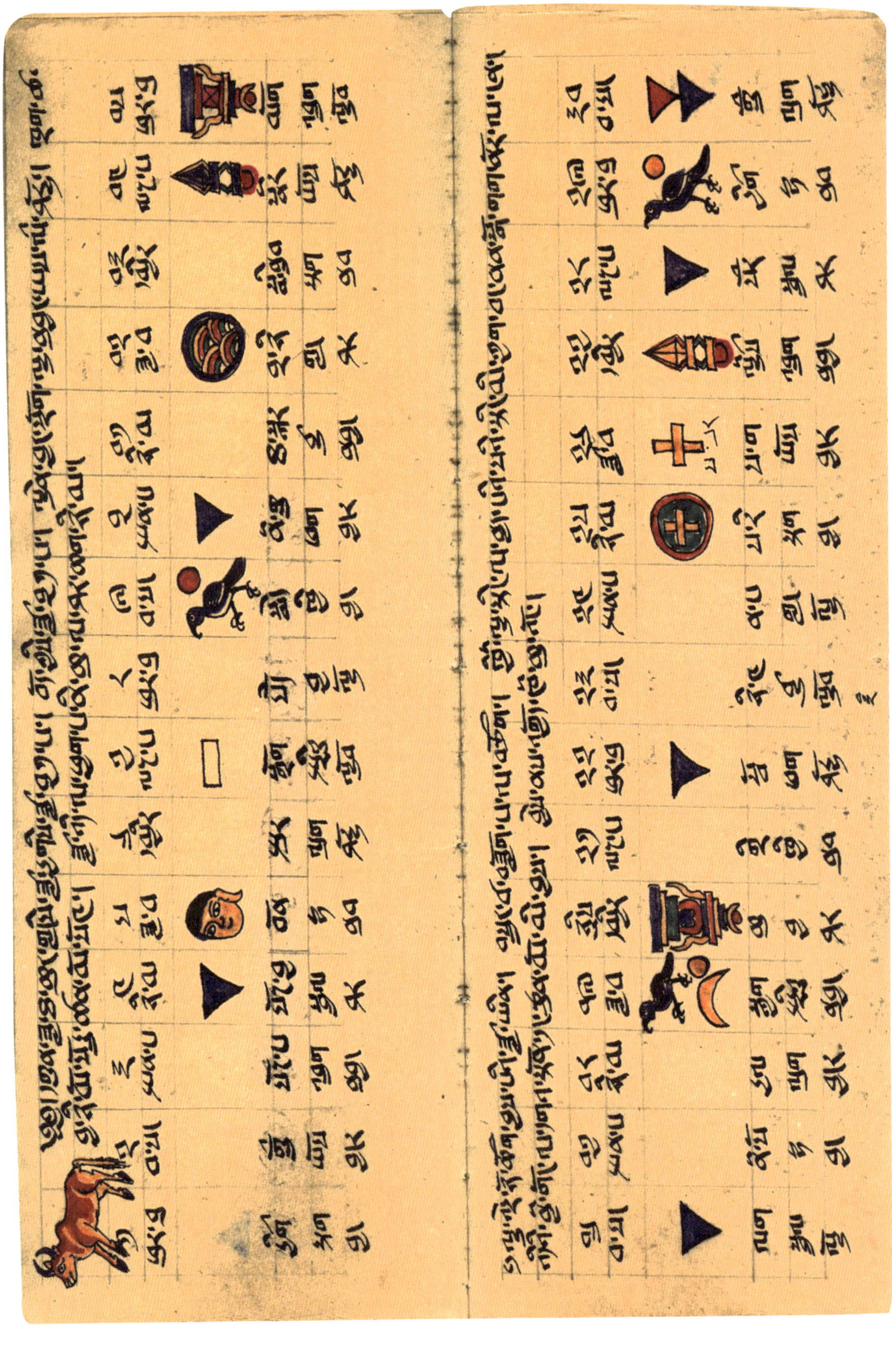

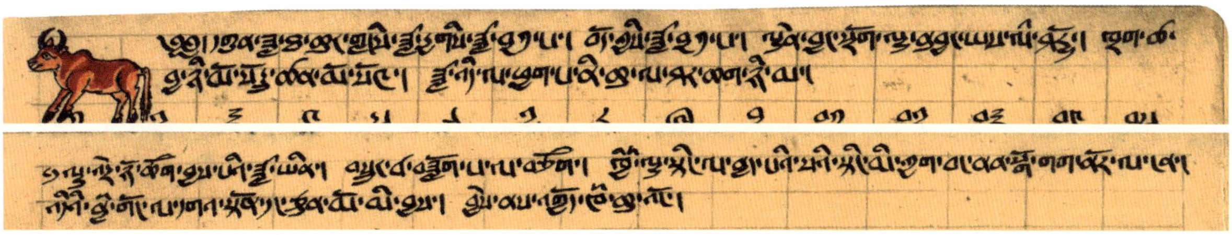

普米音译	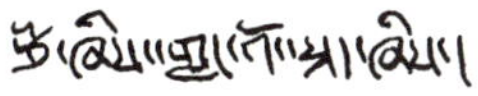
解读	tsõ^{55}ʒi^{35} lõ^{55}wu^{35} tiᴀ^{35}ʒi^{35} 冬月牛肖一月
意译	冬三月的牛月。

普米音译	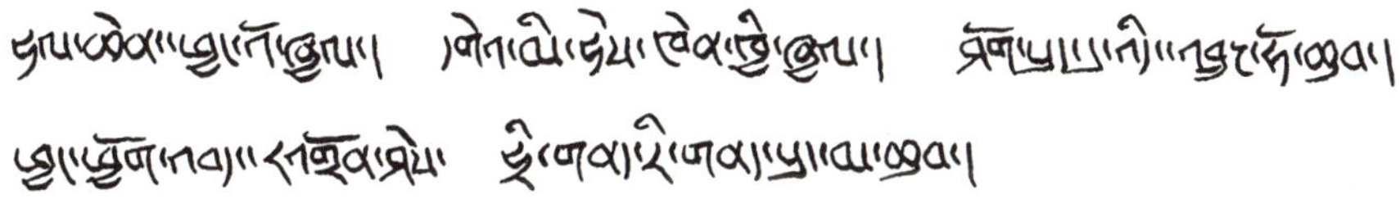
解读	xᴀ^{55}ʧ^{hr}i^{55} ʧ^{h}õ^{53}wu^{53} ʒe^{55} gi^{55} mi^{53} xie^{55} k^{hr}i^{55}ʧ^{h}i^{53} ʒe^{55} ʃu^{55} pʉ^{53} tʉ^{55}di^{55} bzʅəu^{55} to^{55} ʧ^{h}y^{53} 神名北方在赐福（助词）神西北在仪式做诅咒东南（助词）好 ʧ^{h}õ^{53}ʧ^{h}ye^{53} bie^{53} ruə^{55}dzʅuə^{55} ʃi^{53} ʂʅ^{55} ni^{55} rə^{35}ni^{55} pʉ^{53} mᴀ^{35}ʧ^{h}y^{53} 北方（助词）路走去肉红皮红做不好
意译	“哈钦”神在北方，赐福的神在西北方，诅咒的仪式朝着东南方好。往北方出行的时候杀生不好。

普米音译	
解读	tuə^{55}ts^{h}uə^{53}nə^{53} nə^{35}ɣo^{35}tʂ^{h}u^{55} ʃye^{55} sʉ^{35}ko^{55}rə^{55} də^{55} 时段昼二十六夜三十四是
意译	这个月的时段，白天是二十六，晚上是三十四。

普米音译	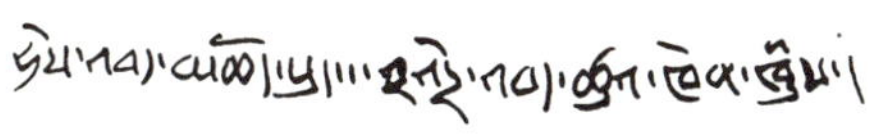
解读	xie^{55} bie^{53} ʧ^{h}ᴀ^{35}pᴀ^{55} pʉ^{53} dzʅ^{55} bie^{53} ts^{h}ue^{35} k^{hr}i^{55} k^{h}u^{55} 神（助词）祭品做鬼（助词）祭品给要
意译	要向神献祭品，要给鬼东西。

普米音译	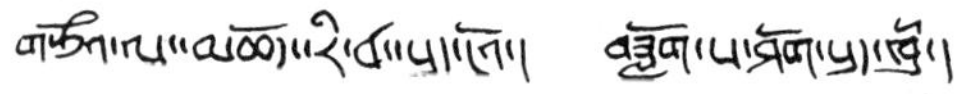
解读	tsu^{55} lᴀ^{53} ʧ^{h}e^{35} rə^{35}wᴀ^{55} pʉ^{55} ŋu^{53} do^{35}pᴀ^{55} ʃu^{55} pʉ^{55} k^{h}u^{55} 鬼也饭希望做会不祥之兆仪式做要
意译	鬼也想要食物。要举行驱除不祥之兆的仪式。

普米音译	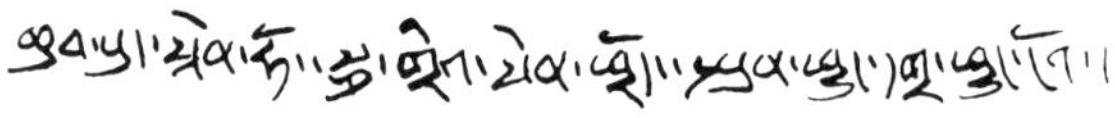
解读	ʧ^{h}y^{53} pʉ^{53} fĩ^{55} to^{53} ʧə^{55} tʂʉ^{55} sẽ^{35} p^{h}zə̧^{55} pĩ^{55} ʧ^{h}õ^{53} dzə̧^{35} ʧ^{h}õ^{53} ŋu^{53} 好事做富裕（助词）土挖树木砍冲犯出现不好出现会
意译	做好事会富裕。挖土砍树会冲犯命程，出现不好的事。

普米音译	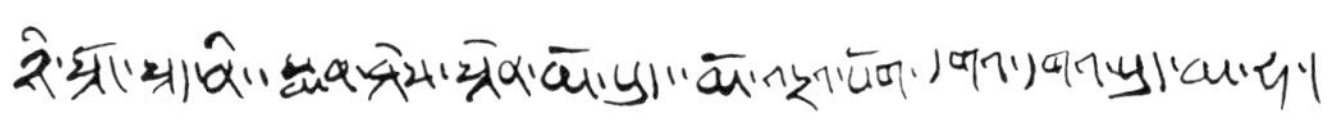
解读	ni^{55}tõ^{55} tᴀ^{55} nə^{53} mi^{53} ʃi^{35} fĩ^{55}mũ^{53} pʉ^{53} mə^{35}dzɛ^{35} po^{53} gə^{55}giɛ^{53} pʉ^{53} mᴀ^{35} xɑ̃^{55} 三十一日女娶赐福做姑娘（助词）喜欢做不可以
意译	这个月三十日不能迎娶，不能做给新娘赐福的仪式，不可以喜欢姑娘。

普米音译	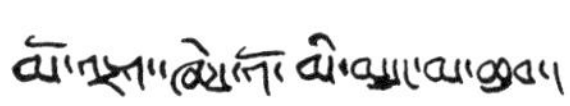
解读	mə^{35} dzɛ^{35} ʒi^{35}wu^{35} mi^{53} dõ^{55} mᴀ^{35}ʧ^{h}y^{53} 姑娘羊肖人嫁不好
意译	属羊的姑娘出嫁不好。

初一至初五

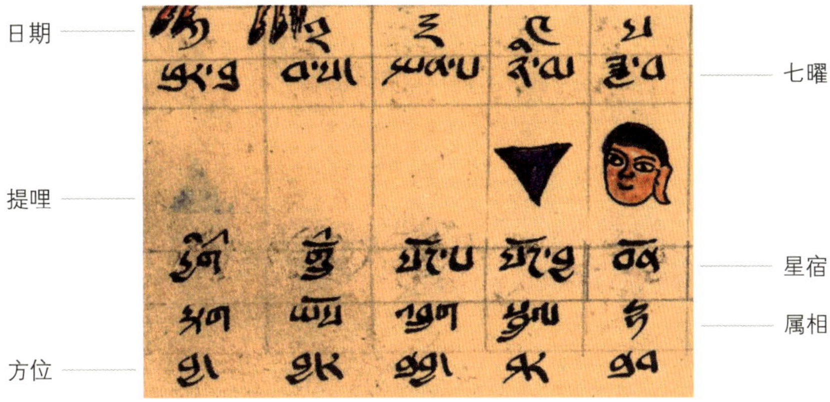

日期	原图					
	普米音译					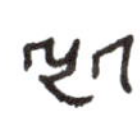
	国际音标	ti⁵⁵gi⁵⁵ti³⁵	ti⁵⁵gi⁵⁵ni³⁵	ti⁵⁵gi⁵⁵sõ³⁵	ti⁵⁵gi⁵⁵rə⁵⁵	ti⁵⁵gi⁵⁵ŋuᴀ⁵⁵
	直译	初一	初二	初三	初四	初五

七曜	原图		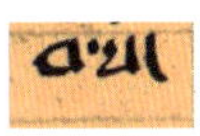		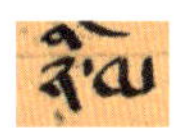	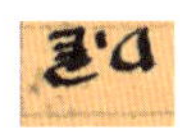
	普米音译		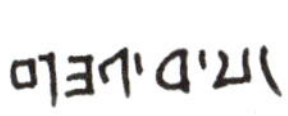		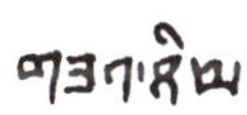	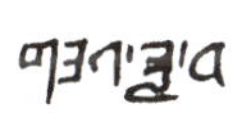
	国际音标	pʰzə̤⁵⁵bu⁵³	pᴀ⁵⁵sõ⁵⁵	pĩ⁵⁵bᴀ⁵⁵	ni³⁵ mã⁵⁵	dᴀ³⁵ wᴀ⁵⁵
	直译	木曜	金曜	土曜	日曜	月曜

提哩	原图					
星宿	原图	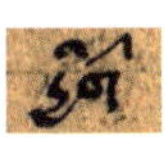			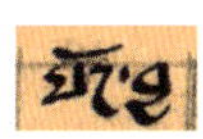	
	普米音译		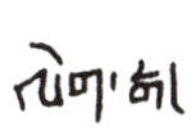		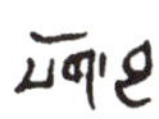	
	国际音标	lie³⁵kʰu⁵³	lie³⁵ gõ⁵³	lie³⁵mᴀ̃³⁵	so⁵⁵ʧɛ⁵⁵	pᴀ̃³⁵
	直译	尾宿	箕宿	斗宿	牛宿	女宿

属相	原图	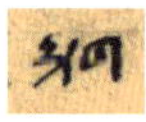				
	普米音译	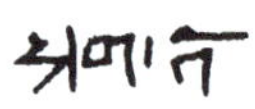		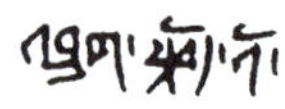	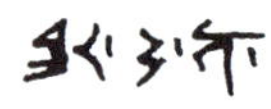	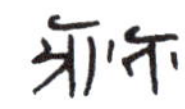
	国际音标	to^{55}wu^{35}	ʒi^{35} bzẹ^{55}wu^{35}	bzə̣^{55}te^{55}wu^{35}	bzə̣^{55}dᴀ^{55}wu^{35}	tiᴀ^{55}wu^{35}
	直译	虎	兔	龙	蛇	马

方位	原图					
	普米音译	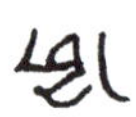				
	国际音标	ʧ^{h}õ^{53}	ki^{35} lõ^{53}	k^{h}i^{55}ʧ^{h}i^{53}	ʃə^{53}	niõ^{53}
	直译	北	东北	西北	东	西

初六至初十

日期	原图					
	普米音译			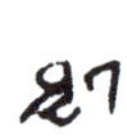		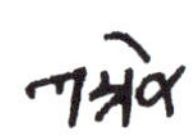
	国际音标	ti^{55}gi^{55}ŋuᴀ^{55}	ti^{55}gi^{55}tʂ^{h}u^{55}	ti^{55}gi^{55}ŋə^{35}	ti^{55}gi^{55}gi^{53}	kᴀ^{55}tĩ^{53}
	直译	初六	初七	初八	初九	初十

七曜	原图					
	普米音译	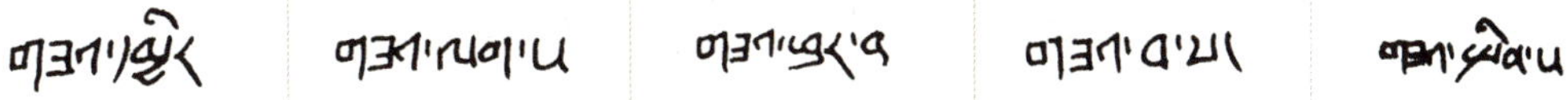				
	国际音标	mi^{55}mzə̧^{55}	lᴀ^{35}pᴀ^{55}	p^{h}zə̧^{55}bu^{53}	pᴀ^{55}sõ^{55}	pĩ^{55}bᴀ^{55}
	直译	火曜	水曜	木曜	金曜	土曜

提哩	原图					
星宿	原图		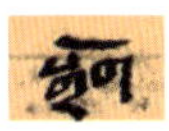			
	普米音译	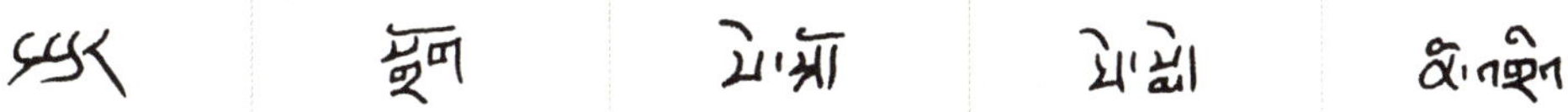				
	国际音标	pzə̧^{53}	dzu̧^{53}	su^{55}tuə^{53}	su^{55}mə^{53}	nõ^{55}dʐ̩^{53}
	直译	虚宿	危宿	室宿	壁宿	奎宿

属相	原图	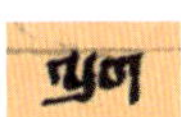				
	普米音译	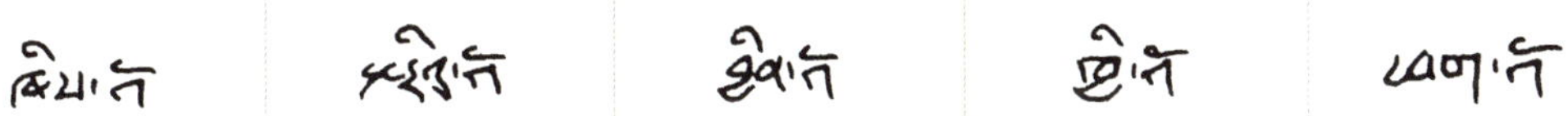				
	国际音标	ʒi^{35}wu^{35}	pzȩ^{55}wu^{35}	ʤyẽ^{35}wu^{35}	ʧ^{h}i^{55}wu^{35}	p^{h}ᴀ^{55}wu^{35}
	直译	羊	猴	鸡	狗	猪

方位	原图					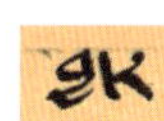
	普米音译					
	国际音标	suÃ^{35}bzə̧u^{53}	k^{h}uẽ^{55}lo^{55}	xo^{53}	ʧ^{h}õ^{53}	ki^{35} lõ^{53}
	直译	东南	西南	南	北	东北

十一至十五

日期	原图					
	普米音译					
	国际音标	ko^{55}ti^{53}	ko^{55}nə^{35}	kᴀ^{55}sõ^{55}	kᴀ^{55}rə^{55}	kᴀ^{55}ŋuᴀ^{55}
	直译	十一	十二	十三	十四	十五

七曜	原图	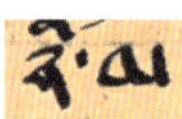	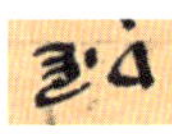			
	普米音译	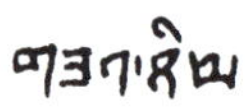	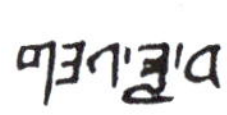	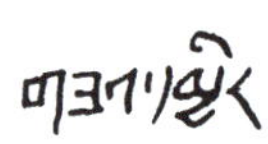	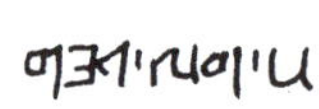	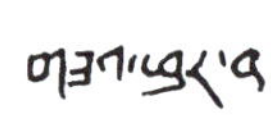
	国际音标	ni^{35} mã^{55}	dᴀ^{35} wᴀ^{55}	mi^{55}mẓə^{55}	lᴀ^{35}pᴀ^{55}	p^{h}ẓə^{55}bu^{53}
	直译	日曜	月曜	火曜	水曜	木曜

提哩	原图					
星宿	原图					
	普米音译	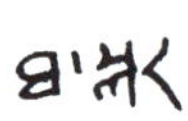	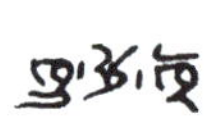	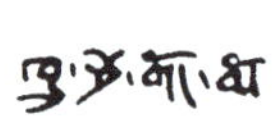		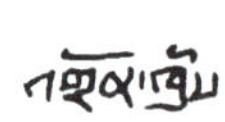
	国际音标	t^{h}ə^{55}kə^{55}rə^{55}	tʂ^{h}u^{55}tsɿ^{55}tʂ^{h}uə^{55}	tʂ^{h}u^{55}tsɿ^{55}gũ^{55}mo^{55}	ts^{h}ɿ^{55}li^{53}	dẓue^{35} k^{h}u^{35}
	直译	娄宿	胃宿	昴宿	毕宿	觜宿

属相					
原图					
普米音译	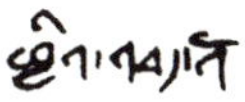	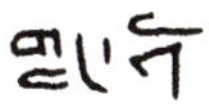	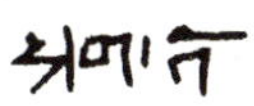		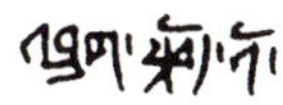
国际音标	ʧ^{h}i^{55}pie^{55}wu^{35}	lõ^{55}wu^{35}	to^{55}wu^{35}	ʒi^{35} bzẹ^{55}wu^{35}	bzə̣^{55}te^{55}wu^{35}
直译	鼠	牛	虎	兔	龙

方位					
原图					
普米音译				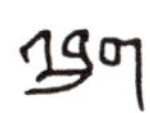	
国际音标	k^{h}i^{55}ʧ^{h}i^{53}	ʃə^{53}	niõ^{53}	suÃ^{35}bzə̣u^{53}	k^{h}uẽ^{55}lo^{55}
直译	西北	东	西	东南	西南

十六至二十

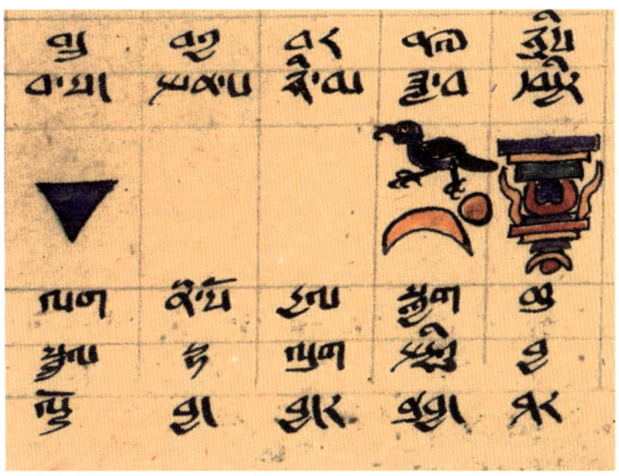

日期					
原图					
普米音译					
国际音标	kᴀ^{55}tʂ^{h}u^{55}	kᴀ^{55}ŋə^{35}	kᴀ^{55}ʃyə^{35}	kᴀ^{55}gi^{53}	nə^{35}ɣo^{35}
直译	十六	十七	十八	十九	二十

七曜	原图			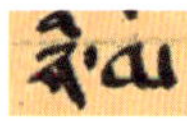		
	普米音译					
	国际音标	pᴀ^{55}sõ^{55}	pĩ^{55}bᴀ^{55}	ni^{35} mã^{55}	dᴀ^{35} wᴀ^{55}	mi^{55}mzə̣^{55}
	直译	金曜	土曜	日曜	月曜	火曜

提哩	原图					
星宿	原图		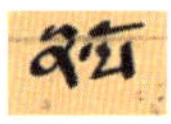			
	普米音译					
	国际音标	dzu̯e^{35} ʒɛ^{35}	dzu̯e^{35} ʤi^{35}	dzu̯e^{35} mᴀ̃^{35}	ʃə^{53}	ʧ^{h}y^{53}
	直译	参宿	井宿	鬼宿	柳宿	星宿

属相	原图					
	普米音译					
	国际音标	bzə̣^{55}dᴀ^{55}wu^{35}	tiᴀ^{55}wu^{35}	ʒi^{35}wu^{35}	pzẹ^{55}wu^{35}	ʤyẽ^{35}wu^{35}
	直译	蛇	马	羊	猴	鸡

方位	原图			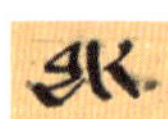		
	普米音译					
	国际音标	xo^{53}	ʧ^{h}õ^{53}	ki^{35} lõ^{53}	k^{h}ĩ^{55}ʧ^{h}i^{53}	ʃə^{53}
	直译	南	北	东北	西北	东

二十一至二十五

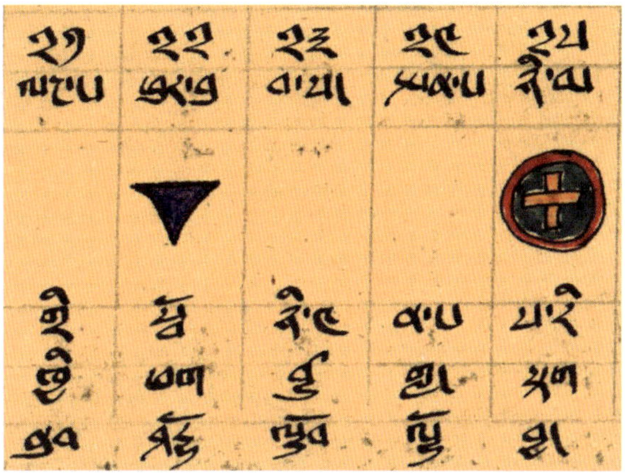

日期	原图					
	普米音译					
	国际音标	nə^{35} ɣo^{35} ti^{35}	nə^{35}ɣo^{35}ni^{35}	nə^{35}ɣo^{35} sõ^{55}	nə^{35}ɣo^{35}rə^{55}	nə^{35}ɣo^{35} ŋuA^{55}
	直译	二十一	二十二	二十三	二十四	二十五

七曜	原图					
	普米音译					
	国际音标	lA^{35}pA^{55}	pʰzə̥^{55}bu^{53}	pA^{55}sõ^{55}	pĩ^{55}bA^{55}	ni^{35} mã^{55}
	直译	水曜	木曜	金曜	土曜	日曜

提哩	原图					
星宿	原图					
	普米音译					
	国际音标	bo^{35} kʰo^{55}	bo^{35}mã^{35}	bo^{35} mã^{35}mA^{35}	nA^{35}pA^{55}	tiA^{35}tʂʰʉ^{35}
	直译	张宿	翼宿	轸宿	角宿	亢宿

属相						
	原图				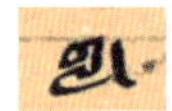	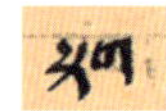
	普米音译	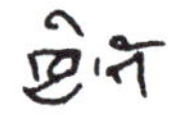	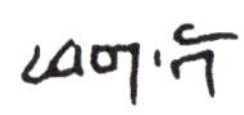	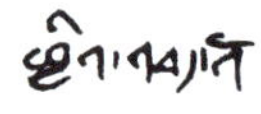	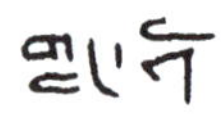	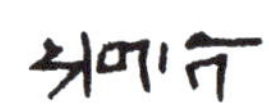
	国际音标	tʃʰi^{55}wu^{35}	pʰᴀ^{55}wu^{35}	tʃʰi^{55}pie^{55}wu^{35}	lõ^{55}wu^{35}	to^{55}wu^{35}
	直译	狗	猪	鼠	牛	虎

方位						
	原图			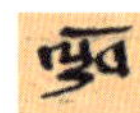		
	普米音译					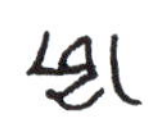
	国际音标	niõ^{53}	suÃ^{35}bʐəu^{53}	kʰuẽ^{55}lo^{55}	xo^{53}	tʃʰõ^{53}
	直译	西	东南	西南	南	北

二十六至三十

日期						
	原图					
	普米音译		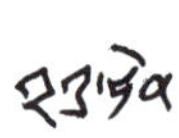		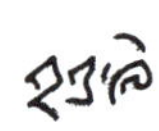	
	国际音标	nə^{35}ɣo^{35}tʂʰu^{55}	nə^{35}ɣo^{35} ŋə^{35}	nə^{35}ɣo^{35} ʃyə^{35}	nə^{35}ɣo^{35}gi^{53}	ni^{55}tõ^{55}
	直译	二十六	二十七	二十八	二十九	三十

七曜	原图					
	普米音译	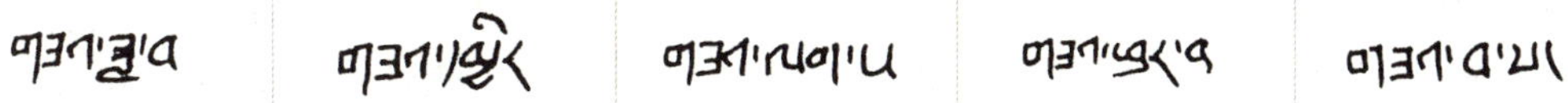				
	国际音标	dᴀ^{35} wᴀ^{55}	mi^{55}mzə̩^{55}	lᴀ^{35}pᴀ^{55}	p^{h}zə̩^{55}bu^{53}	pᴀ^{55}sõ^{55}
	直译	月曜	火曜	水曜	木曜	金曜

提哩	原图					
星宿	原图					
	普米音译	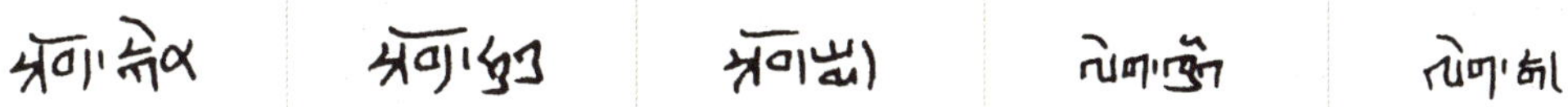				
	国际音标	tiᴀ^{55}kᴀ̃^{53}	tiᴀ^{55}tiu^{53}	tiᴀ^{55}mᴀ̃^{53}	lie^{35}k^{h}u^{53}	lie^{35} gõ^{53}
	直译	氐宿	房宿	心宿	尾宿	箕宿

属相	原图					
	普米音译	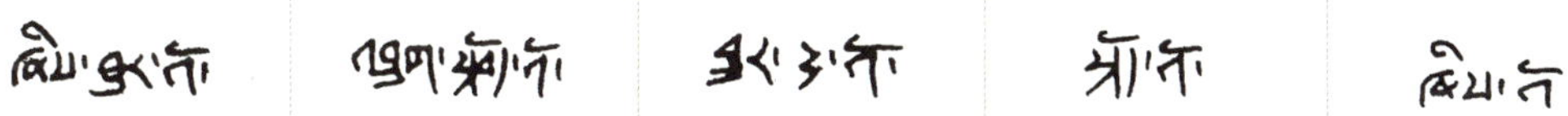				
	国际音标	ʒi^{35} bze̩^{55}wu^{35}	bzə̩^{55}te^{55}wu^{35}	bzə̩^{55}dᴀ^{55}wu^{35}	tiᴀ^{55}wu^{35}	ʒi^{35}wu^{35}
	直译	兔	龙	蛇	马	羊

方位	原图					
	普米音译					
	国际音标	ki^{35} lõ^{53}	k^{h}i^{55}ʧ^{h}i^{53}	ʃə^{53}	niõ^{53}	suᴀ̃^{35}bzə̩u^{53}
	直译	东北	西北	东	西	东南

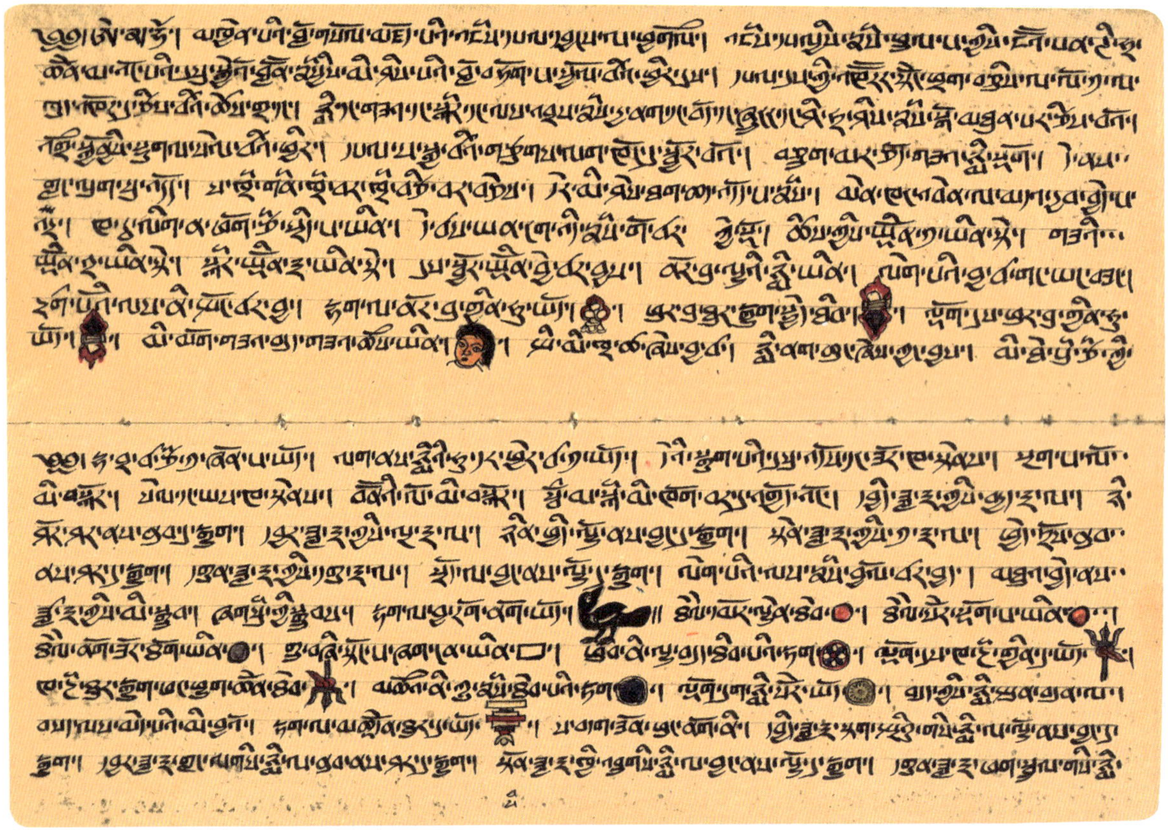

普米音译	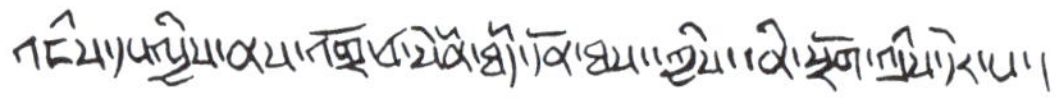
解读	ʤõ^{35}biɛ^{55}jɛ^{53} niɛ^{53} dʐu^{35}wᴀ^{55} sẽ^{55}ʧi^{55} t^{h}õ^{55}ʧi^{53} tuᴀ̃^{35}t^{h}ᴀ^{55} ʧi^{35} nə^{35} su^{55}dio^{53} ti^{35}pᴀ^{55} 琼巴亚（后加）有生命的动物全部事情说（前加）想一下
意译	琼巴亚[1]想了一下对所有生物说。

普米音译	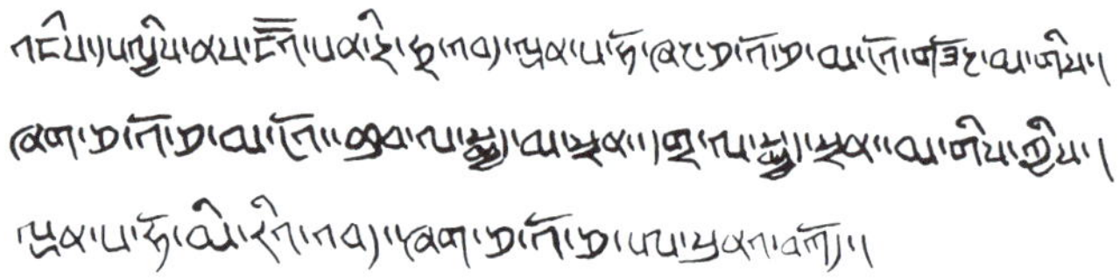
解读	ʤo^{35}biɛ^{55}jɛ^{53} niɛ^{53} ʤɛ^{35}wu^{55}pĩ ^{55}tʂʅ^{53}tʂɛ^{53} bie^{53} di^{35}bᴀ^{35}to^{53}ʃɛ^{35} ʧɛ^{55} wu^{35} ʧɛ^{55} mᴀ^{35}ŋu^{53} zo^{55} mᴀ^{35}ke^{55} 琼巴亚（后加）贾吾边支扎（助词）地方（助词）星宿算岁时算不会实在不对 ʃɛ^{35} ʧɛ^{55} wu^{35} ʧɛ^{55} mᴀ^{35} ŋu^{53} ʧ^{h}y^{53}lᴀ^{55} mᴀ̃^{35}mᴀ^{35}sẽ^{53} dzə̥^{35} lᴀ^{55} mᴀ̃^{35}mᴀ^{35}sẽ ^{53} mᴀ^{35}ke^{55} ʧy^{53} 星宿算岁时算不会好也不知道不好也不知道不对（助词） di^{35}bᴀ^{35}to^{53}mə^{53}rə^{55}bie^{53}ʃɛ^{35} ʧɛ^{55} wu^{35} ʧɛ^{55}ᴀ^{55}suẽ^{55} kuə^{55} 地方（助词）人们（助词）星宿算岁时算（前加）学（助词）
意译	琼巴亚对贾吾边支扎[2]说："凡界的人们不会算日子、看属相，这种状况实在不好，不会算日子、看属相的话就好也不知道，坏也不知道，这实在是不好。"贾吾边支扎就教会人们算日子、看属相。

[1] 神名。
[2] 神名。

普米音译	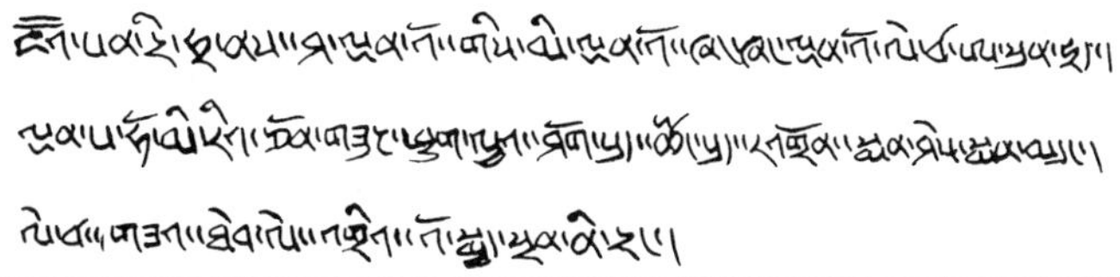
解读	ʤɛ^{35}wu^{55} pĩ^{55}tʂʅ^{55}tʂɛ^{53} niɛ^{53} ʃə^{35}dĩ^{35}wu^{53} kᴀ^{55}mə^{53}dĩ^{35}wu^{53} ʃõ^{35}ʃõ^{55}dĩ^{35}wu^{53} lo^{35}wᴀ^{35} ᴀ^{55} suẽ^{55} ʂe^{53} 贾吾边支扎（后加）汉地藏族地方象雄地方全部（前加）教去 dĩ^{35} bᴀ^{55} to^{55} mə^{55}rə^{53} ʧə̃^{55} zu^{53} ʧ^{h}o^{35} le^{35} ʃu^{55} pʉ^{53} ts^{h}õ^{55} pʉ^{53} ʐuə^{55}dʐuə^{55} mi^{53} ʃi^{35} mi^{53}dõ^{55} 地方（助词）人们房屋造庄稼种仪式做生意做路走女娶女嫁 lo^{35}wᴀ^{35} zᴀ^{55} t^{h}i^{35}li^{55}dʐʅ^{35} wu^{35}mᴀ̃^{35}sẽ^{55}nə^{35} tʂõ^{55} 全部 曜 提哩 星 生肖 知道（前加）变
意译	贾吾边支扎将算日子、看属相的方法教给了汉地的人、藏族的人和象雄的人。这些地方的人在建造房屋、播种、做仪式、做生意、出远门、嫁娶的时候就会根据曜、提哩、星宿、生肖看日子。

普米音译	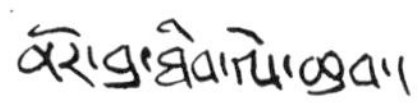
解读	nə^{35}rə^{55}bu^{55} t^{h}i^{35}li^{55} ʧ^{h}y^{53} 乃尔布提哩好
意译	提哩乃尔布[1]好。

普米音译	
解读	p^{h}ʐə^{55}bu^{53}nə^{35}ʥõ^{55} mə^{53} t^{h}i^{35}li^{55} ʧ^{h}y^{53} 普布（前加）坐（助词）提哩好
意译	提哩普布[2]头朝上好。

普米音译	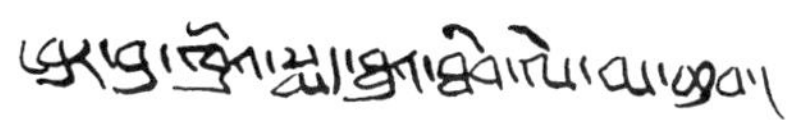
解读	p^{h}ʐə^{55}bu^{53} k^{h}u^{53} mᴀ̃^{35} t^{h}io^{55} t^{h}i^{35}li^{55} mᴀ^{35}ʧ^{h}y^{53} 普布头尾倒转提哩不好
意译	提哩普布头朝下不好。

普米音译	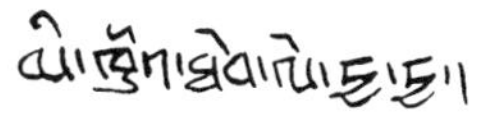
解读	mə^{53}k^{h}u^{53} ^{53} t^{h}i^{35}li ^{55} ʤyɛ^{55} ʤyɛ^{55} 人头提哩一般般
意译	提哩人头一般般。

[1] 神台，代表宗巴拉神。

[2] 法器之一。

普米音译	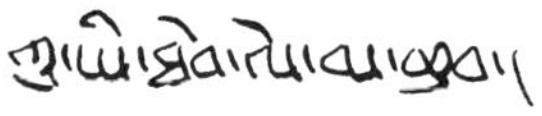
解读	kuᴀ^{55}ʒe^{35} t^{h}i^{35}li^{55} mᴀ^{35}ʧ^{h}y^{53} 乌鸦提哩不好
意译	提哩乌鸦不好。

普米音译	
解读	zụə^{35}zụə^{35} ni^{55} mə^{53} t^{h}i^{35}li^{55} ʤyɛ^{55}ʤyɛ^{55} 圆圈红（助词）提哩一般般
意译	提哩红色圆圈一般般。

普米音译	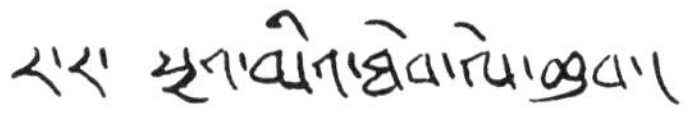
解读	zụə^{35}zụə^{35} ŋɛ̃^{55} mə^{53} t^{h}i^{35}li^{55} ʧ^{h}y^{53} 圆圈黄（助词）提哩好
意译	提哩黄色圆圈不好。

普米音译	
解读	zụə^{35}zụə^{35} ni ɛ̃^{35} mə^{53} thi^{35}li ^{55} mᴀ^{35}ʧhy^{53} 圆圈黑（助词）提哩不好
意译	提哩黑色圆圈不好。

普米音译	
解读	rə^{55}zɿ^{55} tõ^{55}pᴀ^{55} t^{h}i^{35}li^{55} mᴀ^{35}ʧ^{h}y^{53} 四方空提哩不好
意译	提哩空心的四方形不好。

普米音译	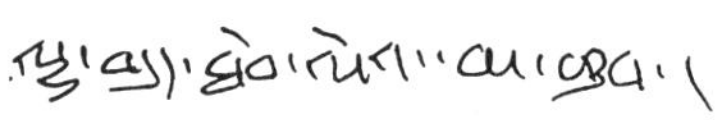
解读	ɬᴀ^{55} dʉ^{55} t^{h}i^{35}li^{55} mᴀ^{35}ʧ^{h}y^{55} 神魔提哩不好
意译	提哩神魔不好。

普米音译	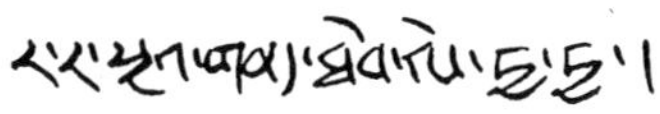
解读	zụə^{35}zụə^{35} ŋɛ̃^{55} ni^{55} tʰi^{35}li^{55} ʤyɛ^{55}ʤyɛ^{55} 圆圈黄红提哩一般般
意译	提哩圆圈有红色和黄色一般般。

普米音译	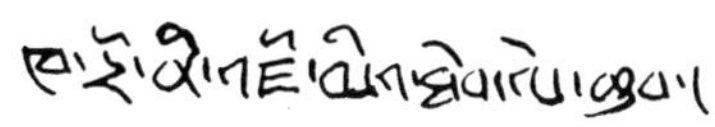
解读	kʰA^{55}tʂõ^{55} nə^{35} ʥõ^{55} mə^{53} tʰi^{35}li^{55} ʧʰy^{53} 三叉戟（前加）坐（助词）提哩好
意译	提哩三叉戟头朝上好。

普米音译	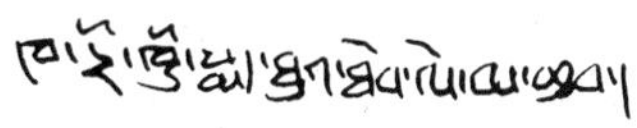
解读	kʰA^{55}tʂõ^{55} kʰu^{53} mÃ^{35} tʰio^{55} tʰi^{35}li^{55} mA^{35}ʧʰy^{53} 三叉戟头尾倒转提哩不好
意译	提哩三叉戟头朝下不好。

普米音译	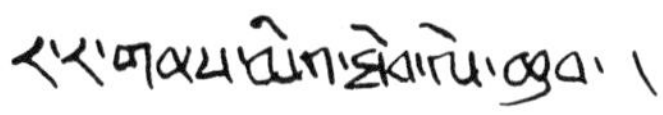
解读	zụə^{35}zụə^{35} niɛ̃^{55}mə^{53}tʰi^{35}li^{55} ʧʰy^{53} 圆圈绿（助词）提哩好
意译	提哩绿色圆圈好。

普米音译	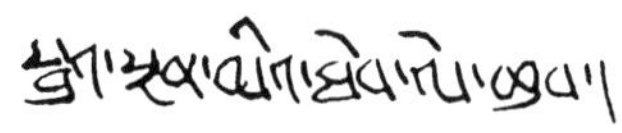
解读	bʉ^{53} ŋɛ̃^{55}mə^{53}tʰi^{35}li^{55} ʧʰy^{53} 太阳黄（助词）提哩好
意译	提哩黄色太阳好。

普米音译	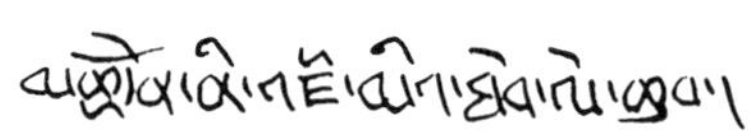
解读	ʧʰɛ^{55}tĩ^{55}nə^{35}ʥõ^{55}mə^{53}tʰi^{35}li^{55} ʧʰy^{53} 塔（前加）坐（助词）提哩好
意译	提哩塔头朝上好。

普米音译	ཆེ་ཧྥིལ་ཁུ་མཾ་ཐྱོ་ཐིའི་ལི་མ་ཕྱུའི།
解读	$tʃ^{h}ɛ^{55}fi^{55}$ $k^{h}u^{53}$ $mÃ^{35}$ $t^{h}io^{55}$ $t^{h}i^{35}li^{55}$ $mᴀ^{35}tʃ^{h}y^{53}$ 塔头尾倒转提哩不好
意译	提哩塔头朝下不好。

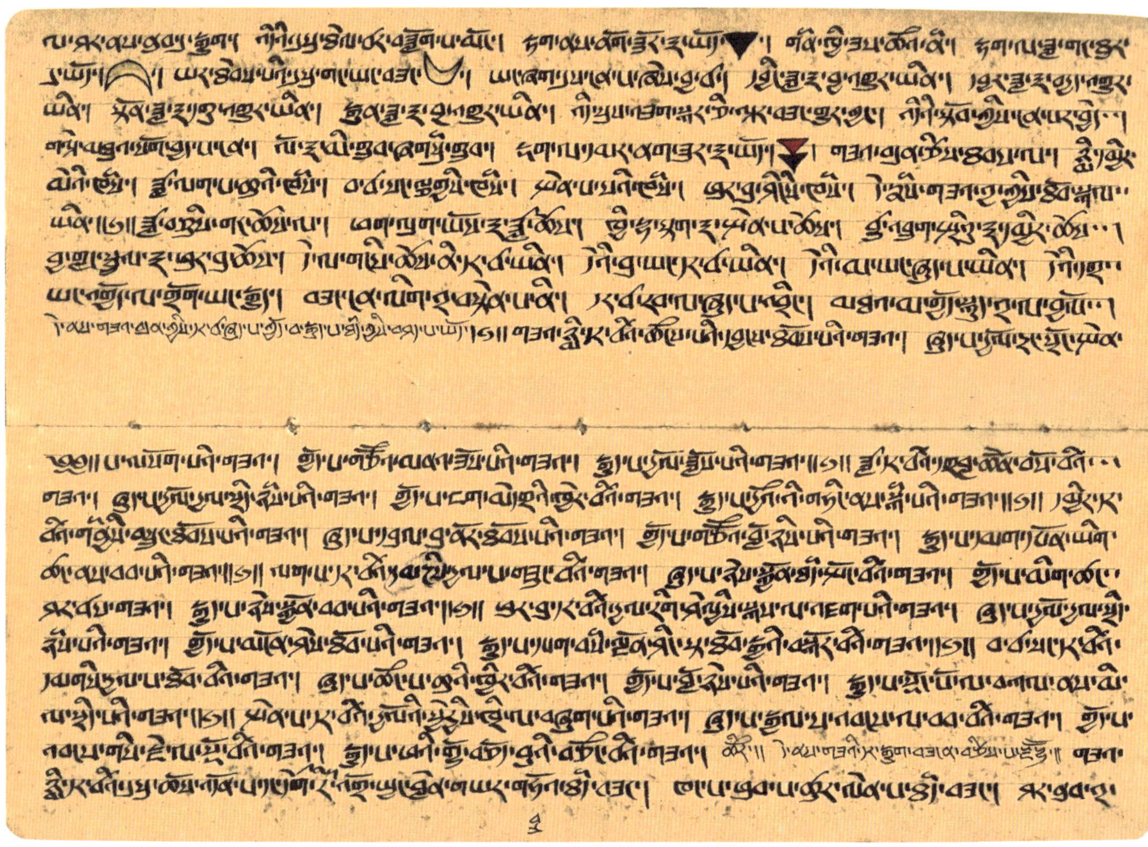

普米音译	ཟ་གཉེར་ཤག་མི་ཐིའི་ལི་མ་ཕྱུའི།
解读	$sõ^{55}zɿ^{55}$ $niɛ̃^{35}mə^{53}t^{h}i^{35}li^{55}$ $mᴀ^{35}tʃ^{h}y^{53}$ 三角形黑（助词）提哩不好
意译	提哩黑色的三角形不好。

普米音译	ལྷི་ཏི་ཇོ་མི་ཐིའི་ལི་ཕྱུའི།
解读	$ɬi^{55}$ $ti^{55}ʤo^{55}mə^{53}t^{h}i^{35}li^{55}$ $tʃ^{h}y^{53}$ 月亮（助词）上弦（助词）提哩好
意译	提哩月亮上弦好。

普米音译	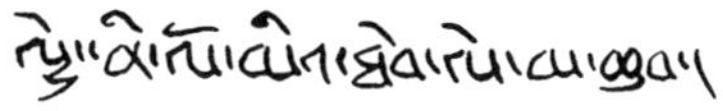
解读	ɬi^{55}nə^{35}lo^{55} mə^{53}t^{h}i^{35}li^{55} mᴀ^{35}ʧ^{h}y^{53} 月亮（前加）下弦（助词）提哩不好
意译	提哩月亮下弦不好。

普米音译	
解读	sõ^{55}zɿ^{55}mə^{53}ŋɛ̃^{55} ni^{55} niɛ̃^{35} t^{h}i^{35}li^{55} ʧ^{h}y^{55} 三角形（助词）黄红黑提哩好
意译	提哩三角形有红色、黄色、黑色好。

普米音译	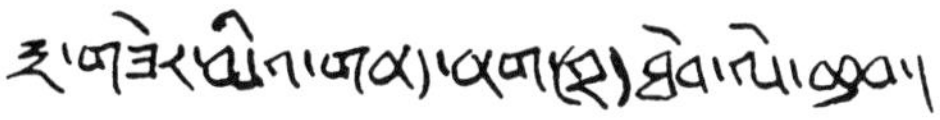
解读	sõ^{55}zɿ^{55}mə^{53}ni^{55} niɛ̃^{35} nə^{35} t^{h}i^{35}li^{55} ʧ^{h}y^{53} 三角形（助词）红黑二提哩好
意译	提哩三角形有红色和黑色两个颜色的好。

普米音译	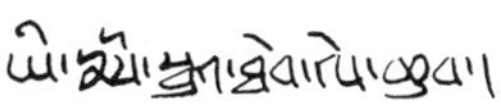
解读	ʒi^{35} nõ^{55} bʉ^{53} t^{h}i^{35}li^{55} ʧ^{h}y^{53} 海螺和太阳提哩好
意译	提哩太阳和海螺一起好。

普米音译	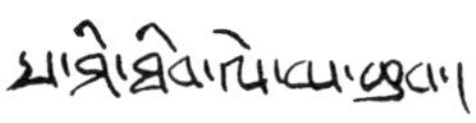
解读	sɐ^{55}ʃi^{53} t^{h}i^{35}li^{55} mᴀ^{35}ʧ^{h}y^{53} 萨西提哩不好
意译	提哩萨西[1]不好。

普米音译	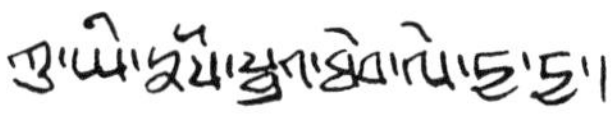
解读	kuᴀ^{55}ʒe^{35} nõ^{55} bʉ^{53} t^{h}i^{35}li^{55} ʤyɛ^{55}ʤyɛ^{55} 乌鸦和太阳提哩一般般
意译	提哩乌鸦和太阳一起一般般。

[1] 曜神之一。

普米音译	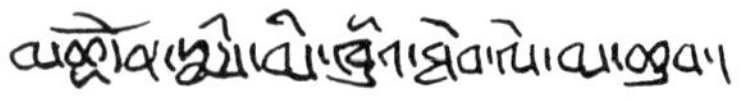
解读	tʃ^{h}ε^{55}fi^{55} nõ^{55} mə^{53}k^{h}u^{53} t^{h}i^{35}li^{55} mᴀ^{35}tʃ^{h}y^{53} 塔和人头提哩不好
意译	提哩塔和人头一起不好。

普米音译	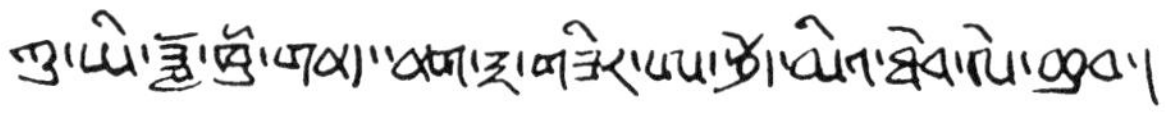
解读	kuᴀ^{55}ʒe^{35} do^{55} k^{h}u^{53} ni^{55} niε̃^{35} sõ^{55}zɿ^{55} ᴀ^{55}tsi^{55}mə^{53}t^{h}i^{35}li^{55} tʃ^{h}y^{53} 乌鸦背头红黑三角形（前加）插（助词）提哩好
意译	提哩乌鸦背上插着红色和黑色三角形好。

普米音译	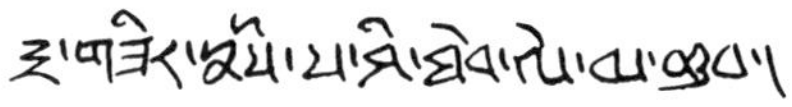
解读	sõ^{55}zɿ^{55}nõ^{55} sɐ^{55}ʃi^{53} t^{h}i^{35}li^{55} mᴀ^{35}tʃ^{h}y^{53} 三角形和萨西提哩不好
意译	提哩三角形和萨西一起不好。

普米音译	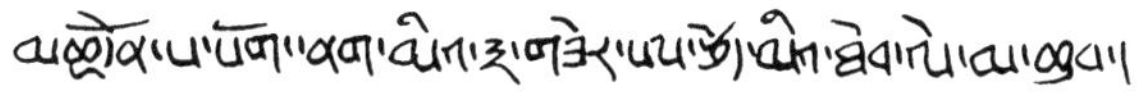
解读	tʃ^{h}ε^{55}fi^{55} pə^{55}po^{53} niε̃^{35}mə^{53}sõ^{55}zɿ^{55} ᴀ^{55}tsi^{55}mə^{53}t^{h}i^{35}li^{55} mᴀ^{35}tʃ^{h}y^{53} 塔底部黑（助词）三角形（前加）插（助词）提哩不好
意译	提哩塔底部插着黑色三角形不好。

普米音译	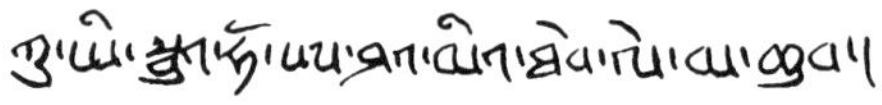
解读	kuᴀ^{55}ʒe^{35} bʉ^{53} to^{53}ᴀ^{55}ʃε^{35}mə^{53}t^{h}i^{35}li^{55} mᴀ^{35}tʃ^{h}y^{53} 乌鸦太阳上面（前加）栖息（助词）提哩不好
意译	提哩乌鸦栖息在太阳上不好。

普米音译	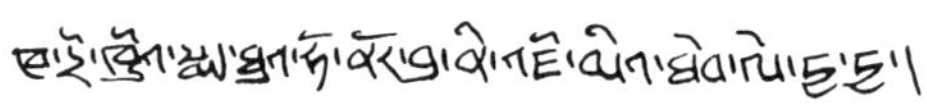
解读	k^{h}ᴀ^{55}tʂõ^{55} k^{h}u^{53} mᴀ̃^{35} t^{h}io^{55}to^{53}nə^{35}rə^{55}bu^{55}nə^{35}dʑõ^{55}mə^{53} t^{h}i^{35}li^{55} dʒyε^{55}dʒyε^{55} 三叉戟 头 尾 倒转 上面 乃尔布 （前加）坐 （助词）提哩 一般般
意译	提哩乃尔布在倒三叉戟上一般般。

普米音译	
解读	zA^{55} ni^{35}mɑ̃^{55} mi^{55}mzə̣^{55} mɐ^{53} k^{h}õ^{55} də^{55} 曜日火火方位是
意译	日曜、火曜是火的方位。

普米音译	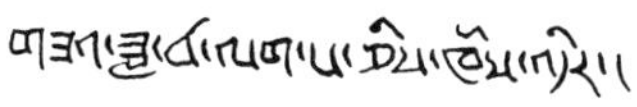
解读	zA^{55} dA^{35}wA^{55} lA^{35}pA^{55} ʧi^{55} k^{h}õ^{55} də^{55} 曜月水水方位是
意译	月曜、水曜是水的方位。

普米音译	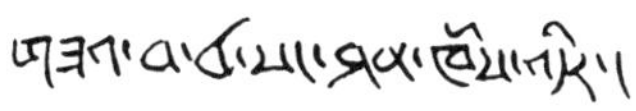
解读	zA^{55} pA^{55}wA^{55} sõ^{53} ʃi^{55} k^{h}õ^{55} də^{55} 曜金铁方位是
意译	金曜是铁的方位。

普米音译	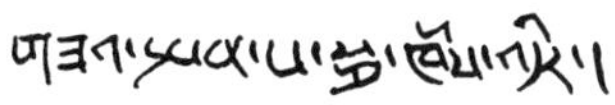
解读	zA^{55} pĩ^{55}bA^{55} ʧə^{55} k^{h}õ^{55} də^{55} 曜土土方位是
意译	土曜是土的方位。

普米音译	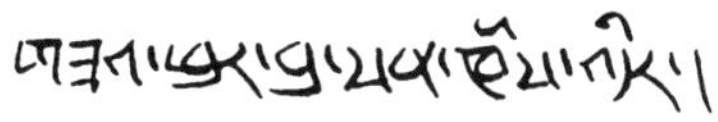
解读	zA^{55}p^{h}zə̣^{55}bu^{53} sẽ^{35} k^{h}õ^{55} də^{55} 曜木树方位是
意译	木曜是木的方位。

普米音译	
解读	tiA^{55}ko^{53} ko^{55}nə^{35} ʒi^{35} 一年十二月
意译	一年十二个月。

普米音译	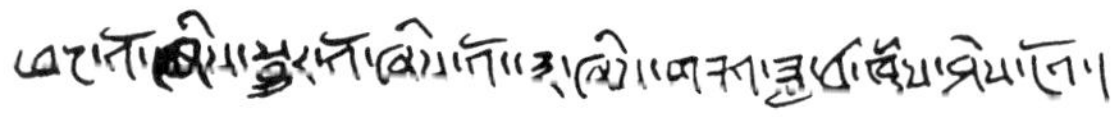
解读	p^{h}A^{55}wu^{35} ʒi^{35}bzẹ^{55}wu^{35} ʒi^{35}wu^{35} sõ^{55} ʒi^{35} zA^{55} dA^{35}wA^{55} k^{h}u^{53}ʃi^{55} ŋu^{53} 猪肖兔肖羊肖三月曜月曜头带领会
意译	猪月、兔月和羊月以月曜日开始。

普米音译	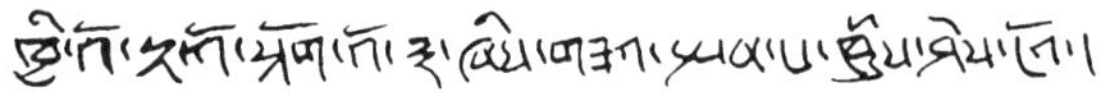
解读	ʧ^{h}i^{55}wu^{35} tiA^{55}wu^{35} to^{55}wu^{35} sõ^{55} ʒi^{35} zA^{55} pĩ^{55}pA^{55} k^{h}u^{53} ʃi^{55} ŋu^{53} 狗肖马肖虎肖三月曜土曜头带领会
意译	狗月、马月和虎月以土曜日开始。

普米音译	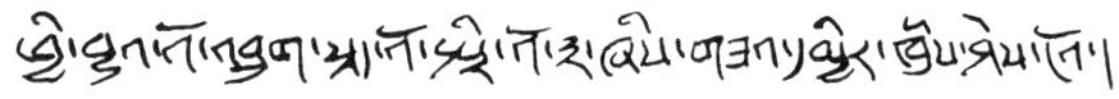
解读	ʧ^{h}i^{35}pie^{55}wu^{35} bzə̣^{35}te^{55}wu^{35} pzẹ^{55}wu^{35} sõ^{55} ʒi^{35} zA^{55} mi^{55}mzə̣^{55} k^{h}u^{53}ʃi^{55} ŋu^{53} 鼠肖龙肖猴肖三月曜火曜头带领会
意译	鼠月、龙月和猴月以火曜日开始。

普米音译	
解读	ʤyẽ^{35}wu^{35} lõ^{55}wu^{35} bzə̣^{35}dA^{55}wu^{35} sõ^{55} ʒi^{35} zA^{55} p^{h}zə̣^{55}bu^{53} k^{h}u^{53}ʃi^{55} ŋu^{53} 鸡肖牛肖蛇肖三月曜木曜头带领会
意译	鸡月、牛月和蛇月以木曜日开始。

普米音译	
解读	zA^{55} ni^{35}mã^{55} tA^{55}nə^{53}ʧ^{h}y^{55}gi^{35}wA^{35} k^{h}ɨ^{55} zọ̃^{35}ʧi^{35}zọ̃^{35}zẹ^{35}ʃu^{55} pʉ^{53} ʧə̃^{55}zu^{55} ʃĩ^{55} zu^{55} sẽ^{55}ʧi^{55} tsA^{55}tsuẽ^{55}ʧ^{h}y^{53} 曜日曜一日仪式名 给 福唤福喊仪式 做 房屋 造 仓库 造 牲畜 拖拉 好
意译	日曜日这一天进行“屈给瓦”[1]，向神祈福、建造房屋和仓库、买卖牲畜都好。

普米音译	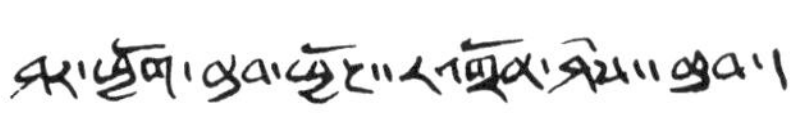
解读	ʃə^{53}ʧ^{h}ye^{53} niõ^{53}ʧ^{h}ye^{53} ruə^{55}dʐuə^{55} ʃi^{53} ʧ^{h}y^{53} 东方 西方 路 走 去 好
意译	朝东方和西方出行好。

[1]“屈给瓦”是老人去世后念超度安宁经的仪式。

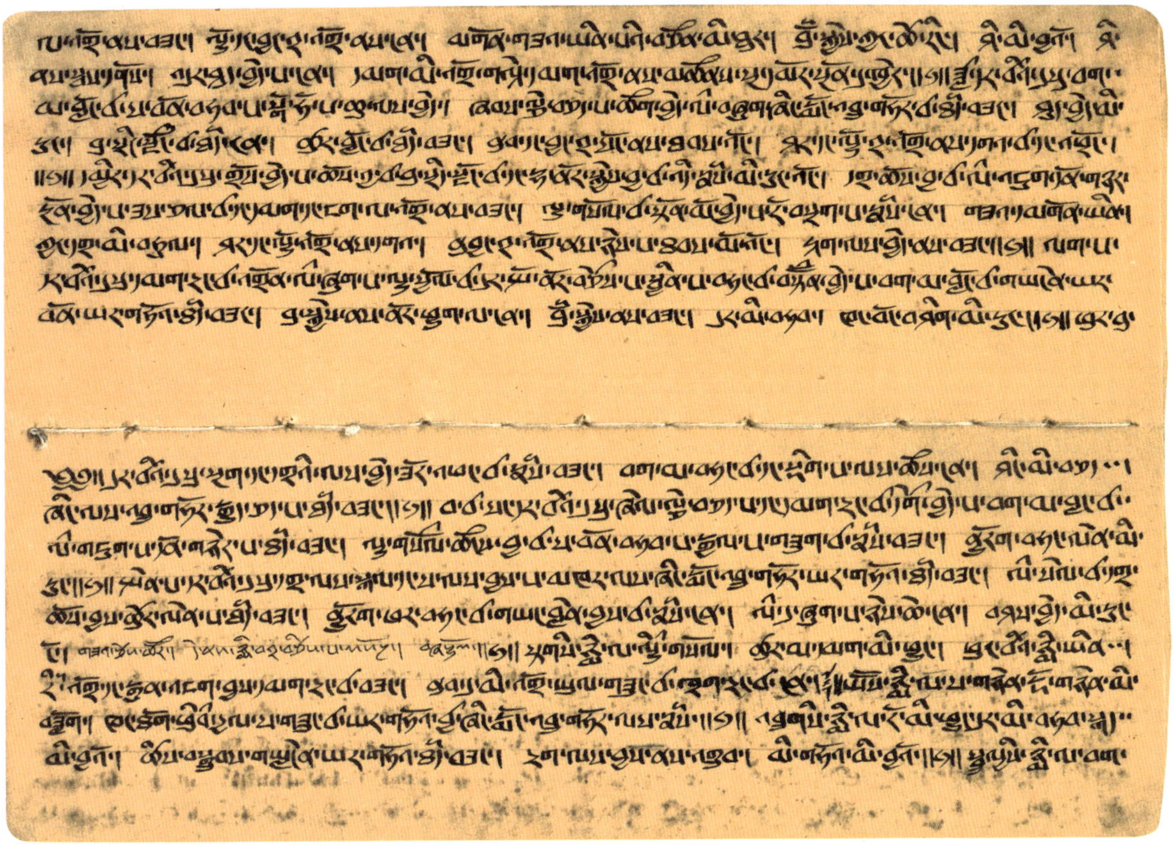

普米音译	
解读	xo^{53}ʧ^{h}ye^{53} ʧ^{h}õ^{53}ʧ^{h}ye^{53} ruə^{55} dʐuə^{55} ʃi^{53} mᴀ^{35}ʧ^{h}y^{53} 南方 北方 路 走 去 不好
意译	朝南方和北方出行不好。

普米音译	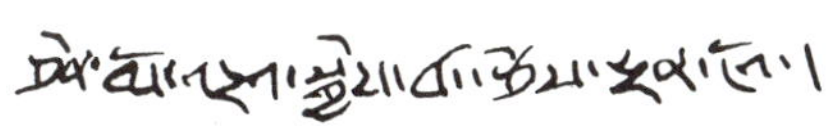
解读	ʧi^{35} mə^{35}dʐɛ^{35} ʃi^{55}wᴀ^{55} tsi^{55} ʂᴀ̃^{55} ŋu^{53} 婴儿 姑娘 诞生 寿 长 会
意译	女孩儿这一天出生会长寿。

普米音译	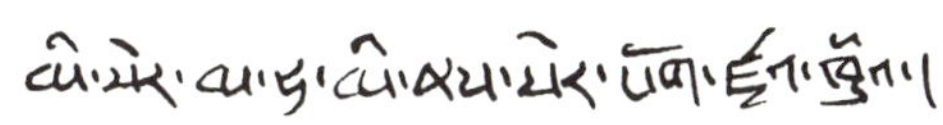
解读	mə^{53} sɿ^{35} mᴀ^{35} xɑ̃^{55} mə^{53} niɛ^{35} sɿ^{35} bu^{35}ʥu^{55} k^{h}u^{55} 人 死 不可以 人 如果 死 埋葬 要
意译	人死不好，如果人死了要土葬。

普米音译	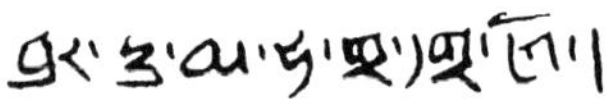
解读	pə^{55}zo̦^{53} mᴀ^{35} xã^{55} dzə̦^{35}dzə̦^{35} ŋu^{53} 焚烧 不可以 不好 会
意译	不可以火葬，会不好。

普米音译	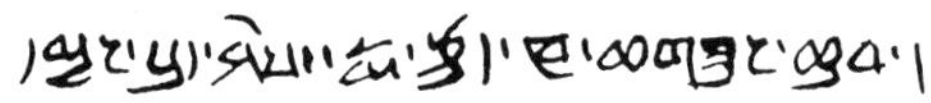
解读	nyɛ^{35} pʉ^{53} ʃi^{53} mɐ^{53}tsue^{53} k^{h}ə^{35} ʧ^{h}ɛ^{55} zu^{55} ʧ^{h}y^{53} 军队 做 去 武器 （前加）锋利 造 好
意译	去参军或制造武器好。

普米音译	
解读	zᴀ^{55} dᴀ^{35}wᴀ^{55} tᴀ^{55}nə^{53} 曜 月曜 一 日
意译	月曜日这一天。

普米音译	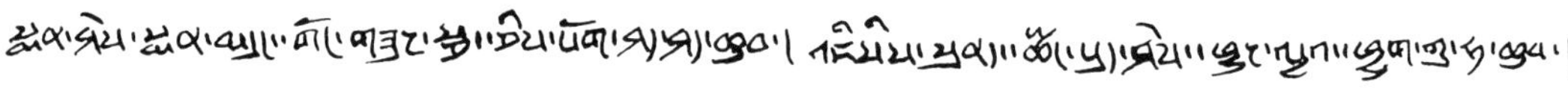
解读	mi^{53}ʃi^{35}mi^{53}dõ^{55} kõ^{35}zu^{55}ʧə^{55}ʧi^{55} po^{53} ʃyə^{55}ʃyə^{55} ʧ^{h}y^{53} ʥi^{35}ʥi^{35}suẽ^{55} ts^{h}õ^{55} pʉ^{53} ʃi^{53} ʧ^{h}o^{35} le^{35} ʧ^{h}o^{35} ko^{55}tᴀ^{53} ʧ^{h}y^{53} 女 娶 女 嫁 门 造 土 水 下面 触摸 好 书 读 生意 做 去 庄稼 种 庄稼 装 好
意译	嫁娶、造门、碰触土和水好，读书、做生意、种庄稼、收割庄稼好。

普米音译	
解读	tsʉ^{55} ʥõ^{55} k^{h}ɿ^{55} mᴀ^{35}ʧ^{h}y^{53} mə^{53} sɿ^{35} mᴀ^{35}xã^{55} 儿子 入赘 给 不好 人 死 不可以
意译	儿子入赘给别家不好，人死也不好。

普米音译	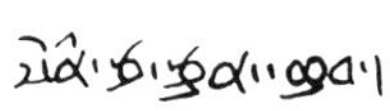
解读	sẽ^{55}ʧi^{55} tsᴀ^{55}tsuẽ^{55} ʧ^{h}y^{53} 牲畜 拖拉 好
意译	买卖牲畜好。

普米音译	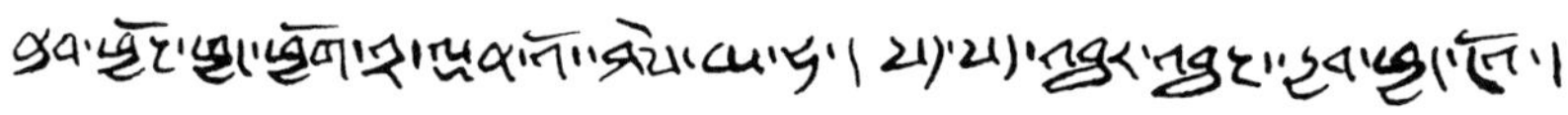
解读	niõ^{53}tʃʰye^{53} tʃʰõ^{53}tʃʰye^{53} ni^{35} dĩ^{35}wu^{53} ʃi^{53} mA^{35} xã^{55} sɐ^{55}sɐ^{55}bzə̣^{55}bzə̣u^{55} ʤo^{55} tʃʰõ^{53} ŋu^{53} 西方 北方 二 地方 去 不可以 吵吵闹闹 事情 出现 会
意译	不可以去西方和北方，会发生口角。

普米音译	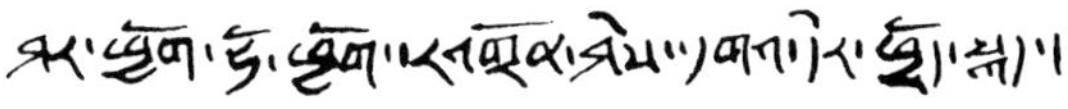
解读	ʃə^{53}tʃʰye^{53} xo^{53}tʃʰye^{53} ruə^{55}dzụə^{55}ʃi^{53} giɛ^{55} ti^{55} pʰzə̣^{55} ke^{55} 东方 南方 路 走 去 高兴（助词）遇见 会
意译	朝东方和南方出行会遇到好事。

普米音译	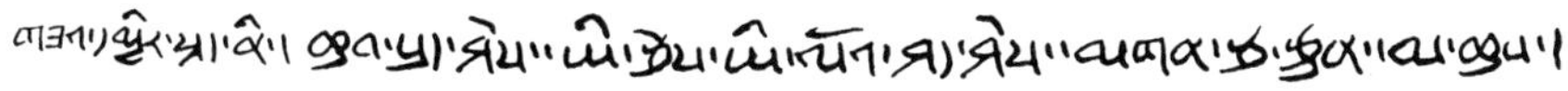
解读	zA^{55} mi^{55}mzə̣^{55} tA^{55}nə^{53}tʃʰy^{53} pʉ^{53}ʃi^{53} ji^{55}tsʅ^{55}ji^{55}lo^{55} ʃɛ^{35}ʃi^{35} guẽ^{35} tsA^{55}tsuẽ^{55} mA^{35}tʃʰy^{53} 曜 火曜 一日 好事 做 去 孙子 重孙 带 马 牵 不好
意译	火曜日这一天，做好事、带子孙出行或牵马不好。

普米音译	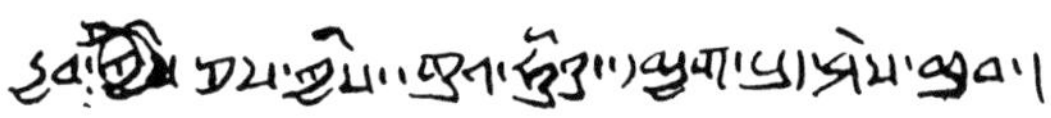
解读	ʤo^{55} tʃə^{35}tʃi^{35} guə^{35} tiõ^{55} nyɛ^{35} pʉ^{53} ʃi^{53} tʃʰy^{53} 纠纷 互相说 钱 讨 军队 做 去 好
意译	调解纠纷、讨债或参军好。

普米音译	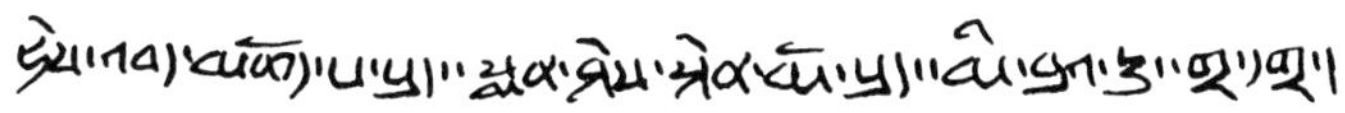
解读	xie^{55} bie^{53} tʃʰA^{35}pA^{55} pʉ^{53} mi^{53}ʃi^{35} tĩ^{55}mũ^{55}pʉ^{53} mə^{53}pə^{55}zo^{53} dzə̣^{35}dzə̣^{35} 神（助词）祭品 做 女 娶 赐福 做 人 焚烧 不好
意译	向神献祭品、娶妻、赐福[1]和火葬不好。

普米音译	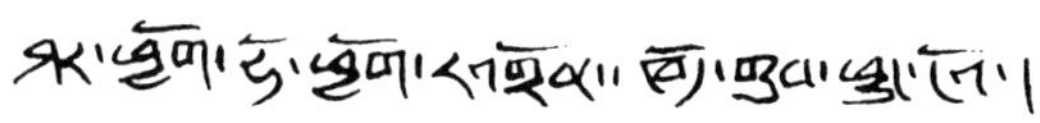
解读	ʃə^{53}tʃʰye^{53} xo^{53}tʃʰye^{53} ruə^{55}dzụə^{55} kʰuə^{55} gu^{55} tʃʰõ^{53} ŋu^{53} 东方 南方 路 走 心情 愉快 出现 会
意译	朝东方和南方出行心情会愉快。

[1] 抹酥油，赐福的仪式。

普米音译	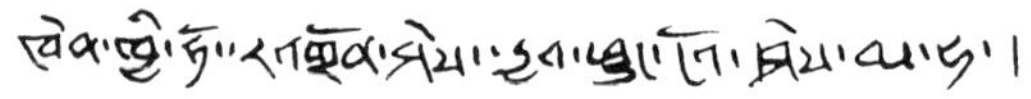
解读	k^{h}ĩ^{55}tʃ^{h}i^{53}to^{53}ruə^{55}dzʉə^{55} ʃi^{53} ʤo^{55} tʃ^{h}õ^{53} ŋu^{53} ʃi^{53} mᴀ^{35} xã^{55} 西北（助词）路 走 去 纠纷 出现 会 去 不可以
意译	不可以朝西北方向出行，会出现纷争。

普米音译	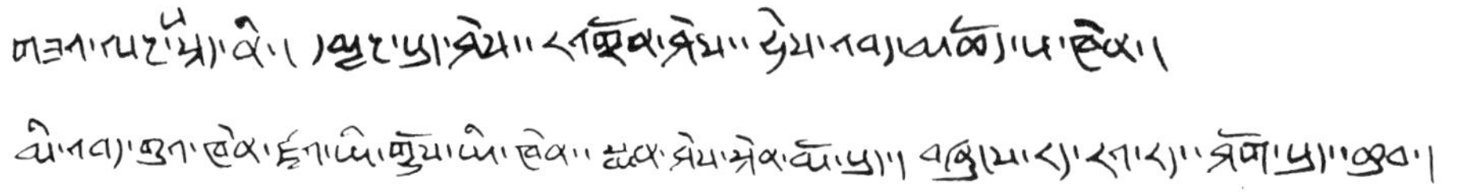
解读	zᴀ^{55} lᴀ^{35}pᴀ^{55} tᴀ^{55}nə^{53} nyɛ^{35}pʉ^{53} ʃi^{53} ruə^{55}dzʉə^{55} ʃi^{53} xie^{55}bie^{55}tʃ^{h}ᴀ^{35}pᴀ^{55} l^{h}ĩ^{55}mə^{53}bie^{53}guə^{35} k^{h}ĩ^{55} 曜 水曜 一 日 军队 做 去 路 走 去 神（助词）祭品 献 人（助词）钱 给 ʤɿ^{55}ji^{55}gui^{35}ji^{55}k^{h}ĩ^{55} mi^{53}ʃi^{35} ɦi^{55}mũ^{55} pʉ^{53} zõ^{35}ze^{35}zʉə^{35}ze^{35} ʃu^{55} pʉ^{53} tʃ^{h}y^{53} 吃（助词）穿（助词）给 女娶 赐福 做 福喊禄喊 仪式 做 好
意译	水曜日这一天，参军，出行，向神献祭品，给别人钱、食物和衣服，娶妻，赐福，举行祈求福禄的仪式好。

普米音译	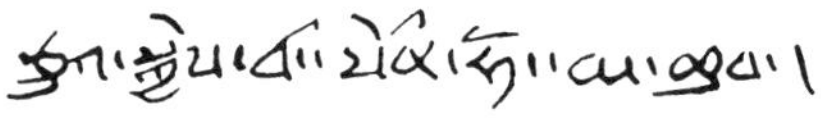
解读	tsʉ^{55} ʃi^{55}wᴀ^{53} sẽ^{55}tʃi^{55} to^{53} mᴀ^{35}tʃ^{h}y^{53} 儿子 诞生 牲畜（助词）不好
意译	儿子出生对牲畜不好。

普米音译	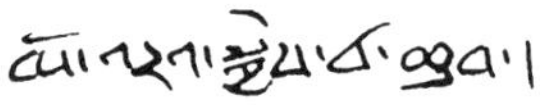
解读	mə^{35}dzɛ^{35} ʃi^{55}wᴀ^{55} tʃ^{h}y^{53} 女儿 诞生 好
意译	女儿出生好。

普米音译	
解读	mə^{53} sɿ^{35} mᴀ^{35}tʃ^{h}y^{53} 人 死 不好
意译	人死了不好。

普米音译	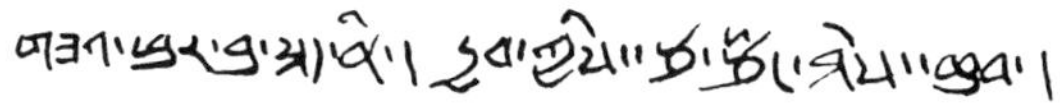
解读	zᴀ^{55} p^{h}zə^{55}bu^{53}tᴀ^{55}nə^{53} ʤo^{55} ʧi^{35} tsᴀ^{55}tso^{55} ʃi^{53} ʧ^{h}y^{53} 曜 木曜 一 日 纷争 说 打架 去 好
意译	木曜日这一天解决纠纷或去打架好。

普米音译	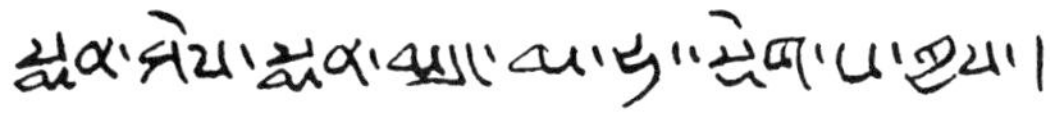
解读	mi^{53}ʃi^{35}mi^{53}dõ^{55} mᴀ^{35}xɑ̃^{55} dʉ^{55}pᴀ^{55} ʧə^{55} 女 娶 女 嫁 不可以 罪孽 大
意译	不可以嫁娶，罪孽会大。

普米音译	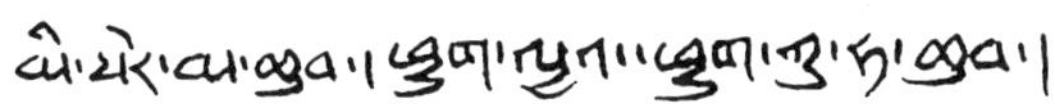
解读	mə^{53}sɿ^{35} mᴀ^{35}ʧ^{h}y^{53}ʧ^{h}o^{35} le^{35} ʧ^{h}o^{35} ko^{35}tᴀ^{53} ʧ^{h}y^{55} 人 死不好 庄稼 种 庄稼 装 好
意译	人死不好，种庄稼或收割庄稼好。

普米音译	
解读	zᴀ^{55} pᴀ^{55}wᴀ^{55}sõ^{53} tᴀ^{55}nə^{53} ʥi^{35}ʥi^{35} suẽ^{55} nyɛ^{35} pʉ^{53}ʃi^{53} ʧ^{h}y^{55}gi^{35}wᴀ^{35} k^{h}ĩ^{55} mi^{53} ʃi^{35}guə^{35} tiõ^{55} ʃi^{53} ʧ^{h}y^{53} 曜 金曜 一 日 书 读 军队 做 去 神仪式名 给 女 娶 钱 讨 去 好
意译	金曜日这一天，读书、参军、行善、做“屈给瓦”、娶妻或讨债好。

普米音译	
解读	xie^{55} bie^{53}ʧ^{h}ᴀ^{35}pᴀ^{55} k^{h}ĩ^{55} ts^{h}õ^{55} pʉ^{53} ʃi^{53} ʃu^{55} pʉ^{53}ʣõ^{35} zu^{53} ʧ^{h}y^{53} 神（助词）祭品 献 生意 做 去 仪式 做 桥 造 好
意译	向神献祭品、做生意、举行仪式或建造桥梁好。

普米音译	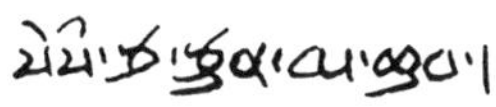
解读	sẽ^{55}ʧi^{55} tsᴀ^{55}tsuẽ^{55} mᴀ^{35}ʧ^{h}y^{55} 牲畜 拖拉 不好
意译	买卖牲畜不好。

普米音译	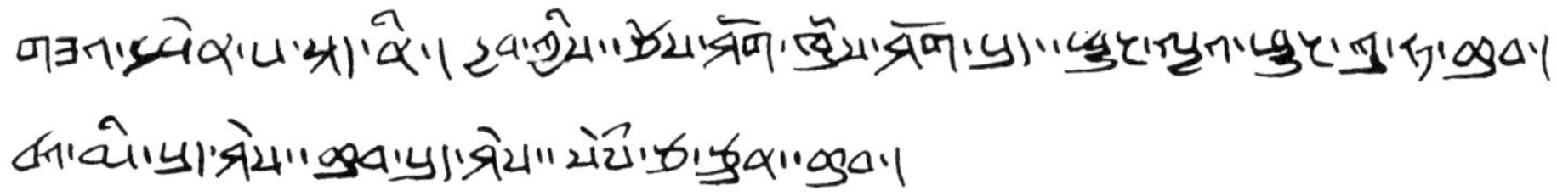
解读	zA^{55} pĩ^{55}bA^{55}tA^{55}nə^{53} ʤo^{55} ʧi^{35} tsi^{55}ʃu^{55}kʰõ^{35} ʃu^{55}pʉ^{53}ʧʰo^{35} le^{35} ʧʰo^{35}ko^{55}tA^{53} ʧʰy^{53} 曜 土曜 一 日 事情 说寿 仪式 命 仪式 做 庄稼 种 庄稼装 好 wə^{35}mə^{53} pʉ^{53}ʃi^{53} ʧʰy^{53} pʉ^{53} ʃi^{53} sẽ^{55}ʧi^{55} tsA^{55}tsuẽ^{55} ʧʰy^{53} 客人 做 去 好事 做 去 牲畜 拖拉 好
意译	土曜日这一天，解决纠纷、举行祈求寿命的仪式、种庄稼或收获庄稼好，去做客、做好事或买卖牲畜好。

普米音译	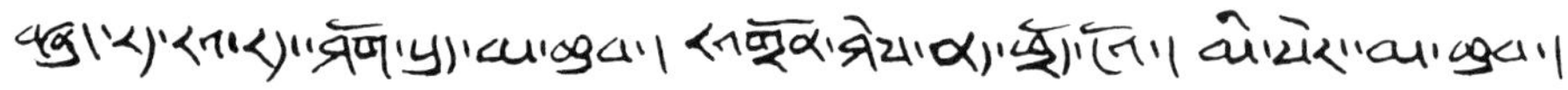
解读	zõ^{35}ẓe^{35}ẓuə^{35}ẓe^{35}ʃu^{55}pʉ^{53}mA^{35}ʧʰy^{53}ruə^{55}dẓuə^{55}ʃi^{53}ni^{55}pʰẓə^{55} ŋu^{53} mə^{53}sɿ^{35} mA^{35}ʧʰy^{53} 福 喊 禄 喊 仪式 做 不好 路 走 去 病 遇会 人 死 不好
意译	举行祈求福禄的仪式不好，出行会生病，人死了不好。

普米音译	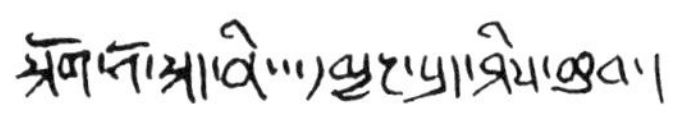
解读	to^{55}wu^{35} tA^{55}nə^{53} nyɛ^{35} pʉ^{53} ʃi^{53} ʧʰy^{53} 虎肖一日军队做去好
意译	属虎这一天去参军好。

普米音译	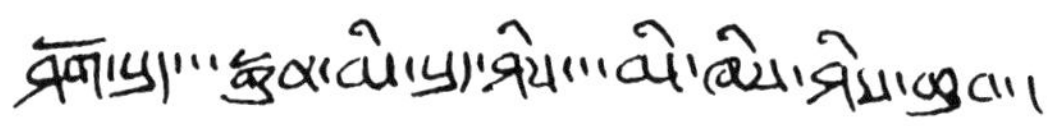
解读	ʃu^{55} pʉ^{53} kuə^{55}mə^{53} pʉ^{53} ʃi^{53} mə^{55}ʒi^{55} ʃi^{53} ʧʰy^{53} 仪式做盗窃做去抢劫去好
意译	举行仪式、做盗贼或抢劫好。

普米音译	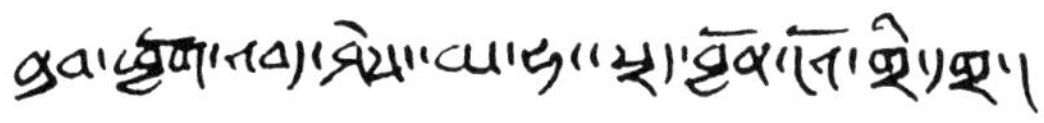
解读	niõ^{53}ʧʰye^{53} bie^{53} ʃi^{53} mA^{35}xã^{55} se^{35} ʧyẽ^{55} ŋu^{53} dẓə^{35}dẓə^{35} 西方（助词）去不可以血见会不好
意译	不可以朝西方出行，会有血光之灾，不好。

普米音译	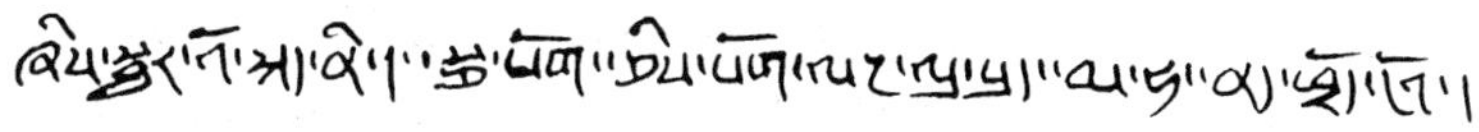
解读	ʒi^{35}bzẹ^{55}wu^{35}tᴀ^{55}nə^{53} ʧə^{55} po^{53} ʧi^{55} po^{53} lᴀ^{35}lo^{55} pʉ^{53} mᴀ^{35}xɑ̃^{55} ni^{55} p^{h}zə̣^{55} ŋu^{53} 兔肖一日土（助词）水（助词）事情做不可以病遇会
意译	属兔这一天不可以做跟土和水有关的事，会生病。

普米音译	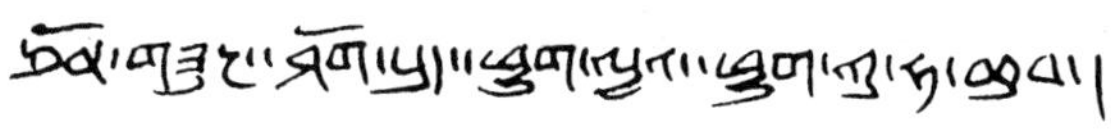
解读	ʧə̃^{55} zu^{53} ʃu^{55} pʉ^{53} ʧ^{h}o^{35} le^{35} ʧ^{h}o^{35} ko^{55}tᴀ^{53} ʧ^{h}y^{53} 房屋造仪式做庄稼种庄稼装好
意译	建造房屋、举行仪式、种庄稼或收割庄稼好。

普米音译	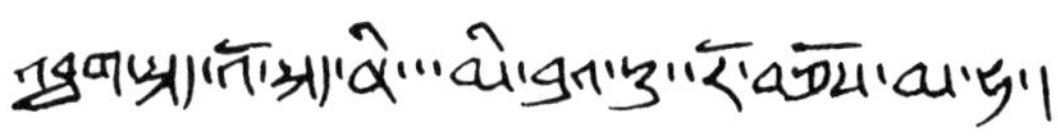
解读	bzə̣^{55}te^{55}wu^{35} tᴀ^{55}nə^{53}mə^{53} pə^{55}zọ^{53} ru^{35} ʧo^{55} mᴀ^{35}xɑ̃^{55} 龙肖一日人焚烧骨灰寄存不可以
意译	属龙这一天不可以火化，也不可以将骨灰寄存山上。

普米音译	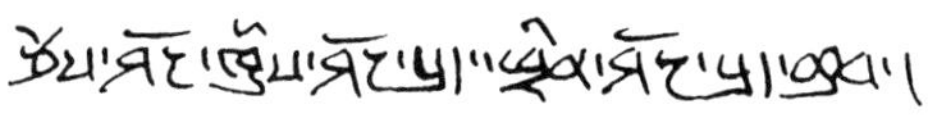
解读	tsi^{55} ʃu^{55} k^{h}õ^{35} ʃu^{55} pʉ^{53} ʃu^{55} p^{h}zẹ̃^{55}pʉ^{53} ʧ^{h}y^{53} 寿仪式命仪式做仪式白做好
意译	举行祈求寿命的仪式或举行白仪式[1]好。

普米音译	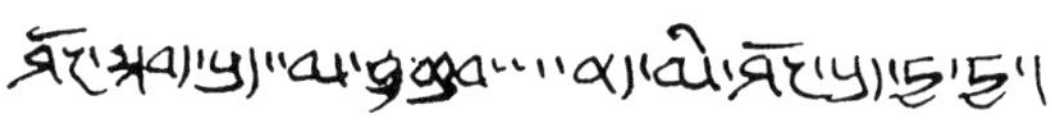
解读	ʃu^{55} te^{55} pʉ^{53} mᴀ^{35}ʧ^{h}y^{53} ni^{55}mə^{53}ʃu^{55} pʉ^{53} ʤyɛ^{55}ʤyɛ^{55} 仪式大做不好病人仪式做一般般
意译	做大仪式不好，为病人做仪式一般般。

普米音译	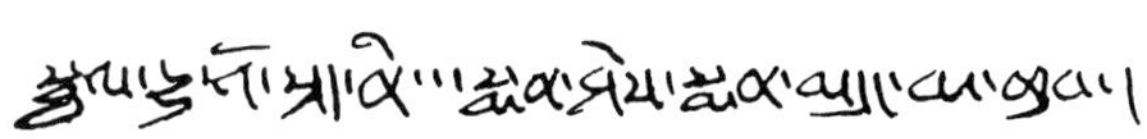
解读	bzə̣^{35}dᴀ^{55}wu^{35}tᴀ^{55}nə^{53}mi^{53}ʃi^{35} mi^{53}dõ^{55} mᴀ^{35}ʧ^{h}y^{55} 蛇肖一日女娶女嫁不好
意译	属蛇这一天嫁娶不好。

[1] 白仪式指不用荤食祭祀，而是用牛奶、茶叶等来祭祀的仪式。

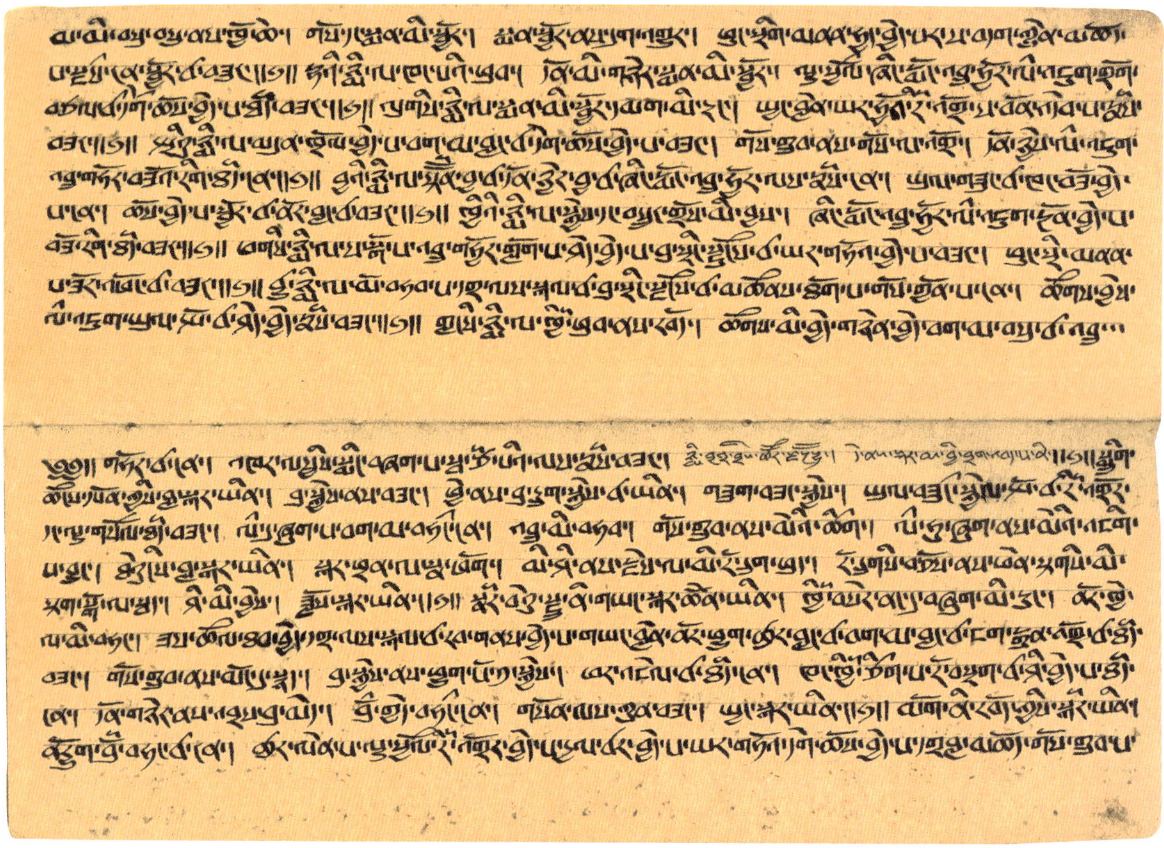

普米音译	
解读	tʃõ^{55}gui^{35} dzi̜^{53}mi^{53}tʰiẽ^{55} mA^{35}tʃʰy^{53} mi^{53}tʰiẽ^{55} pʰĩ^{55} jõ^{55} mA^{35}ʃi^{35} 服装缝制药喝不好药喝效果会不有
意译	缝制衣服不好，喝药不好，不会有药效。

普米音译	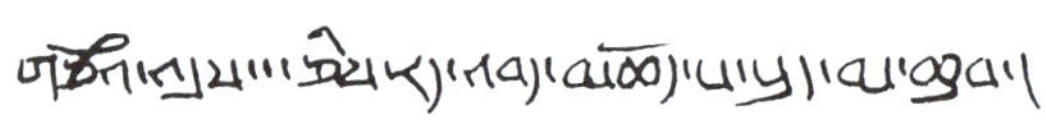
解读	tsu^{55} dui^{53} tʃi^{55}ʐe̜^{35} bie^{53} tʃʰA^{35}pA^{55} pʉ^{53} mA^{35}tʃʰy^{53} 鬼压龙王（助词）祭品做不好
意译	镇压鬼魂、向龙王献祭品不好。

普米音译	
解读	tiA^{55}wu^{35}tA^{55}nə^{53}ruə^{55}dʐu̜ə^{55} lA^{35}lo^{55} pʉ^{53}ʃi^{55}mA^{35}tʃʰy^{53}mi^{53} tʰiẽ^{55} tʃʰy^{53} 马肖一日路走事情做去不好药喝好
意译	属马这一天出行或做事情不好，喝药好。

普米音译	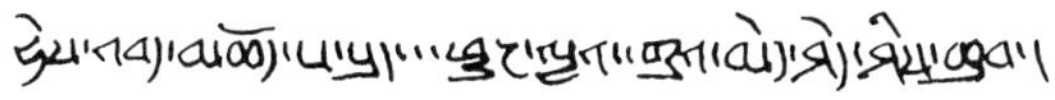
解读	xie^{55} bie^{53} ʧʰᴀ^{35}pᴀ^{55}pʉ^{53} ʧʰo^{35} le^{35} guə^{35} mə^{55}ʃe^{55} ʃi^{53} ʧʰy^{53} 神（助词）祭品做庄稼种钱寻找去好
意译	向神献祭品、种庄稼或寻找金钱好。

普米音译	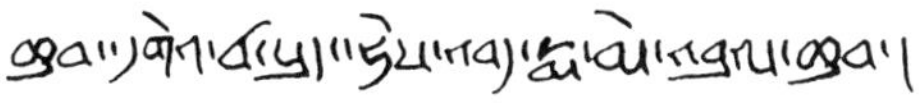
解读	ʧʰy^{55}gi^{35}wᴀ^{35} pʉ^{53} xie^{55} bie^{53} mɐ^{53}mə^{55} bi^{53} ʧʰy^{53} 仪式名做神（助词）油灯献好
意译	做“屈给瓦”仪式、向神献油灯好。

普米音译	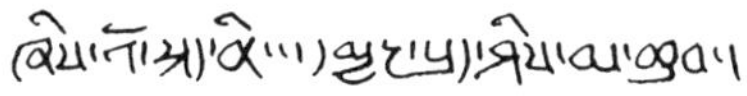
解读	ʒi^{35}wu^{35} tᴀ^{55}nə^{53} nyɛ^{35} pʉ^{53} ʃi^{55} mᴀ^{35}ʧʰy^{55} 羊肖一日军队做去不好
意译	属羊这一天去参军不好。

普米音译	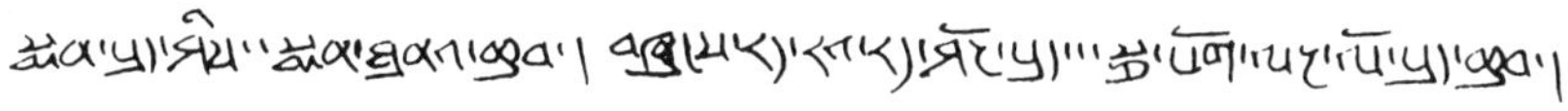
解读	mi^{53}pʉ^{53}ʃi^{53}mi^{53}tʰiẽ^{55}ʧʰy^{53}zõ^{35}ẓe^{35}ẓuə^{35}ẓe^{35} ʃu^{55} pʉ^{53} ʧə^{55} po^{53} lᴀ^{35}lo^{55}pʉ^{53} ʧʰy^{53} 药做去药喝好福喊禄喊仪式做土（助词）事情做好
意译	做药或喝药好，举行祈求福禄的仪式或做跟土有关的事情好。

普米音译	
解读	pẓe^{55}wu^{35}tᴀ^{55}nə^{53}mi^{53}ʃi^{35}mi^{53}dõ^{55} ʧʰy^{55}gi^{35}wᴀ^{35}pʉ^{53}ʧʰy^{53} 猴肖一日女娶女嫁仪式名做好
意译	属猴这一天嫁娶或做“屈给瓦”仪式好。

普米音译	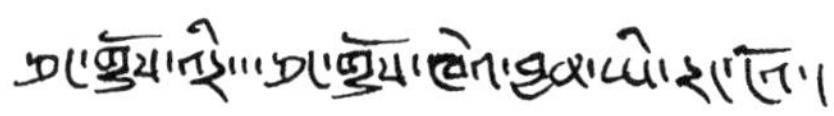
解读	ʧõ^{55}gui^{35} dẓi^{53}ʧõ^{55}gui^{35} kʰə^{35} ʧyẽ^{55} ji^{53} tʂõ^{55} ŋu^{53} 服装缝制服装（前加）送（助词）变会
意译	如果缝制服装，这些服装最终会送出去。

普米音译	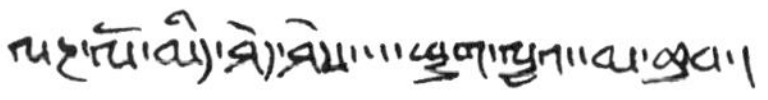
解读	lᴀ^{35}lo^{55}mə^{55}ʃe^{55}ʃi^{53} tʃʰo^{35}le^{35}mᴀ^{35}tʃʰy^{53} 事情寻找去庄稼种不好
意译	去找事情做或种庄稼不好。

普米音译	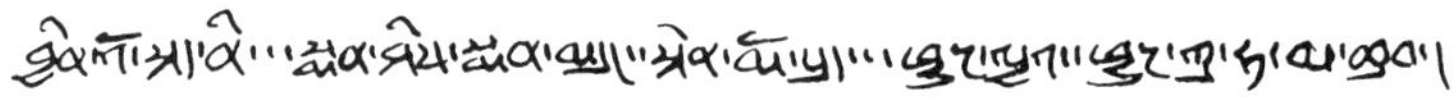
解读	ʥyẽ^{35}wu^{35}tᴀ^{55}nə^{53}mi^{53}ʃi^{35}mi^{53}dõ^{55} tĩ^{55}mũ^{55}pʉ^{53}tʃʰo^{35} le^{35} tʃʰo^{35} ko^{35}tᴀ^{53} mᴀ^{35}tʃʰy^{53} 鸡肖一日女娶女嫁赐福做庄稼种庄稼装不好
意译	属鸡这一天嫁娶、赐福、种庄稼或收割庄稼不好。

普米音译	
解读	dĩ^{35} zu^{53} tʃə̃^{55} zu^{53} mᴀ^{35}tʃʰy^{53} tʃʰy^{53}pʉ^{53}ʃi^{53}mə^{53} bie^{53} ʥʅ^{55}ji^{55} gui^{35}ji^{55} kʰĩ^{55} tʃʰy^{53} 土地造房屋造不好好事做去人（助词）吃（助词）穿（助词）给好 sẽ^{55}tʃi^{55} tsᴀ^{55}tsuẽ^{55} tʃʰy^{53} 牲畜拖拉好
意译	修田造屋不好，做好事、给别人食物好，买卖牲畜好。

普米音译	
解读	tʃʰi^{55}wu^{35} tᴀ^{55}nə^{53} tʃi^{35} kʰə^{35} ʒe^{55} kʰə^{35}ti^{55} ʒõ^{35} ʃi^{53} mᴀ^{35}tʃʰy^{53} 鼠肖一日婴儿（前加）生什么守护去不好
意译	属鼠这一天，婴儿出生或要守护任何东西不好。

普米音译	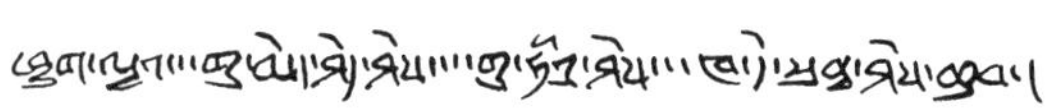
解读	tʃʰo^{35} le^{35}guə^{35} mi^{55}ʃe^{55} ʃi^{53} guə^{35} tiõ^{55} ʃi^{53} kʰə^{35}ti^{55} suẽ^{55} ʃi^{53} tʃʰy^{53} 庄稼种钱寻找去钱讨去什么学去好
意译	种庄稼、去赚钱或讨债、学任何东西好。

普米音译	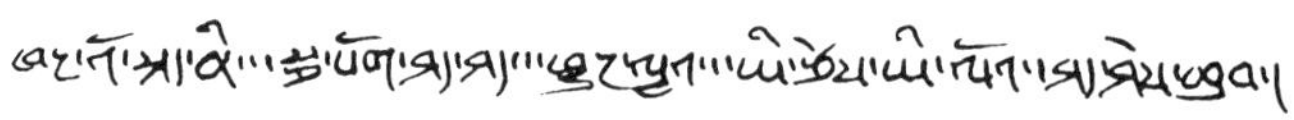
解读	pʰᴀ^{55}wu^{35} tᴀ^{55}nə^{53}tʃə^{55} po^{53} ʃyə^{55}ʃyə^{55} tʃʰo^{35} le^{35} ji^{55}tsʅ^{55}ji^{55}lo^{55} ʃə^{35}ʃi^{35} tʃʰy^{53} 猪肖一日土（助词）碰庄稼种孙子重孙带好
意译	属猪这一天，碰跟土有关的东西、种庄稼或带子孙出行好。

普米音译	
解读	p^{h}zẽ^{55} ʃu^{55} pʉ^{53} ʧ^{h}y^{53} tsu^{55}dui^{53}ʒo^{35}dui^{53} ʧ^{h}y^{53} 白仪式做好鬼压魔压好
意译	做白仪式好，镇压魔鬼好。

普米音译	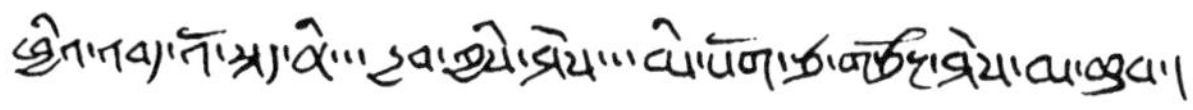
解读	ʧ^{h}i^{55}pie^{55}wu^{35} tᴀ^{55}nə^{53} ʤo^{55} ʧi^{35} ʃi^{53} mə^{53} po^{53} tsᴀ^{55}tso^{55} ʃi^{53} mᴀ^{35}ʧ^{h}y^{53} 鼠肖一日事情说去人（助词）打架去不好
意译	属鼠这一天，调解纠纷会和人打架，不好。

普米音译	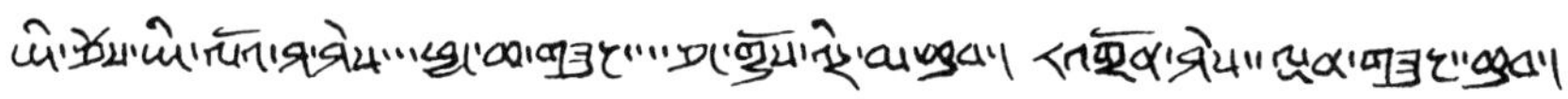
解读	ji^{55}tsɿ^{55}ji^{55}lo^{55}ʃə^{35}ʃi^{35} ʧ^{h}õ^{35}ʧ^{h}ɛ^{35}zu^{53} ʧõ^{55}gui^{35} dzi̥^{53} mᴀ^{35}ʧ^{h}y^{53} ruə^{55}dzu̥ə^{55}ʃi^{53} dĩ^{35} zu^{53} ʧ^{h}y^{53} 孙子重孙带武器造服装缝制不好路走去土地造好
意译	带子孙出行、制造武器、缝制服装不好，出远门、修整土地好。

普米音译	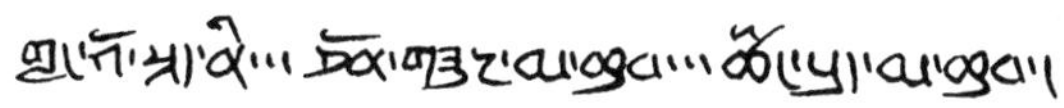
解读	lõ^{55}wu^{35} tᴀ^{55}nə^{53} ʧə̃^{55} zu^{53} mᴀ^{35}ʧ^{h}y^{53} ts^{h}õ^{55} pʉ^{53} mᴀ^{35}ʧ^{h}y^{53} 牛肖一日房屋造不好生意做不好
意译	属牛这一天，建造房屋不好，做生意不好。

普米音译	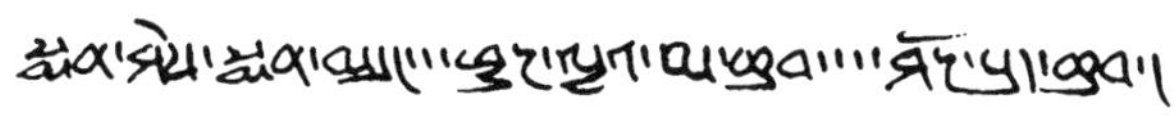
解读	mi^{53}ʃi^{35}mi^{53}dõ^{55} ʧ^{h}o^{35} le^{35} mᴀ^{35}ʧ^{h}y^{53} ʃu^{55} pʉ^{53} ʧ^{h}y^{53} 女娶女嫁庄稼种不好仪式做好
意译	嫁娶、种庄稼不好，做仪式好。

普米音译	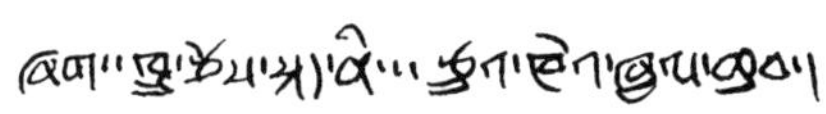
解读	ʃɛ^{35} tʂ^{h}ʉ^{55}tsɿ^{55} tᴀ^{55}nə^{53} tsʉ^{55} k^{h}ə^{35} ʒe^{55} ʧ^{h}y^{53} 宿昴一日儿子（前加）生好
意译	昴宿这一天儿子出生好。

普米音译	
解读	mə^{35}dzɛ̱^{35}rə^{55} tõ^{55}pu^{55} tsʉ^{55} k^{h}ə^{35} ʒe^{55} gõ^{35}nõ^{35} tsʉ^{55} tʂ^{h}u^{55}tsɿ^{55} ʒe^{55} ŋu^{53} 姑娘们开始儿子（前加）生后来儿子六个生会
意译	姑娘们生了一个儿子后会连续生六个儿子。

普米音译	
解读	gũ^{55}mu^{53} ʧ^{h}y^{53} ŋu^{53} 身体好会
意译	身体会好。

普米音译	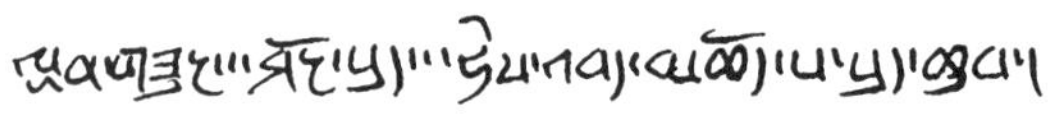
解读	di^{35} zu^{53} ʃu^{55} pʉ^{53} xie^{55} bie^{53} ʧ^{h}ᴀ^{35}pᴀ^{55} pʉ^{53} ʧ^{h}y^{53} 土地造仪式做神（助词）祭品做好
意译	建造土地、做仪式、向神献祭品好。

普米音译	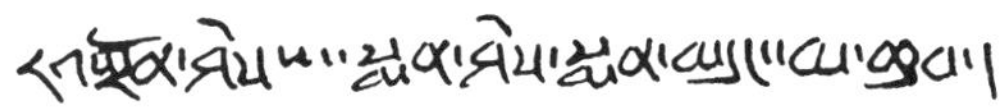
解读	ruə^{55}dzu̡ə^{55} ʃi^{53} mi^{53}ʃi^{35}mi^{53}dõ^{55} mᴀ^{35}ʧ^{h}y^{53} 路走去女娶女嫁不好
意译	出行、嫁娶不好。

普米音译	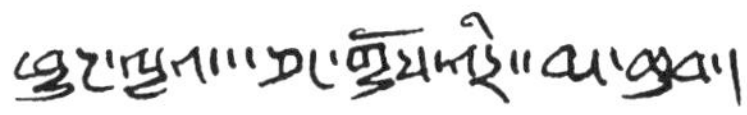
解读	ʧ^{h}o^{35}le^{35} ʧõ^{55}gui^{35}dzi̡^{53} mᴀ^{35}ʧ^{h}y^{53} 庄稼种服装缝制不好
意译	种庄稼、缝制服装不好。

普米音译	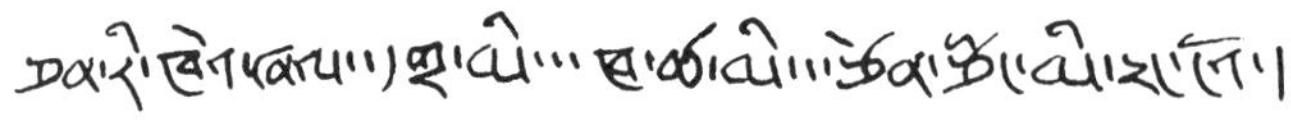
解读	ʧi^{35} rə^{55} k^{h}ə^{35} ʒe^{55} dzə̡^{55}mə^{55} k^{h}ᴀ^{55}ts^{h}ᴀ^{55} mə^{53} tsẽ^{55}tsõ^{55}mə^{53} tʂõ^{55} ŋu^{53} 婴儿们（前加）生能人话语伤人人暴躁人变会
意译	这一天婴儿们出生会变成能干的人、言语犀利的人或是暴躁的人。

普米音译	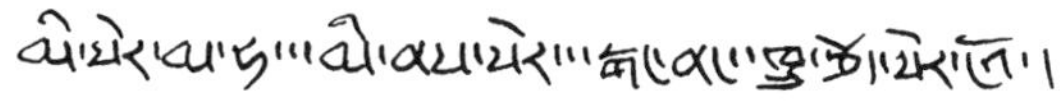
解读	mə^{53}sɿ^{35} mA^{35}xɑ̃^{55} mə^{53}niɛ^{35} sɿ^{35} gõ^{35}nõ^{35} tʂʰu^{55}tsɿ^{55} sɿ^{35}ŋu^{53} 人死不可以人如果死之后六个死会
意译	不可以死人，人如果死了，之后会连续有六个人死去。

普米音译	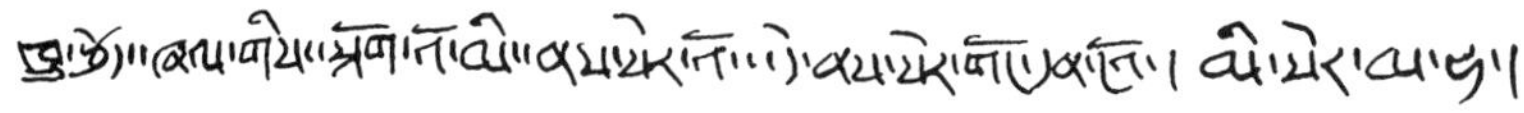
解读	tʂʰu^{55}tsɿ^{55} ʒɛ^{55}gi^{53} to^{55}wu^{35}mə^{53} niɛ^{53}sɿ^{35} wu^{53} ti^{55} niɛ^{53} sɿ^{35}kõ^{35} tÃ^{55} ŋu^{53} mə^{53} sɿ^{35} mA^{35}xɑ̃^{55} 六个后面虎肖人（助词）死（助词）这（助词）死门关会人死不可以
意译	六个人死了之后，只有属虎的人死了，死亡之门才会关闭。这一天不可以死人。

普米音译	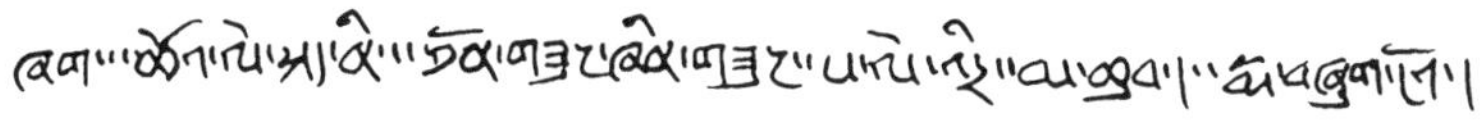
解读	ʃɛ^{35}tsʰɿ^{55}li^{55}tA^{55}nə^{53} ʧɔ̃^{55} zu^{53} ʒi^{55} zu^{53} pA^{55}li^{55} dzʅ^{53} mA^{35}ʧʰy^{53} mɐ^{53}jõ^{55} ŋu^{53} 宿毕一日房屋造仓库造上衣缝制不好火燃烧会
意译	毕宿这一天，建造房屋、建造仓库、缝制上衣不好，会有火灾。

普米音译	
解读	sẽ^{55}ʧi^{55} A^{55} tsuẽ^{55} mA^{35}ʧʰy^{53} 牲畜（前加）牵不好
意译	买入牲畜不好。

普米音译	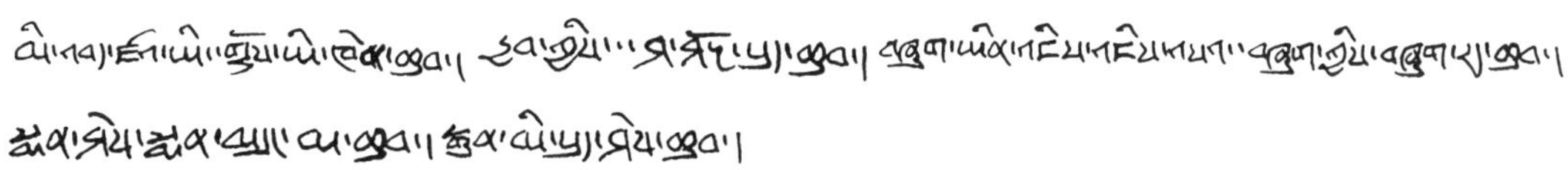
解读	mə^{53} bie^{53} ʥɿ^{55}ji^{55} gui^{35}ji^{55}kʰi^{55} ʧʰy^{53}ʥo^{55} ʧi^{35} ʃɛ^{55}ʃu^{55} pʉ^{53} ʧʰy^{53} 人（助词）吃（助词）穿（助词）给好纠纷说仪式做好 zo̰^{55}ʃi^{55}ʥi^{35}ʥi^{35}suA^{35}zo̰^{35}ʧi^{35}zo̰^{35}zḛ^{35}ʧʰy^{53}mi^{53}ʃi^{35}mi^{53}dõ^{55}mA^{35}ʧʰy^{53}kuə^{55}mə^{53}pʉ^{53}ʃi^{53}ʧʰy^{53} 书名经书念福唤福嘁好女娶女嫁不好盗贼做去好
意译	给别人食物和衣服好，调解纠纷、做仪式好，念经祈福好，嫁娶不好，行窃好。

普米音译	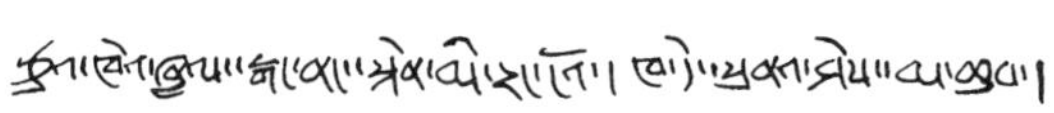
解读	tsʉ^{55} kʰə^{35} ʒe^{55} gõ^{35}nõ^{35} fi^{55} mə^{53} tʂo̰^{55}ŋu^{53} kʰə^{35}ti^{55}suẽ^{55}ʃi^{53} mA^{35}ʧʰy^{53} 儿子（前加）生以后富裕人变会什么学去不好
意译	这一天儿子出生以后会变成富人，这天去学任何东西都不好。

普米音译	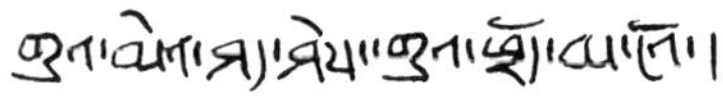
解读	guə^{35}mi^{55}ʃe^{55}ʃi^{53}guə^{35}p^{h}ʐ̩ə^{55}mᴀ^{35}ŋu^{53} 钱寻找去钱遇不会
意译	去寻钱也不会遇到钱。

普米音译	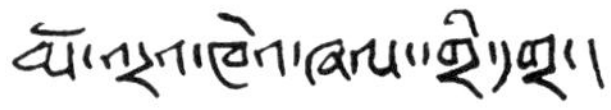
解读	mə^{35}dʐ̩ɛ^{35}k^{h}ə^{35} ʒe^{55}dʐ̩ə^{35}dʐ̩ə^{35} 姑娘（前加）生不好
意译	姑娘出生不好。

普米音译	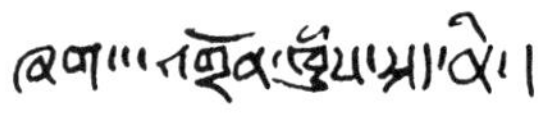
解读	ʃɛ^{35}dʐ̩ue^{35}k^{h}u^{53}tᴀ^{55}nə^{53} 宿觜一日
意译	觜宿这一天。

普米音译	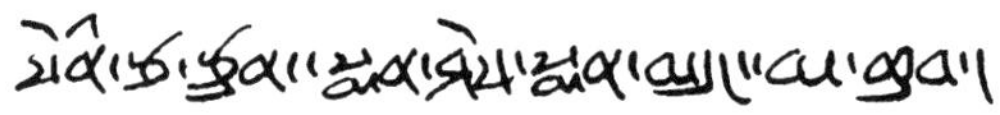
解读	sẽ^{55}ʧi^{55} tsᴀ^{55}tsuẽ^{55}mi^{53}ʃi^{35}mi^{53}dõ^{55} mᴀ^{35}ʧ^{h}y^{53} 牲畜拖拉女娶女嫁不好
意译	买卖牲畜，嫁娶不好。

普米音译	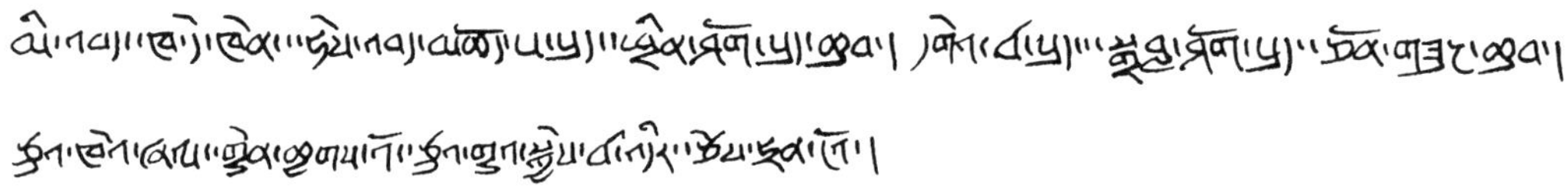
解读	mə^{53} bie^{53} k^{h}ə^{35}ti^{55} k^{h}ĩ^{55} xie^{55} bie^{53} ʧ^{h}ᴀ^{35}pᴀ^{55} pʉ^{53} p^{h}ʐ̩ẽ^{55} ʃu^{55} pʉ^{53} ʧ^{h}y^{53}gi^{35}wᴀ^{35}pʉ^{53}dʐ̩ᴀ^{35}lᴀ^{55}ʃu^{55} 人（助词）什么给神（助词）祭品做白仪式做好神名做扎拉仪式 pʉ^{53} ʧə̃^{55} zu^{53}ʧ^{h}y^{53}tsʉ^{55} k^{h}ə^{35} ʒe^{55}gᴀ̃^{35}tʂ^{h}ɛ^{35}wu^{53} tsʉ^{55} giɛ^{53} ʃi^{35}wᴀ^{55}də^{55} tsi^{55}ʂᴀ̃^{55}ŋu^{53} 做房屋造好儿子（前加）生上辈儿子（后加）投生是寿长会
意译	给别人东西、向神献祭品、做白仪式好，做“给瓦”（同“屈给瓦”）仪式、举行祭祀扎拉战神的仪式、建造房屋好，儿子这一天出生是上辈人的转世，会长寿。

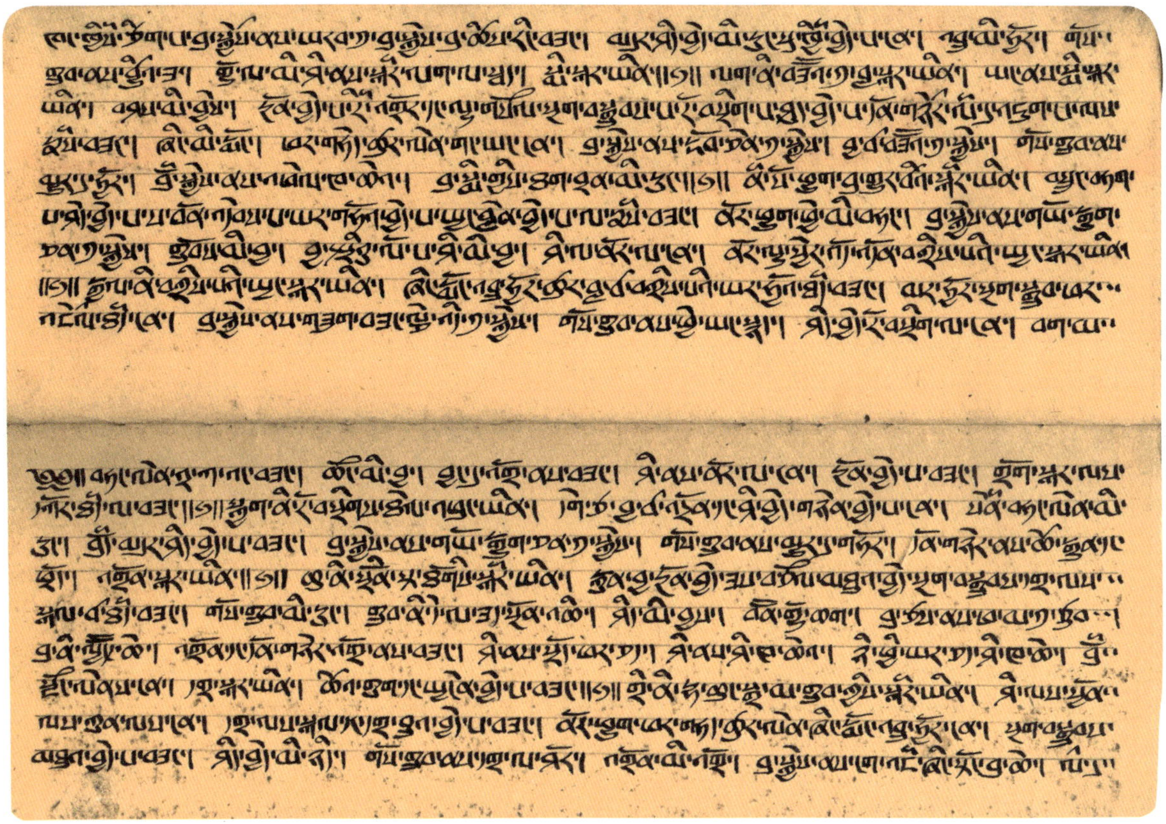

普米音译	མི་ནེ་པོར་ཞུག་ཙ།།མ་ཆུབ།
解读	mə^{53} nə^{35} sɿ^{35} pə^{55}ʐo^{53} mᴀ^{35}ʧ^{h}y^{53} 人（前加）死焚烧不好
意译	人死了火葬不好。

普米音译	ཕྱུག་ལྱུ་མ་ཆུབ།
解读	ʧ^{h}o^{35} le^{35} mᴀ^{35}ʧ^{h}y^{53} 庄稼种不好
意译	种庄稼不好。

普米音译	ཀ་རྒྱུ་ལྗེ།།མ་ཧ།།ཟ་མ་ཛོག་ཏེ།
解读	ʧõ^{55}gui^{35}dʐi^{53} mᴀ^{35} xã^{55} ɣo^{55} niɛ^{53} ʥɿ^{55} ŋu^{53} 服装缝制不可以老鼠（后加）吃会
意译	不可以缝制服装，老鼠会来吃。

普米音译	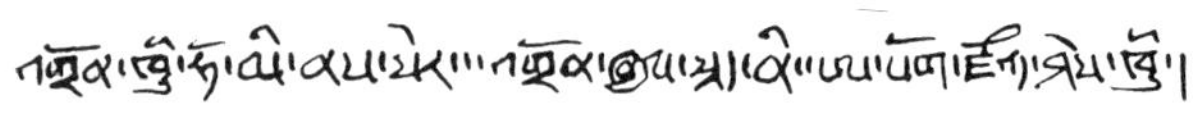
解读	dz̥ue^{35}k^{h}u^{53} to^{53} mə^{53} niε^{35} sɿ^{35} dz̥ue^{35}ʒε^{35}tA^{55}nə^{53} A^{55} pu^{53}ʥu^{55}ʃi^{53}k^{h}u^{55} 觜（助词）人如果死参一日（前加）埋葬去要
意译	如果有人在觜宿这一天去世，在参宿这一天要埋葬。

普米音译	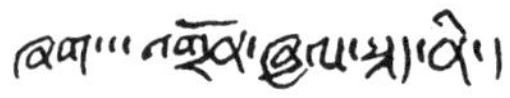
解读	ʃε^{35}dz̥ue^{35}ʒε^{35}tA^{55}nə^{53} 宿参一日
意译	参宿这一天。

普米音译	
解读	mə^{53}sɿ^{35}mA^{35}ʧ^{h}y^{53} 人死不好
意译	人死不好。

普米音译	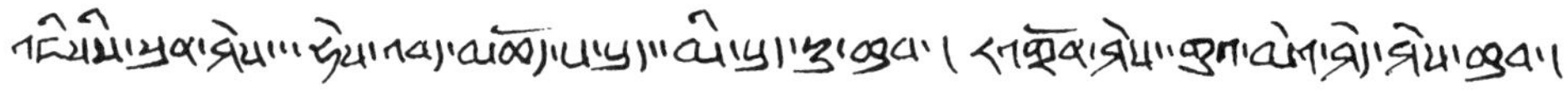
解读	ʥi^{35}ʥi^{35}suẽ^{55} ʃi^{53} xie^{55} bie^{53} ʧ^{h}A^{35}pA^{55} pʉ^{53} mə^{53} pə^{55}zo̥^{53} ʧ^{h}y^{53}ruə^{55}dz̥uə^{55} ʃi^{53}guə^{35}mə^{55}ʃe^{55}ʃi^{53}ʧ^{h}y^{53} 书念去神（助词）祭品做人焚烧好路走去钱寻找去好
意译	读书、向神献祭品、火葬、出行、寻钱好。

普米音译	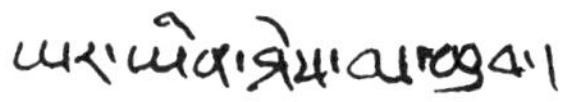
解读	ʒε^{35} ʃi^{55} ʃi^{53}mA^{35}ʧ^{h}y^{55} 地犁去不好
意译	去犁地不好。

普米音译	
解读	mə^{55} bie^{53} ʥɿ^{55}ji^{55} t^{h}iẽ^{55}ji^{55} mA^{35}ʧ^{h}y^{53} 人（助词）吃（助词）喝（助词）不好
意译	给别人食物不好。

普米音译	
解读	tsʉ^{55} kʰə^{35} ʒe^{55}mə^{53} ʧõ^{53} ʃi^{55}tʂõ^{55}ŋu^{53} 儿子（前加）生人能干铁变会
意译	这一天儿子出生会变成能干的人。

普米音译	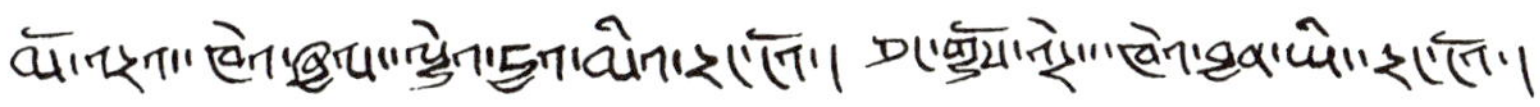
解读	mə^{35}dʐɛ^{35} kʰə^{35} ʒe^{55}ɬiɛ^{55}ʤᴀ^{55} mə^{53}tʂõ^{35}ŋu^{53} ʧõ^{55}gui^{35} dʐi^{53} kʰə^{35} ʧyẽ^{55}ji^{55}tʂõ^{55}ŋu^{53} 姑娘（前加）生能言善辩人变会服装缝制（助词）送（助词）变会
意译	这一天女儿出生会变成能说会道的人，缝制服装最终会送出去。

普米音译	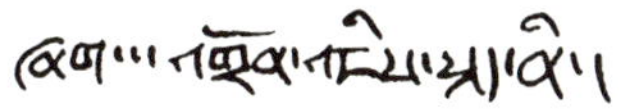
解读	ʃɛ^{35}dʐue^{35}ʤi^{35}tᴀ^{55}nə^{53} 宿井一日
意译	井宿这一天。

普米音译	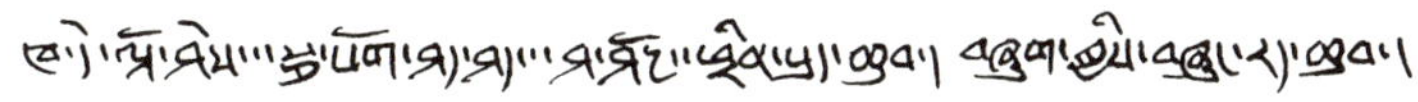
解读	kʰə^{35}ti^{55} to^{55} ʃi^{53} ʧə^{55} po^{55} ʃyə^{55}ʃyə^{55} ʃɛ^{55}ʃu^{55}pʰzẽ^{55}pʉ^{53}ʧʰy^{53}zõ^{35}ʧi^{35}zõ^{35}ze^{35}ʧʰy^{53} 什么看去土（助词）碰仪式白做好福唤福喊好
意译	看任何东西、碰土、做白仪式好，祈福好。

普米音译	
解读	sẽ^{55}ʧi^{55}mə^{53} bie^{53} kʰi^{55} mᴀ^{35} xɑ̃^{55} zõ^{35}zuə^{35} mə^{53}ʒɛ^{35}gi^{55}ʃi^{53}ŋu^{53} 牲畜人（助词）给不可以福禄人后面去会
意译	不可以给别人牲畜，福禄会跟着别人走。

普米音译	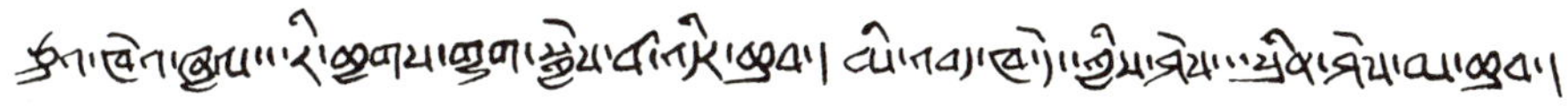
解读	tsʉ^{55} kʰə^{35} ʒe^{55} rə^{55}tʂʰɛ^{55}giɛ^{53} ʃi^{55}wᴀ^{55} də^{55}ʧʰy^{53}mə^{53} bie^{53} kʰə^{35}ti^{55}ʧi^{35} ʃi^{53} suẽ^{55} ʃi^{53} mᴀ^{35}ʧʰy^{55} 儿子（前加）生前辈（后加）投生是好人（前加）什么说去教去不好
意译	儿子出生是上辈人的转世，是好事，对人说教不好。

普米音译	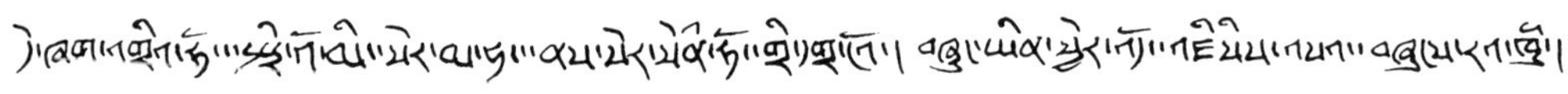
解读	ti^{55} ʃɛ^{35}dzɿ^{55} to^{53} pze̯^{55}wu^{35} mi^{53} sɿ^{35} mA^{35}xɑ̃^{55} niɛ^{35} sɿ^{35} sẽ^{55}ʧi^{55} to^{53} dzə̯^{35}dzə̯^{35} ŋu^{53} 这星宿（助词）猴肖人死不可以如果死牲畜（助词）不好会 zõ̯^{35}ʒi^{53} sɿ^{55}we^{55}ʤi^{35}ʤi^{35} suA^{35} zõ̯^{35}ze̯^{35} k^{h}u^{55} 经书名经书名经书念福喊要
意译	这个星宿日属猴的人不可以死，如果死了对牲畜会不好，要念思危经[1]来祈福。

普米音译	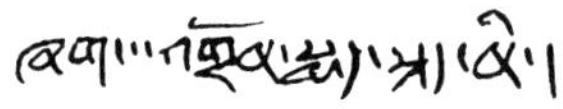
解读	ʃɛ^{35}dzu̯e^{35}mÃ^{35}tA^{55}nə^{53} 宿鬼一日
意译	鬼宿这一天。

普米音译	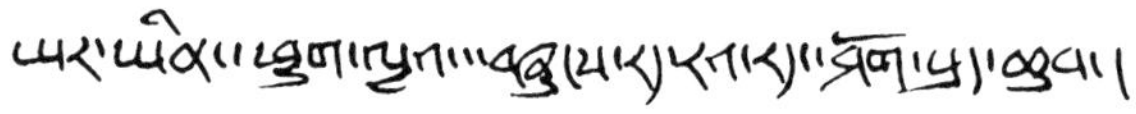
解读	ʒɛ^{35} ʝi^{55} ʧ^{h}o^{35}le^{35} zõ̯^{35}ze̯^{35}zu̯ə^{35}ze̯^{35} ʃu^{55} pʉ^{53} ʧ^{h}y^{53} 地犁庄稼种福喊禄喊仪式做好
意译	犁地种庄稼、举行祈福仪式好。

普米音译	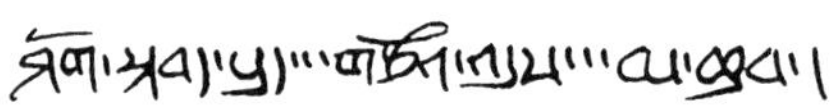
解读	ʃu^{55} te^{55}pʉ^{53} tsu^{55}dui^{55}mA^{35}ʧ^{h}y^{53} 仪式大做鬼压不好
意译	举行大仪式镇压鬼魂不好。

普米音译	
解读	tsʉ^{55} k^{h}ə^{35} ʒe^{55} gũ^{55}mu^{53}ʧ^{h}y^{55} ɬiɛ^{55} ʧ^{h}y^{53} mə^{53} tʂõ^{55}ŋu^{53} 儿子（前加）生身体好舌好人变会
意译	儿子出生会变成身体强壮、能言善道的人。

普米音译	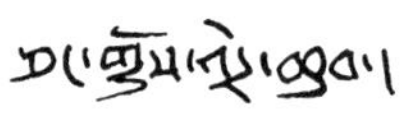
解读	ʧõ^{55}gui^{35} dzi̯^{53} ʧ^{h}y^{53} 服装缝制好
意译	缝制服装好。

[1]“思危经”为音译，是一种祈福的吉祥经。

普米音译	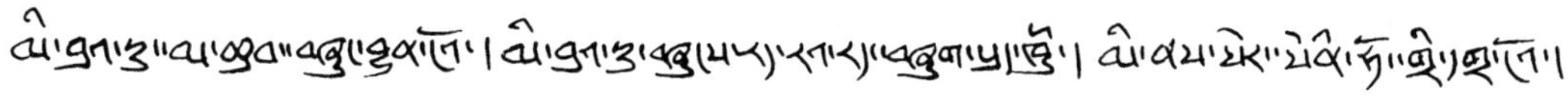
解读	mə^{53} pə^{55}ẓo^{53} mʌ^{35}ʧʰy^{53} ẓõ^{35} bĩ^{55} ŋu^{53} mə^{53} pə^{55}ẓo^{53} ẓõ^{35}ẓe^{35}ẓuə^{35}ẓe^{35} ẓo^{35} pʉ^{53} kʰu^{55} 人焚烧不好福飞会人焚烧福喊禄喊多做要 mə^{53} niɛ^{35} sɿ^{35} sẽ^{55}ʧi^{55} to^{53} dẓə^{35}dẓə^{35} ŋu^{53} 人如果死牲畜（助词）不好会
意译	火葬不好，福气会飞走。如果火化，要多做祈福的仪式。人如果死了对牲畜不好。

普米音译	
解读	mi^{53}ʃi^{35} mi^{53}dõ^{55} ʧʰy^{53} 女娶女嫁好
意译	嫁娶好。

普米音译	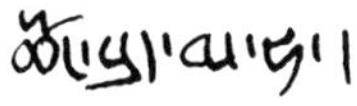
解读	tsʰõ^{55} pʉ^{55} mʌ^{35}xɑ̃^{55} 生意做不可以
意译	不可以做生意。

普米音译	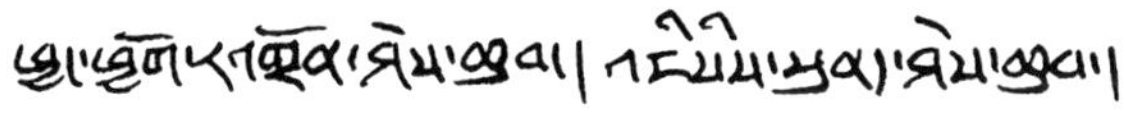
解读	ʧʰõ^{53}ʧʰye^{53} ruə^{55}dẓuə^{55}ʃi^{53} ʧʰy^{53} ʤi^{35}ʤi^{35} suẽ^{55} ʃi^{53} ʧʰy^{53} 北方路走去好书读去好
意译	朝北方出行好，去读书好。

普米音译	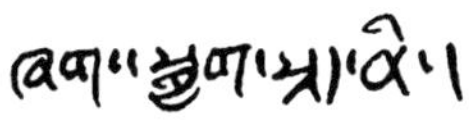
解读	ʃɛ^{35} ʃə^{53} tʌ^{55}nə^{53} 宿柳一日
意译	柳宿这一天。

普米音译	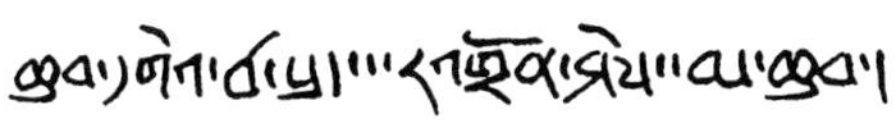
解读	ʧʰy^{55}gi^{35}wʌ^{35} pʉ^{53} ruə^{55}dẓuə^{55} ʃi^{53} mʌ^{35}ʧʰy^{55} 仪式名做路走去不好
意译	做“屈给瓦”仪式、出行不好。

普米音译	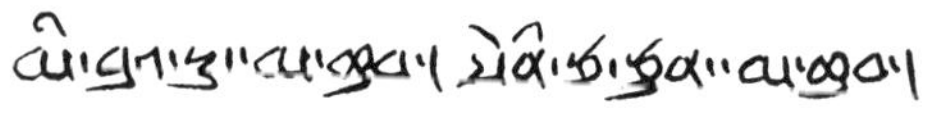
解读	mə^{53} pə^{55}zọ^{53} mᴀ^{35}tʃ^{h}y^{53} sẽ^{55}tʃi^{55} tsᴀ^{55}tsuẽ^{55} mᴀ^{35}tʃ^{h}y^{53} 人焚烧不好牲畜拖拉不好
意译	火葬、买卖牲畜不好。

普米音译	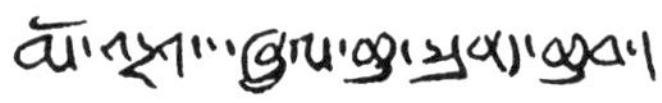
解读	mə^{35}dzɛ̤^{35} ʒɛ^{35}tʃ^{h}y^{35} suẽ^{55} tʃ^{h}y^{53} 姑娘手艺学好
意译	姑娘们去学手艺好。

普米音译	
解读	tsʉ^{55} k^{h}ə^{35} ʒe^{55} gÃ^{35}tʂ^{h}ɛ^{35} ʃi^{55}wᴀ^{55} də^{55} 儿子（前加）生上辈投生是
意译	儿子出生是上辈人的投生。

普米音译	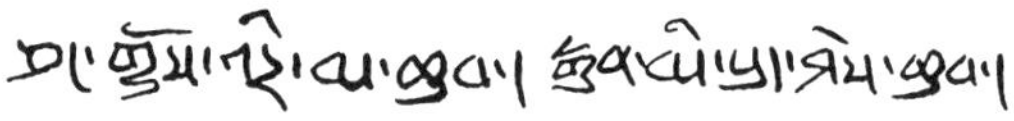
解读	tʃõ^{55}gui^{35} dzi̤^{53} mᴀ^{35}tʃ^{h}y^{53} kuə^{55}mə^{53} pʉ^{53} ʃi^{53} tʃ^{h}y^{53} 服装缝制不好盗贼做去好
意译	缝制服装不好，去行窃好。

普米音译	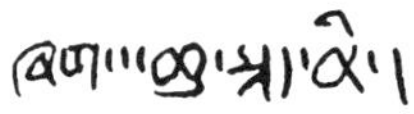
解读	ʃɛ^{35} tʃ^{h}y^{53} tᴀ^{55}nə^{53} 宿星一日
意译	星宿这一天。

普米音译	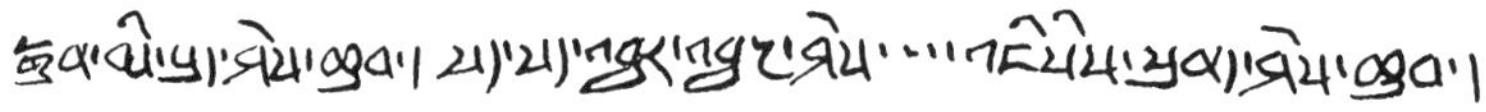
解读	kuə^{55}mə^{53} pʉ^{53} ʃi^{53} tʃ^{h}y^{53} sɐ^{55}sɐ^{53}bzə̤^{55}bzə̤u^{55} ʃi^{53} ʤi^{35}ʤi^{35} suẽ^{55} ʃi^{53} tʃ^{h}y^{53} 盗贼做去好吵吵闹闹去书读去好
意译	去行窃好，吵嘴或读书好。

普米音译	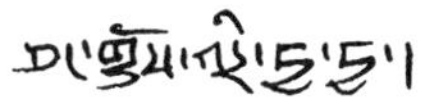
解读	tʃõ^{55}gui^{35} dzị^{55} ʤyɛ^{55}ʤyɛ^{55} 服装缝制一般般
意译	缝制服装一般般。

普米音译	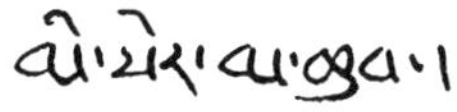
解读	mə^{53} sɿ^{35} mᴀ^{35}tʃʰy^{53} 人死不好
意译	人死了不好。

普米音译	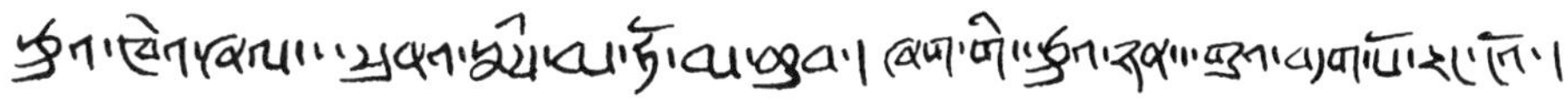
解读	tsʉ^{55} kʰə^{35} ʒe^{55}suã^{55} nõ^{55} mɑ^{55} to^{53} mᴀ^{35}tʃʰy^{53} ʒɛ^{55}gi^{53} tsʉ^{55} niɛ^{53} guə^{35} dᴀ^{35}pu^{55} tʂõ^{55} ŋu^{53} 儿子（前加）生父亲和母亲（助词）不好以后儿子（后加）钱主人变会
意译	儿子出生对父母不利，但是他自己以后会成为有钱人。

普米音译	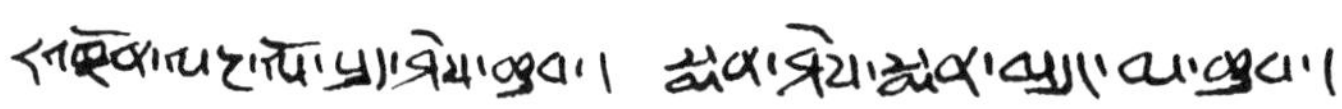
解读	ruə^{55}dzụə^{55} lᴀ^{35}lo^{55} pʉ^{53} ʃi^{53} tʃʰy^{53} mi^{53}ʃi^{35}mi^{53}dõ^{55} mᴀ^{35}tʃʰy^{53} 路走事情做去好女娶女嫁不好
意译	出行、做事情好，嫁娶不好。

普米音译	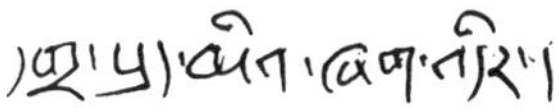
解读	dzə̣^{35} pʉ^{53} mə^{53} ʃɛ^{35} də^{55} 坏事做人日子是
意译	是做坏事的人的日子。

普米音译	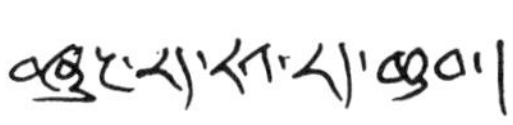
解读	zõ^{35}zẹ^{35}zụə^{35}zẹ^{35}tʃʰy^{53} 福喊禄喊好
意译	祈求福禄好。

普米音译	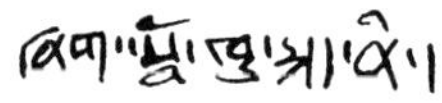
解读	ʃɛ^{35} bo^{35}k^{h}o^{55} tᴀ^{55}nə^{53} 宿张一日
意译	张宿这一天。

普米音译	
解读	mə^{53} nə^{35} sɿ^{35} mᴀ^{35}ʧ^{h}y^{53} ʧi^{35} k^{h}ə^{55} ʒe^{55} mᴀ^{35}ʧ^{h}y^{53} 人（前加）死不好婴儿（前加）生不好
意译	人死了不好，婴儿出生不好。

普米音译	
解读	mə^{53} po^{53} tsᴀ^{55}tso^{55} ʃi^{53} ʤo^{55} ʧi^{35} ʃi^{53} ʧ^{h}y^{53} 人（助词）吵架去事情说去好
意译	和人吵架或调解纠纷好。

普米音译	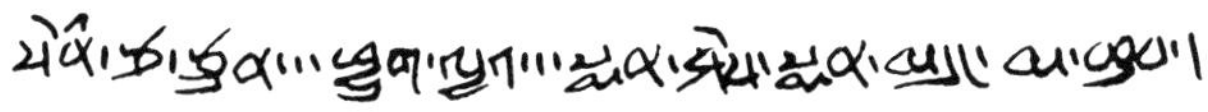
解读	sẽ^{55}ʧi^{55} tsᴀ^{55}tsuẽ^{55} ʧ^{h}o^{35}le^{35} mi^{53}ʃi^{35}mi^{53}dõ^{55} mᴀ^{35}ʧ^{h}y^{53} 牲畜拖拉庄稼种女娶女嫁不好
意译	买卖牲畜、种庄稼、嫁娶不好。

普米音译	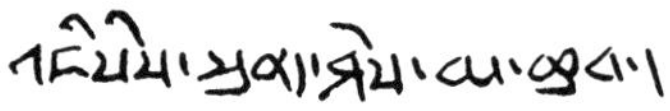
解读	ʤi^{35}ʤi^{35} suẽ^{55} ʃi^{53} mᴀ^{35}ʧ^{h}y^{53} 书读去不好
意译	去读书不好。

普米音译	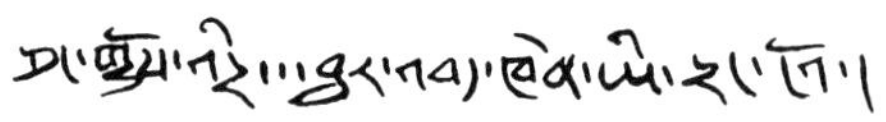
解读	ʧõ^{55}gui^{35} dzi̢^{53} bzə̢^{55} bie^{53} k^{h}ɿ^{55} ji^{55} tʂõ^{55} ŋu^{53} 服装缝制敌人（助词）给（助词）变会
意译	缝制服装的话也会变成敌人的。

普米音译	
解读	ruə^{55}dzụə^{55} ʃi^{53} mᴀ^{35}xã^{55} 路走去不可以
意译	出行不可以。

普米音译	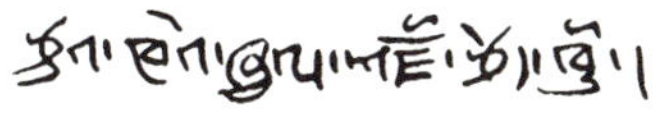
解读	tsʉ^{55} kʰə^{35} ʒe^{55} dʑõ^{35} tsi^{35} kʰu^{55} 儿子（前加）生桥搭要
意译	儿子出生要架桥。

普米音译	
解读	guə^{35} mə^{55}ʃe^{55} ʃi^{53} guə^{35} tʃi^{55}wu^{53} di^{35} ji^{55} tʂõ^{55} ŋu^{53} 钱寻找去钱水里丢（助词）变会
意译	去寻钱的话最后钱会掉到水里。

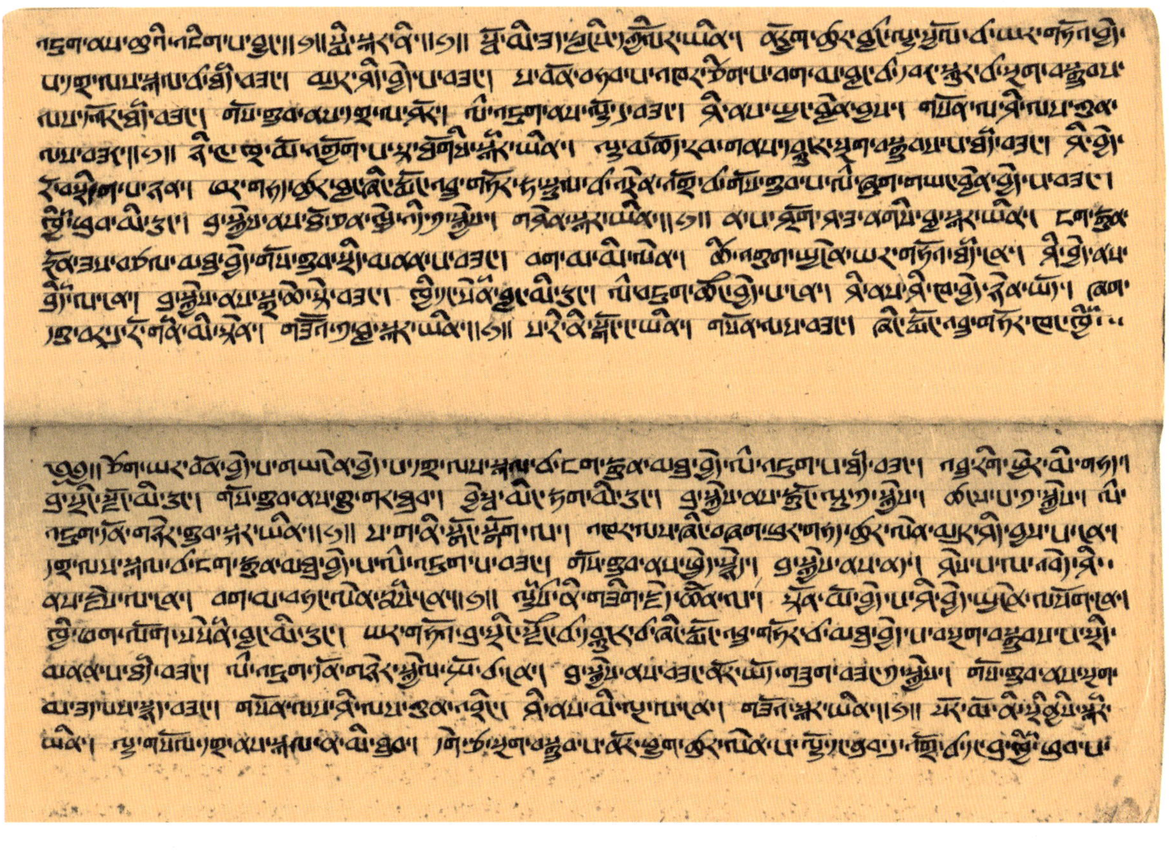

普米音译	
解读	ʃɛ^{35} bo^{35}mɑ̃^{35} tA^{55}nə^{53} 宿翼一日
意译	翼宿这一天。

普米音译	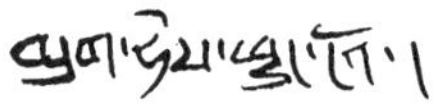
解读	mə^{55}xiɛ^{53} ʧʰõ^{53} ŋu^{53} 风出现会
意译	会刮大风。

普米音译	
解读	sẽ^{55}ʧi^{55} tsA^{55}tsuẽ^{55} xie^{55} bie^{53} ʧʰA^{35}pA^{55} pʉ^{53} ʃu^{55} pʰzẽ^{55} pʉ^{53} ʧʰy^{53} ʤo^{53} ʧi^{35} ʃi^{53} ʧʰy^{53} 牲畜拖拉神（助词）祭品做仪式白做好事情说去好
意译	买卖牲畜、向神献祭品、做白仪式、调解纠纷好。

普米音译	
解读	mə^{53}sɿ^{35} mi^{53} pə^{55}zọ^{53} ʧʰy^{53} ruə^{55} zu^{53} ʃi^{53} ʧʰy^{53} 人死人焚烧好路造去好
意译	人死了火葬好，建造道路好。

普米音译	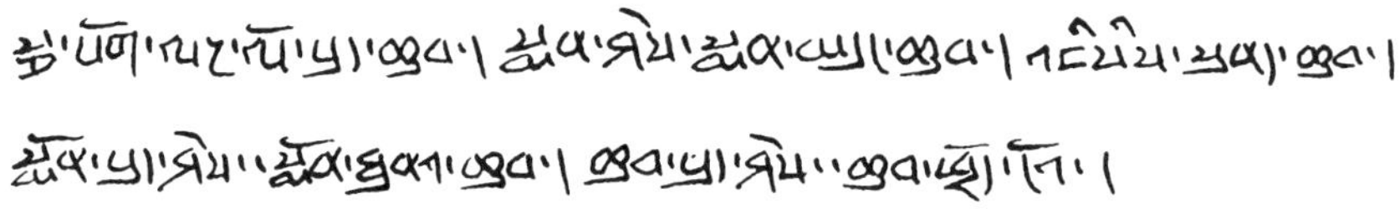
解读	ʧə^{55} po^{53} lA^{35}lo^{55} pʉ^{53} ʧʰy^{53} mi^{53}ʃi^{35} mi^{53}dõ^{55} ʧʰy^{53} ʤi^{35}ʤi^{35} suẽ^{55} ʧʰy^{53} 土（助词）事情做好女娶女嫁好书读好 mi^{53} pʉ^{53} ʃi^{53} mi^{53} tʰiẽ^{55} ʧʰy^{53} ʧʰy^{53} pʉ^{55} ʃi^{53} ʧʰy^{53} pʰzə̣^{55} ŋu^{53} 药做去药喝好好事做去好事遇会
意译	做和土有关的事情、嫁娶、读书、做药、喝药好，做好事的话会遇到好事。

普米音译	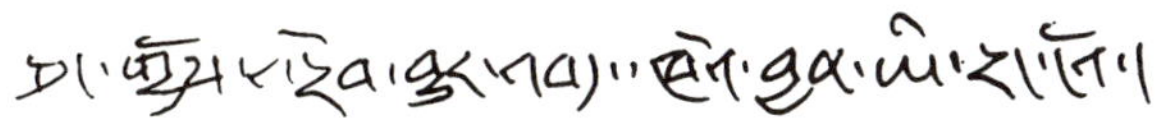
解读	ʧõ^{35}gui^{55} dzɿ̣^{53} bzə̣^{55} bie^{53} kʰə^{35} ʧyẽ^{55} ji^{53} tʂõ^{55} ŋu^{53} 服装缝制敌人（助词）（前加）送（助词）变会
意译	缝制服装的话最后会变成敌人的。

普米音译	
解读	guə^{35} mə^{55}ʃe^{55} ʃi^{53} xo^{53}ʧʰye^{53} ʧʰy^{53} 钱寻找去南方好
意译	寻钱的话去南方好。

普米音译	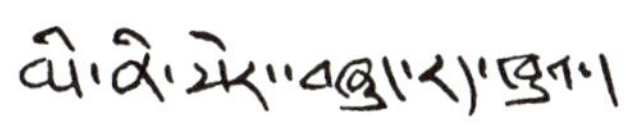
解读	mə^{53} nə^{35} sɿ^{35} ẓõ^{35}ẓe^{35} kʰu^{55} 人（前加）死福喊要
意译	人死了要祈福。

普米音译	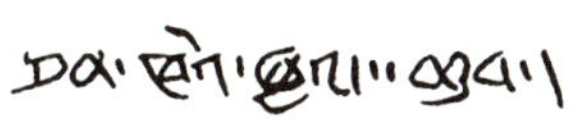
解读	ʧi^{35} kʰə^{35} ʒe^{55} ʧʰy^{53} 婴儿（前加）生好
意译	婴儿出生好。

普米音译	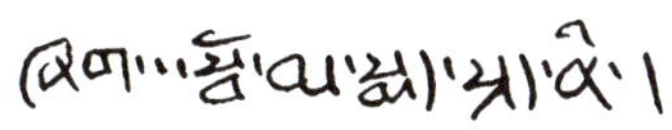
解读	ʃɛ^{35} bo^{35}mɑ̃^{35}mᴀ̃^{53} tᴀ^{55}nə^{53} 宿轸一日
意译	轸宿这一天。

普米音译	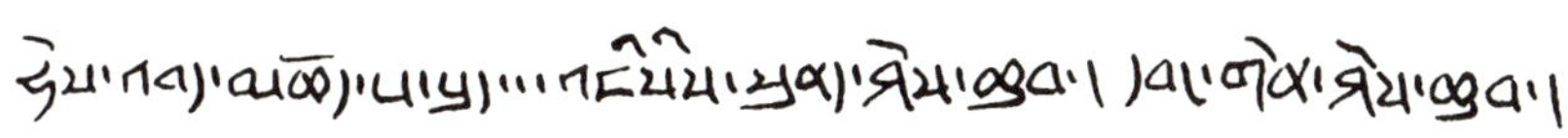
解读	xie^{55} bie^{53} ʧʰᴀ^{35}pᴀ^{55} pʉ^{53} ʤi^{35}ʤi^{35} suẽ^{55} ʃi^{53} ʧʰy^{53} õ^{55} kĩ^{55} ʃi^{53} ʧʰy^{53} 神（助词）祭品做书读去好权位接受去好
意译	向神献祭品、读书好，接受权位好。

普米音译	
解读	mə^{53} sɿ^{35} mə^{53} pə^{55}zo̧^{53} ʧ^{h}y^{53} 人死人焚烧好
意译	人死了火葬好。

普米音译	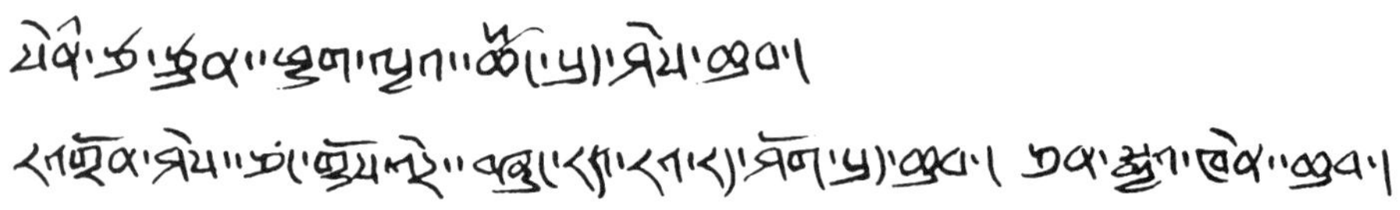
解读	sẽ^{55}ʧɪ^{55} tsᴀ^{55}tsuẽ^{55} ʧ^{h}o^{35}le^{35} ts^{h}õ^{55} pʉ^{53} ʃi^{53} ʧ^{h}y^{53} ruə^{55}dzu̧ə^{55}ʃi^{53} ʧõ^{55}gui^{35} dzi̧^{53} 牲畜拖拉庄稼种生意做去好路走去服装缝制 zõ̧^{35}zȩ^{35}zu̧ə^{35}zȩ^{35} ʃu^{55} pʉ^{53} ʧ^{h}y^{53} ʧi^{35} mᴀ̃^{55} k^{h}ɪ^{55} ʧ^{h}y^{53} 福喊禄喊仪式做好婴儿名字给好
意译	买卖牲畜、种庄稼、做生意好，出行、缝制服装、举行祈求福禄的仪式好，给婴儿起名好。

普米音译	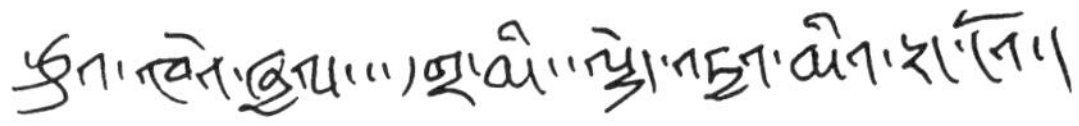
解读	tsʉ^{55} k^{h}ə^{35} ʒe^{55} dzə̧^{35}mə^{53} ɬiɛ^{55}ʤᴀ^{55} mə^{53} tşõ^{55} ŋu^{53} 儿子（前加）生能干人能言善辩人变会
意译	儿子出生会变成能干的、能言善辩的人。

普米音译	
解读	ʃɛ^{35} nᴀ̃^{35}pᴀ^{55} tᴀ^{55}nə^{53} 宿角一日
意译	角宿这一天。

普米音译	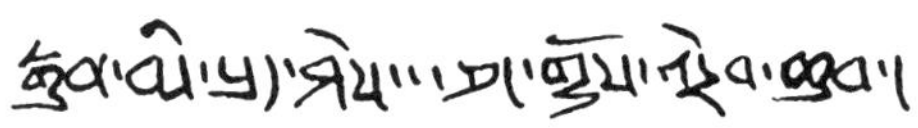
解读	kuə^{55}mə^{53} pʉ^{53} ʃi^{53} ʧõ^{55}gui^{35} dzi̧^{53} ʧ^{h}y^{53} 盗贼做去服装缝制好
意译	行窃、缝制服装好。

普米音译	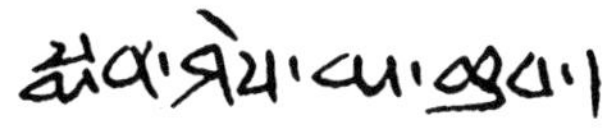
解读	mi^{53} ʃi^{35} mᴀ^{35}ʧʰy^{53} 女娶不好
意译	娶妻不好。

普米音译	
解读	ʃu^{55} pʉ^{53} ẓõ^{35}ẓe^{35}ẓuə^{35}ẓe^{35} mᴀ^{35}ʧʰy^{53} 仪式做福喊禄喊不好
意译	举行祈求福禄的仪式不好。

普米音译	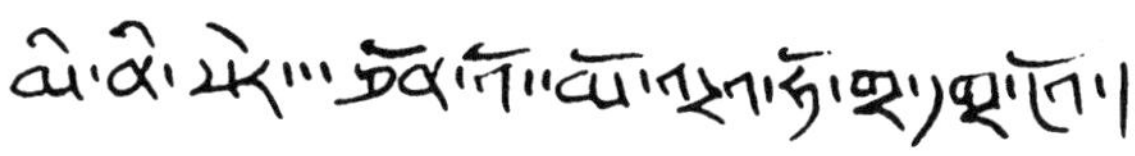
解读	mə^{53} nə^{35} sɿ^{35} ʧə̃^{55}wu^{53} mə^{35}dzɛ̣^{35} to^{53} dẓə^{35}dẓə^{35} ŋu^{53} 人（前加）死房屋里姑娘（助词）不好会
意译	人死了对家里的姑娘会不好。

普米音译	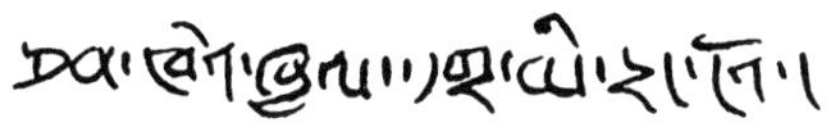
解读	tsʉ^{55} kʰə^{35} ʒe^{55}dẓə^{35} mə^{53} tṣõ^{55} ŋu^{53} 儿子（前加）生能干人变会
意译	儿子出生会成为能干的人。

普米音译	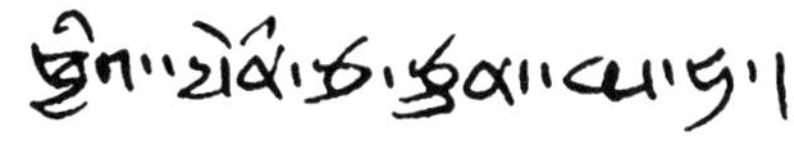
解读	tṣʰʅ^{35} sẽ^{55}ʧi^{55} tsᴀ^{55}tsuẽ^{55} mᴀ^{35}xɑ̃^{55} 狗牲畜拖拉不可以
意译	不可以买卖狗或牲畜。

普米音译	
解读	ruə^{55} dẓuə^{55} ʃi^{53} tsʰõ^{55} pʉ^{53} ʃi^{53} mᴀ^{35}ʧʰy^{53} 路走去生意做去不好
意译	出行或做生意不好。

普米音译	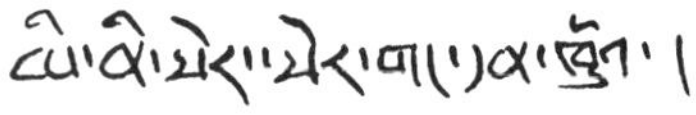
解读	mə^{53} nə^{35} sɿ^{35} sɿ^{35}kõ^{35} tÃ^{55} k^{h}u^{55} 人（前加）死死门关要
意译	人死了，（韩规）要关闭死门。

普米音译	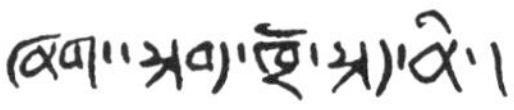
解读	ʃɛ^{35} tiA^{35}tʂ^{h}ʉ^{35} tA^{55}nə^{53} 宿亢一日
意译	亢宿这一天。

普米音译	
解读	ʧi^{35} ʒe^{55} ʧ^{h}y^{53} 婴儿生好
意译	婴儿出生好。

普米音译	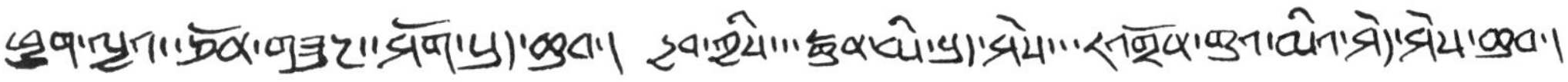
解读	ʧ^{h}o^{35}le^{35} ʧə̃^{55} zu^{53} ʃu^{55} pʉ^{53} ʧ^{h}y^{53} ʤo^{55} ʧi^{35} kuə^{55}mə^{53} pʉ^{53} ʃi^{55} ruə^{55}dʐ̩uə^{55} guə^{35} mə^{55}ʃe^{55} ʃi^{53} ʧ^{h}y^{53} 庄稼种房屋造仪式做好事情说盗贼做去路走钱寻找去好
意译	种庄稼、建造房屋、做仪式好，调解纠纷、行窃、出行、求财好。

普米音译	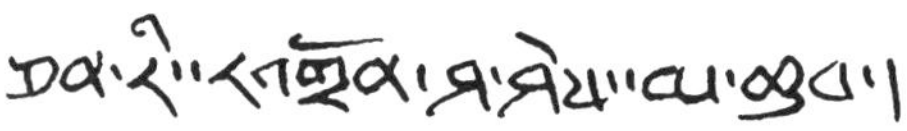
解读	ʧi^{35}rə^{53} ruə^{55}dʐ̩uə^{55} ʃə^{35}ʃi^{35} mA^{35}ʧ^{h}y^{53} 婴儿们路走带不好
意译	带婴儿出行不好。

普米音译	
解读	ʧi^{35} mÃ^{55} k^{h}ĩ^{55} mA^{35}ʧ^{h}y^{53} 婴儿名字给不好
意译	给婴儿起名不好。

普米音译	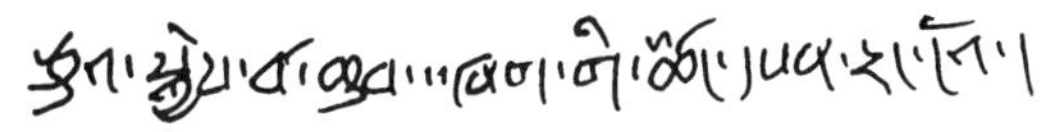
解读	tsʉ^{55} ʃi^{55}wA^{55} tʃ^{h}y^{53} ʒɛ^{35}gi^{53} ts^{h}õ^{55}pÃ^{55} tʂõ^{55} ŋu^{53} 儿子降生好以后大老板变会
意译	儿子出生好，以后会变成大老板。

普米音译	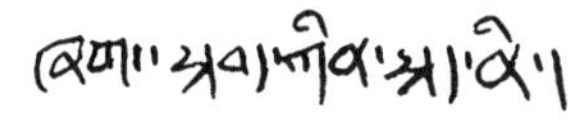
解读	ʃɛ^{35} tiA^{55}kÃ^{53} tA^{55}nə^{53} 宿氐一日
意译	氐宿这一天。

普米音译	
解读	ʃu^{55} pʉ^{53} sẽ^{55}tʃi^{55} tsA^{55}tsuẽ^{55} mA^{35}tʃ^{h}y^{53} mə^{53} sʅ^{35} mA^{35}tʃ^{h}y^{53} 仪式做牲畜拖拉不好人死不好
意译	做仪式、买卖牲畜不好，人死不好。

普米音译	
解读	ʤo^{55} tʃi^{35} sɐ^{55}sɐ^{55}bzə̢^{55}bzə̢u^{55} ʃi^{53} tʃ^{h}y^{53} kuə^{55}mə^{53} pʉ^{53} ʃi^{53} tʃ^{h}y^{53} 事情说吵吵闹闹去好盗贼做去好
意译	调解纠纷、去吵架好，去行窃好。

普米音译	
解读	tʃi^{35} k^{h}ə^{35} ʒe^{55} ni^{55} tsə^{55} tʃ^{h}õ^{53} ŋu^{53} 婴儿（前加）生病痛出现会
意译	婴儿出生会生病。

普米音译	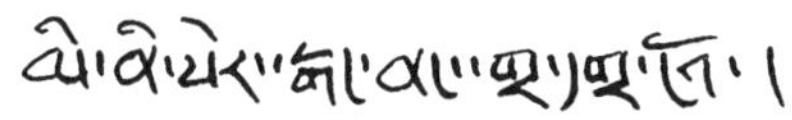
解读	mə^{53} nə^{35} sʅ^{35} gõ^{35}nõ^{35} dzə̢^{35}dzə̢^{35} ŋu^{53} 人（前加）死之后不好会
意译	人死了之后会有不好的事。

普米音译	
解读	mi^{53}ʃi^{35} mi^{53}dõ^{55} mᴀ^{35}ʧʰy^{53} 人娶人嫁不好
意译	嫁娶不好。

普米音译	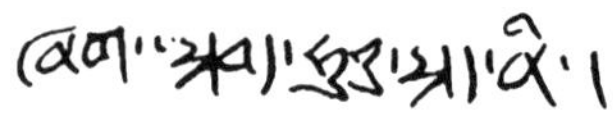
解读	ʃɛ^{35} tiᴀ^{55}tʉ^{53} tᴀ^{55}nə^{53} 宿房一日
意译	房宿这一天。

普米音译	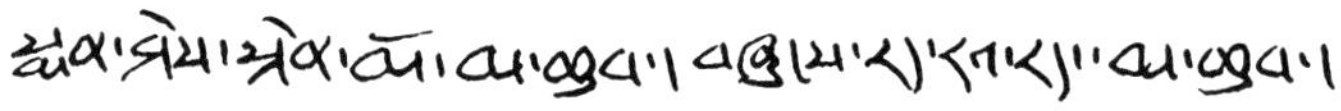
解读	mi^{53}ʃi^{35} ti^{55}mũ^{55} mᴀ^{35}ʧʰy^{53} zo̧^{35}ze̜^{35}zu̜ə^{35}ze̜^{35} mᴀ^{35}ʧʰy^{53} 女娶赐福不好福喊禄喊不好
意译	娶妻、赐福不好，祈求福禄不好。

普米音译	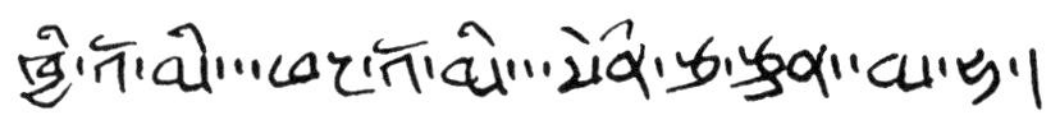
解读	ʧʰi^{55}wu^{35} mə^{53} pʰᴀ^{55}wu^{35} mə^{53} sẽ^{55}ʧi^{55} tsᴀ^{55}tsuẽ^{55} mᴀ^{35}xã^{55} 狗肖人猪肖人牲畜拖拉不可以
意译	生肖为狗和猪的人不可以买卖牲畜。

普米音译	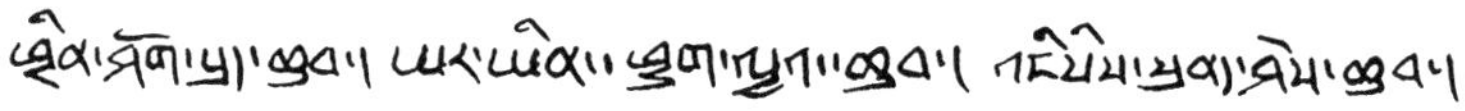
解读	pʰze̜^{55} ʃu^{55}pʉ^{53} ʧʰy^{53} ʒɛ^{35}ʃi^{55} ʧʰo^{35}le^{35} ʧʰy^{53} ʤi^{35}ʤi^{35} suẽ^{55} ʃi^{53} ʧʰy^{53} 白仪式做好地犁庄稼种好书读去好
意译	举行白仪式好，犁地种庄稼好，读书好。

普米音译	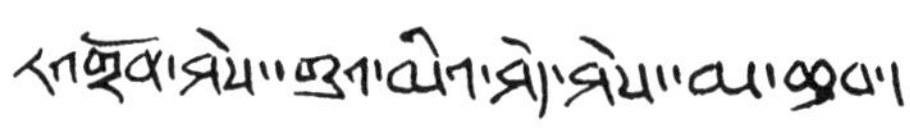
解读	ruə^{55}dzu̜ə^{55} ʃi^{53} guə^{35} mə^{55}ʃe^{55} ʃi^{53} mᴀ^{35}ʧʰy^{53} 路走去钱寻找去不好
意译	出行、求财不好。

普米音译	
解读	ʧi^{35} k^{h}ə^{35} ʒe^{55} ʧ^{h}y^{53} 婴儿（前加）生好
意译	婴儿出生好。

普米音译	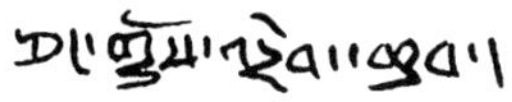
解读	ʧõ^{55}gui^{35} dzi̥^{53} ʧ^{h}y^{53} 服装缝制好
意译	缝制服装好。

普米音译	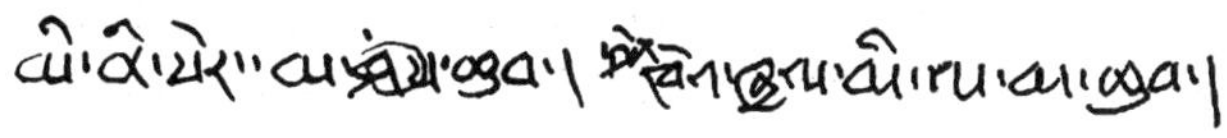
解读	mə^{53} nə^{35} sɿ^{35} mA^{35}ʧ^{h}y^{53} ʧi^{35} k^{h}ə^{35} ʒe^{55} mə^{53}lA^{53} mA^{35}ʧ^{h}y^{55} 人（前加）死不好婴儿（前加）生人也不好
意译	人死了不好，婴儿出生也不好。

普米音译	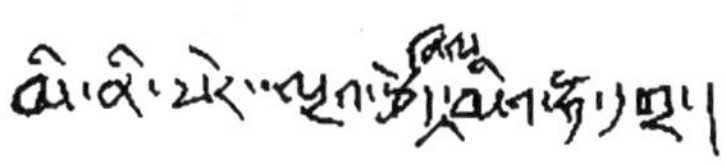
解读	mə^{53} nə^{35} sɿ^{35} ŋuA^{55}tsɿ^{55}ʒe^{55}mə^{53} to^{53} dzə̥^{35}dzə̥^{35} ŋu^{53} 人（前加）死五口之家（助词）不好会
意译	人死了，五口之家会不好。

普米音译	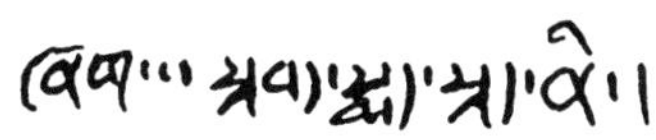
解读	ʃɛ^{35} tiA^{35}mÃ^{55} tA^{55}nə^{53} 宿心一日
意译	心宿这一天。

普米音译	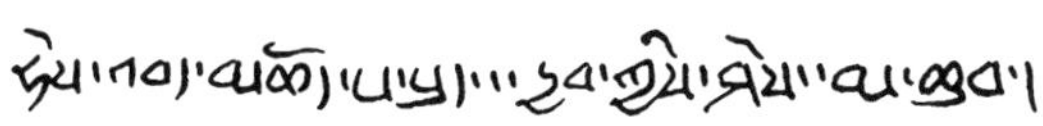
解读	xie^{55} bie^{53} ʧ^{h}A^{35}pA^{55} pʉ^{53} ʤo^{55} ʧi^{35} ʃi^{53} mA^{35}ʧ^{h}y^{53} 神（助词）祭品做事情说去不好
意译	向神献祭品、调解纠纷不好。

普米音译	
解读	gi^{35}wA^{35} k^{h}i^{55} ʤi^{35}ʤi^{35} suẽ^{55} ʧ^{h}y^{53} 经书名给书读好
意译	超度死者好。

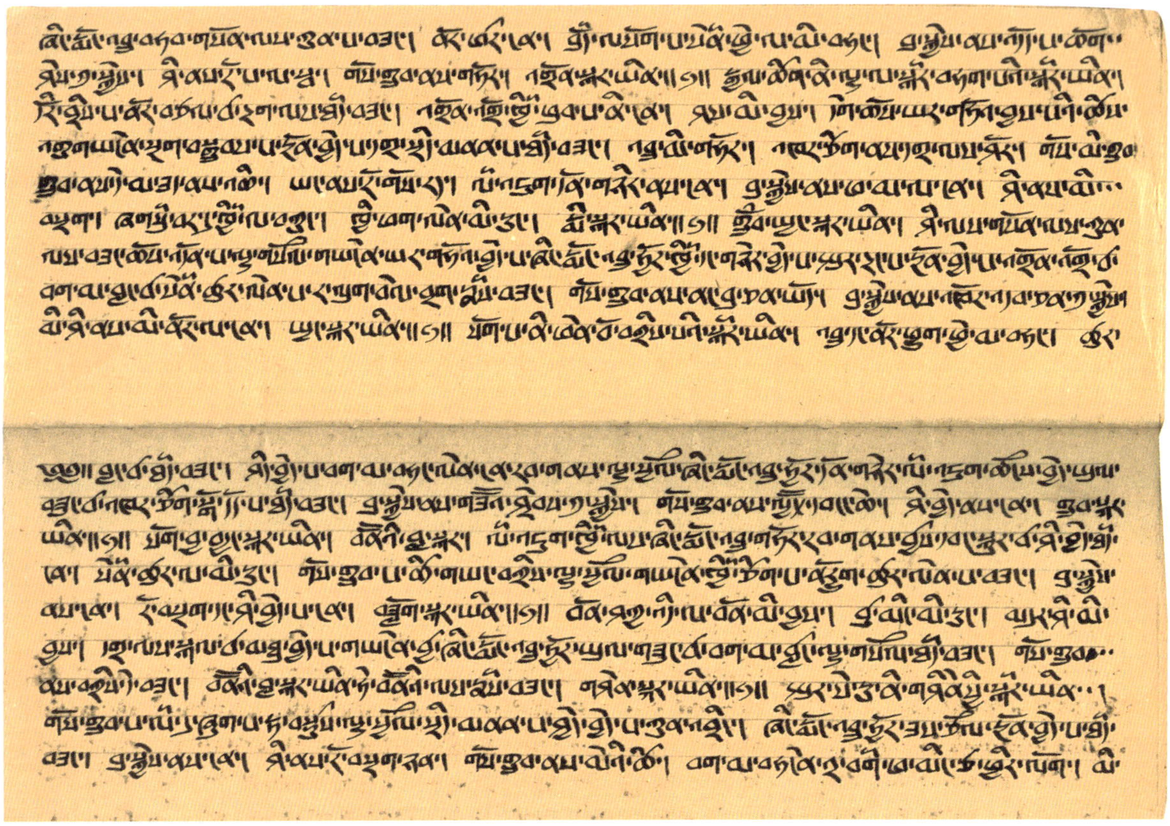

普米音译	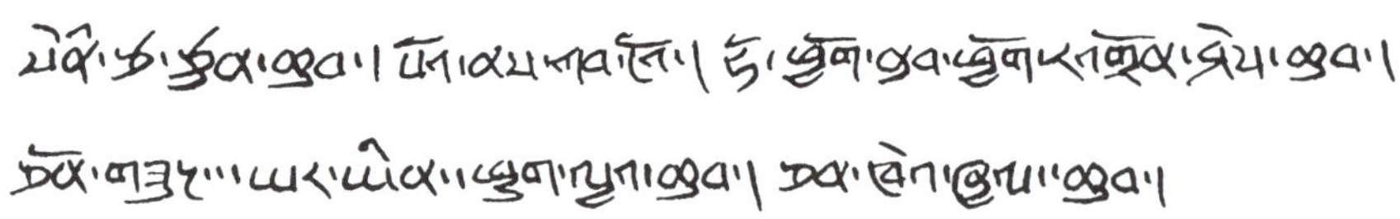
解读	sẽ^{55}ʧi^{55} tsA^{55}tsuẽ^{55} mA^{35}ʧ^{h}y^{53} po^{55} niɛ^{53} kɑ^{35} ŋu^{53} 牲畜拖拉不好豺狗（后加）咬会 xo^{53}ʧ^{h}ye^{53} niõ^{53}ʧ^{h}ye^{53} ruə^{55}dzʐuə^{55} ʃi^{53} ʧ^{h}y^{53} ʧə̃^{55} zu^{53} ʒɛ^{35}ʃi^{55}ʧ^{h}o^{35}le^{35} ʧ^{h}y^{53} ʧi^{35} k^{h}ə^{35} ʒe^{55} ʧ^{h}y^{53} 南方北方路走去好房屋造地犁庄稼种好婴儿（前加）生好
意译	买卖牲畜不好，豺狗会来咬。朝南方或北方出行好，建造房屋、犁地、种庄稼好，婴儿出生好。

普米音译	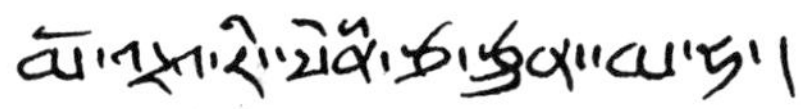
解读	mə^{35}dẓɛ^{35}rə^{53} sẽ^{55}ʧi^{55} tsᴀ^{55}tsuẽ^{55} mᴀ^{35}xɑ̃^{55} 姑娘们牲畜拖拉不可以
意译	姑娘们不可以买卖牲畜。

普米音译	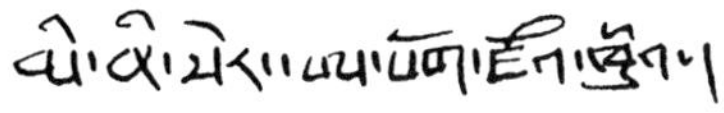
解读	mə^{53} nə^{35} sɿ^{35} ᴀ^{55} bu^{55}ʥu^{55} kʰu^{55} 人（前加）死（前加）埋葬要
意译	人死了要土葬。

普米音译	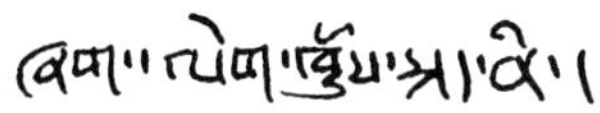
解读	ʃɛ^{35} lie^{35}kʰu^{53} tᴀ^{55}nə^{53} 宿尾一日
意译	尾宿这一天。

普米音译	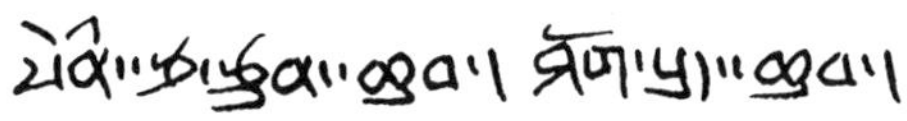
解读	sẽ^{55}ʧi^{55} tsᴀ^{55}tsuẽ^{55} ʧʰy^{53} ʃu^{55} pʉ^{53} ʧʰy^{53} 牲畜拖拉好仪式做好
意译	买卖牲畜好，做仪式好。

普米音译	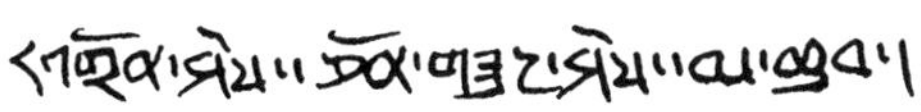
解读	ruə^{55}dẓuə^{55} ʃi^{53} ʧə̃^{55} zu^{53} ʃi^{53} mᴀ^{35}ʧʰy^{53} 路走去房屋造去不好
意译	出行、建造房屋不好。

普米音译	
解读	mə^{53} sɿ^{35} mᴀ^{35}ʧʰy^{53} 人死不好
意译	人死不好。

普米音译	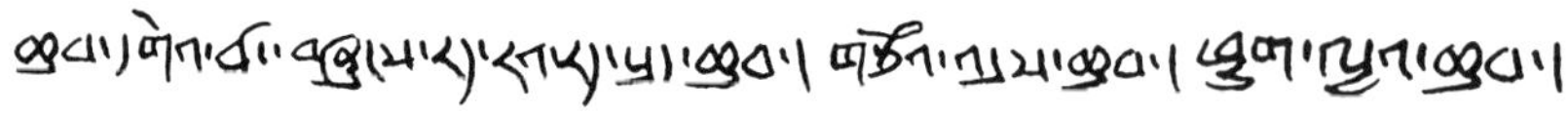
解读	tʃ^{h}y^{55}gi^{35}wA^{35} ẓõ^{35}ẓe^{35}ẓuə^{35}ẓe^{35} pʉ^{53} tʃ^{h}y^{53} tsu^{55}dui^{53} tʃ^{h}y^{53} tʃ^{h}o^{35}le^{35} tʃ^{h}y^{53} 仪式名福喊禄喊做好鬼压好庄稼种好
意译	举行“屈给瓦”祈求福禄好，镇压鬼魂好，种庄稼好。

普米音译	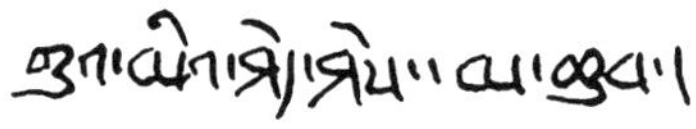
解读	guə^{35} mə^{55}ʃe^{55} ʃi^{53} mA^{35}tʃ^{h}y^{53} 钱寻找去不好
意译	求财不好。

普米音译	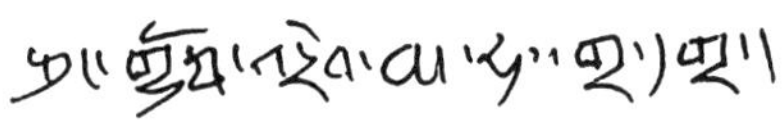
解读	tʃõ^{55}gui^{35} dẓi^{53} mA^{35}xã^{55} dẓə^{35}dẓə^{35} 服装缝制不可以不好
意译	不可以缝制服装，会不好。

普米音译	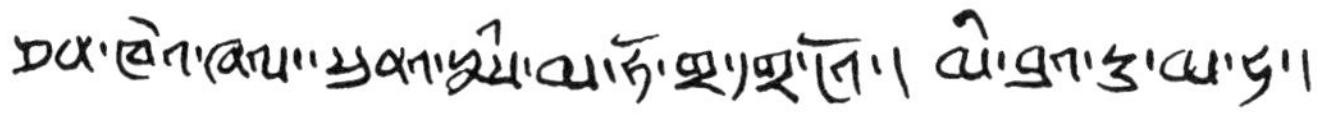
解读	tʃi^{35} k^{h}ə^{35} ʒe^{55}suÃ^{55} nõ^{55} mɑ^{55} to^{53} dẓə^{35}dẓə^{35} ŋu^{53} mə^{53} pə^{55}ẓo^{53} mA^{35}xã^{55} 婴儿（前加）生父亲和母亲（助词）不好会人焚烧不可以
意译	婴儿出生对父母不好，不可以火葬。

普米音译	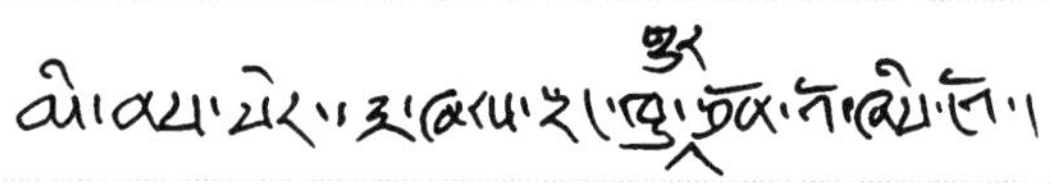
解读	mə^{53} niɛ^{35} sɿ^{35} sõ^{55}ʒe^{53} tʂõ^{55} k^{h}o^{55}ʤy^{35} tʃə̃^{55}wu^{53} ʒi^{55} ŋu^{53} 人（后加）死三晚满魂魄房屋里来会
意译	人死后满三天的那个晚上，魂魄会回屋里来。

普米音译	
解读	tʂ^{h}ɿ^{35} tʃ^{h}yɛ^{35} tsA^{55}tsuẽ^{55} mA^{35}xã^{55} 狗猪拖拉不可以
意译	买卖猪狗不可以。

普米音译	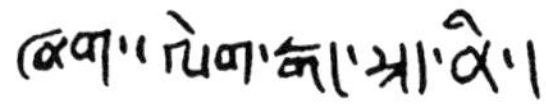
解读	ʃɛ^{35} lie^{35}gõ^{55} tᴀ^{55}nə^{53} 宿箕一日
意译	箕宿这一天。

普米音译	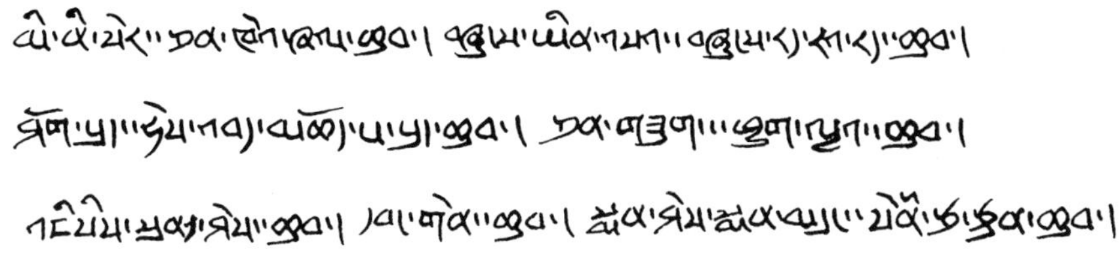
解读	mə^{53} nə^{35} sɿ^{35} ʧi^{35} kʰə^{35} ʒe^{55} ʧʰy^{53} ʐõ^{55}ʃĩ^{53} suᴀ^{35} ʐõ^{35}ʐe^{35}ʐuə^{35}ʐe^{35} ʧʰy^{53} 人（前加）死婴儿（前加）生好经书名读福喊禄喊好 ʃu^{55} pʉ^{53} xie^{55} bie^{53} ʧʰᴀ^{35}pᴀ^{55} pʉ^{53} ʧʰy^{53} ʧə̃^{55} zu^{53} ʧʰo^{35}le^{35} ʧʰy^{53} ʤi^{35}ʤi^{35} suẽ^{55} ʃi^{53} ʧʰy^{53} 仪式做神（助词）祭品做好房屋造庄稼种好书读去好 õ^{55} kĩ^{55} ʧʰy^{53} mi^{53}ʃi^{35}mi^{53}dõ^{55} sẽ^{55}ʧi^{55} tsᴀ^{55}tsuẽ^{55} ʧʰy^{53} 权位接受好女娶女嫁牲畜拖拉好
意译	人死了、婴儿出生好，念荣迎经祈求福禄好，做仪式向神献祭品好，建造房屋、种庄稼好，读书好，接受权位、嫁娶、买卖牲畜好。

普米音译	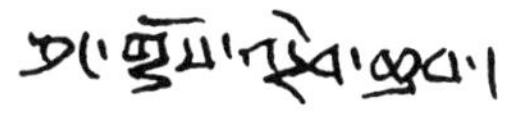
解读	ʧõ^{55}gui^{35} dzɿ^{53} ʧʰy^{55} 服装缝制好
意译	缝制服装好。

普米音译	
解读	mə^{55} nə^{35} sɿ^{35} ʧə̃^{55}wu^{53} ʐõ^{35} bĩ^{55} ŋu^{53} ʧi^{35} mᴀ̃^{55} kʰĩ^{55} ʧʰy^{53} ruə^{55} zu^{53} ʃi^{53} ʥõ^{35} zu^{53} ʃi^{53} ʧʰy^{53} 人（前加）死房屋里福飞会婴儿名字给好路造去桥造去好
意译	人死了房子里的福气会飞走。给婴儿起名好，修路造桥好。

普米音译	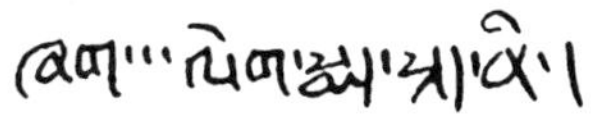
解读	ʃɛ^{35} lie^{35}mᴀ̃^{35} tᴀ^{55}nə^{53} 宿斗一日
意译	斗宿这一天。

普米音译	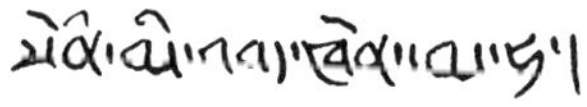
解读	sẽ^{55}ʧi^{55} mə^{53} bie^{53} kʰi^{55} mᴀ^{35}xɑ̃^{55} 牲畜人（助词）给不可以
意译	不可以把牲畜送人。

普米音译	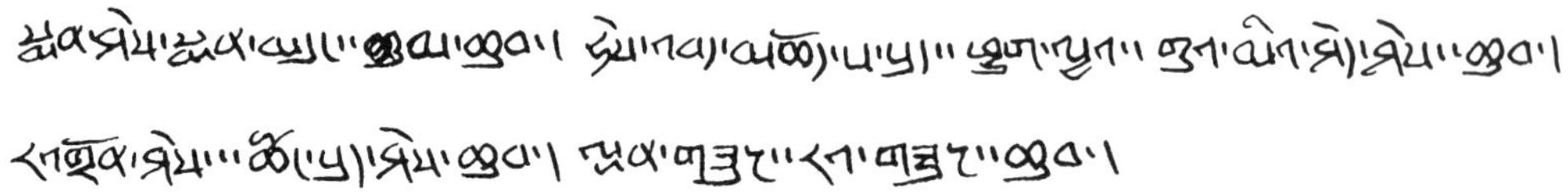
解读	mi^{53}ʃi^{35}mi^{53}dõ^{55} mᴀ^{35}ʧʰy^{53} xie^{55} bie^{53} ʧʰᴀ^{35}pᴀ^{55} pʉ^{53}ʧʰo^{35}le^{35} guə^{35} mi^{55}ʃe^{55} ʃi^{53} ʧʰy^{53} 女娶女嫁不好神（助词）祭品做庄稼种钱寻找去好 ruə^{55}dzʮə^{55}ʃi^{53} tsʰõ^{55} pʉ^{53} ʃi^{53} ʧʰy^{53} dĩ^{35} zu^{53} ruə^{55} zu^{53} ʧʰy^{53} 路走去生意做去好土地造路造好
意译	嫁娶不好，向神献祭品、种庄稼、求财好，出行、做生意、造田造路好。

普米音译	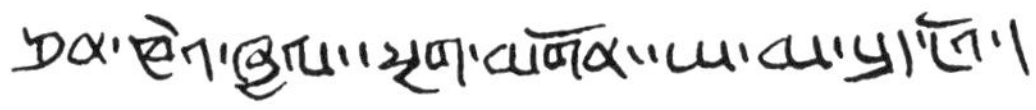
解读	ʧi^{35} kʰə^{35} ʒe^{55} xᴀ̃^{35}gui^{55} jᴀ^{35}mɑ^{55} pʉ^{53} ŋu^{53} 婴儿（前加）生韩规喇嘛做会
意译	婴儿出生会成为韩规或喇嘛。

普米音译	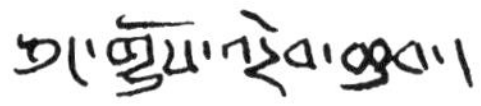
解读	ʧõ^{55}gui^{35} dzʅ^{53} ʧʰy^{53} 服装缝制好
意译	缝制服装好。

普米音译	
解读	mə^{53}sʅ^{35} mᴀ^{35}ʧʰy^{53} 人死不好
意译	人死不好。

普米音译	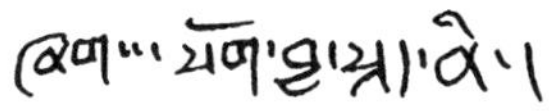
解读	ʃɛ^{35} so^{55}ʧɛ^{55} tᴀ^{55}nə^{53} 宿牛一日
意译	牛宿这一天。

普米音译	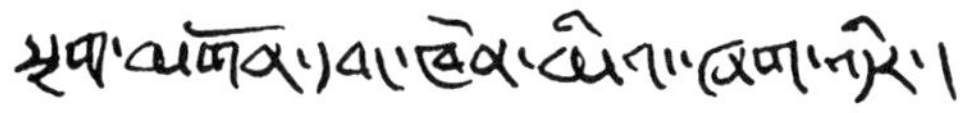
解读	xᴀ̃^{35}gui^{55} õ^{55} kĩ^{55} mə^{53} ʃɛ^{35} də^{55} 韩规权位接受人日子是
意译	是接受韩规权位的人的日子。

普米音译	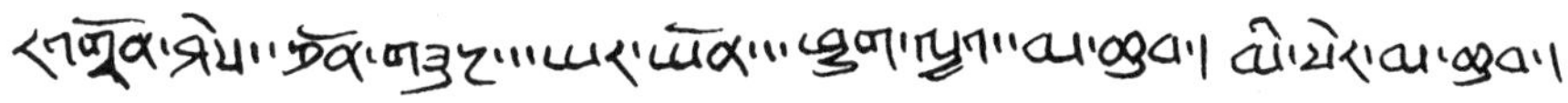
解读	ruə^{55}dʐuə^{55}ʃi^{53} ʧə̃^{55} zu^{53} ʒɛ^{35} ʃĩ^{55} ʧ^{h}o^{35}le^{35} mᴀ^{35}ʧ^{h}y^{53} mə^{53} sɿ^{35} mᴀ^{35}ʧ^{h}y^{53} 路走去房屋造地犁庄稼种不好人死不好
意译	出行、建造房屋、犁地、种庄稼不好，人死不好。

普米音译	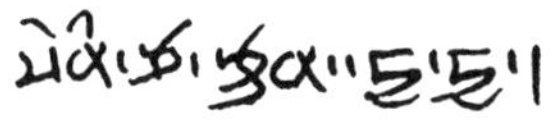
解读	sẽ^{55}ʧi^{55} tsᴀ^{55}tsuẽ^{55} ʤyɛ^{55}ʤyɛ^{55} 牲畜拖拉一般般
意译	买卖牲畜一般般。

普米音译	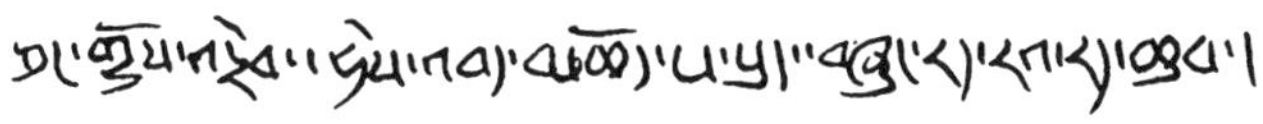
解读	ʧõ^{55}gui^{35} dʐi^{53} xie^{55} bie^{53} ʧ^{h}ᴀ^{35}pᴀ^{55} pʉ^{53} ʐõ^{35}ʐe^{35}ʐuə^{35}ʐe^{35} ʧ^{h}y^{53} 服装缝制神（助词）祭品做福喊禄喊好
意译	缝制服装、向神献祭品祈求福禄好。

普米音译	
解读	tsʉ^{55} k^{h}ə^{35} ʒe^{55} mᴀ^{35}ʧ^{h}y^{53} 儿子（前加）生不好
意译	儿子出生不好。

普米音译	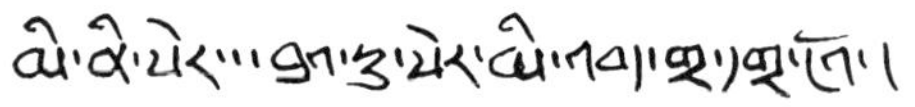
解读	mə^{53} nə^{35} sɿ^{35} mə^{53} pə^{55}zo̧^{53} sɿ^{35}mə^{53} bie^{53} dzə̧^{35}dzə̧^{35} ŋu^{53} 人（前加）死人焚烧死人（助词）不好会
意译	人死了举行火葬对死者不好。

普米音译	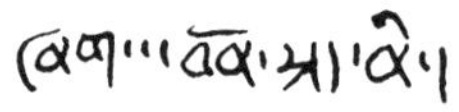
解读	ʃɛ^{35} pᴀ̃^{35} tᴀ^{55}nə^{53} 宿女一日
意译	女宿这一天。

普米音译	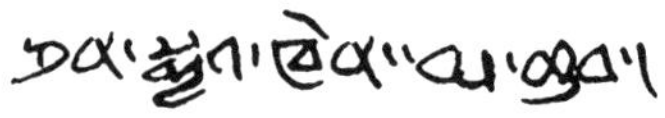
解读	ʧi^{35} mᴀ̃^{55} kʰi^{55} mᴀ^{35}ʧʰy^{53} 婴儿名字给不好
意译	给婴儿起名不好。

普米音译	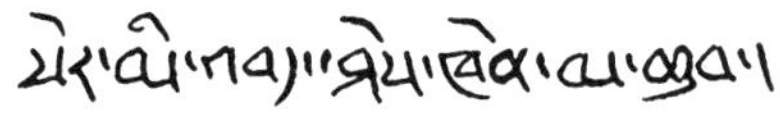
解读	sɿ^{35}mə^{53} bie^{53} ʃi^{35}kʰi^{35} mᴀ^{35}ʧʰy^{53} 死人（助词）超渡不好
意译	给死者超度不好。

普米音译	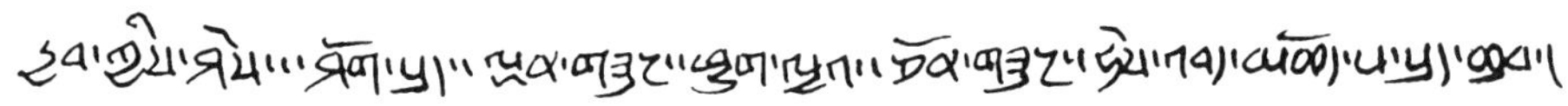
解读	ʤo^{53} ʧi^{35} ʃi^{53} ʃu^{55} pʉ^{53} dĩ^{35} zu^{53} ʧʰo^{35}le^{35} ʧə̃^{55} zu^{53} xie^{55} bie^{53} ʧʰᴀ^{35}pᴀ^{55} pʉ^{53} ʧʰy^{53} 事情说去仪式做土地造庄稼种房屋造神（助词）祭品做好
意译	调解纠纷、做仪式、造田种庄稼、建造房屋、向神献祭品好。

普米音译	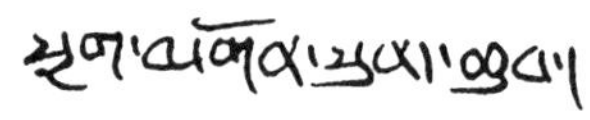
解读	xᴀ̃^{35}gui^{55} suẽ^{55} ʧʰy^{53} 韩规学好
意译	学习韩规好。

普米音译	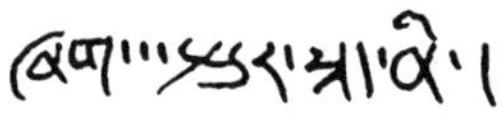
解读	ʃɛ^{35} pzə̧^{55} tᴀ^{55}nə^{53} 宿虚一日
意译	虚宿这一天。

普米音译	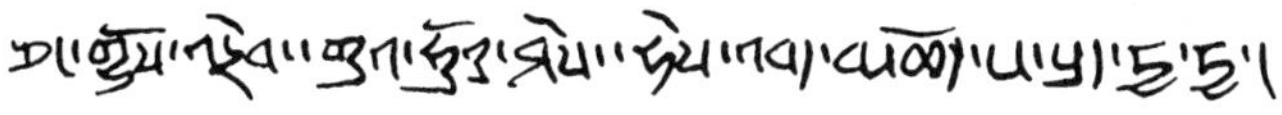
解读	ʧõ^{55}gui^{35} dzị^{53} guə^{35} tiõ^{55} ʃi^{53} xie^{55} bie^{53} ʧ^{h}ᴀ^{35}pᴀ^{55} pʉ^{53} ʤyɛ^{55}ʤyɛ^{55} 服装缝制钱讨去神（助词）祭品做一般般
意译	缝制服装、讨债、向神献祭品一般般。

普米音译	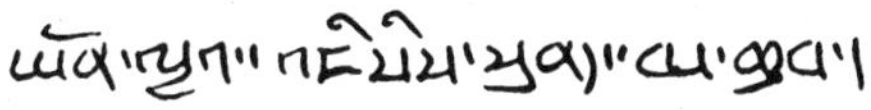
解读	ʃi^{35} le^{35} ʤi^{35}ʤi^{35} suẽ^{53} mᴀ^{35}ʧ^{h}y^{53} 地种书读不好
意译	种地、读书不好。

普米音译	
解读	tsʉ^{55} k^{h}ə^{35} ʒe^{55} mᴀ^{35}ʧ^{h}y^{53} 儿子（前加）生不好
意译	儿子出生不好。

普米音译	
解读	mə^{53} pə^{55}zo̧^{53} mᴀ^{35}ʧ^{h}y^{53} 人焚烧不好
意译	焚烧尸体不好。

普米音译	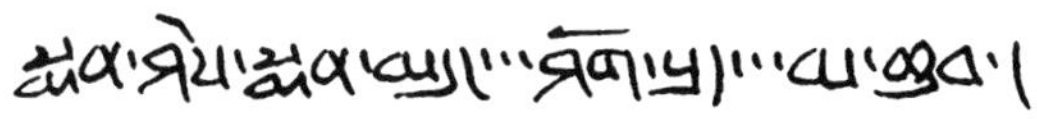
解读	mi^{53}ʃi^{35}mi^{53}dõ^{55} ʃu^{55} pʉ^{53} mᴀ^{35}ʧ^{h}y^{53} 女娶女嫁仪式做不好
意译	嫁娶、做仪式不好。

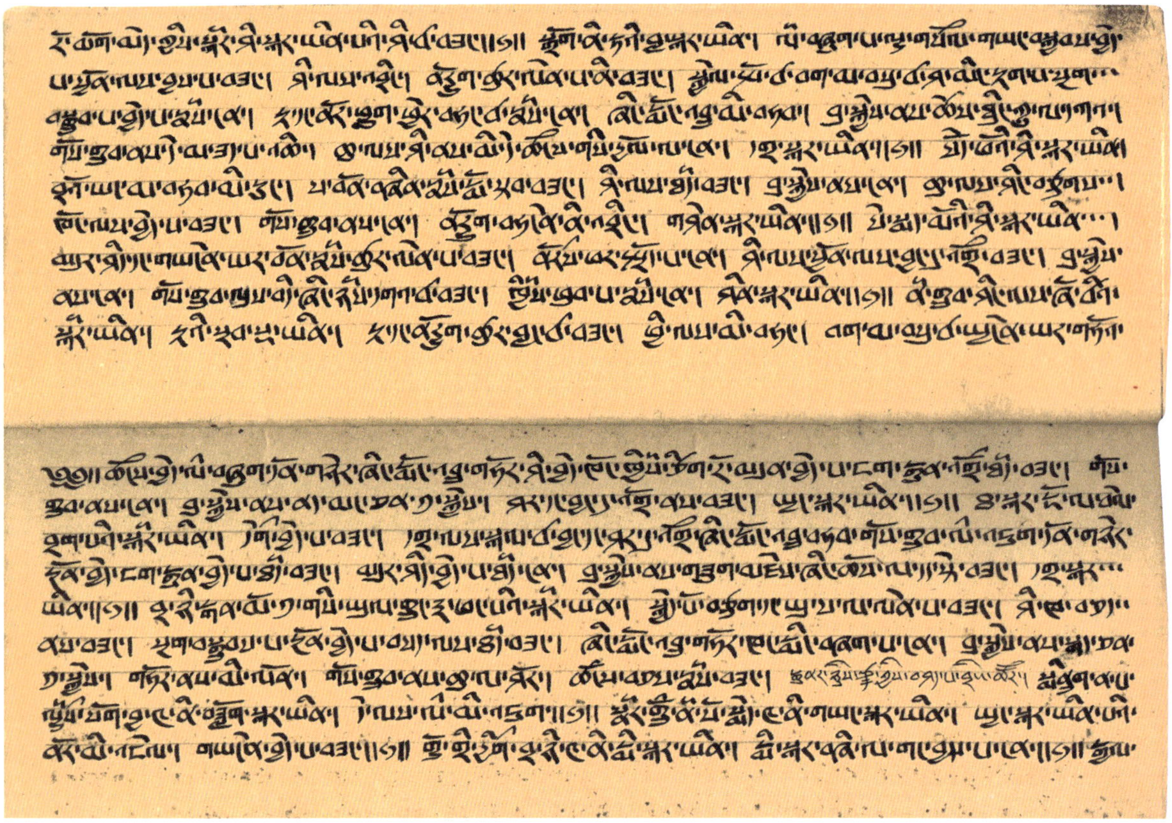

普米音译	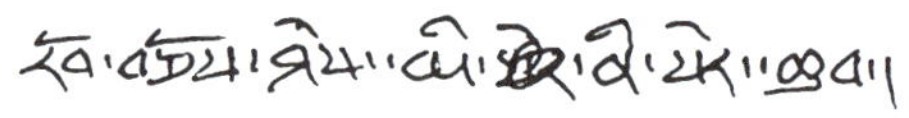
解读	ru³⁵ ʧo⁵⁵ ʃi⁵³ mi⁵³ nə³⁵ sɿ³⁵ ʧʰy⁵³ 骨灰寄存去人（前加）死好
意译	人死了将尸骨寄存到山上好。

普米音译	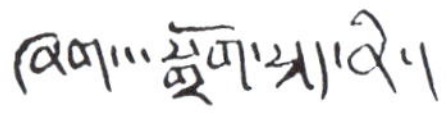
解读	ʃɛ³⁵ dzu̥⁵³ tᴀ⁵⁵nə⁵³ 宿危一日
意译	危宿这一天。

普米音译	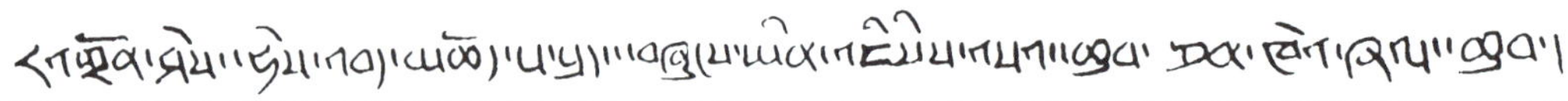
解读	ruə⁵⁵dzu̥ə⁵⁵ ʃi⁵³ xie⁵⁵ bie⁵³ ʧʰᴀ³⁵pᴀ⁵⁵ pʉ⁵³ zõ³⁵ʃi⁵⁵ ʤi³⁵ʤi³⁵ suᴀ³⁵ ʧʰy⁵³ ʧi³⁵ kʰə³⁵ ʒe⁵⁵ ʧʰy⁵³ 路走去神（助词）祭品做经书名书读好婴儿（前加）生好
意译	出行、向神献祭品、念荣迎经、读书好，婴儿出生好。

普米音译	
解读	mə^{53} nə^{35} sʅ^{35} ʤyɛ^{55}ʤyɛ^{55} 人（前加）死一般般
意译	人死了一般般。

普米音译	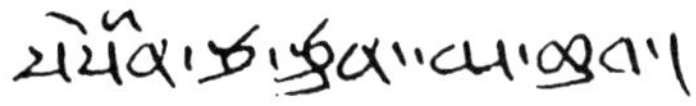
解读	sẽ^{55}ʧi^{55} tsᴀ^{55}tsuẽ^{55} mᴀ^{35}ʧʰy^{53} 牲畜拖拉不好
意译	买卖牲畜不好。

普米音译	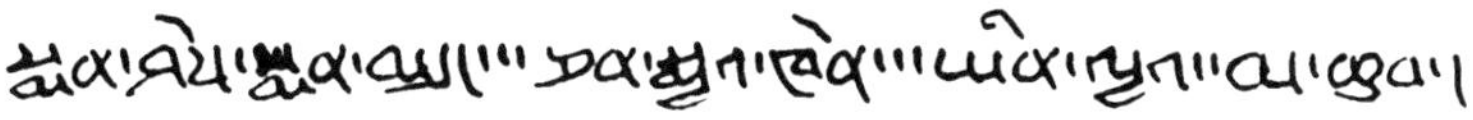
解读	mi^{53}ʃi^{35}mi^{53}dõ^{53} ʧi^{35} mᴀ̃^{55} kʰi^{55} ʝi^{35}le^{35} mᴀ^{35}ʧʰy^{53} 女娶女嫁婴儿名字给地种不好
意译	嫁娶、给婴儿起名、种地不好。

普米音译	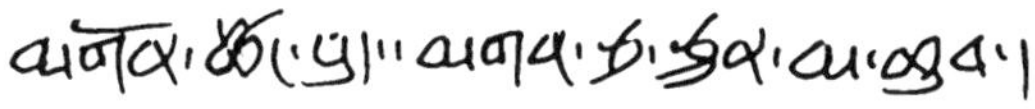
解读	guẽ^{35}tsʰõ^{55} pʉ^{53} guẽ^{35} tsᴀ^{55}tsuẽ^{55} mᴀ^{35}ʧʰy^{53} 马生意做马拖拉不好
意译	做跟马有关的生意，买卖马不好。

普米音译	
解读	ʒɛ^{35} ʝi^{55} ʧʰo^{35}le^{35} ʤyɛ^{55}ʤyɛ^{55} 地犁庄稼种一般般
意译	犁地、种庄稼一般般。

普米音译	
解读	ʧi^{35} kʰə^{35} ʒe^{55} ʧi^{35} tsi^{55} tsʰõ^{55} ŋu^{53} 婴儿（前加）生婴儿寿短会
意译	婴儿出生会短命。

普米音译	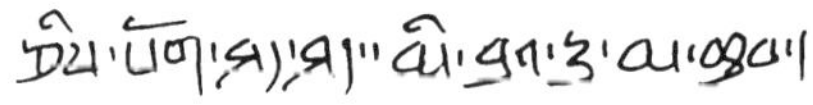
解读	ʧi^{55} po^{53} ʃyə^{55}ʃyə^{55} mə^{53} pə^{55}zo^{53} mᴀ^{35}ʧ^{h}y^{53} 水（助词）碰人焚烧不好
意译	碰跟水有关的东西、焚烧尸体不好。

普米音译	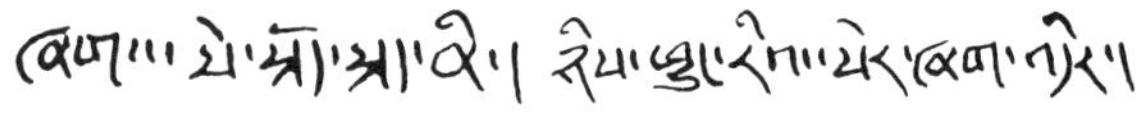
解读	ʃɛ^{35} sʉ^{55}tuə^{53} tᴀ^{55}nə^{53} ni^{35}ʧ^{h}õ^{55}rə^{53} sɿ^{35} ʃɛ^{35} də^{55} 宿室一日男人们死日子是
意译	室宿这一天是男人们死的日子。

普米音译	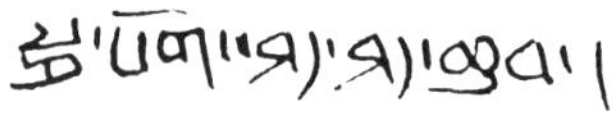
解读	ʧə^{55} po^{53} ʃyə^{55}ʃyə^{55} ʧ^{h}y^{53} 土（助词）碰好
意译	碰跟土有关的东西好。

普米音译	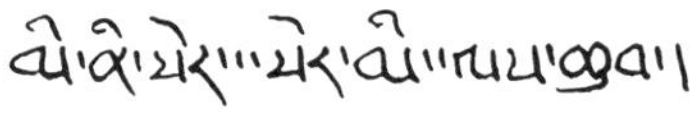
解读	mə^{53} nə^{35} sɿ^{35} sɿ^{35}mə^{53} liɛ^{35} ʧ^{h}y^{53} 人（前加）死死人命运好
意译	人死了，死者的命运好。

普米音译	
解读	tsʉ^{55} k^{h}ə^{35} ʒe^{55} dzə̧^{35}dzə̧^{35} 儿子（前加）生不好
意译	儿子出生不好。

普米音译	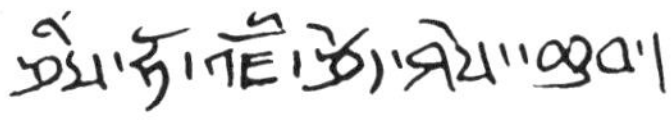
解读	ʧi^{55} to^{53} ʥõ^{35} tsi^{35} ʃi^{53} ʧ^{h}y^{55} 水上面桥搭去好
意译	在水上搭桥好。

普米音译	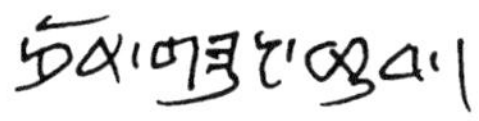
解读	ʧə̃^{55} zu^{53} ʧ^{h}y^{53} 房屋造好
意译	建造房屋好。

普米音译	
解读	ʧõ^{55}gui^{35} dzi̹^{53} mᴀ^{35}ʧ^{h}y^{53} 服装缝制不好
意译	缝制服装不好。

普米音译	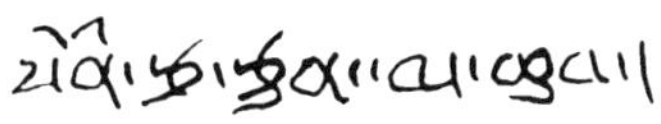
解读	sẽ^{55}ʧi^{55} tsᴀ^{55}tsuẽ^{55} mᴀ^{35}ʧ^{h}y^{53} 牲畜拖拉不好
意译	买卖牲畜不好。

普米音译	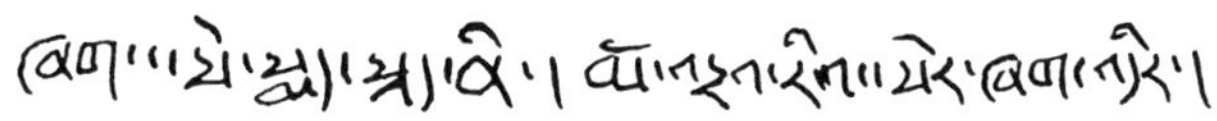
解读	ʃɛ^{35} sʉ^{55}mə^{53} tᴀ^{55}nə^{53} mə^{35}dzɛ̹^{35} rə^{55} sɿ^{35} ʃɛ^{35} də^{55} 宿壁一日姑娘们死日子是
意译	壁宿这一天是姑娘们死的日子。

普米音译	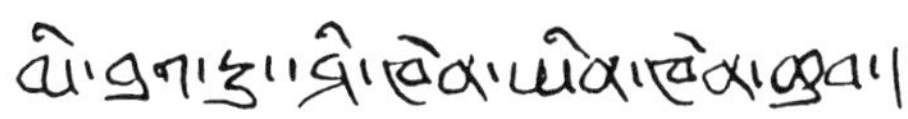
解读	mə^{53} pə^{55}zo̹^{53} ʃi^{35}k^{h}i̹^{35} ʃi^{35}k^{h}i̹^{35} ʧ^{h}y^{53} 人焚烧仪式名超渡好
意译	焚烧尸体、进行超度的仪式好。

普米音译	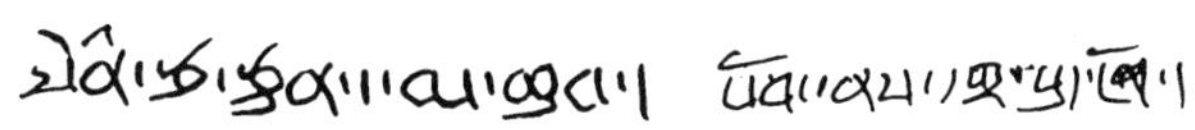
解读	sẽ^{55}ʧi^{55} tsᴀ^{55}tsuẽ^{55} mᴀ^{35}ʧ^{h}y^{55} po^{55} niɛ^{53} dzə̹^{35} pʉ^{53} ŋu^{53} 牲畜拖拉不好豺狗（后加）坏事做会
意译	买卖牲畜不好，豺狗会来破坏。

普米音译	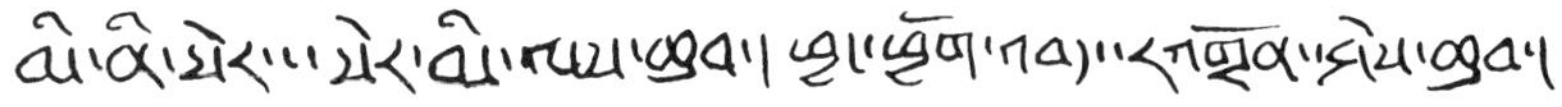
解读	mə^{53} nə^{35} sɿ^{35} sɿ^{35}mə^{53} liɛ^{35} ʧ^{h}y^{53} ʧ^{h}õ^{53}ʧ^{h}ye^{53} bie^{53} ruə^{55}dʐuə^{55}ʃi^{53} ʧ^{h}y^{53} 人（前加）死死人命运好北方（助词）路走去好
意译	人死了，死者的命运好。朝北方出行好。

普米音译	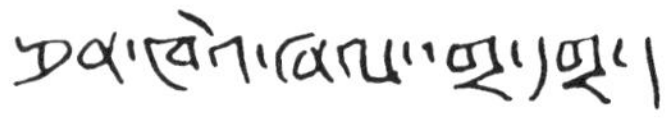
解读	ʧi^{35} k^{h}ə^{35} ʒe^{55} dʐə̥^{35}dʐə̥^{35} 婴儿（前加）生不好
意译	婴儿出生不好。

普米音译	
解读	ʧõ^{55}gui^{35} dʐi^{53} ʧ^{h}y^{53} 服装缝制好
意译	缝制服装好。

普米音译	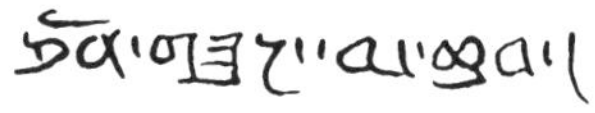
解读	ʧə̃^{55} zu^{53}mᴀ^{35}ʧ^{h}y^{53} 房屋造不好
意译	建造房屋不好。

普米音译	
解读	ʃɛ^{35} nõ^{55}dʐɿ^{53} tᴀ^{55}nə^{55} 宿奎一日
意译	奎宿这一天。

普米音译	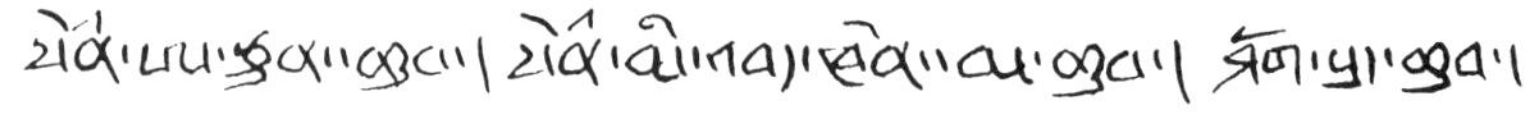
解读	sẽ^{55}ʧi^{55} ᴀ^{55} tsuẽ^{55} ʧ^{h}y^{53} sẽ^{55}ʧi^{55} mə^{53} bie^{53} k^{h}i^{55} mᴀ^{35}ʧ^{h}y^{53} ʃu^{55} pʉ^{55} ʧ^{h}y^{53} 牲畜（前加）牵好牲畜人（助词）给不好仪式做好
意译	买进牲畜好，把牲畜送人不好，做仪式好。

普米音译	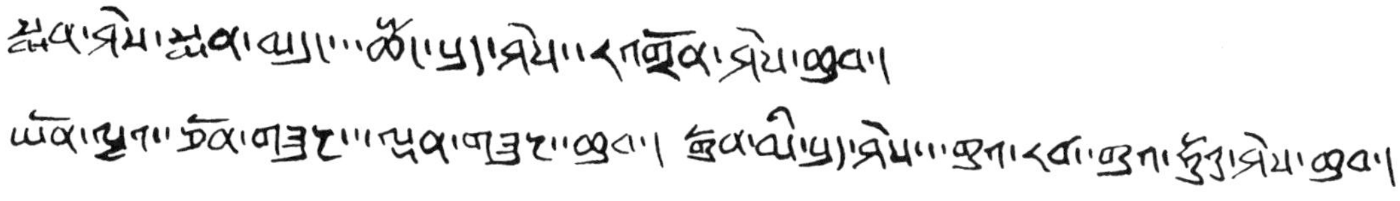
解读	mi^{35}ʃi^{35}mi^{35}dõ^{53} ts^{h}õ^{55} pʉ^{53} ʃi^{53} ruə^{55}dzu̧ə^{55} ʃi^{53} tʃ^{h}y^{53} ʃi^{35}le^{35} tʃə̃^{55} zu^{53} di^{35} zu^{53} tʃ^{h}y^{53} 女娶女嫁生意做去路走去好地种房屋造土地造好 kuə^{55}mə^{53} pʉ^{53} ʃi^{53} guə^{35} zu̧ᴀ^{35} guə^{35} tiõ^{55} ʃi^{53} tʃ^{h}y^{53} 盗贼做去钱欠钱讨去好
意译	嫁娶、做生意、出行、种地、建造房屋、开荒造田好。行窃、欠债、讨债好。

普米音译	
解读	tʃõ^{55}gui^{35} dzi̧^{53} mᴀ^{35}tʃ^{h}y^{53} 服装缝制不好
意译	缝制服装不好。

普米音译	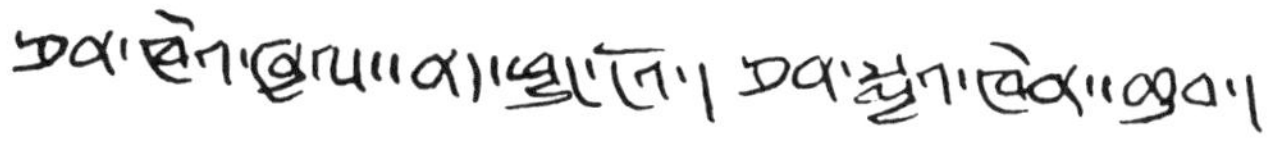
解读	tʃi^{35} k^{h}ə^{35} ʒe^{55} ni^{55}tʃ^{h}õ^{53} ŋu^{53} tʃi^{35} mᴀ̃^{55} k^{h}i^{55} tʃ^{h}y^{53} 婴儿（前加）生病出现会婴儿名字给好
意译	婴儿出生会生病，给婴儿起名好。

普米音译	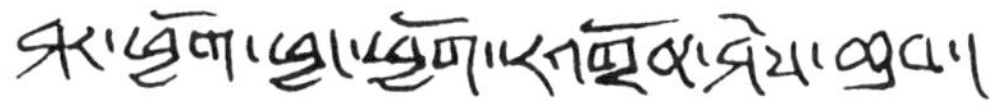
解读	ʃə^{53}tʃ^{h}ye^{53}tʃ^{h}õ^{53}tʃ^{h}ye^{53}ruə^{55}dzu̧ə^{55}ʃi^{53}tʃ^{h}y^{53} 东方北方路走去好
意译	朝东方、北方出行好。

普米音译	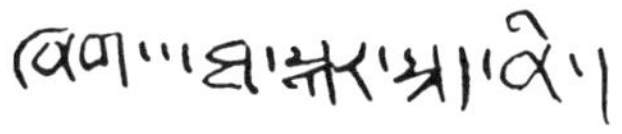
解读	ʃɛ^{35} t^{h}ᴀ^{55}kə^{55}rə^{55}tᴀ^{55}nə^{53} 宿娄一日
意译	娄宿这一天。

普米音译	
解读	gi^{35}wᴀ^{35} kʰi^{55} ʧʰy^{53} 仪式名给好
意译	念给瓦经好。

普米音译	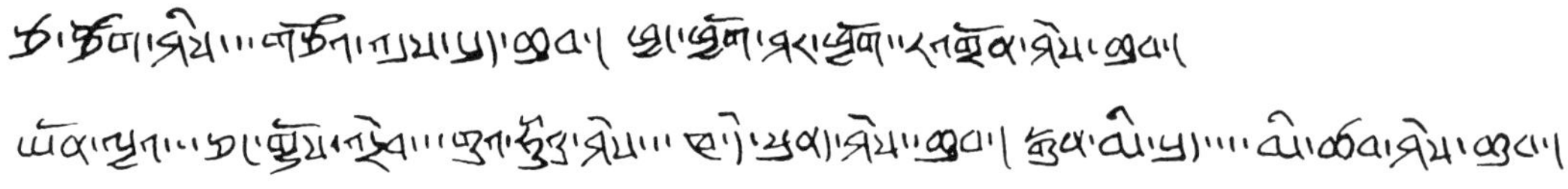
解读	tsᴀ^{55}tso^{55} ʃi^{53} tsu^{55}dui^{55} pʉ^{53} ʧʰy^{53} ʧʰõ^{53}ʧʰye^{53} ʃə^{53}ʧʰye^{53} ruə^{55}dʐuə^{55} ʃi^{53} ʧʰy^{53} 吵架去鬼压做好北方东方路走去好 ʃi^{35}le^{35} ʧõ^{55}gui^{35}dʐi^{53} guə^{35} tiõ^{55} ʃi^{55} kʰə^{35}ti^{55} suẽ^{55} ʃi^{53} ʧʰy^{53} kuə^{55}mə^{53} pʉ^{53} mə^{53} tsʰɛ^{55} ʃi^{53} ʧʰy^{53} 地种服装缝制钱讨去什么学去好盗贼做人阻止去好
意译	吵架、镇压鬼魂好，朝北方、东方出行好，种地、缝制服装、讨债、学任何东西好，阻止别人去行窃好。

普米音译	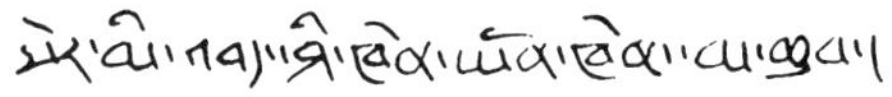
解读	sɿ^{35}mə^{53} bie^{53} ʃi^{35}kʰi^{35} ʃi^{55}kʰi^{53} mᴀ^{35}ʧʰy^{53} 死人（助词）仪式名超渡不好
意译	为死者超度不好。

普米音译	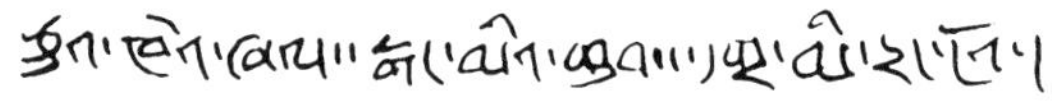
解读	tsʉ^{55} kʰə^{35} ʒe^{55} gũ^{55}mu^{53} ʧʰy^{53} dʐə^{35} mə^{53} tʂõ^{55} ŋu^{53} 儿子（前加）生身体好能干人变会
意译	儿子出生身体好，会成为能干的人。

普米音译	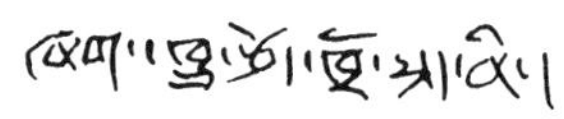
解读	ʃɛ^{35} tʂʰu^{55}tsɿ^{55}tʂʰʉ^{55} tᴀ^{55}nə^{53} 宿胃一日
意译	胃宿这一天。

普米音译	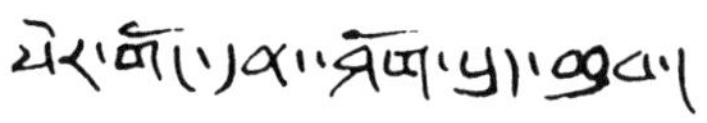
解读	sɿ^{35} kõ^{35} tᴀ̃^{55} ʃu^{55} pʉ^{53} ʧʰy^{53} 死门关仪式做好
意译	举行关闭死门的仪式好。

普米音译	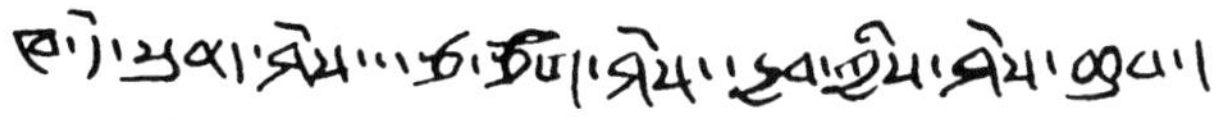
解读	kʰə^{35}ti^{55} suẽ^{55} ʃi^{53} tsᴀ^{55}tso^{55} ʃi^{53} ʤo^{55} ʧi^{35} ʃi^{53} ʧʰy^{55} 什么学去吵架去事情说去好
意译	学习任何东西、吵架、调解纠纷好。

普米音译	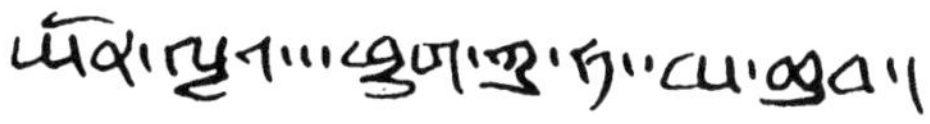
解读	ʝi^{35}le^{35} ʧʰo^{35} ko^{55}tᴀ^{55} mᴀ^{35}ʧʰy^{53} 地种庄稼装不好
意译	种地、收获庄稼不好。

普米音译	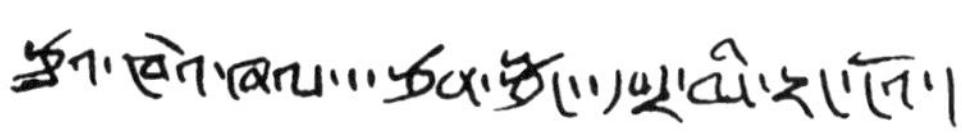
解读	tsʉ^{55} kʰə^{35} ʒe^{55} tsẽ^{55}tsõ^{55} dzə̩^{35} mə^{53} tʂõ^{55} ŋu^{53} 儿子（前加）生暴躁能干人变会
意译	儿子出生后变成暴躁、能干的人。

普米音译	
解读	niõ^{35} ji^{53} ʃu^{55} te^{55} pʉ^{53} tsu^{55} sə^{53} tsu^{55} dui^{55} ʧʰy^{53} 下（助词）仪式大做鬼杀鬼压好
意译	进行杀鬼驱邪的仪式好。

普米音译	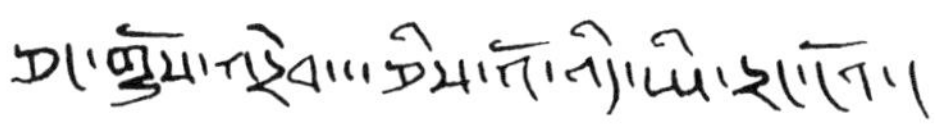
解读	ʧõ^{55}gui^{35}dzi̩^{53} ʧi^{55}wu^{53} di^{35} ji^{53} tʂõ^{55} ŋu^{53} 服装缝制水里丢（助词）变会
意译	缝制服装最后也会丢到水里。

普米音译	
解读	tsʰõ^{55} pʉ^{53} ʃi^{53} ʧʰy^{53} 生意做去好
意译	做生意好。

普米音译	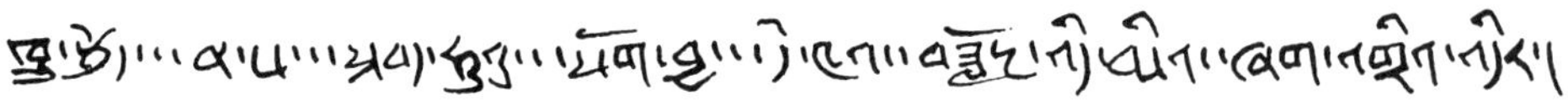
解读	tʂʰʉ^{55}tsɿ^{55} nÃ^{35}pA^{55} tiA^{55}tʉ^{53} so^{55}ʧɛ^{55} ti^{55} rə^{55} do^{35} di^{35} mə^{53} ʃɛ^{35}dzʅ^{55} də^{55} 昴角房牛这四不祥之兆放置（助词）星宿是
意译	昴、角、房、牛这四宿是带有不祥之兆的星宿。

普米音译	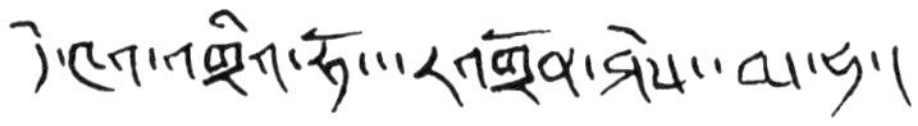
解读	ti^{55} rə^{55} dzʅ^{35} to^{55} ruə^{55}dzɻuə^{55} ʃi^{53} mA^{35}xɑ̃^{55} 这四星看路走去不可以
意译	看见这四星不可以出行。

普米音译	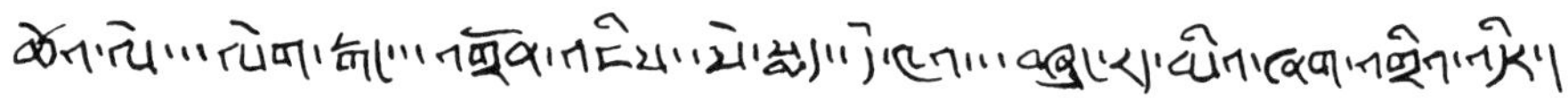
解读	tsʰɿ^{55}li^{53} lie^{35}gõ^{55} dzɻue^{35}ʤi^{35} sʉ^{55}mə^{53} ti^{55} rə^{55} zɻõ^{35}zɻe^{35} mə^{55} ʃɛ^{55}dzʅ^{55} də^{55} 毕箕井壁这四福𠺕（助词）星宿是
意译	毕、箕、井、壁这四宿是祈福的星宿。

普米音译	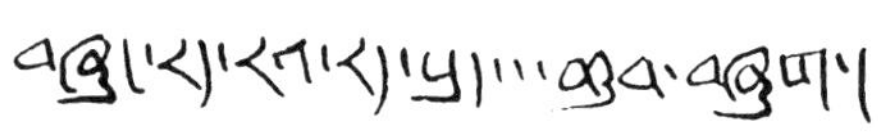
解读	zɻõ^{35}zɻe^{35}zɻuə^{35}ze^{35}pʉ^{53} ʧʰy^{53} zɻo^{35} 福𠺕禄𠺕做好很
意译	祈求福禄会很好。

普米音译	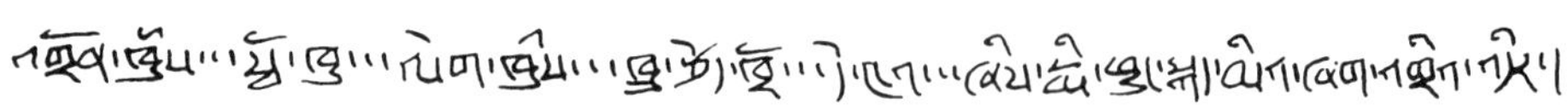
解读	dzɻue^{35}kʰu^{35} bo^{35}kʰo^{55} lie^{35}kʰu^{53} tʂʰu^{55}tsɿ^{55}tʂʰʉ^{55} ti^{55} rə^{55} ʒi^{35}mi^{53} ʧʰõ^{53} kə^{55} mə^{53} ʃɛ^{35}dzʅ^{55} də^{55} 觜张尾胃这四梦出现让（助词）星宿是
意译	觜、张、尾、胃这四宿是会让人做梦的星宿。

普米音译	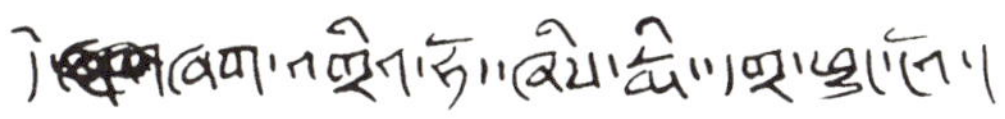
解读	ti^{55} ʃɛ^{35}dʐʅ^{35} to^{53} ʒi^{35}mi^{53} dzə^{35} ʧ^{h}õ^{53} ŋu^{53} 这星宿看梦不好出现会
意译	看见这四个星宿做梦会出现不好的事。

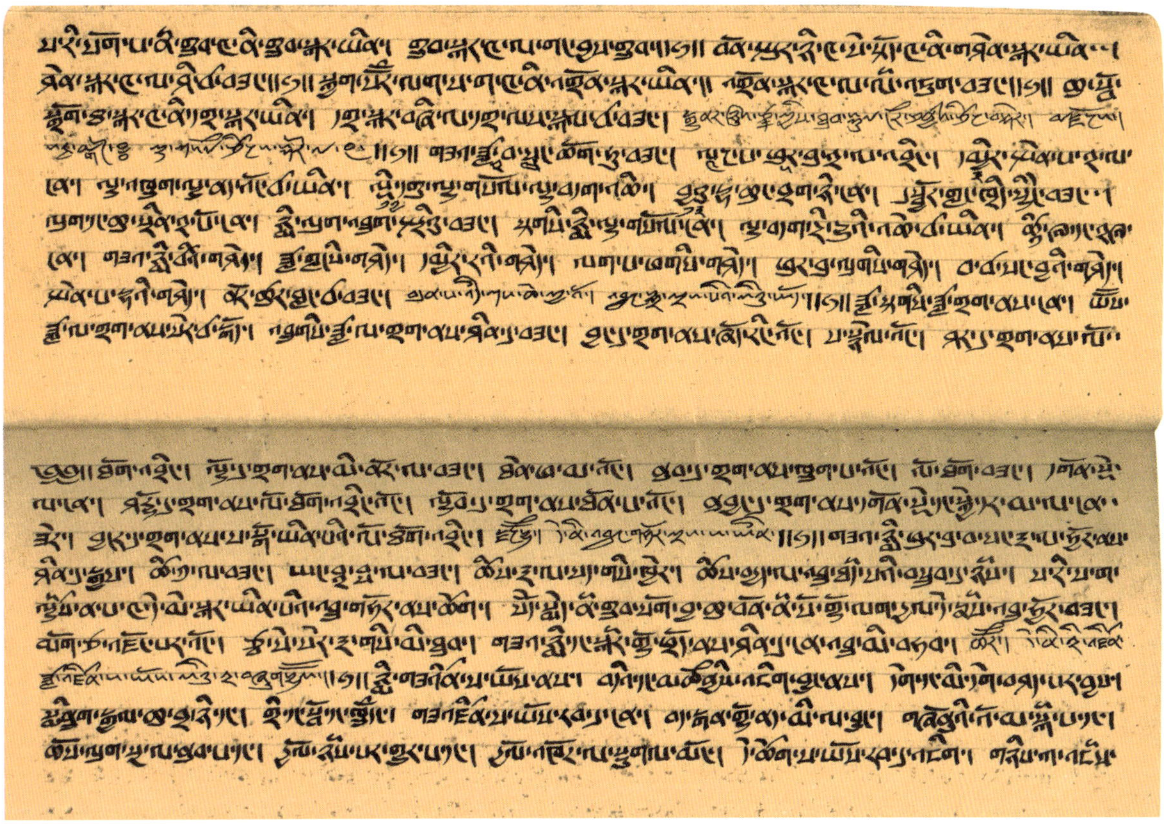

普米音译	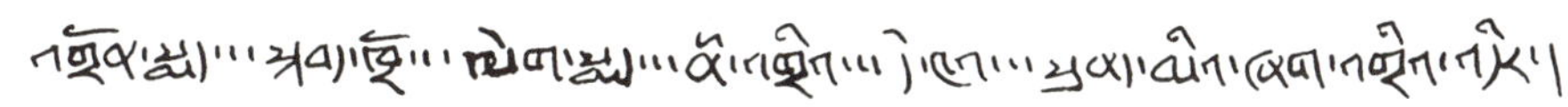
解读	dʐue^{35}mÃ^{35} tiᴀ^{55}tʂ^{h}ʉ^{35} lie^{35}mÃ^{35} nõ^{55}dʐʅ^{53} ti^{55} rə^{55} suẽ^{55} mə^{53} ʃɛ^{35}dʐʅ^{53} də^{55} 鬼亢斗奎这四学（助词）星宿是
意译	鬼、亢、斗、奎这四个星宿是学习的星宿。

普米音译	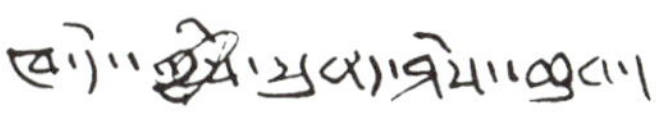
解读	k^{h}ə^{35}ti^{55} suẽ^{55} ʃi^{53} ʧ^{h}y^{53} 什么学去好
意译	学任何东西都好。

普米音译	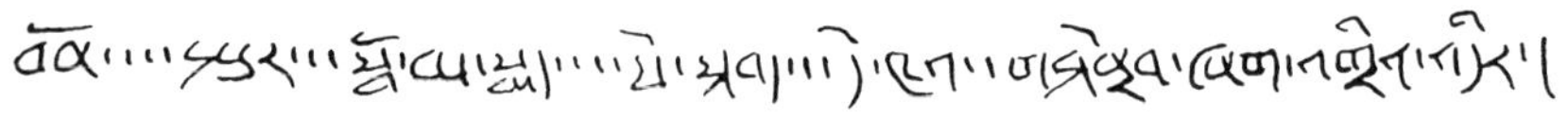
解读	pÃ^{35} pzə̣^{53} bo^{35}mã^{35}mÃ^{53} sʉ^{55}tuə^{53} ti^{55}rə^{55} ʃi^{55}zọ^{55} ʃɛ^{35}dzʅ^{55} də^{55} 女虚轸室这四神名星宿是
意译	女、虚、轸、室这四个星宿是“丁巴星罗”[1]的星宿。

普米音译	
解读	ʃu^{55} pʉ^{53} ʧ^{h}y^{53} zọ^{35} 仪式做好很
意译	做仪式很好。

普米音译	
解读	ʃə^{53} tiᴀ^{55}mÃ^{35} dzu̩e^{35}ʒɛ^{35} tiᴀ^{55}kÃ^{55} ti^{55} rə^{35} ruə^{55}dzu̩ə^{55} mə^{53} ʃɛ^{35}dzʅ^{55} də^{55} 柳心参氐这四路走（助词）星宿是
意译	柳、心、参、氐这四星是出行的星宿。

普米音译	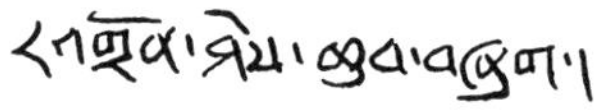
解读	ruə^{55}dzu̩ə^{55}ʃi^{53} ʧ^{h}y^{53} zọ^{35} 路走去好很
意译	出行很好。

普米音译	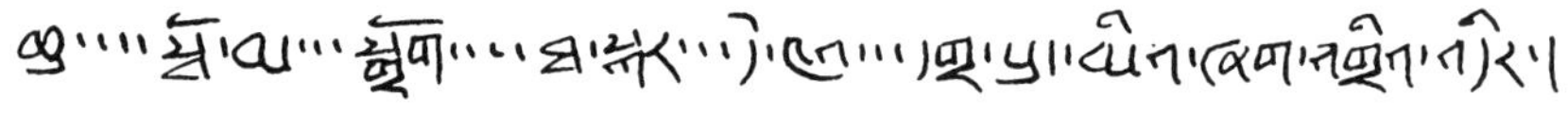
解读	ʧ^{h}y^{53} bo^{35}mã^{35} dzu̩^{53} t^{h}ᴀ^{35}kə^{55}rə^{55} ti^{55} rə^{35} dzɛ̣^{55} pʉ^{53} mə^{53} ʃɛ^{35}dzʅ^{55} də^{55} 星翼危娄这四欺负做（助词）星宿是
意译	星、翼、危、娄这四星宿是做坏事的星宿。

普米音译	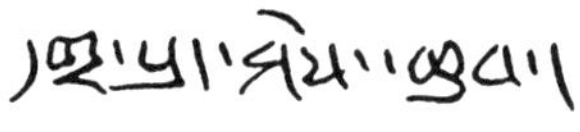
解读	dzɛ̣^{55} pʉ^{53} ʃi^{53} ʧ^{h}y^{53} 欺负做去好
意译	做坏事好。

[1] 神名。

普米音译	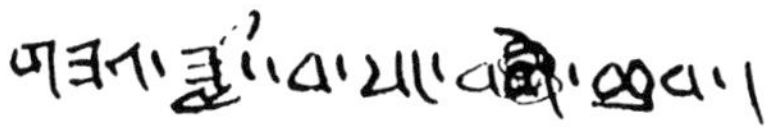
解读	zᴀ^{55} dᴀ^{35}wᴀ^{55} pᴀ^{55}sõ^{55} ʧʰy^{53} 曜月曜金曜好
意译	月曜日、金曜日好。

普米音译	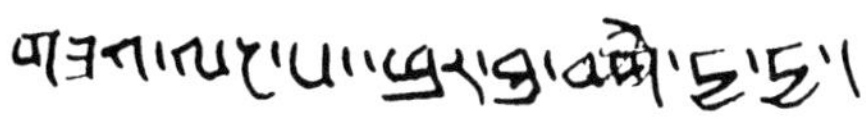
解读	zᴀ^{55} lᴀ^{35}pᴀ^{55} pʰzə̥^{55}pu^{53} ʤyɛ^{55}ʤyɛ^{55} 曜水曜木曜一般般
意译	水曜日、木曜日一般般。

普米音译	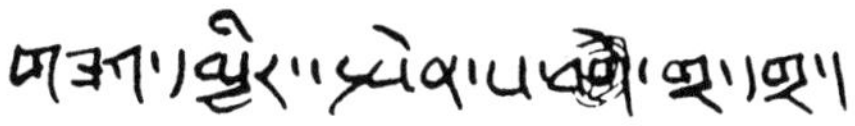
解读	zᴀ^{55} mi^{55}mzə̥^{55} pĩ^{55}bᴀ^{55} dzə̥^{35}dzə̥^{35} 曜火曜土曜不好
意译	火曜日、土曜日不好。

普米音译	
解读	xie^{55} mᴀ^{35}giɛ^{55} kʰõ^{35}ni^{55} tʂõ^{55} ŋu^{53} 神不喜欢胸口疼变会
意译	（这两天日子不好，献祭）神不喜欢，胸口会变疼。

普米音译	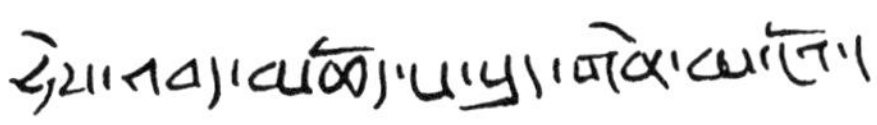
解读	xie^{55} bie^{53} ʧʰᴀ^{35}pᴀ^{55} pʉ^{53} kĩ^{35} mᴀ^{35}ŋu^{53} 神（助词）祭品做接受不会
意译	向神献祭品，神也不会接受。

普米音译	
解读	sẽ^{55}ʧi^{55} lo^{35}wᴀ^{35} ʥʅ^{55} tʰiẽ^{55} mᴀ^{35}ʃi^{55} dzə̥^{35}dzə̥^{35} 牲畜全部吃喝不有不好
意译	牲畜没有食物不好。

普米音译	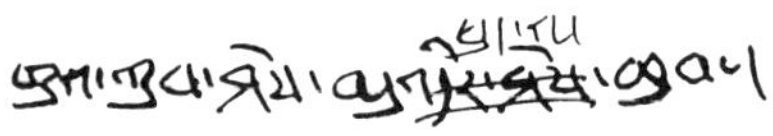
解读	guə^{35}kuə^{55} ʃi^{35} mie^{55} pʉ^{53} lᴀ^{53} ʧ^{h}y^{53} 钱财有什么做也好
意译	有钱财的话，做任何事都好。

普米音译	
解读	zọ̃^{55} ʧi^{55} ʥʅ^{55}ji^{55} dzə̣^{35}dzə̣^{35} 绵羊水吃（助词）不好
意译	绵羊、水和食物（做祭品）不好。

普米音译	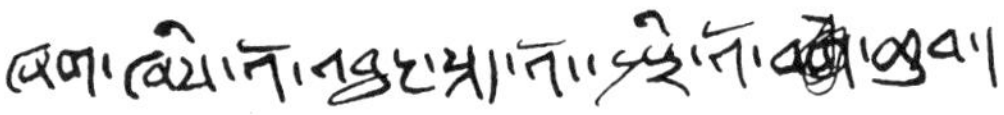
解读	ʃɛ^{35} ʒi^{35}wu^{35} bzə̣^{35}te^{55}wu^{35} pzẹ^{55}wu^{35} ʧ^{h}y^{53} 日子羊肖龙肖猴肖好
意译	属羊、龙、猴这三天好。

普米音译	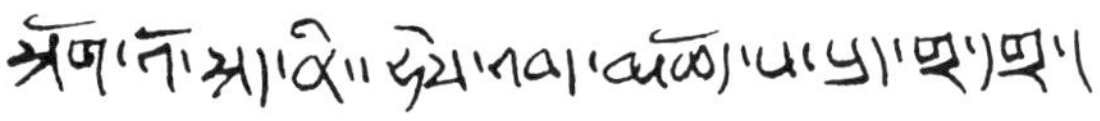
解读	to^{55}wu^{35} tᴀ^{55}nə^{53} xie^{55} bie^{53} ʧ^{h}ᴀ^{35}pᴀ^{55} pʉ^{53} dzə̣^{35}dzə̣^{35} 虎肖一日神（助词）祭品做不好
意译	属虎这一天向神献祭品不好。

普米音译	
解读	xie^{55} bie^{53} ʧ^{h}ᴀ^{35}pᴀ^{55} pʉ^{53} p^{h}i^{35} jõ^{55}mᴀ^{35}ʃi^{35} 神（助词）祭品做效果会不有
意译	向神献祭品也不会有效果。

普米音译	
解读	ti^{55}gi^{55}gi^{53}nə^{53} nə^{35}yo^{35}gi^{53} dzə̣^{35}dzə̣^{35} 上弦九日二十九不好
意译	初九、二十九这两天不好。

普米音译	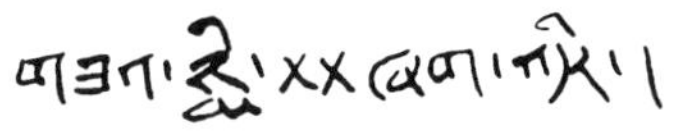
解读	zᴀ^{55} ni^{55}mã^{55}（缺字）ʃɛ^{35} də^{55} 曜日曜日子是
意译	日曜日是（缺字）的日子。

普米音译	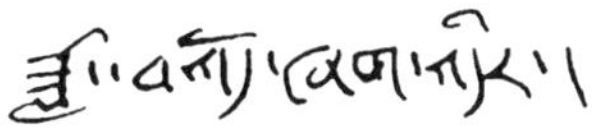
解读	zᴀ^{55} dᴀ^{35}wᴀ^{55} kuɐ^{55} ʃɛ^{35} də^{55} 曜月曜牛日子是
意译	月曜日是牛的日子。

普米音译	
解读	zᴀ^{55} mi^{55}mzə̥^{55} ts^{h}ɿ^{53} ʃɛ^{35} də^{55} 曜火曜山羊日子是
意译	火曜日是山羊的日子。

普米音译	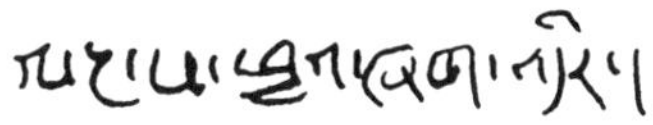
解读	zᴀ^{55} lᴀ^{35}pᴀ^{55} ʧ^{h}yɛ^{35} ʃɛ^{35} də^{55} 曜水曜猪日子是
意译	水曜日是猪的日子。

普米音译	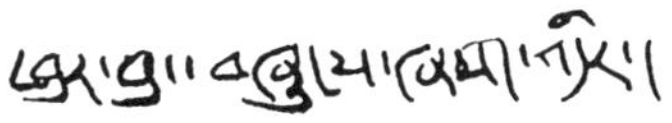
解读	zᴀ^{55} p^{h}zə̥^{55}pu^{55} zõ̥^{55} ʃɛ^{35} də^{55} 曜木曜绵羊日子是
意译	木曜日是绵羊的日子。

普米音译	
解读	zᴀ^{55} pᴀ^{55}sõ^{55} ro^{55} ʃɛ^{35} də^{55} 曜金曜鸡日子是
意译	金曜日是鸡的日子。

普米音译	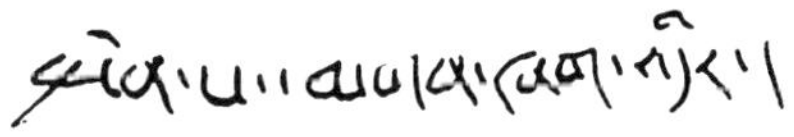
解读	zᴀ^{55} pĩ^{55}bᴀ^{55} guẽ^{35} ʃɛ^{35} də^{55} 曜土曜马日子是
意译	土曜日是马的日子。

普米音译	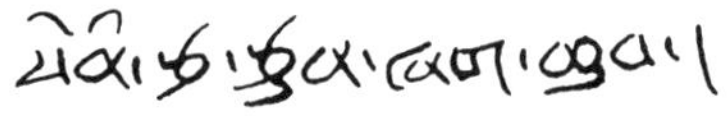
解读	sẽ^{55}ʧi^{55} tsᴀ^{55}tsuẽ^{53} ʃɛ^{35} də^{55} 牲畜拖拉日子是
意译	是买卖牲畜的日子。（买卖对应的牲畜才好。）

普米音译	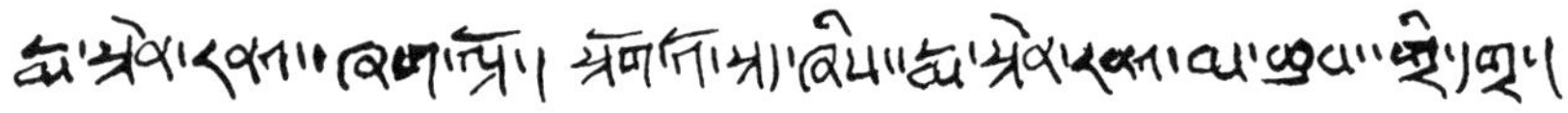
解读	mə^{53}ɦi^{55}z̩uẽ^{55} ʃɛ^{35} to^{55} to^{55}wu^{35} tiᴀ^{55}ʒi^{35} mə^{53}ɦi^{55}z̩uẽ^{55} dz̩ə^{35}dz̩ə^{35} ŋu^{53} 雷鸣星看虎肖一月雷鸣不好会
意译	看雷鸣的日子。阴历十二月打雷不好。

普米音译	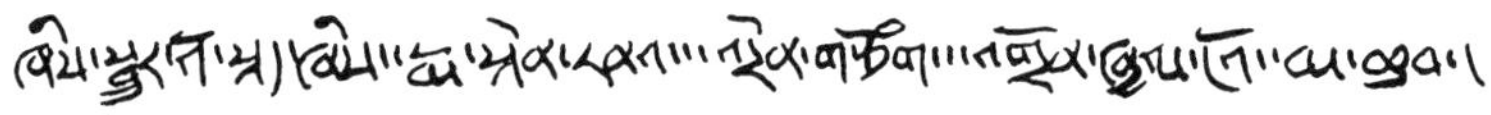
解读	ʒi^{35}bz̩e^{55}wu^{35}tiᴀ^{55}ʒi^{35}mə^{53}ɦi^{55}z̩uẽ^{55} dz̩ẽ^{35} tso^{55} dz̩ue^{35}z̩ᴀ^{35} ŋu^{53} mᴀ^{35}ʧʰy^{53} 兔肖一月雷鸣冰雹下泥石流会不好
意译	正月打雷不好，会有冰雹和泥石流。

普米音译	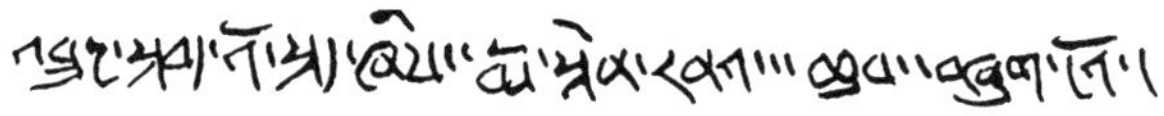
解读	bz̩ə^{35}te^{55}wu^{35} tiᴀ^{55}ʒi^{35} mə^{53}ɦi^{55}z̩uẽ^{55} ʧʰy^{53} z̩o^{35} ŋu^{53} 龙肖一月雷鸣好很会
意译	二月打雷很好。

普米音译	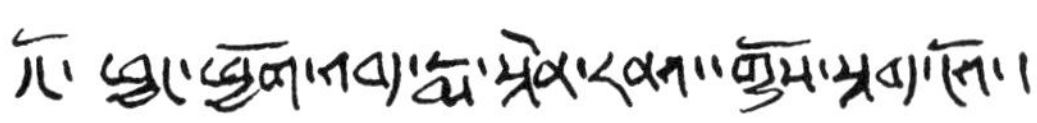
解读	ʧʰõ^{55}ʧʰye^{53} mə^{53}ɦi^{55}z̩uẽ^{55} gui^{55} te^{55} ŋu^{53} 北方雷鸣雨大会
意译	北方打雷的话，雨季会有大雨。

普米音译	
解读	ʃə^{53}ʧ^{h}ye^{53} mə^{53}ɦi^{55}zṳẽ^{55} k^{h}ᴀ^{35}ʂu^{55} ʤyɛ^{55}ʤyɛ^{55} ŋu^{53} 东方雷鸣玉米一般般会
意译	东方打雷的话，玉米收成一般般。

普米音译	
解读	xo^{53}ʧ^{h}ye^{53} mə^{53}ɦi^{55}zṳẽ^{55} sẽ^{55}ʧi^{55} to^{53} ʧ^{h}y^{55} suÃ^{55}mɑ^{55} to^{53}t^{h}uẽ^{55}do^{53} ʧ^{h}õ^{53} ŋu^{53} 南方雷鸣牲畜（助词）好父母（助词）不祥之兆出现会
意译	南方打雷的话，对牲畜好，但是对地方官而言是不祥之兆。

普米音译	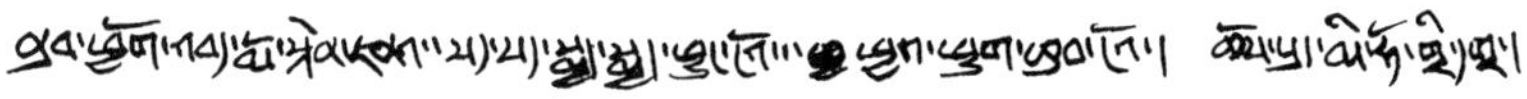
解读	niõ^{53}ʧ^{h}ye^{53} mə^{53}ɦi^{55}zṳẽ^{55} sɐ^{55}sɐ^{55}miɛ^{55}miɛ^{55} ʧ^{h}õ^{53} ŋu^{53} ʧ^{h}ɛ^{35}ʧ^{h}o^{55} ʧ^{h}y^{53} ŋu^{53} ʧ^{h}y^{53} pʉ^{53} mə^{53} to^{53} dzə̧^{35}dzə̧^{55} ŋu^{53} 西方雷鸣战争出现会庄稼好会好事做人（助词）不好会
意译	西方打雷的话，会有战争，庄稼收成好，对僧侣而言很不好。

普米音译	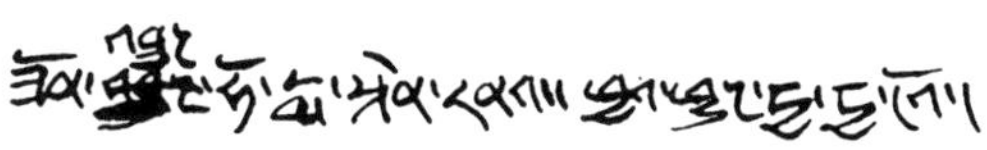
解读	suÃ^{35}bzə̧u^{53} to^{55} mə^{53}ɦi^{55}zṳẽ^{55} ʧ^{h}ɛ^{35}ʧ^{h}o^{55} to^{53} dzə̧^{35}dzə̧^{35} ŋu^{53} 东南（助词）雷鸣庄稼（助词）不好会
意译	东南方打雷的话，庄稼收成会很不好。

普米音译	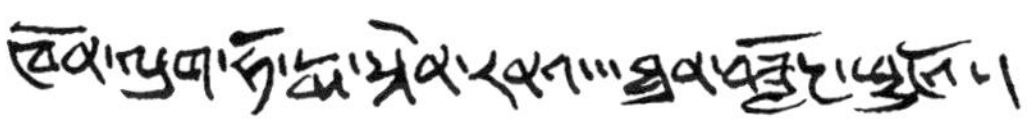
解读	k^{h}uẽ^{55}lo^{55} to^{53} mə^{53}ɦi^{55}zṳẽ^{55} t^{h}uẽ^{55}do^{55} ʧ^{h}õ^{53} ŋu^{53} 西南（助词）雷鸣不祥之兆出现会
意译	西南方打雷的话，会有不祥之兆。

普米音译	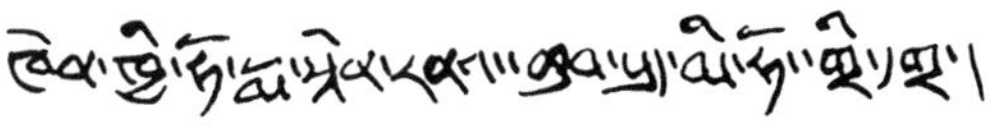
解读	k^{h}i^{55}ʧ^{h}i^{53} to^{53} mə^{53}ɦi^{55}zṳẽ^{55} ʧ^{h}y^{53} pʉ^{55} mə^{53} to^{53} dzə̧^{35}dzə̧^{35} 西北（助词）雷鸣好事做人（助词）不好
意译	西北方打雷的话，对僧侣而言很不好。

普米音译	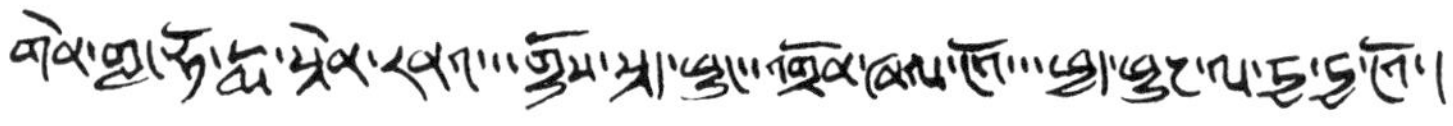
解读	ki^{35}lõ^{55} to^{55} mə^{53}fi^{55}ʐue$̃^{55}$ gui^{55} te^{55} ʧ^{h}õ^{53} dʐue^{35}ʐᴀ^{35} ŋu^{53} ʧ^{h}ɛ^{35}ʧ^{h}o^{55} lᴀ^{53} ʤyɛ^{55}ʤyɛ^{53} 东北（助词）雷鸣雨大出现泥石流会庄稼也一般般
意译	东北方打雷的话，会下大雨，会出现泥石流，庄稼收成也一般般。

普米音译	
解读	ʧ^{h}o^{35}le^{35} ʃɛ^{35} to^{53} zᴀ^{55} ni^{35}mã^{55} p^{h}ʐə^{55}pu^{53} pᴀ^{55}sõ^{55} ti^{55} sõ^{55} to^{53} ʧ^{h}o^{35}le^{35} ʧ^{h}y^{55} ŋu^{53} 庄稼种星看曜日曜木曜金曜这三看庄稼种好会
意译	看播种的日子。日曜日、木曜日、金曜日这三天播种好。

普米音译	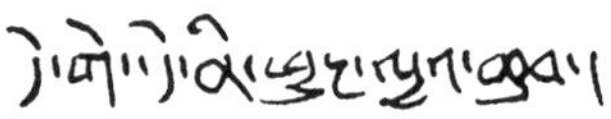
解读	ti^{55}gi^{55}ti^{35} nə^{53} ʧ^{h}o^{35}le^{35} ʧ^{h}y^{55} 上弦一日庄稼种好
意译	初一播种好。

普米音译	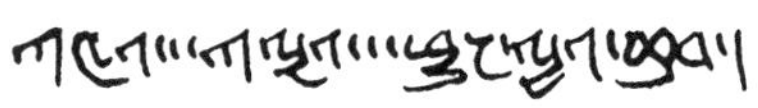
解读	ko^{55}nə^{35} kᴀ^{55}ŋuᴀ^{55} ʧ^{h}o^{35}le^{35} ʧ^{h}y^{53} 十二十五庄稼种好
意译	十二、十五这两天播种好。

普米音译	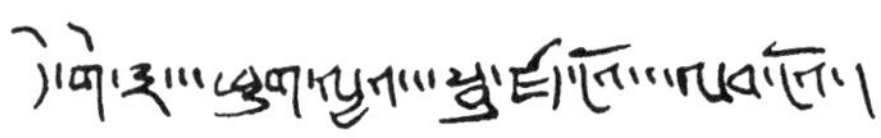
解读	ti^{55}gi^{55}sõ^{55} nə^{53} ʧ^{h}o^{35}le^{35} bu^{53} ʥɿ^{55} ŋu^{53} lɐ^{35} ŋu^{53} 上弦三日庄稼种虫吃会枯黄会
意译	初三这天播种的话，会有虫灾，作物会得锈病（叶子枯黄）。

普米音译	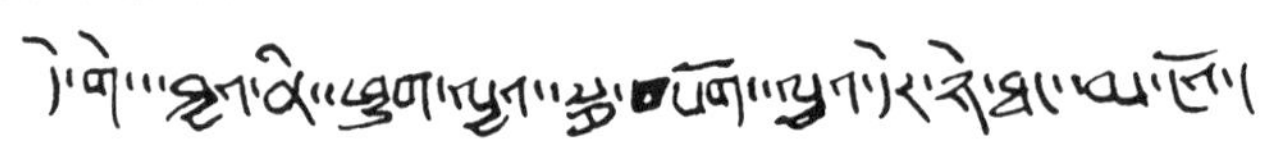
解读	ti^{55}gi^{55}ʃyə^{35} nə^{53} ʧ^{h}o^{35}le^{35} ʧə^{55} po^{53}le^{35}ti^{55}ni^{55} t^{h}õ^{35} mᴀ^{35}ŋu^{53} 上弦八日庄稼种土（助词）种子（助词）生长能不会
意译	初八这天播种的话，土里的种子不会发芽。

普米音译	[illegible]
解读	ʃɛ^{35}dzʅ^{55} tiᴀ^{35}tʂ^{h}ʉ^{35} tiᴀ^{55}kᴀ̃^{55} tiᴀ^{55}tʉ^{53} nᴀ̃^{35}pᴀ^{55} ti^{55}rə^{55} dzʅ^{35} to^{55} ʧ^{h}o^{35}le^{35} bõ^{55} ʧ^{h}y^{55} ɦi^{35} ʧ^{h}y^{55} ŋu^{53} 星宿亢氐房角这四星看庄稼种苗秆好穗子好会
意译	看到亢、氐、房、角这四个星宿播种的话，庄稼会秆壮穗饱满。

普米音译	[illegible]
解读	sʉ^{55}tuə^{55} sʉ^{55}mə^{53} nõ^{55}dzʅ^{53} so^{55}ʧɛ^{55} ʧ^{h}y^{53} pᴀ̃^{35} dzʉe^{35}ʤi^{35} dzʉe^{35}k^{h}u^{53} dzʉe^{35}ʒɛ^{35} dzʉe^{35}mᴀ̃^{35} ʧ^{h}o^{35}le^{35} ʧ^{h}y^{55} ɦi^{35} ʧ^{h}y^{55} 室壁奎牛星女井觜参鬼庄稼种好穗好
意译	看到室、壁、奎、牛、女、井、觜、参、鬼这些星宿播种的话，庄稼会长得饱满。

普米音译	[illegible]
解读	zᴀ^{55} ni^{35}mã^{55} ʃɛ^{35}dzʅ^{55} dzʉe^{35}k^{h}u^{53} tə^{35} p^{h}zə̧^{55} tᴀ^{55}nə^{55} ʧ^{h}o^{35}le^{35} mᴀ^{35}xã^{55} dzə̧^{35}dzə̧^{35} zo̧^{35} ŋu^{53} 曜日曜星宿觜（前加）遇一日庄稼种不可以不好很会
意译	日曜日这天看到觜宿不可以播种，如果播种的话会很不好。

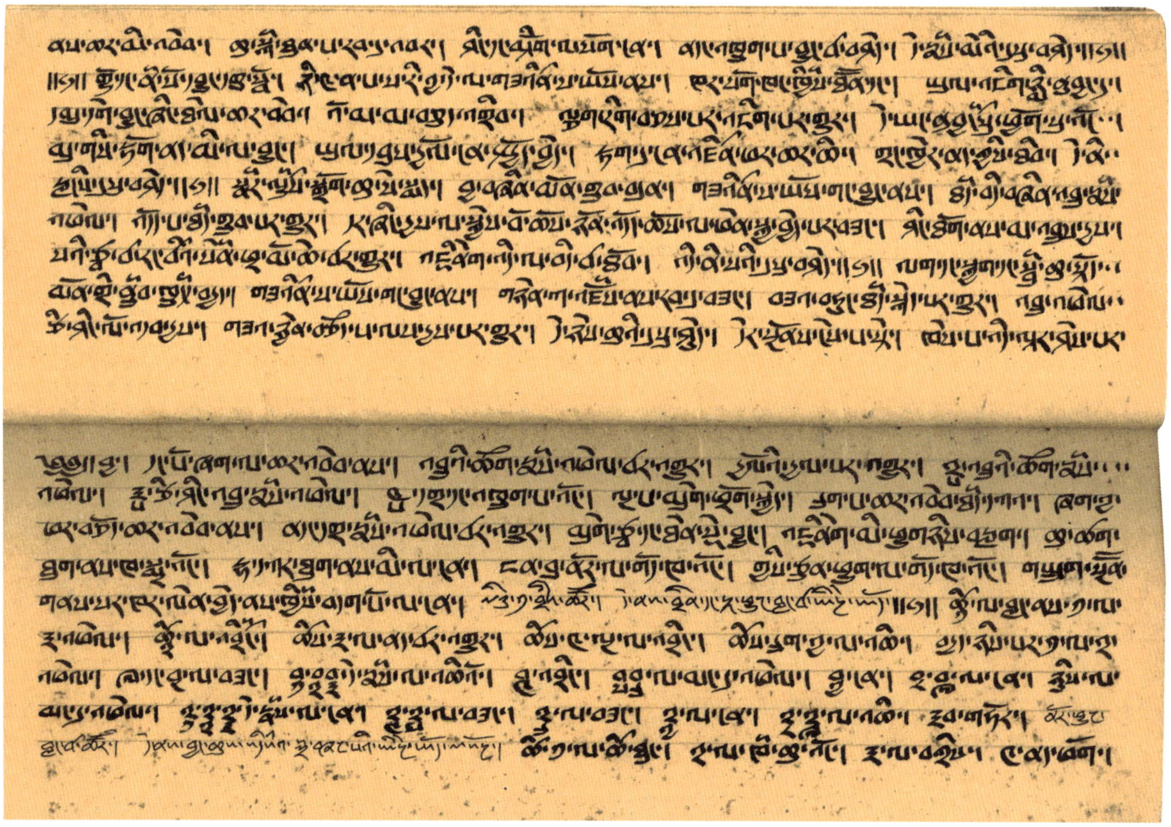

普米音译	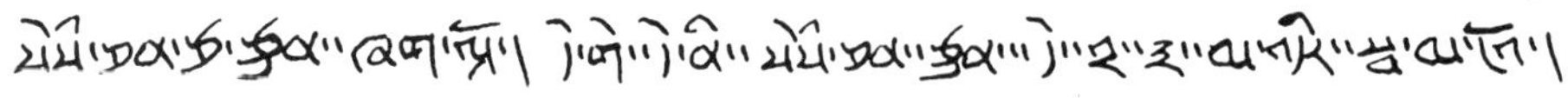
解读	sẽ^{55}ʧi^{55} tsᴀ^{55}tsuẽ^{55} ʃɛ^{35} to^{55} də^{55} ti^{55}gi^{55}ti^{35} nə^{53} sẽ^{55}ʧi^{55} ʧõ^{55} tsᴀ^{55}tsuẽ^{55} ti^{35} nə^{35} sõ^{55} mᴀ^{35}də^{55} bɐ^{55} mᴀ^{35}ŋu^{53} 牲畜拖拉星看是上弦一日牲畜配种拖拉一二三不是繁殖不会
意译	看买卖牲畜的日子。初一这天不能买卖配种的牲畜，如果买了最多只能带三胎，不能继续繁衍。

普米音译	
解读	ti^{55}gi^{55}nə^{35}nə^{53} sẽ^{55}ʧi^{55} ᴀ^{55} tsuẽ^{55} ʤyɛ^{55}ʤyɛ^{55}ŋu^{53} 上弦二日牲畜（助词）牵一般般会
意译	初二这天买牲畜一般般。

普米音译	
解读	ti^{55}gi^{55}sõ^{55}nə^{53}sẽ^{55}ʧi^{55}ᴀ^{55} tsuẽ^{55} niõ^{55}ni^{55} ʧ^{h}õ^{53} ŋu^{53} 上弦三日牲畜（助词）牵疾病出现会
意译	初三这天买牲畜，牲畜会有疾病。

普米音译	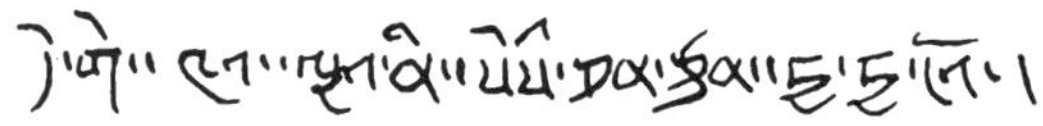
解读	ti^{55}gi^{55}rə^{55} ŋuᴀ^{55} sẽ^{55}ʧi^{55} ᴀ^{55} tsuẽ^{55} ʤyɛ^{55}ʤyɛ^{55} 上弦四五牲畜（助词）牵一般般
意译	初四、初五这两天买牲畜一般般。

普米音译	
解读	ti^{55}gi^{55}tʂ^{h}u^{55} ŋə^{35} ʧ^{h}y^{53} 上弦六七好
意译	初六、初七买的话好。

普米音译	
解读	ti^{55}gi^{55}ʃyə^{35} nə^{55} sẽ^{55}ʧi^{55} ᴀ^{55} tsuẽ^{55} ti^{35} nə^{35} tᴀ^{55} bɐ^{55} ŋu^{53} 上弦八日牲畜（助词）牵一二只能繁殖会
意译	初八这天买配种的牲畜只能繁衍一两胎。

普米音译	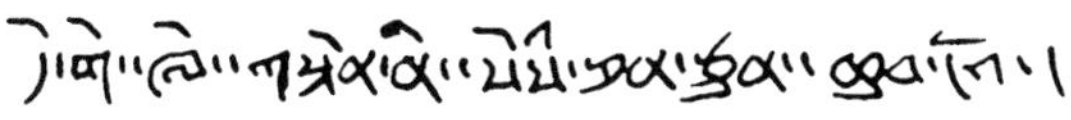
解读	ti^{55}gi^{55}gi^{53} nə^{53} kA^{55}ʧi^{53} nə^{53} sẽ^{55}ʧi^{55} A^{55} tsuẽ^{55} ʧ^{h}y^{55} ŋu^{53} 上弦九日十日牲畜（助词）牵好会
意译	初九、初十这两天买牲畜的话好。

普米音译	
解读	ko^{55}ti^{35} ko^{55}nə^{35} kA^{55}sõ^{55} nə^{53}sẽ^{55}ʧi^{55}A^{55} tsuẽ^{55} ʧ^{h}y^{53} ʐo^{35} 十一十二十三日牲畜（助词）牵好很
意译	十一、十二、十三这三天买牲畜会很好。

普米音译	
解读	kA^{55}rə^{55} nə^{53} sẽ^{55}ʧi^{55}A^{55} tsuẽ^{55} ʤyɛ^{55}ʤyɛ^{55} ŋu^{53} 十四日牲畜（助词）牵一般般会
意译	十四这天买牲畜的话一般般。

普米音译	
解读	kA^{55}ŋuA^{55} kA^{55}tʂ^{h}u^{55} sẽ^{55}ʧi^{55} A^{55} tsuẽ^{55} bɐ^{55} ŋu^{53} mɑ^{55} tA^{55} tʂõ^{55} ŋu^{53} 十五十六牲畜（助词）牵繁殖会雌性只能变会
意译	十五、十六这两天买牲畜的话，生下来的幼崽都会是雌的。

普米音译	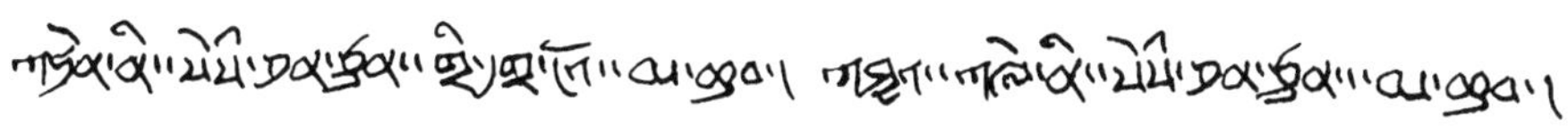
解读	kA^{55}ŋə^{35}nə^{53} kA^{55}ʃyə^{35} kA^{55}gi^{53} nə^{53} sẽ^{55}ʧi^{55} A^{55} tsuẽ^{55} dʐə^{35}dʐə^{35} 十七日十八十九日牲畜（助词）牵不好
意译	十七、十八、十九这三天买牲畜不好。

普米音译	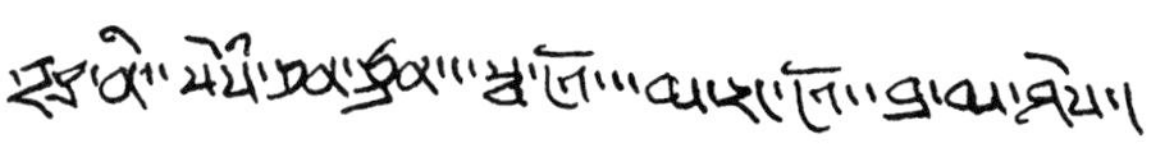
解读	nə^{35}ɣo^{35}nə^{53} sẽ^{55}ʧi^{55} A^{55} tsuẽ^{55} bɐ^{55} ŋu^{53} mɑ^{55} tʂõ^{55} ŋu^{53} 二十日牲畜（助词）牵繁殖会雌性变会
意译	二十这天买牲畜的话，生下来的幼崽会是母的。

普米音译	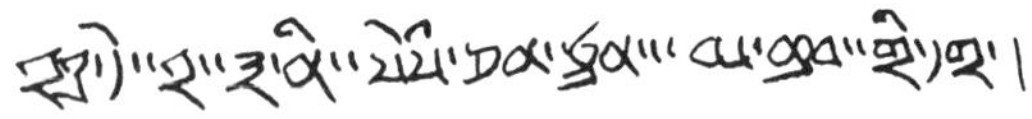
解读	nə^{35}ɣo^{35}ti^{35} nə^{35}ɣo^{35}nə^{35} nə^{35}ɣo^{35}sõ^{55} sẽ^{55}ʧi^{55} ᴀ^{55} tsuẽ^{55}mᴀ^{35}ʧ^{h}y^{53} dzə̣^{35}dzə̣^{35} 二十一二十二二十三牲畜（助词）牵不好不好
意译	二十一、二十二、二十三这三天买牲畜很不好。

普米音译	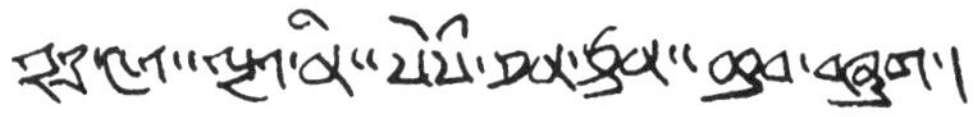
解读	nə^{35}ɣo^{35}rə^{55}nə^{35}ɣo^{35}ŋuᴀ^{55} sẽ^{55}ʧi^{55} ᴀ^{55} tsuẽ^{55} ʧ^{h}y^{55} zọ^{35} 二十四二十五牲畜（助词）牵好很
意译	二十四、二十五这两天买牲畜很好。

普米音译	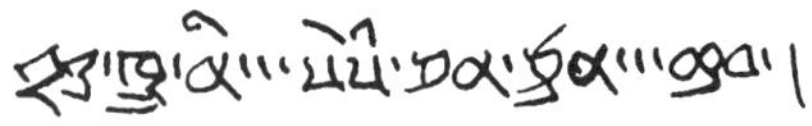
解读	nə^{35}ɣo^{35}tṣ^{h}u^{55} sẽ^{55}ʧi^{55} ᴀ^{55} tsuẽ^{55} ʧ^{h}y^{53} 二十六牲畜（助词）牵好
意译	二十六这天买牲畜好。

普米音译	
解读	nə^{35}ɣo^{35}ŋə^{35} sẽ^{55}ʧi^{55} ᴀ^{55} tsuẽ^{55}mᴀ^{35}ʧ^{h}y^{55} dzə̣^{35}dzə̣^{55} 二十七牲畜（助词）牵不好不好
意译	二十七这天买牲畜很不好。

普米音译	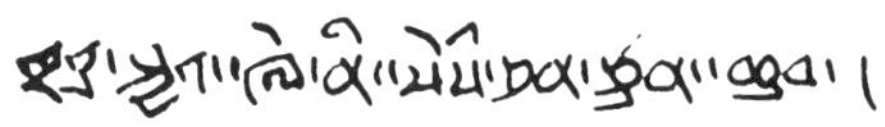
解读	nə^{35}ɣo^{35}ʃyə^{35} nə^{35}ɣo^{35}gi^{53} ʧ^{h}y^{55} 二十八二十九好
意译	二十八、二十九这两天买好。

普米音译	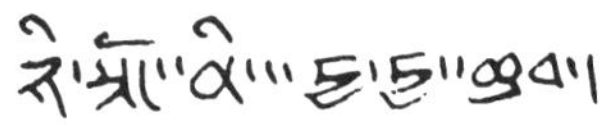
解读	ni^{55}tõ^{55} ʤyɛ^{55}ʤyɛ^{55} 三十一般般
意译	三十这天买一般般。

普米音译	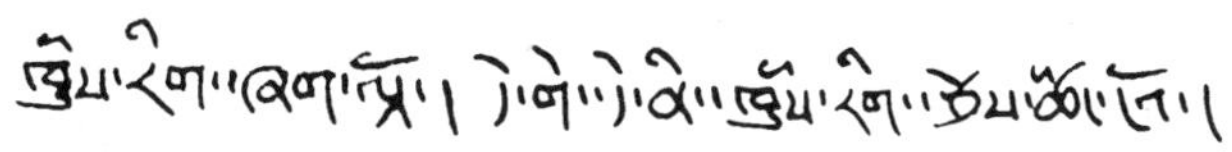
解读	k^{h}u^{53}ẓe^{35} ʃɛ^{35} to^{55} ti^{55}gi^{55}ti^{35}nə^{53} k^{h}u^{53}ẓe^{35} tsi^{55} ts^{h}õ^{55}ŋu^{53} 头剃星看上弦一日头剃寿短会
意译	看理发的日子。初一这天理发会短命。

普米音译	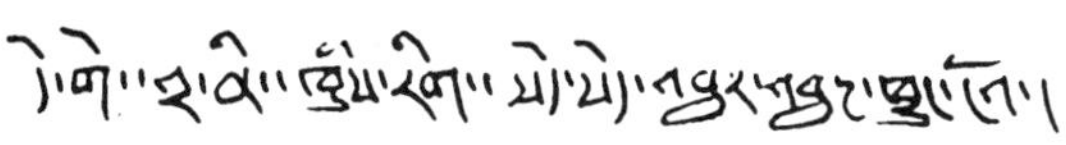
解读	ti^{55}gi^{55}nə^{35}nə^{53} k^{h}u^{53}ẓe^{35}sɐ^{55}sɐ^{53}bẓə^{55}bẓəu^{55} ʧ^{h}õ^{53} ŋu^{53} 上弦二日头剃吵吵闹闹出现会
意译	初二这天理发的话，会发生口角。

普米音译	
解读	ti^{55}gi^{55}sõ^{35} nə^{53} k^{h}u^{53}ẓe^{35} ʧ^{h}y^{55} 上弦三日头剃好
意译	初三理发好。

普米音译	
解读	ti^{55}gi^{55}rə^{55}nə^{53} k^{h}u^{53}ẓe^{35}ni^{55} p^{h}ẓə^{55} ŋu^{53} 上弦四日头剃病遇会
意译	初四理发会得病。

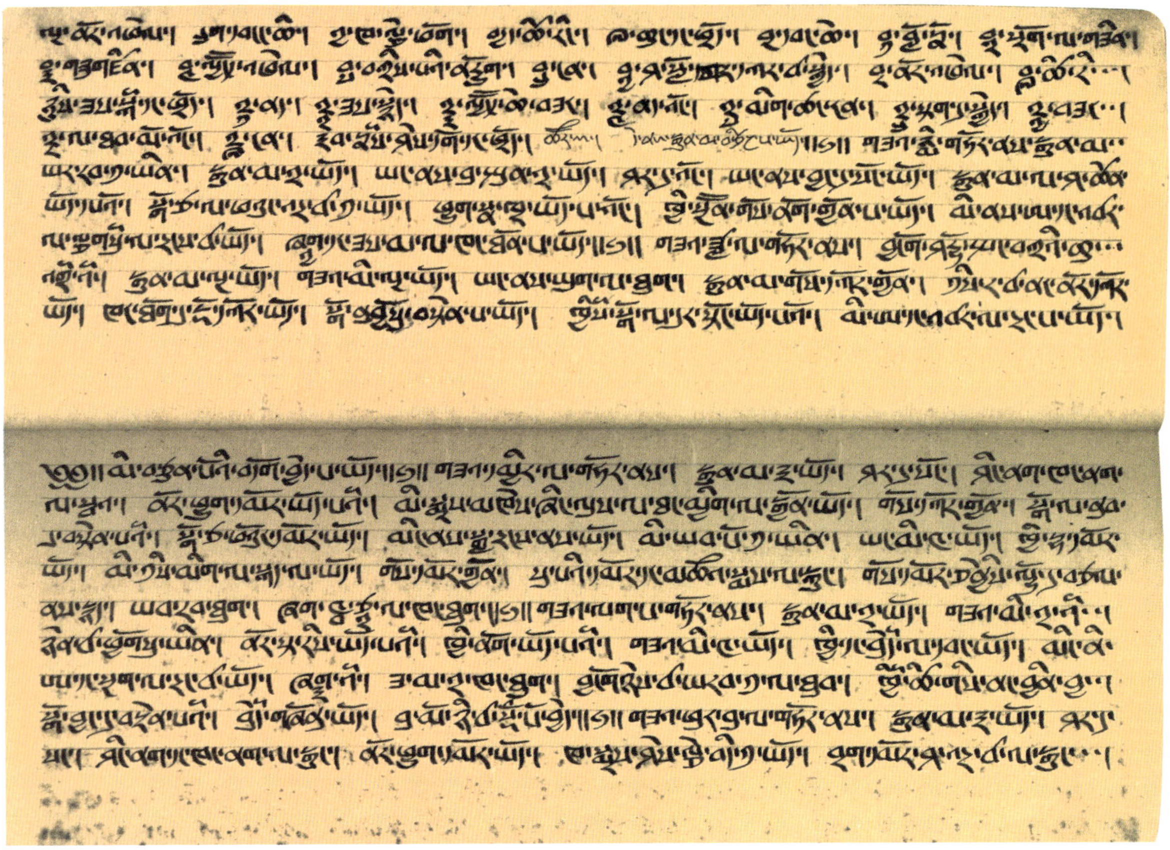

普米音译	
解读	ti^{55}gi^{55}ŋuᴀ^{55} nə^{53} k^{h}u^{53}ze̢^{35} guə^{35} p^{h}zə̢^{55} ŋu^{53} 上弦五日头剃钱遇会
意译	初五这天理发会遇到财富。

普米音译	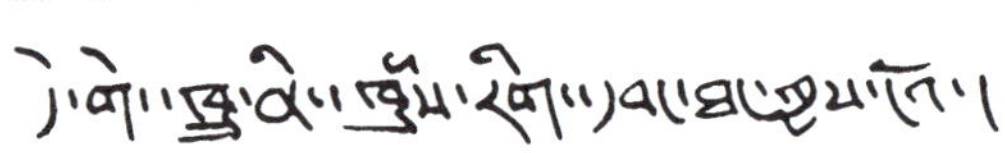
解读	ti^{55}gi^{55}tʂ^{h}u^{55}nə^{53} k^{h}u^{53}ze̢^{35} õ^{55}t^{h}õ^{55} ʧə^{55} ŋu^{53} 上弦六日头剃权威大会
意译	初六理发会很有权威。

普米音译	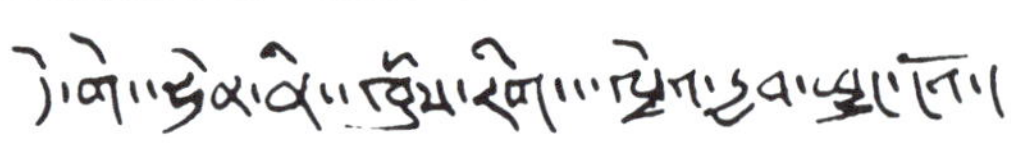
解读	ti^{55}gi^{55} ŋə^{35} nə^{53} k^{h}u^{53}ze̢^{35} ɬiɛ^{55} ʥo^{53} ʧ^{h}õ^{53} ŋu^{53} 上弦七日头剃舌纠纷出现会
意译	初七理发会发生口舌纠纷。

普米音译	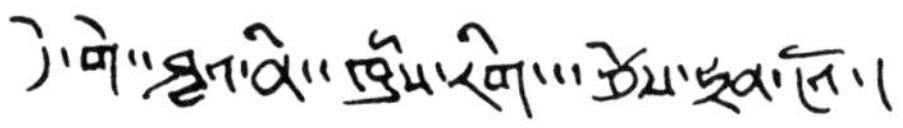
解读	ti^{55}gi^{55}ʃyə^{35} nə^{53} kʰu^{53}ẓe^{35} tsi^{55} ʂÃ^{55} ŋu^{53} 上弦八日头剃寿长会
意译	初八理发会长寿。

普米音译	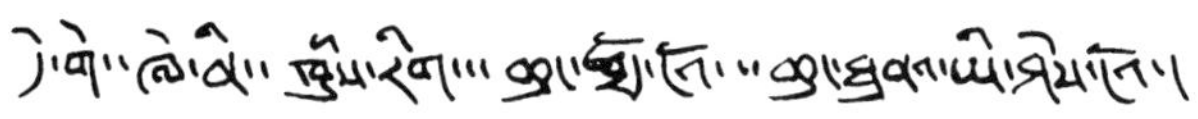
解读	ti^{55}gi^{55}gi^{53} nə^{53} kʰu^{53}ẓe^{35} ʧʰõ^{55} pʰzə^{55}ŋu^{53} ʧʰõ^{55} tʰiẽ^{55} ji^{55} ʃi^{55} ŋu^{53} 上弦九日头剃酒遇会酒喝（助词）有会
意译	初九理发会得到酒，会有酒喝。

普米音译	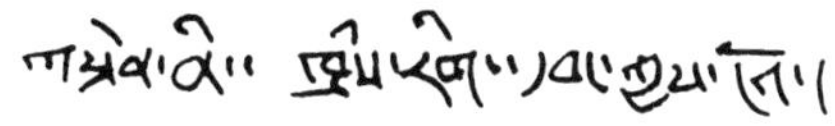
解读	kA^{55}ʃi^{53} nə^{53} kʰu^{53}ẓe^{35} õ^{55} ʧə^{53} ŋu^{53} 十日头剃权威大会
意译	初十理发会很有权威。

普米音译	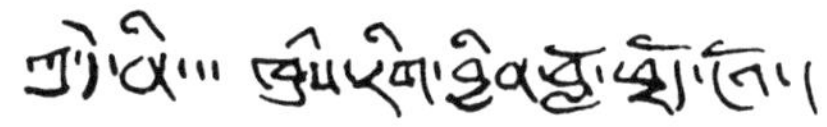
解读	ko^{55}ti^{55}nə^{53} kʰu^{53}ẓe^{35} ʧi^{35}lo^{55} pʰzə^{55} ŋu^{53} 十一日头剃证书遇会
意译	十一理发会顺利完成学业。

普米音译	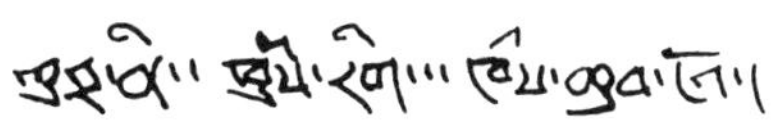
解读	ko^{55}nə^{35} nə^{53} kʰu^{53}ẓe^{35} kʰõ^{35} ʧʰy^{55} 十二日头剃命好
意译	十二理发会命好。

普米音译	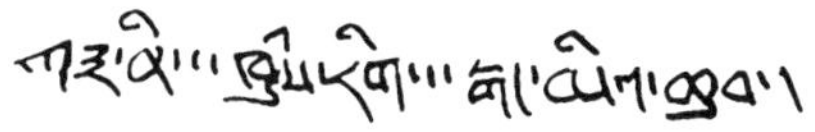
解读	kA^{55}sõ^{55} nə^{53} kʰu^{53}ẓe^{35}gũ^{55}mu^{53} ʧʰy^{53} 十三日头剃身体好
意译	十三理发会身体好。

普米音译	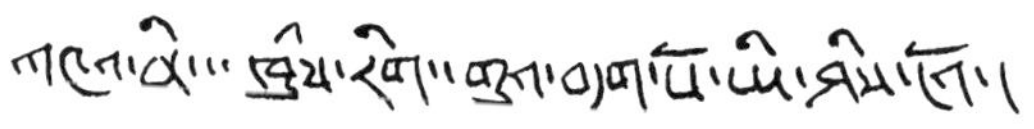
解读	kᴀ^{55}rə^{55} nə^{53} k^{h}u^{53}ẓe^{35} guə^{35} dᴀ^{35}pu^{55} ji^{55} ʃi^{55} ŋu^{53} 十四日头剃钱主人（助词）有会
意译	十四理发会腰缠万贯。

普米音译	
解读	kᴀ^{55}ŋuᴀ^{55} nə^{53} k^{h}u^{53}ẓe^{35} sẽ^{55}ʧi^{55} ʃu^{55} ʧ^{h}y^{53} 十五日头剃牲畜养好
意译	十五理发，蓄养牲畜好。

普米音译	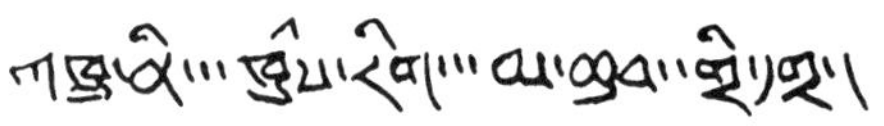
解读	kᴀ^{55}tʂ^{h}u^{55} nə^{53} k^{h}u^{53}ẓe^{35} dẓə^{35}dẓə^{35} 十六日头剃不好
意译	十六理发很不好。

普米音译	
解读	kᴀ^{55}ŋə^{35} nə^{53} k^{h}u^{53}ẓe^{35} tsᴀ^{55} ʂʅ^{55} to^{53} giɛ^{55} ŋu^{53} 十七日头剃肥肉瘦肉（助词）喜欢会
意译	十七理发会喜欢吃肉。

普米音译	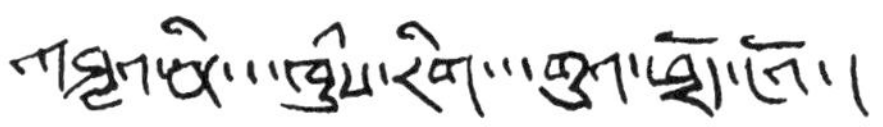
解读	kᴀ^{55}ʃyə^{35} nə^{53} k^{h}u^{53}ẓe^{35} guə^{35} p^{h}ẓə^{55} ŋu^{53} 十八日头剃钱遇会
意译	十八理发会得到财富。

普米音译	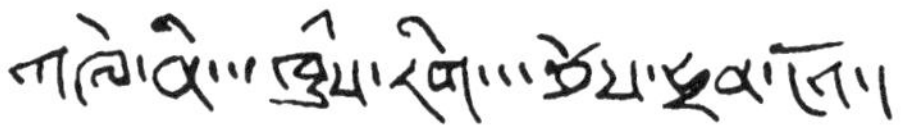
解读	kᴀ^{55}gi^{53} nə^{53} k^{h}u^{53}ẓe^{35} tsi^{55} ʂᴀ̃^{55} ŋu^{53} 十九日头剃寿长会
意译	十九理发会长寿。

普米音译	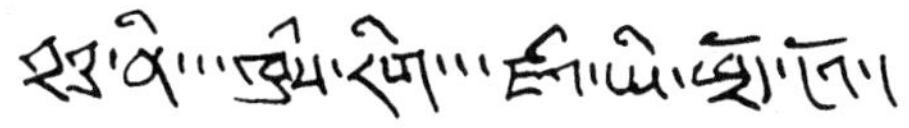
解读	nə^{35}ɣo^{35} nə^{53} k^{h}u^{53}zẹ^{35} ʤʅ^{55}ji^{53}t^{h}iẽ^{35}ji^{55}p^{h}zə̣^{55} ŋu^{53} 二十日头剃吃（助词）喝（助词）遇会
意译	二十理发会得到吃的、喝的。

普米音译	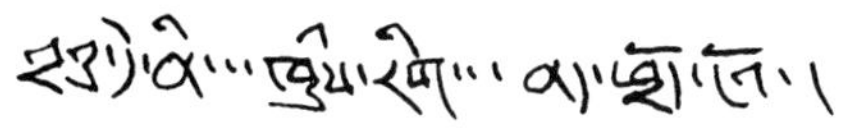
解读	nə^{35}ɣo^{35}ti^{35} nə^{53} k^{h}u^{53}zẹ^{35} ni^{55} p^{h}zə̣^{55} ŋu^{53} 二十一日头剃病遇会
意译	二十一理发会得病。

普米音译	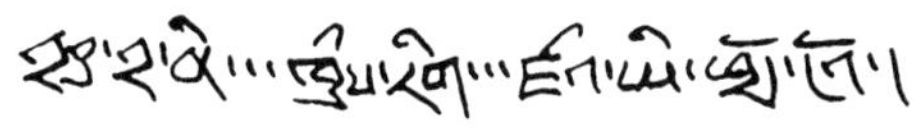
解读	nə^{35}ɣo^{35}nə^{35} nə^{53} k^{h}u^{53}zẹ^{35} ʤʅ^{55}ji^{55} p^{h}zə̣^{55} ŋu^{53} 二十二日头剃吃（助词）遇会
意译	二十二理发会得到吃的。

普米音译	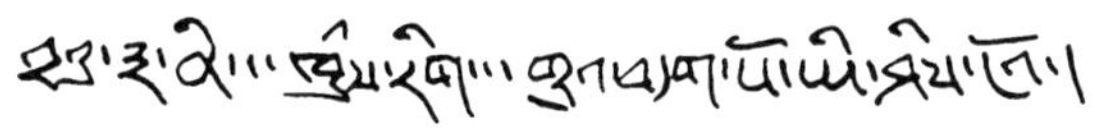
解读	nə^{35}ɣo^{35}sõ^{55} nə^{53} k^{h}u^{53}zẹ^{35} guə^{35}dᴀ^{35}pu^{55} ji^{55} ʃi^{55} ŋu^{53} 二十三日头剃钱积聚（助词）有会
意译	二十三理发会腰缠万贯。

普米音译	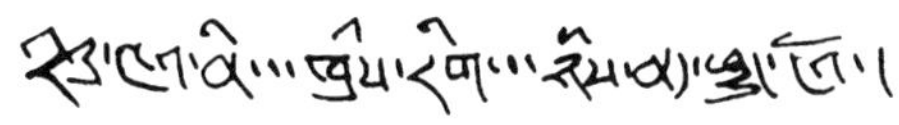
解读	nə^{35}ɣo^{35}rə^{35} nə^{55} k^{h}u^{53}zẹ^{35} ni^{55} p^{h}zə̣^{55} ŋu^{53} 二十四日头剃病遇会
意译	二十四理发会得疾病。

普米音译	
解读	nə^{35}ɣo^{35}ŋuᴀ^{55} nə^{53} k^{h}u^{53}zẹ^{35} nyɛ^{55}ni^{53} ŋu^{53} ts^{h}õ^{55} pʉ^{53} dzə̣^{35}dzə̣^{35} 二十五日头剃眼病会生意做不好
意译	二十五理发会得眼病，做生意不好。

普米音译	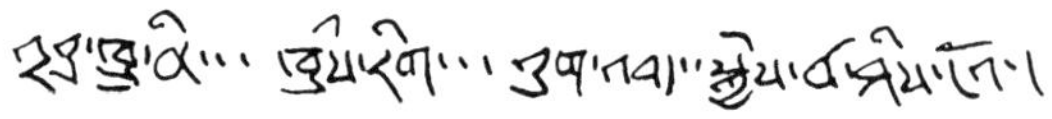
解读	nə^{35}ɣo^{35}tʂ^{h}u^{55} nə^{53} k^{h}u^{53}ʐe^{35} ɣo^{35} bie^{53} ʃi^{55}wA^{55} ŋu^{53} 二十六日头剃老虎（助词）投生会
意译	二十六理发转世会成为老虎。

普米音译	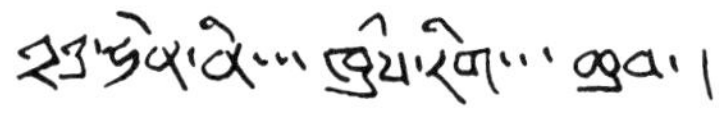
解读	nə^{35}ɣo^{35}ŋə^{35} nə^{53} k^{h}u^{53}ʐe^{35} ʧ^{h}y^{55} 二十七日头剃好
意译	二十七理发好。

普米音译	
解读	nə^{35}ɣo^{35}ʃyə^{35} nə^{53} k^{h}u^{53}ʐe^{35} sɐ^{55}sɐ^{55}bʐə^{55}bʐəu^{55} ʧ^{h}õ^{53} ŋu^{53} 二十八日头剃吵吵闹闹出现会
意译	二十八理发会出现口角。

普米音译	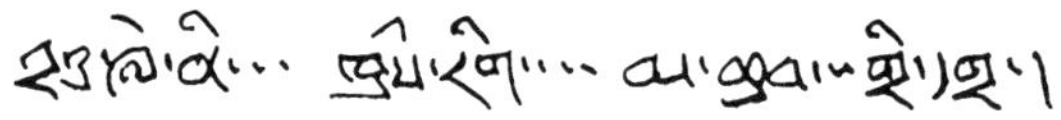
解读	nə^{35}ɣo^{35}gi^{53} nə^{53} k^{h}u^{53}ʐe^{35} dʐə^{35}dʐə^{35} ŋu^{53} 二十九日头剃不好会
意译	二十九理发很不好。

普米音译	
解读	ni^{55}tõ^{55} k^{h}u^{53}ʐe^{35} ʤʅ^{55}ji^{55} t^{h}iẽ^{35} ji^{55} p^{h}ʐə^{55} ŋu^{53} k^{h}uə^{55} ʧ^{h}ɛ^{35} ŋu^{53} 三十头剃吃（助词）喝（助词）遇会心锋利会
意译	三十理发会得到吃的、喝的，记性好。

普米音译	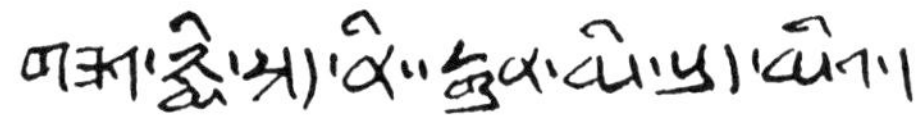
解读	zA^{55} ni^{35}mã^{55} tA^{55}nə^{53} kuə^{55}mə^{53} pʉ^{53} mə^{53} 曜日曜一日盗贼做人
意译	日曜日这天是做贼的人的日子。

普米音译	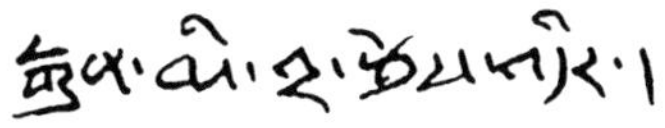
解读	kuə^{55}mə^{53} ni^{35}tsʅ^{55} də^{55} 盗贼两个是
意译	做贼的是两个人。

普米音译	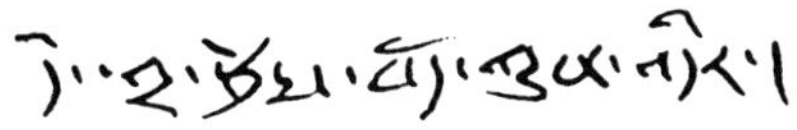
解读	ti^{55} ni^{55}tsʅ^{55} pe^{35}kuẽ^{55} də^{55} 这两个兄弟是
意译	这两个人是兄弟。

普米音译	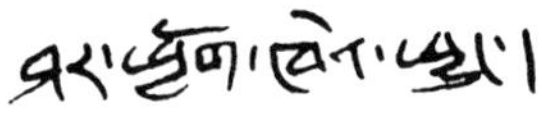
解读	ʃə^{53}ʧ^{h}ye^{53} bie^{53} k^{h}ə^{35} ʧ^{h}õ^{53} 东方（助词）（前加）出现
意译	来自东边。

普米音译	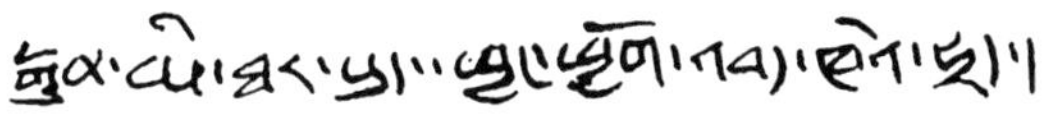
解读	kuə^{55}mə^{53} t^{h}ə^{35} pʉ^{53} ʧ^{h}õ^{53}ʧ^{h}ye^{53} bie^{53} k^{h}ə^{35} ʂe^{55} 盗贼（前加）做北方（助词）（前加）出去
意译	偷完东西后往北边逃走。

普米音译	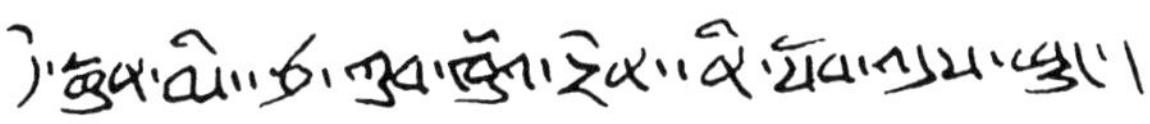
解读	ti^{55} kuə^{55}mə^{53} tsᴀ^{55} ku^{55} k^{h}u^{55} nə^{35} su^{55}dio^{53} ʧ^{h}õ^{53} 这盗贼肥肉偷要（前加）想出现
意译	这两个贼是想偷肥肉。

普米音译	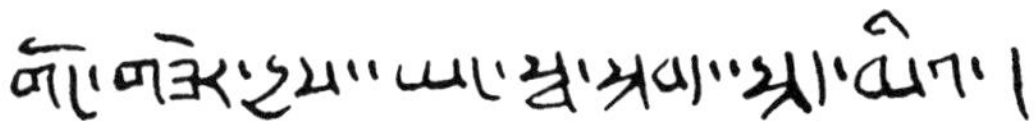
解读	ti^{55} bᴀ^{35} kõ^{35} zʅ^{55}ʤe^{53} ʒõ^{55}bᴀ^{55} te^{55} ti^{55} te^{55} 这家门旁边石头大一有
意译	这贼家的门边有一块大石头。

普米音译	
解读	sẽ^{55}ʧĩ^{55} ʥə^{35} diõ^{55} mə^{53} ʒe^{55} 牲畜斑纹长有（助词）有
意译	贼家的牲畜长有斑纹。

普米音译	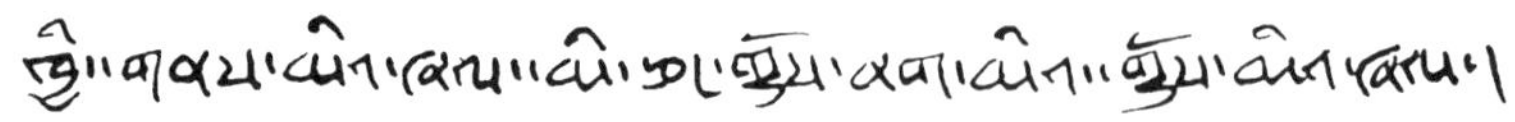
解读	tʂʰʅ^{35} niɛ̃^{55} mə^{53} ʒe^{55} mə^{53} ʧõ^{55}gui^{35} niɛ̃^{35} mə^{53} gui^{35} mə^{53} ʒe^{55} 狗青（助词）有人服装黑（助词）穿（助词）有
意译	贼家有条青狗，有穿黑色衣服的人。

普米音译	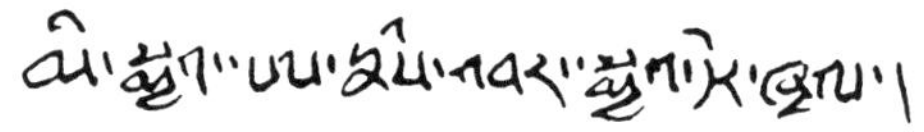
解读	mə^{53} mÃ^{55} ᴀ^{55} nõ^{55} bzə̥^{35} mÃ^{55} ti^{55} ʒe^{55} 人名字“阿”和“摆”名字（助词）有
意译	贼的名字里带有“阿”和“摆”字。

普米音译	
解读	ŋə^{35} ʒɛ^{55} tʂõ^{55} kʰo^{53} kuə^{55}mə^{53} tʰə^{35} pʉ^{53} mə^{53} ti^{55} ʧə̃^{55} wu^{53} ᴀ^{55} ʐuᴀ^{55} 七晚变（助词）盗贼（前加）做（助词）这房屋里（前加）拿
意译	七天之后，小偷把偷来的东西拿回家。

普米音译	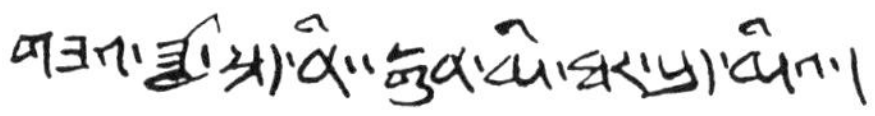
解读	zᴀ^{55} dᴀ^{35}wᴀ^{55} tᴀ^{55}nə^{53} kuə^{55}mə^{53} tʰə^{35} pʉ^{53} mə^{53} 曜月曜一日盗贼（前加）做人
意译	月曜日这天做贼的人。

普米音译	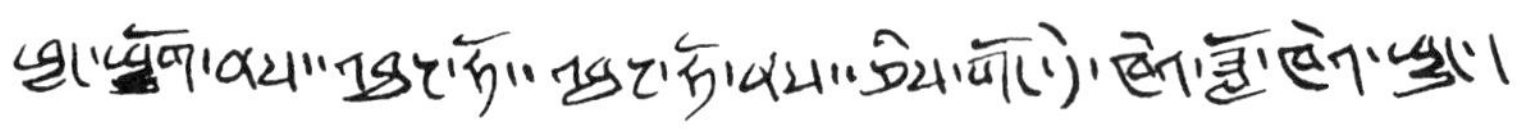
解读	ʧʰõ^{53}ʧʰye^{53} niɛ^{53} bzə̥u^{53} to^{55} niɛ^{53} ʧi^{55}kõ^{53} ti^{35} kʰə^{35} do^{35} kʰə^{35} ʧʰõ^{53} 北方（助词）东南（助词）（助词）水沟一（前加）跨（前加）出现
意译	这两个人来自北方，在东南边跨过一条水沟来到这里。

普米音译	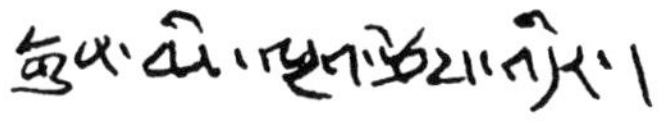
解读	kuə^{55}mə^{53} ŋuA^{55}tsɿ^{55} də^{55} 盗贼五个是
意译	盗贼有五个人。

普米音译	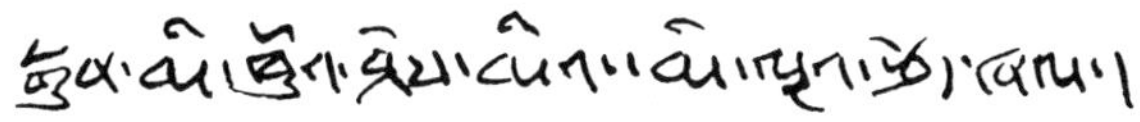
解读	kuə^{55}mə^{53} k^{h}u^{53} ʃi^{55} mə^{53} bʉ^{53}mə^{53} ŋuA^{55}tsɿ^{55} ʒe^{55} 盗贼头带（助词）家人五个有
意译	带头的盗贼，他家里有五口人。

普米音译	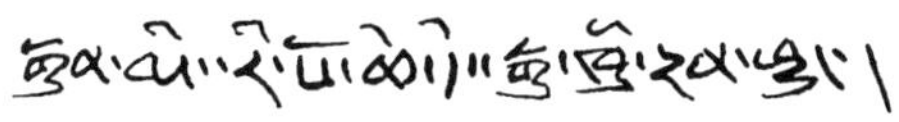
解读	kuə^{55}mə^{53} rẽ^{35}bu^{55}tʃ^{h}i^{53} ti^{55} ku^{55} k^{h}u^{53} tʂẽ^{35} tʃ^{h}õ^{53} 盗贼宝物（助词）偷要想法出现
意译	这些盗贼想偷宝物。

普米音译	
解读	kuə^{55}mə^{53} k^{h}õ^{55}p^{h}ẓẽ^{55} gui^{35} ti^{55} də^{55} 盗贼长衫白穿（助词）是
意译	头目穿白衣服。

普米音译	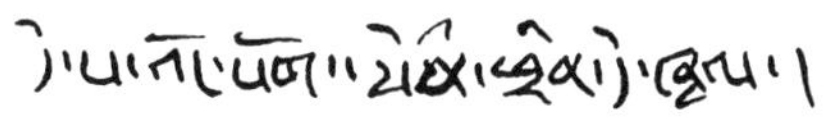
解读	ti^{55}bA^{35} ɣõ^{35} po^{53} sẽ^{55}tʃi^{55} p^{h}ẓẽ^{55} ti^{55} ʒe^{55} 这家畜圈（助词）牲畜白（助词）有
意译	头目家里有白色的牲畜。

普米音译	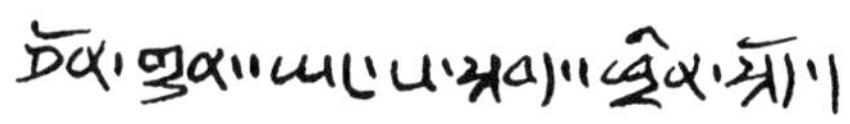
解读	tʃə̃^{55} gÃ^{53} ʒõ^{55}bA^{55} te^{55} p^{h}ẓẽ^{55} te^{55} 房屋朝山面石头大白有
意译	房屋朝山的那边有块白色的大石头。

普米音译	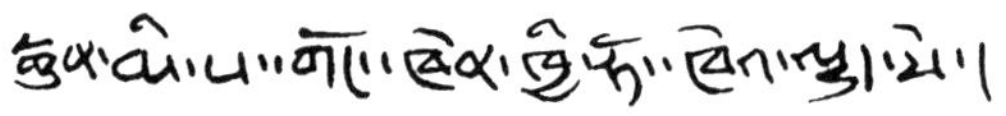
解读	kuə^{55}mə^{55} bᴀ^{35}kõ^{35}kʰi^{55}ʧʰi^{53} to^{53} kʰə^{35} lə^{35} si^{55} 盗贼家门西北（助词）（前加）朝向（后加）
意译	头目家的门是朝西北方向。

普米音译	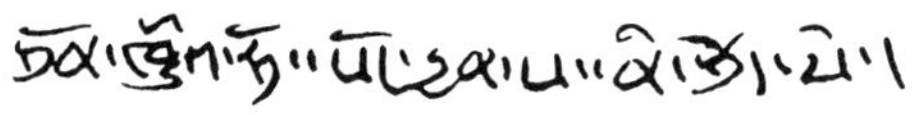
解读	ʧə̃^{55}kʰu^{53} to^{53} põ^{55}ʤĩ^{55}pᴀ^{53} nə^{35} tsi^{55} 房屋头（助词）经幡（助词）插
意译	房顶上插有经幡。

普米音译	
解读	mə^{53} mᴀ̃^{55} ᴀ^{55} nõ^{55} bzə̧^{53} mᴀ̃^{55} ti^{55} ʒe^{55} 人名字“阿”和“摆”名字（助词）有
意译	名字里有“阿”和“摆”字。

普米音译	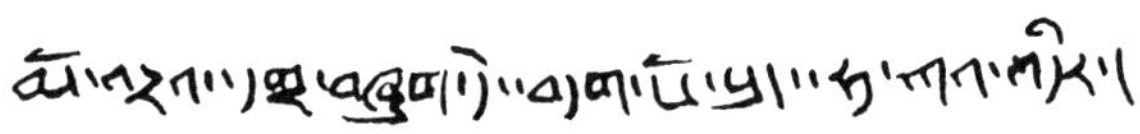
解读	mə^{35}dzɛ̧^{35} dzə̧^{35} zo̧^{35} ti^{55} dᴀ^{35}pu^{55}pʉ^{53} tᴀ^{55}kᴀ^{55}də^{55} 姑娘能干很（助词）主人做一户是
意译	他家的女主人是个很能干的人。

普米音译	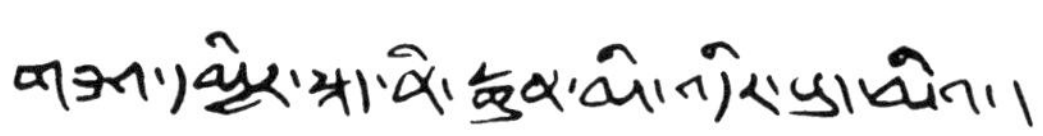
解读	zᴀ^{55}mi^{55}mzə̧^{55} tᴀ^{55}nə^{53} kuə^{55}mə^{53} pʉ^{53} mə^{53} 曜火曜一日盗贼做人
意译	火曜日这天做盗贼的人。

普米音译	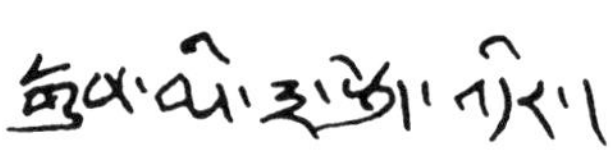
解读	kuə^{55}mə^{53}sõ^{55}tsɿ^{55}də^{55} 盗贼三个是
意译	盗贼有三个人。

普米音译	
解读	kuə^{55}mə^{53} t^{h}ə^{35} pʉ^{53} ʃə^{53}tʃ^{h}ye^{53} k^{h}ə^{35} ʂe^{55} 盗贼（前加）做东方（前加）出去
意译	偷完东西往东边逃走。

普米音译	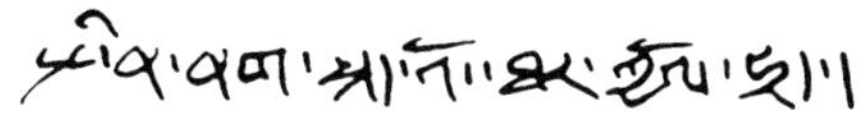
解读	pĩ^{35} niẽ^{35} te^{55} wu^{53} t^{h}ə^{35} tʂu^{55} ʂe^{55} 林子黑大（助词）（前加）藏去
意译	藏在黑色的大林子里。

普米音译	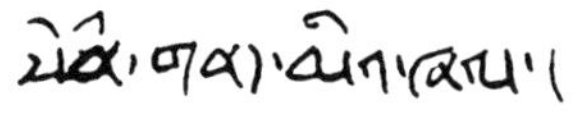
解读	sẽ^{55}tʃi^{55} ni^{55} mə^{53} ʒe^{55} 牲畜红（助词）有
意译	家里有红色的牲畜。

普米音译	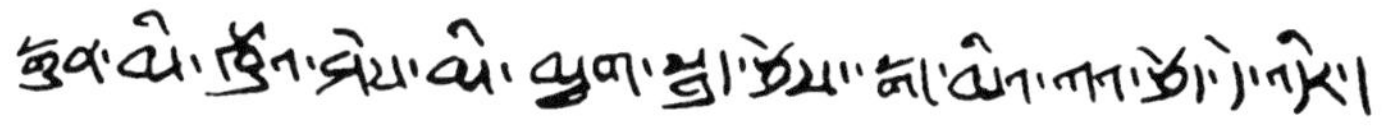
解读	kuə^{55}mə^{55} k^{h}u^{53} ʃi^{55} mə^{53} nyɛ^{55} bʉ^{53}tʃi^{53} gũ^{55}mu^{55} kᴀ^{55}tse^{55} ti^{55} də^{55} 盗贼头带（助词）眼睛聪明个子矮小（助词）是
意译	带头的盗贼是个眼明手快、个子矮小的人。

普米音译	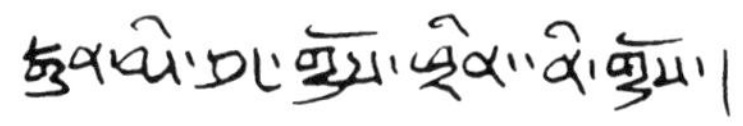
解读	kuə^{55}mə^{53} tʃõ^{55}gui^{35} p^{h}zẽ^{55} nə^{35} gui^{35} 盗贼服装白（前加）穿
意译	盗贼穿着白色的衣服。

普米音译	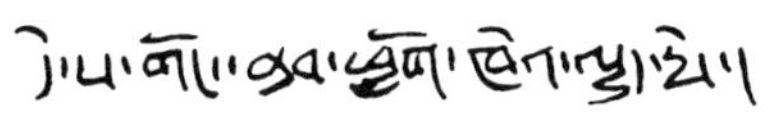
解读	ti^{55} bᴀ^{35} kõ^{35} niõ^{53}tʃ^{h}ye^{53} k^{h}ə^{35} lə^{35} si^{55} 这家门西方（前加）朝向（后加）
意译	他家的门朝着西边。

普米音译	
解读	kõ^{35} zʅ^{35}ʥe^{53} ʒõ^{55}bᴀ^{55} ni^{55} mə^{53} te^{55} 门旁边石头红（助词）有
意译	门边有红色的石头。

普米音译	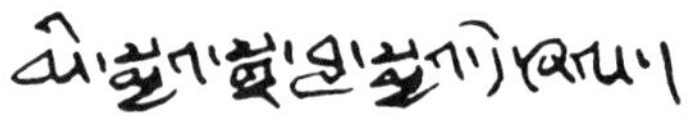
解读	mə^{53} mᴀ̃^{55} tʂᴀ^{35}lᴀ^{55} mᴀ̃^{55} ti^{55} ʒe^{55} 人名字“扎拉”名字（助词）有
意译	名字里有“扎拉”这两个字。

普米音译	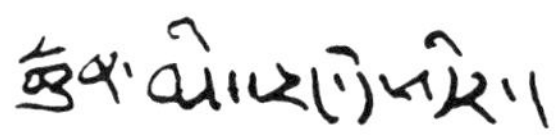
解读	kuə^{55}mə^{53} tʂõ^{55} ti^{55} də^{55} 盗贼变（助词）是
意译	是变成盗贼的。（原先是好人。）

普米音译	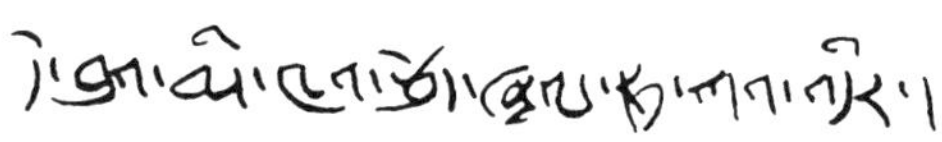
解读	ti^{55} bʉ^{53} mə^{53} rə^{55}tsɿ^{55} ʒe^{55} tᴀ^{55} kᴀ^{55}də^{55} 这家人四个有一户是
意译	他家有四口人。

普米音译	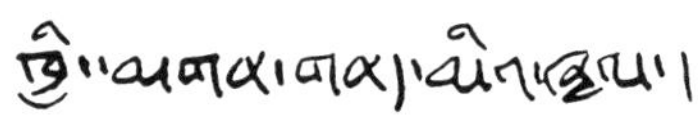
解读	tʂ^{h}ʅ^{35} guẽ^{35} ni^{55} mə^{55} ʒe^{55} 狗马红（助词）有
意译	有红色的狗或马。

普米音译	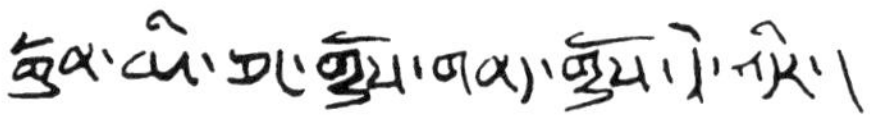
解读	kuə^{55}mə^{53} ʧõ^{55}gui^{35} ni^{55} gui^{35} ti^{55} də^{55} 盗贼服装红穿（助词）是
意译	他穿着红色的衣服。

普米音译	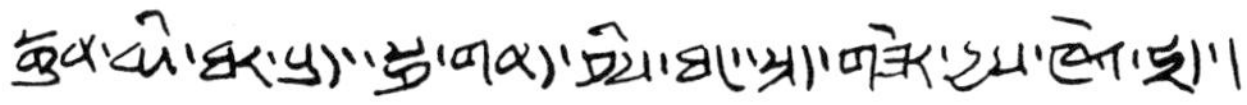
解读	kuə^{55}mə^{53} t^{h}ə^{35} pʉ^{53} ʧə^{55} ni^{55} ʧi^{55}t^{h}õ^{55} zɿ^{55}ʤe^{53} k^{h}ə^{35} ʂe^{55} 盗贼（前加）做土红水潭旁边（前加）去
意译	偷完东西后，逃到有红土的水潭边。

普米音译	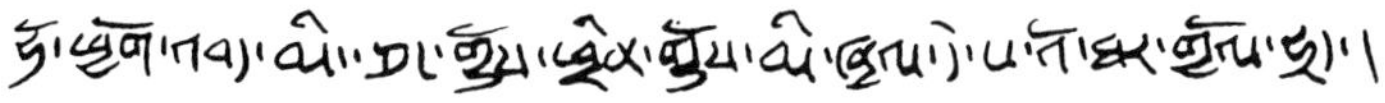
解读	xo^{53}ʧ^{h}ye^{53} bie^{53} mə^{53} ʧõ^{55}gui^{35} p^{h}zẽ^{55} gui^{35} mə^{53} ʒe^{55} ti^{55} bᴀ^{35}wu^{55} t^{h}ə^{35} tʂu^{55} ʂe^{55} 南方（助词）人服装白穿人有这家里（前加）藏去
意译	藏在南边一家有穿白衣服的人的家里。

普米音译	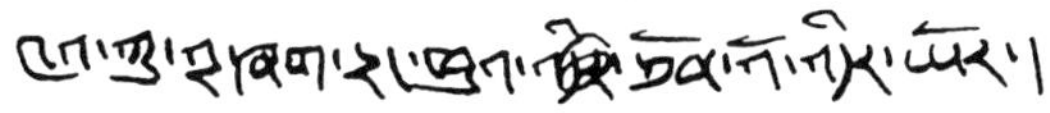
解读	rə^{55}ko^{55}ni^{35} ʒɛ^{53} tʂõ^{55} k^{h}o^{55} ʧə̃^{55} wu^{53} ti^{55} ʒyɛ^{35} 四十二晚变（助词）房屋里（助词）拿
意译	过了四十二天后（把偷来的东西）拿回家。

普米音译	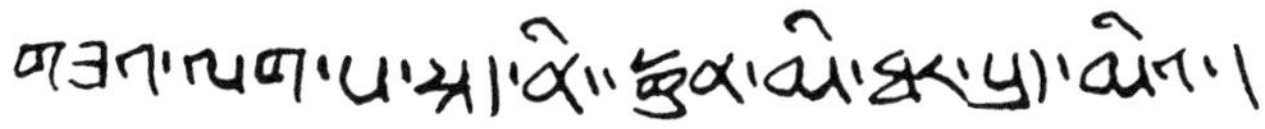
解读	zᴀ^{55} lᴀ^{35}pᴀ^{55} tᴀ^{55}nə^{53} kuə^{55}mə^{53} pʉ^{53} mə^{53} 曜水曜一日盗贼做人
意译	水曜日是做贼的人的日子。

普米音译	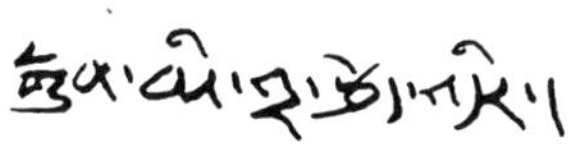
解读	kuə^{55}mə^{53} ni^{35}tsɿ^{55} də^{55} 盗贼两个是
意译	盗贼是两个人。

普米音译	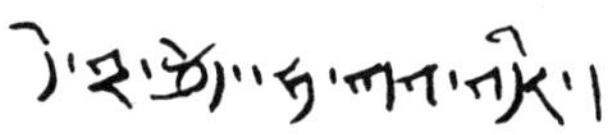
解读	ti^{55}ni^{35}tsɿ^{55}tᴀ^{55}kᴀ^{55} də^{55} 这两个一户是
意译	这两个人是一家人。

普米音译	
解读	kʰõ^{55}mə^{53}nə^{35}wᴀ^{55} də^{55} 家人亲戚是
意译	和被偷的人家是亲戚。

普米音译	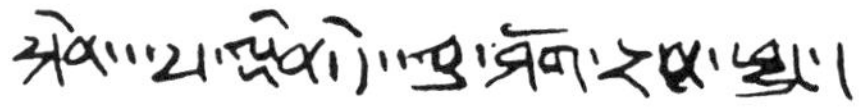
解读	sɐ^{35}đi^{55} tĩ^{55} ti^{55}ku^{55} kʰu^{55} tʂẽ^{35} ʧʰõ^{53} 床垫褥子（助词）偷要想法出现
意译	想要偷床垫或褥子。

普米音译	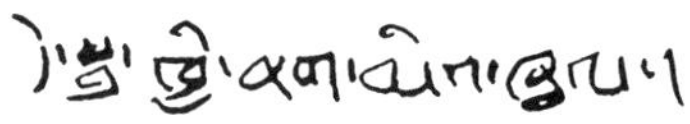
解读	ti^{55} bʉ^{55} tʂʰʅ^{35} niẽ^{35} mə^{53} ʒe^{55} 这家狗黑（助词）有
意译	小偷家有条黑狗。

普米音译	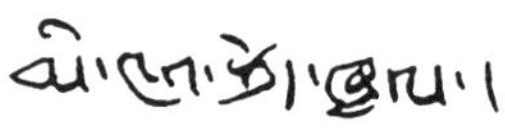
解读	mə^{53} rə^{55}tsʅ^{55} ʒe^{55} 人四个有
意译	小偷家有四口人。

普米音译	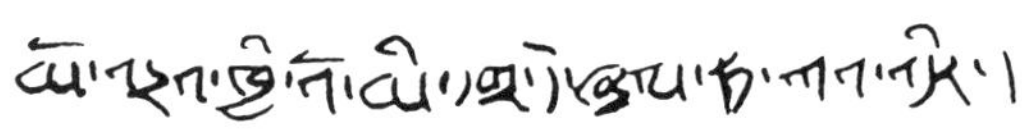
解读	mə^{35}dzẹ^{35} ʧʰi^{55}wu^{35} mə^{53} dzə̣^{35} ti^{55} ʒe^{55} tᴀ^{55} kᴀ^{55} də^{55} 姑娘狗肖（助词）能干（助词）有一户是
意译	这家有个属狗的姑娘，很能干。

普米音译	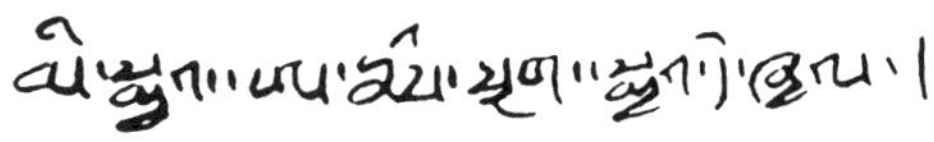
解读	mə^{53}mᴀ̃^{55}ᴀ^{55} nõ^{55} ŋᴀ^{55} mᴀ̃^{55} ti^{55} ʒe^{55} 人名字“阿”和“隆”名字（助词）有
意译	其中有一个人的名字有“阿”或“隆”两个字。

普米音译	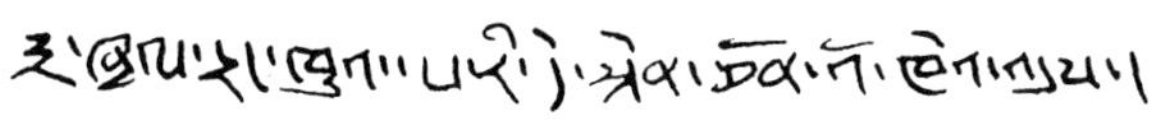
解读	sõ^{55}ʒɛ^{53}tʂõ^{55} kʰo^{55} pA^{35}zɿ^{35} ti^{55} fi^{53} ʧə^{55}wu^{53} kʰə^{35} due^{35} 三晚变（助词）粮食（助词）放置房屋里（前加）摆
意译	三天后把偷来的东西放在他们家里放粮食的房间里。

普米音译	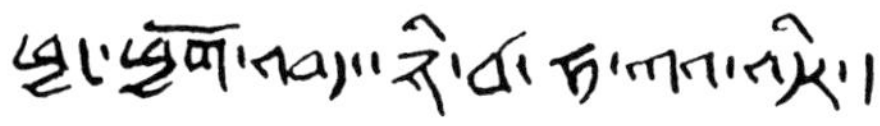
解读	ʧʰõ^{53}ʧʰye^{53} bie^{53} ni^{35}wA^{55} tA^{55} kA^{55}də^{55} 北方（助词）亲戚一户是
意译	小偷家在被偷的人家的北边。

普米音译	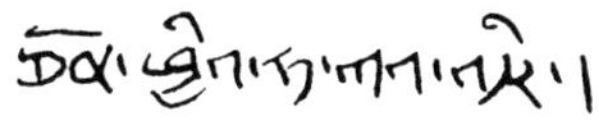
解读	ʧə^{55}ʧʰi^{53} tA^{55}kA^{55}də^{55} 邻居一户是
意译	是被偷人家的邻居。

普米音译	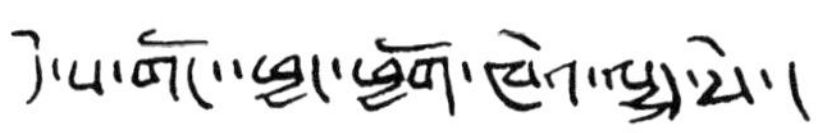
解读	ti^{55} bA^{35} kõ^{35} ʧʰõ^{53}ʧʰye^{53} kʰə^{35} lə^{35} si^{55} 这家门北方（前加）朝向（后加）
意译	小偷家的门向北开。

普米音译	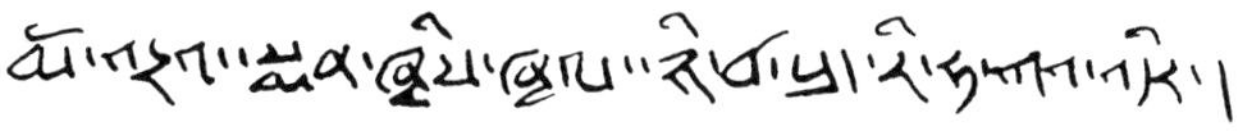
解读	mə^{35}dzɛ^{35} mə^{55}ʒi^{55} ʒe^{55} ni^{35}wA^{55}A^{55} to^{35} tA^{55} kə^{55}də^{55} 姑娘年轻有亲戚（前加）结亲一户是
意译	小偷有位年轻的姑娘，跟被偷的人家结亲了。

普米音译	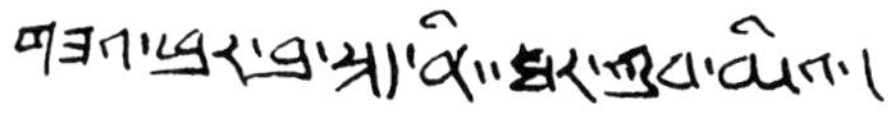
解读	zA^{55} pʰzə^{55}pu^{53} tA^{55}nə^{53} tʰə^{35} ku^{55} mə^{53} 曜木曜一日（前加）偷人
意译	木曜日偷东西的人。

普米音译	
解读	kuə^{55}mə^{53} sõ^{55}tsɿ^{55} də^{55} 盗贼三个是
意译	盗贼是三个人。

普米音译	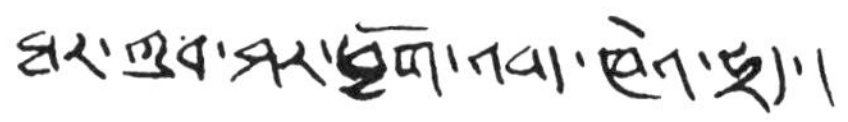
解读	tʰə^{35} ku^{55} ʃə^{53}tʃʰye^{53} bie^{53} kʰə^{35} ʂe^{55} （前加）偷东方（助词）（前加）去
意译	偷完东西朝东边跑了。

普米音译	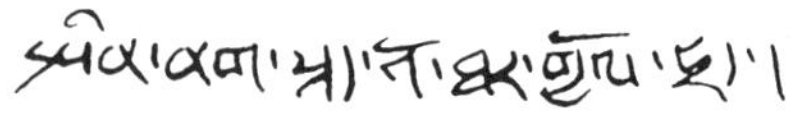
解读	pĩ^{55} niẽ^{35} te^{55} wu^{55} tʰə^{35} tʂu^{55} ʂe^{55} 林子黑大（助词）（前加）藏去
意译	藏在大森林里。

普米音译	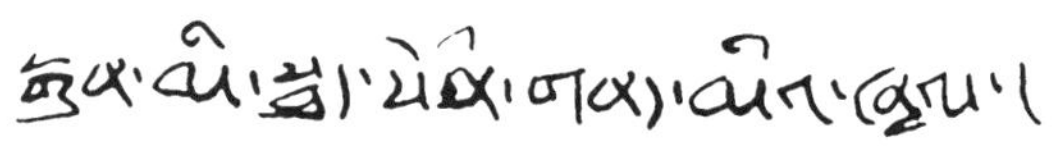
解读	kuə^{55}mə^{53}bʉ^{53}sẽ^{55}tʃi^{55}ni^{55} mə^{55} ʒe^{53} 盗贼家牲畜红（助词）有
意译	小偷家有红色的牲畜。

普米音译	
解读	kuə^{55}mə^{53} ɬiɛ^{55} ʥᴀ^{55} ẓo^{35} ti^{55} də^{55} 盗贼舌灵便很（助词）是
意译	小偷的头目很会说话。

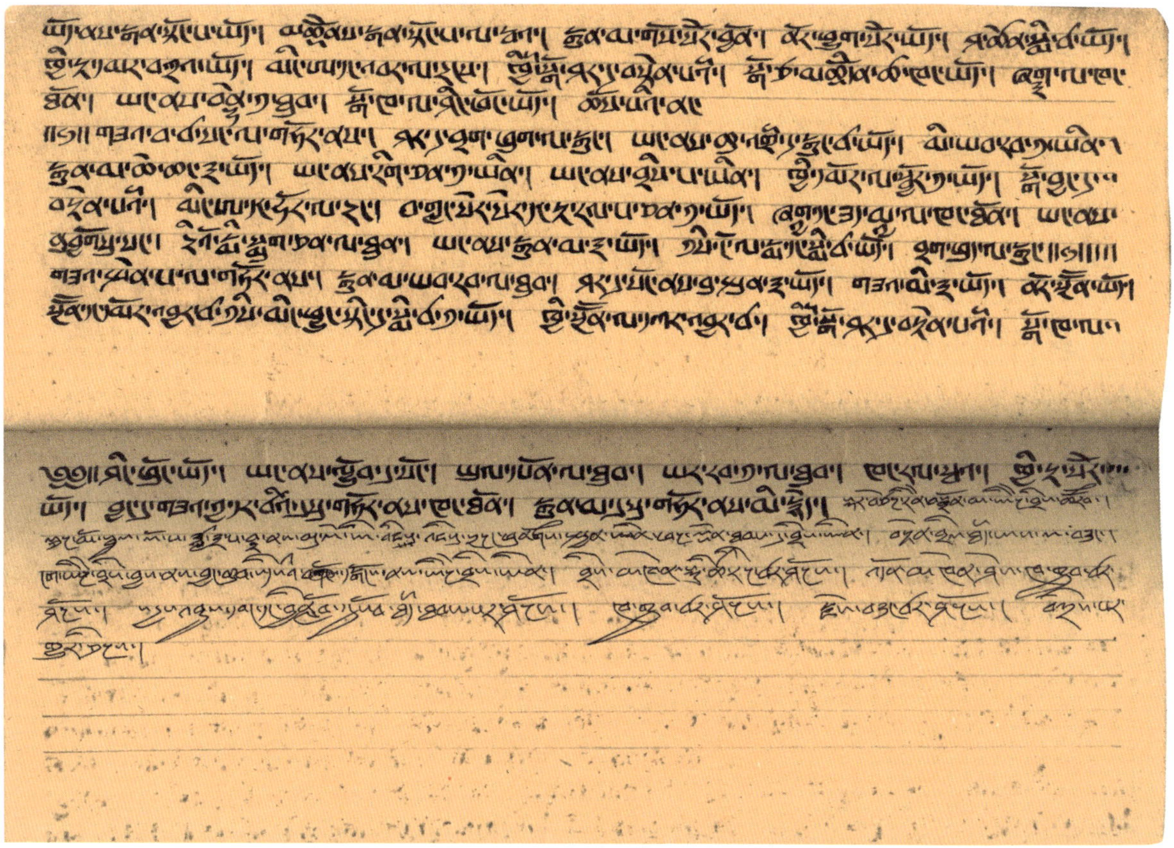

普米音译	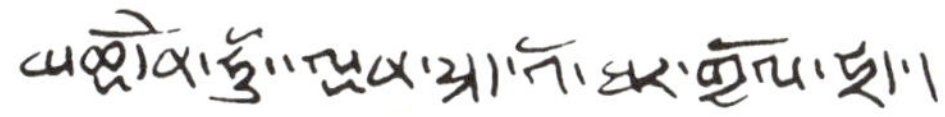
解读	tʃʰɛ^{55}fi^{55} diõ^{53} di^{35} tiᴀ^{53} wu^{53} tʰə^{35} tʂu^{55} ʂe^{53} 塔有地方一（助词）（前加）藏去
意译	藏在有塔的地方。

普米音译	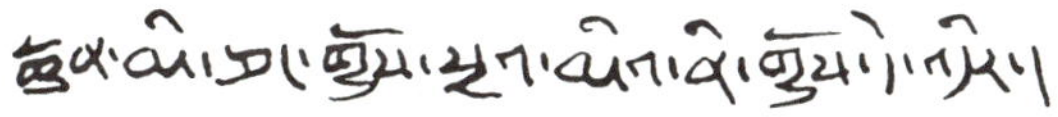
解读	kuə^{55}mə^{53} tʃõ^{55}gui^{35} ŋẽ^{55} mə^{53} gui^{35} ti^{55} də^{55} 盗贼服装黄（助词）穿（助词）是
意译	盗贼穿了黄色的衣服。

普米音译	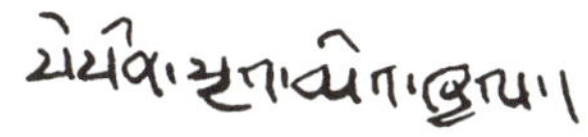
解读	sẽ^{55}tʃi^{55}ŋẽ^{55} mə^{53} ʒe^{55} 牲畜黄（助词）有
意译	有黄色的牲畜。

普米音译	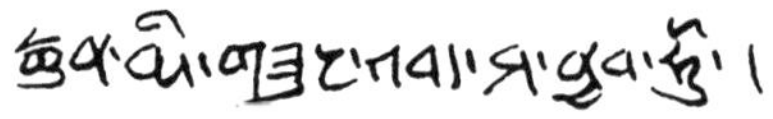
解读	ku^{55}mə^{53} zu^{55} bie^{53} ʃə^{55}nyɛ^{55} diõ^{55} ti^{55} ʒe^{55} 小偷脸（助词）痣有（助词）有
意译	小偷脸上有一颗痣。

普米音译	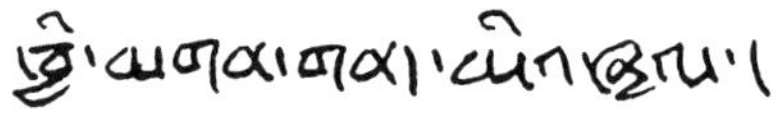
解读	tʂ^{h}ʅ^{35}guẽ^{35}ni^{55} mə^{53} ʒe^{55} 狗马红（助词）有
意译	有红色的狗或马。

普米音译	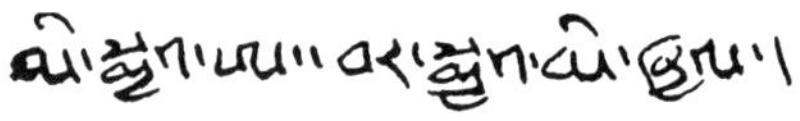
解读	mə^{53} mÃ^{55} ᴀ^{55} bz̥əu^{55} mÃ^{55} ti^{55} ʒe^{55} 人名字“阿”“隆”名字（助词）有
意译	小偷名字里有“阿”或“隆”字。

普米音译	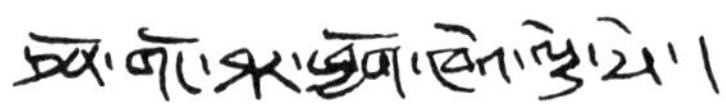
解读	ʧə̃^{55} kõ^{35} ʃə^{53}ʧ^{h}ye^{53} k^{h}ə^{35} lə^{35} si^{55} 房屋门东方（前加）朝向（后加）
意译	小偷家的门是朝向东边的。

普米音译	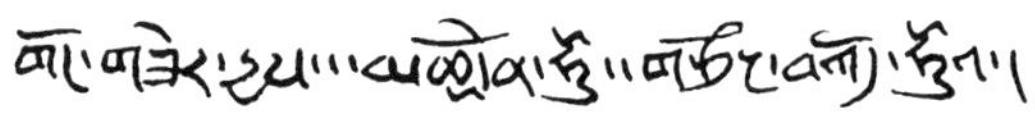
解读	kõ^{35}zʅ^{55}ʤe^{53}ʧ^{h}ɛ^{55}ɦi^{55}diõ^{55}tso^{55}kuᴀ^{55}diõ^{55} 门旁边塔有灶有
意译	门边上有塔或灶。

普米音译	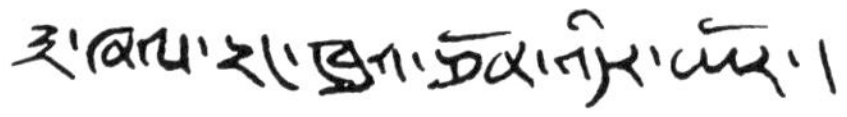
解读	sõ^{55}ʒɛ^{53}tʂõ^{35} k^{h}o^{55} ʧə̃^{55}wu^{53} ti^{55} ʒyɛ^{35} 三晚变（助词）房屋里（助词）拿
意译	三天后把偷来的东西拿回家。

普米音译	
解读	kuə^{55}mə^{53}ti^{55}bʉ^{53}jᴀ^{35}mã^{55} ti^{55} ʒe^{55} 盗贼这家喇嘛（助词）有
意译	小偷家有个喇嘛。

普米音译	
解读	kõ^{35}zɿ^{55}ʤe^{53}sẽ^{35}sʉ^{55}bõ^{55}te^{55}diõ^{53}tᴀ^{55}kᴀ^{55}də^{55} 门旁边果树大有一户是
意译	门旁边有棵大果树。

普米音译	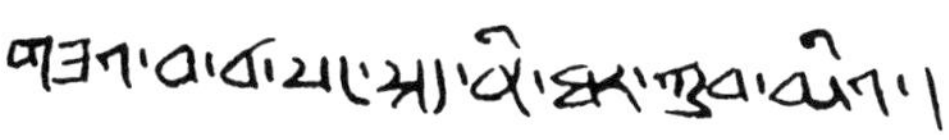
解读	zᴀ^{55}pᴀ^{55}wᴀ^{55}sõ^{53}tᴀ^{55}nə^{53} t^{h}ə^{35} ku^{55} mə^{53} 曜金曜一日（前加）偷人
意译	金曜日是偷东西的人的日子。

普米音译	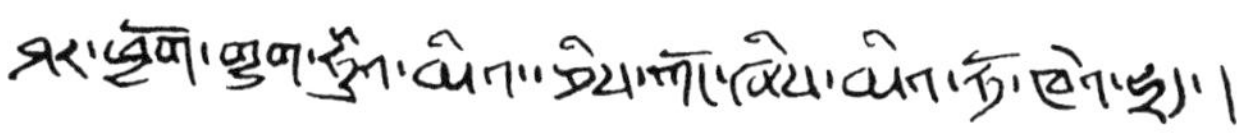
解读	ʃə^{53}ʧ^{h}ye^{53} bie^{53} gie^{35} diõ^{55} mə^{53} ʧi^{55}kõ^{53} to^{53} k^{h}ə^{35} do^{35} k^{h}ə^{35} ʂe^{55} 东方（助词）悬崖有（助词）水沟上面（前加）跨（前加）去
意译	小偷往东边的悬崖方向跑了，悬崖边有水沟，从水沟上跨过去了。

普米音译	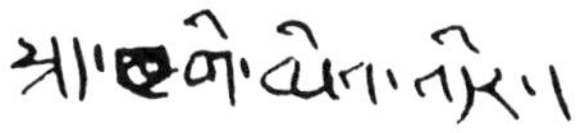
解读	tiᴀ^{55} ki^{55} mə^{53}də^{55} 一家族人是
意译	小偷是家族里的人。

普米音译	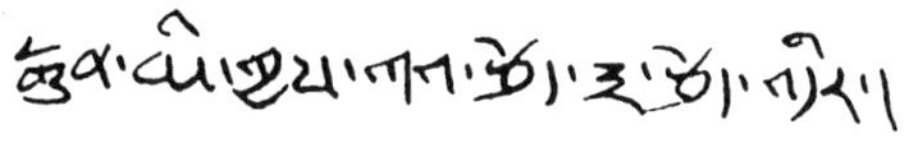
解读	kuə^{55}mə^{53} ʧə^{55} kᴀ^{55}tse^{55}sõ^{55}tsɿ^{55}də^{55} 盗贼大小三个是
意译	小偷有大有小共三个人。

普米音译	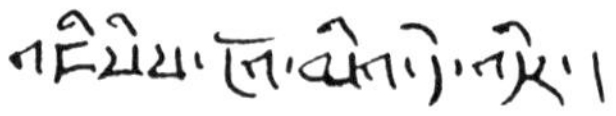
解读	ʥi^{35}ʥi^{35}ŋu^{53}mə^{53} ti^{55} də^{55} 书会人（助词）是
意译	是有文化的人。

普米音译	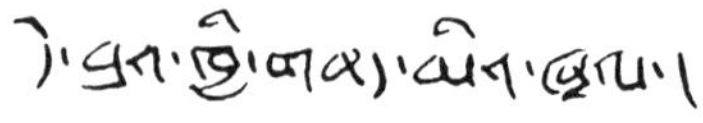
解读	ti^{55}bʉ^{53}tʂ^{h}ʅ^{35}ni^{55} mə^{53} ʒe^{55} 这家狗红（助词）有
意译	小偷家有红色的狗。

普米音译	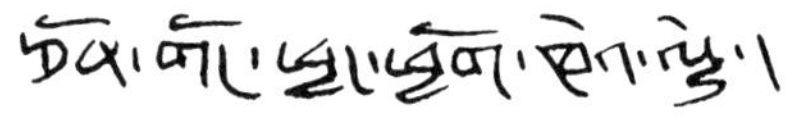
解读	ʧə̃^{55}kõ^{35}ʧ^{h}õ^{53}ʧ^{h}ye^{53} k^{h}ə^{35} lə^{35} si^{55} 房屋门北方（前家）朝向（后加）
意译	门是朝向北边的。

普米音译	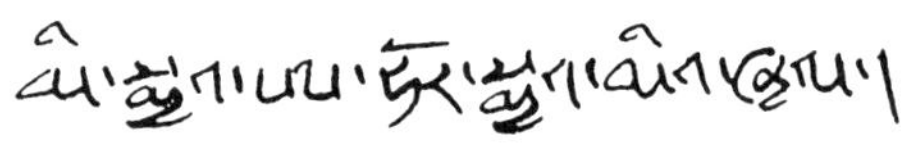
解读	mə^{53}mᴀ̃^{55} ᴀ^{55} xo^{55} mᴀ̃^{55} ti^{55} ʒe^{55} 人名字“阿”“哈”名字（助词）有
意译	小偷的名字里有“阿”或“哈”字。

普米音译	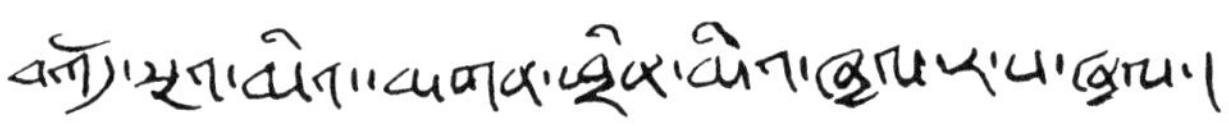
解读	kuᴀ^{55}ŋɛ̃^{55} mə^{53} guẽ^{35} rᴀ^{35}pᴀ^{55} ʒe^{55} 牛黄（助词）马黑鬃白马有
意译	有黄色牛或黑鬃白马。

普米音译	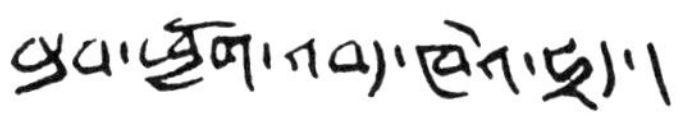
解读	niõ^{53}ʧ^{h}ye^{53} bie^{53} k^{h}ə^{35} ʂe^{55} 西方（助词）（前加）去
意译	逃到西边去了。

普米音译	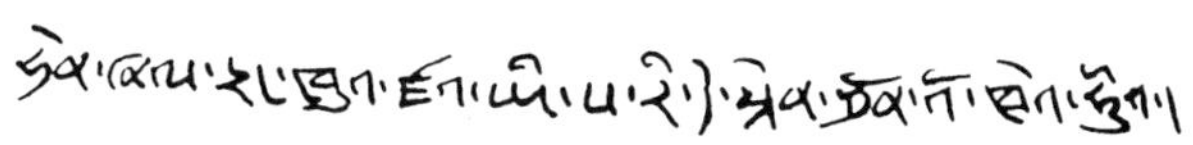
解读	ŋə^{35}ʒɛ^{55}tʂõ^{35} k^{h}o^{55} ʥʅ^{55}ji^{55}pA^{35}ʐʅ^{35} ti^{55} fĩ^{53} ʧə̃^{55} wu^{53} k^{h}ə^{35} due^{35} 七晚变（助词）吃（助词）粮食（助词）放置房屋里（前加）摆
意译	七天后把偷来的东西摆在家里放粮食的地方。

普米音译	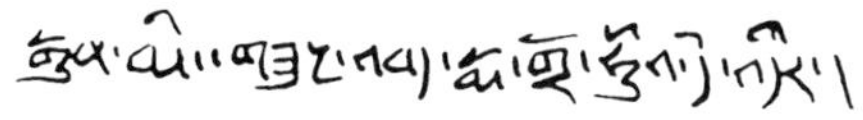
解读	kuə^{55}mə^{53}zu^{55} bie^{53} mɐ^{53}dʐu^{55}diõ^{55} ti^{55} də^{55} 盗贼脸（助词）伤疤有（助词）是
意译	小偷脸上有伤疤。

普米音译	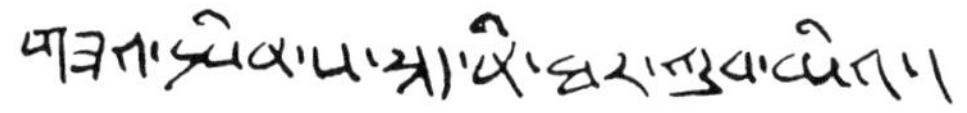
解读	zA^{55} pĩ^{55}bA^{55} tA^{55}nə^{53} t^{h}ə^{35} ku^{55} mə^{53} 曜土曜一日（前加）偷人
意译	土曜日是偷东西的人的日子。

普米音译	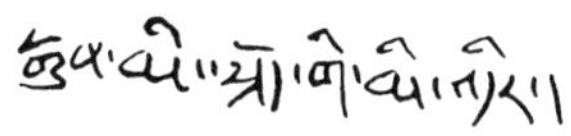
解读	kuə^{55}mə^{53}tiA^{55} ki^{55} mə^{55}də^{55} 盗贼一家族人是
意译	小偷是家族里的人。

普米音译	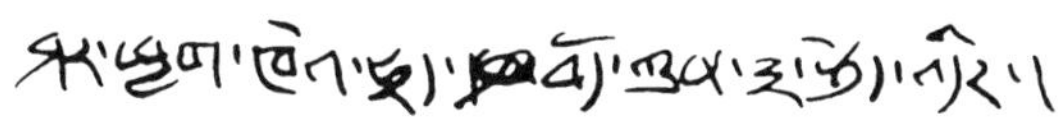
解读	ʃə^{53}ʧ^{h}ye^{53} k^{h}ə^{35} ʂe^{55} pe^{35}kuẽ^{55}sõ^{55}tsʅ^{55}də^{55} 东方（前加）去兄弟三个是
意译	往东边偷了，这三个人是兄弟。

普米音译	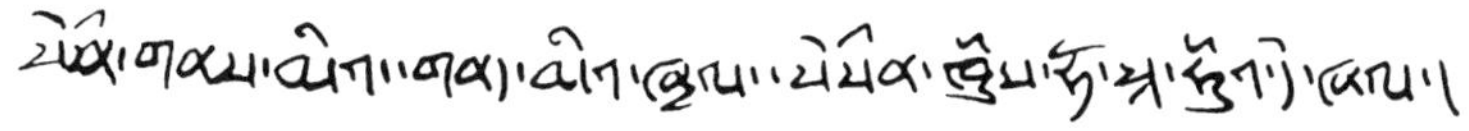
解读	sẽ^{55}ʧi^{55}niɛ̃^{55} mə^{53} ni^{55} mə^{53} ʒe^{55} sẽ^{55}ʧi^{55} k^{h}u^{53} to^{53} tA^{55} diõ^{55} ti^{55} ʒe^{55} 牲畜绿（助词）红（助词）有牲畜头上面斑纹有（助词）有
意译	小偷家里有红的或青的牲畜，牲畜的头上有斑纹。

普米音译	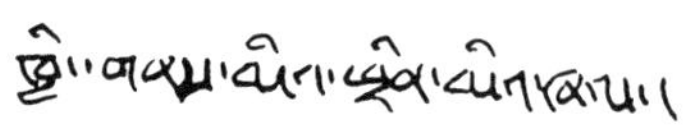
解读	tʂʰʅ^{35}niɛ̃^{55} mə^{53} pʰz̩ẽ^{55} mə^{53} ʒe^{55} 狗青（助词）白（助词）有
意译	有青色或白色的狗。

普米音译	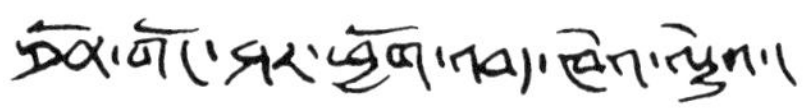
解读	ʧə̃^{55} kõ^{35}ʃə^{53}ʧʰye^{53} bie^{53} kʰə^{35} lə^{35} si^{55} 房屋门东方（助词）（前加）朝（后加）
意译	小偷家的门朝向东边。

普米音译	
解读	kõ^{35}zʅ^{55}ʤe^{53}sẽ^{35}sʉ^{55}bõ^{55} te^{55}diõ^{55} ʃə^{53}ʧʰye^{53} niɛ^{53} kʰuẽ^{55}lo^{55} kʰə^{35} ʂe^{53} 门旁边果树大有东方（助词）西南（前加）去
意译	小偷家门边有棵大果树。朝东跑了后又往西南方跑。

普米音译	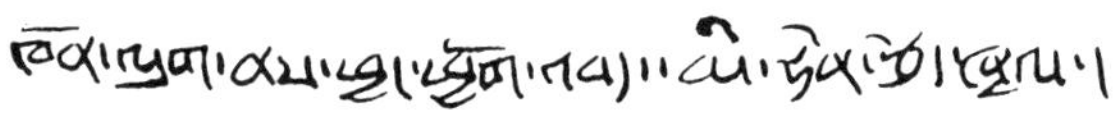
解读	k ʰuẽ^{55}lo^{55} niɛ^{53} ʧʰõ^{53}ʧʰye^{53}bie^{53} mə^{53} ŋə^{35}tsʅ^{55} ʒe^{55} 西南（助词）北方（助词）人七个有
意译	朝西南方跑了之后又往北边跑。小偷有七个人。

普米音译	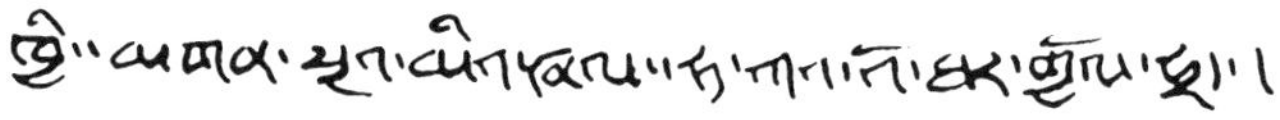
解读	tʂʰʅ^{35}guẽ^{35} ŋɛ̃^{55} mə^{53} ʒe^{55} tᴀ^{55}kᴀ^{55} wu^{53} tʰə^{35} tʂu^{55} ʂe^{55} 狗马黄（助词）有一户（助词）（前加）藏去
意译	藏在有黄色的狗和马的这户人家。

普米音译	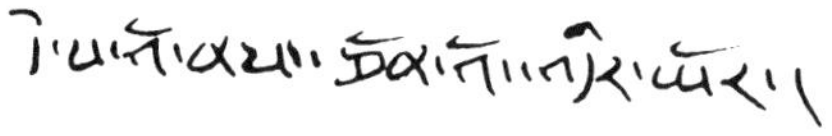
解读	ti^{55}bᴀ^{35}wu^{55} niɛ^{53} ʧə̃^{55}wu^{55} ti^{55} ʒyɛ^{35} 这家里（助词）房屋里（助词）拿
意译	把偷来的东西拿回自己家。

普米音译	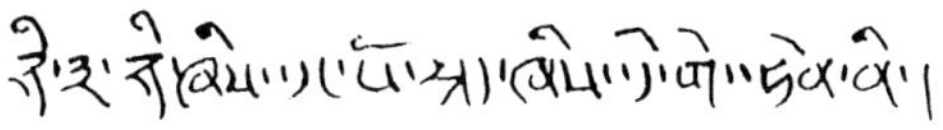
解读	ni^{35} sõ^{55} ni^{35} ʒi^{35} tõ^{55}pu^{55} tiᴀ^{55}ʒi^{35} ti^{55}gi^{55} ŋə^{35} nə^{53} 春三春月开始一月上弦七日
意译	春三月第一个月的初七这一天。

普米音译	
解读	ʧʰy^{55}suẽ^{55}ʃi^{53}mᴀ^{35}ʧʰy^{53} 佛事学去不好
意译	去学佛事不好。

普米音译	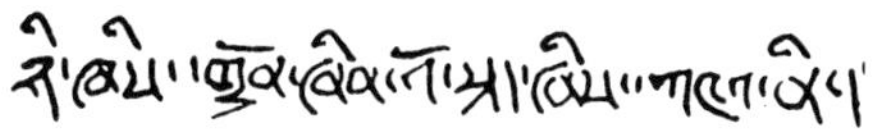
解读	ni^{35} ʒi^{35} guə^{35}ʒĩ^{55} wu^{53} tiᴀ^{55}ʒi^{35} kᴀ^{55}rə^{55} nə^{53} 春月中间（助词）一月十四日 nyɛ^{35} sɐ^{35}sɐ^{35} mə^{53} ʃɛ^{35} də^{55} ʧə^{55} pie^{55} mə^{53} ʧə^{55} po^{53} ʃyə^{55}ʃyə^{55}mᴀ^{35}ʧʰy^{53} 军队打仗（助词）日子是土五行人土（助词）碰不好
意译	春三月第二个月的十四这一天。 这天是军队打仗的日子，五行属土的人碰土不好。

普米音译	
解读	ni^{35} ʒi^{35} mÃ^{35} to^{53} tiᴀ^{55}ʒi^{35} nə^{35}ɣo^{35}ʃyə^{35} nə^{53} 春月尾（助词）一月二十八日 dʉ^{55}ʧi^{55} to^{53} kʰuə^{55}dzə̧^{55} pʉ^{53} ŋu^{53} ʃɛ^{35} də^{55} ʧi^{55} pie^{55} mə^{53} 魔水（助词）恶事做会日子是水五行人 ti^{55}tᴀ^{55}nə^{53}ʧi^{55} po^{53} ʃyə^{55}ʃyə^{55} mᴀ^{35}xɑ̃^{55} dzə̧^{35}dzə̧^{35}ŋu^{53} 这一日水（助词）碰不可以不好会
意译	春三月第三个月的二十八这一天。 魔鬼这天会对水做坏事，五行属水的人这天碰水很不好。

普米音译	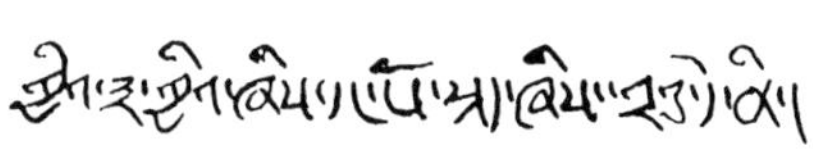
解读	ʧe^{55}sõ^{55}ʧe^{55}ʒi^{35} tõ^{55}pu^{55} tiᴀ^{55}ʒi^{35} nə^{35}ɣo^{35}ti^{35} nə^{53} 夏三夏月开始一月二十一日
意译	夏三月第一个月的二十一这一天。

普米音译

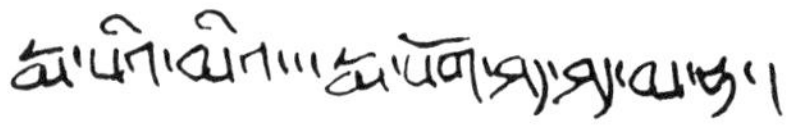

解读

mɐ^{53} pie^{55} mə^{53} mɐ^{53} po^{53} ʃyə^{55}ʃyə^{55} mᴀ^{35}xɑ̃^{55} dʐə̥^{35}dʐə̥^{35} ŋu^{53}

火五行人火（助词）碰不可以不好会

意译

五行属火的人碰火很不好。

普米音译

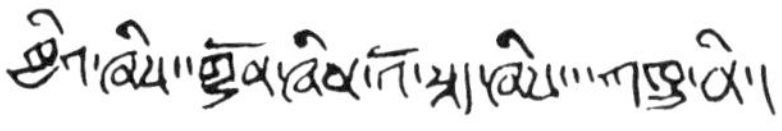

解读

ʧe^{55}ʒi^{35} guə^{35}ʒĩ^{55} wu^{53} tiᴀ^{55}ʒi^{35} kᴀ^{55}tʂ^{h}u^{55} nə^{53} tᴀ^{55}nə^{53}

夏月中间（助词）一月十六日一日

意译

夏三月第二个月的十六这一天。

普米音译

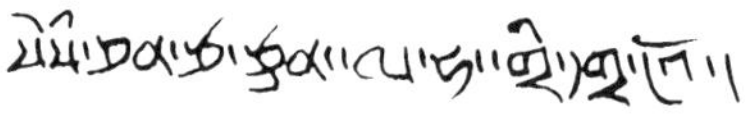

解读

sẽ^{55}ʧi^{55} tsᴀ^{55}tsuẽ^{55} mᴀ^{35}xɑ̃^{55} mᴀ^{35}ʧ^{h}y^{53}

牲畜拖拉不可以不好

意译

买卖牲畜不好，不可以买卖。

普米音译

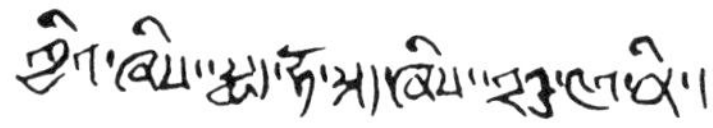

解读

ʧe^{55}ʒi^{35}mɑ̃^{35} to^{53} tiᴀ^{55}ʒi^{35} nə^{35}ɣo^{35}rə^{55} nə^{53}

夏月尾（助词）一月二十四日

ŋɛ̃^{55} jõ^{55} ni^{53} ʃi^{55} po^{53} ʃyə^{55}ʃyə^{55} lᴀ^{35}lo^{55} pʉ^{53} ʃi^{55} mᴀ^{35}xɑ̃^{55} suɑ̃^{55}mɑ^{55} po^{53} p^{h}ʐə̥^{55}mᴀ^{35}ŋu^{53} dʐə̥^{35}dʐə̥^{35}

金银铜铁（助词）碰事情做去不可以父母（助词）遇不会不好

意译

夏三月第三个月的二十四这一天。

不可以挖掘金、银、铜、铁，如果做了，就再也看不见父母了。

普米音译

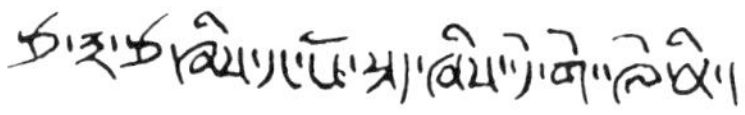

解读

tsᴀ^{35}sõ^{55}tsᴀ^{35}ʒi^{35} tõ^{55}pu^{55} tiᴀ^{55}ʒi^{35} ti^{55}gi^{55}gi^{53}nə^{53}

秋三秋月开始一月上弦九日

意译

秋三月第一个月的初九这一天。

普米音译

解读

di^{35} zu^{53}ʧ^{h}o^{35}le^{35} mᴀ^{35}xɑ̃^{55} mᴀ^{35}ʧ^{h}y^{55}

土地造庄稼种不可以不好

意译

不可以开地播种，不好。

普米音译	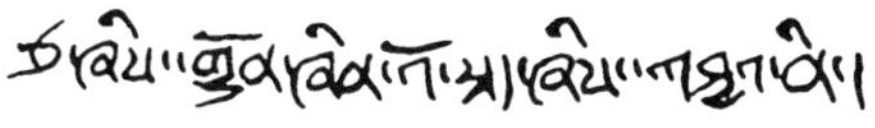
解读	tsA^{35}ʒi^{35}guə^{35}ʒĩ^{55} wu^{53} tiA^{55}ʒi^{35} kA^{55}ʃyə^{35}nə^{53} 秋月中间（助词）一月十八日
意译	秋三月第二个月的十八这一天。

普米音译	
解读	xÃ^{35}gui^{55} jA^{35}mɑ̃^{55} ʧə̃^{55}wu^{53} ʃi^{55} mA^{35}xɑ̃^{55} A^{55} ʃi^{55} ʧ^{h}o^{53}giɛ^{35} ŋu^{53} mA^{35}ʧ^{h}y^{53} 韩规喇嘛房间里去不可以（前加）去冲犯会不好
意译	不可以去韩规、喇嘛的房间，去了会冲犯自己。

普米音译	
解读	tsA^{35}ʒi^{35}mÃ^{35} to^{53} tiA^{55}ʒi^{35} nə^{35}ɣo^{35}ŋə^{35}nə^{53} 秋月尾（助词）一月二十七日
意译	秋三月第三个月的二十七这一天。

普米音译	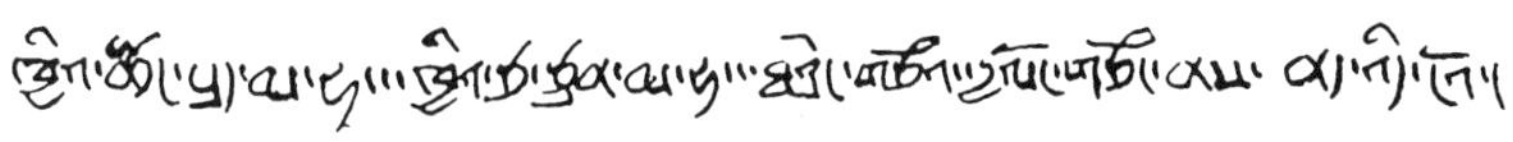
解读	tʂ^{h}ʅ^{35}ts^{h}õ^{55} pʉ^{53} tʂ^{h}ʅ^{35} tsA^{55}tsuẽ^{55} mA^{35}xɑ̃^{55} t^{h}i^{35}ʐõ^{55} tsu^{55} ʤə^{35}gõ^{55} tsu^{55} niɛ^{53} ni^{55} di^{35} ŋu^{53} mA^{35}ʧ^{h}y^{53} 狗生意做狗拖拉不可以鬼名鬼鬼名鬼（后加）病投放会不好
意译	不可以做买卖狗的生意，“提隆”和“捷共”会带来疾病。

普米音译	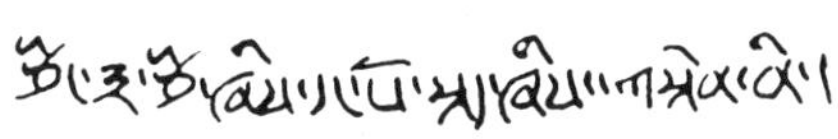
解读	tsõ^{55}sõ^{55}tsõ^{55}ʒi^{35} tõ^{55}pu^{55} tiA^{55}ʒi^{35} kA^{55}fi^{53}nə^{53} 冬三冬月开始一月十日
意译	冬三月第一个月的初十这一天。

普米音译	
解读	ʒi^{35}dA^{55} ʤə^{35}bu^{55} ʥõ^{55}fi^{55} to^{53} k^{h}uə^{55}dʐə^{35} pʉ^{53} ʃi^{53} mA^{35}xɑ̃^{55} niõ^{55}ni^{55} ʧ^{h}õ^{53} ŋu^{53} 神名王座位（助词）心坏做去不可以疾病出现会
意译	不可以破坏山神“伊达”的神山，否则会得疾病。

普米音译	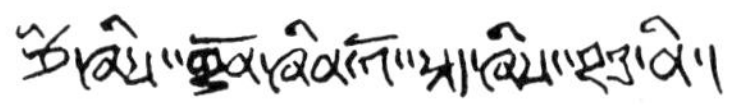
解读	tsõ^{55}ʒi^{35}guə^{35}ʒĩ^{55} wu^{53} tiᴀ^{55}ʒi^{35} nə^{35}ɣo^{35}nə^{55} 冬月中间（助词）一月二十日
意译	冬三月第二个月的二十这一天。

普米音译	
解读	sẽ^{55}ʧi^{55} tsᴀ^{55}tsuẽ^{55} mᴀ^{35}xɑ̃^{55} mᴀ^{35}ʧ^{h}y^{55} ʐo^{35} 牲畜拖拉不可以不好很
意译	不可以买卖牲畜，很不好。

普米音译	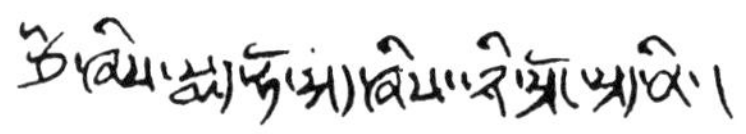
解读	tsõ^{55}ʒi^{35}mᴀ̃^{35} to^{53} tiᴀ^{55}ʒi^{35}ni^{55}tõ^{55}tᴀ^{55}nə^{55} 冬月尾（助词）一月三十一日
意译	冬三月第三个月的三十这一天。

普米音译	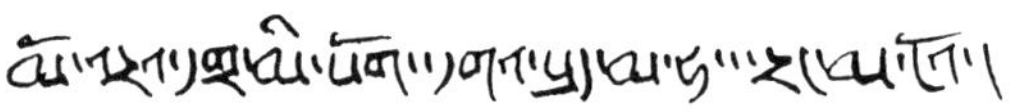
解读	mə^{35}dʐɛ^{35} dʐə^{35} mə^{53} po^{53} giɛ^{55} pʉ^{53} mᴀ^{35}xɑ̃^{55} tʂõ^{35} mᴀ^{35}ŋu^{53} 姑娘能干（助词）（助词）恋爱做不可以变不会
意译	不可以和能干的姑娘谈恋爱，不会成功。

二 卜卦图经《左拉》解读

普米《左拉》卦图，普米语发音为tso³⁵ɬɑ⁵⁵，在西南地区许多民族或支系中使用，例如甘洛尔苏、石棉木雅、木里纳西、普米等。多用于占卜婚配、测算吉凶。属于图画，不是文字。但也是某些信息的象征和代表，常常配有藏文说明解释，具有符号的功能。

本节所解读的《左拉》卦图，著录情况如下：

编号		收藏人	麦色偏初
汉语书名	《左拉》卦图	年龄（属相）	
民族文字书名	左拉	出生年月	1959年
国际音标	$tso^{35}ɬɑ^{55}$	民族	普米族
汉语译名	左拉	居住地	四川省木里县依吉乡麦洛村机素组
字体文种	图画，藏文	何时何地迁此	世居
类别	卦图	宗教	韩规教
作者	佚名	职业（是否祭司）	是
年代	不详	民族宗教教育程度	大韩规
抄者	偏初里	汉文教育程度	4年
抄录年代	2007年	本书传承信息	师徒
行款	从上至下	采集时间	2012年10月
卷/捆、册、页数	41页	采集地点	丽江市
插图页数	41页	在场者、助手	张琰、徐丽丽、胡文明
长宽高	22cm×10cm	翻译者	张琰、胡文明
版本	1套原本，1套复制本	记录者	张琰
残损度	基本完好	校对者	胡文明
封面题款标识	无		
墨色	彩色		
书写工具	不详		
纸质	韩规纸	审查：赵丽明 2012年 5 月12日	
现存	1部		
复制依据	抄本		
内容提要 主要用途	本部历书主要用于韩规为男女测算婚姻、占卜吉凶。		

本节所解读的《左拉》卦图，为四川木里县依吉乡机素村麦色偏初所藏。此卦图为韩规家族世代所传，年代已不详。四川、云南一带的普米族韩规都使用这种《左拉》卦图，且据麦色偏初说，不单是普米族，四川、云南一带的藏族、纳西族、汉族都使用《左拉》卦图。

谈婚论嫁的男女若想知道自己未来的婚姻是否顺利，就把自己及未来配偶的属相和生辰八字告诉韩规，韩规根据《左拉》卦图测算出二人的命运、运势、性格、寿命等，预测二人是否相配。《左拉》卦图还配有五本藏文书写的经书（经书著录详见本书第五章《木里依吉普米韩规文献著录》），经书中有更加详细的占卜和断卦的内容，韩规可根据经书看出婚姻的具体情况，包括夫妻是否和睦，会有几个小孩，等等。单身男女也可请韩规根据《左拉》卦图算出与他或她相配之人的属相和八字。

此部《左拉》卦图共有41页，前11页为神像，后30页为具体的卜卦内容。每一页分为两列，按照属相和五行排序。

《左拉》卦图的开端是11位占卜神，韩规在使用《左拉》卦图占卜前，要先迎请这11位神灵，方能开始占卜。它们的神像和名字分别是：

图符				
国际音标	p^{h}a^{55}ba^{55}ʥõ^{35}bie^{55}ja^{35}	p^{h}a^{55}ba^{55}cɛ^{55}zi̧^{55}ʥi^{35}	ʨ^{h}a^{35}na^{55}dɯ^{35}ʥi^{55}	ʑʅ^{35}ta^{53}ma^{35}ȵi^{55}põ^{35}ʑi^{55}
意译	文殊菩萨	观音菩萨	恰纳多吉	日达神
图符				
国际音标	kõ^{55}ʨɛ̃^{53}p^{h}a^{35}wõ^{55}	lu^{55}pʌ^{53}pie^{55} ma^{55}ʥõ^{35}ȵɛ^{53}	ʂ̧õ^{35}ʂ̧õ^{53}gi^{35}mu^{55}la^{35}	t^{h}e^{35}ji^{55}ʥõ^{35}ma^{55}
意译	蝙蝠神	莲花生大师	象雄的给姆占卜神	女神之一（占卜时牌位放在右边）

图符				
国际音标	kõ^{35}tsi^{55}p^{h}u^{55} tɕi^{35}dʑɑ^{35}pu^{53}	ɬɑ^{55}tɕ^{h}õ^{55}pɑ^{35}kɛ^{55}pu^{35}	lõ^{35}k^{h}ɛ^{53}lɑ^{35}mu^{55}	
意译	专司占卜的神王（占卜的中心）	天神当中的一个主神（占卜的中心）	女神之一（占卜时牌位放在左边）	

以下是《左拉》卦图的核心内容，每一页代表五行中的一支，一页分为两列，左列为首（阳），右列为尾（阴），每一列代表一个属相。如此，五行、阴阳（首尾）、生肖相配合，产生六十套卦象。最上方的一列藏文是对本页属相和五行的概括，两列中间的图画代表五行。每一列的小图和藏文，是对该列特定属相和五行的人的命运、运势、福气、寿命进行判断。一页中两个属相的五行相同，其他内容可同可不同，没有固定联系。

每列中的每一幅图画下面都附有一行藏文，藏文是对图画进行补充和说明。麦色偏初在解读过程中，用普米语叙述图画，用藏语释读藏文，二者相互映照，完美地表现了韩规图经中将图画和藏文配合使用的记录手法。

《左拉》卦图中的藏文使用了一些宗教专有名词，如炯颠（dʑo^{35}fi^{55}）、罗咱（lo^{35}tsɑ^{55}）等，找不到合适的汉语进行对译，因而采用音译的方法，并在脚注中注明这些名词的大致意思。

（一）

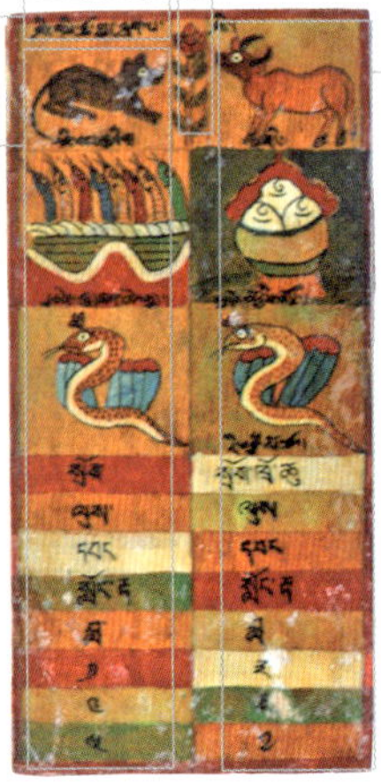

<table>
<tr><th>本页概括</th><th>五行</th><th>sɛ^{35}k^{h}u^{53} 木首[1]</th><th>sɛ^{35}mᴀ^{35} 木尾</th></tr>
<tr><td rowspan="8">ɕi^{35}ke^{35}tɕi^{35}wɑ^{55}lõ^{53}ɕo^{35} pɑ^{55}ɕĩ^{35}
木属鼠牛刺柏之木
生肖鼠、牛五行属木，是刺柏之木。</td><td rowspan="8">ɕo^{35}
刺柏（一种柏树）</td><td>tɕ^{h35}pi^{55}wu^{55}
生肖鼠</td><td>lõ^{55}wu^{55}
生肖牛</td></tr>
<tr><td>ʑi^{35}dʑõ^{53}lu^{55}ji^{35}kɐ^{35}tsi^{53}
蓝绿色的龙的格增
格增（是）蓝绿色的龙神。</td><td>sõ^{35}t^{h}i^{55}t^{h}i^{35}ʐõ^{55}kɐ^{35}tsi^{55}
蓝色的雷神格增
格增（是）蓝色的雷神。</td></tr>
<tr><td rowspan="2">bɑ^{35}ʐɛ^{55}ɕyɛ^{35}ti^{55}k^{h}uɛ^{55}wu^{35}tə^{55}k^{h}ɛ^{55}
蛇八条海里窜起
八条蛇从海里窜起。</td><td>nɐ^{35}ɚ^{35}pu^{55}
奈尔布（一种宝物）</td></tr>
<tr><td>iõ^{35}tĩ^{53}nɚ^{35}tɕi^{35}põ^{35}dʑue^{53}
福气奈吉博追（宝物的名字）</td></tr>
<tr><td>dʑo^{35}dĩ^{53} lu^{55}tɕ^{h}ɛ^{55} dʑe^{53}
炯颠[2]龙（语助）八
炯颠（是）龙王。</td><td>dõ^{35} diõ^{53} bɑ^{35}ʐɛ^{55}
翅膀生蛇
生着翅膀的蛇。</td></tr>
<tr><td rowspan="2">dõ^{35} diõ^{53}bɑ^{35}ʐɛ^{55}lo^{35}tsɑ^{55}
翅膀生蛇罗咱[3]
罗咱（是）生着翅膀的蛇。</td><td>ʐi^{35}dʑõ^{53}mo^{35}pu^{53} lo^{35}tsɑ^{53}
日玖莫布[5]罗咱</td></tr>
<tr><td>so^{55}tʂ^{h}ɯ^{55}tɕ^{h}y^{53}
寿命水[6]</td></tr>
<tr><td>（从上至下）：so^{53}寿命、ly^{35}身体、õ^{55}大权力、lõ^{55}tɑ^{53}运气、lo^{35}小权力、tɕi^{53}一、ʑi^{53}四、ŋɑ^{53}五[4]</td><td>（从上至下）：so^{53}寿命、ly^{35}身体、õ^{55}大权力、lõ^{55}tɑ^{53}运气、sõ^{53}三、sõ^{53}三、duĩ^{53}七</td></tr>
</table>

全图大意：木鼠之人，他的格增是龙神依玖，炯颠是龙王神鲁切。木牛之人，他的格增是雷神日玖莫布，福气是宝物奈吉博追，罗咱是日玖莫布，一种生着翅膀的蛇。他们和五行属水的人结合是最好的。

（二）

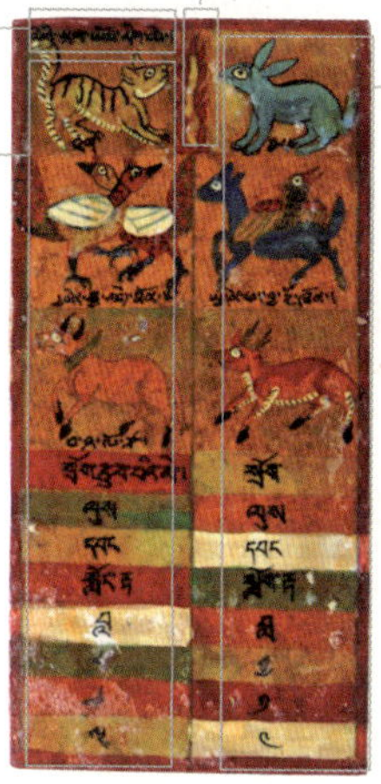

本页概括	五行	mɐ^{35}k^{h}u^{55} 火首	ma^{35}mÃ^{35} 火尾
		to^{55}wu^{53} 生肖虎	zɿ^{35}pzi^{55}wu^{55} 生肖兔
		ɳi^{55}nÃ^{53}dʉ^{55}tɕi^{35}kɐ^{35}tsi^{55} 黑魔格增 格增（是）黑魔王。	tɕi^{35}kər^{55}ɬɑ^{55}ji^{35} kɐ^{35}tsi^{55} 吉格尔拉依[7]格增 格增（是）吉格尔拉依。
		mA^{55}dʑɛ^{53}giɛ^{55}giɛ^{55} 孔雀相好 （雌雄）孔雀相好。	guɛ^{35}tsi^{35} ŋɑ^{55}mu^{55} to^{35} nə̃^{35}tsɛ^{55} 鸟骆驼上（方向前缀） 骑 鸟骑在骆驼上。
		dʑõ^{35}ɦi^{53} mA^{55}dʑɛ^{53}dʑi^{55}nõ^{55} 炯颠孔雀相好 炯颠（是）相好的（雌雄）孔雀。	
tɑ^{55}jo^{53}ʑi^{35}mi^{35} 虎兔野火 属虎、属兔的人五行属火，野火。	ʑi^{35}mi^{35} 野火	kuo^{55} lo^{35}tsɑ^{53} 牛罗咱 罗咱（是）牛。（做事情就像牛一样缓慢）	jo^{35}ɦi^{53} p^{h}õ^{55}dʑɛ^{53} ŋ̊ɑ^{55} ɕỹ^{35} 福气牛骆驼[8]骑 福气（是）牛骑着骆驼。
		pɑ^{35} lo^{35}tsɑ^{53} 牛罗咱 罗咱（是）牛。（做事情就像牛一样缓慢）	tʂɿ^{53} pu^{55} k^{h}u^{55}lɑ^{53} 鹿子公角长 长角的公鹿子。
		so^{55}tɕy^{55}pi^{35} mi^{35} 命火 火命。	liɛ^{35} 命运 命运（是长角的公鹿子）。
		liɛ^{35} 命运	
		（从上至下）：ly^{35}身体、õ^{55}大权力、lõ^{55}tɑ^{53}运气、lo^{35}小权力、dʑe^{53}八、tʂu^{53}六、ŋɑ^{53}五	（从上至下）：、ly^{35}身体、õ^{55}大权力、lõ^{55}tɑ^{53}运气、lo^{35}小权力、dũ^{53}七、tɕi^{53}一、ʑi^{53}四

全图大意：属虎、属兔的人五行属火，野火。火虎之人的格增是黑魔王，炯颠是相好的雌雄孔雀，罗咱是牛，做事情就像牛一样缓慢，火命。火兔之人的格增是吉格尔拉依神，福气是牛骑着骆驼，命运是长角的公鹿子。

（三）

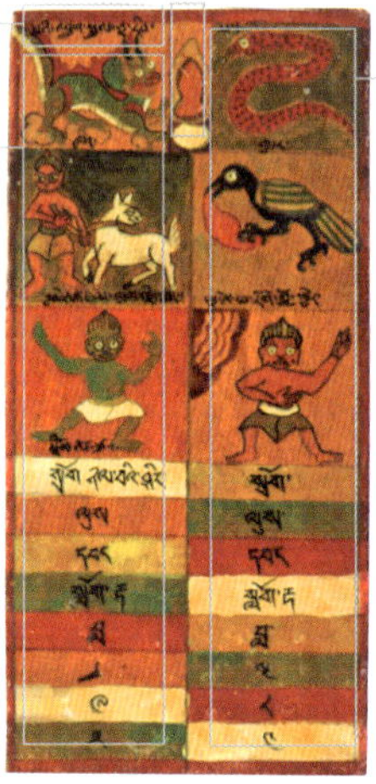

本页概括	五行	dʑɑ^{55}k^{h}u^{55} 土首	dʑɑ^{55}mᴀ^{35} 土尾
sɑ^{55}ji^{35} bʐo^{55} bʑi^{53} ȵi^{53} ʑʅ^{35}ʑo^{55}sɑ^{55} 土龙蛇二大地土 属龙、属蛇之人的五行是土，大地之土。	sɑ^{55}ji^{35} 土 大地之土。	bʑ^{35}tɛ^{55}wu^{53} 生肖龙	bʐʅ^{35}dɑ^{55}wu^{35} 生肖蛇
		ʑi^{35}dʑõ^{53}lu^{55}ji^{35}kɐ^{35}tsi^{53} 蓝绿色的龙的格增 格增（是）蓝绿色的龙神。	dʑe^{55} kə^{55}rə^{55} ɬɑ^{35}mu^{55} kɐ^{35}tsi^{55} 八位（量词）女神格增 格增（是）八位女神。
		mi^{55}ʑõ^{55}tə^{35}kʉ^{55}tsuẽ^{55} 人羊偷盗牵 人偷牵走羊。	ku^{35}ʑe^{35} ʂʅ^{55}dʐʅ^{55} 乌鸦肉吃 乌鸦吃肉。
		dʑo^{35}tĩ^{53} ko^{55}mɑ̃^{55} lo^{35} tʂ^{h}ʅ^{53}mõ^{53} 炯颠盗贼绵羊牵走 炯颠（是）小偷把绵羊牵走。	jõ^{35}tĩ^{55}p^{h}ɑ^{35}ʐo^{55}lo^{55}tɕ^{h}ɚ^{53} 福气乌鸦肉吃 福气是乌鸦吃肉。
		sə̃^{55}bu^{55}mɑ^{35} 女妖女的 女妖。	边角的画，无义，装饰用。
		sə̃^{55}bu^{55}mɑ^{35}lo^{35}tsɑ^{53} 女妖女的罗咱 罗咱（是）女妖。	sə̃^{55}bu^{55}mɑ^{35}lo^{35}tsɑ^{53} 妖女的罗咱 罗咱是女妖。
		so^{55} ȵɛ^{35}we^{35} ɕĩ^{35} 寿命柳树木 寿命是柳树木（寿命不太长）。	so^{55} 寿命 寿命（是柳树木）。
		（从上至下）：ly^{35}身体、õ^{55}大权力、lõ^{55}tɑ^{53}运气、lo^{35}小权力、tʂu^{53}六、gu^{53}九、sõ^{53}三	（从上至下）：ly^{35}身体、õ^{55}大权力、lõ^{55}tɑ^{53}运气、lo^{35}小权力、ŋɑ^{53}五、dʑi^{53}八、ʑi^{53}四

全图大意：属龙、属蛇之人的五行是土，大地之土。土龙之人的格增是龙神依玖，炯颠是小偷把绵羊牵走，罗咱是女妖，寿命是柳树木，寿命不太长。土蛇之人的格增是八位女神，福气是乌鸦吃肉，罗咱是女妖，寿命是柳树木，寿命不太长。

（四）

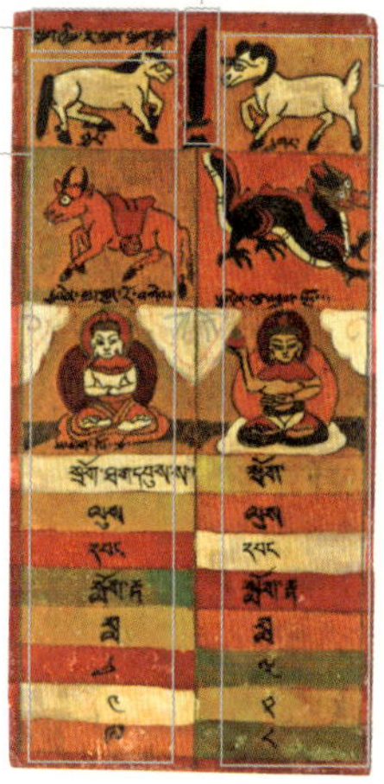

本页概括	五行	çɛ^{55}kʰu^{55}　金首	çɛ^{55}mA^{35}　金尾
tɕɛ^{35}tɕi^{35} tɑ^{55} lo^{35} tɕA^{55} dʑĩ^{55} tɕɛ^{35} 金马绵羊硬金 属马属羊的人五行是金，很硬的金。	tɕɛ^{35}tɕi^{35} 金 很硬的金。	tiɑ^{55}wu^{55} 生肖马	ji^{35}wu^{35} 生肖羊
		duĩ^{35}mə^{55}rə^{55}tsə̃^{55}tɕi^{35} kɐ^{35}tsi^{55} 红色的赞神格增 格增（是）红色的赞神。	wu^{35}kə^{55}zɿ^{55}dz̨ɑ^{35}lɑ^{55} kɐ^{35}tsi^{55} 乌格日扎拉[9]格增 格增（是）乌格日扎拉。
		mɐ^{55}mu^{55} kuA^{55} to^{35}　ɑ^{35}tʂuɛ^{55} 尸体牛上（方向前缀）（助词）驮 牛驮着尸体。	bz̨o^{55}ni^{53} 龙绿 绿色龙。
		dʑo^{35}fĩ^{55} dʉ^{55} lõ^{53} z̨o^{35} ki^{53} 炯颠魔牛尸体驮 炯颠（是）魔王家的牛驮着尸体。	jõ^{35}fĩ^{55} tɕʰy^{55}bz̨o^{55} ŋ̊ui^{55}bu^{55} 福气水龙绿色 福气（是）水中的绿色龙。
		sã^{35}dɑ^{53}xi^{55} 大龙神。	sã^{35}dɑ^{53}xi^{55} 大龙神
		sã^{35}dɑ^{55} lo^{35}tsɑ^{53} 大龙神罗咱 罗咱（是）大龙神。	
		so^{55} tʰo^{55}ji^{53} sɑ^{53} 寿命中间土 寿命是土当中的核心部分。	so^{55} 寿命 寿命（是土当中的核心部分）。
		（从上至下）：ly^{35}身体、õ^{55}大权力、lõ^{55}tɑ^{53}运气、lo^{35}小权力、tʂu^{53}六、ji^{35}四、gu^{53}九	（从上至下）：ly^{35}身体、õ^{55}大权力、lõ^{55}tɑ^{53}运气、lo^{35}小权力、ŋɑ^{53}五、ȵi^{53}二、dʑi^{53}八

全图大意：属马属羊的人五行是金，很硬的金。金马之人的格增是堆莫增吉，炯颠是魔王家的牛驮着尸体，罗咱是大龙神，寿命是土当中的核心部分。金羊之人的格增是乌格日扎拉，福气是水中的绿色的龙，罗咱是大龙神，寿命是土当中的核心部分。

（五）

本页概括	五行	tɕi^{55}kʰu^{55}　水首	tɕi^{55}mᴀ^{35}　水尾
tɕʰy^{55} pʐi^{55}vu^{55} tɕɛ^{35} tɕʰɚ^{53} bi^{35}pi^{53} tɕʰy^{55} 水猴鸡雨下水 属猴、属鸡的人五行属水，水是天上下来的雨水。	tɕʰy^{55} 水 天上来的水。	pʐi^{55}wu^{53} 生肖猴	dʑuẽ^{35}wu^{35} 生肖鸡
		ŋɑ^{55}sɿ^{55}rə^{55}sɑ̃^{35}dɑ^{55}kɐ^{35}tsi^{55} 黄色的大龙神格增 格增（是）黄色的大龙神。	ʑi^{35}dʑõ^{53}lu^{55}ji^{35}kɐ^{35}tsi^{53} 蓝绿色的龙的格增 格增（是）蓝绿色的龙神。
		dʑɛ^{55} ŋ̊ɑ^{55}mu^{55} to^{35}　nɑ̃^{35}dʑe^{35} 孔雀骆驼上（方向前缀）　骑 孔雀骑着骆驼。	tɕi^{35}ʑe^{35} bɑ^{55} bɑ^{35}ʐe^{53} ȵɛ^{55} 龙潭家蛇绿色 龙潭（龙王）家的绿色的蛇。
		dʑo^{35}fi^{53}mɑ̃^{55}dʑɛ^{55} ŋ̊ɑ^{55} ɕỹ^{35} 炯颠孔雀骆驼骑 炯颠（是）孔雀骑着骆驼。	jõ^{35}fi^{55} lu^{55}bʑi^{55} ŋ̊i^{55}pu^{55} 福气龙蛇绿色 福气（是）绿色的龙王家的蛇。
		bɑ^{35}ʐɛ^{55} diõ^{35}diõ^{55} 蛇翅膀 生着翅膀的蛇。	bɑ^{35}ʐɛ^{55} diõ^{35}diõ^{55} 蛇翅膀 生着翅膀的蛇。
		ʑe^{35}dʑõ^{55}lo^{35}tsɑ^{53} 生翅膀的蛇罗咱 罗咱（是）生翅膀的蛇。	ʑe^{35}dʑõ^{55}lo^{35}tsɑ^{53} 生翅膀的蛇罗咱 罗咱（是）生翅膀的蛇。
		so^{55}tʰo^{55}tʰo^{55}tɕɛ^{35} 寿命（打铁时）淬水 寿命如打铁时把铁淬水。（钢火旺，寿命长）	
		（从上至下）：so^{53}寿命、ly^{35}身体、õ^{55}大权力、lõ^{55}tɑ^{53}运气、lo^{35}小权力、ȵi^{53}二、ŋɑ^{53}五	（从上至下）：so^{53}寿命、ly^{35}身体、õ^{55}大权力、lõ^{55}tɑ^{53}运气、lo^{35}小权力、tɕi^{53}一、ʑi^{53}四

全图大意：属猴、属鸡的人五行属水，水是天上下来的雨水。水猴之人的格增是黄色大龙神，炯颠是孔雀骑着骆驼，罗咱是生翅膀的蛇，寿命如打铁时把铁淬水，钢火旺，寿命长。水鸡之人的格增是龙王依炯鲁吉，福气是绿色的龙王家的蛇，罗咱是生翅膀的蛇。

（六）

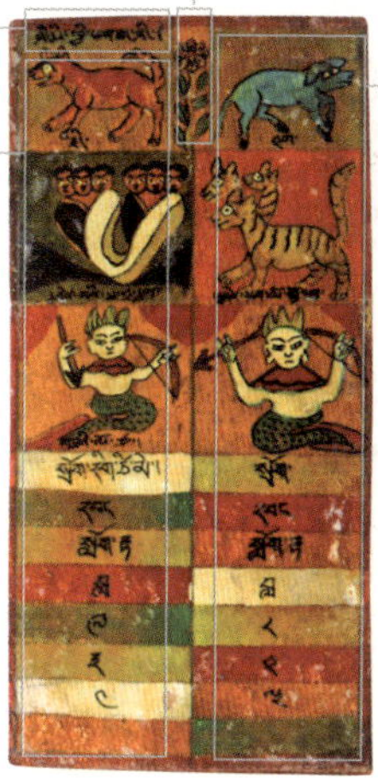

<table>
<tr><th>本页概括</th><th>五行</th><th>sɛ^{35}k^{h}u^{53}　木首</th><th>sɛ^{35}mᴀ^{35}　木尾</th></tr>
<tr><td rowspan="8">ɕĩ^{35}ke^{35} tɕ^{h}i^{53} p^{h}ɑ^{53} t^{h}õ^{55}ɕĩ^{53}
木狗猪松树
属狗、属猪五行属木，是松树的木。</td><td rowspan="8">ɕĩ^{35}ke^{35}
木
松树之木。</td><td>tɕ^{h}i^{55}wu^{53}
生肖狗</td><td>p^{h}ɑ^{55}wu^{55}
生肖猪</td></tr>
<tr><td>sõ^{35}t^{h}i^{55}t^{h}i^{35}ʐõ^{55}kɐ^{35}tsi^{55}
蓝色的战神格增
格增（是）蓝色的战神。</td><td>ȵi^{55}nÃ^{55}dʉ^{55}tɕi^{35}kɐ^{35}tsi^{53}
黑魔格增
格增（是）黑魔王。</td></tr>
<tr><td>mə^{55}tĩ^{35}gu^{35}jĩ^{55}k^{h}uə^{35} tʂ^{h}u^{35} diõ^{55} mi^{35}
天地中间头六长的
天地间长六个头的（精灵）。</td><td>k^{h}u^{35}gi^{55} diõ^{55}mə^{53} ɣo^{35} mɑ^{53}
头九（存在动词）人虎母
九个头的母虎。</td></tr>
<tr><td>dʑõ^{35}fĩ^{53}nõ^{55} sɑ^{55} ȵi^{53}gu^{55} tʂu^{53}
天地二头六
炯颠（是）天地间六头的（精灵）。</td><td>jõ^{35}fĩ^{55}tɑ^{55} mu^{55}gu^{55}gu^{55}
福气虎母头九
福气（是）九个头的母虎。</td></tr>
<tr><td>zɑ^{55}
曜神</td><td rowspan="2">zɑ^{55}
曜神</td></tr>
<tr><td>zɑ^{55}ji^{35}lo^{35}tsɑ^{53}
曜神的罗咱
罗咱（是）曜神。</td></tr>
<tr><td>so^{55}ʑi^{35}tsi^{55} mi^{35}
寿命高山火
寿命是高山火，不太长。</td><td>so^{55}
寿命（是高山火，不太长）。</td></tr>
<tr><td>（从上至下）：so^{53}寿命、ly^{35}身体、õ^{55}大权力、lõ^{55}tɑ^{53}运气、lo^{35}小权力、gu^{53}九、sõ^{53}三、ʑi^{53}四</td><td>（从上至下）：ly^{35}身体、õ^{55}大权力、lõ^{55}tɑ^{53}运气、lo^{35}小权力、dʑi^{53}八、ȵi^{53}二、ŋɑ^{53}五</td></tr>
</table>

全图大意：属狗、属猪五行属木，是松树的木。木狗之人的格增是索缇缇荣，炯颠是天地间六头的精灵，罗咱是曜神，寿命是高山火，不太长。木猪之人的格增是黑魔王，福气是九个头的母虎，罗咱是曜神，寿命是高山火，不太长。

（七）

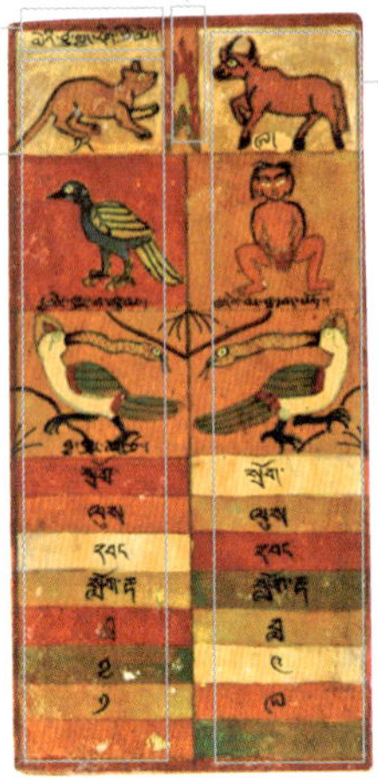

本页概括	五行	mɐ^{35}k^{h}u^{53}　火首	mɐ^{35}mA^{35}　火尾
mi^{35} tɕɑ^{35}wɑ^{55} lõ^{53} ʑi^{35}tsi^{55} mi^{35} 火鼠牛高山火 属鼠、属牛的人五行属火，是高山火。	mi^{35} 火 高山火。	tɕ^{h35}pi^{55}wu^{55} 生肖鼠	lõ^{55}wu^{55} 生肖牛
		tɕi^{35}kə^{55}rə^{55}ɬɑ^{55}ji^{35} kɐ^{35}tsi^{55} 白色的神的格增 格增（是）白色的战神。	ʑi^{35}dʑõ^{53}lu^{55}ji^{35}kɐ^{35}tsi^{53} 蓝绿色的龙的格增 格增（是）蓝绿色的龙神。
		tɕ^{h}y^{55} ku^{35}ʐe^{35} 水乌鸦	m̥ə^{35}tsʉ^{35} tsʉ^{55}m̥i^{55} je^{55} t^{h}õ^{35} 女人儿女（存在动词）能 女人能生孩子。
		dʑo^{35}ɦi^{55}tɕõ^{55}kɑ^{55} tɕ^{h}y^{55} 炯颠乌鸦水 炯颠（是）水乌鸦。	jo^{35}ɦi^{53} mɑ^{55}t^{h}ɑ^{55} õ^{55}jo^{35} 福气母亲能做 福气是能做母亲（能生孩子）。
		tɕɛ^{35}tɕ^{h}õ^{55}bɑ^{35}ʐe^{55} dʐʅ^{55} 大鹏鸟蛇吃 大鹏鸟吃蛇。	dʑo^{35}ɦi^{55}tɕõ^{55}kɑ^{55} tɕ^{h}y^{55} 炯颠乌鸦水 炯颠（是）水乌鸦。
		tɕɛ^{35}tɕ^{h}õ^{55} lo^{35}tsɑ^{55} 大鹏鸟罗咱 罗咱（是）大鹏鸟。	tɕɛ^{35}tɕ^{h}õ^{55}bɑ^{35}ʐe^{55} dʐʅ^{55} 大鹏鸟蛇吃 大鹏鸟吃蛇。
		（从上至下）：so^{53}寿命、ly^{35}身体、õ^{55}大权力、lõ^{55}tɑ^{53}运气、lo^{35}小权力、gu^{55}九、sõ^{53}三、ʑi^{53}一	（从上至下）：ly^{35}身体、õ^{55}大权力、lõ^{55}tɑ^{53}运气、lo^{35}小权力、ʑi^{53}四、gu^{55}九

全图大意：属鼠、属牛的人五行属火，是高山火。火鼠之人的格增是吉格热拉吉神，炯颠是水乌鸦，罗咱是大鹏鸟。火牛之人的格增是龙王依炯龙神，福气是能做母亲，能生孩子，炯颠是水乌鸦。

（八）

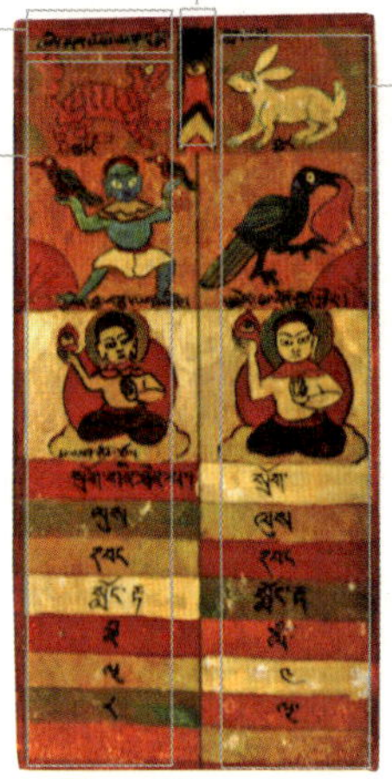

本页概括	五行	dʑa^{55}kʰu^{55}　土首	dʑa^{55}mA^{35}　土尾
sa^{55}ji^{35} ta^{55} jo^{55} kʰuə^{55} gu^{53} ɕo^{35} sa^{55} 土的虎兔石缝刺柏土 属虎、属兔的人五行属土，土是高山石缝里长着刺柏的土。（土很稀少，说明命苦）	tɕA^{55}pi^{35} 土 五行之土。	to^{55}wu^{53} 生肖虎	ʑi^{35}bʐe^{55}wu^{53} 生肖兔
		dʑi^{53} kə^{55}rə^{55} ɬa^{35}mu^{55} kɐ^{35}tsi^{55} 八格热拉木[10]格增 格增（是）八位女神。	tuẽ^{35}mɐ^{55}ʐə^{55}tsə̃^{55}tɕi^{35}kɐ^{35}tsi^{55} 堆莫热增吉格增 格增（是）堆莫热增吉[11]。
		guɐ^{35}tsi^{35} tsʉ^{53}ʐe^{35}wu^{53} tə^{35}ʑa^{53} 鸟幼小的手里（趋向助词）举 幼小的鸟儿举在手里。	ku^{35}ʐe^{35} kuA^{55}sʅ^{35}dʐʅ^{55} 乌鸦牛肉吃 乌鸦吃牛肉。
		dʑo^{35}ɦi^{53}tɕA^{35}zo^{53} la^{35}bʐẽ^{53} 炯颠雏鸟举 炯颠是把雏鸟举在手上。（一生十分悲惨）	jõ^{35}ɦi^{55} pʰa^{35}ʐo^{55} lõ^{55} tɕʰə^{55} 福气乌鸦牛吃 福气（是）乌鸦吃牛。
		sã^{35}da^{55}xi^{55} 大龙神神 大龙神。	sã^{35}da^{55}xi^{55} 大龙神神 大龙神。
		sã^{35}da^{55} lo^{35}tsa^{53} 大龙神罗咱 罗咱（是）大龙神。	
		so^{55}nõ^{55}tʰui^{55} sa^{55} 寿命田埂上的土土 寿命（是）田埂上的土。	so^{55} 寿命（是田埂上的土）。
		（从上至下）：ly^{35}身体、õ^{55}大权力、lõ^{55}ta^{53}运气、lo^{35}小权力、ŋa^{53}五、tɕi^{53}八	（从上至下）：ly^{35}身体、õ^{55}大权力、lõ^{55}ta^{53}运气、lo^{35}小权力、ʑi^{53}四、ŋa^{53}五

全图大意：属虎和属兔的人五行属土，是高山石缝里长着刺柏的土，命苦。土虎之人的格增是八位女神，炯颠是把雏鸟举在手上，一生很悲惨，罗咱是大龙神，寿命如田埂上的土。土兔之人的格增是堆莫热增吉神，福气如乌鸦有牛肉吃，罗咱是大龙神，寿命如田埂上的土。

（九）

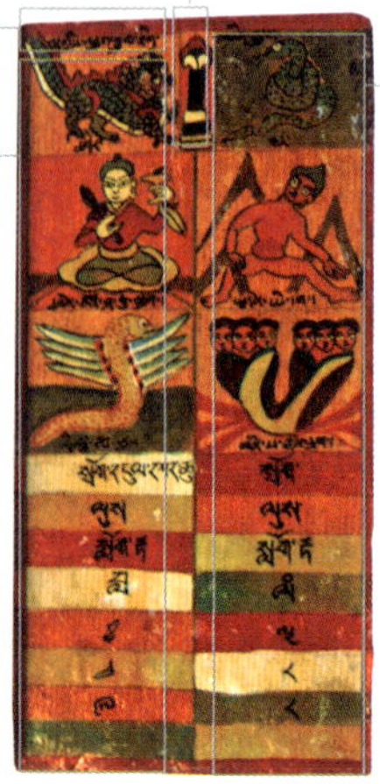

本页概括	五行	ɕɛ^{55}kʰu^{55}　金首	ɕɛ^{55}mᴀ^{35}　金尾
tɕᴀ^{35}tɕi^{35}bzo̜^{55}bzi̜^{55}di^{35} mi^{55}tɕᴀ^{35} 金龙蛇生铁金 属龙、属蛇五行为金，是生铁之金。	ɕi̜^{55}kʰu^{55} 金	bə^{35}te^{55}wu^{35} 生肖龙	bə^{35}dɑ^{55}wu^{35} 生肖蛇
		tʂu^{35}kə^{55}rə^{55}dzɑ̜^{35}lɑ^{55}kɐ^{35}tsi^{55} 白色的战神格增 格增（是）白色的战神。	ʑi^{35}dʑõ^{55}lu^{55}ji^{55}kɐ^{35}tsi^{55} 蓝绿色的龙神格增 格增（是）蓝绿色的龙神。
		xẽ^{35}gue^{55}ɕᴀ^{55}ɕo^{55}pʰi^{55} 韩规法事做 韩规做法事。	ʑi^{35}tɑ^{55} 依达[13]
		dʑo^{35}fĩ^{55}pẽ^{35}pu^{55}ɕᴀ^{35}zo̜^{55}tɕᴀ^{35} 炯颠韩规[12]法器铁 韩规做法事的铁器。	jõ^{35}fĩ^{55}ʑi^{35}tɑ^{55} 福气依达 福气（是）依达。
		bɑ^{35}zɛ̜^{55}dõ^{35}diõ^{53} 长翅膀的蛇。	mə^{55}fĩ^{35}gu^{35}ʃi^{55}kʰuə^{35} tʂʰu^{35} diõ^{55} mi^{35} 天地中间头六长的 天地间长六个头的（精灵）。
		zi̜^{35}dʑõ^{55}lo^{35}tsɑ^{53} 长翅膀的蛇罗咱 罗咱是长翅膀的蛇。	nõ^{55}sɑ^{55}ȵi^{55}tʂu^{53}lo^{35}tsɑ^{55} 天地个六罗咱 罗咱（是）天地间有六个头（的精灵）。
		so^{55}ŋui^{55}kə^{55}rə^{55}tɕʰy^{55} 寿命银白水 寿命是白银之水。	so^{55}ŋui^{55}kə^{55}rə^{55}tɕʰy^{55} 寿命银白水 寿命（是）白银之水。
		（从上至下）：ly^{35}身体、õ^{55}大权力、lõ^{55}tɑ^{53}运气、lo^{35}小权力、duĩ^{53}七、tʂu^{53}六、gu^{53}九	（从上至下）：ly^{35}身体、õ^{55}大权力、lõ^{55}tɑ^{53}运气、ŋɑ^{53}五、dʑi^{53}八、dʑi^{53}八

全图大意：属龙、属蛇之人五行为金，是生铁之金。金龙之人的格增是白色的战神，炯颠是韩规做法事的铁器，罗咱是长翅膀的蛇，寿命是白银之水，比较好。金蛇之人的格增是依炯龙神，福气是依达精灵，罗咱是天地间的六个头的精灵，寿命是白银之水，比较好。

（十）

本页概括	五行	tɕ^{h}i^{55}k^{h}u^{55}　水首	tɕ^{h}i^{55}mᴀ^{35}　水尾
tɕ^{h}y^{55}ji^{35}tɑ^{55}lo^{35}zõ^{35}t^{h}õ^{55}tɕ^{h}y^{55} 水的马绵羊铜锅水 属马、属羊五行为水，是渗在铜锅里的水。	tɕi^{55}pi^{35} 水 五行之水。	tiᴀ^{55}wu^{53} 生肖马	ji^{35}wu^{35} 生肖羊
		ʑi^{35}dʑõ^{55}lu^{55}ji^{35}kɐ^{35}tsi^{55} 蓝绿色的龙的格增 格增（是）蓝绿色的龙神。	sõ^{35}t^{h}i^{55}t^{h}i^{35}ʐõ^{55}kɐ^{35}tsi^{55} 蓝色的战神格增 格增（是）蓝色的战神。
		bʐo^{55}ȵi^{55} 龙绿 绿龙。	mə^{35}dʐɛ^{55}gu^{55}mi^{55}pi^{35}tsu^{55}ti^{55}ʐuɑ^{35} 妇女身上儿子这（存在动词）
		dʑo^{35}tĩ^{55}jɛ^{35}bʐo^{55}ŋui^{55}bu^{55} 炯颠龙绿色 炯颠（是）绿色之龙。	jo^{35}tĩ^{55}ȵɛ^{35}mɑ̃^{55}pu^{35}põ^{55}jo^{35} 福气妇女怀男孩（存在动词） 福气是能生男孩。
		ʑi^{35}tɑ^{55}lo^{35}tsɑ^{55} 依达罗咱 罗咱（是）依达。	ts^{h}ɿ^{55} 山羊
			ʐɛ^{35}lo^{35}tsɑ^{53} 山羊罗咱 罗咱（是）山羊。
		so^{55}dʑᴀ^{55}dʑõ^{55}ɕĩ^{35} 寿命白桦木 寿命是白桦木，寿命不太长。	so^{55} 寿命
		（从上至下）：ly^{35}身体、õ^{55}大权力、lõ^{55}tɑ^{53}运气、lo^{35}小权力、tɕi^{53}一、ʑi^{53}四、duĩ^{53}七	（从上至下）：ly^{35}身体、õ^{55}大权力、lõ^{55}tɑ^{53}运气、lo^{35}小权力、gu^{53}九、sõ^{53}三、tʂu^{53}六

全图大意：属马、属羊之人五行为水，是渗在铜锅里的水。水马之人的炯颠是绿色之龙，罗咱是依达精灵，寿命是白桦木，不太长。水羊之人的格增是蓝色的战神，福气是能生男孩，罗咱是山羊，寿命是白桦木，不太长。

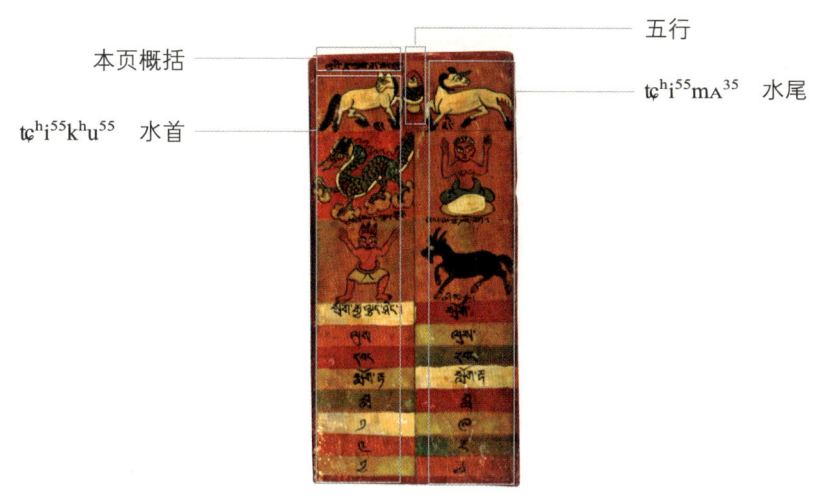

（十一）

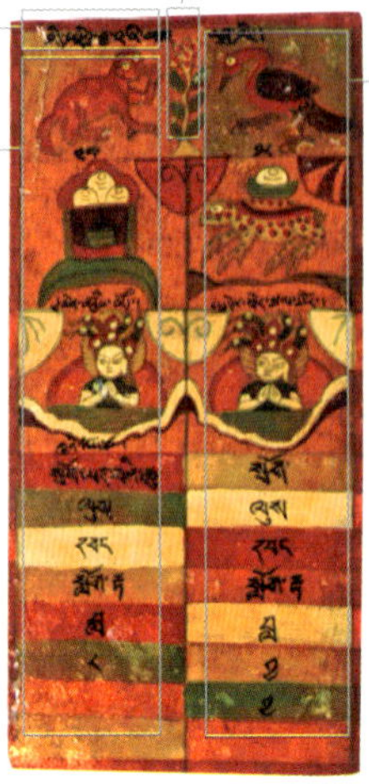

本页概括	五行	sε^{35}kʰu^{55} 木首	sε^{35}mᴀ^{35} 木尾
ɕĩ^{35}pzȩ^{55}tɕε^{35}n̥i^{55}nã^{35}dɑ^{55}jo^{55}ɕĩ^{35} 木猴鸡两个（量词）树[14]木 属猴、属鸡五行属木，是造枪壳的木。	ɕĩ^{35} 木 五行之木。	pzi̧^{55}wu^{55} 生肖虎	ʥuẽ^{35}wu^{53} 生肖鸡
		n̥i^{55}nʌ̃^{55}du^{55}tɕi^{35}kɐ^{35}tsi^{55} 黑色魔格增 格增（是）黑魔王。	tɕi^{35}kə^{55}rə^{55}ɬɑ^{55}ji^{35}kɐ^{35}tsi^{55} 白色的神的格增 格增（是）白色的神。
		ʐʅ^{35}bu^{55}tɕʰi^{35}põ^{35}bɑ^{55} 宝物花瓶 宝物花瓶。	ŋẽ^{55}pε^{35}ti^{35} 黄金蛙 金蛙。
		ʥo^{35}tĩ^{55}nə^{35}tɕi^{35}põ^{35}ʥue^{55} 炯颠宝物花瓶 炯颠（是）宝物花瓶。	jõ^{35}tĩ^{55}sə^{55}bi^{55}sʅ^{35}pu^{35} 福气金蛙黄色 福气是黄色的金蛙。
		kʰuε^{55}wu^{35}nə^{35}ʥõ^{55}mi^{55}lu^{55}ji^{35}ʥᴀ^{35}bu^{53} 海里坐的龙神王 坐在海里的龙王神。	kʰuε^{55}wu^{35}nə^{35}ʥõ^{55}mi^{55}lu^{55}ji^{35}ʥᴀ^{35}bu^{53} 海里坐的龙的王 坐在海里的龙神龙王。
		lu^{55}ji^{35}lo^{35}tsɑ^{53} 龙神罗咱 罗咱（是）龙神。	
		so^{55}jε^{35}pi^{35}tɕʰy^{55} 寿命源头水 寿命是水源头，寿命长。	so^{55} 寿命
		（从上至下）：ly^{35}身体、õ^{55}大权力、lõ^{55}tɑ^{53}运气、lo^{35}小权力、ʥi^{53}八	（从上至下）：ly^{35}身体、õ^{55}大权力、lõ^{55}tɑ^{53}运气、lo^{35}小权力、dũ^{53}七、dũ^{53}七

全图大意：属猴、属鸡之人五行属木，是造枪壳的木。木猴之人的格增是黑魔王，炯颠是宝物花瓶，比较好，罗咱是龙王龙神，寿命是水源头，很长。木鸡之人的格增是白色的战神，福气是黄色的金蛙，比较好，罗咱是龙神龙王，寿命是水源头，很长。

（十二）

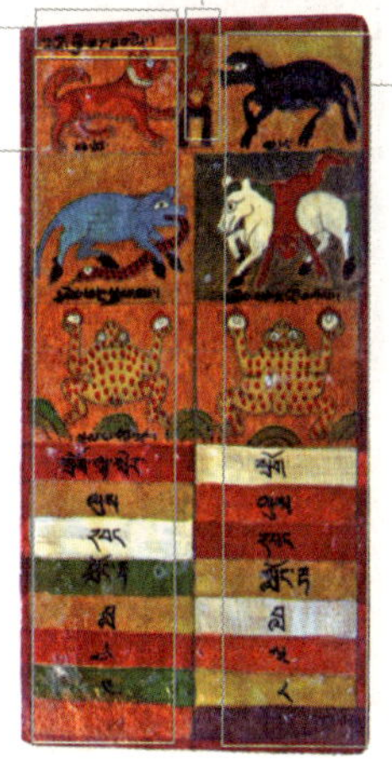

本页概括	五行	mɐ^{35}kʰu^{55}　火首	mɐ^{35}mA^{35}　火尾
mi^{35}tɕʰi^{55}pʰɑ^{55}tʰo^{55}mi^{35} 火狗猪香火 属狗、属猪五行属火，是香火之火。	mɐ^{35}pi^{55} 火 五行之火。	tɕʰi^{55}wu^{53} 生肖狗	pʰɑ^{55}wu^{53} 生肖猪
		gu^{55}mu^{55}jo^{55}ki^{35}kɐ^{35}tsi^{55} 灰色的石头格增 格增（是）灰色的石头。	dʑɑ^{55}kə^{55}rə^{55}ɬɑ^{55}mu^{55}kɐ^{35}tsi^{55} 白色的神女格增 格增（是）神女。
		tɕʰyɛ^{35}bɑ^{35}ze̥^{55}dʐʅ^{55} 猪蛇吃 猪吃蛇。	gũ^{35}to^{35}mu^{55}mu^{55}ɑ^{35} tɕA^{55} 马上（方向前缀）尸体（助词）驮 马上驮着尸体。
		dʑo^{35}tĩ^{53}pʰɑ^{55}bʐe^{55}siɛ^{35} 炯颠猪蛇吃 炯颠（是）猪吃蛇。	jõ^{35}ɦĩ^{55}dʉ^{55}tɑ^{55}zo̥^{35}ki^{53} 福气魔马尸体驮 福气（是）魔王家的马驮着尸体。
		bɑ^{55}ti^{55} 青蛙	bɑ^{55}ti^{55} 青蛙
		bi^{35}pɑ^{55}lo^{35}tsɑ^{53} 青蛙罗咱 罗咱（是）青蛙。	
		so^{55}ɬɑ^{55}pe^{53} 寿命神香火 寿命是香火供神，寿命好。	so^{55} 寿命
		（从上至下）：so^{53}寿命、ly^{35}身体、õ^{55}大权力、lõ^{55}tɑ^{53}运气、lo^{35}小权力、tʂu^{53}六、ʑi^{53}四	（从上至下）：ly^{35}身体、õ^{55}大权力、lõ^{55}tɑ^{53}运气、lo^{35}小权力、ŋɑ^{53}五、dʑi^{53}八

全图大意：属狗、属猪五行属火，是香火之火。火狗之人的格增是石头，很硬，炯颠是猪吃蛇，罗咱是青蛙，寿命是香火供神，很好。火猪之人的格增是扎格热拉木神女，福气是魔王家的马驮着尸体，罗咱是青蛙，寿命是香火供神，很好。

（十三）

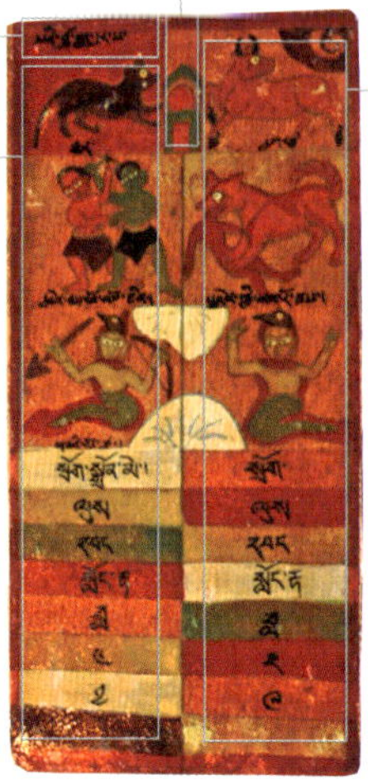

本页概括	五行	dʑɑ⁵⁵kʰu⁵⁵ 土首	dʑɑ⁵⁵mᴀ³⁵ 土尾
sɑ⁵⁵tɕᴀ³⁵lõ⁵⁵tər³⁵sɑ⁵⁵ 土鼠牛坟墓土 属鼠、属牛五行属土，是坟墓上的土。	tɕᴀ⁵⁵pi³⁵ 土 五行之土。	tɕʰi³⁵pi⁵⁵wu⁵³ 生肖鼠	lõ⁵⁵wu⁵³ 生肖牛
		duĩ³⁵mər⁵⁵tsẽ⁵⁵tɕi³⁵kɐ³⁵tsi⁵⁵ 红色的赞神格增 格增（是）红色的赞神。	tʂu³⁵kə⁵⁵rə⁵⁵dzɑ³⁵lɑ⁵⁵kɐ³⁵tsi⁵⁵ 白色的战神格增 格增（是）白色的战神。
		pʰɛ³⁵tə⁵³mi³⁵nə³⁵tsɿ³⁵tsɑ⁵⁵tso³⁵ 小伙子的两个打架 两个小伙子打架。	tʂʰʅ³⁵mu⁵⁵mu⁵⁵dʐʅ⁵⁵ 狗尸体吃 狗吃尸体。
		dʑo³⁵fi⁵³dʉ⁵⁵pʰu⁵⁵tɕo⁵⁵zi⁵³ 炯颠魔男搏斗 炯颠（是）男魔搏斗。	jõ³⁵fi⁵⁵tɕʰi⁵⁵nÃ³⁵zo³⁵siɛ⁵³ 福气狗黑尸体吃 福气（是）黑狗吃尸体。
		zɛ⁵⁵ 曜神	zɛ⁵⁵ 曜神
		zɑ⁵⁵ji³⁵lo³⁵tsɑ⁵³ 曜神罗咱 罗咱（是）曜神。	
		so⁵⁵dzuĩ⁵⁵mi³⁵ 寿命松明火把 寿命（是）松明火把。	so⁵⁵ 寿命（是松明火把）。
		（从上至下）：ly³⁵身体、õ⁵⁵大权力、lõ⁵⁵tɑ⁵³运气、lo³⁵小权力、zi⁵³四、duĩ⁵³七	（从上至下）：ly³⁵身体、õ⁵⁵大权力、lõ⁵⁵tɑ⁵³运气、lo³⁵小权力、sõ⁵³三、gu⁵⁵九

全图大意：属鼠、属牛五行属土，是坟墓上的土。土鼠之人的格增是堆莫曾吉赞神，炯颠是男魔搏斗，罗咱是曜神，寿命是松明火把。土牛之人的格增是白色的战神，福气是黑狗吃尸体，罗咱是曜神，寿命是松明火把。

（十四）

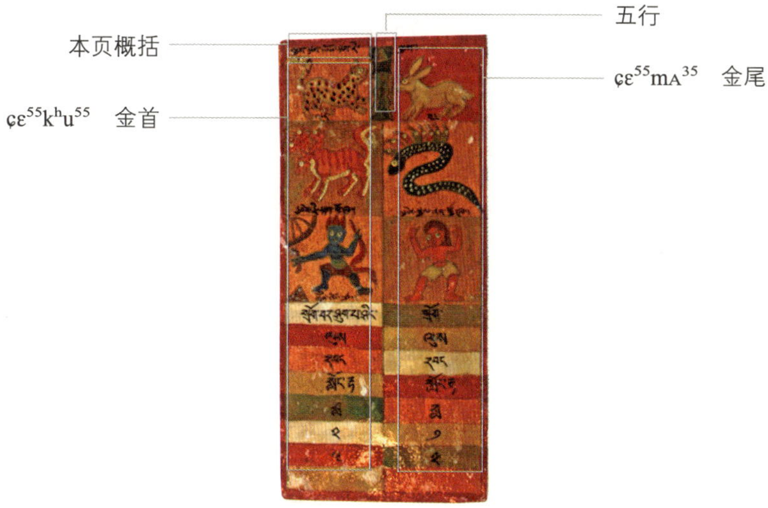

<table>
<tr><th>本页概括</th><th>五行</th><th>ɕɛ^{55}k^{h}u^{55}　金首</th><th>ɕɛ^{55}mA^{35}　金尾</th></tr>
<tr><td rowspan="7">tɕA^{35}tɑ^{55}jo^{55}tɑ^{55}ʑe^{55}
tɕA^{35}
金虎兔斧头金
属虎、属兔五行属金，斧头之金。</td><td rowspan="7">ɕĩ^{55}pi^{55}
金
五行之金。</td><td>to^{55}wu^{53}
生肖虎</td><td>ʑi^{35}bʑe^{55}wu
生肖兔</td></tr>
<tr><td>ŋɑ^{55}sɿ^{55}rə^{55}sɑ̃^{35}dɑ^{55}kɐ^{35}tsi^{55}
黄色的大龙神格增
格增（是）黄色的大龙神。</td><td>ʑi^{35}dʑõ^{55}lu^{55}ji^{35}kɐ^{35}tsi^{55}
蓝绿色的龙的格增
格增（是）蓝绿色的龙神。</td></tr>
<tr><td></td><td>bɑ^{35}ʐe^{55}k^{h}u^{55}gi^{35}diõ^{35}
蛇头九长着
长着九头的蛇。</td></tr>
<tr><td>sə̃^{55}bu^{55}mɑ^{35}
女妖女</td><td>jõ^{35}fi^{55}bʑe^{55}nÃ^{35}gu^{55}gu^{55}
福气蛇黑头九
福气是九头的黑蛇。</td></tr>
<tr><td>sə̃^{55}bu^{55}mɑ^{35}lo^{35}tsɑ^{53}
女妖女罗咱
罗咱（是）女妖。</td><td>sə̃^{55}bu^{55}mɑ^{35}
女妖女</td></tr>
<tr><td>so^{55}pʐɛ^{35}ɕo^{35}pɑ^{55}ɕĩ^{35}
寿命（助词）刺柏木
寿命（是）刺柏木。</td><td>so^{55}
寿命
寿命（是刺柏木）。</td></tr>
<tr><td>（从上至下）：ly^{35}身体、õ^{55}大权力、lõ^{55}tɑ^{53}运气、lo^{35}小权力、ȵi^{53}二、ŋɑ^{53}五</td><td>（从上至下）：ly^{35}身体、õ^{55}大权力、lõ^{55}tɑ^{53}运气、lo^{35}小权力、tɕi^{53}一、ȵi^{53}二</td></tr>
</table>

全图大意：属虎、属兔之人五行属金，斧头之金。金虎之人的格增是黄色的大龙神，炯颠是九头虎，罗咱是女妖，寿命是刺柏木。金兔之人的格增是龙王神，福气是九头的黑蛇，罗咱是女妖，寿命是刺柏木。

（十五）

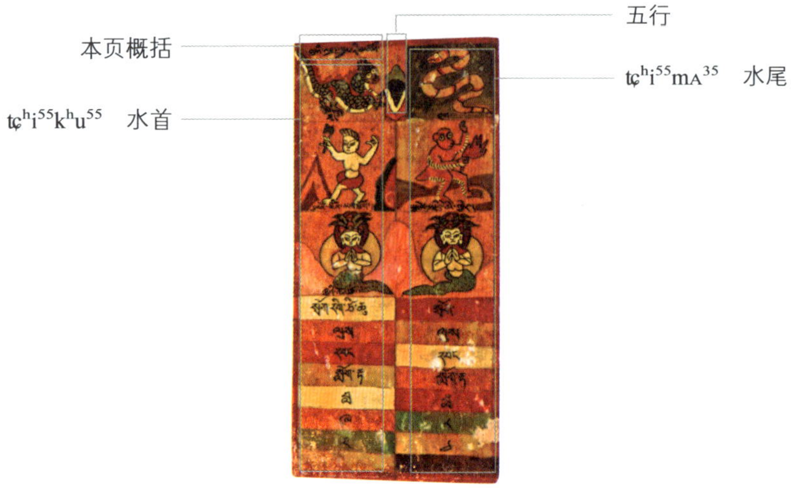

本页概括	五行	tɕ^{h}i^{55}k^{h}u^{55} 水首	tɕ^{h}i^{55}mA^{35} 水尾
tɕ^{h}y^{55}ji^{35}bzo^{55}bʑe^{55}ʑe^{35}ts^{h}u^{53} 水的龙蛇高山海 属龙、属蛇五行属水，是高山的海水。	tɕi^{55}pi^{55} 水 五行之水。	bɚ^{35}te^{55}wu^{53} 生肖龙	bə^{35}dɑ^{55}wu^{53} 生肖蛇
		sõ^{35}t^{h}i^{55}t^{h}i^{35}ʐõ^{55}kɐ^{35}tsi^{55} 蓝色的战神格增 格增（是）蓝色的战神。	ȵi^{55}nÃ^{35}dʉ^{55}tɕi^{35}kɐ^{35}tsi^{55} 黑魔（助词）格增 格增（是）黑魔王。
		sə^{55}bu^{55}mɑ^{35}pɯ^{55}ʑɑ^{35} 妖女斧头拿 女妖拿斧头。	tsɐ^{55}ji^{35}mɐ^{35}xiA^{55} 猴火放 猴子放火。
		dʑo^{35}tĩ^{55}sə^{55}bu^{55}mɑ^{35}tɑ^{55}t^{h}o^{55} 炯颠妖女斧头 炯颠（是）女妖（举）斧头。	jõ^{35}tĩ^{55}pʐe^{55}wu^{55}mi^{35}tɕ^{h}ə^{55} 福气猴火放 福气（是）猴子放火[15]。
		lu^{55}ji^{35}dʑɑ^{35}bu^{55} 龙的王 龙王神。	lu^{55}ji^{35}dʑɑ^{35}bu^{55} 龙的王 龙王神。
		lu^{55}ji^{35}lo^{35}tsɑ^{55} 龙的罗咱 罗咱（是）龙神。	
		so^{55}ri^{55}tsi^{55}tɕ^{h}y^{35} 寿命高山上流下来的水 寿命（是）高山上流下来的水。	so^{55} 寿命
		（从上至下）：ly^{35}身体、õ^{55}大权力、lõ^{55}tɑ^{53}运气、lo^{35}小权力、gu^{55}九、sõ^{53}三	（从上至下）：ly^{35}身体、õ^{55}大权力、lõ^{55}tɑ^{53}运气、lo^{35} 小权力、dʑi^{53}八、tʂu^{53}六

全图大意：属龙、属蛇之人五行属水，是高山的海水。水龙之人的格增是蓝色的战神，炯颠是女妖举着斧头，不太好，罗咱是龙神龙王，寿命是高山上流下来的水。水蛇之人的格增是黑魔王，福气是猴子放火，罗咱是龙神龙王，寿命是高山上流下来的水。

（十六）

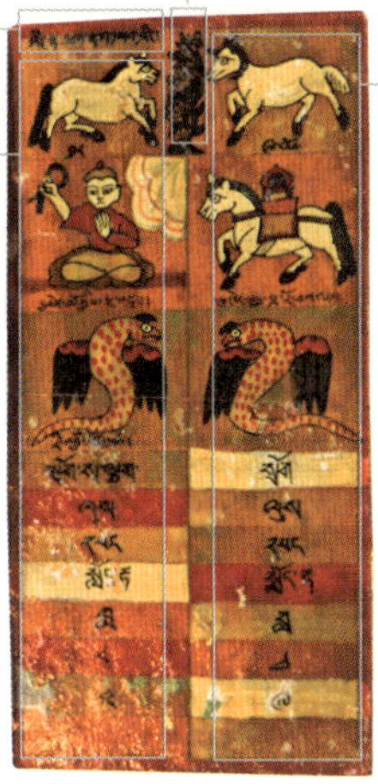

本页概括	五行	sɛ^{35}k^{h}u^{53} 木首	sɛ^{35}mA^{35} 木尾
ɕĩ^{35}tɑ^{55}lo^{35}tɑ^{55}gɑ^{55}ɕĩ^{35} 木马绵羊核桃树木 属马、属羊五行属木，是核桃树的木。	sɔ̃^{35}pi^{55} 木 五行之木。	tiA^{55}wu^{53} 生肖马	ʑi^{35}wu^{55} 生肖羊
		tɕi^{35}kə^{55}rə^{55}ɬɑ^{55}ji^{35} kɐ^{35}tsi^{55} 白色的神的格增 格增（是）白色的战神。	gu^{55}mu^{55}jõ^{55}ke^{35}kɐ^{35}tsi^{55} 灰色的石头格增 格增（是）灰色的石头。
		xɛ^{35}gue^{55}tɕ^{h}y^{55}pə^{55} 韩规做法 韩规做法。	guĩ^{35}to^{35}ʐu^{35}ʧA^{53} 马上（方向前缀）骨灰驮 马上驮着骨灰。
		ʥo^{35}ɦĩ^{55}tɕ^{h}y^{55}tɕi^{35}ŋ̊ɑ^{55}dʉ^{55} 炯颠好善心中默想 炯颠（是）心中的善愿。	jõ^{35}ɦĩ^{55}dʉ^{55}tɑ^{55}ʐo^{35}kɐ^{53} 福气魔马骨驮 福气（是）魔王家的马驮白骨。
		bɑ^{35}ʐe^{55}dõ^{35}diõ^{55}	ʐe^{35}ʥõ^{55}lo^{35}tsɑ^{55} 长翅膀的蛇罗咱 罗咱（是）长翅膀的蛇。
		ʐe^{35}ʥõ^{55}lo^{35}tsɑ^{55} 长翅膀的蛇罗咱 罗咱（是）长翅膀的蛇。	
		so^{55}sɑ^{55}tɕA^{35} 寿命土金 寿命是土金。	so^{55} 寿命 寿命（是土金）。
		（从上至下）：ly^{35}身体、õ^{55}大权力、lõ^{55}tɑ^{53}运气、lo^{35}小权力、ʥi^{53}八、ȵi^{53}二	（从上至下）：so^{53}寿命、ly^{35}身体、õ^{55}大权力、lõ^{55}tɑ^{53}运气、lo^{35}小权力、tʂu^{53}六、gu^{55}九

全图大意：属马、属羊之人五行属木，是核桃树的木。木马之人的格增是吉格尔拉依神，炯颠是心中的善愿，罗咱是长翅膀的蛇，寿命是土金。木羊之人的格增是石头，福气是魔王家的马驮着白骨，罗咱是长翅膀的蛇，寿命是土金。

（十七）

本页概括	五行	mɐ^{35}k^{h}u^{55}　火首	mɐ^{35}mᴀ^{35}　火尾
mi^{35}ji^{35}pʐe^{55}wu^{53}tɕᴀ^{35} tər^{35}mi^{35} 火的猴鸡坟墓火 属猴、属鸡五行属火，火是焚烧尸体的火。	mɐ^{35}pi^{53} 火 五行之火。	pʐe^{55}wu^{53} 生肖猴	dʐũi^{35}wu^{53} 生肖鸡
		dʑɑ^{55}kə^{55}rə^{55}ɬɑ^{55}mu^{55}kɐ^{35}tsi^{55} 白色的神女格增 格增（是）神女。	dũĩ^{35}mə^{55}tsẽ^{55}tɕi^{35}kɐ^{35}tsi^{55} 赞神之名
		ŋɛ̃^{55}bɑ^{55}di^{35} 金蛙 金蛙。	n̥i^{35}tɕ^{h}õ^{55}mə^{55}dʐɛ^{35}bɛ^{35}bĩ^{35} 男人女人搏斗 男人和女人搏斗。
		dʑo^{35}tĩ^{55}sɿ^{55}bi^{55}sɿ^{55}pu^{55} 炯颠金蛙黄色 炯颠（是）黄色的金蛙。	jõ^{35}tĩ^{55}dʉ^{55}p^{h}u^{55}mu^{35}dʑi^{53} 福气魔男女搏斗 福气是男魔和女魔搏斗。
		ɕĩ^{55}kə^{55}rə^{55}ʐɑ^{35}mi^{55}mə^{55}tsʉ^{35} 铁爪持的妇女 手持铁爪的妇女（一种鬼差）。	mə^{55} n̥i^{55}wɑ^{55}ʐe^{35}wu^{55}ɑ^{35}ku^{55} 人尼瓦锅里煮 （生前有罪过的）人在尼瓦的锅里煮。
		tɕi^{35}sõ^{55}lo^{35}tsɑ^{55} 吉宋[16] 罗咱（是）吉宋地狱。	n̥i^{55}wɑ^{55}lo^{35}tsɑ^{55} 尼瓦罗咱 罗咱（是）尼瓦。（性格不好）
		so^{55}tɕ^{h}i^{55}nõ^{55}mi^{35} 寿命房子里火 寿命（是）房子里的火。	so^{55} 寿命
		（从上至下）：ly^{35}身体、õ^{55}大权力、lõ^{55}tɑ^{53}运气、lo^{35}小权力、ŋɑ^{53}五、gu^{55}九	（从上至下）：ly^{35}身体、õ^{55}大权力、lõ^{55}tɑ^{53}运气、lo^{35}小权力、ʐi^{53}四、dũĩ^{53}七

全图大意：属猴、属鸡之人五行属火，火是焚烧尸体的火。火猴之人的格增是加格热拉木神女，炯颠是黄色的金蛙，罗咱是吉宋地狱，寿命是房子里的火。火鸡之人的格增是赞神堆莫增吉，福气是男魔和女魔搏斗，罗咱是尼瓦，有罪过，性格不好，寿命是房子里的火。

（十八）

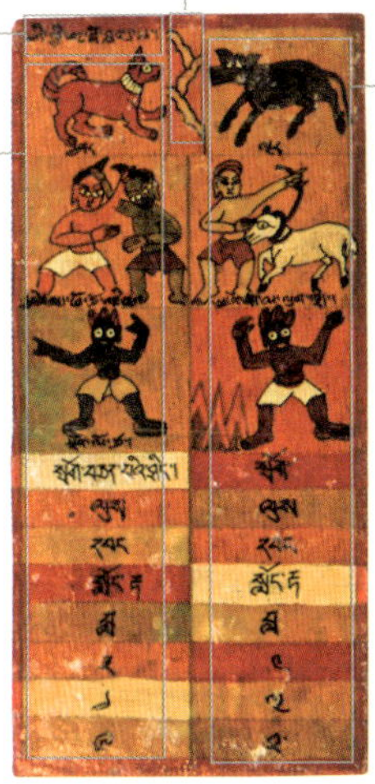

<table>
<tr><th>本页概括</th><th>五行</th><th>dʑa^{55}kʰu^{55} 土首</th><th>dʑa^{55}mA^{35} 土尾</th></tr>
<tr><td rowspan="7">sɑ^{55}ji^{35}tɕʰi^{53}pʰɑ^{53}gu^{55}
tʰo^{55} tʉ^{35}sɑ^{55}
土的狗猪门上土
属狗、属猪五行属土，是门头上的土[17]。</td><td rowspan="7">tɕA^{55}pi^{35}
土
五行之土。</td><td>tɕʰi^{55}wu^{53}
生肖狗</td><td>pʰɑ^{55}wu^{53}
生肖猪</td></tr>
<tr><td>tʂu^{35}kə^{55}rə^{55}dzɑ̩^{35}lɑ^{55}kɐ^{35}tsi^{55}
白色的战神格增
格增（是）白色的战神。</td><td>ŋɑ^{55}sɿ^{55}rə^{55}sɑ̃^{35}dɑ^{55}kɐ^{35}tsi^{55}
黄色的大龙神格增
格增（是）黄色的大龙神。</td></tr>
<tr><td>ȵi^{35}tɕʰõ^{55}ȵi^{53}tsɿ^{35}bɛ^{35}bĩ^{35}
男人两个打架
两个男人打架。</td><td>kue^{55}mi^{35}zõ̩^{55}kio^{53}
贼绵羊偷
贼偷绵羊。</td></tr>
<tr><td>dʑo^{35}fĩ^{55}dʉ^{55}pʰu^{55}dʑõ^{35}dʑi^{55}
炯颠魔男搏斗
炯颠（是）男魔搏斗。</td><td>jõ^{35}fĩ^{55}kuẽ^{55}mɑ^{55}lo^{35}tʂʰʅ^{53}
福气贼绵羊牵
福气（是）贼牵绵羊。</td></tr>
<tr><td>sə̃^{55}bu^{55}mɑ^{55}
妖女</td><td>sə̃^{55}bu^{55}lo^{35}tsɑ^{55}
女妖罗咱
罗咱（是）女妖。</td></tr>
<tr><td>sə̃^{55}bu^{55}lo^{35}tsɑ^{55}
女妖罗咱
罗咱（是）女妖。</td><td></td></tr>
<tr><td>so^{55}tɕyɛ^{55}pi^{35}cĩ^{35}
寿命砍木
寿命是砍下来的树。（寿命不好）</td><td>so^{55}
寿命
寿命（是砍下来的树）。</td></tr>
<tr><td></td><td></td><td>（从上至下）：ly^{35}身体、õ^{55}大权力、lõ^{55}tɑ^{53}运气、lo^{35}小权力、sõ^{53}三、tʂu^{53}六、gu^{55}九</td><td>（从上至下）：ly^{35}身体、õ^{55}大权力、lõ^{55}tɑ^{53}运气、lo^{35}小权力、ʑi^{53}四、ŋɑ^{53}五、ȵi^{53}二</td></tr>
</table>

全图大意：属狗、属猪之人五行属土，是门头上的土。土狗之人的格增是白色的战神，炯颠是男魔搏斗，罗咱是女妖，寿命是砍下来的树，不好。土猪之人的格增是黄色的大龙神，福气是贼偷牵绵羊，罗咱是女妖，寿命是砍下来的树。

（十九）

本页概括	五行	ɕɛ^{55}k^{h}u^{55}　金首	ɕɛ^{55}mᴀ^{35}　金尾
tɕᴀ^{35}tɕɑ^{35}wɑ^{55}lõ^{53}ɕᴀ^{55}tɑ^{55}tɕᴀ^{35} 金鼠牛铁墩金 属鼠、属牛五行属金，铁墩之金。	ɕĩ^{55}pi^{55} 金 五行之金。	tɕ^{h}i^{55}pi^{55}wu^{53} 生肖鼠	lõ^{53}wu^{53} 生肖牛
		zi^{35}dʑõ^{55}lu^{55}ji^{35}kɐ^{35}tsi^{55} 蓝绿色的龙的格增 格增（是）蓝绿色的龙神。	sõ^{35}t^{h}i^{55}t^{h}i^{35}z̥õ^{55} 蓝色的战神 蓝色的战神。
		p^{h}z̥ɛ^{35}t^{h}ɯ^{53}sĩ^{35}bõ^{55}bi^{55}kɛ̃^{35}tɕ^{h}i^{55} 男子树上上吊 男子在树上上吊。	sõ^{35}t^{h}i^{55}t^{h}i^{35}z̥õ^{55}kɐ^{35}tsi^{55} 蓝色的战神格增 格增（是）蓝色的战神。
		dʑo^{35}tĩ^{55}tɑ^{55}pu^{55}mɐ^{55}ɕi^{53} 炯颠绳子男子勒 炯颠（是）男子用绳子上吊。	ȵi^{35}tɕ^{h}õ^{55}ȵɛ^{35}mə^{55}dzɛ^{35}ɬɑ^{35}dʑo^{55}tʂo^{55}ɬɛ^{53} 男人（助词）女人辫子揪 男人揪女人的辫子。
		sɑ̃^{35}dɑ^{55}xi^{55} 大龙神神 大龙神。	jõ^{35}tĩ^{55}lõ^{55}wɑ^{55}gu^{55}tʂ^{h}ʅ^{55} 福气辫子头拉 福气（是）拉头上的辫子。（男人揪女人的辫子，不好）
		sɑ̃^{35}dɑ^{55}lo^{35}tsɑ^{55} 大龙神罗咱 罗咱（是）大龙神。	
		so^{55}dʑᴀ^{35}dʉ^{55}sɑ^{55} 寿命大石土 寿命（是）大石土。（不好）	so^{55} 寿命（是）大石土。（不好）
		（从上至下）：ly^{35}身体、õ^{55}大权力、lõ^{55}tɑ^{53}运气、lo^{35}小权力、tɕi^{53}一、zi^{53}四、duĩ^{53}七	（从上至下）：ly^{35}身体、õ^{55}大权力、lõ^{55}tɑ^{53}运气、lo^{35}小权力、gu^{55}九、sõ^{55}三、tʂu^{53}六

全图大意：属鼠、属牛之人五行属金，铁墩之金。金鼠之人的格增是龙王神，炯颠是男子用绳子上吊，罗咱是大龙神，寿命是大石土，不好。金牛之人的格增是蓝色的战神，福气是揪辫子，不好。

（二十）

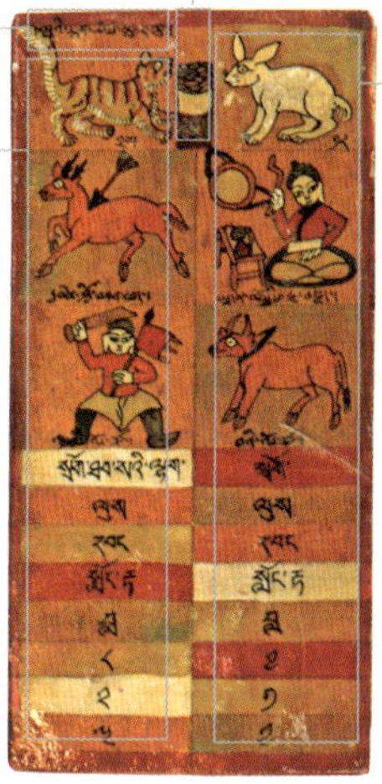

本页概括	五行	tɕ^{h}i^{55}k^{h}u^{55}　水首	tɕ^{h}i^{55}mA^{35}　水尾
tɕ^{h}y^{55}ʑi^{35}tɑ^{55}jo^{53}tɕ^{h}y^{55} ʐɛ^{55}ts^{h}y^{55} 水的虎兔水缸水 属虎、属兔五行属水，是水缸中的水。	tɕi^{55}pi^{55} 水 五行之水。	to^{55}wu^{53} 生肖虎	ji^{35}bʐe^{55}wu^{53} 生肖兔
		ȵi^{55}nÃ^{35}dʉ^{55}tɕi^{35}kɐ^{35}tsi^{55} 黑魔（助词）格增 格增（是）黑魔王。	tɕi^{35}kə^{55}rə^{55}ɬɑ^{55}ji^{35} kɐ^{35}tsi^{55} 白色的神的格增 格增（是）白色的战神。
		tsɐ^{55}p^{h}u^{55}tɕĩ^{35}to^{35}jA^{55}sə̃^{35}ɑ^{35}tsə̃^{55} 马鹿上（方向前缀）箭射 马鹿被箭射中。	xɛ^{35}gue^{55}ɕo^{55}pə^{55} 韩规做法 韩规做法。
		ʥo^{35}fĩ^{55}ɕi^{35}wɑ^{55}dɑ^{55}p^{h}õ^{55} 炯颠马鹿射 炯颠（是）射马鹿。（不好）	jõ^{35}fĩ^{55}tɕ^{h}y^{55}tɕi^{35}ŋ̊ɑ^{55}dõ^{55} 福气法事鼓敲 福气（是）敲鼓做法事。（好）
		mi^{55}tie^{35}ʐɑ^{35}ʐo^{55}ʐɑ^{35} 人旗举大刀举 人举旗挥大刀。	kuA^{55} 牛
		ɬɑ^{55}mi^{55}lo^{35}tsɑ^{55} 神人罗咱 罗咱（是）神人。	pɑ^{35}ji^{35}lo^{35}tsɑ^{55} 牛的罗咱 罗咱（是）牛。（做事慢）
		so^{55}t^{h}o^{55}sɑ^{55}ɬɑ^{35} 寿命房顶土覆盖 寿命（是）覆盖在房顶上的土。（不太好）	so^{55} 寿命
		（从上至下）：ly^{35}身体、õ^{55}大权力、lõ^{55}tɑ^{53}运气、lo^{35}小权力、ʥi^{53}八、ȵi^{53}二、ŋɑ^{53}五	（从上至下）：ly^{35}身体、õ^{55}大权力、lõ^{55}tɑ^{53}运气、lo^{35}小权力、dũ^{53}七、tɕi^{53}一、dũ^{55}七

全图大意：属虎、属兔之人五行属水，是水缸中的水。水虎之人的格增是黑魔王，炯颠是马鹿被射中，不太好，罗咱是神人，寿命是覆盖在房顶上的土，不太好。水兔之人的格增是白色的战神，福气是敲鼓做法事，比较好，罗咱是牛，做事慢。寿命是覆盖在房顶上的土。

（二十一）

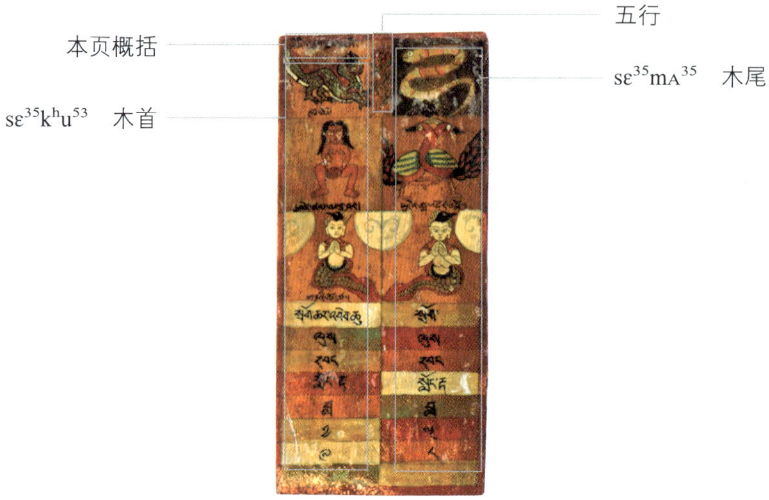

本页概括	五行	sɛ^{35}kʰu^{53}　木首	sɛ^{35}mA^{35}　木尾
ɕĩ^{35}ke^{35}bzo̠^{55}bʑe^{53}tʰõ^{55} ɕĩ^{35} 木（助词）龙蛇松木 属龙、属蛇五行属木，是松树木。	ɕĩ^{35} 木 五行之木。	bzə̠^{35}te^{55}wu^{53} 生肖龙	bə^{35}dɑ^{55}wu^{53} 生肖蛇
		gu^{55}mu^{55}jõ^{55}ki^{35}kɐ^{35}tsi^{55} 石头（助词）格增 格增（是）石头。（格增硬）	dʑɑ^{35}kə^{55}rə^{55}ɬɑ^{35}mu^{55}kɐ^{35}tsi^{55} 白色的神女格增 格增（是）白色的女神。
		mə^{55}tsʉ^{35}tɕĩ^{35}ti^{55} 妇女婴儿生 妇女在生孩子。	mɑ^{55}dʑɛ^{55}dzɑ̠^{55}dzu̠^{55} 孔雀互斗 孔雀互斗。
		dʑo^{35}tĩ^{55}ȵA^{35}mɑ^{55}pu^{35}ɕər^{55} 炯颠妇女婴儿生 炯颠（是）妇女生孩子。（可以做母亲）	jõ^{35}tĩ^{55}mɑ^{55}dʑɛ^{55}dʑo^{55}nõ^{55} 福气孔雀互斗 福气（是）孔雀互斗。（不好）
		zɑ^{55} 曜神	zɑ^{55} 曜神
		zɑ^{55}ji^{35}lo^{35}tsɑ^{55} 曜神的罗咱 罗咱（是）曜神。	
		so^{55}tɕʰĩ^{55}bie^{55}tɕʰy^{55} 寿命雨下水 寿命（是）下雨之水。（一般）	so^{55} 寿命
		（从上至下）：ly^{35}身体、õ^{55}大权力、lõ^{55}tɑ^{53}运气、lo^{35}小权力、dũ^{53}七、gu^{55}九	（从上至下）：ly^{35}身体、õ^{55}大权力、lõ^{55}tɑ^{53}运气、lo^{35}小权力、ŋɑ^{55}五、dʑi^{53}八

全图大意：属龙、属蛇之人五行属木，是松树木。木龙之人的格增是石头，很硬，炯颠是可以生孩子做母亲，罗咱是曜神，寿命是下雨之水，不好不坏。木蛇之人的格增是白色的女神，福气是孔雀互斗，不好，罗咱是曜神，寿命是下雨之水，不好不坏。

（二十二）

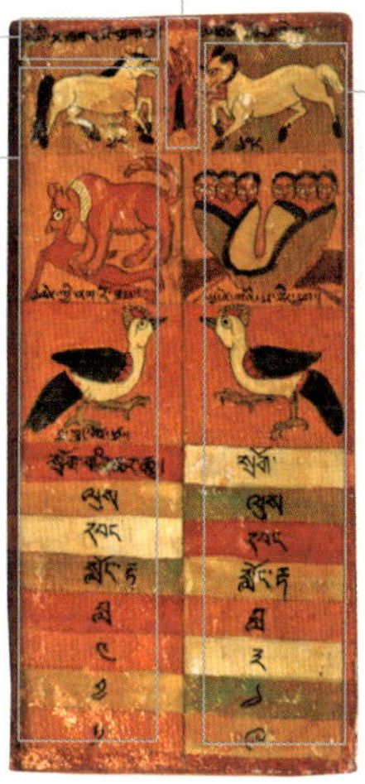

本页概括	五行	meɐ^{35}k^{h}u^{55} 火首	meɐ^{35}mᴀ^{35} 火尾
mi^{35}tɑ^{55}lo^{35}ȵi^{55}nə̃^{35} tɕᴀ^{35}mi^{35}ts^{h}uɛ̃^{55}nõ^{55} bɑ^{55} mi^{35} 火马绵羊两个金火利器所有火 属马、属羊五行属火，是制造所有利器的火，即煅金之火。	meɐ^{35}pi^{53} 火 五行之火。	tiᴀ^{55}wu^{53} 生肖马	ji^{35}wu^{53} 生肖羊
		duĩ^{35}mə^{55}tsə̃^{55}tɕi^{35}kɐ^{35}tsi^{55} 红色的赞神格增 格增（是）红色的赞神。	tʂu^{35}kə^{55}rə^{55}dʐɑ^{35}lɑ^{55}kɐ^{35}tsi^{55} 白色的战神格增 格增（是）白色的战神。
		ts^{h}ʅ^{35}mə^{55}mu^{55}dʑʅ^{55} 狗尸体吃 狗吃尸体。	mi^{55}k^{h}u^{55}tʂ^{h}u^{35}diõ^{55} 人头六长 长着六个头的人。
		dʑo^{35}ĩi^{55}tɕ^{h}i^{55}nᴀ̃^{35}zo^{35}sie^{53} 炯颠狗黑尸体吃 炯颠（是）黑狗吃尸体。（不太好）	jõ^{35}ĩi^{55}nõ^{55}sɑ^{55}ȵi^{55}tʂu^{53} 福气天地中间六 福气（是）天地间的六个（精灵）。（不好不坏）
		tɕᴀ^{35}tɕ^{h}õ^{55} 大鹏鸟	tɕᴀ^{35}tɕ^{h}õ^{55} 大鹏鸟
		tɕᴀ^{35}tɕ^{h}õ^{55}lo^{35}tsɑ^{55} 大鹏鸟罗咱 罗咱（是）大鹏鸟。（好）	
		so^{55}nõ^{55}tɕ^{h}ə^{55}tɕ^{h}y^{55} 寿命天雨水 寿命是天上的雨水。	so^{55} 寿命
		（从上至下）：ly^{35}身体、õ^{55}大权力、lõ^{55}tɑ^{53}运气、lo^{35}小权力、ʑi^{53}四、duĩ^{53}七、tɕi^{53}一	（从上至下）：ly^{35}身体、õ^{55}大权力、lõ^{55}tɑ^{53}运气、lo^{35}小权力、sõ^{53}三、tʂu^{53}六、gu ^{55}九

全图大意：属马、属羊五行属火，是制造所有利器的火，即煅金之火。金马之人的格增是堆莫增吉赞神，炯颠是黑狗吃尸体，罗咱是大鹏鸟，好，寿命是天上的雨水。金羊之人的格增是朱格热扎拉战神，福气是天地间的六个精灵，罗咱是大鹏鸟，寿命是天上的雨水。

（二十三）

本页概括	五行	dʑa^{55}kʰu^{55}　土首	dʑa^{55}mA^{35}　土尾
		pʐe^{55}wu^{53} 生肖猴	dʑuĩ^{35}wu^{53} 生肖鸡
		ŋɑ^{55}sɿ^{55}rə^{55}sɑ̃^{35}dɑ^{55}kɐ^{35}tsi^{55} 黄色的大龙神格增 格增（是）黄色的大龙神。	ʑi^{35}dʑõ^{55}lu^{55}ji^{35}kɐ^{35}tsi^{55} 蓝绿色的龙的格增 格增（是）蓝绿色的龙神。
		ɣo^{55}tʂuɑ^{55}tʰiõ^{35} 鼠窝筑 老鼠筑窝。	ʂɐ^{55}sõ^{53}bõ^{55} 小麦三株 三株小麦。
sɑ^{55}pʐe^{55}wu^{53}tɕɛ^{35}ȵi^{53} nə^{35}zɿ^{35}zo^{53}sɑ^{55} 土猴鸡二个大地土 属猴、属鸡五行属土，是大地之土。（好）	tɕA^{55}pi^{35} 土 五行之土。	dʑo^{35}tĩ^{55}dʑɑ^{35}wɑ^{55}tɕʰõ^{55}tɕʰə^{53} 炯颠鼠窝筑 炯颠（是）老鼠筑窝。（不好不坏）	jõ^{35}tĩ^{55}tʂuə^{35}ɕĩ^{55}sõ^{53}mu^{53}zõ^{53} 福气（整株）小麦三种子好 福气（是）三株小麦做种好。（很好）
		sɑ̃^{35}dɑ^{55}xi^{55} 大龙神神 大龙神。	sɑ̃^{35}dɑ^{55}xi^{55} 大龙神神 大龙神。
		sɑ̃^{35}dɑ^{55}lo^{35}tsɑ^{55} 大龙神罗咱 罗咱（是）大龙神。	
		so^{55}zɿ^{35}zo^{55}sɑ^{55} 寿命大地土 寿命（是）大地土。（好）	so^{55} 寿命 寿命（是大地土）。
		（从上至下）：ly^{35}身体、õ^{55}大权力、lõ^{55}tɑ^{53}运气、lo^{35}小权力、ȵi^{53}二、tʂu^{53}六、duĩ^{53}七	（从上至下）：so^{53}寿命、ly^{35}身体、õ^{55}大权力、lõ^{55}tɑ^{53}运气、lo^{35}小权力、tɕi^{53}一、ʑi^{53}四、duĩ^{53}七

全图大意：属猴、属鸡之人五行属土，是大地之土，好。土猴之人的格增是大龙神，炯颠是老鼠筑窝，不好不坏，罗咱是大龙神，寿命是大地土，好。土鸡之人的格增是龙王龙神，福气是三株小麦做种，很好，寿命是大地土，好。

（二十四）

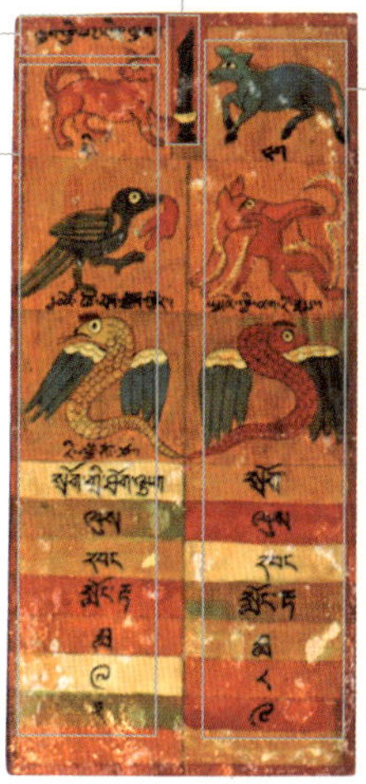

本页概括	五行	çɛ55kʰu55 金首	çɛ55mA35 金尾
tɕA35tɕʰi55pʰɑ55zɿ35zo55 tɕA35 金狗猪大地金 属狗、属猪五行属金，是大地之金[18]。	tɕA35pi55 金 五行之金。	tɕʰi55wu53 生肖狗	pʰɑ55wu53 生肖猪
		sõ35tʰi55tʰi35zõ55kɐ35tsi55 蓝色的战神格增 格增（是）蓝色的战神。	ȵi55nÃ55dʉ55tɕi35kɐ35tsi55 黑魔格增 格增（是）黑魔王。
		ku35ʑe35ʂɿ55dʑɿ55 乌鸦肉吃 乌鸦吃肉。	tʂʰɿ35mə55mu55dʑɿ55 狗尸体吃 狗吃尸体。
		dʑõ35ɦi55pʰɑ35zo55lo35tsʰə53 炯颠乌鸦肉吃 炯颠（是）乌鸦吃肉。（不太好）	jõ35ɦi55tɕʰi55nÃ35zo35sie35 福气狗黑尸体吃 福气（是）黑狗吃尸体。（不好）
		bɑ35ʑe55dõ35diõ55 蛇翅膀长 长翅膀的蛇。	bɑ35ʑe55dõ35diõ55 蛇翅膀长 长翅膀的蛇。
		ʑe35dʑõ55lo35tsɑ55 长翅膀的蛇罗咱 罗咱（是）长翅膀的蛇。	
		so55tʂɿ35tʰo55tɕA35 寿命弯刀金 寿命（是）弯刀之金。（不好不坏）	so55 寿命 寿命（是弯刀之金）。
		（从上至下）：ly35身体、õ55大权力、lõ55tɑ53运气、lo35小权力、gu55九、sõ53三	（从上至下）：ly35身体、õ55大权力、lõ55tɑ53运气、lo35小权力、dʑi53八、gu55九

全图大意：属狗、属猪五行属金，是大地之金。金狗之人的格增是蓝色的战神，炯颠是乌鸦吃肉，不太好，罗咱是长翅膀的蛇，寿命是弯刀之金。金猪之人的格增是黑魔王，福气是黑狗吃尸体，不好，罗咱是长翅膀的蛇，寿命是弯刀之金。

（二十五）

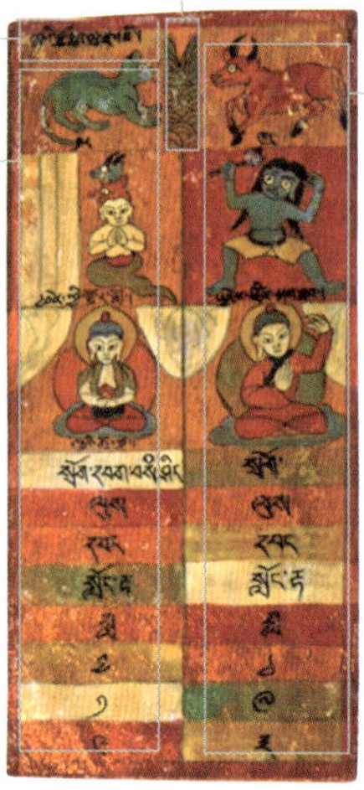

本页概括	五行	tɕ^{h}i^{55}k^{h}u^{55} 水首	tɕ^{h}i^{55}mA^{35} 水尾
tɕ^{h}y^{55}ji^{35}tɕɑ^{35}wɑ^{55}lõ^{55} tɕ^{h}y^{55}sõ^{53}dʑõ^{35} 水的老鼠牛水三条 属鼠、属牛五行属水，是三条江汇合之水。	tɕi^{55}pi^{55} 水 五行之水。	tɕ^{h}i^{35}pi^{55}wu^{53} 生肖鼠	lõ^{55}wu^{53} 生肖牛
		tɕi^{35}kə^{55}rə^{55}ɬɑ^{55}ji^{35} kɐ^{35}tsi^{55} 白色的神的格增 格增（是）白色的战神。	zi^{35}dʑõ^{55}lu^{55}ji^{35}kɐ^{35}tsi^{55} 蓝绿色的龙的格增 格增（是）蓝绿色的龙神。
		tɕ^{h}i^{55}gu^{55}zɛ^{35}t^{h}o^{35} 狗头山羊有 有狗头的山羊。	sə̃^{55}bu^{55}mɑ^{55}pʉ^{55}zɑ^{35} 妖女斧头拿着 女妖拿着斧头。
		dʑo^{35}fĩ^{55}tɕ^{h}i^{55}gu^{55}zɛ^{35}t^{h}o^{35} 炯颠狗头山羊有 炯颠（是）有狗头和山羊头（的怪物）。（不好）	jõ^{35}fĩ^{55}sə̃^{55}bu^{55}tɑ^{55}t^{h}o^{55} 福气女妖斧头 福气（是）女妖（手持）斧头。（不好）
		xi^{55} 神	xi^{55} 神
		so^{55}pɑ^{55}sõ^{55}ɕĩ^{35} 寿命月亮里的娑罗树木 寿命（是）月亮里的娑罗树。（很好）	
		ɬɑ^{55}ji^{35}lo^{35}tsɑ^{55} 神的罗咱 罗咱（是）神。（好）	so^{55} 寿命
		（从上至下）：ly^{35}身体、õ^{55}大权力、lõ^{55}tɑ^{53}运气、lo^{35}小权力、duĩ^{53}七、tɕi^{53}一、ʑi^{53}四	（从上至下）：ly^{35}身体、õ^{55}大权力、lõ^{55}tɑ^{53}运气、lo^{35}小权力、tʂu^{53}六、gu^{55}九、sõ^{55}三

全图大意：属鼠、属牛之人五行属水，是三条江汇合之水。水鼠之人的格增是白色的战神，炯颠是有狗头和山羊头的怪物，不好，寿命是月亮里的娑罗树，很好，罗咱是神，也好。水牛之人的格增是龙王神，福气是女妖手持斧头，不好，罗咱是神，好，寿命是月亮里的娑罗树，很好。

（二十六）

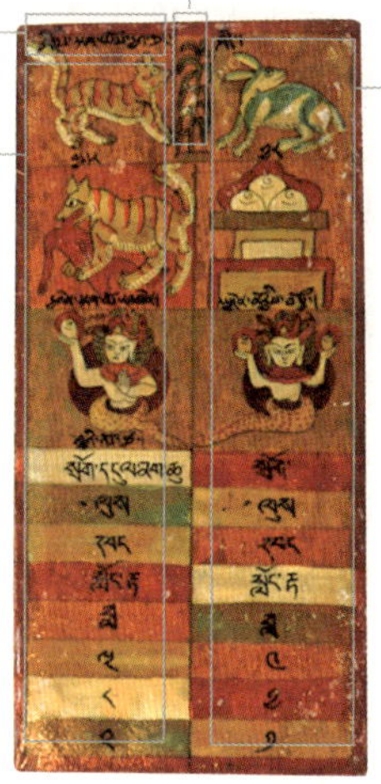

<table>
<tr><th>本页概括</th><th>五行</th><th>sɛ^{35}k^{h}u^{53}　木首</th><th>sɛ^{35}mʌ^{35}　木尾</th></tr>
<tr><td rowspan="8">ɕĩ^{35}ke^{35}tɑ^{55}jo^{55}dʑɑ^{55}tɕõ^{55}ɕĩ^{35}
木（助词）虎兔垂柳树木
属虎、属兔五行属木，垂柳之木。</td><td rowspan="8">sə^{35}pi^{55}
木
五行之木。</td><td>to^{55}wu^{53}
生肖虎</td><td>ji^{35}bʐe^{55}wu^{53}
生肖兔</td></tr>
<tr><td>dʑɑ^{35}kə^{55}rə^{55}ɬɑ^{35}mu^{55}kɐ^{35}tsi^{55}
白色的神女格增
格增（是）白色的女神。</td><td>duĩ^{35}mər^{55}tsə̃^{55}tɕi^{35}kɐ^{35}tsi^{55}
赞神</td></tr>
<tr><td>ɣo^{35}mɑ^{55}mə^{55}mu^{55}dʐʅ^{55}
虎母尸体吃
母虎吃尸体。</td><td>põ^{35}bɑ^{55}nər^{35}bu^{55}
花瓶宝物</td></tr>
<tr><td>jõ^{35}tĩ^{55}tɑ^{55}mu^{55}ʐo^{35}dʑi^{55}
福气虎母尸体吃
福气（是）母虎吃尸体。</td><td>jõ^{35}tĩ^{55}nə^{35}tɕi^{35}põ^{35}dʑue^{53}
福气宝物花瓶
福气（是）宝物花瓶。</td></tr>
<tr><td>tɕi^{35}ʐe^{55}xi^{55}
龙神
龙神。</td><td>tɕi^{35}ʐe^{55}xi^{55}
龙神</td></tr>
<tr><td>lu^{55}ji^{35}lo^{35}tsɑ^{55}
龙的罗咱
罗咱（是）龙神。</td><td></td></tr>
<tr><td>so^{55}ŋue^{55}nʌ̃^{35}tɕ^{h}y^{53}
寿命银黑水
寿命（是）黑银的水。（不好）</td><td>so^{55}
寿命</td></tr>
<tr><td>（从上至下）：ly^{35}身体、õ^{55}大权力、lõ^{55}tɑ^{53}运气、lo^{35}小权力、ŋɑ^{53}五、dʑi^{53}八、ɲi^{53}二</td><td>（从上至下）：ly^{35}身体、õ^{55}大权力、lõ^{55}tɑ^{53}运气、lo^{35}小权力、ʑi^{53}四、duĩ^{53}七、tɕi^{53}一</td></tr>
</table>

全图大意：属虎、属兔五行属木，垂柳之木。木虎之人的格增是扎格尔拉木女神，福气是母虎吃尸体，罗咱是龙神，寿命是黑银之水，不好。木兔之人的格增是堆莫增吉赞神，福气是宝物花瓶，好，罗咱是龙神，寿命是黑银之水，不好。

（二十七）

本页概括	五行	mɐ^{35}k^{h}u^{55}　火首	mɐ^{35}mʌ^{35}　火尾
mi^{35}ji^{35}bʐo^{55}bʑe^{53}kɐ^{55} ts^{h}õ^{55} mi^{35} 火的龙蛇风箱火 属龙、属蛇五行属火，风箱吹起的火。（一般，风箱吹的时候才燃烧）	mɐ^{35}pi^{55} 火 五行之火。	bər^{35}te^{55}wu^{53} 生肖龙	pə^{35}dɑ^{55}wu^{53} 生肖蛇
		tʂu^{35}kə^{55}rə^{55}dʐɑ^{35}lɑ^{55}kɐ^{35}tsi^{55} 白色的战神格增 格增（是）白色的战神。	ŋɑ^{55}sɿ^{55}rə^{55}sɑ̃^{35}dɑ^{55}kɐ^{35}tsi^{55} 黄色的大龙神格增 格增（是）黄色的大龙神。
		tsɐ^{55}ji^{35}ȵɛ^{35}mɐ^{35}xiɐ^{55} 猴子（助词）火放 猴子放火。	dʉ^{55}bu^{55}ʐɑ^{35} 魔斧头拿 魔拿着斧头。
		dʑo^{35}t̃i^{55}pʐe^{55}wu^{55}mi^{35}tɕ^{h}i^{53} 炯颠猴子火放 炯颠（是）猴子放火。（不好）	jõ^{35}t̃i^{55}dʉ^{55}ŋue^{55}tɑ^{55}t^{h}o^{55} 福气魔绿斧头 福气（是）绿魔（举）斧头。（不好）
		ŋɛ^{55}pɐ^{55}ti^{35} 金蛙 金蛙。	ŋɛ^{55}pɐ^{55}ti^{35} 金蛙 金蛙。
		sɿ^{55}bi^{55}sɿ^{55}pu^{55}lo^{35}tsɑ^{55} 金蛙黄色罗咱 罗咱（是）黄色的金蛙。	
		so^{55}nər^{35}so^{55}sɑ^{55} 寿命种大麦土 寿命（是）种大麦的土。（好）	so^{55} 寿命
		（从上至下）：ly^{35}身体、õ^{55}大权力、lõ^{55}tɑ^{53}运气、lo^{35}小权力、sõ^{53}三、tʂu^{53}六、duĩ^{53}七	（从上至下）：ly^{35}身体、õ^{55}大权力、lõ^{55}tɑ^{53}运气、lo^{35}小权力、ȵi^{53}二、ŋɑ^{53}五、dʑi^{53}八

全图大意：属龙、属蛇五行属火，是风箱吹起的火。火龙之人的格增是朱格热扎拉战神，炯颠是猴子放火，不好，罗咱是黄色的金蛙，比较好，寿命是种大麦的土，好。火蛇之人的格增是黄色的大龙神，福气是绿魔举斧头，不好。

（二十八）

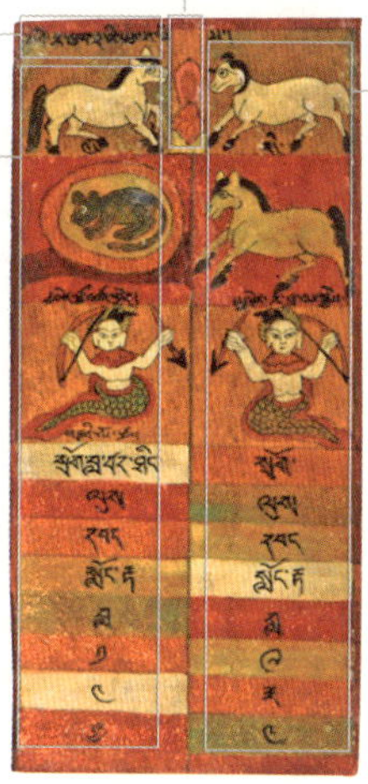

本页概括	五行	dʑɑ^{55}kʰu^{55} 土首	dʑɑ^{55}mA^{35} 土尾
sɑ^{55}ʑi^{35}tɑ^{55}lo^{55}ȵi^{55}nə̃^{35} jo^{35}kʰõ^{53}sɑ^{55} 土的马绵羊二个田地土 属马、属羊五行属土，是田地之土。（好）	tɕɛ^{55}pi^{55} 土 五行之土。	tiA^{55}wu^{53} 生肖马	ʑi^{35}wu^{53} 生肖羊
		ʑi^{35}dʑõ^{55}lu^{55}ji^{35}kɐ^{35}tsi^{55} 蓝绿色的龙的格增 格增（是）蓝绿色的龙神。	sõ^{35}tʰi^{55}tʰi^{35}ʐõ^{55}kɐ^{35}tsi^{55} 蓝色的战神格增 格增（是）蓝色的战神。
		ɣo^{55}ʂuɑ^{55}tʰiõ^{35} 鼠窝筑 老鼠筑窝。	guĩ^{35}pu^{55}guĩ^{35}mɑ^{55}mɐ^{35}ɕi^{53} 马公马母找 公马找母马。
		dʑo^{35}ɦi^{55}tɕɑ^{35}wɑ^{55}tsʰõ^{55}tɕʰə^{53} 炯颠老鼠窝筑 炯颠（是）老鼠筑窝。	jõ^{35}ɦi^{55}tɑ^{55}pu^{55}mɑ^{55}ɕi^{53} 福气马公马母找 福气（是）公马找母马。（不好不坏）
		zɑ^{55} 曜神	zɑ^{55} 曜神
		zɑ^{55}ji^{35}lo^{35}tsɑ^{55}	
		so^{55}lɑ^{55}wɑ^{55}ɕĩ^{35} 寿命红杉木 寿命（是）红杉木。（寿命长）	so^{55} 寿命（是红杉木）。
		（从上至下）：ly^{35}身体、õ^{55}大权力、lõ^{55}tɑ^{53}运气、lo^{35}小权力、tɕi^{53}一、ʑi^{53}四、duĩ^{53}七	（从上至下）：ly^{35}身体、õ^{55}大权力、lõ^{55}tɑ^{53}运气、lo^{35}小权力、gu^{55}九、sõ^{55}三、ʑi^{53}四

全图大意：属马、属羊五行属土，是田地之土，好。土马之人的格增是依炯龙神龙王，炯颠是老鼠筑窝，不好不坏，罗咱是曜神，寿命是红杉木，寿命长。土羊之人的格增是蓝色的战神，福气是公马找母马，不好不坏，罗咱是曜神，寿命是红杉木，寿命长。

（二十九）

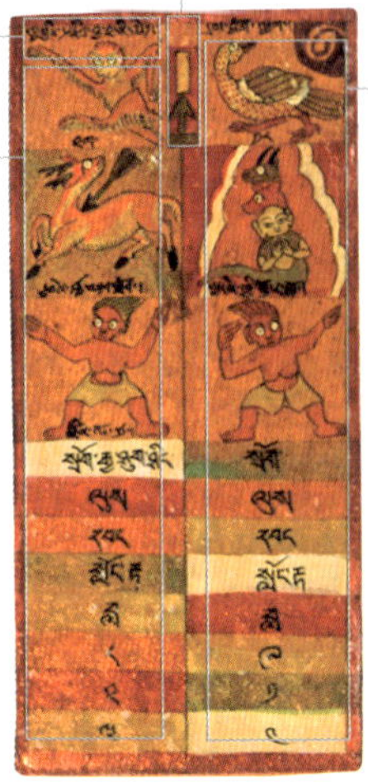

五行

本页概括

ɕɛ^{55}mA^{35}　金尾

ɕɛ^{55}kʰu^{55}　金首

本页概括	五行	ɕɛ^{55}kʰu^{55}　金首	ɕɛ^{55}mA^{35}　金尾
tɕA^{35}tɕi^{35}pʐe^{55}wu^{53}tɕA^{35} ȵi^{55}nə̃^{35}li^{35}tõ^{35}to^{35}tʰo^{53} 金（助词）猴鸡两个南方毒箭头 属猴、属鸡五行属金，是南方的毒箭之金。（不好）	tɕA^{35} 金 五行之金。	pʐe^{55}wu^{55} 生肖猴	dʑuĩ^{35}wu^{53} 生肖鸡
		ȵi^{55}nÃ^{35}dʉ^{55}tɕi^{35}kɐ^{35}tsi^{55} 黑魔（助词）格增 格增（是）黑魔。	tɕi^{35}kə^{55}rə^{55}ɬɑ^{55}ji^{35} kɐ^{35}tsi^{55} 白色的神的格增 格增（是）白色的战神。
		tsɐ^{55}pʰu^{55}tɕĩ^{35}to^{35}jA^{55}sẽ^{35}ɑ^{35}tsẽ^{55} 鹿公角上（方向前缀）箭（受动助词）射 长角的公鹿被箭射中。	tɕʰi^{55}gu^{55}ʐɛ^{35}tʰo^{35}
		dʑo^{35}ɦi^{55}ɕi^{35}wɑ^{55}dɑ^{55}pʰʐə^{55} 炯颠马鹿箭射中 炯颠（是）箭射中马鹿。（不好）	jõ^{35}ɦi^{55}tɕʰi^{55}gu^{55}ʐɛ^{35}tʰo^{35} 福气狗头山羊（存在动词） 福气（是）有狗头和山羊头的（怪物）。（不好）
		sə̃^{55}bu^{55}mɑ^{55} 女妖女	sə̃^{55}bu^{55}mɑ^{55} 女妖女
		sə̃^{55}bu^{55}lo^{35}tsɑ^{55} 妖罗咱 罗咱（是）女妖。（不好）	
		so^{55}dʑɑ^{55}ɕo^{55}ɕĩ^{35} 寿命白桦木 寿命（是）白桦木。（寿命长）	so^{55} 寿命（是白桦木）。
		（从上至下）：ly^{35}身体、õ^{55}大权力、lõ^{55}tɑ^{53}运气、lo^{35}小权力、dʑi^{53}八、ȵi^{53}二、ŋɑ^{53}五	（从上至下）：ly^{35}身体、õ^{55}大权力、lõ^{55}tɑ^{53}运气、lo^{35}小权力、gu^{55}九、tɕi^{53}一、ʑi^{53}四

全图大意：属猴、属鸡之人五行属金，是南方的毒箭之金。金猴之人的格增是黑魔王，炯颠是箭射中马鹿，不好，罗咱是女妖，不好，寿命是白桦木，寿命长。金鸡之人的格增是白色的战神，福气是有狗头和山羊头的怪物，不好，寿命是白桦木，寿命长。

（三十）

<table>
<tr><th>本页概括</th><th>五行</th><th>tɕʰi^{55}kʰu^{55} 水首</th><th>tɕʰi^{55}mA^{35} 水尾</th></tr>
<tr><td rowspan="8">tɕʰy^{55}ji^{35}tɕʰi^{55}pʰɑ^{55}ȵi^{55} nə̃^{35} dʑõ^{35}tsʰu^{55}tɕʰy^{55}
水的狗猪两个大湖水
属狗、属猪五行属水，是大湖里的水。（很好）</td><td rowspan="8">tɕi^{55}pi^{55}
水
五行之水。</td><td>tɕʰi^{55}wu^{53}
生肖狗</td><td>pʰɑ^{55}wu^{53}
生肖猪</td></tr>
<tr><td>ʑi^{35}dʑõ^{55}lu^{55}ji^{35}kɐ^{35}tsi^{55}
蓝绿色的龙的格增
格增（是）蓝绿色的龙神。</td><td>dʑɑ^{35}kə^{55}rə^{55}ɬɑ^{35}mu^{55}kɐ^{35}tsi^{55}
白色的神女格增
格增（是）白色的女神。</td></tr>
<tr><td>pʰʐA^{55}tʰɯ^{55}mə^{55}dʐɛ^{35}tsuẽ^{55}
小伙子姑娘拉
小伙子拉姑娘。</td><td rowspan="2">ȵi^{35}tɕʰõ^{55}ɕi^{35}mə^{55}dʐɛ^{35}gɛ̃^{55}to^{35} kʰə^{35}nɛ^{35}si^{55}
小伙子（施动助词）妇女床上（方向前缀）压住
小伙子把妇女压在床上。</td></tr>
<tr><td>dʑo^{35}ɦi^{55}ʐo^{35}tɕʰyɛ^{53}liɛ^{35}ɕi^{55}
炯颠绝后命运
炯颠（是）绝后的命运。（指图画中右边的姑娘）</td></tr>
<tr><td>tɕi^{35}ʐe^{55}xi^{55}
龙神
龙神。</td><td>jõ^{35}ɦi^{55}m̊i^{55}tõ^{35}jo^{35}sɑ^{53}ȵA^{55}mɑ^{55}
福气妇女床压
福气（是）妇女被压在床上。</td></tr>
<tr><td>lu^{55}ji^{35}lo^{35}tsɑ^{55}
龙的罗咱
罗咱（是）龙神。</td><td>tɕi^{35}ʐe^{55}xi^{55}
龙神
龙神。</td></tr>
<tr><td>so^{55}dʑɛ^{55}pi^{35}tɕʰy^{55}
寿命大水
寿命（是）大的水。（好）</td><td>so^{55}
寿命（是大的水）。</td></tr>
<tr><td>（从上至下）：ly^{35}身体、õ^{55}大权力、lõ^{55}tɑ^{53}运气、lo^{35}小权力、tʂu^{53}六、gu^{55}九、sõ^{53}三</td><td>（从上至下）：ly^{35}身体、õ^{55}大权力、lõ^{55}tɑ^{53}运气、lo^{35}小权力、ŋɑ^{53}五、dʑi^{53}八、ȵi^{53}二</td></tr>
</table>

全图大意：属狗、属猪五行属水，是大湖里的水，很好。水狗之人的格增是龙王神，炯颠是绝后的命运，罗咱是龙神，寿命是大的水，好。水猪之人的格增是白色的女神，福气是妇女被压在床上，罗咱是龙神，寿命是大的水，好。

[1] 木行分为木首和木尾，相当于汉族的阳木和阴木。金、水、火、土也是如此。

[2] 无法对译为汉语，故音译为“炯颠”。大概代表一种神助的运势。

[3] 生着翅膀的蛇的名字。

[4] 这些数字是用来算日子的，计算结婚或出行的吉时。

[5] 无法对译为汉语，大致指人的性格、品性。

[6] 木需要水来浇灌，所以男女之间水命与木命结合是非常好的。

[7] 一位神的名字。

[8] 意思不详，疑为骆驼。

[9] 神名，战神之一。

[10] 格热拉木，一位女神的名字。

[11] 堆莫热增吉，一位神的名字。

[12] 书里把韩规也称为 pɛ̃^{35}pu^{55}。

[13] 依达，一种精灵的名字，怎么吃也吃不饱、怎么喝也喝不够的一种精灵。

[14] 树名，造枪壳用的树。

[15] 如果男人找到一个这样属性（像猴子放火一样）的女人，就会不得安宁。

[16] 鬼地有六界：尼瓦（n̥i^{55} wɑ^{55}），才仲（tsʰA^{35}tʂõ^{55}），依瓦（ʑi^{35}tɑ^{55}），止贡（tʂʅ^{35}kõ^{55}），吉宋（tɕi^{35}sõ^{55}），林古（l̥i^{35}gu^{55}）。

[17] 以前普米族房中的门头上有伸出来的土坯，用于挂经幡。

[18] 天上击打在地上的雷击之器。